Wattenmeer

Ein Naturraum der Niederlande, Deutschlands und Dänemarks

Karl Wachholtz Verlag Neumünster

Herausgegeben von
Landelijke Vereniging tot Behoud van de Waddenzee
Harlingen
Vereniging tot Behoud van Natuurmonumenten in Nederland
's-Graveland

Redaktion: Jan Abrahamse
Wouter Joenje
Noortje van Leeuwen-Seelt

Deutsche Übersetzung von Uwe Muuß

© 1976 Landelijke Vereniging tot Behoud van de Waddenzee,
Harlingen
Vereniging tot Behoud van Natuurmonumenten in Nederland,
's-Graveland

ISBN 3 529 05304 X
Deutsche Ausgabe Karl Wachholtz Verlag, Neumünster
Erste Auflage 1976
Zweite Auflage 1977

Inhalt

Geleitwort

Das Wattenmeer ist eine der letzten großen Naturlandschaften
Mitteleuropas. Zugleich ist es Heimat und Lebensraum vieler
nur dort vorkommender Kleinlebewesen, Fische, Vögel und
Säugetiere.
Der Mensch ist im Begriff, auch diese Landschaft und mit
ihr die dort beheimatete Flora und Fauna zu verändern und
zu zerstören.
Es ist zu wünschen, daß dem Leser durch dieses Buch die
Schönheit und Einmaligkeit des Wattenmeeres ebenso bewußt
wird, wie die Größe der Gefahr und der geringe Spielraum,
der noch zu ihrer Abwendung zur Verfügung steht.

Bernhard Grzimek

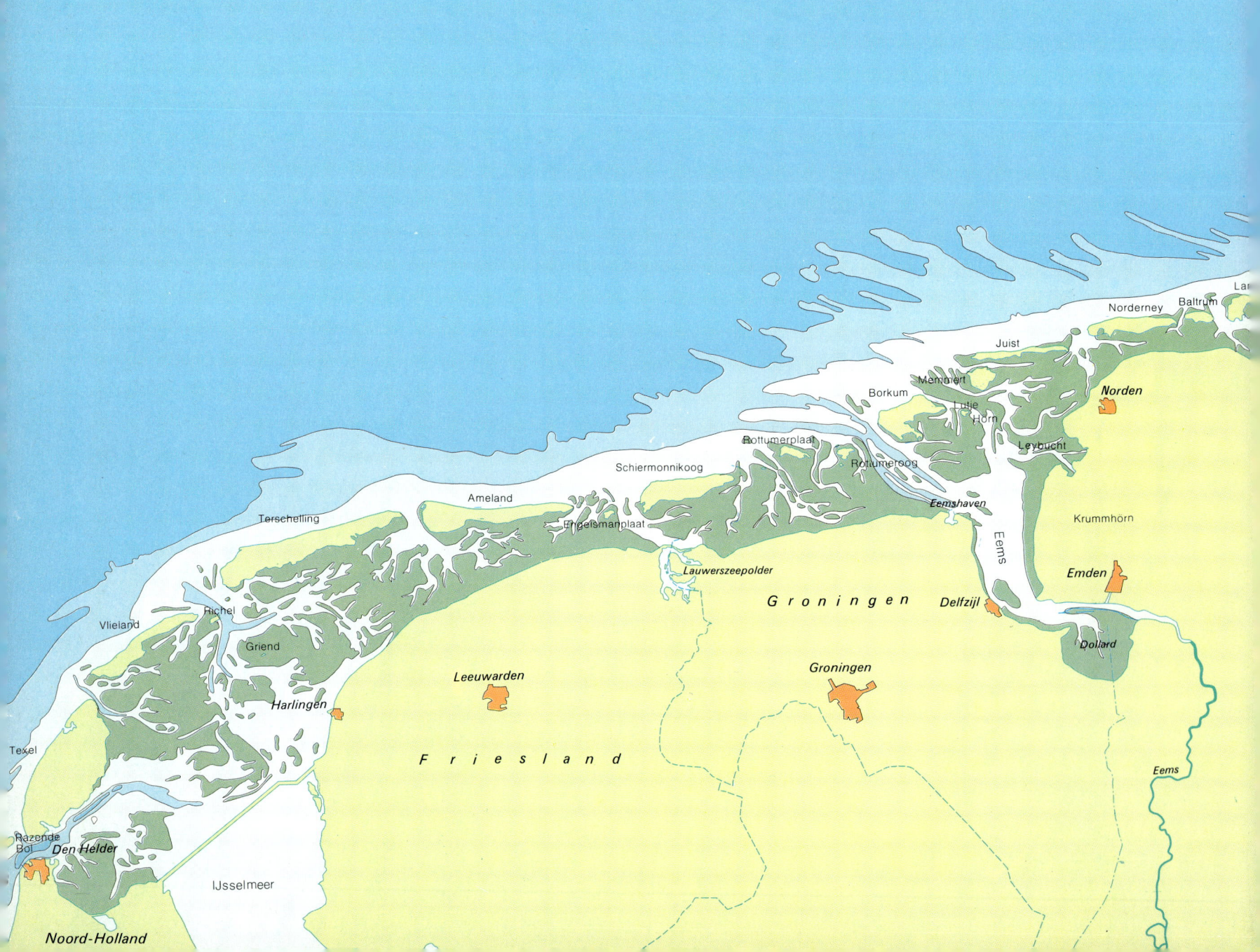

Noord-Holland

Texel

Vlieland

Richel

Griend

Terschelling

Harlingen

Ameland

Engelsmanplaat

Lauwerszeepolder

Schiermonnikoog

Rottumerplaat

Rottumeroog

Eemshaven

Leeuwarden

Friesland

Groningen

Groningen

Delfzijl

Eems

Dollard

Borkum

Memmert

Lütje Horn

Juist

Norderney

Baltrum

Lan

Norden

Leybucht

Krummhörn

Emden

Eems

Razende Bol

Den Helder

IJsselmeer

Sylt

Rantum Becken
Föhr
Oland
Amrum
Langeness
Gröde
Habel
Hamburger Hallig
Hooge
Nordstrandisch-
moor
Norderoog
Pellworm
Südfall Nordstrand
Süderoog

● Bredstedt

Eiderstedt

Husum

Friedrichstadt
Eider
Eider

Helgoland

Blauort
Büsum
Tertius
Trischen
Helmsand

Meldorf

Dithmarschen

Scharhörn
Neuwerk

Brunsbüttelkoog

Stör

Knechtsand

Cuxhaven

Land

Elbe

Krückau

Spiekeroog Wangerooge
Minsener
Oldoog
Mellum

Wursten

Pinnau

Hamburg

Wilhelmshaven

Butjadingen

Bremerhaven

Jadebusen

Weser

N i e d e r s a c h s e n

Bremen

Blåvands
Huk

Varde Å

Skallingen

Langli

Esbjerg

Fanø

Mandø

Rømø

Eider

Sylt

Jordsand

Tønder

> 20 Meter
10–20 Meter
0–10 Meter
Watt

0   5   10 km

Man has been up against nature;
from now on he will be up
against his own nature.

Dennis Gabor in *The Mature Society*

Dieses Buch behandelt das Wattenmeer. Wir erfahren darin,
wie vielseitig und dynamisch das Wattenmeer ist. Daß es
eine Gezeitenlandschaft ist, ein nahrungsreicher Siedlungs-
und Aufenthaltsraum für viele Tiere, reich an Arten und
reich an Individuen je Art. Wir erfahren, wie das Watt entstanden
ist, wie der Boden zusammengesetzt ist, was Sinkstoff und
was Schlick ist, wie sich ein Watt von einem Ästuar und
von einer Lagune unterscheidet. Wir erfahren, welche Pflanzen
und Tiere in einer Umwelt leben können, die so großen
Veränderungen unterliegt; ein Raum, der teilweise zweimal
täglich trockenfällt, dessen Salzgehalt durch die Zufuhr von
Flußwasser nicht konstant ist; ein Raum, in dem Meer, Wind
und Strömungen einen großen und dauernd wechselnden
Einfluß auf die Lebensbedingungen ausüben. Das Buch behandelt
Pflanzen und Tiere im Boden und auf dem Boden, es behandelt
Fische, Seehunde und Vögel.

2 *Wattstrom- und Prielsystem im Dollart*

Dennoch ist das Buch *Wattenmeer* kein naturkundliches Lehr-
buch. Es ist ein Plädoyer für die Erhaltung eines einzigartigen
internationalen Naturraumes. Ein Plädoyer, das über die
Forderung hinausgeht, ein liebgewordenes Stück Natur vor
dem Untergang zu retten. Denn die ökologische Gefährdung,
über die in den letzten Jahren soviel geschrieben worden
ist, wirkt sich zu allererst an den flachen Rändern der Meere
aus, die so sehr wichtig sind, um das Leben in den Meeren
zu erhalten. Es sind die flachen Ränder, von denen schon
so vieles der Schiffahrt, dem Handel und der Industrie zum
Opfer gefallen ist.
Der Wattenraum reicht von Den Helder in den Niederlanden
bis Esbjerg in Dänemark. Kein anderer Gezeitenraum in
Westeuropa ist von so großer Bedeutung für Lebensgemeinschaften auch außerhalb des Raumes, u.a. als Kinderstube für
Fische und als Mauserplatz für Vögel. Der Wattenraum ist
für naturwissenschaftliche Forschung von hervorragender
Wichtigkeit. Er besitzt überdies eine Signalfunktion, durch
die schädliche Folgen menschlichen Verhaltens für das Ökosystem, für Arten und Lebensgemeinschaften in diesem Raum
angezeigt, entdeckt und beseitigt werden können.
Darum behandelt dieses Buch nicht nur Gezeiten und Strömungen, Sedimente und Minerale, Vögel und Bodentiere. Wie
überall ist auch hier der *Mensch* der wichtigste Faktor. Der
Mensch konnte in diesem Raum anfangs *trotz* des Wassers
leben, gegen das er sich mit Wurten und Deichen erfolgreich
schützte; später konnte er hier *wegen* des Wassers leben,
weil er verstand, den Reichtum zu nutzen, den das Meer
anbietet, indem er die fruchtbaren Marschen bedeichte, die
Fische fing, die Muscheln züchtete. Der Mensch stellt nun
eine regelrechte Bedrohung für den Raum dar, weil er sich
so verhält, als wäre er kein Teil seines Ökosystems, sondern
als stände er darüber.
Bis heute kämpfte der Mensch gegen die Natur, sagt Dennis
Gabor. Von nun an wird er gegen seine eigene Natur kämpfen
müssen. „Die gleichen Fähigkeiten, die den nackten Affen
zum Beherrscher der Erde gemacht haben, wenden sich jetzt
gegen ihn: seine Streitsucht, sein ruheloses Suchen nach
Neuem, seine Sehnsucht nach Aufregung und Abenteuer,
selbst seine Tugenden, wie die Liebe zu seinen Nachkommen
und seine sozialen Instinkte, durch die er bereit ist, sich für
sein Volk oder Land aufzuopfern.
Wissenschaft kombiniert mit Nationalismus hat eine Situation
geschaffen, in der ein totaler Krieg die Zivilisation vernichten
könnte. Wissenschaft kombiniert mit Liebe zur Nachkommen-

Das Wattenmeer kann nur erhalten werden auf Kosten von . . . ja, wovon? An Stelle der Pünktchen kann alles mögliche eingesetzt werden, z.B. niedrige Produktionskosten der Industrie im gesamten Stromgebiet des Rheins, Ansiedlung bestimmter Industrien im Emsmündungsgebiet, Übungsmöglichkeiten der Luftwaffe. Kann man hier sagen *auf Kosten von?* Für den, dem die Erhaltung unersetzlicher Naturräume selbstverständlich und notwendig ist, klingt es wie „ein Mensch kann nur Atemholen *auf Kosten von* Bauch- und Brustmuskeln". „Auf Kosten von" schließt ein, daß man abwägt – müßten aber einige Dinge nicht jenseits allen Abwägens liegen? Leider wäre es unrealistisch, wenn man nicht erkennen würde, daß die Erhaltung des Wattenmeeres unserer Gesellschaft „Opfer" zumutet.

Um abzuwägen, welches Interesse am schwersten wiegt, müssen wir zunächst bestimmen, um wessen Interessen es geht. Was geht vor, das Anliegen der „Schöpfung" oder das Interesse des Menschen? Oder gehen diese beiden parallel? Jede Art sowohl bei Pflanzen wie bei Tieren handelt im eigenen Interesse oder in dem der Art. Beim Menschen ist es nicht anders. Wir sind es gewohnt, *anthropozentrisch* zu denken, wir stellen den Menschen in das Zentrum unserer Entscheidungen. Unser Verstand hat uns befähigt, das menschliche Interesse auf eine unglaubliche Weise durchzusetzen. Überall auf der Erde, in den Wüsten, an den Polen, in der Luft, in den Ozeanen, ist das Lebensinteresse anderer Organismen dem der Art Mensch untergeordnet worden. Nun droht der Mensch über sein eigenes Interesse hinauszuschießen, weil er nicht hinreichend begriffen hat, daß die Existenz der anderen Arten auch in *seinem* Interesse liegt. Die ökologische Gefährdung wird oft mit dem Argument beiseite geschoben, daß die Menschheit auch früher schon oft von Ausrottung durch Epidemien und Hungersnöte bedroht gewesen sei. Die Bedrohung hat tatsächlich bestanden, es besteht aber ein wesentlicher Unterschied. Gegen die Pest oder gegen die Folgen einer großen Dürre versuchte der Mensch – wenngleich oft mit geringem Erfolg –, unter höchstem Einsatz seiner einzigartigen Eigenschaft, seiner Denkfähigkeit, anzugehen. Die heutige Gefahr, die ökologische Bedrohung, *entspringt* jedoch aus der Denkfähigkeit, sie ist deren Folge. Von einem anthropozentrischen Standpunkt aus können die Belange des Menschen und die anderer Lebensformen, die Belange von Mensch und Natur nicht gegensätzlich sein. Wenn der Mensch leben will, dann muß er die Natur leben lassen. Die Natur kann sehr gut ohne den Menschen, der Mensch nicht

schaft hat die Überbevölkerung hervorgerufen. Wissenschaft kombiniert mit den alten wirtschaftlichen Tugenden hat Techniken geschaffen, die im Prinzip die menschliche Arbeit, die am wenigsten schädliche Beschäftigung des Menschen, überflüssig machen können. Damit steht uns das Zeitalter des Nichtstuns in Aussicht, auf das wir psychologisch nicht vorbereitet sind." Soweit Dennis Gabor. Ich füge noch hinzu: *Einseitige* Anwendung der Wissenschaft kombiniert mit einseitiger Konsumwerbung und einseitigen Produktionsmethoden hat das menschliche Verlangen nach Glück in das Begehren nach unbegrenzten Mengen von industriellen Gütern und Nahrung verwandelt. Diese Entwicklung hat zur Vergiftung des Wassers, zur Verschmutzung der Luft, zur Erstickung des Bodens und zum Anschwellen der Bäuche geführt. Das „Glück" ist dadurch nicht erreicht worden. Wissenschaft ohne Besonnenheit, Produktion ohne Kontrolle, Konsum ohne Maß haben eine Gesellschaft hervorgebracht, die falsche Prioritäten setzt, die ohne nach rückwärts, ja ohne vorwärts zu blicken weitergeht, die sich ihres eigenen wirklichen Interesses nicht bewußt ist. Die Gesellschaft stellt infolgedessen u.a. eine ernste Gefährdung dar für einen außergewöhnlichen Naturraum wie das Watt, den Menschen nie wieder herstellen können.

4 Hallig Langeneß – Sturm im Januar 1976

ohne die Natur auskommen. Wer den Menschen in die Mitte stellt, stellt damit im Grunde alles Leben in die Mitte.

Natürlich muß sich der Mensch gegen einige andere lebende Arten wehren: Viren, Stechmücken, Raubtiere. Wenn er aber fortfährt, in seinem Verhalten die Natur gering zu schätzen, wenn er sein Denken darauf richtet, *gegen* die Natur statt gegen seine eigene habgierige, rücksichtslose Natur anzukämpfen, wenn er weiterhin denkt, daß ein anthropozentrischer Standpunkt etwas anderes sein könnte als ein Standpunkt, welcher der Naturerhaltung eine zentrale Bedeutung zuerkennt, dann wird der Evolutionsprozeß auf die Dauer zeigen, daß der Besitz des Verstandes für eine Art, wenn er auch anfänglich zu Triumphen führt, dennoch eine Sackgasse ist.

Darum können „Opfer" zur Erhaltung des Wattenmeeres nie echte Opfer sein. Es ist zwar möglich, daß eine Führungsinstanz, die in diesem Raum nicht eingreift (und die bestehenden Eingriffe beseitigt), die Interessen verschiedener Menschengruppen ungleich berücksichtigt. Wenn der Umweltschutz dazu führt, daß die Ungleichheit zwischen den Menschen oder zwischen Gruppen vergrößert wird, dann ist das ein Grund, etwas dagegen zu tun, es ist aber kein Grund, den Umweltschutz aufzugeben.

Arbeitslosigkeit in Räumen, die an das Watt grenzen, muß nicht durch die Ansiedlung von Industrie behoben werden, die für das Wattenmeer schädlich ist, sondern durch eine bessere Verteilung der Arbeitsplätze über das ganze Land. Fremdenverkehr, der störend wirkt, muß nicht nur zu Maßnahmen führen, welche die Watten schützen und der Bevölkerung in bestimmten Landesteilen die Erholungsmöglichkeiten nimmt, sondern außerdem zu Maßnahmen, die neue Erholungsmöglichkeiten schaffen. Energiemangel oder der politisch bedingte Anstieg der Energiepreise muß nicht zur Gasgewinnung im Wattenmeer führen, sondern zu einer besseren Verteilung der Energiestoffe in der Welt in der Überzeugung, daß die Erhaltung eines so wichtigen Naturraumes im *Weltinteresse* liegt.

Leider ist es für politische Beschlüsse kennzeichnend, daß sie es stets mit einem begrenzten Raum und begrenztem Zeitraum zu tun haben. Die Ursache für die räumliche Beschränktheit liegt in der mangelhaften internationalen Zusammenarbeit. Deren Verbesserung könnte für die Umweltpolitik von entscheidender Bedeutung sein. Ökologische Systeme richten sich nun einmal nicht nach Grenzen.

Die zeitliche Beschränktheit ist der Zoll, der entrichtet wird,

5 *Bläßgänse auf Vorland mit Schilfbewuchs*

um keine Diktatur ertragen zu müssen – im System der parlamentarischen Demokratie stehen immer Wahlen vor der Tür.
In der Praxis zeigt sich leider, daß die Parteien es schwer haben, wenn sie sich sehr um langfristige Probleme und wenig um die Interessen ihrer Wähler für heute und morgen bemühen.
Dies ist nicht der Ort, um auf mögliche Heilmittel gegen solche Qualen der politischen Beschlußfassung einzugehen.
Es muß jedoch festgestellt werden, daß es zwei der Gründe sind, wegen der es so schwierig ist, einen Raum wie das Wattenmeer unversehrt zu lassen. Der Wunsch, Naturräume zu schützen, geht weder aus dem Eigentumsrecht noch aus dem Programm *einer* politischen Partei hervor. In fast allen Parteien gibt es Menschen, welche die Rechte der Natur achten wollen, und Menschen, welche die Notwendigkeit dafür nicht einsehen.
Vielleicht ist deshalb der Naturschutz in der Vergangenheit so selten ein politischer Streitpunkt gewesen.
Es sind die einzelnen Bürger, die – in Naturschutzverbänden organisiert oder nicht – in den Niederlanden, der Bundesrepublik Deutschland und Dänemark die Alarmglocke für das Wattenmeer geläutet haben. Bürger, die vielleicht auf parteipolitischem Gebiet Gegner sind, die jedoch Übereinstimmung finden, daß die Grenze erreicht ist; daß nach der Vernichtung von

soviel lebenbringenden Gezeitenlandschaften das Wattenmeer nicht weiter verschlampen darf.
Aus solcher Denkweise heraus ist dieses Buch entstanden.
An die vierzig Autoren haben ihre Fachkenntnis und ihre Überzeugung in dieser Veröffentlichung vereinigt.
Das Buch hat vier Teile.
Im ersten Teil wird die unbelebte Natur behandelt, die Entstehung der Watten seit der Eiszeit, die Bewegungen von Ebbe und Flut, der Sandtransport, die Zusammensetzung von Boden und Wasser, die besonderen geographischen Merkmale der Wattregionen in den Niederlanden, Niedersachsen, Schleswig-Holstein und Dänemark.
Der zweite Teil hat die lebende Natur zum Gegenstand; die Pflanzen und Tiere und ihre gegenseitigen Beziehungen.
Im dritten Teil tritt der Mensch auf. Es wird beschrieben, wie der Mensch nach und nach zum Herrn des Wattenraumes wird und schließlich eine Bedrohung für die Natur darstellt.
Im vierten Teil wird eine Lösung für den Konflikt zwischen Erhalten und Eingreifen im Wattenmeer gesucht. Die Bedeutung des wissenschaftlichen Materials wird besprochen. Die fehlende Verwaltungsstruktur und die Kernpunkte der gesellschaftlichen Gegensätze, die mit dem Problem zu tun haben, kommen an die Reihe. Schließlich zeigt ein Blick in die Zukunft, welche Schritte unternommen werden müssen, um den gesamten internationalen Wattenraum verantwortungsvoll zu steuern.
Was bringt Menschen dazu, ihre Freizeit und ihre Sachkenntnis für die Erhaltung eines Naturraumes einzusetzen?
Bestimmt nicht nur ihre biologische oder geomorphologische oder geophysikalische oder gar soziologische Neugier. In Gesprächen mit den Autoren merkt man, daß es mindestens zwei Gründe gibt. Erstens führt ihre Forschung sie zu der Überzeugung, daß die *Bedeutung* der Erhaltung großer zusammenhängender Naturräume nicht leicht überschätzt werden kann. Zweitens (oder vielleicht besser: an erster Stelle) sind sie Menschen, die den Erlebniswert des Naturraumes erfahren, mit dem sie sich befassen, Menschen, für die das gefühlsmäßige Erlebnis noch wichtiger ist als ihre Naturwissenschaft. Für den freien, ungehemmten, für den emotionalen Menschen ist die Natur ein unentbehrlicher Faktor.
Die Erhaltung des Wattenmeeres kostet Geld, das kann man nicht leugnen. Es kostet vor allem Geld, weil bestimmte gewinnbringende Unternehmen in der Nähe dieses Raumes nicht angesiedelt werden dürfen, weil bestimmte Bodenschätze in diesem Raum nicht gewonnen werden dürfen, weil bestimmte militärische und Fremdenverkehrsaktivitäten hier nicht stattfinden

6 *Garnelenfischer („Krabbenfischer")*

dürfen. Jeder Mensch und auch jede menschliche Gemeinschaft hat die Neigung, sich über ihre Verpflichtungen zu beklagen und ihre Vorteile zu bagatellisieren.

Länder, die an schiffbaren Meeren liegen, in die schiffbare Flüsse münden, ziehen daraus große Vorteile. Sie sollten sich bewußt machen, daß sie dazu die Verpflichtung auf sich zu nehmen haben, die wenigen noch übrigen Gezeitengewässer sorgsam zu betreuen. Denn diese Küstengewässer sind wesentlich für das Leben im Meer. Und wenn die Meere, aus denen das Leben gekommen ist, zugrunde geht, dann kommt der Rest der Erde auch nicht davon. In seinem Buch *Must the seas die?* schreibt Colin Moorcraft: „Es ist schwer, den Rückgang des marinen Ökosystems im ganzen zu überschauen. Der Rückgang ist nun einmal gerade die Folge unseres Unvermögens, das Milieu als Ganzes zu betrachten... Wir wissen aber doch genug, um zu spüren, daß nur noch wenig Zeit vorhanden ist."

Das Problem ist, das Bewußtsein, daß nur noch wenig Zeit vorhanden ist, bei der Bevölkerung und bei den Politikern tatsächlich durchdringen zu lassen.

Das Wattenmeer ist nicht in erster Linie das Eigentum der Niederlande, der Bundesrepublik Deutschland oder Dänemarks. Es gehört den Strand- und Wattschnecken, den Tell- und Pfeffermuscheln, den Herz- und Miesmuscheln, den Krabben und Garnelen, den Seeskorpionen und Strandgrundeln, den Stinten und Stichlingen, der Sprotte und Seezunge, den Seehunden und Kegelrobben, den Austernfischern und Alpenstrandläufern, den Ringelgänsen und Eiderenten, den Säbelschnäblern und Regenpfeifern, den Möwen und Seeschwalben.

Wir Menschen können so viel. Wir haben den Atomkern zergliedert und über hundert Elemtarteilchen darin entdeckt. Diese sind so klein, und einige existieren so kurzzeitig, daß man viel Verstand braucht, um ihre Existenz zu beweisen. Wir haben im Weltall die Quasare entdeckt. Diese sind so weit von uns entfernt, daß wir bei ihrer Betrachtung zurückschauen in eine Zeit, in der das Weltall noch sehr jung war. Im kleinen wie im großen hat die Wissenschaft ungeahnte Geheimnisse ans Licht gebracht. Wir können so viel.

Es wäre für uns Menschen eine Kleinigkeit, alle Lebewesen des Wattenmeeres zu vertreiben oder zu vernichten. Aber nicht nur im Bau eines Protosynchrotons oder eines Radioteleskops äußert sich menschliche Größe. Sie äußert sich auch und vor allem als Bescheidenheit. Sie steht hinter der Überzeugung, daß wir nicht imstande sind, auch nur eine Wattschnecke zu machen und sie zum Leben zu erwecken.

7 *Verschmutzung*
8 *Gefährdung*

9 *Wattengebiet bei Simonszand*

Einleitung Die Watten, wie wir den Komplex von Platen, Schlickbänken, Wattströmen und Prielen nennen, der sich von Den Helder bis über Esbjerg hinaus erstreckt, stellen einen Raum dar, der sich nicht in Ruhe befindet, sondern starken Veränderungen unterworfen ist. Der Charakter dieses Raumes wird in erster Linie durch Strömungen, Brandung und Gezeiten geprägt.

Die auffälligste Erscheinung ist wohl, daß große Teile des Wattenraumes regelmäßig zweimal am Tage trockenfallen. Die während der letzten 200 000 Jahre erfolgten Veränderungen des Küstenraumes der Nordsee, zu dem das Wattenmeer gehört, sind recht gut bekannt. Vor allem auf Grund der Forschung der letzten 25 Jahre über Ablagerung und Abtragung der Schichten im Watt wissen die Geologen jetzt mit Sicherheit, daß es während der vergangenen 600 Mio. Jahre von Zeit zu Zeit Perioden auf der Erde gab, in denen Wattablagerungen entstanden. Vor etwa 200 000 Jahren (Abb. 12) befanden wir uns im Pleistozän, auch Eiszeitalter genannt. In dieser Epoche wechselten sehr kalte Perioden, die sogenannten Eiszeiten, ab mit milderen Perioden, deren mittlere Jahrestemperatur vermutlich etwas höher lag als heute.

Aus Abb. 12 geht bereits hervor, daß die Altersbestimmungen desto unsicherer werden, je weiter wir in der Zeit zurückgehen. Dies beruht teils auf den Grenzen der Meßmethoden, teils darauf, daß die älteren Schichten oft nicht mehr zugänglich oder gar vollständig abgetragen sind. Der Beginn des Pleistozäns liegt vermutlich etwa 2,5 Mio. Jahre zurück. Absätze aus der Saalevereisung und aus jüngeren Vereisungen treten im Wattenraum an die Oberfläche. Die wichtigsten Ablagerungen der Saalevereisung bestehen aus Geschiebemergel, einer Grundmoräne der großen Eiskappe, die sich vom skandinavischen Zentrum aus in unsere Breiten bis etwa zu der Linie Haarlem – Nimwegen – Dortmund – Leipzig erstreckte. Unter *Geschiebemergel* verstehen wir eine aus Ton, Sand und Kies bestehende Ablagerung, die das Eis bei seiner Bewegung vermengt hat. Es kommen auch große Findlinge darin vor, wie wir sie an den Hünengräbern finden.

Vor einigen Wattinseln findet man in der Nordsee Steinfelder wie die Texelschen Steine und das Borkumriff. Dort steht Geschiebelehm an, aus dem das feine Material teilweise ausgespült ist. Daher erklärt es sich auch, warum am Strand von Texel jetzt noch Kies skandinavischen Ursprungs angespült wird. Auch in einigen tieferen Seegaten wie dem Vlie (45 m tief) wird der Geschiebemergel, der in einer Tiefe von 15

Formation	Abteilung	Zeit	Alter in Jahren
			0
Quartär	Holozän	Subatlantikum	
			2800
		Subboreal	
			5000
		Atlantikum	
			7500
		Boreal	
			8800
		Präboreal	
			10300
	Pleistozän	Weichselvereisung	
			70000
		Eeminterglazial	
			80000?
		Saalevereisung	
			200000?

11 *Kies und Muschelnschalen am Strand von Texel*

12 *Geologische Zeittafel*

10 *Wattenmeer zwischen Ameland und Schiermonnikoog, an der Küste das Dorf Wierum*

und mehr Metern unter dem Watt liegt, durch die kräftigen Gezeitenströme angegriffen.

Die Absätze aus dem Eem bestehen großenteils aus muschelführenden Sanden. Viele Muscheln, die damals lebten, kommen noch heute vor, so daß es oft schwierig ist, angespülte Eemschalen von rezenten zu unterscheiden. Es gibt jedoch einige Arten, die bei uns heute nicht mehr vorkommen. Am Strand vieler Wattinseln werden Eem-Muscheln gefunden. Im niederländischen Wattenmeer sind sie vor allem am Strand von Terschelling und Texel und der Sandplate Richel vorhanden. Dieses Plate liegt südöstlich von Vlieland am tiefen Vlie, wo Eemschichten angeschnitten werden.

In Dänemark treten unter anderem bei Esbjerg Eemschichten an die Oberfläche. Diese Schichten bestehen aus Sanden und Tonen, die im östlichen Teil Jütlands fast senkrecht stehen, weil sie durch die Gletscher der letzten, der Weichselvereisung, emporgepreßt wurden. Diese Eiskappe bedeckte den Osten Jütlands und Schleswig-Holsteins. Die Grenze verlief etwa über Flensburg–Hamburg und Berlin, so daß das Eis längst nicht so weit nach Süden reichte wie bei der Saalevereisung. Die Auswirkungen der letzten Eiszeit auf den Wattenraum sind ziemlich gering. Das einzige, was an diese Eiszeit erinnert, ist eine mehrere Meter mächtige Sandschicht, die sog. *Flugdecksande*. Diese kommen im Untergrund fast des ganzen Wattenraumes vor, sie sind von jüngeren Absätzen bedeckt. Wir müssen uns die Decksande als ein Sandpaket vorstellen, das von starken Westwinden im vegetationsarmen Vorland des Inlandeises abgelagert wurde. Die Weichselvereisung hat im westlichen Teil Schleswig-Holsteins und auf dem Boden der Nordsee auch Schmelzwasserabsätze zurückgelassen, die im Meer später durch Brandung und Strömungen ausgespült wurden, so daß das grobe Material, d. h. Kies und Steine, zurückblieb. Der Amrum-Grund gehört zu dieser Art von Steinbänken (Abb. 16).

Am Ende der Weichseleiszeit begann die mittlere Jahrestemperatur langsam zu steigen. Das Holozän, der Zeitabschnitt, in dem wir heute leben, begann. Die Unterteilung des Holozäns basiert – genau wie beim Pleistozän – überwiegend auf Klimaschwankungen, die im Pflanzenwuchs ihren Ausdruck fanden. Unsere Kenntnisse von diesen Veränderungen beruhen vor allem auf der Untersuchung von Pflanzenresten, besonders der Pollenanalyse. Man muß sich vorstellen, daß während einer Vereisung ungeheure Wassermengen als Eis festgelegt waren, so daß der Meeresspiegel erheblich niedriger lag als heute. Die Nordsee lag am Ende der letzten Eiszeit großenteils

14 *Nordseemuscheln*
15 *Wattmuscheln*

13 *Eemzeitliche Muscheln und Mammutzahn aus der Nordsee*

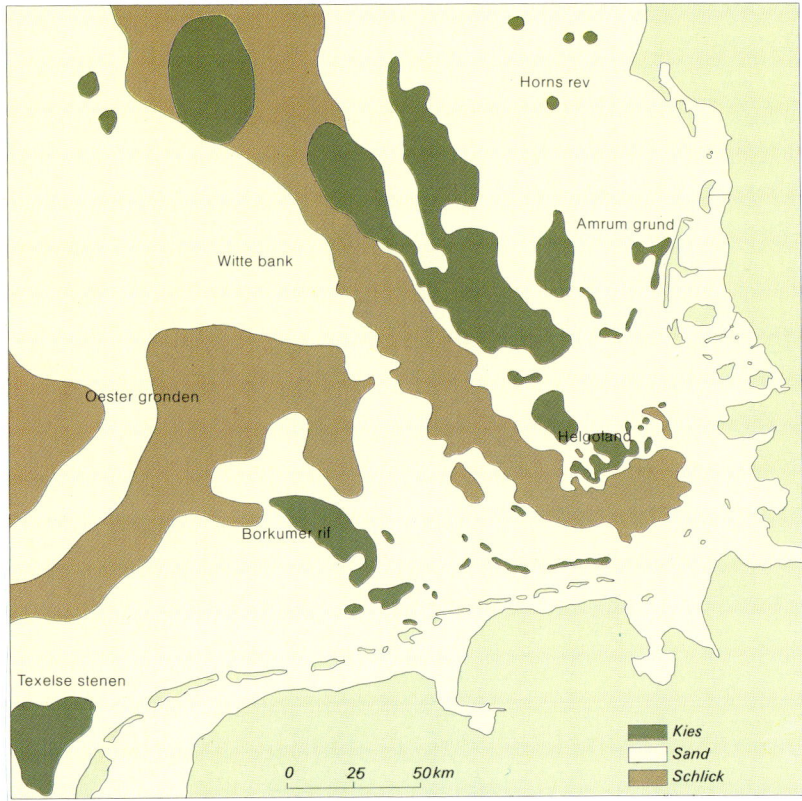

trocken. Man schätzt, daß der Meeresspiegel während der Saalevereisung 120 m und während der Weichselvereisung 100 m niedriger lag als heute. Weil man die Fläche und Dicke der damaligen Eiskappen recht gut kennt, kann man das Volumen des auf dem Lande festgelegten Eises ziemlich genau berechnen. Außerdem ist auch der Wasserinhalt der Ozeane gut bekannt; man weiß ferner, daß fast kein Wasser dem Kreislauf des Wassers auf die Dauer entzogen werden kann.

In der Zwischeneiszeit (Interglazial) des Eem lag der Meeresspiegel etwa in gleicher Höhe wie heute. Die damalige Nordsee besaß keine Wattenküste, wohl aber große Ästuare (Trichtermündungen), die tief in das Land einschnitten. Einem dieser Ästuare, dessen Absätze zuerst bei Amersfoort im Tal des Flüßchens Eem angebohrt wurden, verdankt diese Zwischeneiszeit ihren Namen.

Sedimentation   Die Erdkruste besteht aus Gesteinen, die ihrerseits wieder aus einem oder mehreren Mineralen, chemischen Verbindungen, aufgebaut werden. Man kann drei Gruppen von Gesteinen unterscheiden:
1   Erstarrungsgesteine, z.B. Granit und Basalt.
2   Metamorphe Gesteine, z.B. Marmor, Gneis, Glimmerschiefer.
3   Absatz oder Sedimentgesteine, z.B. Sand, Sandstein, Quarzit, Feuerstein, Ton, Schiefer, Kies, Kalkstein usw.
Der Wattenraum ist ausschließlich aus Sedimenten aufgebaut.
Nach der Korngröße kann man die Sedimente wie folgt einteilen:

Kies	Korngröße	>2 mm
Sand	Korngröße	0,05–2 mm
Schluff (Silt)	Korngröße	0,002–0,05 mm
Ton	Korngröße	<0,002 mm

Man kann diese Einteilung noch verfeinern, wenn man Feinsand (0,05–0,5 mm) und Grobsand (0,5–2 mm) unterscheidet.
Der Begriff *Ton* ist mehrdeutig, ein Geologe, ein Bodenkundler, ein Steinfabrikant, ein Töpfer und ein Bauer werden darunter nicht das gleiche verstehen. Für uns ist der Begriff durch die Korngröße bestimmt. Eine ähnliche Sprachverwirrung herrscht auch bei dem Begriff Schlick. Er darf nicht gleichgesetzt werden mit den feinen Flocken von *Schwebstoffen* im Wasser. Als *Schlick* bezeichnet man das wasserreiche Sediment, das großenteils aus abgesunkenen Schwebstoffen besteht.
Im Watt bestehen diejenigen Teile, die größer sind als 2 mm, hauptsächlich aus Schalenbruchstücken und Geröllen,

16   *Bodenkarte der südlichen Nordsee*
17   *Prielsystem*

18   *Priel im Schlickwatt*

19 *Abbruchkante des Vorlandes*
21 *Vorland bei Sturm*

20 *Schichtenaufbau an der Abbruchkante*
22 *Vorland unter Wasser*

aus Ton und Torf. Gelegentlich kommt auch Kies vor, er enthält meist Feuersteine und Quarzit, aber auch andere Steine wie Granit. Diese Gesteine stammen aus Skandinavien oder aus dem Ostseeraum. Durch Wellen und Gezeitenströme sind sie aus glazialen Absätzen, meist Geschiebelehm, freigespült worden. Derartigen Kies findet man u. a. am Strand von Texel, Griend, Borkum und Amrum.

Die Sedimente im Wattenraum bestehen überwiegend aus Sand und Schluff. 90 % aller Wattsedimente müssen als Sand bezeichnet werden, d. h., die Korngröße ist größer als 0,05 mm. Höchstens 1 % ist größer als 0,5 mm, die restlichen 9 % sind Schluff und Ton. Der gesamte Prozeß, bei dem Teilchen im Wasser absinken und auf dem Boden abgesetzt werden, wird *Sedimentation* genannt. Im Wattenraum kann man parallel zur Küste drei verschiedene Sedimentationszonen unterscheiden. Zur ersten Zone gehört das Gebiet, das unter dem MThw liegt, und in dem Wasser steht. Die *Wattströme*, die mit den Seegaten verbunden sind, liegen in dieser Zone. Die zweite Zone wird vom MTnw und MThw eingeschlossen. Dies ist das Gebiet der *Platen* und trockenfallenden *Priele*: das eigentliche Watt. In dieser Zone leben Pierwürmer, und es gibt Muschelbänke. Die dritte Zone liegt über dem mittleren Hochwasser, sie besteht aus dem Vor- oder Halligland, das durch Vorland- oder Halligpriele entwässert wird.

Das Vorland wird ab und zu bei besonders hohen Wasserständen überflutet. Auf dem Vorland wird das Sediment zwischen den Pflanzen festgehalten. Der feine Sand sinkt vorzugsweise auf der Wattseite des Vorlandes und an den Ufern der Halligpriele ab, während der Schluff weiter landeinwärts abgesetzt wird. Wenn das Wasser zur Ruhe gekommen ist, sinkt auch das feine Material zu Boden. Es bildet auf dem Vorland eine durchgehende Schicht, die eine Dicke von 1–3 cm erreichen kann. Bei ablaufendem Wasser kann ein Teil des feinsten Materials wieder mit weggeführt werden. Nach dem Trockenfallen trocknen die abgelagerten Schichten ein, bei einer neuen Überflutung können sie nicht so leicht vom Wasser wieder mitgenommen werden. Der Vorgang macht verständlich, daß das Vorland aus Sandschichten im Wechsel mit Schluff- und Tonschichten aufgebaut ist. Weil es auf dem Vorland weder Maulwürfe noch Mäuse oder Würmer gibt, bleibt die Schichtung erhalten.

Im eigentlichen Watt wird die Schichtung, die von den Gezeiten bewirkt wird, durch die Wühlarbeit von Würmern, Muscheln und Krebsen wieder zerstört.

Das Sediment wird überwiegend durch die Gezeitenströme zum Watt und im Watt verfrachtet. Unter normalen Bedingungen erreichen diese Strömungen Geschwindigkeiten von mehr als 1 m pro Sekunde, bei Sturm können es an die 4 m pro Sekunde sein. Von jedem Seegat aus reicht ein fächerförmiges System von tiefen Wattströmen in das Watt hinein. Die kleineren Verzweigungen, die besonders in den Schlickgebieten deutlich sichtbar sind, heißen *Priele*. Diese Priele werden besonders vom ablaufenden Wasser benutzt. Weil in ihnen nur eine Strömungsrichtung wirkt, erinnern sie sehr an kleinere Flüsse, schon durch ihre Mäanderbildung. In den tiefen *Wattströmen* ändert die Strömung bei jedem Gezeitenwechsel ihre Richtung. Der Sand wird am Boden entlang transportiert, dabei entstehen die *Strömungsrippeln*. Die Schwebstoffe werden in Suspension, d. h. schwebend, verfrachtet. Die großen Stromgeschwindigkeiten von mehreren Metern pro Sekunde erzeugen in den Seegats *Megarippeln*, das sind Sandriffe mit einem Kammabstand von z. B. 100 m und einer Höhe bis zu 10 m. Die Wattströme sind 5 bis 10 m tief, die Seegats können an 50 m Tiefe erreichen. An der schleswig-holsteinischen Küste verwendet man die Bezeichnung Seegat nicht; hier reichen die Wattströme bis zur offenen Nordsee. Die meisten Wattplaten liegen etwas unter NN, die höchsten Teile können + 0,5 m NN erreichen.

23   *Mega-(Groß-)rippeln bei Rottumeroog*

Die Vorlandoberfläche liegt meist mehr als 0,5 m über dem MThw, was etwa + 1,5 m NN entspricht.

Die Schwebstoffmenge nimmt von den Seegats zur Festlandküste hin zu. Sie beträgt etwa 8 mg je Liter im Seegat und 100 mg/Liter in 20 km Entfernung davon. Diese *nach innen zunehmende Schwebstoffkonzentration* erklärt sich aus folgenden Tatsachen:

1 Die schwebenden Teilchen sinken bei abnehmender Stromgeschwindigkeit ab. Während des Sinkens werden sie jedoch von der Strömung noch etwas weiter landwärts verfrachtet.

2 Vom Ebbstrom werden einige Teilchen wieder aufgewirbelt; für die Verfrachtung eines schon abgesunkenen Teilchens ist jedoch eine stärkere Stromgeschwindigkeit erforderlich als zum Absinken desselben Teilchens (23-).

3 Obgleich bei Hochwasser die Wattströme tiefer sind, ist durch die Überflutung der Wattflächen die gesamte Wasserfläche viel größer, so daß die *mittlere* Tiefe geringer ist als bei Niedrigwasser. Dadurch kann während des Hochwasserkenterns (dem Übergang von Flut zu Ebbe) mehr Schwebstoff abgesetzt werden; denn während des Niedrigwasserkenterns (dem Übergang von Ebbe zu Flut) kann nur in den Wattströmen der Schwebstoff aus der untersten Wasserschicht absinken.

4 Der Zeitraum mit geringen Stromgeschwindigkeiten ist

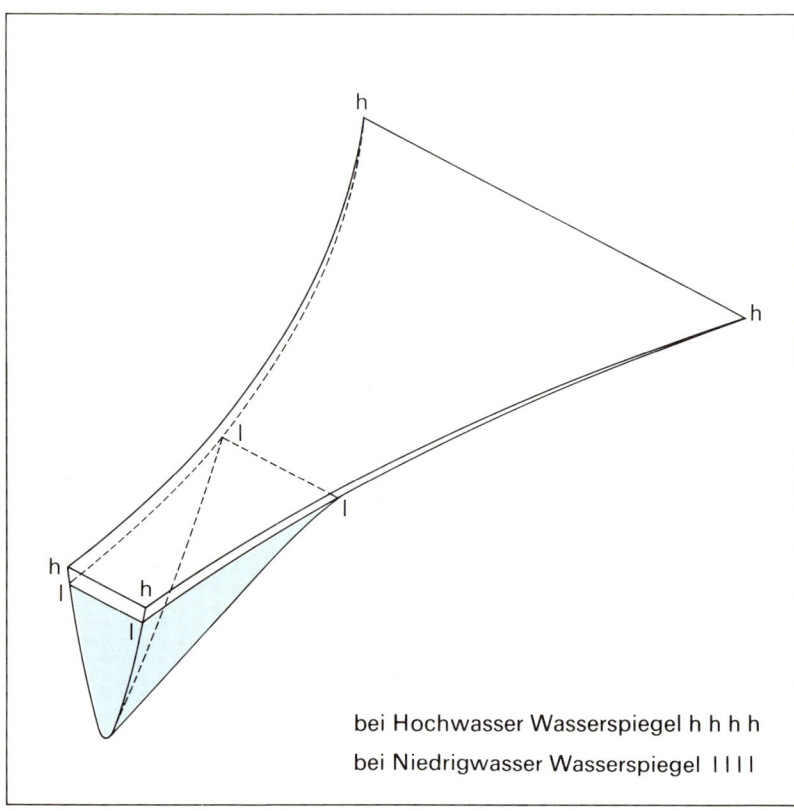

bei Hochwasser Wasserspiegel h h h h
bei Niedrigwasser Wasserspiegel l l l l

24 *Gezeitenbecken im Wattenmeer (Schema)*

während des Niedrigwasserkenterns viel kürzer als beim Hochwasserkentern; bei letzterem steht also mehr Zeit zum Absinken zur Verfügung.

Gleichzeitig verzögern diese Vorgänge den Abtransport von Schwebstoffen im Wattenmeer. Eine Folge ist auch, daß die Sedimente im Wattenmeer feiner werden, je weiter sie vom Seegat entfernt abgesetzt werden. Die kleinen Schwebstoffflocken, die durch die Seegats in das Wattenmeer gelangen, haben mit weniger als 2 mm/sek eine sehr geringe Geschwindigkeit. Diese feinsten Teilchen würden auch während des Stromkenterns nicht absinken, wenn sie nicht von *Muscheln* wie der Herz-, der Mies- oder der Sandklaffmuschel aus dem Wasser gesiebt und als Kotballen wieder ausgeschieden würden.

Die Zahl dieser Muscheln geht in die Milliarden, ihre jährliche Kotproduktion liegt denn auch in der Größenordnung von Dutzenden von Millionen Tonnen Sediment.

Das abgesetzte Sediment wird ferner durch *Diatomeen*, kleine einzellige Kieselalgen, die auf dem Schlick leben, zusammengehalten. Wenn sie von einer neuen Sinkstoffschicht bedeckt werden, kriechen sie nach oben, weil sie Licht benötigen. Bei dieser Fortbewegung scheiden sie eine Schleimschicht aus, die den Sinkstoff verklebt. Die Lebensweise der Diatomeen und Muscheln wird in Kapitel 8 erläutert.

Sandige Wattablagerungen enthalten etwa 1 % organische Stoffe, im feineren Schlick sind es 5–10 % (26-). Die Wattsedimente bestehen also größtenteils aus mineralischen Bestandteilen, zu denen Gesteinstrümmer und Mineralteilchen gehören. Der wichtigste mineralische Bestandteil des Sandes und des Schluffs im Wattenmeer ist *Quarz.* Auch *Glimmer* und *Feldspat* sind häufig. Ferner gibt es Karbonate wie *Kalzit* (kohlensaurer Kalk) und *Dolomit* (21-).

Die Tonfraktion enthält viele *Tonminerale*, das sind wasserhaltige Aluminiumsilikate von sehr unterschiedlicher Zusammensetzung und Quarzsplitter. Wichtige Tonminerale sind Illit, der an 80 % der Tonmenge stellen kann, Kaolinit mit 5–10 % und Montmorillonit mit 5–10 % (9-).

Auch *Eisenverbindungen* bilden einen wichtigen Bestandteil der Wattsedimente. Das Eisen kann nicht direkt aus dem Meerwasser kommen, denn dieses enthält nur 3,4 Millionstel Gramm Eisen je Liter in gelöster Form.

Das meiste Eisen wird in Eisenhydroxidhäutchen, die kleine Teilchen umgeben, durch die Seegaten antransportiert. In den obersten Zentimetern des Watts befindet sich das Eisen überwiegend als Hydroxid, das an der Luft oxydiert und dabei die oberste Schicht hellbraun färbt. Anaerobe Bakterien, das sind Bakterien, die keinen freien Sauerstoff zum Leben benötigen, sind in der Lage, diesen Eisenhydroxiden Sauerstoff zu entziehen. Diesen Vorgang nennt man reduzieren. Auch die Sulfationen aus dem Seewasser werden reduziert, wobei Schwefelwasserstoff entsteht. Dieses Gas riecht nach faulen Eiern. Der Schwefelwasserstoff reagiert mit den Eisenhydroxiden, wobei fein verteilte Eisensulfide entstehen. Diese färben die tieferen Schichten schwarz. Durch weitere chemische Umsetzungen können Pyritkörnchen entstehen, die in noch größerer Tiefe die Schichten grau färben.

Herkunft der Wattsedimente   Der Sand im Wattenmeer könnte einen verschiedenen Ursprung haben.
1   Ältere Sandablagerungen im Untergrund der Watten werden durch die Gezeitenströme erodiert und transportiert.
2   Der Sand wird durch Abbruch der Wattinseln frei.
3   Der Sand stammt vom Nordseeboden.
4   Die Flüsse Ems, Weser und Elbe liefern den Sand.
Im letzten Fall scheidet der heutige Rhein als Lieferant aus, weil Messungen beweisen, daß der Rhein keinen Sand mehr ins Meer bringt.
Der Untergrund der Watten könnte angesichts der beschränkten Zahl der Wattströme die große Masse des Sandes niemals liefern. Übrigens würde man das Problem nur verlagern, da man nun die frühere Sandablagerung zu erklären hätte. Wenn man annimmt, daß der Dünenabbruch der Wattinseln etwa 200 bis 300 m im Jahrhundert beträgt, würde dies bei einer mittleren Dünenhöhe von 15 m eine Sandschicht von 24 mm im Jahr für das Watt bedeuten, falls der gesamte Sand aus dem Abbruch im Wattenmeer bliebe.
Einen entsprechenden Abbruch hat man bei vielen Inseln wie Vlieland, Terschelling, Juist, Wangerooge und Sylt gemessen. Dennoch stimmt die Theorie nicht. Das wird deutlich, wenn man den *Medianwert* der verschiedenen Sedimente vergleicht. Der Medianwert eines Sediments ist die Korngröße, welche die gröbere Hälfte von der feineren Hälfte der Kornzahl einer Probe teilt. Einige Wattflächen haben einen Medianwert von z. B. 0,11 mm, während man für die Strände und Dünen der Watteninseln viel höhere Werte findet. Der mittlere Medianwert für den Strand von Texel ist 0,22 mm, für Ameland 0,17 mm, für Norderney 0,18 mm, für Wangerooge und für die Halbinsel Skallingen 0,20 mm, also immer erheblich höher als bei den Wattflächen.
Wenn wir die grobsandigen Wattstromsedimente einmal beiseite lassen, kann also höchstens der feinere Sand aus

dem Abbruchmaterial der Inseln in die Wattsedimente gelangt sein. Der meiste Sand, der durch Abbruch der Wattinseln frei wird, wird über Seegat und Riffbogen letzten Endes am Strand der nächsten Insel abgesetzt.
Die dritte Theorie wurde in den Niederlanden und in Deutschland geprüft. Es ergibt sich, daß bis zur 20-Meter-Tiefenlinie die Zusammensetzung des Meeresbodens etwa den der Strände (28-) gleich ist. In der Nordsee liegt der Medianwert bei einer Tiefe von 40 m jedoch bei 0,11 mm. Dorther könnte das Wattmaterial nach der Korngröße also durchaus stammen. Man kann den Transport aber nicht beobachten, er würde auch nicht in das Schema der heutigen Meeresströmungen passen.
Eine vierte Möglichkeit wäre, daß die Flüsse den Sand in das Watt bringen. Man hat dazu zahlreiche Sandproben aus Ems, Weser und Elbe auf Schwerminerale untersucht. Als *Schwermineral* bezeichnet man diejenigen Mineralkörner, die in Bromoform, einer Flüssigkeit mit dem hohen spezifischen Gewicht von 2,9, absinken, es sind meist weniger als 2 %. Die Zusammensetzung der Schwerminerale in den Wattsanden stimmt weitgehend mit der im Küstenstreifen der Nordsee überein und weicht von der in Weser und Elbe gänzlich ab. Auch die übrigen Minerale, die *leichten Minerale*, mit einem spezifischen Gewicht unter 2,9 wurden untersucht. Das wichtigste Mineral ist Quarz, da er aber der Hauptbestandteil aller Sände rund um die Nordsee ist, hilft er uns auch nicht viel weiter.
Feldspat und Glimmer stellen den Rest der leichten Minerale in den Wattsedimenten. Die Prozentgehalte an leichten Mineralen im Watt stimmen mit denen im Sediment des Nordseebodens weitgehend überein, nicht jedoch mit den Gehalten im Material aus Ems, Weser und Elbe.
Für den Schluff gelten ähnliche Bedingungen (4-). Auch der Ton wurde untersucht (9-). Das Verhältnis der wichtigsten Tonminerale im Wattenschlick und im Sinkstoff aus der Nordsee ist fast gleich, es ist jedoch unterschiedlich in Proben aus Ems, Weser und Elbe. Dagegen besteht zwischen Rhein- und Wattenschlick Ähnlichkeit. Seit 20 Jahren wissen wir zuverlässig, daß ein großer Teil des feinen Materials im westlichen Teil der niederländischen Watten aus dem Rhein stammt. Dieser Schwebstoffstrom bewegt sich an der Küste entlang und gelangt durch die Seegaten, vor allem durch das Marsdiep, in das Wattenmeer. Vor der niederländischen Westküste enthält dieser Strom 125 mg/Liter Trockensubstanz an Schwebstoffen.

Im Rhein sind außerdem erhebliche Mengen von *giftigen Schwermetallen* vorhanden, wie Zink, Blei, Kupfer, Arsen und Quecksilber. Das Rheinwasser enthält 0,3 mg/l Zink und 0,0012 mg/l Quecksilber. In der viel weniger verschmutzten Ems liegen die Werte viel niedriger. Sinkstoffproben unter 0,016 mm aus den Schlickflächen vor der Groninger Küste ergeben 1,6 mg Quecksilber je kg (7-).

Diese an Schwebstoffpartikel gebundenen oder in Wasser gelösten Schwermetalle kommen aus den Flüssen ins Meer. Im Mündungsraum des Flusses werden Metalle teilweise frei, weil das organische Material der Schwebstoffe abgebaut wird. Die Reste gehen in Lösung, sie können organische Metallverbindungen bilden.

Untersuchungen des Wattenschlicks auf den *Mangangehalt* erwiesen den großen Einfluß der Flüsse wie Rhein und Elbe. Vor der Küste von Westfriesland wurden in der Schwebstofffraktion unter 0,016 mm 2,6 g Mangan je kg, bei Sylt 3,3 g je kg gefunden (12-). Das Meer enthält 0,4 millionstel g Mangan pro Liter, während der Schwebstoff des Rheins 2,6 mg/kg und der Elbe 4,3 mg/kg enthält. In den feinen Sedimenten Schleswig-Holsteins herrscht also der Einfluß der Sinkstoffe aus der Elbe vor (12-). Von den *Karbonaten* der Wattsedimente

werden schätzungsweise 25 % von den Organismen im Wattenmeer selbst erzeugt, 20 % kommen direkt aus den großen Flüssen wie Rhein und Maas, und der Rest ist von Organismen in der Nordsee aufgebaut worden (25-). Seewasser enthält 400 mg Kalzium im Liter. Daß über die Hälfte der Karbonate aus der Nordsee stammt, wird durch den Schalengrus von Nordseemuscheln, durch die Stacheln eines Seeigels, der fast nur in der Nordsee lebt, und durch angespülte Mikrofossilien aus der Nordsee bewiesen. Es kommen auch Mikrofossilien vor, die viel älter sind und wahrscheinlich aus Kreidegesteinen, wie den Kliffs bei Dover stammen.

Das organische Material in den Wattsedimenten stammt teilweise aus der Nordsee. Man schätzt die Produktion an organischer Trockensubstanz in der Nordsee im Mittel auf 250 g/m² im Jahr. In den Küstenräumen ist diese Primärproduktion größer, denn Stickstoff, Phosphor und Licht, von denen sie u.a. abhängt, stehen hier in größerer Menge zur Verfügung. Die Zufuhr von organischem Material aus der Nordsee entspricht einer Produktion von 200 g/m² im Jahr, wozu noch die Eigenproduktion des Wattenmeeres mit 300 g/m² im Jahr kommt, so daß im Wattenmeer jährlich 500 g an organischen Stoffen je m² zur Verfügung stehen (27-).

25 *Restströme in der Nordsee im August*

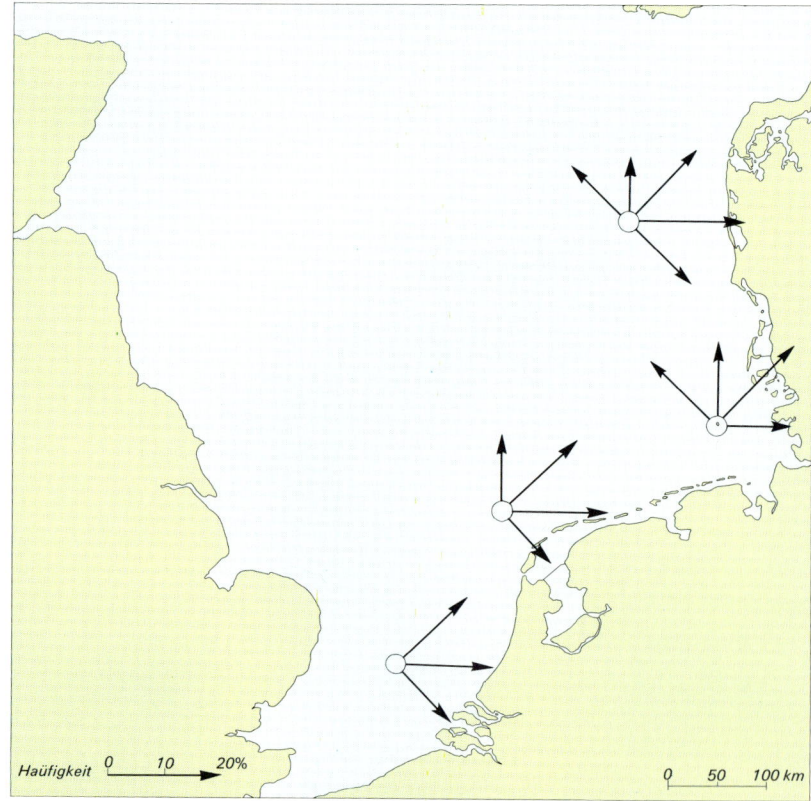

26 *Windverteilung im Januar. Die Pfeillänge gibt die Häufigkeit in Prozent wieder. Die Pfeilrichtung entspricht der Windrichtung. Nur die wichtigsten Windrichtungen sind wiedergegeben.*

Das ist viel, denn in den meisten Ozeanen wurden nur 150 g/m²
im Jahr gemessen. Auch Ausraum aus alten Torfschichten,
die von Wattströmen angeschnitten werden, kann in die
Wattsedimente gelangen, ebenso Blätter, Blütenstaub und
Samenhaare. Zusammengefaßt ergibt sich für die Herkunft
der Wattsedimente:

1　Sand kommt aus dem Küstenvorfeld der Nordsee.
2　Schluff kommt ebenfalls großenteils aus dem Küstenvorfeld.
3　Ton stammt direkt aus den großen Flüssen.

Wind, Wellen, Strömungen, Gezeiten　　Es ist bekannt,
daß der Wind auf dem Wasser Wellen hervorbringt. Meist
werden bei stärkerem Wind höhere Wellen entstehen. Wie
der Wind auf die Meeresoberfläche einwirkt, ist nicht genau
bekannt. Die Wellenbewegung pflanzt sich an der Meeresoberfläche fort, die Wasserteilchen selbst beschreiben in tiefem
Wasser kreisförmige, in flachem ellipsenförmige Bewegungen.
Wenn wir auf dem Meer eine Welle sich schnell nähern sehen,
bewegt sich also nicht etwa eine Wassermasse mit dieser
Geschwindigkeit auf uns zu. In tiefem Wasser wird die vorwärts
gerichtete Geschwindigkeit der Wasserteilchen auf den Wellen-
kämmen kleiner sein als die Fortpflanzungsgeschwindigkeit

der Wellen. In flachem Wasser nimmt die Geschwindigkeit
der Welle ab, die vorwärts gerichtete Geschwindigkeit der
Wasserteilchen dagegen zu. Wenn die Geschwindigkeit der
Wasserteilchen größer wird als die Fortpflanzungsgeschwindigkeit
der Welle, wird das Wasser des Wellenkamms die ursprüngliche
Welle überholen: Die Welle bricht sich. Das herabgestürzte
Wasser läuft durch die erteilte Beschleunigung ein Stück
am Strand aufwärts, kommt zum Stillstand und flutet zurück.
Außer den direkt vom Wind erzeugten Wellen gibt es die
Dünung, die aus abgewandelten Wellen eines entfernten
Sturmgebietes besteht. Die Windwellen werden in der Richtung,
in die der Wind weht, größer, die *Dünung* dagegen allmählich
schwächer.

Infolge der herrschenden Windrichtungen und dem Einfluß
des Golfstroms gibt es an der Oberfläche der Nordsee ein
System von *Restströmen* (Abb. 25). Diese sind meist viel
schwächer als die Gezeitenströme. Wenn man die Restströme
in der Nordsee im August mit denen des Februars vergleicht,
ergibt sich kein großer Unterschied. Während des ganzen
Jahres besteht entlang der Wattenküste eine Strömung, die
im allgemeinen nicht stärker als 0,5 m/sek, meist geringer
als 0,1 m/sek ist. Die Geschwindigkeit der Restströmung

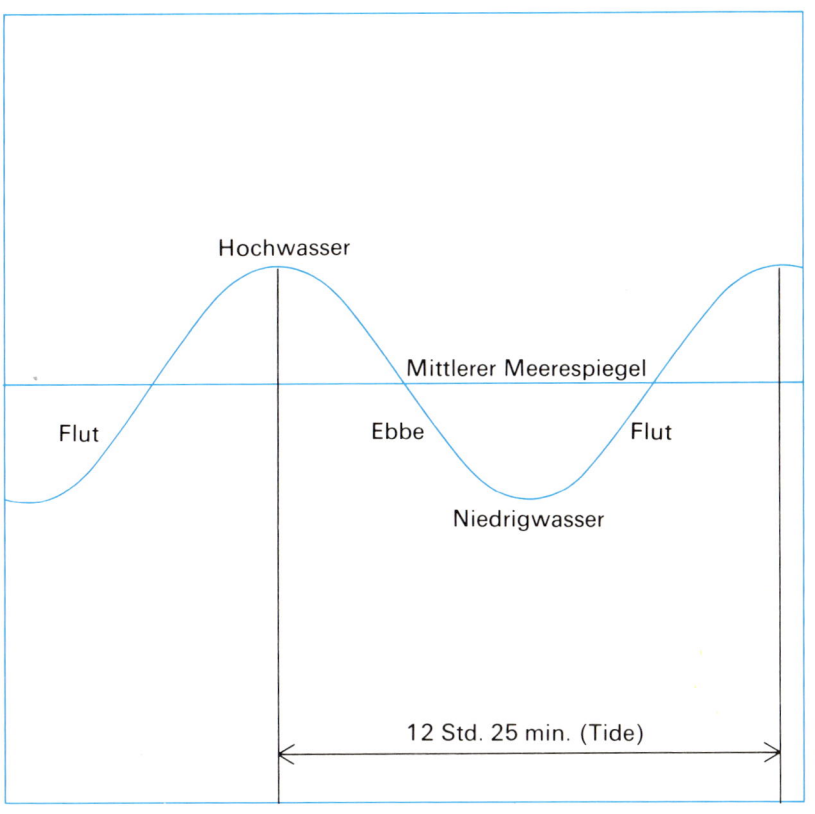

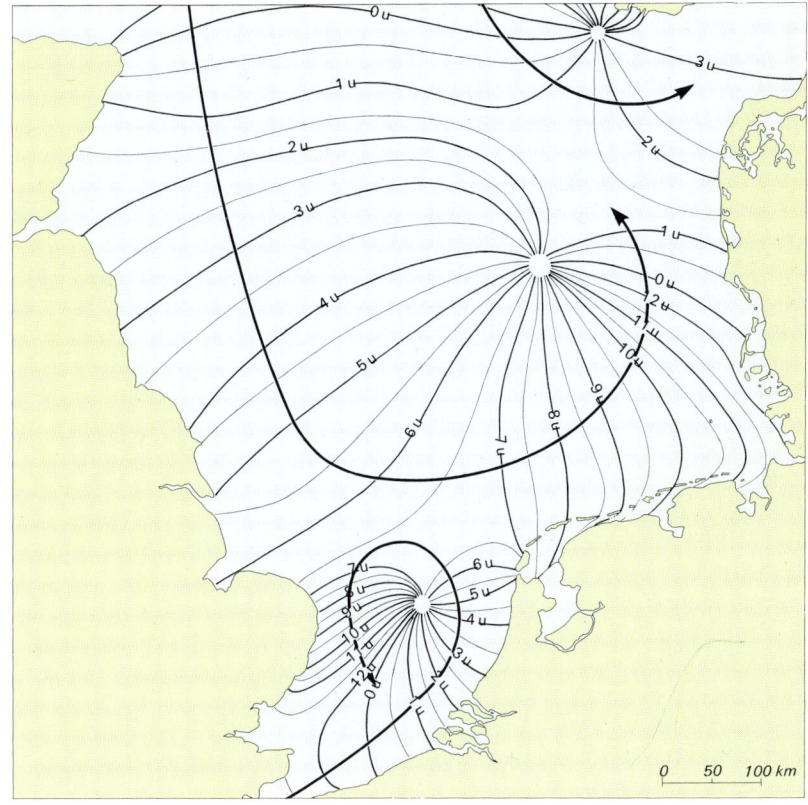

27　*Schema der Gezeitenbewegung*　　　　28　*Flutstundenlinien (z. B. 6 u = 6 Std.) für MThw*

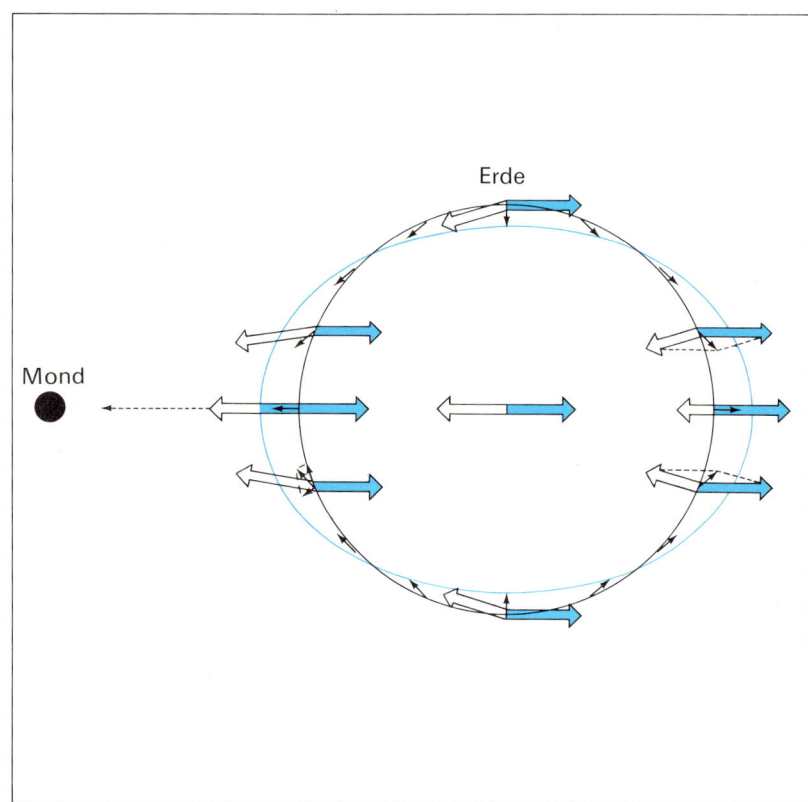

ist gut bekannt aus Messungen der Feuerschiffe, die auch
Beobachtungen über Wind und Wellen anstellen.
Der Wind kommt im südöstlichen Küstenraum der Nordsee
während 70 % der Zeit aus westlichen Richtungen mit Stärken
von 4 bis 7 (Abb. 26). Der Unterschied zwischen Januar
und Juli liegt hauptsächlich darin, daß im Winter die mittlere
Windstärke größer ist als im Sommer. Die *Wellenrichtungen*
in der Nordsee und im Wattenmeer stimmen mit den Windrich-
tungen nahezu überein. Die kräftigste Dünung kommt aus
Nordwesten, ihr Ursprung liegt dann im Atlantik.
Die *Wellenhöhe*, der Abstand zwischen Wellenkamm und
Wellental, kann in der südlichen Nordsee bei sehr schwerem
Sturm 10 m erreichen, während im Wattenmeer in Küstennähe
Wellen von 4 m gemessen wurden.
Unter *Gezeiten* versteht man das periodische Steigen und
Fallen des Wasserspiegels infolge der Anziehungskraft des
Mondes und der Sonne auf die rotierende Erde. Auch die
Gezeitenbewegung ist eine Wellenbewegung.
Man spricht von *Flut* oder auflaufendem und von *Ebbe* oder
ablaufendem Wasser. Der maximale Wasserstand während
dieses Zyklus heißt *Hochwasser*, der minimale *Niedrigwasser*.
Die Mittelwerte werden als MThw (Mittleres Tidehochwasser)

und MTnw (Mittleres Tideniedrigwasser) bezeichnet. Die
Differenz zwischen MThw und MTnw heißt Tidenhub. Die
Gezeiten werden von *Gezeitenströmen*, die in Ebbe- und
Flutströme zu unterscheiden sind, hervorgerufen. Das sind
periodische Horizontalbewegungen des Meerwassers. Die
unperiodischen Horizontalbewegungen des Meerwassers,
die durch Unterschiede der Temperatur und des Salzgehalts,
vorherrschende Windrichtungen usw. bewirkt werden, nennt
man *Meeresströmungen*. Die Gezeiten gelangen auf zwei
Wegen in die Nordsee: im Norden zwischen Schottland und
Norwegen und im Süden durch die Straße von Dover. Der
weite nördliche Zugang hat zur Folge, daß der Wasserspiegel
der Nordsee mit den Gezeiten des Ozeans mitschwingt, wobei
eine stehende Welle entsteht. Die durch die Erdumdrehung
entstehende ablenkende Kraft bewirkt in der Nordsee eine
linksdrehende Bewegung der Gezeitenwelle.
Durch die geringere Tiefe und durch die Trichterform erreicht
in der südlichen Nordsee der *Tidenhub* hohe Werte. Die
Gezeitenwelle, die an der norwegischen Küste entlangläuft,
ist unbedeutend und bewirkt einen Tidenhub von nur 25 cm,
sie wird durch das breite Skagerrak und das Kattegat abgeschwächt, bevor sie in die Ostsee eindringt. Die Straße von

Dover ist zu schmal, um die kräftige Gezeitenwelle aus dem Kanal ungeschwächt durchzulassen. Nur an der niederländischen Westküste spielt diese Gezeitenwelle eine Rolle (Abb. 28). Unweit der niederländischen Westküste liegt ein *amphydromischer Punkt*, ein Ort, an dem der Tidenhub Null ist. Daher nimmt der Tidenhub nach Norden etwa bis Texel ab, um von da an nach Osten unter dem Einfluß der nördlichen Gezeitenwelle wieder zuzunehmen. Deren amphydromischer Punkt ist viel weiter von der Küste entfernt als der zur Kanalwelle gehörende Punkt.

Die Wattenküste gehört ganz zum Bereich der Gezeitenwelle, die von Norden her in die Nordsee eindringt. Im Wattenmeer fällt das *Kentern*, die Umkehrung der Richtung der Gezeitenströme, etwa mit dem Zeitpunkt von Hoch- und Niedrigwasser zusammen. Die Geschwindigkeiten der Ebb- und Flutströme nehmen zum Land hin ab. Wegen des stärkeren Flutstromes ist die Dauer der Flut im Wattenmeer geringer als die der Ebbe. Man muß daher auf dem Watt mit ziemlich schnell auflaufendem Wasser rechnen.

Der Flutstrom läuft nördlich der Wattinseln etwa von Westen nach Osten, der etwas weniger starke Ebbstrom von Osten nach Westen. Dadurch wird hier effektiv Wasser von Westen nach Osten verfrachtet. Dadurch, daß bei den West-Ost-orientierten Wattinseln der Flutstrom östlich einer Insel etwas später eindringt als durch das Seegat im Westen, liegen die *Wattwasserscheiden* zwischen den beiden Einzugsgebieten nicht genau in der Mitte hinter den Wattinseln, sondern etwas östlich davon. Für die Süd-Nord-orientierten Inseln ist die Lage entsprechend, hier verschieben sich die Wasserscheiden etwas nordwärts. Die *Flutstundenlinien*, die Linien, an denen das mittlere Hochwasser bzw. das mittlere Niedrigwasser gleichzeitig eintreten, liegen an den beiden Enden einer Insel oft eine Stunde auseinander. Durch die Arbeit der Gezeitenströme entstehen Ebb- und Flutrinnen und Fluthaken. Als *Ebb-* und *Flutkeile* bezeichnet man kurze Seitenäste, die von einem Seegat oder Wattstrom abzweigen. Flutrinnen sind viel häufiger als Ebbrinnen, weil der Flutstrom überwiegend den Wattströmen folgt. Ein *Fluthaken* ist eine vom Flutstrom geschaffene hakenförmige Sandbank, die an der Wattseite des Seegats mit der Insel verbunden ist. Man hat berechnet, daß die gezeitenerzeugenden Kräfte von Sonne und Mond sich wie 4:9 verhalten. Diese Kräfte können sich gegenseitig verstärken oder abschwächen, so daß das Verhältnis der Extremwerte 13:5 ist, was sich auf den Tidenhub

31 *Eisschollen auf dem Kniepsand vor Amrum*

entsprechend auswirkt. Maximale Verstärkung tritt ein, wenn
Sonne und Mond auf einer Linie mit der Erde stehen. Dann
ist Vollmond oder Neumond, es herrscht *Springtide* mit einem
höheren Wasserstand und einem tieferen Niedrigwasserstand
als normal.
Wenn die Verbindungslinie Erde – Mond senkrecht auf der
Linie Erde – Sonne steht, spricht man vom ersten oder letzten
Viertel. Dazu gehört die *Nipptide* mit einem niedrigen Hoch-
wasser- und einem höheren Niedrigwasserstand als normal,
also mit einem kleineren Tidenhub. In Wirklichkeit tritt
eine Verzögerung im Wellenablauf der Gezeiten ein, so daß
Spring- und Nipptide nicht genau mit den Mondphasen zusam-
menfallen, sondern einige Tage später eintreten. Im Wattenraum
liegen die Unterschiede von Spring- und Nipptide gegenüber
dem mittleren Hochwasser in der Größenordnung von 50 cm.
Zwischen Salzgehalt, spezifischem Gewicht und Temperatur
von Meerwasser besteht ein Zusammenhang. Je mehr aufgelöste
Salze im Meerwasser vorhanden sind, desto höher ist das
spezifische Gewicht. Meerwasser hat bei + 20° C und normalem
Luftdruck einen Salzgehalt von 35 ‰ und ein spezifisches
Gewicht von 1 027. 77,8 % der gelösten Salze sind Kochsalz.
Bei niedrigerer Temperatur nimmt das spezifische Gewicht
des Seewassers zu, bis es bei – 2° C gefriert. Flußwasser
ist leichter, das Wattenmeer enthält Brackwasser, das auch
leichter ist als Meerwasser. Der Salzgehalt im Wattenmeer
ist von Ort zu Ort verschieden, weil an einigen Punkten
viel Flußwasser zugeführt wird (IJsselmeer, Ems, Weser,
Elbe). Die südliche Nordsee hat an der Oberfläche einen
Salzgehalt zwischen 31 und 35 ‰, das Wattenmeer 16 bis
34 ‰. Infolge der Unterschiede im spezifischen Gewicht
wird der eingehende Flutstrom in den Seegats am Boden
verstärkt werden, weil das schwerere Wasser aus der Nordsee
unter dem leichteren Wasser aus dem Wattenmeer buchstäblich
durchtaucht. Während der Ebbe wird der ausgehende Ebbstrom
gerade an der Oberfläche verstärkt werden (6-). Dadurch
mitbedingt, kann der Flutstrom am Boden leichter Sand
verfrachten. In der Mitte der südlichen Nordsee schwankt
die Temperatur jährlich zwischen 6,5 und 16,5°C, im Wattenmeer
jedoch von 1° bis 18°C. Auch niedrigere Temperaturen kommen
vor, so daß das Wattenmeer zufrieren kann. Die Messungen
von Temperatur, spezifischem Gewicht und Salzgehalt werden
im Wattenmeer dadurch sehr erschwert, daß außer einer
stark wechselnden Zufuhr von Flußwasser zweimal täglich
große Schwankungen des Wasserstandes und wechselnde
Strömungen auftreten.

Landsenkung   Schon im Tertiär, der geologischen Epoche,
die dem Quartär vorangeht, beginnt das Nordseebecken
mehr oder weniger seine heutige Gestalt anzunehmen. Dies
ist das Ergebnis einer Senkung, die auf geologischen Bewegungen
in der Erdkruste beruht. Man nennt sie *tektonische Senkung*.
Tertiär und Quartär zusammen sind an der Küste 1000 m,
in der Mitte der Nordsee bis 3500 m mächtig.
Es sind auschließlich Meeressedimente, und wir dürfen annehmen,
daß die Sedimentation mit der Senkung des Beckens meistens
Schritt halten konnte. Weil für die Ablagerung dieser mächtigen
Schichten etwa 70 Mio. Jahre zur Verfügung standen, lag
die mittlere *Sedimentationsgeschwindigkeit* zwischen 0,1 und
0,5 cm im Jahrhundert. Vermutlich liegt die Senkung des
Nordseeraums in der gleichen Größenordnung von höchstens
einigen cm im Jahrhundert. Die tektonische Senkung war
schon im Gange, bevor die pleistozänen Eiskappen die Erdkruste
eindrückten. Nach dem Abschmelzen dieser Eismasse ist
durch die Gewichtsentlastung die Erdkruste wieder gestiegen.
In Skandinavien steigt der nördliche Teil des Bottnischen
Meerbusens heute noch 1 m im Jahrhundert. Teilweise wird
hier eine tektonische Hebung mitwirken, andererseits wirkt
sich hier das Abschmelzen der letzten großen Eiskappe vor
12 000 Jahren aus.
Es ist fraglich, ob dieser Ausgleichsvorgang, die *Isostasie*,
heute auch in der Nordsee und ihren Küstenräumen noch
eine Rolle spielt, weil Schwerkraftmessungen in der Nordsee
zeigen, daß hier in der Erdkruste isostatisches Gleichgewicht
herrscht (3-). Für das Pleistozän finden wir eine Mächtigkeit
von 300 m in den Küstenräumen, das ergibt bei einer Dauer
von 2,5 Mio. Jahren eine Senkung von 1 cm im Jahrhundert.
Für das Holozän liegen die Zahlen höher. Weil die geologische
Dauer so kurz und die Mächtigkeit der Absätze so gering ist,
ist es schwieriger, den Einfluß der Senkung im Holozän festzustellen. Bei einer Dauer von rund 10 000 Jahren und einer
Mächtigkeit von etwa 20 m ergibt sich eine Sedimentationsgeschwindigkeit von 20 cm im Jh., das ist weit mehr als im
Pleistozän oder im Tertiär. Zweifellos ist der hohe Wert
für das Holozän eine Folge des Meeresspiegelanstiegs.
Der Einfluß der Senkung muß durch genaue Nivellements
ermittelt werden. Wenn man die Höhe des Meeresspiegels
bestimmen will, muß man bei den Beobachtungen von einer
festgelegten Niveaufläche ausgehen.

Nivellements   Die Ergebnisse des niederländischen *Fein-
nivellements* von 1926 bis 1940, verglichen mit dem von

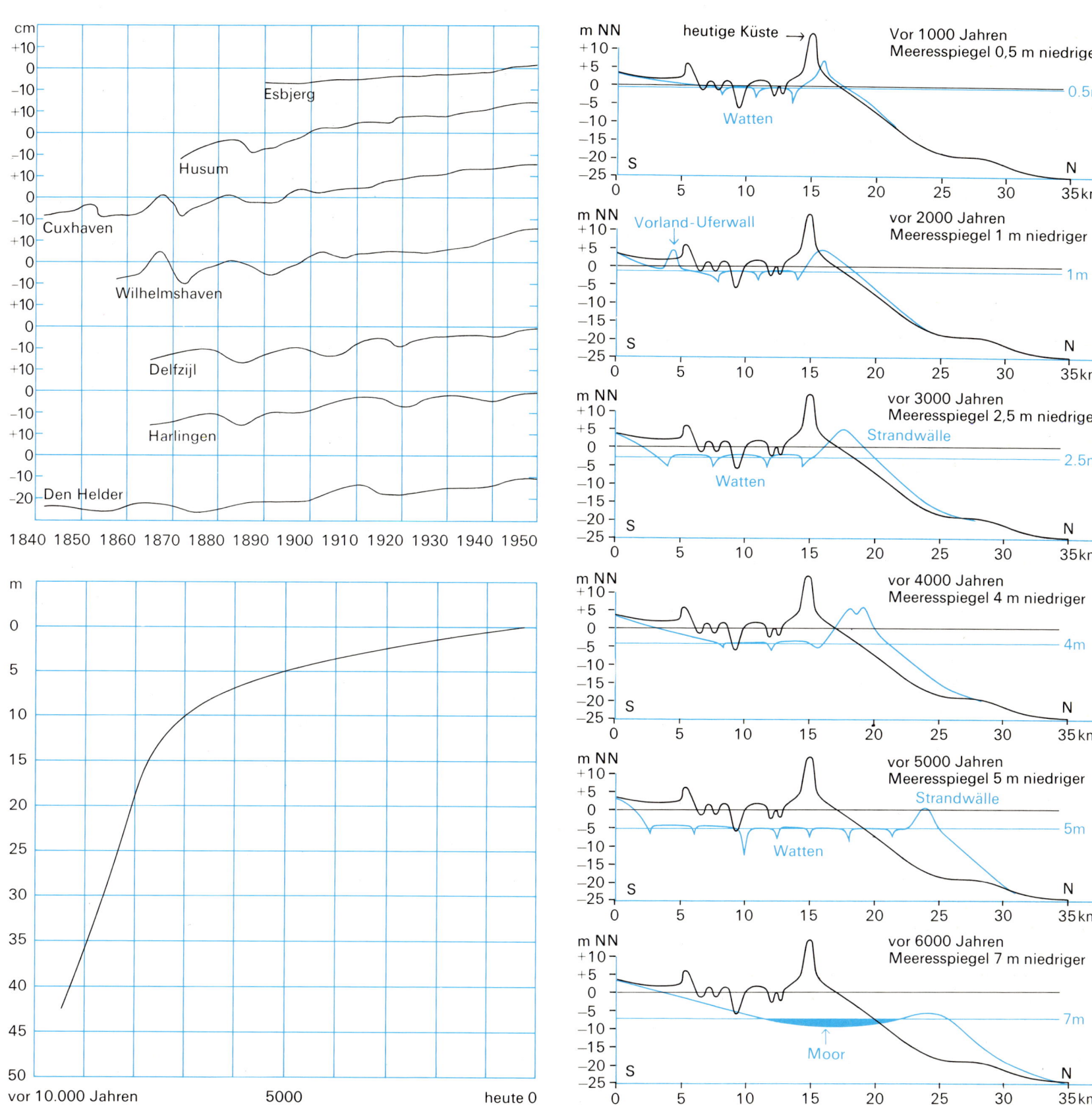

32 *Meeresspiegelanstieg nach Pegelbeobachtungen an der Nordseeküste*

33 *Relativer Meeresspiegelanstieg in den Niederlanden, Niedersachsen und der angrenzenden Nordsee*

34 *Querprofile zum Aufbau der Wattenküste (Schema).*
Aus den beiden unteren Profilen geht das Vorhandensein von Torfschichten und Wattsedimenten seewärts der heutigen Küstenlinie hervor.

1875 bis 1887, lassen vermuten, daß in der dazwischen liegenden Zeit von 50 Jahren die Küste der nördlichen Niederlande gegenüber Amsterdam um 4 cm gesunken ist , und daß Südlimburg gegenüber Amsterdam um 4 cm gestiegen ist. Im deutschen Küstenraum der Nordsee hat man die Ergebnisse des *Nordseeküsten-Nivellements* von 1928 bis 1931 mit denen von 1940 bis 1955 verglichen (5-). Nach diesen Unterlagen würde die niedersächsische Küste in 20 Jahren durchschnittlich 9 mm gesunken sein, die schleswig-holsteinische Küste um etwa 8 mm. Dazu muß bemerkt werden, daß die Meßfehler auch in einer Größenordnung von 10 mm liegen können. Die Größe der Werte sagt daher nicht allzu viel aus, wohl wird deutlich, daß 1955 die ganze deutsche Nordseeküste überall niedrigere Werte – im Mittel 10 mm – ergibt als 20 Jahre vorher, so daß wir eine Senkung von etwa 5 cm im Jahrhundert in Norddeutschland annehmen können. Bei den Nivellements ist man von einem Festpunkt auf pleistozänen Sanduntergrund ausgegangen.

Niveauflächen　　Die Veränderungen der Meeresspiegelhöhe zu messen, ist schon weniger einfach, weil durch die Gezeitenbewegungen, Wellenschlag und Strömungen die Wasserstände laufend wechseln. Den Beobachtungen muß eine festgelegte Niveaufläche zugrunde liegen. In den Niederlanden benutzt man den *Amsterdamer Pegel*, der ursprünglich dem mittleren sommerlichen Hochwasserstand des offenen Ij bei Amsterdam entsprach, und der als Marke auf Steinen in einer Reihe von Schleusen festgelegt wurde. Ein solcher Markstein ist erhalten geblieben.
Seit 1875 werden Höhenmessungen auf NAP (Normaler Amsterdamer Pegel) bezogen. Das ist die für Landkarten maßgebende Niveaufläche. In Küstenräumen, also auch im Wattenraum, benutzt man Seekarten, die andere Bezugsniveaus haben.
Für den Seemann ist es wichtig, eine Karte zu besitzen, die den Tiefenangaben die ungünstigsten Bedingungen zugrunde legt. Die Höhenangaben dienen vor allem der Navigation. Die tiefgelegene Niveaufläche, unterhalb derer der Meeresboden selten trockenfällt, heißt *Seekartennull*. Dieses Niveau ist jedoch von Ort zu Ort etwas verschieden. Man berechnet es an der Nordsee als das örtliche mittlere Springniedrigwasser. Es liegt etwa 0,5 Tidenhub unter NN. (Seekartennull für die Ostseeküste = NN.) Auf dieses Niveau sind die Tiefenangaben der Seekarten (in m) bezogen. Auf niederländischen Seekarten ist die Niveaufläche für die Höhenangaben der

middenstand (mittlere Wasserstand), welcher in der Mitte zwischen MThw und MTnw liegt, auch dieser ist von Ort zu Ort je nach Küstenverlauf, Bewegungsrichtung der Gezeitenwellen und Windstau verschieden.
Beobachtungen der Pegelstände kann man daher in den Niederlanden in bezug auf NAP angeben. Leider haben die Nachbarländer vielfach eine andere Niveaufläche gewählt, so daß die Beobachtungen aus den verschiedenen Anliegerstaaten der Nordsee nicht direkt miteinander vergleichbar sind. Die deutsche Niveaufläche, das *Normall Null* (NN), ist mit dem Amsterdamer Pegel identisch. Diese Fläche wurde um 1860 beim Eisenbahnbau bis nach Ostpreußen und Luxemburg übertragen.
Die Niveauflächen Belgiens und Dänemarks liegen 30 bzw. 14 cm unter dem NAP, so daß Pegelstände aus diesen Ländern leicht auf niederländische oder deutsche Werte umgerechnet werden können.

Meeresspiegelanstieg　　Aus Pegelständen in den Niederlanden, Deutschland und Dänemark geht hervor, daß während der letzten hundert Jahre der Meeresspiegel relativ zum Land angestiegen ist. Für die nördlichen Niederlande fand man einen Anstieg von 13 cm im Jahrhundert, für Deutschland und Dänemark gelten ähnliche Werte (Abb. 34). Da es nicht ohne weiteres deutlich ist, ob der Meeresspiegel angestiegen oder das Land abgesunken ist, spricht man von *relativem Meeresspiegelanstieg*.
Die Flächengröße der Eiskappen während der letzten, der Weichselvereisung, ist recht genau bekannt. Die Menge des Inlandeises kann auf 70×10^6 km^3 geschätzt werden. Das Volumen der heutigen Gletscher und Eiskappen beträgt etwa 30×10^6 km^3, so daß etwa 40×10^6 km^3 frei geworden sind. Dies entspricht $0{,}9 \times 40 \times 10^6$ km^3 oder 36×10^6 km^3 Wasser. Bei einer Meeresoberfläche von insgesamt 361×10^6 km^2 bedeutet dies, daß während des Maximums der letzten Vereisung der Meeresspiegel $36 : 361$ km oder 100 m niedriger lag als heute. Natürlich wird man einen Meeresspiegelanstieg auf der ganzen Erde beobachten können, wenn auch seine Auswirkung in einigen Gebieten, wie im Wattenraum, durch lokale Senkung verstärkt wird. Wenn man aus den Pegelablesungen der ganzen Erde diejenigen auswählt, die von Pegeln in stabilen Gebieten, z. B. mit Granituntergrund stammen, kann man sich von dem Ausmaß des erdweiten Meeresspiegelanstiegs eine Vorstellung machen. Diesen bezeichnet man als *eustatischen Meeresspiegelanstieg*. Nach einer Korrektur für Kompression

ergibt sich ein Wert von 10 cm/Jh.
Eine Erscheinung, welche die Senkung verstärkt, ist die *Sackung*,
der vor allem Torf- und Kleischichten unterworfen sind.
Dabei können infolge Belastung durch aufliegende Schichten,
Austrocknung oder chemische Prozesse die Schichten noch
lange nach ihrer Ablagerung dünner werden. Besonders
im Holozän spielen solche Vorgänge eine Rolle. Man hat
Tonschichten gefunden, die um 25 % gesackt sind, bei Torf
kann 50 % Sackung erreicht werden. Bekanntlich kommen
im Holozän des Küstenraumes vielfach Ton- und Torfschichten
vor. Wenn man für die holozänen Schichten an der Küste
bei einer mittleren Mächtigkeit von 10 m die Sackung mit
25 % ansetzt, kommt man auf eine mittlere Sackung von
2,5 cm/Jh. Man muß sich jedoch klarmachen, daß es sich
dabei um einen Mittelwert aus hundert Jahren Sackung handelt.
Belastungsversuche im Labor ergaben, daß die Sackung zuerst
rasch erfolgt und dann allmählich ausklingt.

Datierungen   Seit 25 Jahren benutzt man *radioaktiven
Kohlenstoff* (C^{14}) zur absoluten Datierung organischen Materials.
Der radioaktive Kohlenstoff entsteht in der Atmosphäre
durch Einwirkung der kosmischen Strahlung, er oxydiert
zu radioaktiver Kohlensäure, die u. a. von Pflanzen aufgenommen
werden kann. Während des Lebens von Pflanzen und Tiere
bleibt das Verhältnis zwischen normalem und radioaktivem
Kohlenstoff konstant. Nach dem Tode wird kein weiterer
radioaktiver Kohlenstoff mehr aufgenommen. Dieser wird
vielmehr durch Verwesungsprozesse wieder frei. Die Halbwerts-
zeit, die benötigt wird, um die Radioaktivität auf die Hälfte
zu senken, beträgt für den radioaktiven Kohlenstoff 5568 Jahre.
Das bedeutet, daß bei 50 000 Jahren eine Meßgrenze für
C^{14}-Datierungen liegt; geologisch ist das nur eine recht kurze
Zeit. Im allgemeinen ist die Methode für die obersten Meter
des Bodens unzuverlässig, weil hier Pflanzenwurzeln und
eingewaschenes Material das Bild verändern. Wie bei jeder
physikalischen Messung steckt ein Fehlerquotient im Ergebnis:
So bedeutet eine Altersbestimmung von 4300 plus minus
130, daß die Schicht vor 4430 bis 4170 Jahren abgelagert
wurde. Eine zweite Datierungsmethode stellt die *Pollenanalyse*
dar. Sie geht davon aus, daß Klimaänderungen Veränderungen
der Vegetation zur Folge haben, die sich in veränderten
Zahlenverhältnissen der Pollen verschiedener Pflanzen auswirken.
Dadurch können Schichten datiert werden, worauf die Gliederung
des Quartärs beruht.

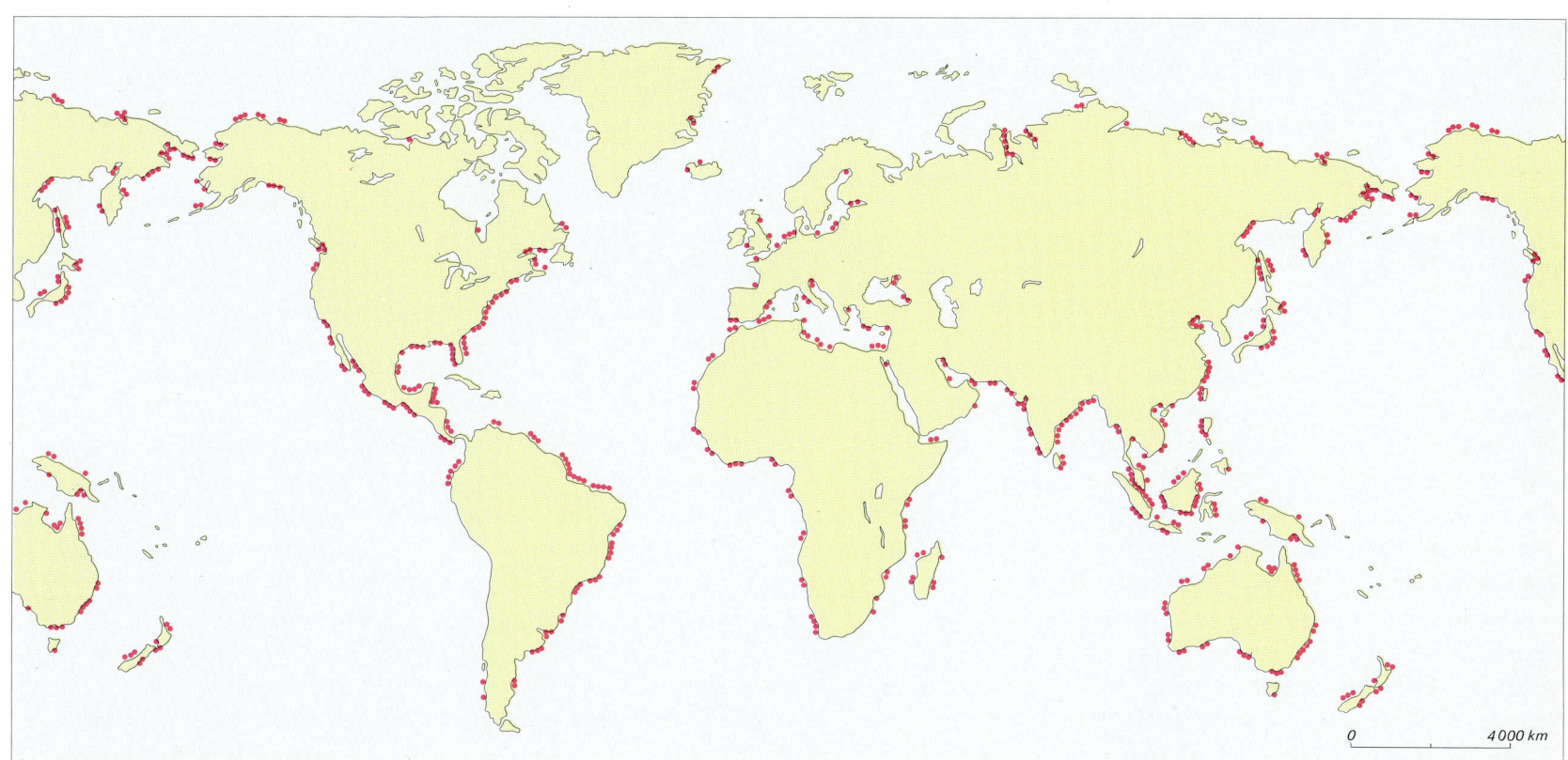

Auch die *Archäologie* kann Anhaltspunkte für eine Datierung liefern. Ein Beispiel dafür ist die Wurt von Ezinge, die unter Leitung Van Giffens ausgegraben wurde. Die Basis der Wurt liegt heute bei -0,4 m NN; auf Grund des Fundmaterials darf man annehmen, daß mit dem Warfbau vor rund 2000 Jahren begonnen wurde. Das deichreife Vorland liegt heute auf + 1,8 m NN, so daß sich eine Senkung von 10 cm/Jh. ergibt.

Relativer Meeresspiegelanstieg

Das Ausmaß des relativen Meeresspiegelanstiegs kann dadurch bestimmt werden, daß man für geeignete Schichten die Lage gegen NN feststellt und das Alter nach der C^{14}-Methode ermittelt. Man erhält dann eine Kurve wie sie Abb. 33 zeigt. Sie beruht auf C^{14}-Datierungen niederländischer Proben, deren Tiefenlage bekannt ist; für den untersten Teil der Kurve wurden Torfstücke herangezogen, die in bestimmten Tiefen in der Nordsee gefunden wurden. Die Kurve gibt den mittleren Hochwasserstand wieder, sie ist jedoch fast identisch mit der Kurve, die auf Proben aus Schleswig-Holstein beruht (8-); diese ist auf den mittleren Meeresspiegel bezogen, der im Wattenraum etwa 1 m unter dem MThw liegt.

Der relative Anstieg des Meeresspiegels im Küstenbereich ergibt sich aus der Summe der schon genannten Einflüsse des eustatischen Meeresspiegelanstiegs, der Senkung und der Sackung. Man kommt für die nördlichen Niederlande und für Niedersachsen auf 10 + 4,5 + 2,5 = 17 cm Anstieg des Meeresspiegels gegenüber dem Land während der letzten hundert Jahre.

Die Kurve zeigt, daß der relative Anstieg zu Beginn des Holozäns viel rascher erfolgt ist als später. Von 7000 – 600 v. Chr. betrug der Anstieg 20 m, das sind 200 cm/Jh. Von 600 – 5000 waren es 10 m, das sind 100 cm/Jh. Von 500 v. Chr. bis heute nochmals 10 m, das ergibt 14 cm/Jh., also erheblich weniger. Der geschätzte Anstieg von 17 cm/Jh. für den heutigen Wattenraum entspricht sicher nicht dem Mittelwert der letzten 1000 Jahre. Es ist sehr wahrscheinlich, daß der Anstieg durch kürzere Klimaschwankungen abgewandelt worden ist. Man hat nämlich um 1600, 1640, 1720, 1750, 1820 und 1850 in Europa, Nord- und Südamerika ein Vorrücken der Gletscher beobachtet. Es ist anzunehmen, daß der Meeresspiegel während dieser Perioden langsamer gestiegen ist. Man kann sich ferner vorstellen, daß während der letzten vier Jahrhunderte ein relativer Anstieg von beispielsweise 9, 13, 12 und 17 cm im Jh. eingetreten sei, was für diesen Zeitraum einem Mittel von 12,5 cm/Jh. entsprechen würde.

Küstenformen

Es gibt auf der Erde viele schlickreiche Küsten; die Wattküste ist eine besondere Form davon. Es wird sich zeigen, daß kein anderer Raum auf der Erde mit dem Wattenraum völlig übereinstimmt. Das ist auch kaum verwunderlich, wenn man bedenkt, welche Bedingungen für die Entstehung eines großen Wattgebietes erfüllt sein müssen.

Zunächst muß zwischen Ästuar, Watt und Lagune unterschieden werden. Ein *Ästuar* ist eine trichterförmige Flußmündung mit einer erheblichen Süßwasserzufuhr und einem geringen Stauraum für das eindringende Salzwasser. Die Schlickbänke eines Ästuars sind parallel zur Richtung des Materialtransports angeordnet. Unter *Watten* versteht man ein parallel zur Küste liegendes Becken, das mit dem Meer durch eine Anzahl schmaler Öffnungen in Verbindung steht. Der Gezeiteneinfluß ist groß. Es findet kaum Süßwasserzufuhr statt. Die Wattflächen liegen meist parallel zur Küste, also senkrecht zur Antransportrichtung des Materials, das durch die Seegats herangebracht wird.

Eine *Lagune* ist ein schlüsselformiges Becken mit einer engen oder abgesperrten Öffnung zum Meer. In vielen Fällen wird von Flüssen Süßwasser zugeführt. Der Einfluß der Gezeiten ist meist gering. Beispiel für ein Ästuar ist die Elbmündung. Der Ems-Dollart-Raum bildet einen Übergang zwischen Ästuar und Watt. Beispiele für Lagunen sind die Haffs an der Ostseeküste, der Ringkjøbing-Fjord an der dänischen Westküste und die „bays" an der Atlantikküste der USA. Der Wattenraum zwischen Den Helder und Esbjerg wird vom Meer durch eine Reihe von Inseln abgegrenzt, auf denen es Dünen gibt.

Ein Wattenraum muß folgende Merkmale aufweisen:

1 Zufuhr von Feinmaterial aus dem Meer.
2 Tidenhub in der Größenordnung von mehreren Metern.
3 Inseln als Schutz gegen die Brandungswirkung des Meeres.
4 Allmählich abfallender Meeresboden.
5 Gemäßigtes Klima mit entsprechender Flora und Fauna.
6 In Senkung begriffener Küstenraum.
7 Flüsse mit Trichtermündungen.
8 Flaches Hinterland.

Zu diesen Punkten wäre noch zu erläutern:

Erstens können sich ohne genügende Zufuhr von Material keine Watt- und Vorlandflächen bilden. Ein großer Tidenhub ist zur Entstehung hinreichend starker Strömungen erforderlich, die das feinste Material weit ins Wattenmeer hineinverfrachten können. Ohne die Inseln als Wellenbrecher, würden die

36   *Sandflug auf dem Strand*
38   *Windrippeln*

37   *Beginnende Dünenbildung*
39   *Winderosion auf der Flugsandfläche*

abgesetzten Schichten von den Wellen bald wieder angegriffen werden, was jetzt nur bei starkem Sturm geschieht. An der Küste Schleswig-Holsteins fehlt großenteils der Schutz durch die Wattinseln. Dort hat das Meer denn auch große Flächen von Halligland wieder abtragen können. Die Reste davon sind in Gestalt der heutigen Halligen erhalten geblieben. Über einen flachen Meeresboden können Strömungen Sand zur Küste transportieren. Außerdem können Barren vor den Seegaten aufgebaut werden. An einer steil abfallenden Küste würde das auswärts transportierte Material in tieferem Wasser endgültig abgesetzt werden. Vegetation und Tierwelt des Watts sind wesentlich durch das Klima bedingt. Wenn der Raum in den Tropen läge, würden sich Mangroven ansiedeln In den Polargebieten würde der Sedimentationsprozeß wahrscheinlich im Winterhalbjahr zum Stillstand kommen, und die Fauna könnte sich dann auch nicht behaupten. Grundlegend wichtig für den Bestand der Watten ist es, daß sich der Küstenraum senkt, weil nur dann immer neue Sedimentmengen zugeführt werden können. Die großen Flüsse, die in den Wattenraum münden, beeinflussen Vegetation und Tierwelt erheblich, besonders weil in den Mündungsgebieten Brackwasserzonen auftreten. Außerdem können sie große Mengen an Feinmaterial liefern. Aus einem höheren Hinterland würden raschfließende Flüsse herabkommen, deren starke Strömung grobe Sande und Kies ins Meer bringen würde. Man kann sich vorstellen, daß eine Kombination der genannten Faktoren nicht ganz häufig sein wird. Weil die Dünen das Rückgrat der Wattinseln bilden, kommen die Bedingungen für *Dünenbildung* noch hinzu. Dies sind

1 hinreichende Sandanlieferung;
2 ziemlich kräftiger Wind aus einer vorherrschenden Richtung;
3 ein geringer Bewuchs.

Diese Bedingungen sind für sich allein schon nicht häufig erfüllt, so daß Landschaften mit Küstendünen auf der Erde selten sind. Gute Beispiele sind die Nehrungsküsten am Golf von Biscaya und die Wattinseln. Dünenküsten am Rande von Wüsten wie in Marokko sind in diesem Zusammenhang uninteressant, weil von ihnen keine Becken mit Wasser umschlossen werden. Man hat alle Küsten der Erde katalogmäßig aufgenommen und beschrieben (19-). Dabei kommt deutlich heraus, daß es nur einen größeren Wattenraum auf der Erde gibt, und der liegt zwischen der Spitze Nord-Hollands und Blåvands Huk in Dänemark.

Nordsee   Während der letzten Vereisung stand der Meeres-
spiegel 100 m tiefer als heute. Die Nordsee lag damals bis zur Linie Aberdeen–Skagen trocken, das entspricht etwa der heutigen 100-m-Tiefenlinie. Die Straße von Dover, die maximal 60 m tief ist, lag gleichfalls trocken. Aus der ältesten Periode des Holozäns, dem Präboreal (Abb. 12), können wir daher keine Meeresablagerungen in der Nordsee erwarten. Das Klima wurde jedoch milder, so daß *Moore* entstanden. An der Südseite der Doggerbank hat man solche Torfreste erbohrt. Nach und nach schmolzen nun die Eiskappen auf der Erde, wodurch der Meeresspiegel anstieg. Die Oberseite der Torfschicht, 46 m unter dem heutigen Meeresspiegel, ist denn auch vom Meer angegriffen und anschließend von einer muschelhaltigen Sandschicht bedeckt worden. Der Kurve des Meeresspiegelanstiegs können wir entnehmen (Abb. 33), daß dies zwischen 6500 und 700 v. Chr. geschehen sein muß (2-). Dieser Torf ist auch anderswo in der Nordsee angebohrt worden (17-). In Bohrungen südöstlich der Doggerbank ist der Torf von einem Süßwasserton bedeckt, der über Brackwasserton in Meereston übergeht; darüber folgen Sande. Es handelt sich um *Gezeitenabsätze* aus dem Boreal, die etwa 7000 bis 8000 Jahre alt sind. Man kann ferner annehmen, daß damals südöstlich der Doggerbank ein Watt lag. Die Wattsedimente liegen etwa 45 m unter dem heutigen Meeresspiegel, zur Zeit ihrer Bildung muß der Meeresspiegel also etwa 45 m tiefer als heute gelegen haben. Wahrscheinlich haben nur einzelne Seegaten zwischen dem offenen Meer und dem damaligen Wattenmeer gelegen. Die Doggerbank, über der heute weniger als 40 m Wasser und stellenweise sogar nur 15 m Wasser stehen, ist erst später überflutet worden. In der älteren Literatur (1-) wird berichtet, daß zahlreiche Knochen pleistozäner Säugetiere aufgefischt worden seien. Ferner sollen im vorigen Jh. innerhalb von 13 Jahren 2000 Mammutzähne emporgeholt worden sein. Fast alle heute aufgefischten Knochen und Zähne stammen jedoch von der Bruine Bank, die 80 km westlich von IJmuiden liegt (15-). Unter dem umfangreichen Fundmaterial befanden sich neun prähistorische Werkzeuge, darunter einige Beile aus Auerochsenknochen. Kleine Werkzeuge liegen nicht vor, weil sie durch die Netzmaschen gehen. Die Werkzeuge stammen aus dem Mesolithikum, sie sind daher 10 000 bis 7500 Jahre alt. Es ist demnach wahrscheinlich, daß große Teile der Nordsee damals bewohnt waren. Auch von den Watteninseln kennt man einzelne Funde von angespülten Werkzeugen, etwa ein Stück eines Feuersteinbeils, das am Strand von Ameland angespült worden ist. Seine matte Oberfläche zeigt an, daß

das Beil lange im Meer gelegen hat.

Als der Meeresspiegel bis auf 40 m unter dem heutigen Niveau angestiegen war, konnte durch die Straße von Dover, eine Verbindung zwischen Atlantik und Nordsee, entstehen. Die Kurve des Meeresspiegelanstiegs zeigt, daß dies vor etwa 8500 Jahren geschah. Die Schwelle Texel–York, deren tiefster Punkt bei etwa 40 m liegt, wurde damals durchbrochen; zu der bereits vorhandenen, von Norden kommenden Gezeitenwelle kam nun von Süden her eine zweite hinzu. Dies Ereignis zusammen mit dem raschen Anstieg des Meeresspiegels wirkte sich auf den Sandtransport in den Küstenräumen der noch kleinen Nordsee in erheblichem Maße aus. Etwa tausend Jahre später im Atlantikum war der Meeresspiegel schon auf 20 m unter den heutigen Pegel gestiegen. In der folgenden Zeit vor 7500 bis 3000 Jahren sind aus der Nordsee keine datierbaren Absätze bekannt, weil die Erosion mit der Ablagerung Schritt halten konnte. Durch eine Art Bulldozerwirkung der Brandung wurde der Sand immer weiter in Richtung auf die heutige Küste der Watteninseln verschoben. Als vor etwa 5000 Jahren der Meeresspiegel etwa 5 m niedriger stand als heute, wurde eine Serie langgestreckter Sandbänke, die *Strandwälle*, aufgebaut (Abb. 46, 47), die zunächst nur

wenige Meter über das Hochwasser hinausragten, später jedoch durch Dünenbildung höher wurden. Dabei dienten die Inseln mit pleistozänem Kern (Texel, Borkum, Amrum, Sylt) als Ansatzpunkte. Die Strandwälle konnten sowohl landwärts wie auch seewärts wachsen. Bei raschem Anstieg des Meeres verschob sich durch die Brandungswirkung auf dem Meeresboden der Aufbau der Strandwälle zur Küste hin; während eines langsameren Anstiegs konnten die Strandwälle seewärts angebaut werden, weil in den schon vorhandenen Strandwällen viel Sand gesammelt war. Während der letzten 2800 Jahre, dem Subatlantikum, wurden die älteren holozänen Absätze in der Nordsee mit einer 1 bis 2 m dicken Schicht umgelagerten Materials aus diesen alten Absätzen, dem *jungen Seesand*, bedeckt.

Hinter den Strandwällen konnten Moore entstehen, wahrscheinlich vor allem, weil das Klima feuchter wurde, vielleicht auch durch den Rückstau des Süßwassers, der durch den Meeresspiegelanstieg eintrat. Schließlich überflutete das weiterhin ansteigende Meer diese Moorlandschaft, wobei in groben Umrissen die heutige Wattlandschaft entstand, die jedoch zunächst viel breiter war, weil sie den ganzen heutigen Marschengürtel mit umfaßte (Abb. 48). In diesem Raum wurden um 300 v. Chr. die ersten großen Wurten gebaut. Viele Wurten wurden auf den Uferwällen kleiner Flüsse und auf Vorlandrücken angelegt, woraus sich oft eine reihenweise Anordnung ergibt. Erst um 1000 wurden die ersten Deiche gebaut. Infolge weiterer Eingriffe des Menschen wie Deichbau, Dammbau und Landgewinnung ist der Wattenraum auf seine heutige Breite zurückgegangen.

Ausbildung der Wattenküste   Es ist lange eine Streitfrage gewesen, ob die Wattenküste als *Nehrung* mit einem Strandsee dahinter oder als ein *Strandwall* mit Watten dahinter entstanden ist. Nehrungen hängen auf einer Seite an der Küste und wachsen durch den Sandtransport an der Küste entlang. Ein Strandwall entsteht in der Regel so, daß die Brandung zuerst Sandbänke und dann einen Rücken aufbaut, der hochwasserfrei bleibt. Wenn sich Dünen bilden, kann der Rücken weiter aufgehöht werden. Bei Nehrungen wie bei Strandwällen findet man meistens mehrere Rücken hintereinander. In einem Strandwall befinden sich in der Regel mehrere Öffnungen, durch die das Meer mit der dahinter gelegenen Wasserfläche in Verbindung steht. Gezeitenströme können ungehindert eintreten, besser als bei einem Strandsee, der meist nur eine recht schmale Öffnung zum Meer aufweist,

Eiskappe

0 50 100 km

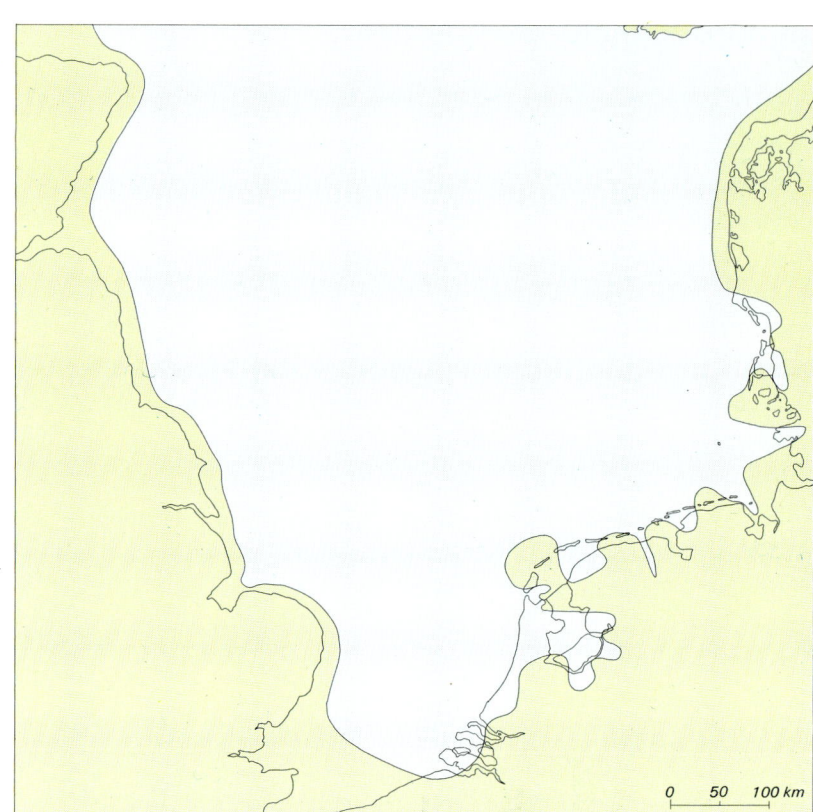

0 50 100 km

Eiskappe

0 50 100 km

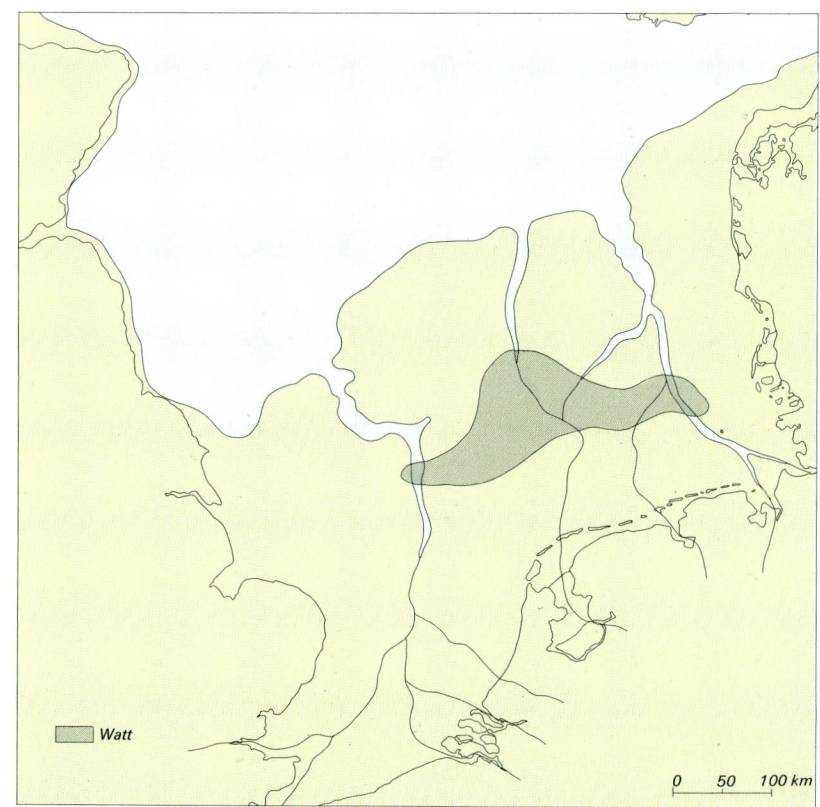

Watt

0 50 100 km

41   *Nordsee vor 150 000 Jahren*
43   *Nordsee vor 45 000 Jahren*

42   *Nordsee vor 75 000 Jahren*
44   *Nordsee vor 12 000 Jahren*

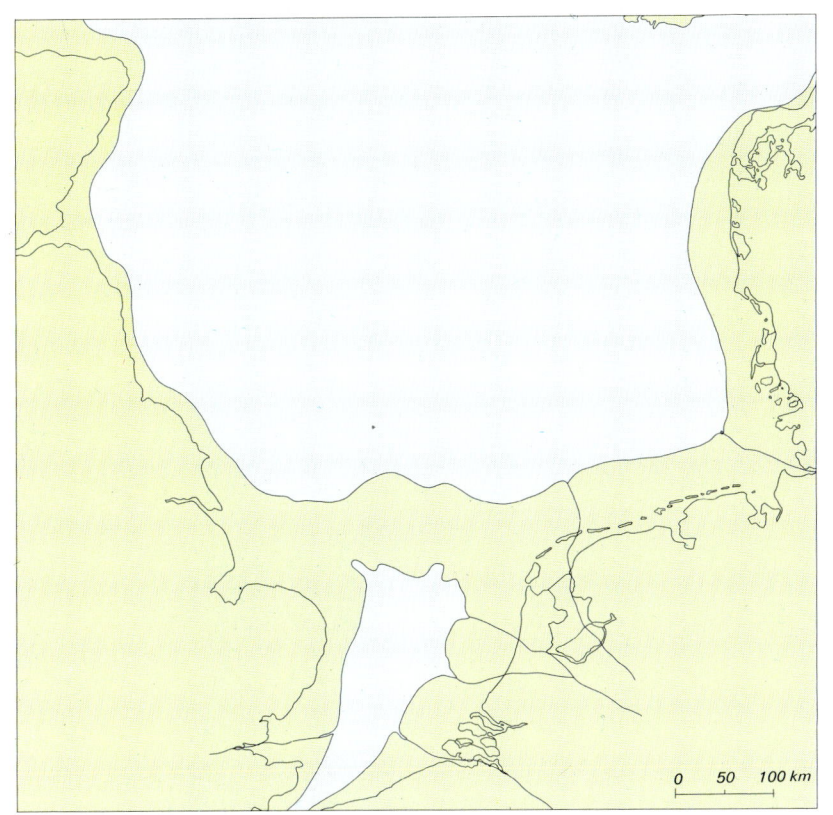

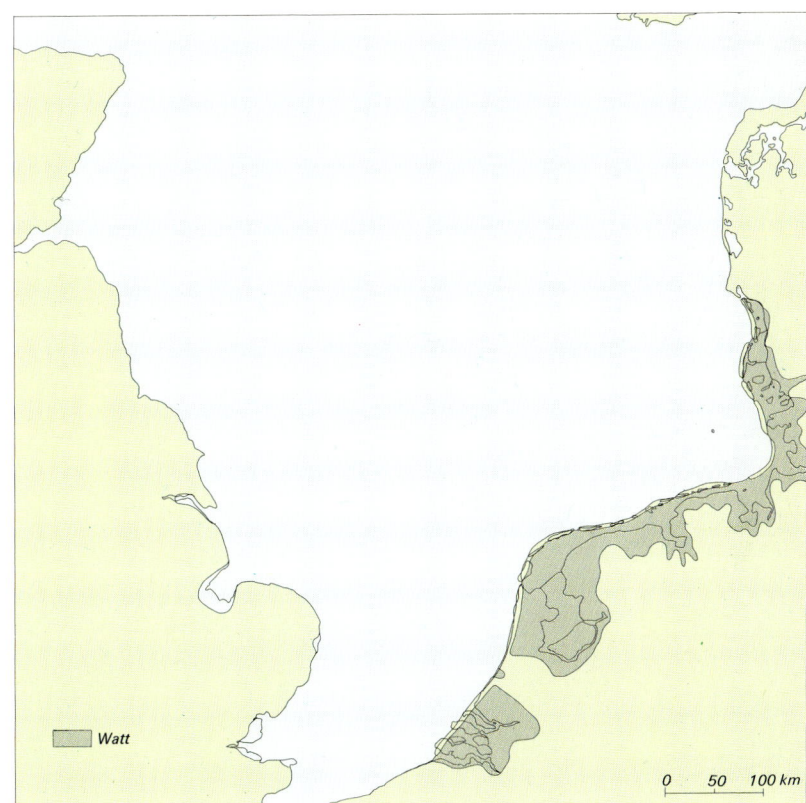

45 *Nordsee vor 9000 Jahren*
47 *Nordsee vor 4000 Jahren*

46 *Nordsee vor 6000 Jahren*
48 *Nordsee vor 1500 Jahren*

wenn er nicht ganz und gar abgeschlossen ist.

Auf Grund von Untersuchungen an der Festlandsküste der westlichen Niederlande wissen wir jetzt sicher, daß dort Strandwälle das Rückgrat der Küste bilden. Sehr wahrscheinlich liegen bei der Wattenküste analoge Verhältnisse vor.

Das Pleistozän im Küstenraum der Nordsee wird von mehreren tiefen seewärts gerichteten Tälern durchschnitten. Diese Täler sind bis zu 30 m tief, sie stammen zumeist aus der Weichseleiszeit; es sind wahrscheinlich *Schmelzwassertäler*.

Das Holozän beginnt durchweg mit Fluß- und Seeablagerungen, über denen Torf, der sogenannte *Basistorf*, folgt. Dann macht sich die Nähe des Meeres bemerkbar, denn die Absätze nehmen Brackwassercharakter an. Mit diesen Schichten beginnen die Ablagerungen im Gezeitenbereich, ein Paket von Wattabsätzen im Wechsel mit Torfschichten, das bis an die Oberfläche reicht.

Seit dem Boreal, vor etwa 8000 Jahren, sind im Wattenraum etwa zehn Transgressionsphasen im Wechsel mit Regressionsphasen eingetreten. Während einer *Transgressionsphase* wird eine recht große Landfläche kurzzeitig, d. h. einige Jahrhunderte lang, vom Meer überspült. Als *Regression* bezeichnet man den Rückzug des Meeres, ebenfalls für einige Jahrhunderte.

Ein vollständiger Transgressionszyklus umfaßt im deutschen Wattenraum fünf Schichten, zwischen denen es wieder Übergänge gibt. Dies sind von unten nach oben: Bruchwaldtorf (Süßwasser) – Brackwasserton – Wattsand (Muscheln) – Brackwasserton – Schilftorf (Brackwasser).

Das Alter der Regressionsphasen kann für die Torfschichten mit der C[14]-Methode bestimmt werden. Die Wattablagerungen sind dafür nicht geeignet (10-). In diesem Fall hilft uns auch die Pollenanalyse nicht viel weiter, weil die Pollendiagramme der meisten Torfe das gleiche Bild ergeben. Die einzelnen Transgressionen erreichten ihre maximale Ausbreitung nicht in allen Küstenräumen gleichzeitig. Das beruht wahrscheinlich darauf, daß die Küsten gegenüber Windrichtung, Wellen und Strömungen verschieden exponiert waren (Abb. 50). In den westlichen Niederlanden hat man 11 Transgressionsphasen mit Sicherheit festgestellt, in Niedersachsen 12 und in Schleswig-Holstein 9. Man kann sich z. B. fragen, ob die Phase C III in den Niederlanden mit der Phase 2 B in Niedersachsen und Phase IIb in Schleswig-Holstein identisch ist. Der dänische Wattenraum weist etwa die gleichen Phasen auf wie der schleswig-holsteinische. Abb. 50 läßt außerdem erkennen, daß im Norden der Niederlande keine Regressionsphase

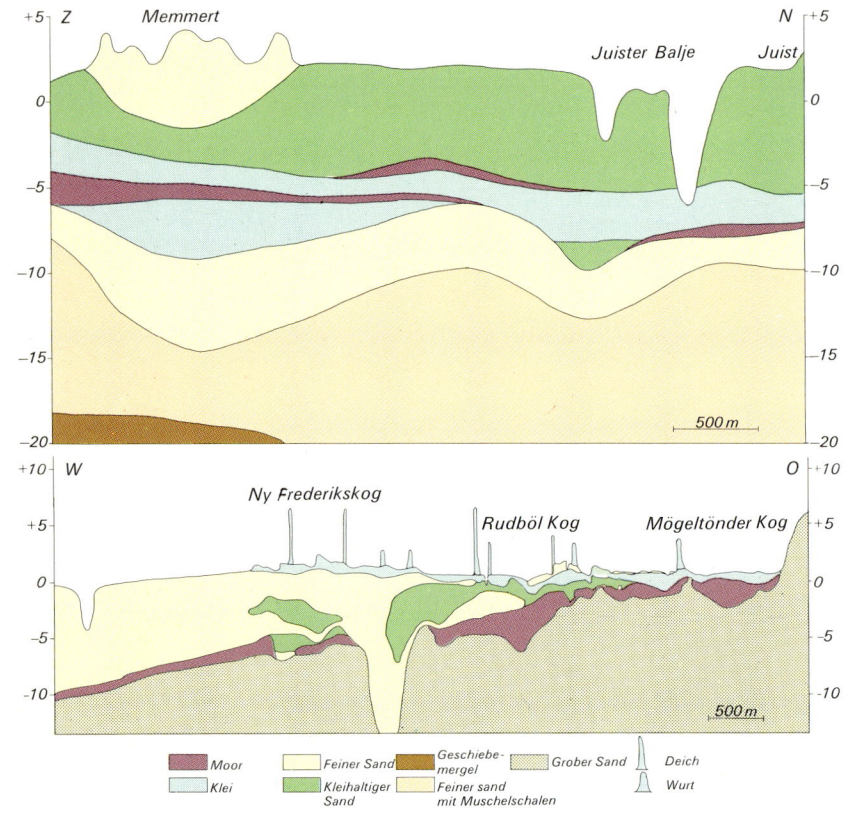

49 *Geologische Profile durch die Nordseeküste bei Memmert und Tondern*

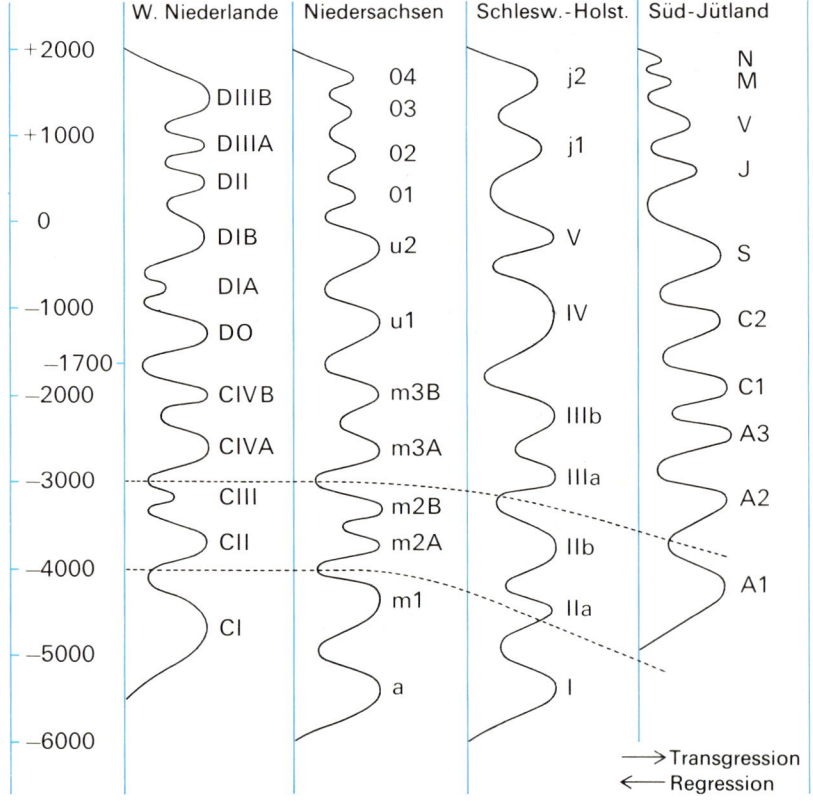

50 *Transgressionsphasen im südöstlichen Küstenraum der Nordsee*

51 *Marschreste am Strand von Trischen*

zwischen den Transgressionsphasen C III und C IV A liegt. Als während des Atlantikums vor etwa 5000 Jahren der Meeresspiegel rasch anstieg, wurden am Rande der pleistozänen Ablagerungen auf dem Festland, die man in Deutschland *Geest* nennt, Kliffs gebildet, die 20 m Höhe erreichen. Aus dem dort freigesetzten Material wurden teilweise kleine Nehrungshaken, die *Donns*, aufgebaut, die in Dithmarschen, dem Küstenraum nördlich der Elbmündung, besonders gut erhalten geblieben sind.

Während die niederländischen Wattinseln eine verhältnismäßig glatte Küstenlinie bilden, sind die Ostfriesischen Inseln mehr oder weniger treppenartig gegeneinander versetzt. Die Ursache dafür ist besonders der pleistozäne Untergrund, der unter einigen Inseln einen festen Kern bildet. Außerdem dringt der Flutstrom in südöstlicher Richtung in die Seegaten ein, während der Ebbstrom mehr süd-nördlich verläuft. Dadurch werden diese Inseln im Westen stärker angegriffen als im Osten, wo durch den vorbeiführenden Flutstrom Anlagerung stattfinden kann.

Die Lage der niederländischen Wattinseln Texel und Terschelling ist wegen ihres pleistozänen Untergrundes in historischer Zeit stabil geblieben. Das gleiche gilt für Borkum und Langeoog. Die dazwischenliegenden Inseln wanderten durch Abbruch an der einen und Anwachs auf der anderen Seite.

Von den Inseln vor der schleswig-holsteinischen Küste haben die *Geestinseln* Sylt, Föhr und Amrum einen pleistozänen Kern. Sie sind die Reste eines weit größeren Geestgebietes, das im Atlantikum großenteils vom Meer zerstört wurde. Nordstrand und Pellworm sind bedeichte *Marschinseln*. Die unbedeichten *Halligen* stellen z.T. die Überreste eines großen Landes dar, das 1634 durch eine schwere Sturmflut weitgehend vernichtet wurde. Sie betraf eine Wattlandschaft, in der seit dem 11. Jahrhundert von einzelnen Warfen aus Teile des Vorlandes bedeicht wurden. Auf seiner Landseite war um 1700 v. Chr. ein ausgedehntes Moorgebiet entstanden, das dem Vordringen des Meeres nur wenig Widerstand bot. Reste des Moores sind erhalten geblieben und von jüngerem Vorland bedeckt worden.

Die dänischen Inseln Rømø, Mandø und Fanø sind den niedersächsischen und niederländischen Inseln ähnlich.

Lageveränderung der Wattinseln Durch Strömung und Brandung sind die meisten Wattinseln stellenweise dem Abbruch ausgesetzt. Durch technische Vorkehrungen versucht man, den Schaden möglichst in Grenzen zu halten. Manchmal

unterliegt der Mensch in diesem Kampf, wie im Fall der deutschen Insel Trischen, auf der ein Bauernhof lag. 1943 wurden Dünen und Deich vom Meer weggespült, die Insel mußte verlassen werden. Jetzt ist nur noch eine spärlich bewachsene Sandplate vorhanden, die etwas weiter östlich liegt als die ursprüngliche Insel. Ähnliche Veränderungen haben sich auch auf dem niederländischen Inselchen Griend abgespielt. Einige herausgegriffene Beispiele für Schutzmaßnahmen auf Wattinseln sind Vlieland, Borkum und Sylt mit Buhnen, Ameland und Terschelling mit Sanddeichen und Norderney mit Strandmauer, Buhnen und mit einem 1951/52 und 1967 aufgespülten Sandstrand.

Eigentlich gibt es erst seit 1538 einigermaßen zuverlässige Karten des Wattenraumes, namentlich die Seekarten von Waghenaer. Weil den alten Karten ein Gradnetz fehlt, ist es schwierig, frühere Positionen mit der heutigen Lage zu vergleichen, dennoch geben sie durchaus einen Eindruck über das Ausmaß von Abbruch und Anwachs. Es gibt viele Beweise für das Wandern der Inseln. 1950 kamen am westlichen Strand von Ameland beim Abbruch der Dünen Brunnen des verschwundenen Dorfes Sier zum Vorschein. Auch der Kirchturm von Wangerooge, der zuerst mitten auf der Insel stand, lag später am Westende der Insel im Meer. Im nordfriesischen Wattenmeer in Schleswig-Holstein sind alte Pflugspuren und Flureinteilungen nicht selten; sie weisen auf Besiedlung im Mittelalter, vielfach bis in die Zeit nach 1600. Aus Bohrungen im Wattenmeer geht hervor, daß die Seegaten z.T. früher an ganz anderen Stellen lagen, so hat man Absätze eines Seegaten mitten unter Norderney angebohrt. Einige Wattinseln haben ihre Lage seit 400 Jahren kaum verändert wie Texel und Borkum. Das ist auf den festen Geschiebemergel im Untergrund zurückzuführen. Andere Inseln wandern rasch wie Rottumeroog und Wangerooge. Große Sandmengen werden parallel zur Küste bewegt. Schätzungen ergaben einen Transport von 160 000 m³/Jahr vom W nach O an Juist und 120 000 m³/Jahr an Wangerooge entlang, während man für Vlieland an 2 000 000 m³/Jahr schätzt (24-).

Wie schon gesagt, tritt meist an einem Ende einer Wattinsel Abbruch auf, während am anderen Ende Anwachs stattfindet. Es hängt von der Größe des Tidebeckens im Wattenmeer ab, wie der Gezeitenstrom in den Seegats gerichtet wird, und an welcher Seite einer Insel der Abbruch auftritt. Die niederländischen und niedersächsischen Wattinseln verlagern sich sowohl ostwärts wie auch südwärts. In Schleswig-Holstein werden die bedeichten Marschinseln Nordstrand und Pellworm

und die Halligen Langeneß, Oland, Gröde, Habel, Hooge, Hamburger Hallig, Nordstrandischmoor, Norderoog, Süderoog und Südfall noch immer vom Meer angegriffen. Von den Geestinseln liegt vor allem Sylt an seiner Westseite stark unter Abbruch, weil die Brandung dort den Geestkern und den Dünenfuß direkt angreifen kann. Die Insel Föhr ist durch ihre geschützte Lage dem Angriff wenig ausgesetzt.
Vor Rømø, Amrum und St. Peter-Ording haben sich breite Sandplaten gebildet. Vor der ganzen schleswig-holsteinischen Küste weicht die westliche Kante (Uferlinie) der Außensände in jüngster Zeit nach Osten zurück. Zum Beispiel wurde diese Linie auf Süderoogsand und Blauort um je 30 m/Jahr zurückverlegt.

52 *Hallig Nordstrandischmoor*
53 *Skallingen und die Nordspitze von Fanø*

Untergrund Der Untergrund des niederländischen Wattenraumes besteht aus pleistozänen Ablagerungen, die durch holozäne Schichten bedeckt werden. Die ältesten Schichten, die im Wattengebiet an die Oberfläche reichen wie auf Texel und Wieringen sowie in Gatrinnen und Wattströmen, bestehen aus Geschiebelehm der Saaleeiszeit. Der Geschiebelehm ist nicht überall vorhanden, seine Mächtigkeit und Tiefenlage können beträchtlich variieren. Es ist anzunehmen, daß es im Untergrund ein, zwei oder drei hufeisenförmige Becken, *Zungenbecken*, gibt, deren offene Seite nach NO weist. Diese Zungenbecken sind wahrscheinlich durch Gletscherzungen geformt worden, die den Rand des Inlandeises bildeten. So läßt sich jedenfalls die unterschiedliche Tiefenlage der Grundmoräne gut erklären.

Bevor der Abschlußdeich gebaut wurde, ist seine Trasse durch zahlreiche Bohrungen untersucht worden. Von Wieringen bis zur friesischen Küste wurde fast überall Geschiebelehm erbohrt. Dieser reichte nach oben bis zur Höhe -5 m NN, die größte Dicke hatte er mit 12 m bei dem Breezand (28-). Auf dem Geschiebelehm können schalenreiche Sande und Tone des Eem liegen, die vom Eemmeer abgesetzt wurden. Wo die eemzeitlichen Ablagerungen fehlen, liegt meist eine

55 *Eisschollen auf dem Watt bei Schiermonnikoog*

54 *Vorland auf Schiermonnikoog*

Folge von Decksanden aus der letzten Eiszeit auf dem Geschiebelehm. Auf den Decksanden ruhen dann wieder die holozänen Ablagerungen.

Im Untergrund des Wattenmeeres befinden sich seewärts gerichtete Täler von etwa 25 m Tiefe, von denen die meisten als Schmelzwassertäler in der letzten Eiszeit, der Weichseleiszeit, entstanden sind, und welche die älteren Geschiebelehme durchschneiden. Das Hunzetal und die Emsmündung sind in der Saaleeiszeit entstanden und später mit muschelreichen Eemablagerungen aufgefüllt worden. Vermutlich stammen diese Täler aus dem Ende der Periode, in der noch viel Schmelzwasser abfloß, und der Meeresspiegel noch etwa 100 m niedriger lag als heute.

Auch am Ende der Weichseleiszeit floß das Schmelzwasser wieder durch diese Täler ab. Nach und nach stieg der Meeresspiegel, weil die Eiskappen abschmolzen (42-). In den Tälern fanden wir denn auch die alten holozänen Schichten, den *Basistorf*, der sich im rückgestauten Wasser bildete, als Gefälle und Abfluß zu gering geworden waren.

Das vollständige Holozän besteht aus dem Basistorf, über dem Wattablagerungen, eine weitere Torfschicht und wieder Wattabsätze folgen. Dies gilt in großen Zügen für die Küste der Provinz Friesland, die Lauwerszee und den Dollart. Im Watt kann man an den Ablagerungen neun Transgressionsphasen unterscheiden, deren Schichtfolge charakteristisch ist: Torf – Brackwasserton – schalenreiche Wattsedimente – Brackwasserton – Torf. Vielfach sind die Sedimente einer Transgression von einer späteren teilweise wieder abgetragen. Dies hängt mit der Geschwindigkeit des Meeresspiegelanstieges und von der Sedimentzufuhr mit ab.

Küstenentwicklung Die Gestalt des niederländischen Wattenmeeres seit der römischen Zeit ist aus Reiseberichten, Chroniken, Karten und Ausgrabungen in etwa bekannt. Viel weniger weiß man über den Küstenverlauf vor dem Beginn unserer Zeitrechnung, weil es nur Anhaltspunkte durch einzelne verstreute Bohrungen gibt. Wahrscheinlich hat die Küstenlinie zur Römerzeit weiter seewärts gelegen als heute (15-, 24-, 26-, 38-). Der Küstensaum selbst bestand schon damals aus einer Reihe langgestreckter Inseln mit einer Strandwallserie als Kern. Der Raum hinter diesem Saum bestand aus Watten und Mooren, die durch die Mündungstrichter des Vlie mit dem Flevomeer, die Middelsee, die Lauwers und die Ems durchschnitten wurden. Geologische Untersuchungen (25-) machen wahrscheinlich, daß die niederländische Küste vor etwa 6000 Jah-

56 *Strandpriel mit Rippelmarken und Wasserstandslinien an den Strandwällen*
57 *Brandung auf dem Strand*

ren schon die gleiche Lage hatte wie heute. Vor rund 5000 Jahren wurde die Küstenlinie durch eine Transgression landwärts verschoben, aber danach rückte das Land wieder vor.

Strandwälle   Vor etwa 3000 Jahren hörte die Strandwallbildung auf, auf den Strandwällen entstanden die *alten Dünen*, die nicht so hoch waren wie die heutigen Dünen.
Im 12. Jahrhundert rückte die Küste infolge eines stärkeren Meeresspiegelanstiegs aufs neue landwärts. Infolgedessen wurde vor der Küste Sand freigesetzt.
In dieser Zeit, in der auch Stürme häufig waren, entstanden die hohen *jungen Dünen* der westlichen Niederlande, die Entwaldung des Dünengürtels gab dabei dem Wind freies Spiel (18-). An der niederländischen Westküste liegen die jungen Dünen seewärts der Strandwälle, im Wattenmeer ist es umgekehrt. Unter anderem auf Grund von Untersuchungen des Meeresgrundes nördlich der Wattinseln nimmt man an, daß sich der Strandwallgürtel nördlich der heutigen Wattinseln fortgesetzt hat. Unabhängig davon kamen deutsche Forscher zu der gleichen Schlußfolgerung.

Wanderung der Inseln   Vorher erwähnten wir schon, daß die Wattenküste nicht immer an der heutigen Stelle lag. Selbst während der letzten 500 Jahre sind beträchtliche Veränderungen aufgetreten, besonders in der Lage der Wattinseln. Die meisten Inseln sind sowohl nach Osten wie nach Süden gewandert (44-). Die Wanderung nach Süden ist eine Folge des Dünenabbruchs an der Seeseite und der Vorlandbildung auf der Wattseite der Inseln. Die Ostwanderung ist durch den Ost-West-gerichteten Sandtransport an der Nordseeküste bedingt. Dieser *Küstenversatz* wird durch die vorherrschende westliche und nordwestliche Windrichtung verursacht (34-). Wo das Meer tiefer als 10 m ist, können Wellen auf den Boden im allgemeinen wenig einwirken. Hier kann nur durch Gezeitenströme noch Material bewegt werden (33-). Dicht vor der Küste können im flachen Wasser durch die Wellen eine Reihe von Sandbänken parallel zum Strand aus Material des Meeresbodens aufgeworfen werden. Die Hauptrinne eines Seegats kann sich etwa alle 30 Jahre verlegen, wie die Geschichte des Vlie zeigt (7-). Der Sand, der durch den Küstenstrom im Seegat ankommt, kann durch den von Westen kommenden Flutstrom in den Gezeitenrinnen ein Stück wattwärts wandern. Während des Hochwassers ist das ganze Wattenmeer mit Wasser bedeckt; der Ebbstrom wird dann so viele Rinnen im Seegat wie möglich benutzen. Mit dem Ebbstrom wird

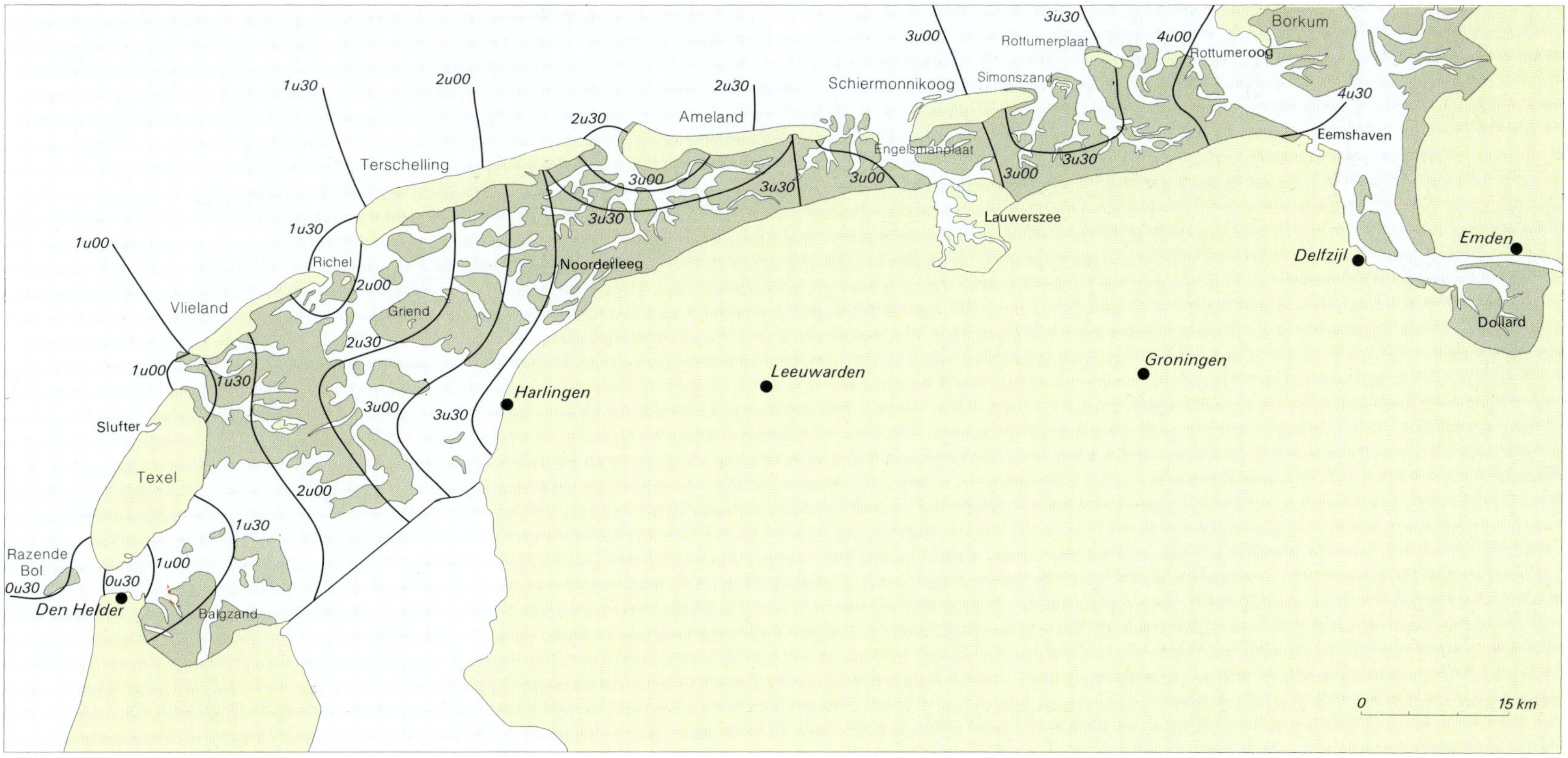

58 *Durchbrochener Sanddeich an der Nordwestspitze von Ameland*
60 *Niederländisches Wattengebiet mit Linien gleichzeitigen
mittleren Niedrigwassers, z. B. 4 u 30 = 4 Uhr 30 Min.*

59 *Sanddeich auf Rottumerplaat*

der größte Teil des eingewanderten Sandes wieder seewärts verfrachtet und an den Stellen abgesetzt, an denen die Stromgeschwindigkeit so weit abgenommen hat, daß die Sandkörner nicht mehr transportiert werden können. Dieser Sand wird dann in dreieckigen Bänken abgesetzt, die zusammen einen *deltaartigen Riffbogen* vor dem Seegat bilden (40-).

Bei diesem Prozeß können die Rinnen durch den Riffbogen abgedämmt werden. Die westlichste Rinne, durch die der Flutstrom zuerst eindringt, kann dabei versanden. Das Rinnenmuster im Riffbogen verschiebt sich dabei nach Osten, wobei eine neue Hauptrinne ausgeräumt wird. Schließlich kann die Hauptrinne sogar an der Ostseite des Bogens verlaufen. Versandet auch diese, dann ist die Wahrscheinlichkeit groß, daß die westlichste Rinne wieder der Hauptpriel wird. Die Stromgeschwindigkeiten im Seegat liegen gewöhnlich bei etwa 1 m/sek, können aber bei Sturm drei- bis viermal so groß werden. Ihre Transportkraft kann dann ausreichen, um groben Kies fortzubewegen. Durch den geschilderten Vorgang und zusammen mit dem Küstenstrom kann eine Insel im Osten anwachsen, während an der Westseite Abbruch eintritt, sofern die Hauptrinne dicht unter Land verläuft. Ist diese Rinne versandet, wächst die östlich gelegene Insel an ihrem Westende. Dies ist meist vorübergehend, kann aber manchmal bleibend sein, wie die Sandplaten de Noordsvaarder auf Terschelling und de Vliehors auf Vlieland zeigen. Meist wird auf der Westseite im Laufe der Zeit Abbruch, im Osten Anwachs eintreten, schon wegen des ostwärts gerichteten Sandtransportes: Die Inseln wandern nach Osten. Das bekannte Beispiel ist Rottumeroog, das im Westen fortgesetzt abbricht. An seiner Ostseite ist kaum Platz zum Wachsen, weil die tiefe Westerems dicht an der Insel entlangströmt (43-, 44-).

Dünenbildungen   Es gibt auch Sandtransport durch den Wind. Vor allem in den unbewachsenen Vordünen und auf dem Strand spielt dieser Transport eine große Rolle. Da der Wind auf den niederländischen Watteninseln alle vorhandenen Sandkörner transportieren kann, gibt es kaum einen Korngrößenunterschied zwischen Strandsand und Dünensand einer Insel. Man kann auf Grund der Form, Höhe und gegenseitiger Lage verschiedene Dünengebiete unterscheiden. Das relative Alter der Dünen kann oft aus alten Karten erschlossen werden. Man hat auch einen Zusammenhang zwischen Dünenform und Pflanzengesellschaften festgestellt (8-).

Die Küstendünen kann man in zwei Gruppen einteilen:

1 Dünen, die auf einer offenen Sandfläche entstehen, dies

61 *Dünenentstehung auf der Bosplaat von Terschelling*
62 *Barchane (Sicheldünen)*

sind Sicheldünen und Querdünen. Bei den *Sicheldünen* wird der Sand auf der Luvseite weggeblasen und bleibt auf der Leeseite liegen. Die Neigung auf der Leeseite ist 30–35°. Die konvexe Seite ist dem Wind zugekehrt. Die Sichelform entsteht dadurch, daß an den Seiten der Sandtransport rascher erfolgt. Sicheldünen gibt es vor allem auf den Sandplaten an den Enden der Inseln. Die *Querdünen* sind deichartige Sandkörper mit einer etwas geschlängelten Kammlinie, die quer zur Windrichtung liegen. Die Neigung an der Luvseite ist schwach, an der Leeseite bis zu 40° steil. Sie kommen sowohl auf dem Strand als auch in den Dünen vor.

2 Dünen, bei denen der Sand durch die Vegetation festgelegt wird, sind in Parabeldünen, Kammdünen und Streifendünen zu gliedern.

Parabeldünen (Wanderdünen) entstehen durch Ausblasen bereits bestehender Dünen. Dabei entsteht eine Windmulde, die mit dem Wind wandert. Ihre Tiefe wird durch den Grundwasserspiegel begrenzt; der feuchte Sand kann nicht mehr weggeblasen werden. Die niedrigen Flanken werden durch die Vegetation festgelegt. Die konkave Seite der Düne ist dem Winde zugekehrt. Die *Kammdünen* entstehen durch seitliches Verwachsen der Mittelteile von Parabeldünen. Sie liegen quer zur Windrich-

tung. Die *Streifendünen* entstehen aus der Scheidewand zweier benachbarter Parabeldünen. Sie liegen parallel zur Windrichtung.

Teilgebiete   Bisher standen grundlegende Vorgänge im Wattenmeer im Mittelpunkt der Betrachtung. Verschiedene Teilgebiete des niederländischen Wattenmeeres haben neben allgemeinen Kennzeichen doch jedes eine deutliche Eigenart.

Slufter   Die Insel Texel bestand um 1300 noch aus zwei Inseln, dem damaligen Texel und Eyerland. Vielleicht waren sie schon zur Zeit der großen Sturmflut von 1164 entstanden, als das landseitige Moorgebiet vom Meere großenteils ausgeräumt wurde. Zu Beginn des 17. Jh. lag zwischen Texel und Eyerland eine Sandplate mit Prielen an der Außenseite, dem Slufter und dem Roggesloot. Auf Eyerland stand damals ein Bauernhof, das Eyerlands Huis. Um zu verhindern, daß die beiden Priele miteinander in Verbindung traten, legte man 1629 bis 1630 eine Sandfanganlage über die Sandbank an. Für die Herstellung verwendete man von Pferden gezogene Wurfbretter, ein Gerät, das bis in das vorige Jahrhundert als Vorläufer des Bulldozers benutzt wurde. An der Westseite wurde dieser Sanddeich durch das Vorland begrenzt, das erst 1835 als

Polder Eyerland bedeicht wurde. Seewärts des ersten Sanddeiches legte man 1855 einen neuen an, der jedoch 1858 an drei Stellen brach, wobei drei Buchten entstanden. Von S nach N waren dies der Muy, der kleine und der große Slufter. In den Jahren 1871, 1874 und 1888 glückte es, durch Anlage von Sandfängern die Muy-Fläche endgültig gegen die See abzuschließen. Der Sanddeich durch den großen Slufter brach 1886, aber später versandete die Mündung des großen Slufter und konnte abgedämmt werden. Dies führte jedoch zu einer starken Auskolkung des jetzigen kleinen Slufters, und 1925 versuchte man, die Verbindung des Slufters mit dem Meer zu durchdämmen. Weil jedoch der Slufter auch als Sammelbecken für das Süßwasser aus dahinterliegenden Poldern und den nahen Dünen dient, wurde dieser Deich auch von seiner Rückseite her angegriffen und brach schließlich durch. Die Sluftermündung lag nicht immer an der gleichen Stelle. Lange Zeit floß das Wasser am Dünenfuß entlang nach Süden. Wenn eine solche Rinne zu lang und die Stromgeschwindigkeit zu klein wird, muß sie versanden. Weiter nördlich entstand dann ein neuer Durchbruch zum Meer (4-, 37-).

Balgzand-Breehorn   Dies Gebiet besteht aus vier Teilen:
1 Balgzand östlich von Den Helder, 6000 ha mit einer Höhenlage zwischen 0 und −1 m NN.
2 Amsteldiep, 450 ha, die zwischen −0,5 und −5 m NN liegen.
3 Breehorn, 1800 ha zwischen Amsteldiep und Wieringen mit Höhenlagen zwischen 0 und −1 m NN.
4 Vier Vorlandflächen, zusammen etwa 30 ha. Drei liegen am Balgzanddeich, die vierte am Westende von Wieringen. Die Vorlandoberfläche liegt auf etwa +1 m NN.
Von der rund 8000 ha großen Fläche fallen bei Niedrigwasser etwa 7000 ha trocken. Seit der Schließung des Nieuwedieps bei Den Helder 1951 hat der Schlickfall in diesem Gebiet sehr zugenommen. Der Untergrund besteht aus pleistozänen Sanden und Geschiebelehm in −4 bis −6 m NN, auf denen die holozänen Absätze liegen. Diese jungen Sedimente bestehen aus 30 cm Basistorf, darüber 2 bis 3 m Ablagerungen des Gezeitenbereichs, es folgt wieder eine Torfschicht von 20 bis 75 cm, die mit bis zu 2 m mächtigen Wattsedimenten bedeckt ist. Wie viele archäologische Funde wie Keramik, Fundamente und Knochen erweisen, war zu Beginn unserer Zeitrechnung die oberste Torfschicht, das Hollandveen, bewohnt. Das Paket der Wattschichten über dem Hollandveen weist

4 Transgressionsphasen aus, von denen die ersten drei archäologisch datiert werden können.
Während der dritten Transgressionsphase von 1200 bis 1500 hörte die Besiedlung im Balgzandgebiet endgültig auf. Das Marsdiep entwickelte sich zu einem tiefen Seegat, das seither in dem Gebiet eine Sandschicht von bis 1 m Dicke abgesetzt hat. Die Gezeitenwirkung des Marsdieps wurde verstärkt, nachdem man 1553 das südlich gelegene Seegat Zijpe und die Seegaten zwischen den Inseln Callantsoog und Huisduinen 1610 geschlossen hatte (5-).

Griend   Alte Chroniken berichten schon 1215 über eine Siedlung unter dem Namen Griend. Während einer Sturmflut 1287 wurde sie so verwüstet, daß weniger als 10 Häuser übrigblieben. In 1610 gab es noch 4 Häuser, 1720 nur noch eins. Im gleichen Ausmaß nahm die Größe der Insel ab. 1398 war sie etwa 165 ha groß, um 1600 etwa 80 ha, während von 1831 bis 1936 die Form und die Größe von 23 ha ziemlich konstant blieben. Seit 1916 ist die Insel Vogelschutzgebiet. In den letzten Jahrhunderten hatte die Insel eine Sichelform, deren konvexe Seite nach NW zeigte. Griend liegt auf der etwa 80 ha großen Sandbank Grienderwaard. Diese wird begrenzt durch zwei tiefe Wattströme, die mit dem Vlie in Verbindung stehen, im Westen der Vliestroom und im Norden der Meep. In der Zeit von 1873 bis 1928 wanderte Griend im jährlichen Mittel 7 m in südöstlicher Richtung. Die Insel bestand aus einem natürlichen Sandwall mit kleinen Dünen als höchstem Punkt (bis +2,40 m NN), dahinter ein kleiner Anwachs, niedriger als +1m NN. Gegen Ende des vorigen Jahrhunderts wurde dieses Vorland zuletzt als Weide genutzt. 1938 brach der Sandwall durch, und der Abbruch der Insel nahm mehr und mehr zu. Erst nach 1950 wurden durch die Wasserbaubehörde 20 000 m³ Sand vor dem Sandwall aufgespült. Im Herbst 1973 spülte man noch einmal 300 000 m³ Sand auf, anschließend wurde der Wall mit einer Muschelschicht und sieben Pfahlreihen als Wellenbrecher hergerichtet. Der neue Sandwall wurde 3 m hoch und die Insel von 14 auf 24 ha vergrößert. Man könnte vermuten, daß diese verwundbare Insel ihr Fortbestehen dem Vorhandensein von Geschiebemergel im Untergrund verdankt. Eine Bohrung erschloß diese harten Sedimente jedoch erst in einer Tiefe von −16,6 m NN, so daß Bau und Lage von Griend dadurch nicht mitbedingt sein können. Allerdings wurden durch den Wellenschlag sowohl glazialer Kies als auch eemzeitliche Schalen am Strand von Griend angespült (6-, 23-).

Noorderleeg   Die Middelzee in der Provinz Friesland
war eine tiefe Bucht, in die das Flüßchen Boorn mündete.
Nach und nach schlickte die Bucht zu und wurde eingedeicht.
Die Middelzee teilte die Provinz Friesland in Ostergo und
Westergo. Im Gebiet der ehemaligen Middelzee liegen
keine Dörfer. Diese liegen beiderseits auf Wurten. Eine
Ausnahme stellt das Bildt dar, in dem es Dörfer gibt. Das
Oude Bildt wurde 1508, das nördlichere Nieuwe Bildt 1609
eingedeicht. Der Gang der Ereignisse bei der Bedeichung
der nördlichen Middelzee ist im Gegensatz zum südlichen
Teil gut bekannt. Die südliche Begrenzung der Middelzee
war 1922 Gegenstand einer heftigen Polemik über den Wert,
den man historischen Quellen, Siedlungsresten, Bodenbefunden
oder Deichprofilen zuerkennen sollte.
Zuletzt wurden in der Middelzee der Oude Bildtpollen (1715),
der Nieuwe Bildtpollen (1745) und der Noorderleegs Binnenpol-
der (1754) eingedeicht. Es gibt heute noch etwa 4000 ha
Außendeichsländereien, darunter das Noorderleegs Buitenveld,
denen jedoch die Eindeichung bevorsteht. Zu diesen Vorländereien gehören 1200 ha Sommerköge, die durch niedrige Sommerdeiche geschützt werden. Die Sommerköge werden jährlich
das eine oder andere Mal vom Meer überflutet. Als besonderes
Landschaftselement gibt es hier 55 Fethinge. Dies sind von
Ringdeichen umgebene Viehtränken. Vor den Sommerdeichen
liegen 700 ha bewachsenes Vorland und seewärts davon
2100 ha Landgewinnungswerke.
Das Vorland neigt sich allmählich zum Meer hin und bildet
keine Halligkante. Auf dem Vorland gibt es natürliche flache
Rücken, die sonst nirgendwo an der niederländischen Küste
vorkommen (2-, 9-, 13-, 24-, 31-,).

Wattengebiet von Schiermonnikoog   Die Beschreibung
der Wattlandschaft von Schiermonnikoog mit allen Übergängen
zwischen Nordsee und Festland kann als Modell für das ganze
nordwesteuropäische Wattenmeer gelten. Durch das Friese
Zeegat zwischen Ameland und Schiermonnikoog strömen
mit jeder Flut 310 Mio. m³ Wasser herein. Nördlich davon
liegt die Barre, die den Wellenschlag von dem Küstenraum
abhält.

Strand   Auf dem sehr breiten Strand von Schiermonnikoog
kann man sowohl auf der West- wie auch auf der Nord-
und Ostseite mehrere Zonen unterscheiden:
1   Der *Vorstrand* bleibt stets vom Wasser bedeckt, er wird

64 *Vorland am Balgzand, am Horizont Den Helder*

65 *Griend, nach der Wiederherstellung im Jahre 1973*

66 *Außendeichsgebiet in Friesland, rechts unten Holwerd*

durch die mittlere Niedrigwasserlinie und die 7 m Tiefenlinie begrenzt.

2 Der *feuchte Strand* liegt zwischen dem mittleren Niedrigwasser und dem mittleren Hochwasser.

3 Der *trockene Strand* steht bei mittlerem Hochwasser nicht mehr unter Wasser.

Der Vorstrand besteht aus einer großen Zahl von Sandbänken, die voneinander durch flache Rinnen getrennt werden. Der feuchte Strand liegt im Bereich der Brandungswellen. Dies wirkt sich in der Korngröße dieser Sandstrände aus, die auch allerlei Strömungserscheinungen aufweisen, wie Rippel- und Deltabildung (Abb. 68). Der trockene Strand wird im Prinzip durch einen flachen Strandwall gebildet. Manchmal liegen mehrere solcher Strandwälle nebeneinander. Wie in den anderen Zonen des Strandes steigt der Boden mit einem mittleren Gefälle von 2° allmählich an. In den zwanziger Jahren war der Strand von Schiermonnikoog beträchtlich schmaler, und die Dünen wurden angegriffen. Das alte Strandhotel, das einige 100 m nordwestlich des heutigen lag, ist verschwunden. Von 1916 bis 1925 wanderte eine Sandbank von dem Riffbogen vor dem Seegat langsam zur Insel hin. Dadurch nahm 1925 die Strömung zwischen dieser Bank

und dem Dünenfuß so zu, daß sie von der Düne, auf der das alte Strandhotel stand, etwa 300 m fortriß. Seitdem sind noch mehr Bänke auf den nordwestlichen Teil der Insel zugewandert. Auf dem ausgedehnten West- und Oststrand findet eine natürliche Dünenbildung statt.

Strandfläche   Es handelt sich um ein sehr großes flaches Gebiet, daß den Namen Strand nicht mehr verdient, weil es ganz oder fast ganz von der Nordsee abgeschlossen ist. Auf der Ostseite von Schiermonnikoog liegt eine ausgedehnte Strandfläche, die gegen die Nordsee durch einen Sanddeich abgegrenzt wird, dies ist ein künstlich aufgeworfener Sandkörper, der mit Strandhafer oder -weizen bepflanzt ist. Eine Sonderentwicklung zeigte der grüne Strand auf der Nordseite der Insel; hier war ein grüner Gürtel vor dem Dünenfluß entstanden. Auf Abb. 67 ist noch ein kleiner Teil zu sehen, der in den 60er Jahren noch einige hundert Meter breit war (19-).

Dünen   Die älteste noch vorhandene Dünenkette auf Schiermonnikoog stammt aus dem Mittelalter, auf ihr liegt der Kern des Dorfes Oosterburen. Nach der Bildung der

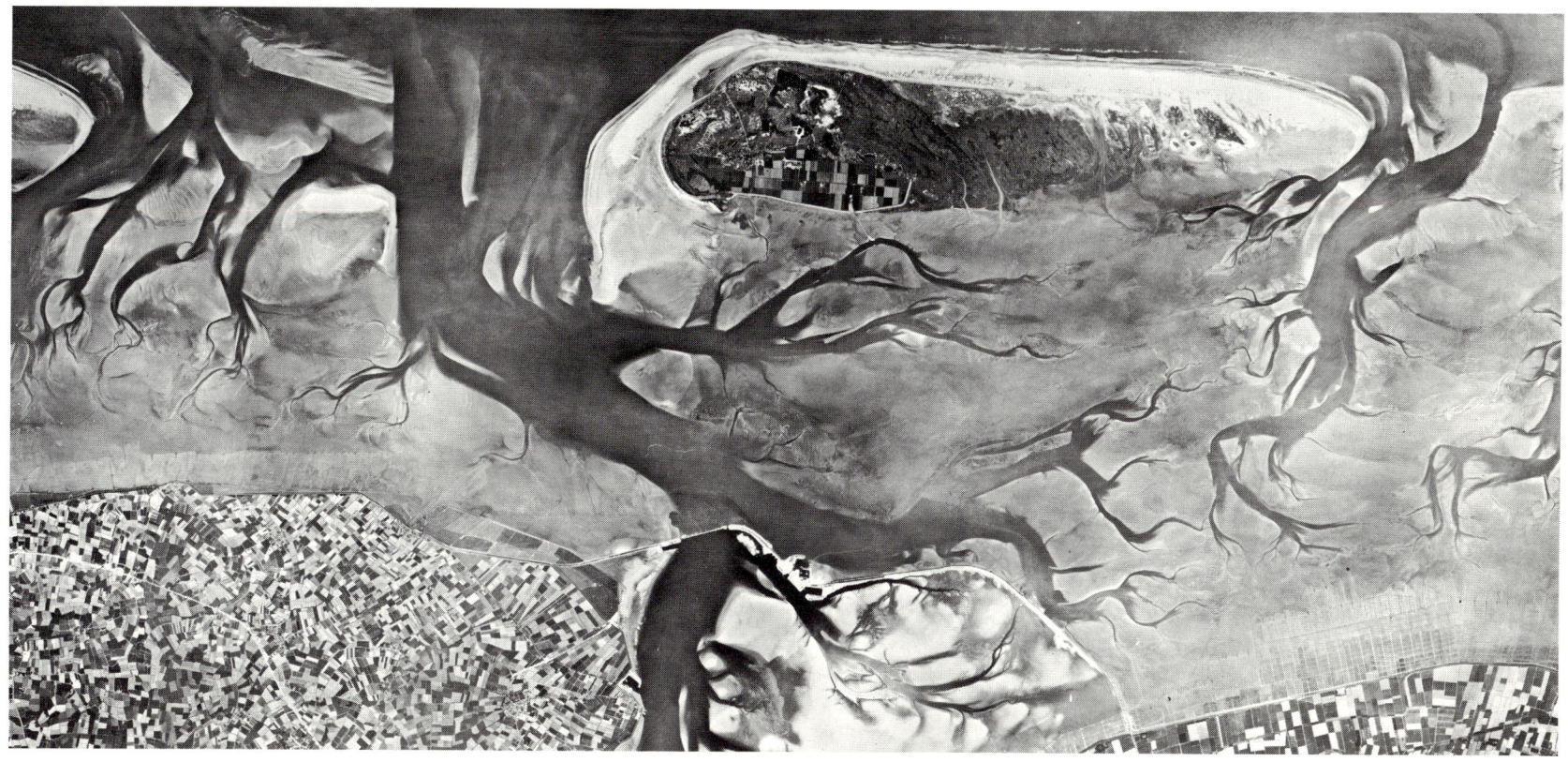

67 *Watten bei Schiermonnikoog*

ältesten Dünenreihe entstand nach und nach ein breiter Strand, auf dem sich in Form eines Bogens neue Dünenreihen bildeten. Der westliche Teil dieser bogenförmigen Dünenreihe wanderte ostwärts, weil der Wind hier freies Spiel hatte. Der östliche Teil blieb an seinem Ort liegen. Von der westlichen Dünenreihe ist durch starke Ausblasung viel Sand abgetragen worden. Diesen Sandverwehungen begegnet man jetzt durch die Aufstellung von Fangzäunen in den Windgassen. Diese Zäune bremsen den Wind an der Erdoberfläche, und obendrein werden die hohen Temperaturschwankungen in den Gassen vermindert. Dadurch trocknet der Sand nach Regenfällen weniger rasch aus, und durch Begrünung kann der Sand dann in der Windmulde festgelegt werden (3-). Helm, der wichtigste Sandfänger, gedeiht nur dort, wo es Süßwasser im Dünenfuß gibt. Die Durchbruchstelle in den Kobbeduinen schloß man früher mit Schirmen aus Reisig, um den Sand zu fangen; bei genügender Höhe wurde er mit Helm oder Strandroggen bepflanzt. Nach 1950 begann man auf Schiermonnikoog von den Kobbeduinen über den Strand nach Osten Sandfangdämme anzulegen. Die ersten drei Kilometer sind hoch und breit genug, um einer Sturmflut zu widerstehen. Der Rest ist nur einige Meter hoch, und in jedem Winter entstehen Lücken. Noch weiter östlich liegen hier und dort kleine Dünengruppen; die höchste und am weitesten östlichste davon heißt Willemsduin.

Wälder   Die beiden Kiefernwälder auf der Insel hat der deutsche Graf von Bernstorff angelegt, der 1892 Eigentümer der Insel wurde. Für die Holzproduktion – den ursprünglichen Zweck – spielen sie keine Rolle. Ihre wichtigste Funktion ist es, den Wind zu brechen. Die Stürme von 1972 und 1973 haben großen Schaden angerichtet.

Siedlung   Im Laufe der letzten Jahrhunderte sind das Kulturland und der Ort nach Osten verlegt worden. Das heutige Dorf Oosterburen wurde um 1720 angelegt, nachdem durch die Sturmfluten von 1717 und 1720 das viel weiter westlich gelegene Dorf Westerburen verwüstet worden war. Die Häuser von Oosterburen wurden nach 1720 planmäßig in drei langen Reihen angelegt. Neue Ausbauten haben an der West- und an der Ostseite des Dorfes stattgefunden. Außerhalb des Dorfes liegen einzelne Bauernhöfe, von denen einige noch in Funktion sind. Die Sommerhäuser auf der Insel entstanden zuerst nördlich des Dorfes, später wurden im Westen und im Polder Bungalowparks angelegt.

68   *Kleiner Ebbepriel auf Sandwatt*
69   *Sandstrand mit Markierung der Hochwasserlinie durch angespülte Muschelschalen*

70   *Westpitze von Schiermonnikoog*

Polder   Die heutige Gestalt des Polders entstand 1860 als der Eigentümer der Insel, John Eric Banck, einen Deich anlegen ließ. Dies war die wichtigste Bedeichung. 1962 brach der Deich an der Stelle, wo gerade die neue Landungsbrücke gebaut wurde. Daraufhin beschloß man, den Deich auf Deltahöhe zu bringen (+5,60 m NN). Zugleich wurde das Vorland westlich des Polders gegen das Wattenmeer abgeschlossen. Zusammen mit dem darin gelegenen Westerteich ist es nun eines der Naturschutzgebiete der Insel. An der Nordostseite des Polders erhöhte man die Dünen auf Deltahöhe. Die Entnahmestelle für den Sand ergab den Kooi-Teich. Ein weiterer Weiher, der Berkenteich, wurde nördlich des Polders für Erholungszwecke angelegt. Die Vogelkoje an der Nordostseite des Polders ist außer Betrieb.

Vorland   Östlich des Polders erstreckt sich das Vorland, das im Norden durch die Dünen und im Süden durch das Watt begrenzt wird. Dies Gebiet verändert sich fortwährend. Von Süden her führen Priele bei Flut Seewasser in das Vorland. Bei Sturm und Springtide werden große Teile des Vorlandes überflutet. Das Vorland auf Schiermonnikoog vergrößert sich nach Osten und Norden hin durch Anwachs. Dies ist

vor allem eine Wirkung des Sandfängers, der nördlich davon verläuft. Dem Anwachs steht am Südufer etwas Abbruch gegenüber. Stellenweise bildet das Vorland eine Abbruchkante mit deutlicher Schichtung (Abb. 20).

Watten   Vom Friese Zeegat an der Westseite der Insel zweigt ein Rinnensystem ab. Der große Priel südlich der Insel dient unter anderem als Fahrwasser für den Fährverkehr von Lauwersoog nach Schiermonnikoog. Die große Fahrrinne heißt weiter im Süden Zoutkamperlaag und dann Oort. Letztere verzweigt sich südlich der Sandbank Brakzand in den Schildknopen und das Vierhuizergat.
Dies ganze westliche Prielsystem hat sich nach der Abdämmung der Lauwerszee 1969 ziemlich verändert. Dabei wurde ein bedeutender Arm des Rinnensystems abgeschnitten, woraufhin das System bei Schiermonnikoog zu wandern begann und die Wasserscheide sich nach Osten verschob. Die größten Veränderungen traten im Zoutkamperlaag auf, das schnell flacher wurde. Auch früher schon haben sich hier viele Veränderungen abgespielt. Die Insel lag viel weiter westlich als heute. Der Fluß Lauwers verlief zu Beginn des Mittelalters östlich von Schiermonnikoog. Die Wattwasserscheide ging früher

71   *Sandbänke mit Strandprielen*

72   *Südostteil des Dollart*

von Schiermonnikoog aus auch nach Friesland. Einen sehr
deutlichen Hinweis darauf gibt auch Aelbert Hayen in seinem
Buch Amstelredamsche Zeecaerten von 1585. Darin gibt
es eine Karte, auf der eine Linie entlang der Ostseite des
Seegat Lauwers zur Festlandküste bei Groningen und weiter
über die hintereinanderliegenden Kirchtürme von Leens
und Hornhuizen gezogen ist. Zieht man heute diese Linie
über dieselben Kirchtürme, dann läuft die Linie über die
heutige Wattwasserscheide und trifft westlich der Willemsduin
auf die Insel (1-, 22-).

Lauwerszee   Diese Einbuchtung entstand um 800 an der
Stelle, wo die Flüsse Ee und Lauwers in das Wattenmeer
mündeten. Ebenso wie die Middelzee muß auch die Lauwerszee
ihre größte Ausdehnung im frühen Mittelalter gehabt haben.
Um 1000 wurden hier die ersten Deiche gebaut. Seit dem
14. Jahrhundert wurde Land gewonnen. Zum Abschluß wurde
1877 der Ruigezandster Polder bedeicht.
Deichverkürzung und Entwässerung führten 1969 zur Abschließung der ganzen Bucht. Der mittlere und nördliche Teil
besteht aus Sandwatten, die zu den Rändern hin in schlickigen
Boden übergehen. Als Teil des Wattenmeeres war die Lauwerszee
eine Naturlandschaft ersten Ranges. Auch in dem neuen
Polder bahnt sich eine interessante natürliche Entwicklung
an, die jedoch durch die künftige Bestimmung als Landwirt-
schafts- und Erholungsgebiet sowie als militärisches Übungsge-
lände in Frage gestellt ist.

Dollart   Der Dollart ist eine Bucht des Wattenmeeres,
die mit dem Ästuar der Ems verbunden ist. Durch die stärkere
Süßwasserzufuhr ist das Wasser brackiger als in der früheren
Lauwerszee. Dies hat zur Folge, daß vor allem Wattschnecken,
Tellmuscheln und Sandklaffmuscheln vorkommen und in
geringem Umfang flache Pfeffermuscheln, während Herzmuscheln
und Miesmuscheln nahezu fehlen. Alle hier genannten Muscheln
sind typische Wattbewohner. Den ersten Anstoß zur Entstehung
des Dollart gaben Deichbrüche nach 1400. Um 1520 hatte
er seine größte Ausdehnung. Nacheinander wurden die Randgebiete bedeicht; früher achtete man darauf, daß das Vorland
bis etwa +1,50 m NN aufgeschlickt war, danach fand eine
natürliche Aufhöhung kaum mehr statt. Solch hohes Vorland
gab ein gutes Fundament für den neuen Deich ab, und außerdem
deichte man Land von besserer Qualität ein, das im Vergleich
zu den niedrigeren Schlickflächen auch gut entwässert werden
konnte. Ein Problem, das schon im 19. Jahrhundert die Aufmerk-

73 Beweidetes Vorland
74 Priel im Schlickwatt des Dollart

75 *Schwerer Marschklei in einem Dollartpolder*

samkeit der Landwirte erregte, war der steigende Kalkgehalt der jüngeren Polder. In 250 Jahren sollten 10 % Kalk verschwunden sein, wie man annahm durch Auswaschung. Neuere Untersuchungen, für die man unverwitterte Bodenproben unter alten Deichen und Scheunen gewann (10-, 29-), haben jedoch gezeigt, daß der Entkalkungsprozeß in den Dollartpolden viel langsamer verläuft, nämlich 1 % in 60 bis 100 Jahren. Es scheint, daß das ältere Vorland nur einen Kalkgehalt von 3 % hatte, teils durch den Einfluß abströmenden sauren Moorwassers. Selbstverständlich ist es für die Landwirtschaft im Zusammenhang mit der künstlichen Düngung wichtig, die Gehalte genau zu kennen. Die Bodenkarte des Dollart zeigt, daß auch hier die Absätze in der Mitte niedrigere Schlickgehalte haben als an den Rändern (46-). Die Sedimentationsgeschwindigkeit im Dollart liegt bei 1,5 cm/Jahr (30-). Messungen zeigen, daß in dem Gebiet zwischen NN und -1,5 m NN die mittlere Aufschlickung 1 cm/Jahr beträgt, im Gebiet zwischen NN und +0,5 m NN 0,5 cm/Jahr, während bei Lagen über +0,5 m NN fast keine Aufschlickung mehr gemessen wird (47-). Die Aufschlickung ist also am größten in der Mitte und am kleinsten an den Rändern. Daß im Dollart keine großen Abweichungen im Sedimentationsmuster auftreten.

kann man auch beim Studium von Seekarten erkennen. Der Verlauf der Rinnen hat sich in den letzten 50 Jahren kaum geändert. Diese Naturlandschaft verdankt ihren Wert den nahrungsreichen Schlickflächen und dem für Brackwasser typischen Pflanzenwuchs. Eindeichungen werden den naturhaften Charakter der Landschaft wohl sicher zum Verschwinden bringen, weil sich neues Vorland nicht mehr bilden wird.

76 *Rißbildung im antrocknenden Schlick*

Zwischen den Ästuaren der Ems im Westen und der Elbe im Osten erstrecken sich in wechselnder Ausdehnung die der niedersächsischen Küste vorgelagerten Wattgebiete (Abb. 78). Im Westen – zwischen Ems und Jade – liegt das *ostfriesische Watt*, das im Süden durch die Küste und seewärts durch die langgestreckte Kette der ostfriesischen Inseln begrenzt ist. Nördlich Butjadingens – zwischen Jade und Weser – ist das *Hohe-Weg-Watt* gelegen, das an seiner Nordspitze die kleine Insel Mellum trägt. Östlich der Weser erstrecken sich vor der Küste des Landes Wursten – von Süden nach Norden zur Elbmündung mit zunehmender Breitenausdehnung – das *Wurster Watt*, das *Knechtsandgebiet* und das *Neuwerker Watt*, auf welchem die Inseln Neuwerk und Scharhörn liegen. Die durch die Strommündungen voneinander getrennten Wattgebiete haben in ihren langfristigen und großräumigen Gestaltungsvorgängen eine sehr unterschiedliche Entwicklung durchgemacht. Die geschichtliche Entwicklung des ostfriesischen Wattes ist stark beeinflußt durch das Geschehen im Bereich der ostfriesischen Inselkette, das zu starken Umwandlungen des Großformeninventars führte. Das Hohe-Weg-Watt ist in Bildung und langfristiger Entwicklung wesentlich durch die Vorgänge in Weser und Jade beeinflußt worden. Die östlich der Weser gelegenen Wattgebiete haben insgesamt eine verhältnismäßig ruhige Entwicklung durchgemacht. Die Strombauarbeiten in der Weser wirkten sich allenfalls örtlich begrenzt aus und hatten auf das großräumige Geschehen der Wattbildung und -entwicklung wenig Wirkung. Durch menschlichen Eingriff am stärksten beeinflußt wurde das ostfriesische Watt. Die Festlegung der Inseln bzw. der Seegaten durch massive Schutzwerke seit der Mitte des vergangenen Jahrhunderts haben auch die zugehörigen Wattgebiete in ihrer Weiterentwicklung gehindert und einem gewissen Beharrungszustand zugeführt. Als Präzedenzfall menschlicher Einflußnahme auf großräumige Entwicklungen des Küstenvorfeldes ist dieses Geschehen von besonderem Interesse.

Küstenschutz und Forschung   Die auf den Marschen der Zeitenwende siedelnden Menschen suchten der mit dem säkularen Anstieg des Meeresspiegels verbundenen zunehmenden Überflutungshäufigkeit ihrer Lebensräume dadurch zu entweichen, daß sie die Siedlungsplätze künstlich erhöhten (Wurten, Wierden, Warfen) (5-). Dieser über rund 1000 Jahre praktizierte indirekte Schutz vor den Überflutungen ihrer Lebensräume erforderte eine mehrfache Erhöhung, die durch den stetig steigenden Meeresspiegel erzwungen wurde. Erst um 1000

nach Christi Geburt begann dann der *Deichbau*. Hierbei handelte es sich zunächst um die Anlage primitiver Erdwälle, die die sommerliche Ernte vor erhöhten Tiden zu schützen hatten. Aus ihnen entstanden dann im Laufe der Zeit die beeindruckenden Küstenschutzwerke der Gegenwart. Der Beginn des Deichbaues und die hieraus zwangsläufig folgende Erweiterung sowie die – infolge des anhaltenden Meeresanstieges – erforderliche laufende Erhöhung und Verstärkung bestehender Anlagen im Mittelalter und bis in die Neuzeit haben das kulturelle Erscheinungsbild des Friesentums stark geprägt. Die mittelalterlichen Deichbaumeister, welche im modernen Sinne durchaus als Ingenieure anzusprechen sind, haben bedeutsame Untersuchungen z. B. des Baugrundes und der zum Deichbau verwendeten Erdstoffe sowie Wasserstandsmeldungen vorgenommen.

Es blieb indessen erst der Neuzeit vorbehalten, mit modernen Technologien forschend in das Küstenvorfeld vorzustoßen. Den Impuls hierzu gaben im niedersächsischen Küstenbereich die Stromausbauten an Elbe, Weser und Ems und seit der Jahrhundertwende insbesondere an der Jade. Gleichzeitig wurde die Küstenforschung vor allem durch die küstengeologischen Arbeiten von Schütte (21-) und Wildvang (25-) und die von ihnen vermutete Küstensenkung zunehmend systematisiert.

Im niedersächsischen Küstengebiet verdichtete sich die Forschung vor allem im Bereich der Stromästuare zum Zwecke des Ausbaues und der Erhaltung ausreichender, den wachsenden Schiffsgrößen angepaßter Seeverkehrswege. Besonders widmete sich die Küstenforschung dem ostfriesischen Inselwatt und der Inselkette, die unlösbar und in Wechselwirkung miteinander verbunden sind. In dieser Wechselwirkung zwischen Inselgestaltung und Watt ist auch die schwerpunktartige, seit Jahrzehnten anhaltende Untersuchung dieser Vorgänge begründet. Die Notwendigkeit hierzu ergab sich zwangsläufig aus den Forderungen des Inselschutzes und den wachsenden Ansprüchen des Verkehrs zwischen Inseln und Festland. Daß die Festlegung der Inseln mittels massiver Bauwerke der wohl tiefste Eingriff in großräumige Entwicklungen des Küstenvorfeldes war, wurde bereits erwähnt. Diese Vorgänge sollen daher besonders herausgestellt werden.

Gestaltungsvorgänge   Das wohl beeindruckendste Ergebnis bisheriger Forschung im ostriesischen Küstenbereich ist, daß Watteinzugsgebiete, Durchflußquerschnitte der Baljen und Seegaten sowie die Riffbögen trotz aller Wandlungsfähigkeit in ganz bestimmten Beziehungen zueinander stehen und sich somit in einem *dynamischen Gleichgewicht* befinden (24-). Die Inseln verhalten sich in diesem Kräftespiel eher passiv. Mit dem Bau der Inselschutzwerke wurden nun in diese dynamischen Vorgänge statische Elemente eingefügt, die einen – bei natürlichem Weiterverlauf – nur vorübergehend vorhandenen Zustand festlegten.

Abgesehen von einzelnen früheren Erwähnungen Borkums und Wangerooges werden die *ostfriesischen Inseln* in ihrer Gesamtheit erstmals 1398 benannt. Die erhaltene Urkunde (11-) vermittelt erstmals den Eindruck einer Inselkette. Namentlich aufgeführt werden Borkum, Juist, Buise, Osterende, Baltrum, Langeoog, Spiekeroog und Wangerooge. Norderney suchen wir in dieser Mitteilung vergebens. Die Inseln Buise und Osterende, die im Gebiet des heutigen Norderneys gelegen waren, haben die forschende Phantasie bis in jüngere Zeit angeregt. Es wurde angenommen (11-), daß Osterende und Buise ursprünglich eine Insel gewesen wären, die dann gebrochen sei. Der westliche, heute nicht mehr existierende Teil habe den Namen Buise beibehalten, der östliche sei Osterende und später Norderney benannt worden.

Dieser Auffassung müssen schwerwiegende, aus *hydrodynami-*schen Gesetzmäßigkeiten resultierende Bedenken entgegengestellt werden (15-). Unter einem Inseldurchbruch verstehen wir die Teilung einer Insel unter Ausbildung eines Seegates.

Nun sind im Bereich der ostfriesischen Inseln zahlreiche, von Dünen flankierte Stellen (Legden, Sloops) vorhanden, die bei erhöhten Tiden durchströmt werden. Es ist bisher aber nicht bekannt geworden, daß an einer solchen Stelle ein völliger Inseldurchbruch erfolgt ist. Das kann aber auch aus folgenden Gründen nicht möglich sein:

1 Im Bereich gut versorgter Sandstrände hätte sich die Seegatbildung gegen den strandparallelen Sandtransport im Norden der Inseln und an ihren Südseiten gegen die im Watt besonders hohen Sedimentationsraten durchzusetzen.

2 Zur Ausbildung und Gestaltung eines Seegats gehört die ständige Arbeit des Gezeitenstromes, mithin ein wirksames Watteinzugsgebiet. Ein solches Einzugsgebiet müßte also als Vorbereitung oder Folge eines Durchbruches sofort vorhanden sein. Hydrodynamisch ist eine solche Entwicklung völlig unmöglich.

Wenn somit ein Inseldurchbruch nicht möglich erscheint, besteht aller Anlaß zu der Annahme, daß Buise und Osterende in historischer Zeit zwei eigenständige Inseln waren und

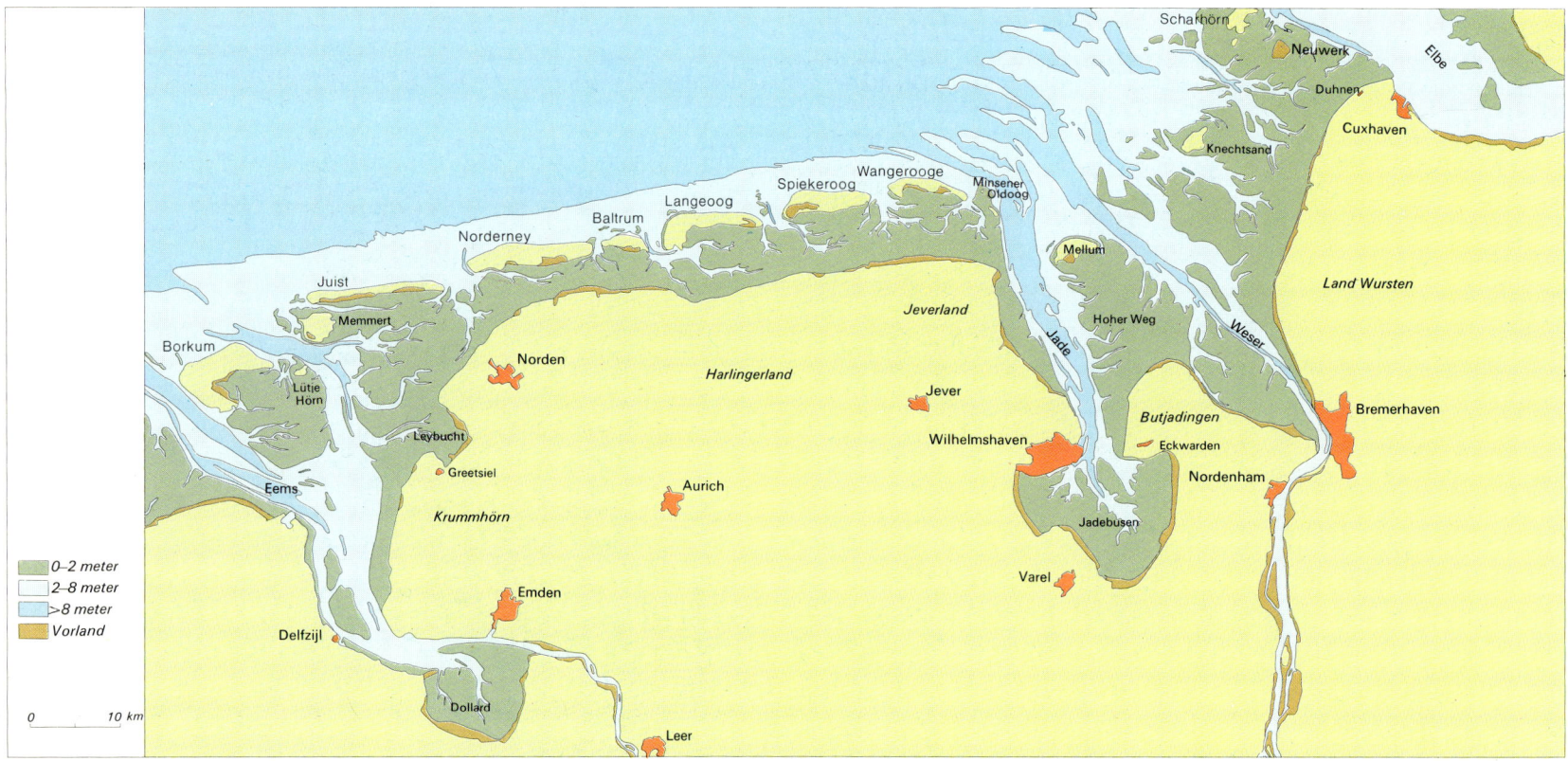

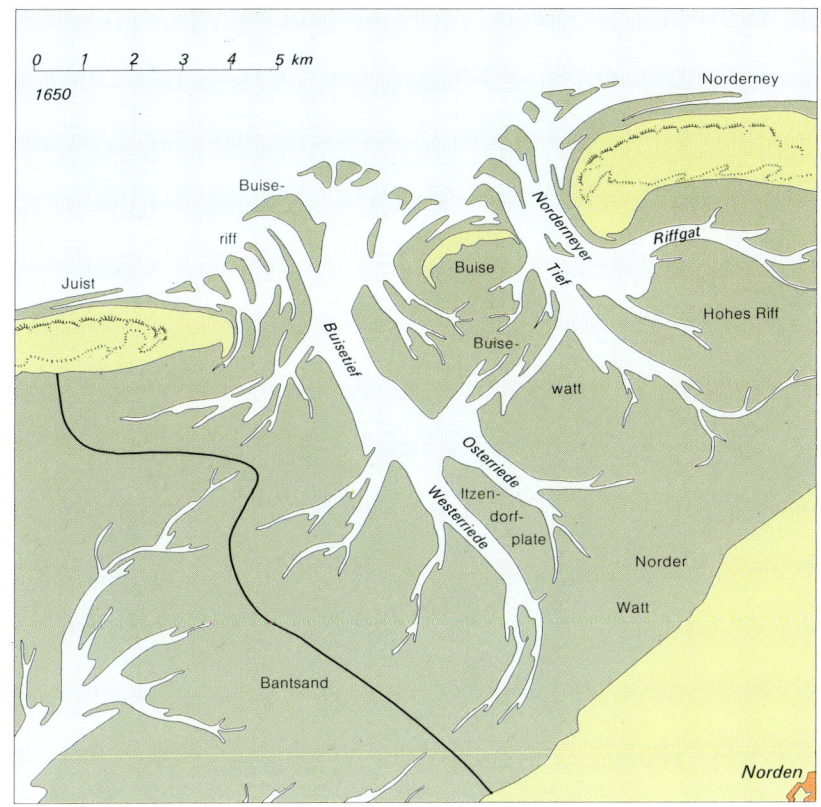

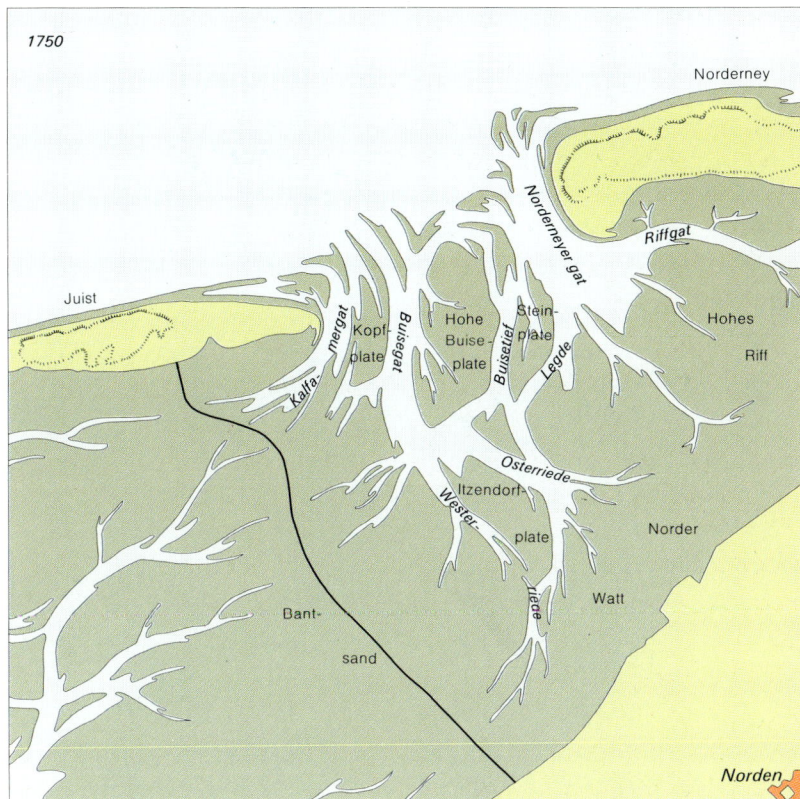

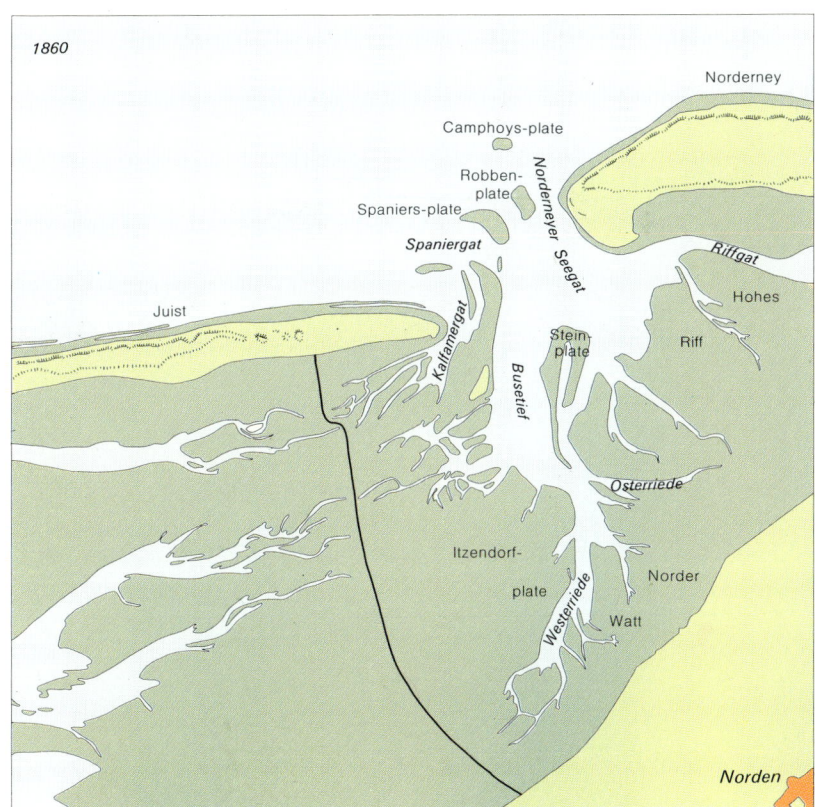

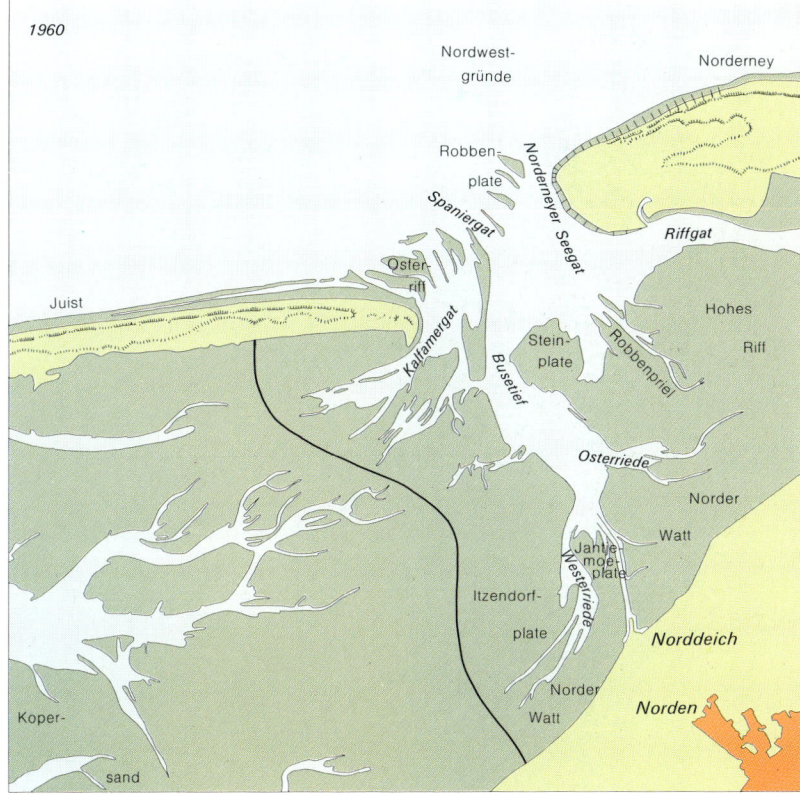

79, 80, 81, 82 *Entwicklung des Seegats zwischen Juist
und Norderney 1650–1960*

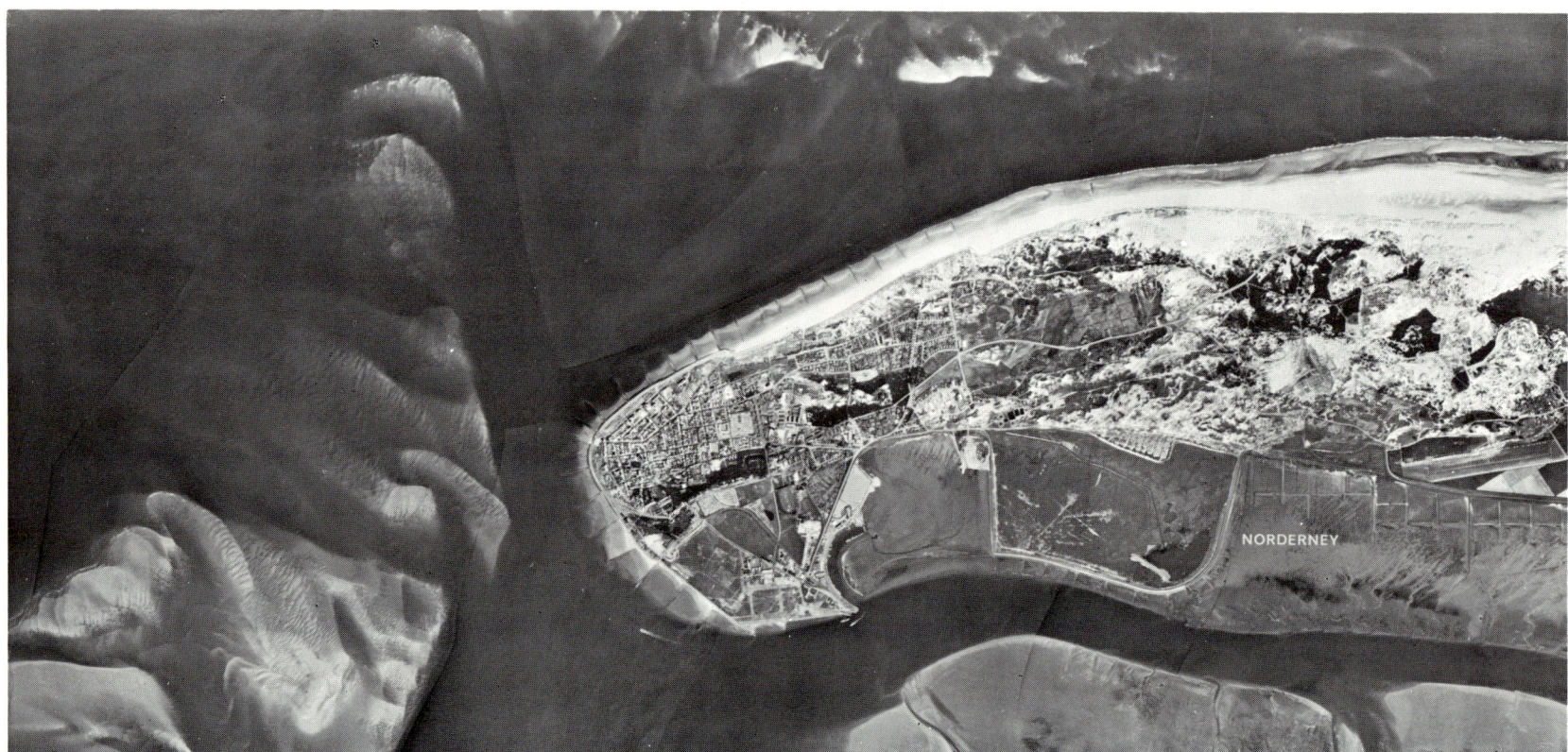

83, 84 *Riffbogen vor dem Norderneyer Seegat 1969 und 1973*

Buise ursprünglich weit nach Westen in das heutige Seegebiet nördlich von Juist vorstieß. Immerhin hat das allmähliche Verschwinden der Insel Buise einen gewissen Modellcharakter für großräumige Vorgänge in der ostfriesischen Inselkette und demzufolge in den zugehörigen Wattgebieten. Es lohnt daher, den Vorgängen um das Verschwinden der Insel Buise nachzugehen.

In Abb. 79–82 ist das langfristige Geschehen im Raum Juist–Norderney für 1650, 1750, 1860 und 1960 dargestellt. 1650 ist zwischen Juist und Norderney noch ein Restbestandteil der ehemals wohl stattlichen Insel Buise vorhanden. Nach Westen und Osten ist Buise durch zwei Seegaten eingegabelt, und südlich der Insel liegt eine offenbar im großen und ganzen noch wirksame Wattwasserscheide. Die hydraulische Leistungsfähigkeit beider Seegaten scheint, den Breitenausdehnungen nach zu urteilen, etwa gleich gewesen zu sein. Die Riffbögen umspannen die Seegaten in kleinem Bogen. Buise erhält somit Sandzufuhren, die jedoch der räumlichen Enge wegen gleich in den Wirkungsbereich des Norderneyer Gats übergehen und schließlich am Westende Norderneys anlanden. Dieser Zustand, wäre er von Dauer, ist für Norderney als ideal zu bewerten, da hier Sandabgänge sofort ausgeglichen werden. Das Watt hat sich mit seinem Baljen- und Prielsystem auf die zwei Seegaten eingestellt, die durch eine Wattwasserscheide voneinander getrennt sind.

Mit dem gut belegten Zustand von 1650 ist mit großer Wahrscheinlichkeit die Endphase einer seit langem anhaltenden Entwicklung erfaßt worden, die in den nächsten 100 Jahren zu einem starken Ostvorstoß Juists unter gleichzeitiger Schwächung des zwischen Juist und Buise gelegenen Seegats führt. 1750 ist zunächst festzustellen, daß Buise erheblich an Substanz verloren hat. Gleichzeitig machte es eine nachgewiesene Südverlagerung durch, die den Riffbogen Juist/Buise verkürzte, so daß der Sand auf kürzerem Wege das Seegat zu umlaufen hatte. Hierdurch kam es zu *Stauchungseffekten* der Platen, die in Wechselwirkung zum Wasseraustausch mit den Wattgebieten zur Schwächung der hydraulischen Leistungsfähigkeit des westlichen Seegats führten. Hierdurch ist der Ostvorstoß Juists begünstigt worden, und Buise hat jetzt seinen Inselcharakter insofern verloren, als es eher als Bestandteil des Juister Riffbogens aufzufassen ist.

Die 1650 noch intakte Wattwasserscheide südlich der Insel Buise ist 1750 schon stark zerprielt, und das Baljen-Priel-System des Juister Wattes beginnt sich stärker auf das Norderneyer Seegat zu orientieren. Die Änderung ist allerdings noch nicht so durchgreifend, als daß sich der Norderneyer Riffbogen auf die im Fluß befindliche Umgestaltung eingespielt hätte. 1860 ist der ursprünglich auf zwei Seegaten verteilte Wasseraustausch endgültig in einem einzigen vereinigt. Buise ist zum großen Teil in der nach Osten vorstoßenden Insel Juist aufgegangen. Das Watt hat sich mit seinem Baljen-Priel-System völlig auf die neuen Verhältnisse im Norderneyer Seegat eingestellt. Die folgenschwerste Erscheinung dieser Entwicklung ist die Umgestaltung des Norderneyer Riffbogens (Abb. 83, 84). Infolge des auf ein Seegat vereinigten Wasseraustausches wird er nun erheblich weiter nach Norden herausgedrückt und erreicht die Insel erst in ihrer Mitte. Der unter den ursprünglichen Bedingungen gut mit Sand versorgte Westen Norderneys erhält nun keine natürlichen Sandzufuhren mehr und beginnt zu schrumpfen. Zum einen werden die Strände und Dünen durch Kliffbrandungserscheinungen abgebaut (Abb. 86), und zum anderen erhält die Dünenvegetation mangels ausreichender Zufuhren frischer Seesande keine Nährstoffe mehr. Sie beginnt unter Mangelerscheinungen zu kümmern, und die Dünen werden durch äolische Kräfte zusätzlich beansprucht und ostwärts verlagert.

Die Entwicklung ist über den Zustand von 1860 nicht hinausgelaufen. Den seit etwa 1800 als Folge der großräumigen Änderungen im Gebiet Juist–Norderney eintretenden Dünen- und Strandverlusten auf Norderney wurde mittels massiver Bauwerke (Abb. 85) begegnet und hierdurch ein Zustand fixiert, der bei ungehinderter natürlicher Weiterentwicklung nur vorübergehend gewesen wäre. Auch auf den anderen Inseln werden die in Fluß befindlichen Vorgänge seit der Mitte des vergangenen Jahrhunderts durch Schutzwerke unterbrochen.

Modellvorstellungen   Wie die Entwicklung ohne Eingriff hätte weiterverlaufen können, ist in den Modellvorstellungen der Abb. 87 dargestellt. Diese Modellvorstellungen sind wesentlich am Geschehen im Norderneyer Seegat orientiert. Danach wäre Norderney bis zum jetzt vorhandenen Anlandungsbereich der Platen bald von Dünen entblößt gewesen, und es wäre lediglich ein dünenfreier Strand zurückgeblieben, in den sich vor den verbliebenen und gut ernährten Dünen zunächst eine Legde eingearbeitet haben würde, die sich langfristig zu einem neuen Seegat entwickelt hätte. Der verbliebene Strand hätte dann Mittelplatencharakter angenommen, und der beschriebene bzw. nachgewiesene Prozeß der Vereinigung zweier Seegatrinnen zu einer einzigen würde erneut eingesetzt haben.

Das Absplittern unterversorgter Strände im Westen einer Insel

85 *Westende von Norderney mit Dünendeckwerken und Buhnen,
    im Hintergrund der Riffbogen*

steht nicht im Widerspruch zur Aussage, daß ein Inseldurchbruch aus hydrodynamischen Gründen nicht möglich sei. Die äußeren Randbedingungen – Gestaltung des Strandes und der Randdünen, mangelnde Sandzufuhren, zunehmend häufigerer Zutritt der Wellen bis zum Dünenfuß usw. – fordert die Bildung eines neuen Seegats oder einer neuen Rinne vor dem westlichen Dünenfuß der östlich benachbarten Insel geradezu heraus.

Am Westende Wangerooges (Abb 89, 91) ist eine derartige Entwicklung seit der Jahrhundertwende durch die Bildung der „Doven Harle" eingetreten (2-). Sie wurde durch den Ausbau der Buhne H zu einem Damm, der bis in den Bereich des Westendes von 1650 reichte, unterbunden.

Das langfristige Geschehen im Norderneyer Seegat und die hieran orientierten Modellvorstellungen – die Vereinigung zweier, durch Mittelplaten oder Inseln voneinander getrennter Seegaten zu einem und die dann einsetzende Rückbildung zu zwei- oder mehrgliedrigen Querschnitten – läßt sich auf die anderen Seegaten – selbstverständlich entsprechend modifiziert – übertragen (15-). Durch *Analogieschlüsse* und *Indizienbeweise* scheinen die Vorgänge insgesamt abgesichert zu sein. Das bedeutet, daß die Vorgänge innerhalb der ostfriesischen Inselkette zyklisch verlaufen und ein solcher Zyklus (s. Abb. 87) nachgewiesen werden kann.

86 *Dünenabbruchkante mit Einrichtung zur Strandaufspülung auf Langeoog*

Die Vorgänge in den Seegaten erlauben nun aber auch die schlüssige Erklärung jenes Geschehens, das allgemein als die *Wanderung* der ostfriesischen Inseln bezeichnet wird. Tatsächlich wird dieser Vorgang primär und direkt aus den Seegaten heraus gesteuert. Die Inseln verhalten sich in diesem Gestaltwandel passiv. So ist die Längenausdehnung der Inselkette zwischen Juist-West und Wangerooge-Ost seit 1650 etwa konstant geblieben. Innerhalb der Inselkette spielten sich indessen Vorgänge großen Ausmaßes ab, die auf die einfache Formel zu bringen sind, daß breiten, zweigliedrigen Seegaten eine kürzere und eingliedrigen, schmalen Seegaten eine längere Gesamtausdehnung der Inseln in West-Ost-Richtung zugehörig ist.

Diese Entwicklung kann zunächst ohne Berücksichtigung des säkularen Wasseranstiegs herausgearbeitet werden, da sich das Geschehen überwiegend in der Horizontalen vollzieht. Bei größerer Ausdehnung des Betrachtungszeitraumes – etwa in geologischen Zeitvorstellungen – muß indessen der säkulare Wasseranstieg berücksichtigt werden. Die aber dann eintretenden Entwicklungen entziehen sich der sicheren Voraussage.

Es bleibt festzuhalten, daß die großräumige Entwicklung der ostfriesischen Inseln in langfristigen *Zyklen* verläuft, die ursächlich vor allem auf das Geschehen innerhalb der Seegaten zurückgeführt werden müssen. Durch die massiven Schutzwerke wurde diese Entwicklung unterbrochen und ein Zustand festgehalten, der natürlicherweise nur vorübergehend vorhanden gewesen wäre.

Die oft geäußerte Behauptung, daß die ostfriesischen Inseln durch die Schutzwerke zu künstlichen Gebilden gemacht worden seien, entbehrt somit jeder Grundlage. Immerhin haben die Schutzwerke bzw. der mit ihnen fixierte Zustand weitreichende Wirkungen auch auf die außerhalb ihres unmittelbaren Wirkungsbereiches verlaufenden Entwicklungen gezeitigt. Den stärksten und wohl tiefgreifendsten Einfluß hatten die Schutzwerke auf die Sandversorgung der Inseln durch Fixierung der Riffbögen in allgemein ungünstiger Lage. Andererseits wären die westlich der Sandanlandungsbereiche gelegenen unterversorgten Inselteile verlorengegangen.

Der Einfluß der Seegaten bzw. der in ihnen verlaufenden Entwicklungen auf das Watt wurde bisher nur im Zusammenhang mit der Wattwasserscheide Restbuises angesprochen. Tatsächlich ist jedoch auch der langfristige Gestaltwandel der südlich der Inseln gelegenen Wattgebiete stark beeinflußt worden.

Das Baljen-Priel-System folgte der Entwicklung – unter Beibehaltung der Großformen – durch Verlagerung nach Osten. Es orientierte sich mit seinem Wasseraustausch jeweils neu auf den Querschnittswandel der Seegaten.

70

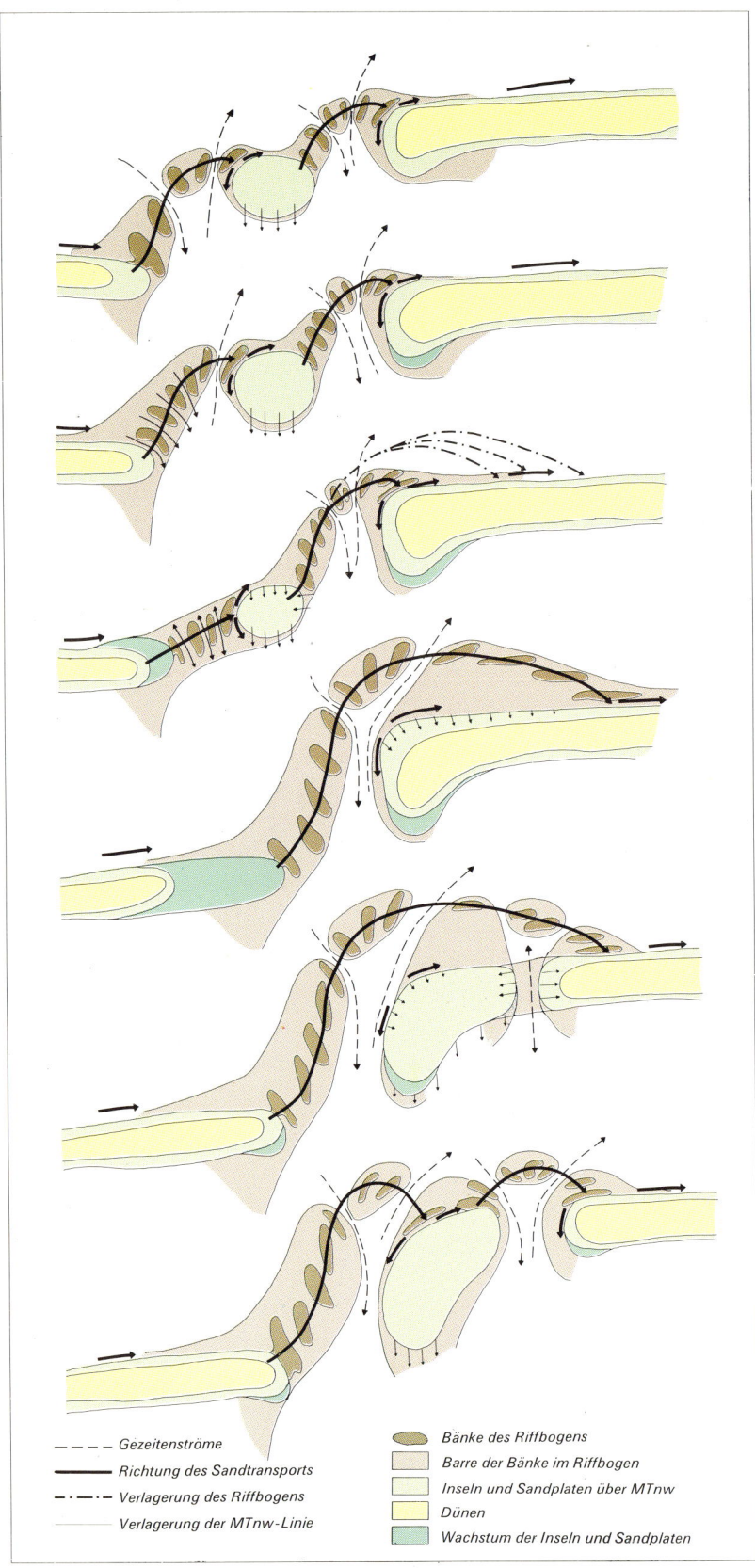

Wattwasserscheiden und Watteinzugsgebiete Die entscheidenden Vorgänge verliefen hierbei vor allem im Bereich der *Wattwasserscheiden*. In Abb. 88 ist ihre langfristige Bewegung aufgetragen. Gewählt wurde die Bewegung eines Punktes, der etwa in der Mitte zwischen den nördlichen korrespondierenden Prielen des Wattes gelegen ist, deren einer nach Westen und deren anderer nach Osten entwässert. Dieser Punkt wurde gewählt, weil in diesem Bereich die Vorgänge noch am ehesten aus den Seegaten heraus gesteuert werden. In den südlicheren, küstennahen Bereichen kommen auch andere Einflüsse zur Geltung, welche die seegatgesteuerten stark überlagern.

Die Wattwasserscheiden binden etwa im Bereich des östlichen Dünenendes in die Inseln ein. Diese Lage ist dadurch bedingt, daß die östlich der Dünengrenzen liegenden flachen Oststrände bei überhöhten Tiden häufig noch überströmt werden können, wodurch der Aufbau einer weiter östlich gelegenen Wattwasserscheide immer wieder gestört würde. Da die Dünen den Ostvorstößen der Inseln in die Seegaten hinein folgen, bewegen sich die Wattwasserscheiden entsprechend mit. Es ist zu erkennen (Abb. 88), daß sie seit 1650 hierbei erhebliche Verlagerungen nach Osten durchmachten, die Bewegung seit 1860 jedoch langsamer wird und gegen einen Ruhezustand konvergiert. Lediglich

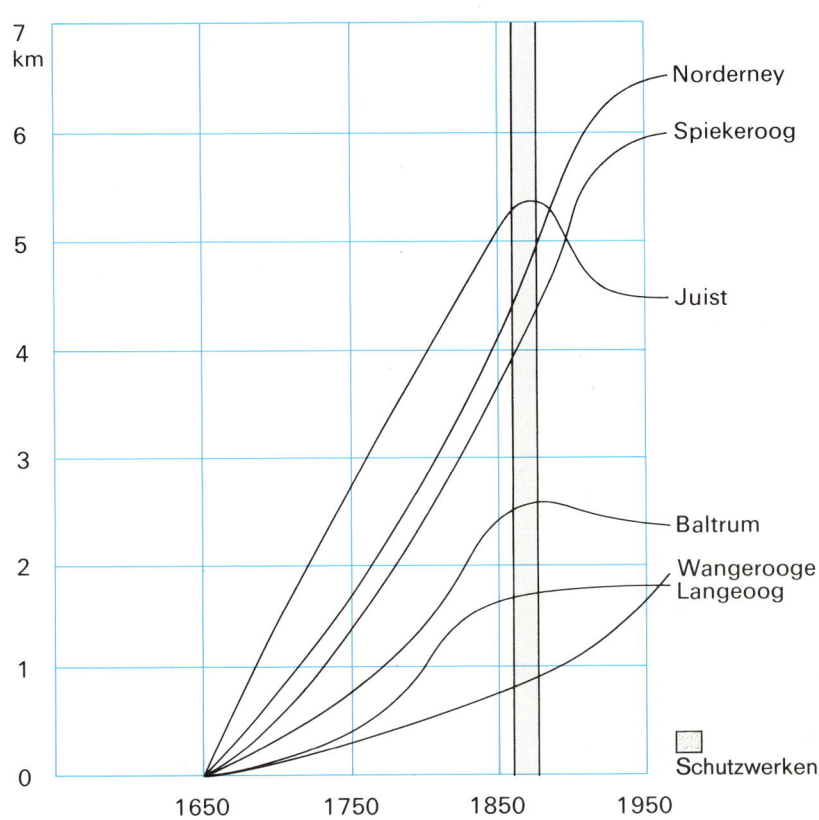

87 *Modellvorstellungen zu den langfristigen Gestaltungsvorgängen im Bereich der ostfriesischen Seegaten, orientiert am Geschehen im Bereich Juist/Norderney*

88 *Ostverlagerung der Wattwasserscheiden seit 1650*

die Wangerooger Wattwasserscheide ist noch in schwacher Ost-wärtsbewegung begriffen (2-).

Es ist somit eindeutig, daß die Wattwasserscheiden in ihren nörd-lichen Bereichen den allgemeinen Entwicklungen in der Inselkette folgten. Im Süden sind die Verhältnisse nicht so klar, da die See-gateinflüsse hier von anderen überlagert werden. Die Beruhigung der Ostwärtsentwicklung nach 1860 und ihre Konvergenz in einen Beharrungszustand ist nun wesentlich auf die Festlegung der In-seln mittels massiver Schutzwerke zurückzuführen, welche im Großgeschehen ungefähr seit der Mitte des vergangenen Jahrhun-derts wirksam sind. Durch die Unterbindung weiterverlaufender Ostvorstöße der Inseln und der Vereinigung mehrerer oder zweier tiefer Rinnen zu einer einzigen sind auch die Wattwasserscheiden in einen, dem vorhandenen Zustand entsprechenden langfristigen Ruhezustand eingependelt. Kurzfristige Ausschläge geringen Um-fanges in Abhängigkeit von meteorologischen Ereignissen können jedoch immer wieder festgestellt werden.

Auf den Zusammenhang zwischen der Bewegung der Juister Wattwasserscheide und den Schutzwerken Norderneys hat erst-mals Homeier (7-) hingewiesen. Die damals hierzu gefundenen Beziehungen konnten inzwischen auch für die anderen Wattwas-serscheiden nachgewiesen werden (15-).

Weniger eindeutig ist das langfristige Verhalten der *Watteinzugs-gebiete*. Ein Trend ist hier kaum herauszulesen. Ursächlich ist das darauf zurückzuführen, daß in die entsprechenden Kurven erheb-liche menschliche Eingriffe – wie z.B. Landgewinnung an der Küste und auf den Inseln – eingehen.

Zusammenfassend ist somit festzustellen, daß das Watt im Bereich der ostfriesischen Inseln in historischer Zeit einen erheblichen Wandel durchmachte, dessen Trend in Abhängigkeit vom Ge-schehen innerhalb der Inselkette nach Osten gerichtet war. Durch die Inselschutzwerke wurde ein Beharrungszustand herbeigeführt, der sich in die Watten hinein fortsetzte. Hierbei wirkten die Schutzwerke nicht direkt, sondern lediglich indirekt auf die im Fluß befindlichen Vorgänge ein, was darin zum Ausdruck kommt, daß die Bewegungen auch nach deren Bau zunächst noch anhiel-ten und erst langsam konvergierten.

Das langfristige Geschehen im Bereich der ostfriesischen Watten und ostfriesischen Inseln wurde deshalb so ausführlich geschildert, weil es beispielhaft ist für die großräumige Wirkung begrenzter menschlicher Eingriffe in das dynamische Gleichgewicht einer in ihren Groß- und Kleinformen außerordentlich wandlungsfähigen Landschaft. Die letzthin erzielte Beruhigung der Seegaten, der In-seln und der Watten hat sich für das ostfriesische Küstengebiet

89 *Westende von Wangerooge mit Schmalspurbahn auf dem Inselheller*

90 *Juist mit Hammersee. Der See liegt im Bereich eines mittelalterlichen Dünendurchbruches, der erst im letzten Jahrhundert geschlossen wurde.*

segensreich ausgewirkt, ohne daß die Landschaft hierdurch Schaden gelitten hätte.

In die früher doch recht unsicheren insularen Lebensräume konnten rationale wie irrationale Werte investiert werden, die die volle Nutzung der klimatherapeutischen Möglichkeiten breiten Bevölkerungskreisen erschlossen. Der Inselbevölkerung wurde hierdurch die wirtschaftliche Grundlage gegeben, die sie sicher und unabhängig machte. Die Verkehrswege im Watt sowie die Festlands- und Inselhäfen konnten, auf zunehmend stabilen Fahrwasserverhältnissen aufbauend, modernen Bedürfnissen angepaßt werden. Auch die Bauwerke des Festlandsschutzes erhielten gleichbleibende Vorfeldverhältnisse, nachdem in früheren Jahrhunderten durch die Gestaltungsvorgänge in den Seegaten die Bereiche maximaler Beanspruchung entlang der Küste nach Osten verlagerten.

Die so dargestellten Entwicklungen von Watt und Inseln waren selbstverständlich überlagert von inneren Vorgängen, die hier an anderer Stelle behandelt sind. Langfristig von größter Bedeutung ist für die insulare Entwicklung insbesondere der säkulare Wasseranstieg, durch welchen die nachweisbare Südverlagerung der ostfriesischen Inseln bewirkt wurde. Der Klärung dieser Vorgänge dient ein z.Z. in Vorbereitung befindliches Forschungsvorhaben.

Küstenverlauf und Buchten Im westlichen niedersächsischen Küstengebiet – zwischen Ems und Jade – unterlag die Küstenlinie ebenfalls starken Veränderungen. Zahlreiche Meereseinbrüche in die vor Beginn des Deichbaues ungeschützten Marschlandschaften schufen einige tiefe Buchten: den Dollart, die Buchten von Campen und Sielmönken, die Leybucht (Emsmündung), die Hilgenrieder- und Harlebucht (Nordküste Ostfrieslands) sowie die Maadebucht und den Jadebusen. Erhalten geblieben sind, wenn auch durch Landgewinnungen erheblich verkleinert, der Dollart, die Leybucht und der Jadebusen. Die anderen Buchten konnten im Laufe der Jahrhunderte durch Eindeichungen vollständig zurückgewonnen werden.

Die schweren Sturmfluten des frühen Mittelalters haben die ursprünglichen Einbrüche immer stärker ausgeweitet. So reichte z.B. die *Leybucht* (Abb. 77) zur Zeit ihrer größten Ausdehnung bis zur Norder Geest nach Norden und bis Marienhafe nach Osten. Seit 1484 wurden etwa zwei Drittel im Zuge von 24 Einpolderungen zurückgewonnen. Der Verlandungsprozeß innerhalb der Rest-Leybucht schreitet fort, und die Natur strebt die Wiederherstellung der geschlossenen Küstenlinie an. Pläne zur Eindeichung werden erwogen.

Die Ausbildung des *Jadebusens* setzte schon zu Beginn des Holo-

91 *Spiekeroog mit dem Seegat Harle (rechts) und dem Westende Wangerooges*

zäns ein. Mehrfach wurde eine Bucht ausgebildet, die dann wieder verschlickte, wobei sich auch Moore bildeten. Im Zuge der atlantischen Transgression um 2000 v. Chr. Geb. drang dann die Nordsee abermals in diesen Raum ein und räumte in westlicher und südlicher Richtung die Moore und die übrigen Ablagerungen wieder aus. Schon um 1900 v. Chr. Geb. verschlickte die Bucht erneut, und im Bereich Wilhelmshavens schlossen Uferwälle bald das dahinterliegende niedrige Gebiet ab, das dann besiedelt und auch landwirtschaftlich genutzt wurde. Es entstanden hier zwischen den Geesthöhen bei Sande und Langwarden (Butjadingen) eine Anzahl von Wurtdörfern wie Dauens, Heppens, Hummens und der bekannte Handelsplatz Oldesum. Im Jadebusen lagen die Dörfer Arngast, Jadelee und Würdelee. Schon im 10. und 11. Jahrhundert war die damalige Küste zwischen Wilhelmshaven und Eckwarden bedeicht.

In mehreren Sturmfluten und insbesondere während der Marcellus-Flut von 1362 wurden die Deiche zerstört. Danach setzte die Ausräumung des Jadebusens abermals ein, der dann etwa bis zur Allerheiligenflut von 1570 seine größte Ausdehnung erhielt. Ein kleiner im Südosten des Jadebusens gelegener Rest der ehemaligen Moorgebiete, das Sehestedter Moor (Abb. 92), blieb bis heute erhalten. Hier wachsen auf einem Gebiet von etwa 17 ha

Birkenwald, Heide und zahlreiche seltene Pflanzen. Da das Moor bei Flut aufschwamm, bot es noch bis 1906 den dort siedelnden Bauern einen verhältnismäßig sicheren Lebens- und Wirtschaftsraum.

Nach 1570 wurden einige Randgebiete des Jadebusens eingepoldert und somit zurückgewonnen. Da der Busen jedoch von unschätzbarem Wert für die Stabilität des Jadefahrwassers ist, werden weitere Eindeichungen nicht in Erwägung gezogen.

Das Gebiet der Jade wird gegen dasjenige der Weser abgegrenzt durch einen Geestrücken, der sich von Süden durch Butjadingen bis zur Insel Mellum (Abb. 93) nach Norden erstreckt. Auf ihm ist das Hohe-Weg-Watt gelegen.

Die östlich der Jade befindlichen Küsten und Watten haben, wie eingangs erwähnt, eine verhältnismäßig ruhige Entwicklung durchgemacht. Vorgänge, wie sie im Zusammenhang mit den Geschehen im ostfriesischen Insel- und Wattgebiet geschildert wurden, sind hier nicht abgelaufen, und Meereseinbrüche blieben den Küsten erspart. Tiefe menschliche Eingriffe, die sich in das Großformeninventar dieser Wattgebiete fortgesetzt hätten, sind hier nicht vorgenommen worden. Das allgemeine Bildungsgeschehen folgte den von H. J. Veenstra aufgezeigten Entwicklungen (s. Seite 19 ff).

92　*Rest der Moorlandschaft im Jadebusen,*
das Schwimmende Moor bei Sehestedt

Neuwerk und Scharhörn   Die östlich der Weser gelegenen Wattgebiete werden nach Norden durch das Ästuar der Elbe begrenzt. Hier sind auch die Inseln Neuwerk und Scharhörn gelegen. Letztere ist eine kleine, unbewohnte Strandinsel (280 ha) mit einem Dünen- und Hellergebiet von ungefähr 15 ha. Sie ist zu Fuß oder mit dem Pferdewagen von Neuwerk her erreichbar. Neuwerk ist eine kleine, seit alters her bewohnte Marschinsel mit einer Fläche von 290 ha, wovon seit 1560 rund 110 ha bedeicht sind. Die fast 100 Einwohner zählende Inselgemeinde betreibt Viehhaltung und Ackerbau, in neuerer Zeit auch Fremdenverkehr. Die günstige Lage Neuwerks in der Elbmündung verlieh der Insel im Mittelalter eine ziemliche strategische Bedeutung. Schon 1310 wurde der noch erhaltene, 40 m hohe, vierkantige Turm erbaut, der auch der Insel den Namen gab (Niewark = neues Werk). Seit 1814 besitzt er ein Leuchtfeuer.
Bei Niedrigwasser ist die Insel vom Festland her über die Wattscheide des Neuwerker Wattes zu Fuß oder mit Pferdewagen (Abb. 94) erreichbar. Planungen der Hansestadt Hamburg zur Schaffung eines Hafens im Bereich Neuwerk-Scharhörn haben hier die Erforschung hydrologisch-morphologischer Vorgänge in den letzten Jahren erheblich aktiviert, so daß dieses Gebiet heute mit zu den bestuntersuchten der deutschen Nordseeküste gehört.

Zusammenfassung   Die niedersächsischen Wattgebiete sind durch die Stromästuare der Ems, Jade und Weser in drei voneinander weitgehend unabhängige morphologische Einheiten geschieden: das ostfriesische Watt, das Hohe-Weg-Watt und die östlichen Weserwatten. Letztere nahmen eine verhältnismäßig ruhige, von menschlichen Eingriffen unbeeinflußte Entwicklung. Das ostfriesische Watt hingegen ist in seinem Gestaltwandel wesentlich durch die Vorgänge in der Inselkette beeinflußt und hat einen entsprechend großen Wandel durchgemacht. Diese Vorgänge, die durch baulichen Eingriff einem Ruhezustand zugeführt wurden, sind als Präzedenzfall menschlicher Einflußnahme auf großräumige Vorgänge zu werten und daher besonders herausgestellt worden.
Die langfristige Entwicklung dieses Gebietes, sein steter Wandel und die zu seiner Sicherung erforderlichen Eingriffe in dynamische Gleichgewichtsverhältnisse zeigen aber auch, wie empfindlich die Natur hierauf reagiert und daß die Existenz der Küstenlandschaft keinesfalls eine Selbstverständlichkeit ist.

93 *Insel Alte Mellum auf der Nordspitze des Hohe-Weg-Wattes*
94 *Pferdefuhrwerke auf der Wasserscheide des Neuwerker Wattes*

Die schleswig-holsteinische Westküste ist in drei Landschaften
gegliedert, die geologisch, geographisch und kulturgeschichtlich
deutlich unterscheidbare Einheiten bilden: Dithmarschen,
Eiderstedt und Nordfriesland.

Die Lage der Inseln unterscheidet sich von der in den Niederlanden und in Niedersachsen. Nur die Inseln Sylt und Amrum
mit ihrem pleistozänen Untergrund grenzen an die offene
Nordsee. Zusammen mit der Kette der hohen Außensände
schützen sie die dahinterliegenden Inseln, Halligen und Küsten.
Während diese Sände im nordfriesischen Teil relativ groß
sind und dicht beieinander liegen, so daß sie tatsächlich eine
Art Schutz darstellen, sind sie vor Dithmarschen kleiner
und liegen weiter voneinander entfernt. Das letztere Gebiet
entspricht mehr dem Charakter des Watts zwischen Jade
und Elbe. Besonders der Raum bei Blauort, Tertius und
Trischen wird durch eine Reihe kleinerer Sandbänke charakteri-
siert, die eben über MThw liegen und sich fortgesetzt verändern.
Übrigens gibt es in diesem Gebiet nur einen einzigen großen
Wattstrom, die Piep, während im nördlichen Gebiet fünf
breite und tiefe Wattströme vorhanden sind.

Die Flächengröße des schleswig-holsteinischen Wattenmeeres
beträgt 2500 km², von denen die trockenfallenden Watten
zwei Drittel und die Wattströme ein Drittel ausmachen.
Im Dithmarscher Watt ist nur ein Rest der Hallig Helmsand
in der Mitte der Meldorfer Bucht vorhanden. In der nordfriesischen Region liegen die Geestinseln Sylt, Föhr und Amrum
und die von Seedeichen geschützten Marschinseln Pellworm
und Nordstrand. Ferner liegen hier die Halligen Langeneß,
Oland, Gröde, Habel, Hooge, Hamburger Hallig, Nordstrandischmoor, Norderoog, Südfall und Süderoog, die alle ganz
oder teilweise mit Steinkanten versehen sind; eine Ausnahme
bildet nur Norderoog. Die Küstenlänge im schleswig-holsteinischen Wattenraum beträgt insgesamt etwa 537 km, wovon
222 km auf das Festland, 243 km auf die Inseln und 72 km
auf die Halligen entfallen. Auf dem Festland ist die Küstenlinie
in den letzten 25 Jahren durch Bedeichungen und Abdämmung
von Flußmündungen beträchtlich verkürzt worden. Auch
in den kommenden Jahren werden bei der Vollendung des
,,Generalplanes Deichverstärkung, Deichverkürzung und
Küstenschutz in Schleswig-Holstein" weitere Bedeichungen
folgen (20-).

Sedimente   Die nordfriesischen Watten sind durchweg
schlickreicher als die in Dithmarschen. Dies dürfte mit der
gegen Strömung und Wellenschlag geschützten Lage der

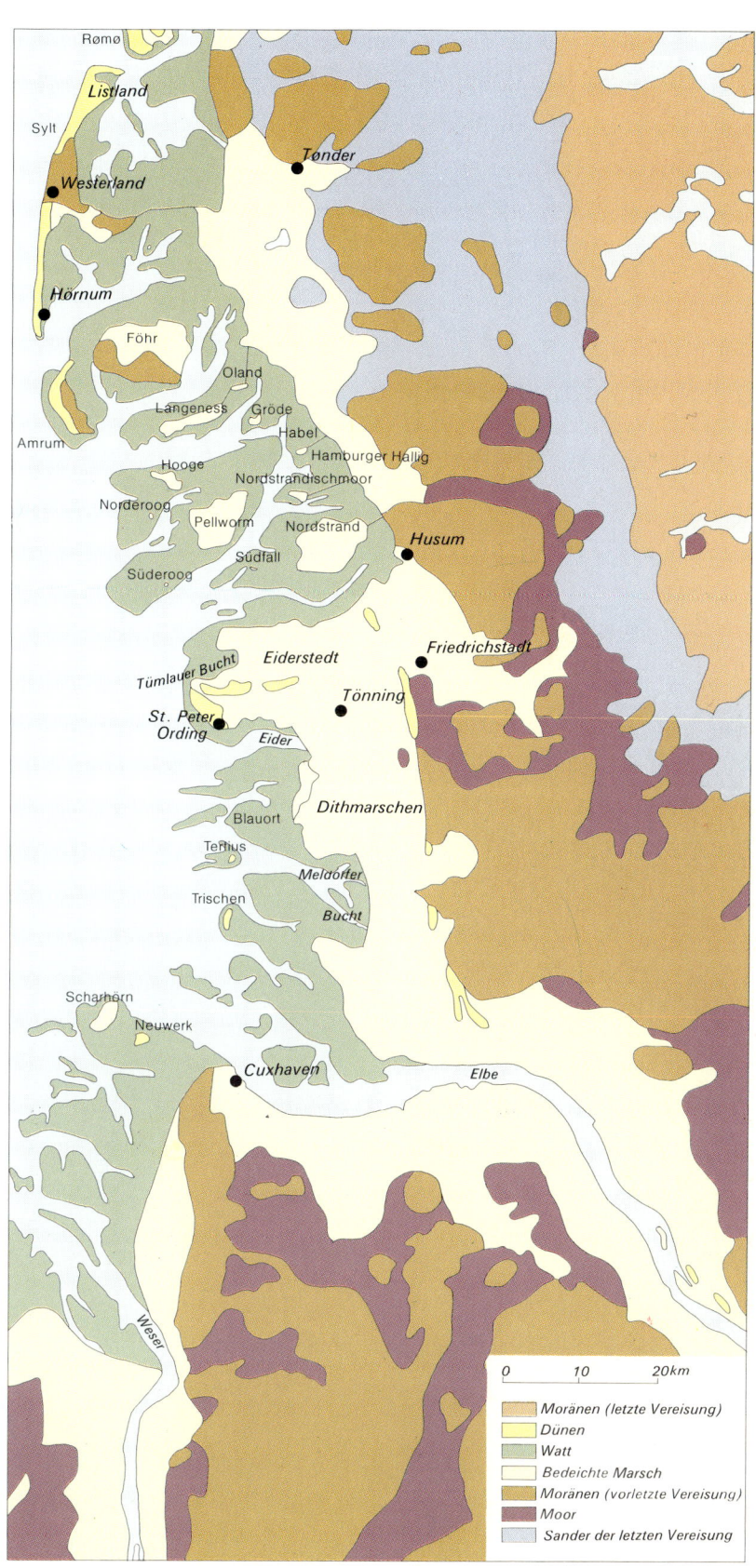

Moränen (letzte Vereisung)
Dünen
Watt
Bedeichte Marsch
Moränen (vorletzte Vereisung)
Moor
Sander der letzten Vereisung

0   10   20km

nordfriesischen Watten zusammenhängen.

Vor der Küste von Schleswig-Holstein befindet sich fast überall ein „Kulturwatt" mit Landgewinnungswerken, die als Küstenschutz instand gehalten werden. Nur an einzelnen Stellen treffen wir noch Watten direkt am Festland in natürlichem Zustand an, z. B. nördlich vor Büsum, vor Westerheversand und an verschiedenen Stellen bei der Insel Föhr. In der Umgebung der meisten Halligen ist das Wattsediment übrigens kein kalkreicher Schlick, sondern meist kalkarmer Klei, ehemaliger Boden untergegangenen Kulturlandes. Großflächig natürliches Watt gibt es überall weiter draußen, abseits des Landes.

Sturmfluten   Sturmfluten und die durch sie hervorgerufenen Verheerungen an Land, Häusern, Vieh und Menschen haben zu allen Zeiten im Wattenraum eine bedeutende Rolle gespielt. Die Sturmflutkatastrophe vom 16. und 17. Februar 1962 ist an der schleswig-holsteinischen Westküste noch frisch im Gedächtnis. Ein Nordweststurm erreichte seinen Höhepunkt bei Hochwasser, wobei Wasserstände auftraten bis zu + 5,00 m NN in Friedrichskooghafen, + 5,30 m NN im Meldorfer Hafen, + 4,90 m NN in Büsum und + 5,21 m NN in Husum, während das Wasser auf den Inseln nicht so hoch stieg. Nur

an vier Stellen brachen die Deiche, wobei relativ geringe Schäden angerichtet wurden (19-). Vielerorts wurden die Deiche durch überlaufende Wellen auf der Binnenseite schwer beschädigt. Dieses Wasser griff die aufgeweichte steilere Binnenböschung an, so daß Rutschungen eintraten. Die höchsten 1962 gemessenen Flutwasserstände blieben überall unter der berechneten maximalen Sturmfluthöhe. Auf den Halligen kam es zu schweren Schäden, vor allem an den Häusern (34-). An der Elbe, besonders in der Umgebung von Hamburg, spielten sich dramatische Ereignisse ab, die Erinnerungen an alte Chroniken wachriefen (9-). Erstaunlicherweise wurden Landgewinnungswerke und Vorländer nicht beschädigt. Auch die niedrigen neuen Dünen auf Trischen wurden nicht weggehobelt. Diese Gebiete lagen während des Höhepunkts der Sturmflut so tief unter Wasser, daß die Sturmwellen nicht den Grund erreichten, während beim Sinken des Wasserspiegels auch Windstärke und Wellenschlag rasch nachließen. Die Deichverstärkungen nach der Sturmflut haben den Wattenraum landschaftlich erheblich beeinflußt. Am 3. Januar 1976 ist eine neue schwere Sturmflut über die Deutsche Bucht gegangen, welche an der Elbe und in Dithmarschen Deichbrüche verursachte.

Eisgang   Im Winterhalbjahr kann es während einer Frostperiode bei lang dauernder Ostwindwetterlage im Wattenmeer zu Vereisung kommen. Dann läuft das Flutwasser nicht hoch auf, und das Watt gefriert. Dabei kann die ganze Wattoberfläche gleichmäßig gefrieren, während an den Prielen hohe Wälle aus gestauten Eisschollen mit schroffen Formen entstehen können. Die Schiffahrt ist dann unmöglich geworden, und man geht zu Fuß über das Eis (22-). Um Februar 1947 verkehrten zwischen Föhr und dem Festland sogar Lastwagen. Heute werden Flugzeuge zu Hilfe genommen. Eine derartige Eismatte wird bei aufkommendem Westwind und höheren Wasserständen zerbrochen. Die Schollen werden an den Strand getrieben und liegen als mächtige Massen auf Vorländern und Deichen. Wenn sie geschmolzen sind, bleiben oft große Mengen Wattsedimente und Muschelschalen zurück, die an der Unterseite festgefroren waren.

Dithmarschen   Die am meisten ins Auge fallende Landmarke in dieser sonst flachen Landschaft stellt das bis 50 m hohe fossile Kliff dar, das nördlich und südlich von St. Michaelisdonn den Geestrand bildet. Es markiert den Punkt, bis zu dem −10 bis 15 km von der heutigen Küste entfernt – das Meer um etwa 3000 v. Chr. vordrang. Die westlich des Klev liegenden

98 *Reste des ehemaligen Kooges an der Seeseite von Trischen*

99 *Helmsand mit dem neu bedeichten Teil der Meldorfer Bucht*

flachen sandigen Nehrungshaken der „Donns" sind das Ergebnis eines Nord-Süd-gerichteten Sandtransports.
Die Dithmarscher Watten werden im Westen begrenzt durch die Sandplaten Trischen (Abb. 95), Tertius und Blauort (Abb. 96). Trischen ist fortgesetzt nach Osten gewandert, wobei 1943 der Koog aufgegeben werden mußte, wie in Kap. 22 näher geschildert wird (32-). Seither ist Trischen wieder der Natur überlassen. Durch den Abbruch auf der Westseite kommt der einstige Koog am Strand zum Vorschein, ähnlich wie die mittelalterlichen Kulturspuren im nordfriesischen Wattenmeer. Zwischen den hohen Platen und der Küste liegen die ausgedehnten Watten von Bielshovensand und Blauortwatt beiderseits des breiten Wattstroms Piep. Dieser verzweigt sich in der Meldorfer Bucht, die aus feinsandigen und schlickigen Sedimenten besteht. In dieser Bucht liegen ausgedehnte Landgewinnungs- werke. Die Aufschlickungsgeschwindigkeit ist untersucht worden, indem man an verschiedenen Stellen gefärbten Sand auf das Vorland aufgebracht hat. In etwa 15 Jahren ergab sich für den innersten Teil der Meldorfer Bucht eine Aufhöhung von 6 bis 13 cm.
Im Dithmarscher Wattenmeer lagen einst mehrere Halligen. Einige davon an der Südseite der Meldorfer Bucht wurden 1854 als Friedrichskoog bedeicht (21-). An der Westspitze des Friedrichskooges führt ein 2 km langer Damm auf die Marner Plate, der 1935 angelegt wurde, um zu verhindern, daß ein Priel den Deichfluß angriff. Beiderseits dieses Dammes hat sich inzwischen viel Schlick abgesetzt (25-). Mitten in der Bucht liegt die Hallig Helmsand (Abb. 99). Diese hatte im 18. Jh. eine Größe von etwa 85 ha; 1860 waren es noch etwa 44 ha und heute knapp 2 ha. 1936 wurde durch die Landgewinnungs- anlagen ein 3 km langer Damm zur Hallig gebaut und an ihrer Westseite eine Steinkante angelegt. Im Schutze des Dammes und seiner Querdämme hat eine beträchtliche Anlan- dung stattgefunden, vor allem an der Südseite. 1972 wurde der südöstliche Teil der Meldorfer Bucht durch einen Deich vom Meer abgeschnitten, der jetzt bis Helmsand reicht, aber bis Warwerort an der Nordseite der Bucht weitergeführt wird. In diesem Teil leitet zur Zeit die Ölraffinerie Texaco, die nörd- lich von Meldorf liegt, ihr vorbehandeltes Abwasser ein. Büsum war im Mittelalter eine Insel, die im 16. Jh. durch den Wardamm mit dem Festland verbunden wurde. Etwa 15 km westlich von Büsum lag die Insel Bielshöven, die jedoch schon lange verschwunden ist.
Die Eider hat zwischen Rendsburg und Tönning eine Lauflänge von 80 km, während die Luftlinie nur 46 km beträgt. Der

Fluß strömt mit vielen Windungen durch die moorige Niederung und verbreitet sich bei Tönning zu einem Ästuar. Die Gezeiten- bewegung reicht bis 20 km aufwärts zu der Absperrung von Nordfeld. In der breiten Trichtermündung hat der Strom sich in den letzten 50 Jahren von der Nord- auf die Südseite verlagert. Am Nordufer schlickten Priele zu, und mit Hilfe von Landgewinnungswerken konnte die außendeichs gelegene Grüne Insel mit der Küste verbunden werden. 1972 wurde das ganze Ästuar mit einem sehr hohen, 4,8 km langen Sperrwerk abgeriegelt (Abb. 100, 326), es ist mit 5 Durchlässen versehen, die nur bei hohen Wasserständen geschlossen werden. Das etwa 1500 ha große Wattgebiet mit dem Vorland der Grünen Insel hinter dem Eiderdamm ist vom Fluß durch einen 6 km langen Leitdamm abgetrennt. Es bestehen Pläne für die Schaffung von Erholungseinrichtungen in diesem Raum.

Eiderstedt Das schleswig-holsteinische Festland reicht mit der Halbinsel Eiderstedt am weitesten nach Westen. Mitten durch Eiderstedt führt ein flacher alluvialer Sandrücken von Osten nach Westen, auf dem die ältesten Siedlungen wie Katharinenheerd, Garding und Tating liegen. Im westlichen Teil Eiderstedts liegen die einzigen jungen Dünen des Festlandes,

100 *Eidermündung mit Sperrwerk*

denen von den vorgelagerten hohen Sandbänken direkt Sand zugeführt wird. Das Vorland vor den Dünen ist sehr eigenartig. Das Grundwasser steht nicht nur mit dem Meerwasser in Verbindung, sondern wird auch durch süßes Grundwasser aus den Dünen gespeist, was sich auf die einzigartige Zusammensetzung der Vegetation auswirkt.

Nördlich von St. Peter-Ording gibt es an verschiedenen Stellen binnendeichs kleine Sumpfflächen und Brackgewässer, bei denen es sich größtenteils um ehemalige Bodenentnahmestellen zum Deichbau handelt. Hier schließt die Tümlauer Bucht an, in der noch aktive Landgewinnung betrieben wird. Nördlich davon liegt der Westerheversand, der den hohen Sandbänken vor St. Peter-Ording genetisch entspricht (Abb. 102, 103).

Nordfriesland Nur bei Schobüll nördlich von Husum grenzt die Geest unmittelbar an das Watt. Die hier ursprünglich sandige Küste ist nach dem Bau des Nordstrander Dammes (1935) überschlickt. Von hier bis zum Friedrich-Wilhelm-Lübke-Koog nahe der dänischen Grenze erstrecken sich Landgewinnungswerke, besonders beiderseits des Dammes zur Hamburger Hallig. Das Anlandungsgebiet vor Ockholm, wo die Aufhöhung etwa 2 cm im Jahr betrug, wurde 1958 in den 1200 ha großen

101   *Hamburger Hallig*
102   *Sandbänke vor St. Peter-Ording mit Badebetrieb*

103   *Tümlauer Bucht mit Westerheversand (Mitte)*

104   *Hauke-Haien-Koog*

105 *Hamburger Hallig bei normalem Hochwasser*
106 *Hamburger Hallig bei Sturmflut*

Hauke-Haien-Koog mit eingedeicht. Ziel dieser Bedeichung war vor allem die Verbesserung der Entwässerung des niedrigen Hinterlandes. Dazu befinden sich im Koog zwei niedriggelegene Speicherbecken, die zusammen mit dem Bongsieler Kanal durch die Schleusen von Schlüttsiel in das Wattenmeer entwässern. Auch in dieser Landschaft sind früher mehrere Inseln wie Fahretoft und Dagebüll landfest geworden. An beiden Seiten des Hindenburgdammes nach Sylt findet ebenfalls eine sehr starke Anschlickung statt.

Nordstrand   Diese Marschinsel ist seit 1935 durch einen hohen Damm mit dem Festland verbunden und hat dadurch ihren Inselcharakter verloren. Beiderseits des Dammes entstanden bald breite Schlick- und Vorlandflächen.

Pellworm   Diese zweite Marschinsel ist ebenfalls ein Rest der alten Insel Strand, zu der bis zur Sturmflut von 1362 außer Nordstrand und Nordstrandischmoor auch das Gebiet der Hallig Südfall und der alte Ort Rungholt gehörten. Auf Pellworm sind die 1634 gebrochenen Deiche z.T. noch im selben Jahrhundert wieder geschlossen worden. In der Mitte der Insel liegt ein brackiges Gewässer, das Waldhusentief. Landschaftlich interessant sind auch das Süderkoogtief, ein alter Priel, und alte Pütten, aus denen binnendeichs Boden für den Deichbau gewonnen wurden, besonders auf der Süd- und Westseite. Daneben entstanden neuerdings größere und tiefere Entnahmen für die Deichverstärkung.

Halligen   Es genügt nicht, die heutigen Halligen als Reste eines einst größeren Gebietes zu bezeichnen. Die Reste dieses früheren Landes haben sich später verlagert, wobei die Westseite abbrach und die Ostseite anwuchs. Die Halligen bestehen somit auch nicht aus altem Marschland, sondern sind aus jüngeren Schichten aufgebaut. Diese Ostwärtsbewegung ist erst in diesem Jahrhundert zum Stillstand gekommen, seit die Halligkanten an den Westseiten mit Steinböschungen geschützt wurden. Außerdem ist Hooge ganz und Langeneß teilweise mit einem Sommerdeich umgeben. Nur Norderoog, das seit der Sturmflut von 1825 unbewohnt ist, ist nicht geschützt. Es wird mit Mühe erhalten von dem Verein Jordsand zum Schutze der Seevögel, dem die immer kleiner werdende Hallig gehört.
Die Halligen weisen verschiedene landschaftliche Eigenarten auf. Sie bestehen aus weiten grünen Flächen, die hier und da mit Prielen und Tümpeln durchsetzt sind. Diesen ursprüngli-

107　*Hallig Gröde-Appelland, im Hintergrund Hallig Habel
und das Festland*

108 *Hallig Oland und Langeneß (hinten) mit Verbindungsdamm*

chen Anblick trifft man auch heute noch an auf Oland, Gröde,
Nordstrandischmoor, Süderoog und Teilen von Südfall und
Langeneß (Abb. 107, 108). Auf Hooge hat sich die charakteristische
Salzpflanzenvegetation durch die Bedeichung verändert, weil die
Hallig nur noch zwei oder dreimal jährlich überflutet wird.
Norderoog hat die Form einer flachen Schüssel; hier dominiert
großflächig die Strandquecke. Die Nordkante Südfalls ist
in wechselnder Breite von einem flachen Wall aus Muschelschalen
bedeckt. Diese ersticken den Rasen, und wenn sie dann weiter
auf die Hallig gespült werden, bleibt der nackte Kleiboden
zurück, der relativ leicht von den Fluten abgetragen wird.
Der Muschelstreifen setzt sich nach Osten von der Hallig
aus ins Watt fort. Selbst im Halliginnern, besonders in der
Nähe der Warf, befinden sich muschelreiche Flächen (12-).
Ein zweites Kennzeichen der Halliglandschaften stellen die
Warfen (Wurten) mit ihren Häusern und Fethingen dar,
den Tränkteichen für das Vieh, und mit den kleinen verkrüppel-
ten Bäumen. Nach den Sturmfluten von 1953 und 1962
wurden die Warfen erhöht und gesichert. Fast alle Häuser
wurden um- oder neugebaut und meist vergrößert, um mehr
Sommergäste aufnehmen zu können. Viele Fethinge sind
zugeschüttet worden, seit Wasserleitungen vom Festland
her bestehen. In den letzten Jahrzehnten ist auch das als
Allmende gemeinschaftlich genutzte Land überall in private
Eigentumsflächen aufgeteilt worden. Bei der Flurbereinigung
hat man auf den großen Halligen geradlinige Betonwege
angelegt.

Föhr   Die Insel hat eine weiträumig-offene und flachwellige
Landschaft (8-, 18-). Dünen fehlen fast ganz. An einigen
Stellen der Nord- und Südküste liegen schmale Strände.
An der Südseite befindet sich u. a. das 1,7 km lange bis 9 m
hohe Gotingkliff (Abb. 109). Dieses Steilufer zeigt einen Schnitt
durch den pleistozänen Untergrund von Föhr. Am Fuß des
Kliffs ist der Strand mit Geröll besät.
Der südliche Teil der Insel, die Geest, besteht aus pleistozänen
Ablagerungen, während der Norden flaches Marschland
ist, das gegen Ende des 15. Jh. bedeicht wurde. Vor allem
seit dem Bau des Hindenburgdammes nach Sylt landeten
an der Nordküste Föhrs etwa 100 ha Vorland an. Die Siedlungen
liegen fast alle am Geeststrand. Der alte Hafenplatz Wyk hat
sich seit dem vorigen Jahrhundert zum wichtigsten Badeort
entwickelt. In der Marsch sind bei der Flubereinigung von
1960 die alten Wasserläufe und Röhrichtflächen verschwunden,
doch sind einige Pütten erhalten geblieben. Auf der Geest

109   *Goting-Kliff auf Föhr*

westlich von Wyk sind in den letzten Jahren mehrere Flächen mit Nadelwald angepflanzt worden.

Amrum Diese Insel besteht fast ganz aus Pleistozän (Geest) (6-). Die westliche Hälfte ist mit Dünen bedeckt, deren höchste Kuppen bis 30 m über NN reichen. Daß das unter ihnen liegende Gebiet ehemals bewohnt war, zeigen die vorgeschichtlichen Grabstätten, die an immer wieder anderen Stellen durch Dünenausblasung freigelegt werden.
Nach Norden hin hat sich an den hohen Geestkern ein langer Nehrungshaken angesetzt. Auch unter diesem muß in der Tiefe Geest liegen, wie Feuer- und andere Steine in einem der Dünentäler zeigen. Am Südrand der Geest setzt ein weiterer Dünenhaken an, auf dem der Badeort Wittdün liegt.
Die Geest war früher überwiegend mit Heide bedeckt, erst nach der Blütezeit von Walfang und Seefahrt wurde sie nach 1800 in Acker umgewandelt. Weil heute die Einkünfte überwiegend aus dem Fremdenverkehr stammen, werden immer mehr Äcker aufgelassen. Nach und nach siedelt sich auf solchen Flächen wieder eine Heidevegetation an. Östlich der Dünen wurde – zuerst nach 1880 auf der Höhe des Dorfes

110 *Dünen im Südteil von Amrum*

Nebel – ein Nadelwaldgürtel angepflanzt, er wurde nach dem letzten Krieg bis nach Norddorf und Süddorf erweitert. Er sollte ursprünglich als Schutz des Kulturlandes gegen Sandflug fungieren, diente aber später auch als Erholungswald. Westlich vor der steilen Dünenkante erstreckt sich der Kniepsand, eine eben über MThw gelegene Sandplate. Der Nordteil dieser Plate lag bis zur Jahrhundertwende noch so weit von den Dünen entfernt, daß sich hier ein natürlicher Hafen, der Kniephafen, befand. Dieser versandete dann und ist heute ganz verschwunden. Auf dem Kniepsand entwickeln sich in den letzten Jahren Primärdünen und Vegetation, ähnlich wie auf Trischen. Der Kniepsand läßt heute die Tendenz zu einem Anschluß an die nördliche Nehrung erkennen.
Die Dünenkette dieser Nordspitze, der Odde, wird vom Meer so stark angegriffen, daß sie im Bereich des dortigen Naturschutzgebietes immer schmaler wird (15-, 29-). Marsch bildet sich auf Amrum nur wenig. Nördlich von Norddorf wurde ein kleiner Koog bedeicht; nach 1962 wurde dessen gebrochener Deich erhöht. In diesem Koog liegt mehr oder weniger feuchtes, extensiv beweidetes Grünland. Das andere, noch kleinere Marschstück liegt im Süden zwischen Steenodde und Wittdün. Unbedeichtes Marschland gibt es bei Nebel und südlich des Schutzgebietes Odde.
Nach der Blütezeit der Grönland- und Handelsschiffahrt wanderten viele Insulaner nach Nordamerika aus, um dort bessere Lebensbedingungen zu suchen. Die Verbindung nach Nordamerika besteht noch heute. Viel Boden auf Amrum und Föhr ist in amerikanischem Besitz.
Der Fremdenverkehr auf Amrum ist nach dem Willen der Inselbevölkerung gewissen Beschränkungen unterworfen. Die Insel, die meist von Dauergästen besucht wird, hat dadurch viel von ihrem früheren landschaftlichen Reiz behalten.

Sylt Diese 36 km lange, größte nordfriesische Insel ist in vieler Beziehung einzigartig (7-). Der sehr lange Weststrand ist dem direkten Angriff des Meeres ausgesetzt; trotz umfangreicher Schutzmaßnahmen geht der Abbruch ständig weiter. In der Mitte der Insel besteht die Küste auf 9 km Länge aus pleistozänem und älterem Material. Nördlich und südlich davon liegen schmale, mit Dünen bedeckte Nehrungshaken. Der südliche, der bis nach Hörnum reicht, ist stellenweise weniger als 1 km breit. Auf dem nördlichen Haken erweitert sich die Dünenzone im Listland bis auf 4 km Breite. Hier gibt es einige mächtige Wanderdünen, die unter Schutz stehen und nicht, wie anderswo, durch Bepflanzung festgelegt werden.

Ganz im Norden biegt der Ellenbogen scharf nach Osten um. Dadurch ist zwischen Ellenbogen und Listland eine Wattbucht entstanden, der Königshafen (31-). Im nördlichen Teil der Geest befindet sich das Rote Kliff, in dem auch Tertiärschichten angeschnitten werden. Dieses Tertiärvorkommen, das auch im Morsumkliff an der Nordseite des Ostvorsprungs der Insel in eindrucksvoller Weise aufgeschlossen ist, bildet eine Besonderheit der Insel Sylt. Östlich des Roten Kliffs befindet sich an der Wattseite bei Braderup das niedrigere Weiße Kliff. Zwischen dem Morsumkliff und dem Dorf Keitum liegt unbedeichtes Marschland. Eine weitere besondere Teillandschaft ist das Rantumbecken südlich von Westerland. Hier wurde 1937 eine Wattfläche umdeicht und als Wasserflugplatz vorgesehen, jedoch nicht benutzt. Nach dem Kriege wurde das Wasser abgelassen, und auf der Fläche siedelte sich eine mannigfaltige Vegetation aus Süß- und Salzpflanzen an (16-). Außerdem kam es hier durch die Einleitung halbgereinigter Westerländer Abwässer lokal zu einer starken Düngung, in deren Gefolge sich ein üppiges Röhricht entwickelte. Als sich nach der Besiedlung durch Pflanzen ein ungewöhnlich reicher Vogelbestand einstellte, wurde das Gebiet unter Schutz gestellt. Heute ist der Fremdenverkehr auf Sylt ein wichtiger landschaftsprägender Faktor. Die Insel stellt die Wasserbauingenieure vor viele Probleme (4-), weil sich hier immer wieder neue Schwierigkeiten in einem derartigen Umfang ergeben, daß man bisher noch keine sichere Lösung zum Schutz der Westküste gefunden hat. Mancher wird sich fragen, ob die in diesem Gefahrenbereich vorgenommenen Investitionen an Erholungseinrichtungen, an Buhnen, Steinsicherungen usw. überhaupt rentabel sind.

111 *Befestigter Strand bei Hörnum auf Sylt*
112 *Westerland auf Sylt*

Entstehung der Landschaft   Die Landschaft Westjütland
ist aus eiszeitlichen Absätzen aufgebaut. Die niedrigen Hügel
bestehen überwiegend aus Absätzen der vorletzten Eiszeit
und daneben aus Schmelzwassersedimenten aus der letzten
Eiszeit, als der Meerwasserspiegel etwa 120 m niedriger
stand als heute. Die unterschiedlichen Höhen des Meeresspiegels
haben einen entscheidenden Einfluß auf Läge und Gestalt
der Küstenlinie und auf die Ausbildung der Prielsysteme
gehabt, sie haben zu Sumpfbildung in den flachen niedrigen
Küstenräumen geführt, in denen Moore entstanden.

Landschaftsformen   Die Gestalt des dänischen Wattenraumes
wird in erster Linie durch zwei feste Punkte bestimmt. Der
nördliche Punkt, das Hornsriff, dessen Kern aus Geschiebelehm
besteht, liegt vor der Küste bei Blåvandshuk, Dänemarks
westlichstem Punkt. Blåvandshuk ist aus an 25 m mächtigen
Sandablagerungen aufgebaut, auf denen 20–25 m hohe Dünen
liegen, die sich auch nordwärts erstrecken. Der südliche Punkt
wird von dem Roten Kliff auf Sylt gebildet, in dem Geschie-
lehm der vorletzten Vereisung ansteht. Dazwischen hat sich
die dänische Wattenlandschaft unter der Wirkung von Wind,
Gezeiten und Strömung entwickeln können. In Abb. 114
ist zwischen Blåvandshuk und Sylt eine Kurve gezeichnet.
Aus der Untersuchung des Sandtransports im dänischen
Wattenraum hat sich ergeben, daß dieser die Tendenz hat,
den Raum zwischen dem Festland und dieser „Gleichgewichtskurve" aufzufüllen. Die jährliche Sandzufuhr in das Wattenmeer
wird auf etwa 200 000 m³ geschätzt. Wir sehen daher, daß
die Gebiete, die östlich der Kurve liegen, in Richtung Nordsee
wachsen, daß in Gebieten, die auf der Kurve liegen, Ruhe
herrscht, und daß Gebiete westlich davon angegriffen werden.
So haben Skallingen und Fanø die Gleichgewichtskurve schon
fast erreicht, Rømø und Mandø liegen weiter östlich. Der
hohe Außensand Kore Sand südwestlich von Mandø liegt
auf der Kurve, während der breite Strand von Rømø noch
nach Westen wächst. Der Flutstrom sorgt für eine starke
Sandzufuhr in diesen Gebieten, besonders aus dem Nordwesten
und Westen. Vom Roten Kliff auf Sylt aus erfolgt ein nordwärts
gerichteter Sandtransport, durch den das Listland und die
Nordspitze Sylts aufgebaut worden sind.
Der Sandtransport über große Entfernungen geschieht vor
allem durch die Arbeit der Brandung, vorwiegend bei schweren
Stürmen. Kennzeichnend für den dänischen Wattenraum
ist ferner die Lage der Wattwasserscheiden zwischen den
Wattstromsystemen. Diese sind durch den nach Norden

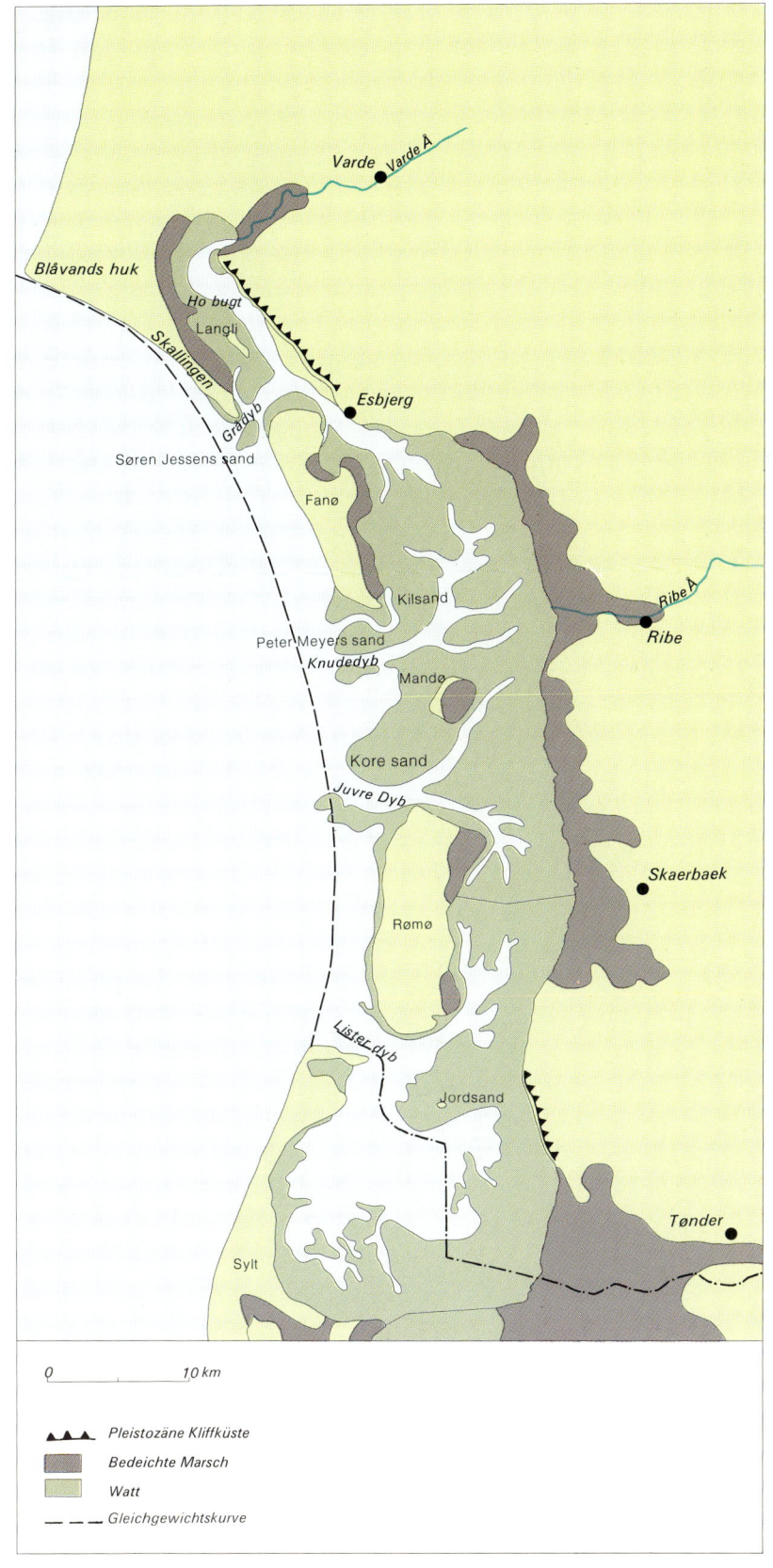

113 *Ho Bugt; von links nach rechts Langli, Fanø und Skallingen*

114 *Dänisches Wattengebiet*

abnehmenden Tidenhub (Højer 2 m, Esbjerg 1,5 m) weiter
als zu erwarten nach Norden verschoben.
Früher sah man die Inselreihe als eine alte Küstenlinie an,
die das Meer nach einer Landsenkung in Stücke zerbrochen
hatte. Heute glauben wir, daß durch den allmählichen Meeresspiegelanstieg in den letzten 4000 bis 5000 Jahren der Küste
so viel Sand zugeführt worden ist, daß daraus die Platen
und Inseln aufgebaut wurden und weiterhin aufgebaut werden.
In der damit beschriebenen Situation herrscht ein dynamisches
Gleichgewicht, das durch andauernden Materialtransport
und durch Wirkung der Gezeiten aufrechterhalten wird.
Wenn wir eine Insel entfernen würden, dann würden in einigen
Jahrhunderten an gleicher Stelle wieder neue Sandbänke
entstehen, aus denen sich schließlich eine ähnliche Insel wieder
bilden würde.

Wattenmeer   Das dänische Wattenmeer umfaßt eine Fläche
von 850 km², es wird im Norden durch die Ho Bugt, im
Süden durch das Lister Tief und im Westen durch die Halbinsel
Skallingen, die Watteninseln Fanø und Rømø sowie durch
die hohen Sandplaten Søren Jessens Sand, Peter Meyers
Sand und Kore Sand mit der daran anschließenden Insel
Mandø begrenzt. In der Ho Bugt liegt die Watteninsel Langli
und südlich von Rømø die Hallig Jordsand. Die trockenfallenden
Watten einschließlich der aufgeführten Sandplaten, die nur
bei außergewöhnlich hohen Wasserständen überflutet werden,
umfassen etwa 70 % des dänischen Wattenmeeres. Auch
der Kil Sand südöstlich von Fanø ist eine solche hohe Sandplate.
Die Höhe dieser Sandplaten wird nach dem Dänischen Normal
Null (DNN) angegeben, das vom niederländischen NAP
und von deutschen Normal Null (NN) verschieden ist. NAP
ist dem NN gleich und entspricht NN +0,14 m.
Wie auch sonst im Wattenraum kann man zwischen Meer
und Land keine scharfe Grenze ziehen. An einigen Stellen
im dänischen Wattenmeer wird diese Grenze jedoch durch
einen abrupten Höhenunterschied von 20–50 cm recht gut
markiert. Die natürliche geographische Küstenlinie im dänischen
Wattenraum liegt bei einer mittleren Höhe von 0,7 bis +1,0 m
DNN.
Während der Flut strömt durch die vier Seegaten, das Lister
Tief, das Juvre Tief, das Knude Tief und das Grådyb, etwa
1 Mrd. m³ Wasser ein. Seit dem Bau des Dammes nach Rømø
(1947) ist das Gebiet zweigeteilt. Schon 1927 war der Hindenburgdamm nach Sylt gebaut worden, so daß zwischen diesen
beiden Dämmen ein künstliches Gezeitenbecken entstand,

das über das Lister Tief, das stellenweise 50 m tief ist, mit
der Nordsee in Verbindung steht. Der nördliche Teil des
dänischen Wattenmeeres zwischen Rømødamm und Ho Bugt
umfaßt drei natürliche Gezeitenbecken mit den bereits genannten
Wattströmen, die nur 12–13 m tief sind, und mit 3–4 m
tiefen Stellen an der Seeseite.

	Grådyb	Knude Tief	Juvre Tief	Lister Tief	Insgesamt
Oberfläche					
km²	126	164	131	415	836
%	15	20	15	50	100
Trockenfallendes Watt					
km²	76	127	112	274	589
%	60	77	86	66	70
Wasserbewegung in Mio m³ je Tide					
Einlaufendes Wasser	130	180	160	ca. 525	ca. 1000
Auslaufendes Wasser	145	175	150	ca. 525	ca. 1000
Nach Norden gerichteter Reststrom	+15	− 5	−10		

Das *Grådyb* war vor 100 Jahren, als der Hafen von Esbjerg
angelegt wurde, etwa 3 bis 5 m tief. In der Zeit von dem
Ersten Weltkrieg bis 1968 wurde dieser Wattstrom auf $6^1/_2$ m
vertieft und zur Zeit sogar bis auf 9 m. Im Grådyb fällt der
Zusammenhang zwischen dem Sandtransport und der Länge
und Tiefe des Wattstroms besonders ins Auge. Kräftige Winterstürme können die Situation auffällig verändern, aber auch
eine relativ geringe Abnahme im Wasserwechsel würde schon
große Veränderungen zur Folge haben. Das Einzugsgebiet
des Grådyb ist schön symmetrisch aufgebaut. Aus der Gestalt
des Wattenraumes der Ho Bugt erklärt sich das Vorhandensein
des westlichen Nebentiefs, des Hobo-Tiefs, das Skallingen
von der Insel Langli trennt. Dies Inselchen ist ein Rest des
bronzezeitlichen Skallingen. Das heutige Skallingen ist durch
rezente Sandablagerung entstanden. Aus einem anfänglich
vorhandenen Strandwall hat sich durch enorme Sandzufuhr
eine Sandplate entwickelt, die später an das Festland bei
Blåvandshuk anwuchs, so daß die heutige Halbinsel entstand.
Johannes Mejers Karte von 1648 und die Karte der Gesellschaft
der Wissenschaften zu Kopenhagen von 1805 zeigen verschiedene
Stadien dieser Entwicklung. Die Verbindung Langlis mit
dem Festland bei dem kleinen Ort Ho ist vermutlich schon

115 *Langli und Hobodyb*

94

116 *Pleistozäne Kliffküste an der Ho Bugt*

während einer Transgressionsphase um 200–600 n. Chr. zerbrochen.

Schon früher ist Fanø auf die gleiche Weise entstanden. Während der Abstand vom pleistozänen Kliff am Ostufer der Ho Bugt bis zu der oben beschriebenen Gleichgewichtslinie die Entwicklung der Halbinsel Skallingen verursachte, lag der Strandwall, aus dem Fanø entstand, bereits auf dieser Linie. Diese Insel ist infolgedessen gleichmäßiger gewachsen. Die verschiedenen Stadien der Entstehung Fanøs kann man ebenso auf Rømø an drei parallel verlaufenden Dünenketten an den alten Küstenlinien und den Strandflächen dazwischen erkennen. Die Nordspitze Fanøs wächst durch Sandzufuhr via Søren Jessens Sand noch immer an. Die Vorgänge um dieses Seegat hängen mit dem Sandtransport von Nordwesten her zusammen. Der Sand kann auf verschiedene Weise durch das Seegat gelangen, über einen Transport durch das Tief in der Riffzone, durch Sandwanderung bei der Verlagerung eines Tiefs in der Riffzone oder durch Gezeitenströme. Der im Seegat nach Nordwesten gerichtete Ebbstrom findet wenig Widerstand im Gegensatz zu dem nach Südosten gerichteten Flutstrom. Dieser wird hier in eine mehr östliche Richtung gezwungen, wobei er gebremst wird. An diesem Punkt hat sich die hohe Sandplate

Søren Jessens Sand gebildet.

Die Entwicklung des Gråbdy kann man an Hand mehrerer Karten aus den letzten hundert Jahren genau verfolgen. Die erste Kartierung hat das Geodätische Institut 1870 durchgeführt, sie wurde 1954 berichtigt. Eine weitere Kartierung wurde 1968 durchgeführt und 1974 mit Hilfe von Luftbildern berichtigt. Man sieht genau, wie an der Nordseite des Gråbdy die Spitze von Skallingen abradiert wird, während sie sich zugleich nach Westen verlagert. Die Südspitze von Skallingen ist in den letzten 15 Jahren um etwa 600 m zurückgegangen. Gleichzeitig wird die Ostseite von Skallingen von den Gezeitenströmen im Hobo Dyb angegriffen, wodurch die Halbinsel immer schmaler wird. An der Südseite des Gråbdy verlaufen die Vorgänge entgegengesetzt, so wie es oben bereits für die Entwicklung des Søren Jessens Sand beschrieben wurde. Zwischen dieser Sandplate und Fanø lag bis um 1960 das Hamburg Dyb, welches schnell versandete. Anschließend wuchs die Sandplate mit der Insel zusammen, wobei eine bewachsene Strandfläche entstand. Die Sandzufuhr ist sehr groß, und inzwischen hat sich an der Westseite Fanøs eine 300 m breite Sandbank gebildet, die ein schönes Beispiel für die Entstehung eines Strandwalles bietet. Von 1950 bis

117 *Søren Jessens Sand mit dem Gråbdy und Skallingen im Hintergrund*

1960 vergrößerte sich Søren Jessens Sand um etwa 400 m nach Osten und Süden, während der Westrand um etwa 200 m nach Osten rückte.

Das Seegat zwischen Fanø und Mandø hat zwei getrennte Tiefs, im Norden das etwa 5 m tiefe Galgedyb, das sich in den rückwärtigen Watten verzweigt, und im Süden das wichtigere *Knudedyb*, das etwa 13 m tief ist. Der Tidenhub in diesem Seegat beträgt etwa 1,75 m. Das Knudedyb ist mit etwa 6 km deutlich breiter als das Grådyb. Die einzige hohe Sandplate im dänischen Wattenmeer, der Kil Sand, liegt südöstlich der Südspitze von Fanø. Weil die Küstenlinie südlich von Esbjerg stark nach Osten zurückweicht, besitzt das Knudedyb ein großes Gezeitenbecken, das weit nach Norden reicht.

Das *Juvre Dyb* zwischen Kore Sand und Rømø teilt sich in zwei Wattströme das Østerdyb in Richtung Mandø und das Nørredyb. Beide Tiefs sind etwa 12 m tief und reichen bis an die Wasserscheiden, den Ebbevej nach Mandø und den Rømødamm. Als man gegen Ende der dreißiger Jahre Pläne für den Bau des Rømødammes machte, dachte man an eine Trasse über die Wasserscheide, um die natürliche Wasserbewegung so wenig wie möglich zu beeinflussen. Dies bedeutete jedoch, daß der Damm zur Nordspitze der Insel geführt hätte, was verkehrstechnisch unerwünscht erschien. Daher wurde die Trasse an der Insel um einige Kilometer nach Süden verlegt. Dabei wurde eine etwa 3 km² große Fläche von ihrer natürlichen nach Süden gerichteten Entwässerung abgeschnitten, und in den folgenden Jahren entwickelte sich ein kleiner, nordwärts gerichteter Priel, der Juvre Priel. Nach und nach hat dieser Priel seinen Lauf immer näher an die Insel verlegt, mittlerweile hat er den Deich angegriffen. 1965 hat man deshalb vorsorglich landeinwärts dieses Deiches einen neuen Deich angelegt. 1959 hatte man schon vergeblich versucht, mit Hilfe von Sprengungen einen neuen Abfluß zu schaffen, der das Problem des Juvre Priels hätte lösen können.

Das *Lister Tief* besitzt das im Vergleich zu den anderen Tiefs größte Gezeitenbecken; etwa die Hälfte davon gehört zu Dänemark. Die deutsch-dänische Grenze verläuft mitten durch das Lister Tief. Vor dem Bau des Rømødammes trat ein Reststrom von etwa 15 Mio. m³ je Tide auf, der zum System des Juvre Dyb übertrat. Nach dem Bau des Dammes mußte diese Wassermenge in dem Gezeitenbecken des Lister Tiefs bleiben, während überdies durch den Damm das Gezeitenbecken etwa 3 km² kleiner wurde. Das Wattstromsystem des Lister Tiefs mußte sich auf ein neues Gleichgewicht einrich-

118 *Skallingen 1973*
119 *Skallingen 1975*

ten. Dadurch stieg die Maximaltiefe dieses Seegats von 35 m auf 50 bis 60 m.

Zwischen dem nördlichen Arm des Lister Tiefs, dem Rømø Dyb, und dem südlichen, dem Højerdyb, liegt das Vogelschutzgebiet der Hallig Jordsand.

Wattenmeerplan Durch die dänische Wasserbaubehörde wurde 1969 ein Plan aufgestellt, um das ganze dänische Wattenmeer von Esbjerg bis zum Rømødamm zu bedeichen, das Hauptmotiv für den Plan war der Küstenschutz. Die Ausführung dieses Planes würde einen radikalen Eingriff in die Natur und Landschaft des dänischen Watten- und Küstenraumes bedeutet haben. Auch für die Fischerei würden sich große Nachteile durch den Verlust von Fischaufwuchsgebieten ergeben. Im Hafen von Esbjerg und auch im Grådyb würde man mit sehr starker Anschlickung und Versandung zu kämpfen haben. Zum Glück wird dieser Plan wegen dieser und weiterer unsicherer Faktoren nicht verwirklicht. Während der Diskussion um diese Bedeichungspläne stellte sich allerdings heraus, daß es nötig ist, zu einer allgemeinen Zielsetzung für den dänischen Wattenraum zu kommen. Dazu wird es notwendig sein, die hydrographischen Bedingungen und den Materialtransport viel genauer zu erforschen. Das dänische Wattenmeer muß man als ein großes Auffangbecken für Sand und Schlick ansehen, die vom Boden der Nordsee und vom Abbruch an der Westküste Jütlands stammen. Auch von Sylt wird Material angeliefert. Herkunft und Menge der feinen Schlickteilchen sind jedoch noch nicht bekannt. Jedenfalls hatten sich südlich des Rømødammes seit 1941 mehr als 3 Mio. m^3 Sediment, davon ein Drittel Sand, abgesetzt. Der Rest, der aus feinen Schlickteilchen besteht, stellt eine derartig große Menge dar, daß sie nicht ausschließlich aus dem Abbruch von Vorland und der Abtragung von Wattplaten stammen kann. Es muß daher angenommen werden, daß der meiste Schlick aus der Nordsee kommt. Schlick, der nicht in natürliche Schlickfallgebiete oder in Landgewinnungswerke gelangt, wird jedoch meist wieder in die Nordsee zurückgeführt. Bei der Untersuchung von Sedimentationsvorgängen südlich des Rømødammes stellte sich heraus, daß vor allem die Form des Ufers und der Wellenschlag den Schlickfall bedingen. Der Wellenschlag wirkt vor allem im Bereich des Hochwassers erodierend, während besonders in den Niveaus erheblich unter und über der mittleren Hochwasserlinie die Wahrscheinlichkeit für den Schlickfall am größten ist.

121 *Vorland mit küstenparallelen Prielen*

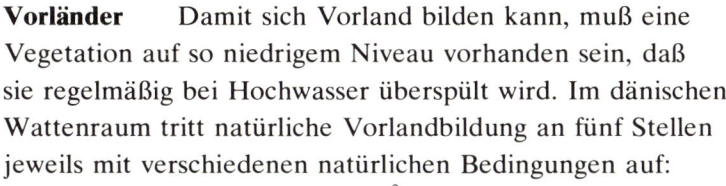

Vorländer   Damit sich Vorland bilden kann, muß eine
Vegetation auf so niedrigem Niveau vorhanden sein, daß
sie regelmäßig bei Hochwasser überspült wird. Im dänischen
Wattenraum tritt natürliche Vorlandbildung an fünf Stellen
jeweils mit verschiedenen natürlichen Bedingungen auf:
1   In der Mündung der Varde Å und in geschützten Buchten
an der Ostseite der Wattinseln findet an Stellen, wo Süßwasser
austritt, an der Hochwasserlinie Anschlickung statt. Kennzeichnend ist hier das Vorkommen von Schilf und Binsenfeldern.
2   Skallingen besitzt vorwiegend sandigen Boden. Hier konnte
wegen der geschützten Lage hinter Dünen und Deichen eine
dünne Schlickschicht abgelagert werden, auf der sich eine
recht hoch gelegene Salzwiese entwickelt hat. Die Schlickschicht
wird angesichts ihrer heutigen Höhenlage gegenüber dem
mittleren Hochwasser niemals dicker werden als etwa 40 cm.
3   An der geschützten Ostseite der Wattinsel entwickelten
sich Vorländer, die sich durch ihre Lage und den Tidenhub
ziemlich stark von dem Vorland an der Festlandsküste unterschieden.
4   Vor der Festlandküste liegen Vorländer, die dem Einfluß
von Wind und Wellen viel stärker ausgesetzt sind. Sie werden
durch küstenparallel verlaufende Priele gekennzeichnet.

5   Die Vorlandbildung in dem schnell zuschlickenden Gebiet
südlich des Rømødammes ist nur zum Teil natürlich.

Skallingen   Diese 13 km lange und etwa $2^1/_2$ km breite
Halbinsel ist noch recht jung. Sie verdankt ihre Entstehung
dem Sandtransport entlang der Küste und dem Zusammenwach-
sen von Strandwällen, auch der Abbruch von Dünen und
Vorland, Überflutungen sowie menschliche Eingriffe haben
diese Landschaft geprägt. Zu den menschlichen Einwirkungen
gehören verschiedene Tätigkeiten wie die Anlage von Sanddeichen und Verbindungsdämmen, das Weiden von Kühen
und Schafen, die Bildung von Salzpfannen als Auswirkung
von Vorhaben aus dem Zweiten Weltkrieg sowie schließlich
der sehr starke Einfluß des Tourismus. Das Betreten der
Dünen und besonders das Autofahren im Dünengebiet beschädi-
gen die empfindliche Pflanzendecke derartig, daß eine starke
Ausblasung eintritt.
Im Norden, zwischen den Orten Ho und Oksby, wird Skallingen
durch Nadelwälder und Dünenheideflächen begrenzt, die
zugleich die mittelalterliche Küstenlinie angeben. An dieser
Küste lag auch das wichtige Fischerdorf Sønderside, das
seine Verbindung zum Wattenmeer über Skallingen besaß;

124 *Überschwemmung bei Ripen als Folge schlechter Entwässerung*

durch das Herandringen des Hobo Dyb etwa 500 bis 600 m verschwunden. In der Mitte der Halbinsel wird der Strand höher und verbreitert sich auf etwa 200 m. Auf diesem hohen Strand findet durch Sandflug vor den vorhandenen Dünen Primärdünenbildung statt. Das Dünengebiet von Skallingen ist interessant wegen der unterschiedlichen Strandflächen hinter den Dünen, die beim Durchbruch von Sanddeichen entstanden sind. Diese Sandflächen sind teilweise bewachsen, sie gehen auf natürliche Weise in das hohe Vorland über. Wegen des im Untergrund von den Dünen herabfließenden Süßwassers wird dieser Übergang zum Vorland durch eine besondere Vegetation mit vielen seltenen Pflanzen gekennzeichnet. Das hohe Vorland ist ziemlich sandig und entwässert in ein natürliches System von Prielen im niedrigen Vorland, das eine Breite von 1 bis 1$^1/_2$ km aufweist und aus der frühen hochliegenden Wattfläche entstanden ist. Um 1900 wurde der erste Pflanzenwuchs beobachtet, und 1910 hatten sich schon 10 ha Vorland gebildet. 1931 waren es etwa 250 ha, und 1975 gab es etwa 600 ha Vorland. Bei extremem Hochwasser wird das gesamte Vorlandgebiet überflutet, was dazu führt, daß Uferwälle an den Vorlandprielen entstehen. Andere Eigenarten dieses Vorlandes sind Flugsandrücken, Uferwälle und die Abbruchkante des Vorlandes, die stellenweise etwa 20 bis 50 cm hoch ist.

Küstenraum   Wie auch sonst an der Festlandküste des Wattenmeeres, wird in Dänemark die Küstengestalt überwiegend durch Deichbau (bis nach Esbjerg) und Landgewinnung (bis nach Ribe) bestimmt. Neben der Neulandgewinnung waren die Ziele seit jeher: Hochwasserschutz und Bewältigung des Entwässerungsproblems. Gegenwärtig neigt man ebenso wie in Deutschland und den Niederlanden dazu, die Lösung in kleineren Kögen mit einem tiefliegenden Entwässerungsniveau zu suchen.

dieser Hafen versandete später zum Hafengraben (Havnegrøft), dem Oberlauf des Hobo Dyb. Dieser Graben ist in der Landschaft als Vertiefung noch zu erkennen. Die Sandzufuhr, die hier durch überlaufende Sturmfluten vom nahen Nordseestrand her stattfand, wurde durch den Bau eines Sanddeiches und durch Buhnen zum Stillstand gebracht, daraufhin entstand in dem dahinter liegenden Gebiet das sandige Vorland. Den Naturraum von Skallingen kann man in der Längsrichtung in eine Reihe landschaftlicher Einheiten gliedern: Von Westen nach Osten findet man einen Strand, anschließend einen Dünengürtel und schließlich ein Vorland, das durch die Ho Bugt begrenzt wird. Auch von Norden nach Süden machen sich Unterschiede bemerkbar. Im Norden herrscht das breite Vorland vor, in der Mitte nehmen die drei Landschaftseinheiten etwa gleich große Flächen ein, während im Süden die Landschaft durch eine große Strandfläche bestimmt wird, die nach dem Durchbruch von Sanddeichen entstanden ist. Im Vergleich mit dem Strand von Fanø und Rømø ist der von Skallingen schmal, besonders im Norden. Bei mehreren Stürmen in den letzten fünfzehn Jahren hat zur Hauptsache die Südspitze von Skallingen schwer gelitten.
Ferner sind in diesem Zeitraum an der Wattseite von Skallingen

In dem folgenden Abschnitt des Buches, der das Leben im Wattenmeer behandelt, wird der Reichtum des Watts an Lebewesen aufgezeigt. Die Grundlage dieses Reichtums besteht in den großen Nahrungsmengen, die im Watt vorhanden sind. Es stellt sich jedoch heraus, daß diese Mengen nicht nur aus der Produktion organischer Stoffe in dem Raum selbst stammen, sondern überwiegend aus organischem Material der Nordsee bestehen. Anders ausgedrückt: Die Nordsee liefert einen Teil ihrer eigenen Produktion in das Wattenmeer.

Zufuhr aus der Nordsee   Diese Zufuhr kommt durch ein Zusammenspiel von Vorgängen zustande, unter denen die Meeresströmungen eine besondere Rolle spielen. Im südlichen Teil der Nordsee handelt es sich dabei um eine Kombination aus Gezeiten- und Restströmen. Die Restströme führen durch die Straße von Dover und um Schottland herum atlantisches Wasser heran. Dieses Wasser enthält in mäßiger Konzentration die mineralischen Nährstoffe für das pflanzliche Plankton. In der flachen südlichen Nordsee kann das Licht in der Wuchsperiode von Februar bis Oktober das Wasser gut durchdringen. Das pflanzliche Plankton bildet die Basis für den Nahrungskreislauf in der Nordsee selbst. In diesem Kreislauf fallen neben Resten toten Planktons allerhand weitere Teilchen von organischem Abfall an, die unter dem Namen organischer *Detritus* zusammengefaßt werden. Im Mittel enthält eine Wasserprobe etwa 20 % lebendes Plankton, der Rest ist totes Material. Wie immer in flachen Meeren, sinkt der Detritus auf den Meeresboden, wo er abgebaut wird. Dabei gelangen die freigewordenen Minerale wieder in das freie Wasser zurück, und der Kreislauf ist geschlossen.

Bis zum Abschluß dieses Prozesses muß das Material auf dem Meeresboden einige Jahre ungestört liegenbleiben. In der südlichen Nordsee kommt es nicht dazu. In diesem Raum mit einer mittleren Tiefe von nur 25 m herrschen sehr starke Gezeitenströme. Deswegen besteht der Boden fast überall aus Sand, zum Teil sogar aus Kies und Steinen. Stellenweise, besonders entlang der niederländischen Küste, wird der Sand auf dem Meeresboden zu hohen Dünen „aufgeweht". Der Detritus kommt in diesem Gebiet nicht zur Ruhe. Ein Teil wird von der Strömung in tiefere Gegenden weiter im Norden mitgeführt. Ein anderer Teil wird zur Küste transportiert und an ruhigen Stellen, wie im Wattengebiet, abgesetzt. Vermutlich ist dies der größte Teil. Einige besondere Eigentümlichkeiten des Transports leichter schwebender Stoffe durch die Gezeiten begünstigen eine überwiegend zur Küste hin gerichtete Bewegung.

Der Abbau der organischen Stoffe vollzieht sich daher nicht in der südlichen Nordsee, sondern spielt sich weitgehend in ruhigen Küstengewässern, vor allem im Wattenmeer ab. Daher ist die mittlere südliche Nordsee außergewöhnlich arm an Mineralien und organischen Stoffen, das Wattenmeer jedoch ungewöhnlich reich.

Bei den erwähnten Mineralien handelt es sich um anorganische Stoffe, die für den Aufbau organischer Substanz nötig sind: Kohlensäure, Wasser, anorganische Stickstoffverbindungen und Phosphat. Dazu kommt noch gelöste Kieselsäure, die für den Aufbau der Diatomeen (Kieselalgen) nötig ist. Beim Abbau organischer Stoffe werden diese Stoffe nicht alle gleich schnell frei. Wenn wir Kohlensäure und Wasser, die überall im Überfluß vorhanden sind, außer Betracht lassen, dann folgen aufeinander Phosphat, die Stickstoffverbindung Ammoniak und zuletzt Kieselsäure. Man kann auch sagen, daß Phosphate einen schnelleren Kreislauf haben als Stickstoffverbindungen und Kieselsäure.

Das Wasser in der Mitte der südlichen Nordsee ist durch die beschriebenen Vorgänge zwar arm an Phosphat, jedoch relativ noch ärmer an Stickstoffverbindungen und sehr arm an Kieselsäure. Im Wattenmeer müßte es umgekehrt sein, dies ist jedoch, wie noch zu zeigen sein wird, schwer festzustellen.

Zufuhr aus den Flüssen   Der südlichen Nordsee werden mineralische Nährsalze und organische Stoffe nicht nur vom Atlantikwasser, sondern auch durch die Flüsse zugeführt. Für das nördliche Wattenmeer ist vor allem die Zufuhr aus dem Rhein, in geringerem Umfange aus Maas und Schelde wichtig. Das Wasser aus diesen Flüssen wird nämlich an der niederländischen Küste entlang nach Norden versetzt und erreicht nach etwa einem Monat das Marsdiep. 5 bis 10 % davon dringen in das Wattenmeer ein. Dazu gelangt noch etwas Rheinwasser über das Ijsselmeer in das Wattenmeer. Vor allem im westlichen Wattenmeer ist dadurch das Wasser etwas brackig.

Die jährliche Zufuhr von mineralischen Nährstoffen aus Flüssen in die südliche Nordsee war noch vor einigen Jahrzehnten von untergeordneter Bedeutung, seit 1950 jedoch steigt die Zufuhr stark an, so daß sie nun der aus dem Atlantik zugeführten Menge entspricht. Dadurch empfängt auch das nördliche Wattenmeer viel mehr organische Stoffe und Minerale als in der Vergangenheit: Von 1950 bis 1970 hat sich die Menge fast verdreifacht.

Alle diese Stoffe kommen durch die Seegaten herein und vor

allem durch das Marsdiep. Es ist merkwürdig genug, daß
die Zufuhr durch das Ijsselmeer viel geringer ist, obwohl
diesem Becken außer dem ungeklärten Rheinwasser noch
eine große Wassermenge aus anderen stark belasteten Gewässern
zufließt, wie die Vecht, die Eem und das Abwasser von Amsterdam. Das Ijsselmeer hält jedoch große Mengen von mineralischen
Nährstoffen im Boden fest wie Phosphat und besonders Silikat.
Auch andere Schmutzstoffe, wie Schwermetalle und chlorierte
Wasserstoffe, werden festgelegt. Nur Stickstoffverbindungen
werden in solcher Menge zugeführt, daß sie, großenteils
in Nitratform, durch die Schleusen von Den Oever und Kornwerderzand in das Wattenmeer gelangen. Dies ist die wichtigste
Ursache für die Störung der natürlichen Nährstoffbilanz.
Außer Nitrat ist im Wattenmeer infolge des Abbaus großer
Mengen organischerStoffe auch relativ viel Ammoniak vorhanden.
In großen Teilen des deutschen und dänischen Wattenmeeres
spielen Ems, Weser und Elbe eine ähnliche Rolle wie der
Rhein im niederländischen Teil. Auch diese Flüsse bringen
mineralische Nährstoffe ins Meer. Das Salzwasser dringt
wegen seines hohen spezifischen Gewichts von See her am
Boden entlang in die Flußmündungen ein. Dabei wird es
nach und nach mit dem darüber befindlichen Flußwasser

vermischt. Das Gemisch wird ins Meer abgeführt. Es gehört
zu diesem Vorgang, daß das Bodenwasser in einer Flußmündung
einwärts, das Oberflächenwasser auswärts fließt. Dazu gehört
ferner, daß sehr viele Schwebstoffe, die sowohl aus dem
Meer als auch aus dem Fluß stammen, abgelagert werden.
Ein Teil dieses Materials enthält organische Stoffe, und die
hier auftretenden Abbauprozesse sind vergleichbar mit denen,
die sich in schlickigen Teilen des Wattenmeeres abspielen.

Produktion im Wattenmeer   Oben wurde gezeigt, daß
die organischen Stoffe im Watt aus zwei Quellen stammen.
Eine dritte Quelle ist die Produktion im Wattenmeer selbst.
Es wurde bereits beschrieben, wie in der flachen mittleren
Nordsee pflanzliches Plankton unter Zufuhr von Nährsalzen
mit atlantischem Wasser und bei Licht gedeiht. Zur Küste
hin sind die Konzentrationen der Nährsalze wegen der Zufuhr
aus Flüssen höher, gleichzeitig nimmt jedoch dadurch die
Lichtmenge ab. Die Flüsse bringen nämlich auch große Mengen
anorganischer Trübe ins Meer. Während in der mittleren
Nordsee genügend Licht zum Pflanzenwachstum bis in eine
Tiefe von etwa 20 m vorhanden ist, dringt es an der Küste
nur einige Meter tief ein. Andererseits sind an der Küste

127 und 128   *Verteilung des Phosphatgehaltes in mg/l*
im Sommer (links) und Winter (rechts). Phosphat wird von
Algen aufgenommen und bei der Pflanzenverwesung sowie von
Tieren abgegeben. Im Winter kommen diese Prozesse fast zum

Stillstand. Die Verteilung spiegelt die Zufuhr aus den
Flüssen wider. Im Sommer herrscht in der Nordsee die
Phosphatbindung durch Algen vor, im Wattenmeer dagegen die
Freisetzung.

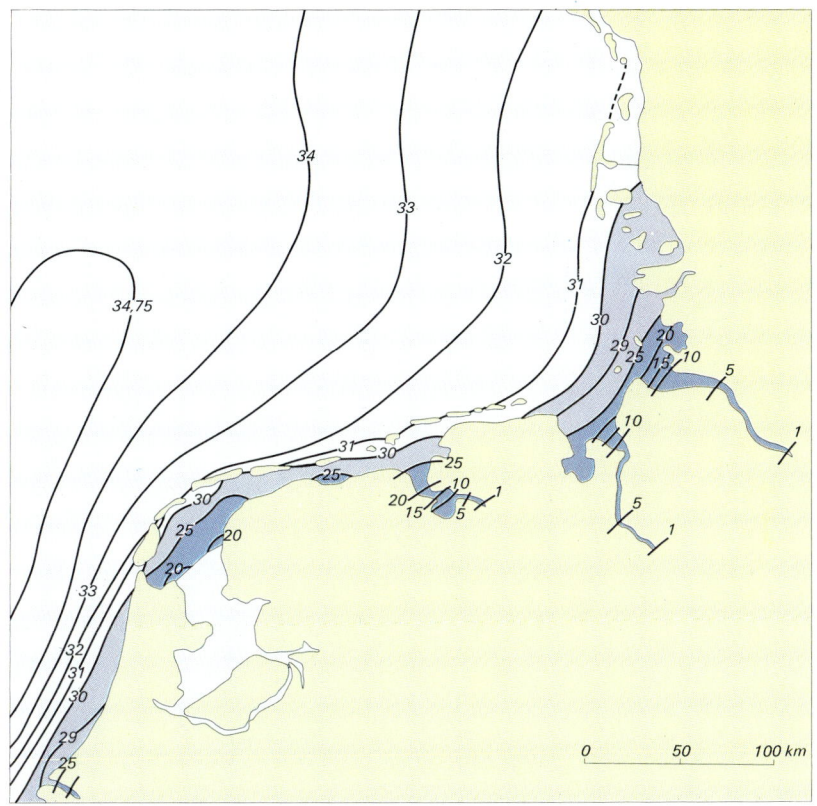

Nährsalze im Überfluß vorhanden, während sie mitten in
der Nordsee das Wachstum begrenzen.

In größerer Entfernung von der Küste jedoch hat die erhöhte
Zufuhr von Nährsalzen aus den Flüssen zu einer hohen Produktion geführt, die dann indirekt das Wattenmeer wieder erreicht.
Dieser Anteil an der Produktion könnte sehr wohl einmal
größer werden als die direkte Zufuhr organischer Stoffe
durch die Flüsse.

Im Wattenmeer selbst wird die Produktion durch die Wassertrübung begrenzt, so daß eine höhere Zufuhr von Nährsalzen
in den letzten 20 Jahren wahrscheinlich nicht zu einer erheblichen
Mehrproduktion geführt hat. Der Anteil der Produktion
im Wattenmeer selbst ist wahrscheinlich gleichgeblieben.
Bei der letzten Behauptung ist einige Vorsicht angebracht.
Einigermaßen zuverlässige Messungen über die Produktion
im Wattenmeer werden seit einigen Jahren vorgenommen,
aber es ist riskant, diese Ergebnisse auf den früheren Zustand
zu übertragen. In einigen Seegaten mit sehr klarem Wasser
kann die Produktion infolge der starken Nährsalzzufuhr durchaus
gestiegen sein. Ferner wissen wir nicht, ob der Algenwuchs
auf den trockenfallenden Watten, auf denen die Lichtbedingungen
sehr günstig sind, im Laufe der Jahre zugenommen hat.

129 *Salzgehalt (in g/Liter) im Wattenmeer und der angrenzenden
Nordsee während des Winters*

Vorgänge im Boden Im Wattenmeer wird die organische
Substanz von sehr vielen Lebewesen verbraucht, vermutlich
zur Hälfte durch Bakterien. Eine besondere Rolle spielen
dabei die Bakterien, die in einem sauerstoffarmen Milieu
leben. Diese entwickeln sich im Boden, dort, wo das Angebot
an organischen Stoffen so groß ist, daß der freie Sauerstoff
bald verbraucht ist. Nur Organismen, die andere Sauerstoffquellen
erschließen können, in diesem Fall Sulfate, sind in der Lage,
das Nahrungsangebot zu nutzen. Wahrscheinlich wird mehr
als die Hälfte der von den Bakterien genutzten organischen
Stoffen auf diese Weise abgebaut.

Beim bakteriellen Abbau bilden sich Verbindungen von
Schwefel mit einem Metall, meistens Eisen, die den Wattboden
einige Zentimeter unter der Oberfläche schwarz färben. Da
viele Metalle wie Kupfer, Zink und Cadmium, die giftig
sind, mit dem Rheinwasser zugeführt werden, könnte dies
auf lange Sicht zu biologisch gefährlichen Anreicherungen
im Sediment führen. Einige organische Stoffe im Boden
gehen jedoch mit Metallen lösliche Verbindungen ein, so
daß dann keine Anreicherung stattfindet.

Alles in allem treffen wir daher in dem sauerstoffarmen Wattboden ein reichhaltiges Sortiment von gelösten und ungelösten
chemischen Verbindungen an. Die gelösten Stoffe befinden
sich im Wasser zwischen den Sand- und Schlickteilchen.
Hier finden wir etwa die gelösten Metalle, aber auch lösliche
Bestandteile zersetzter organischer Stoffe, darunter Aminosäuren
und Kohlenhydrate; ferner die beim Abbau freigewordenen
Nährsalze Phosphat und Ammoniak sowie die durch Auflösung
von Diatomeenschalen entstandene Kieselsäure. Da das Wasser
im Boden nur langsam gegen das darüber stehende Wattwasser
ausgetauscht wird, können die Konzentrationen an gelösten
Stoffen in diesem Bodenwasser ziemlich hoch werden. Im
allgemeinen werden die Konzentrationen mit abnehmender
Korngröße ansteigen; damit steigt auch der Gehalt an organischer
Substanz.

Dennoch findet ein deutlicher Austausch zwischen dem Boden
und dem Wasser darüber statt. Wie dieser Wasseraustausch
genau vor sich geht, ist nicht bekannt. An steilen Prielrändern
sieht man bei Niedrigwasser oft schwarz gefärbtes Wasser
aus dem trockengefallenen Watt kommen. Offenbar entstehen
auch im überfluteten Watt durch Strömung und Wellenschlag
Kräfte, die einen stetigen Austausch bewirken. Überdies
wurde festgestellt, daß in einer Sturmperiode plötzlich hohe
Konzentrationen chemischer Verbindung auftreten, die aus
dem Wattboden entwichen sind. Im Winter wird der Wattboden

dadurch sozusagen saubergespült. Der Jahreszeitenwechsel macht sich also im Wattenmeer auch in chemischer Hinsicht bemerkbar.

Abbau organischer Stoffe Für alle obengenannten Abbauvorgänge ist Sauerstoff erforderlich. Die Sauerstoffproduktion durch Pflanzen deckte 1950 noch die Hälfte des Bedarfs, 1970 jedoch nur noch ein Viertel. Ein großer Teil des benötigten Sauerstoffs dürfte daher mit dem Nordseewasser durch die Seegaten oder direkt aus der Atmosphäre kommen.

Man hat denn auch berechnet, daß 1950 im Jahr 400 g und 1970 800 g Sauerstoff je m² erforderlich waren. Dies bedeutet, daß 1970 sämtlicher im Wasser des Wattenmeeres vorhandener Sauerstoff innerhalb einer Woche verbraucht worden wäre, falls es keine Zufuhr gäbe.

Man kann den Sauerstoffverbrauch auch vergleichen mit dem des organischen Abwassers. Dafür verwendet man den Begriff Einwohnergleichwert; das ist die Menge Sauerstoff, die erforderlich ist, um die organischen Abfallstoffe eines Einwohners abzubauen. Beim vollständigen Abbau dieser Menge werden 54 g Sauerstoff gebunden. Dies bedeutet, daß das niederländische Wattenmeer mit einer Oberfläche von 3 Mrd. m² 1950 mit 60 Mio. und 1970 sogar mit 120 Mio. Einwohnergleichwerten pro Tag belastet wurde. Die Differenz entspricht dem organischen Abwasser einer Stadt von 60 Mio. Einwohnern.

Bis jetzt hat das Wattenmeer diese Extrabelastung verkraften können, wenn auch hier und da und dann und wann etwas niedrigere Sauerstoffkonzentrationen vorkommen. Im allgemeinen ist das Wasser reichlich mit Sauerstoff gesättigt. Einzelne isolierte Teile stellen Ausnahmen dar. Das krasseste Beispiel dafür ist das Ems-Dollart-Ästuar, das außer den natürlichen organischen Stoffen mit einer zusätzlichen Menge organischen Abfalls vom Festland belastet wird. Die Westerwoldse A führt dem Dollart sauerstoffarmes Wasser zu. In deren Nähe liegt der Sauerstoffgehalt denn auch im Mittel unter 30 %. Auch aus anderen Quellen, vor allem der Ems, dem Emskanal und einigen Rohrleitungen bei Delfzijl, gelangt sauerstoffarmes Wasser in das Ems-Dollart-Gebiet. Im späten Herbst, während der industriellen Verarbeitung von Handelsgewächsen in Groningen, kann die Belastung aus dieser Seite des Gebietes auf rund 6 Mio. Einwohnergleichwerte pro Tag anwachsen. Der Sauerstoffgehalt sinkt dann in dem ganzen Dollartbecken unter 50 %, und auch in der Emsmündung können Werte vorkommen, die erheblich unter 100 % liegen.

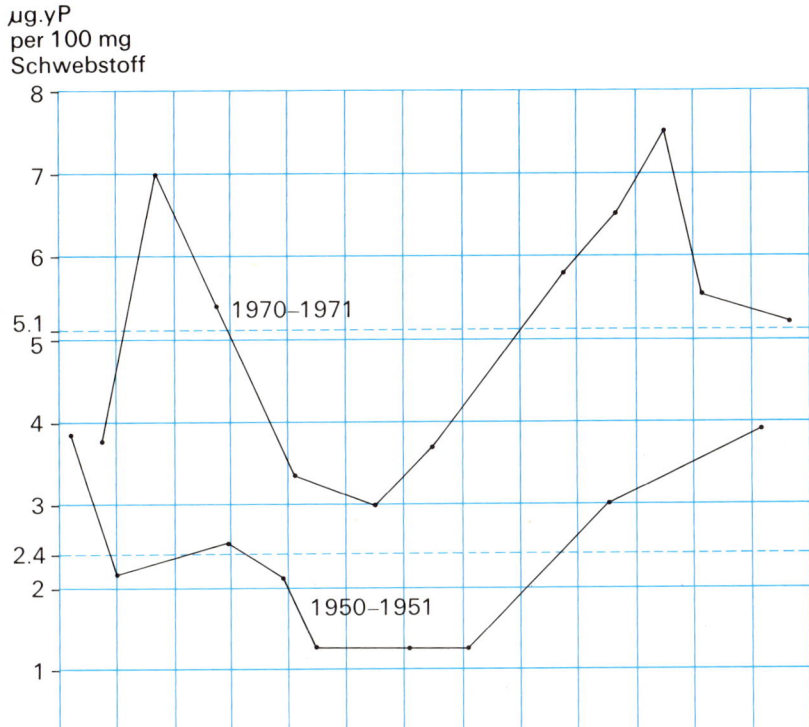

vom Menschen zugeführter Stoffe. Es ist daher sehr wichtig, den Ursprung dieser Stoffe und die Menge des Flußwassers in jedem Teil des Wattenmeeres zu kennen. Wenn es nur eine Quelle gibt, ist das nicht besonders schwierig, wohl aber, wenn mehrere Zufuhren in das gleiche Becken münden. In diesem Fall kann man die Wasserarten des Gemenges oft dadurch unterscheiden, daß man eine gegen Abbau stabile Komponente bestimmt, deren Konzentration in jedem der Zuflüsse verschieden ist. Dazu kann man in vielen Fällen den Leuchteffekt des UV-Lichts im Wasser ausnutzen. Er wird durch organische Bestandteile, hauptsächlich humushaltige Verbindungen, hervorgerufen, die oft aus Moorgebieten stammen. Viele der beschriebenen Vorgänge im Wasser des Wattenmeeres sind noch nicht hinreichend geklärt. Sie bedürfen noch genauer Untersuchung in der Zukunft.

Stoffzufuhr vom Festland her　Am Beispiel des Dollart wird deutlich, daß die Teilräume des Wattenmeeres sich in chemischen Eigenschaften unterscheiden. Beim Dollart handelt es sich um einen stark isolierten Raum, dem in dieser Hinsicht nur der Jadebusen ähnelt. In den meisten anderen Fällen sind die Unterschiede weniger deutlich.
Im Wattenmeer ist ein Seegat mit dem zugehörigen Einzugsgebiet die natürliche Raumeinheit. Die Wasserzufuhr in einen solchen Raum geschieht hauptsächlich von der Nordsee aus; denn die Wattrücken stellen bei normalen Wetterbedingungen deutliche Wasserscheiden dar. Dies geht aus den oft sehr ausgeprägten Unterschieden in den Eigenschaften der beiden Wasserkörper hervor, die sich bei Hochwasser auf dem Wattrücken begegnen. Jedes Seegat empfängt Nordseewasser einer etwas anderen Zusammensetzung. Im Marsdiep ist der Einfluß des Rheins am größten. Vlie und Borndiep erhalten das sauberste Nordseewasser, westlich von Ameland macht sich jedoch bereits der Einfluß der Flüsse bemerkbar, die in die Deutsche Bucht münden. Diese Unterschiede werden örtlich durch direkte Zufuhr von Flußwasser überlagert, besonders im deutschen Teil.
Jeder Fluß enthält ein anderes Sortiment natürlicher und

Es wurde schon gezeigt, daß das Watt eine dynamische Umwelt darstellt. Die Gezeitenbewegung ist die Ursache dafür, daß riesige Flächen im Wechsel trockenfallen und überflutet werden, sie ist auch die Ursache der kräftigen und unruhigen Strömungen, die überdies große Mengen von Sand, Schlick und anderen Stoffen fortbewegen. Daneben ist der Einfluß des Klimas in einem flachen Meer, wie es das Wattenmeer darstellt, verhältnismäßig groß. Auf dem trockengefallenen Watt kann die Temperatur in kleinen Pfützen im Sommer bis über 30° C ansteigen, im Winter hingegen können die gleichen kleinen Pfützen schnell gefrieren. Freilich wird auch das Wasser in den tiefen Gezeitenrinnen im Sommer einige Grade wärmer und im Winter einige Grade kälter als das Wasser in der angrenzenden Nordsee. Und jeder Witterungsumschlag macht sich in den Wassertemperaturen des Wattenmeeres rasch bemerkbar, auch Niederschlag und Verdunstung wirken sich auf das Watt aus. Die Organismen, die sich bei Hochwasser in Wasser von hohem Salzgehalt befinden, können während der Niedrigwasserzeit unter den Einfluß süßen Regenwassers geraten. Das gleiche gilt für Tiere und Pflanzen in Küstennähe. In trockenen Zeiten müssen sie in Seewasser leben, während der Regenperiode jedoch müssen sie sich auf süßes oder brackiges Fluß- oder Grabenwasser einstellen.

Die Pflanzen und Tiere der Strandflächen und Dünentäler auf den Inseln stehen vor einem gleichartigen Problem. Sie leben normalerweise in einer Umgebung mit süßem Grundwasser, aber bei Sturm können sie plötzlich salzigem Wasser ausgesetzt sein, das große Teile der Wattinseln zeitweise überfluten kann. Auch Wind und Sturm beeinflussen die Lebensbedingungen der Pflanzen und Tiere, die im Wattenmeer selbst leben, erheblich. An einem Tage befindet sich eine Miesmuschel in ruhigem und klarem Wasser, am Tage darauf zerren kräftige Wellen im Wasser, das von aufgewirbeltem Schlick getrübt wird, an allem, was sich auf dem Boden befindet. Bei Südostwinden treten die Gezeiten viel niedriger ein, als man nach der Stellung von Sonne und Mond erwarten sollte, während bei nordwestlichen Winden die Wasserstände leicht einen Meter höher werden können als vorausberechnet.

Veränderlichkeit und Unsicherheit sind wesentliche Merkmale für das Ökotop Watt. Pflanzen und Tiere müssen immer wieder in der Lage sein, sich an neue Bedingungen anzupassen: Wer das nicht kann, muß verschwinden. Andererseits sind es die gleichen Gezeitenströme und das gleiche Klima, die das Watt so attraktiv machen. Die Gezeitenströme sorgen

für eine andauernde Zufuhr von Nahrungsteilchen aus der Nordsee. Diese Teilchen dienen in erster Linie als Nahrung für verschiedene Tiere, die im Wasser und auf dem Boden leben, der Rest wird von Bakterien zu wasserlöslichen Pflanzennährstoffen abgebaut. Außerdem wird eine kleinere Menge der gleichen Stoffe mit dem Niederschlagswasser, das über Schöpfwerke, Siele und Flüsse das Watt erreicht, aus dem Hinterland herangeführt. Diese Nährstoffe führen zu einem starken Wachstum des pflanzlichen Planktons, der mikroskopisch kleinen einzelligen Pflanzen, die im Wasser schweben. Zusammen mit der Zufuhr von Nahrungsteilchen aus der Nordsee sind sie die Ursache für ein reiches Tierleben im Boden, das seinerseits die Nahrungsquelle für Vögel und Fische bildet.

Die Kombination von *Nahrungsreichtum* und *Veränderlichkeit* gibt der Lebensgemeinschaft des Wattenmeeres ihre Eigenart. Pflanzen und Tiere, die in einer derart unsicheren Umwelt ihre Nahrung gewinnen wollen, müssen nämlich besondere Eigenschaften besitzen. Diese Eigenschaften können vier verschiedenen Strategien zugeordnet werden:

1 Eine Art kann Eigenschaften entwickelt haben, durch die die extremen Bedingungen des Biotops für diese Art nicht mehr extrem sind.

2 Eine Art kann eine hohe Vermehrungsrate aufweisen, so daß jedes freiwerdende Plätzchen rasch besetzt wird, und jederzeit irgendwo einige Individuen vorhanden sind, die für neue Nachkommenschaft sorgen.

3 Eine Art kann zwischen dem Watt und anderen Räumen oder zwischen Teilräumen des Watts hin und her wandern, so daß sie in der günstigen Zeit die vorteilhaften Bedingungen in diesem Raum ausnutzen kann, die ungünstige Zeit hingegen woanders verbringt.

4 Eine Art kann danach trachten, die Teilräume des Biotops aufzusuchen, in denen eine Katastrophe relativ am wenigsten wahrscheinlich ist. Es wird Sicherheit angestrebt.

Die Entwicklung von Eigenschaften, durch die extreme Umweltbedingungen ertragen werden können, ist vielleicht oft ein sehr lang dauernder Evolutionsprozeß gewesen, der Millionen von Jahren erfordert hat. Die Träger derartiger Eigenschaften besitzen jedoch vielfach einen großen Vorsprung vor anderen Organismen. Einige Wasserpflanzen und -tiere haben beispielsweise die Fähigkeit der *Osmoregulation* entwickelt. Das bedeutet, daß sie den Salzgehalt ihrer Körperflüssigkeit unabhängig von dem Salzgehalt des umgebenden Wassers aufrechterhalten können. Arten, die das können, sind besser in der Lage, im Wattenmeer mit seinem stets wechselnden Salzgehalt

133 *Pioniervegetation des sich rasch verändernden sandigen Vorlands*

zu leben. So gibt es viele, häufig physiologische, Anpassungen, die das Leben im Watt ermöglichen.

Eine hohe *Vermehrungsrate* gepaart mit einer großen *Besiedlungsfähigkeit* stellen eine weitere Möglichkeit dar, sich im Watt zu behaupten. Schnell wachsen, möglichst viele Nachkommen erzeugen und diese soweit wie möglich verbreiten, das ist diese Methode. Herz- und Miesmuscheln stellen deutliche Beispiele dafür dar. In einem Jahr können sie schon so weit herangewachsen sein, daß sie sich fortpflanzen können; jedes Individuum erzeugt Tausende von Nachkommen, die dann als Larven mit den Strömungen verteilt werden. Von den Larven werden einige sich behaupten, und auf diese Weise bleibt die Art im Wattenmeer vorhanden.

Diese Methode gibt es auch bei Pflanzen: Mikroskopische Planktonalgen, auf dem Boden lebende Meeresalgen und der Queller sind Beispiele dafür. Im allgemeinen sind solche Arten auf freie Plätze angewiesen, weil sie zwar eine günstige Gelegenheit rasch ausnutzen können, aber oft nicht in der Lage sind, mit bodenständigeren Arten zu konkurrieren. Daher trifft man diese Arten in größter Individuenzahl nach strengen Wintern oder anderen einschneidenden Ereignissen, die große Gebiete entvölkert haben. Auch dadurch kommen

gerade diese Arten in großer Dichte für sich allein, ohne andere Organismen vor: Auf einer Bestandskarte oder auf Luftbildern ist ein grobes Verbreitungsmuster für sie kennzeichnend. *Wanderverhalten* ist offenbar auch weit verbreitet. Allgemein bekannt ist natürlich der Vogelzug, aber im Wattenraum wandern auch Schmetterlinge, Libellen, Fische, Krabben, Garnelen, Tintenfische und Seehunde. Sogar einige Muscheln und Würmer zeigen Ortsveränderung. Diese Tiere gehen immer darauf aus, den Nahrungsvorrat des Küstenvorfeldes oder eines Teiles davon auszunutzen, wenn die Bedingungen dafür günstig sind, während sie schnell wieder abwandern, sobald sich der Zustand verschlechtert. Für die meisten Meerestiere bedeutet das, daß sie im Frühjahr aus der Nordsee hereinwandern und im Herbst wieder verschwinden. Ihr Lebenszyklus ist daher so eingerichtet, daß sie im sehr zeitigen Frühjahr in der Nordsee geboren werden, dann in das Wattenmeer wandern, wo sie ihre Jugend verbringen, und schließlich endgültig im offenen Meer verschwinden. Andere Arten kehren noch im Sommer zurück. Die Vögel jedoch, die von der Temperatur ziemlich unabhängig sind, können das Watt auch im Winter nutzen. Ihr Brutplatz liegt vielfach in den Tundren des hohen Nordens, wo die Jungen Nahrung

134 *Beweidetes niedriges Vorland im Slufter auf Texel*

135 *Trockenrisse, die nach langer Trockenheit wieder unter Wasser stehen*

im Überfluß in unmittelbarer Nestnähe finden können. Die Verhältnisse sind dort für Jungvögel noch günstiger als im Wattenmeer, wo die Nahrungsgründen of recht weit von den Brutplätzen entfernt liegen.

Schließlich kann ein Organismus sich in die besonders stabilen Teile des Wattenraumes zurückziehen, dorthin, wo die Veränderlichkeit geringer ist als anderswo. Vermutlich deswegen graben sich viele Wattiere in den Boden ein; andere beschränken sich ängstlich auf die Wattströme, die auch bei Niedrigwasser nicht trockenfallen. Auf den Inseln versuchen verschiedene Pflanzenarten, einen möglichst großen Abstand von dem unsicheren Gezeitengebiet zu halten, sie kommen daher besonders auf dem höchsten Vorland oder in den Dünen vor. Diese ganze Gruppe folgt damit einer völlig anderen Strategie als die oben beschriebenen Arten mit einer großen Vermehrungsrate. Während es die Methode der letztgenannten Gruppe war, jede Chance zu nutzen und vor Schwierigkeiten das Feld wieder zu räumen, geht es bei der vorher beschriebenen Artengruppe viel mehr darum, das einmal Erreichte zu behaupten. Oft wird darauf verzichtet, jede Chance zu ergreifen. *Opportunisten* stehen *Spielern* auf *Sicherheit* gegenüber. Unabhängig von dieser Gegenüberstellung ermöglichen es die oben genannten Fähigkeiten, extreme Umweltbedingungen zu ertragen. Diese Fähigkeiten findet man unter beiden Gruppen. Das Wanderverhalten hingegen neigt mehr zum Opportunismus.

Aus dem Gesagten geht schon in etwa hervor, welche Typen von Pflanzen und Tieren eine bestimmte Lebensgemeinschaft beherbergt. In einem unsicheren und sehr veränderlichen Raum sind die Opportunisten am besten angepaßt, sie geben hier den Ton an. Wird das Milieu jedoch stabiler, dann treten die Spieler auf Sicherheit mehr hervor. Das zeigt sich auch im Wattenraum. Das Wattenmeer, und zwar besonders der Teil mit starken Gezeitenströmen und kräftigem Wellenschlag, ist die Domäne der Opportunisten; die Wattinseln, vor allem die Dünengebiete beherbergen vorzugsweise die andere Gruppe. Das macht offenbar auch den Unterschied in den Eigenschaften der ganzen Lebensgemeinschaft aus. Die Teilgemeinschaft mit Opportunisten ist durch rasches Wachstum ihrer Bewohner gekennzeichnet. Sie produziert eine große Menge organischen Materials, im Wattenmeer z. B. Muschelfleisch, von dem ein erheblicher Teil ohne Schaden für die Lebensgemeinschaft von natürlichen Feinden oder vom Menschen verzehrt werden kann. Der stabile Ökotop hingegen beherbergt eine Gemeinschaft mit viel geringerem Wachstum und viel geringerem Überschuß. Was an Überschuß erzeugt wird, wird meist innerhalb der Lebensgemeinschaft wieder verbraucht. Im instabilen Milieu sind es meist nur wenige Arten, die ihre Chance zu nutzen wissen. Diese bilden daher große Konzentrationen und herrschen in der Lebensgemeinschaft stark vor. Besonders dadurch ist der Reichtum an verschiedenen Arten in einer solchen Lebensgemeinschaft oft gering gegenüber der Individuenzahl. Demgegenüber ist der Artenreichtum in stabilen Standorten oft groß, weil jede Art, die dort ein Plätzchen finden kann, in der Lage ist, sich zu behaupten.

Es gibt noch viele weitere Unterschiede zwischen den beiden Typen von Standorten: Es sind eigentlich zwei verschiedene Welten. Andererseits muß betont werden, daß all diese Unterschiede nur relativ sind. Das Wattenmeer kann demnach instabil sein im Vergleich zu Standorten auf Wattinseln, es ist jedoch, was den Salzgehalt betrifft, viel stabiler als die Ästuare von Ems und Elbe mit ihren enormen Salzgehaltschwankungen. Demgegenüber sind die Dünen der Inseln hinsichtlich ihres Wasserhaushalts wieder weniger stabil als einige Naturgebiete im Binnenland. Diese Unterschiede zwischen Lebensgemeinschaften dürfen uns jedoch nicht den Blick dafür verschließen, daß fast alle Lebensgemeinschaften auch in vieler Hinsicht übereinstimmen.

In einer Lebensgemeinschaft, die mit ihrer unbelebten Umgebung zusammen *Ökosystem* genannt wird, finden wir praktisch immer Pflanzen, die für die Produktion von Nahrung sorgen, und Tiere, welche diese Nahrung verzehren. Die Tiere können dann selbst wieder als Nahrung für andere Tiere dienen usw. Dadurch stellt jedes Ökosystem in Wirklichkeit eine Art Betrieb dar, in dem verschiedene chemische Elemente in Gestalt der Nahrung von einem zum anderen Organismus weitergegeben werden, so daß schließlich ein Kreislauf entsteht. Aus den Gesetzen der Physik folgt, daß dafür Energie nötig ist. Die Pflanzen entnehmen sie aus dem Sonnenlicht, alle anderen Organismen aus ihrer Nahrung. Wenn wir ein Schema eines solchen Ökosystems betrachten, wird die Basis offenbar von grünen Pflanzen gebildet. Diese sind in der Lage, aus unbelebten chemischen Stoffen wie Kohlendioxid, Wasser, Phosphat und Stickstoffverbindungen lebende Pflanzenzellen aufzubauen. Als Energiequelle für diesen Vorgang, die *Photosynthese*, verwenden sie das Sonnenlicht. Außer den Pflanzen sind nur einige Bakterienarten zu vergleichbaren Prozessen befähigt, im übrigen jedoch sind alle anderen Organismen, Bakterien, Pilze und Tiere von der Nahrung abhängig, welche die Pflanzen bilden. Die Pflanzen werden daher auch als *primäre Produzenten* bezeichnet (Abb. 140).

136 *Austernfischer und fliegende Ringelgänse*
138 *Eiderenten mit Jungen*

137 *Winterliches Watt mit Austernfischern*
139 *Flußseeschwalbe mit gefangenem Fisch im Schnabel*

Die Tiere sind also auf den Nahrungsvorrat, der von den Pflanzen gebildet wird, angewiesen. Ihre Rolle im Ökosystem ist die des Konsumenten. Gleichzeitig jedoch bilden sie selbst wieder neues organisches Material (Fleisch), das den Raubtieren zur Verfügung steht. Darum werden sie als *sekundäre Produzenten* bezeichnet. Auf die gleiche Weise können Raubtiere, die ihrerseits von größeren Raubtieren gefressen werden, als *tertiäre Produzenten* bezeichnet werden usw. Auf diese Weise kommt eine *Nahrungskette* zustande z.B. von mikroskopisch kleinen Kieselalgen über Herzmuschel und Austernfischer bis zu einem Greifvogel. Solche Ketten gibt es viele, und obendrein sind die meisten Ketten miteinander verzahnt. Herzmuscheln werden z.B. auch von Silbermöwen und Plattfischen gefressen. Dem steht entgegen, daß Silbermöwen und Plattfische nicht nur von Herzmuscheln leben, sondern Dutzende von Tierarten fressen. Die Nahrungsketten sind dadurch miteinander verflochten zu einem *Nahrungsgewebe*. Bis dahin verlaufen die Vorgänge im Ökosystem als Einbahnverkehr. In Ökosystemen gibt es jedoch einen Kreislauf, der durch die Bakterien geschlossen wird, manchmal unter Mitwirkung von Pflanzen und Tieren, die organische Reste verwerten wie Pilze, Würmer und Asseln. Letzten Endes setzen die Bakterien die organischen Verbindungen aus toten Pflanzen und Tieren und ihren Resten wieder in anorganische Stoffe, Salze, Kohlendioxid und Wasser, um. Sie bauen also ab und setzen frei. Auch sie sind letztlich von dem abhängig, was die grünen Pflanzen produzieren. Andererseits sind in vielen Ökosystemen die Pflanzen für ihre Versorgung mit anorganischen Nährsalzen, wie Phosphor- und Stickstoffverbindungen, von den bakteriellen Abbauprozessen abhängig, bei denen diese Stoffe frei werden. Der Kreislauf ist also für das Fortbestehen des Ökosystems notwendig. Es muß allerdings darauf hingewiesen werden, daß die meisten Kreisläufe in Ökosystemen mit denen anderer Ökosysteme vielfach in Verbindung stehen. Der Kreislauf des Wassers im Wattenmeer steht in Verbindung mit ähnlichen Kreisläufen in der Nordsee über die Gezeitenströme, mit Kreisläufen auf dem Lande und in Binnenseen über die Zufuhr von Fluß- und Grabenwasser und mit der Atmosphäre über den Austausch von gasförmigem Stickstoff, Sauerstoff und Kohlendioxid. Alle diese Kreisläufe können sich gegenseitig beeinflussen, und gerade deswegen ist das Wattenmeer kein in sich geschlossenes Ökosystem, sondern ein offenes System, das für manche Veränderungen in den benachbarten Räumen empfindlich ist. Das bedeutet nicht nur, daß Veränderungen in der Nordsee und im Binnenland Wirkungen auf das Wattenmeer haben können – und umgekehrt, es bedeutet auch, daß für einen angemessenen Schutz des Wattraumes ein verantwortungsbewußter Umweltschutz für einen viel größeren Raum nötig ist.

140 *Stark vereinfachtes Schema der Verflechtung von Nahrungsketten im Watt*

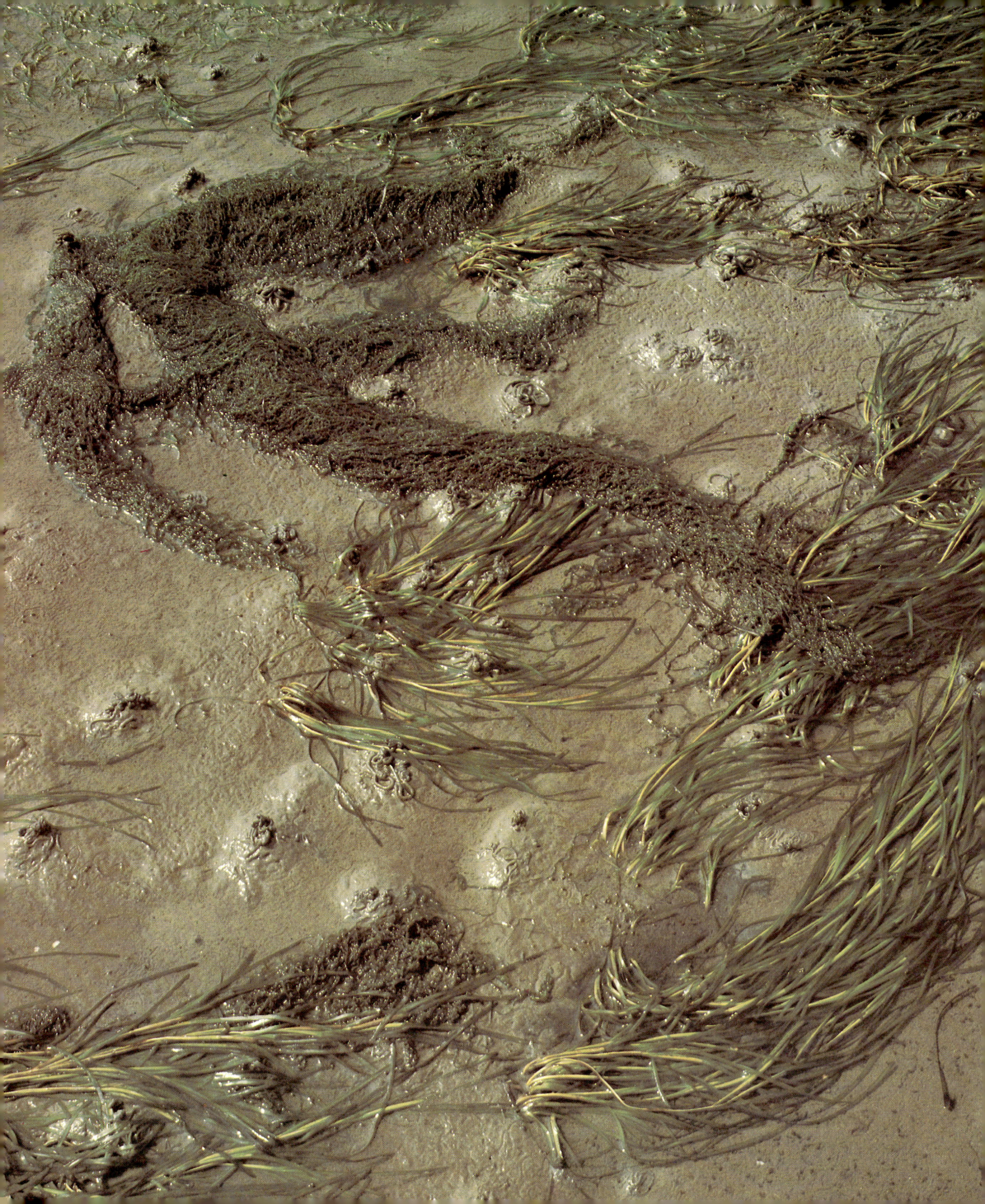

Pflanzen sind primäre Produzenten, nur sie können mit ihrem Blattgrün die Sonnenenergie einfangen und die organischen Stoffe festlegen. Von ihnen sind alle anderen Formen des Lebens abhängig; Pflanzen bilden daher die erste Stufe für alle Nahrungsketten auch im Wattenmeer. Sonnenenergie ist für das Leben auf der Erde unentbehrlich.

Die organischen Stoffe werden mit Hilfe der Sonnenenergie aus anorganischen Stoffen wie Kohlensäure, Stickstoffverbindungen, Phosphat und Kieselsäure aufgebaut. Dieser Vorgang heißt *Photosynthese*. Die Oxydation der organischen Stoffe setzt dann die für die Lebensvorgänge der Pflanze erforderliche Energie wieder frei.

Es gibt einige Bakterien, die statt der Sonnenenergie eine andere Energiequelle verwenden. Sie können die Oxydationsenergie, die bei der Verbindung anorganischer Stoffe mit Sauerstoff frei wird, ausnutzen. Dieser Prozeß heißt *Chemosynthese*. Ihre Bedeutung ist aber gering, die meisten organischen Stoffe werden durch die Photosynthese aufgebaut. Bei der Untersuchung der Primärproduktion beschränkt man sich denn auch meistens auf die Messung der Photosynthese.

Landpflanzen besitzen ein Wurzelsystem, um die benötigten Nährstoffe aus dem Boden zu holen. Im Meer lebende Pflanzen können diese Nährstoffe ohne Wurzeln dem Wasser unmittelbar entnehmen.

Pflanzen im Wattenmeer   Seit auf den Wattflächen das Seegras nahezu verschwunden ist, spielen Blütenpflanzen im Wattenmeer keine große Rolle mehr. Die für das Wattenmeer wichtigen Pflanzen kann man mit bloßem Auge nicht sehen; es sind einzellige Algen, die als *Phytoplankton* im Wasser schweben oder als *Mikrophytobenthos* auf dem Boden vor allem der trockenfallenden Watten leben. Die mit bloßem Auge sichtbaren mehrzelligen Algen, das *Makrophytobenthos*, spielen im Wattenmeer eine weniger wichtige Rolle bei der Umsetzung der Sonnenenergie als die Einzeller.

Schließlich wird ein Teil des organischen Materials, das den Tieren im Wattenmeer zur Verfügung steht, aus der Nordsee herangeführt, während die Zufuhr aus Flüssen und vom Vorland her eine untergeordnete Rolle spielt. Hinsichtlich der Umsetzung der Sonnenenergie in Nahrung ist das tierische Leben im Wattenmeer also abhängig von einzelligen Algen, von denen einige Millionen in einem Liter Wasser vorkommen.

Phytoplankton   Zum Phytoplankton gehören schwebende einzellige Pflanzen von weniger als ein hundertstel bis maximal

1 mm Größe. Es sind überwiegend Diatomeen, einzellige Algen mit einem Kieselskelett und Flagellaten, einzellige Algen mit einer oder mehreren Geißeln. Im Vergleich mit dem Phytoplankton der Nordsee ist das des Wattenmeeres artenarm. Der niedrigere Salzgehalt schließt eine Anzahl von Arten aus; so kommen im Wattenmeer praktisch keine Kalkflagellaten vor, das sind Flagellaten mit einem Skelett aus Kalkplättchen. Ferner ist die Nordsee viel reicher an Dinoflagellaten, die einen Zellulosepanzer besitzen. Das Phytoplankton des Wattenmeeres ist als verarmtes Nordseeplankton anzusehen.

Die Flüsse Elbe, Weser und Ems bringen keine großen Mengen von Süßwasseralgen in das Wattenmeer. In den Mündungen dieser Flüsse gibt es eine Zone sehr trüben Wassers, in der sich Schlamm und Algen aus dem Süßwasser ansammelt. Das schwerere Salzwasser, das am Grund des Flusses stromaufwärts vordringt, verfrachtet die vom Fluß herangebrachten Schwebstoffe, Schlamm und Algen, die in der Mündung absinken, wieder aufwärts. Auf diese Weise pendeln die Schwebstoffe hin und her, wobei die Süßwasseralgen unter der kombinierten Wirkung von Salzwasser und Lichtmangel absterben.

Der Austausch zwischen Wattenmeer und Nordsee ist so groß bzw. die Verweildauer des Wassers im Wattenmeer ist so kurz, daß sich im Wattenmeer kein eigenes Brackwasserphytoplankton entwickeln kann. Eine Ausnahme davon bilden die Mündungen der Elbe, Weser und Ems sowie früher die Zuiderzee. Hier verweilt das Wasser länger, so daß mehrere typische Brackwasserarten gedeihen können; auch vollzieht sich der Übergang vom Süß- zum Salzwasser allmählich. Mit dem Bau des Abschlußdeiches der Zuiderzee ist ein einzigartiges Brackwassergebiet mit einer eigenen Flora und Fauna verlorengegangen. Einen allmählichen Übergang von Süß auf Salzig gibt es hier jetzt nicht mehr, ebensowenig eine Trübungszone, in der sich Süßwasseralgen ansammeln. Bei Kornwerderzand und Den Oever gelangen beträchtliche Mengen von Süßwasseralgen aus dem Süßwasser des Ijsselmeeres in das Wattenmeer. Eine Reihe von Arten geht in diesem Salzwasser nicht gleich zugrunde. Sie macht vor allem im Winterhalbjahr, wenn der Abfluß groß ist, einen wichtigen Teil des Planktons im Wattenmeer aus, dies um so mehr, als das Ijsselmeerwasser erheblich mehr Plankton enthält als das Wasser des Wattenmeeres.

Die Anzahl dieser winzigen Algen im Wattenmeer liegt bei einer Größenordnung von Millionen je Liter; sie schwankt

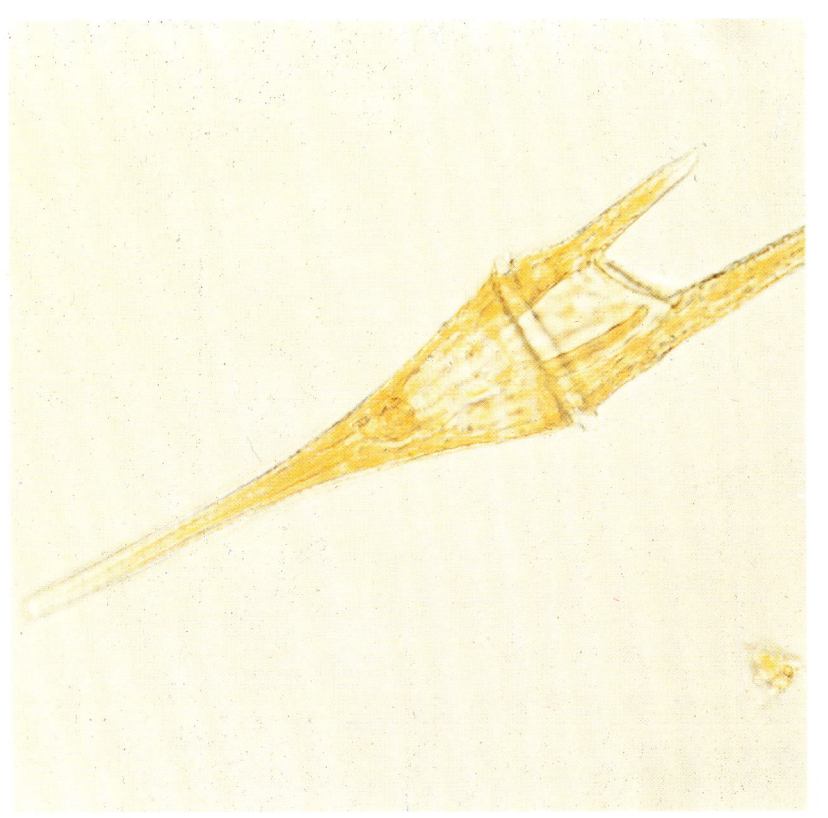

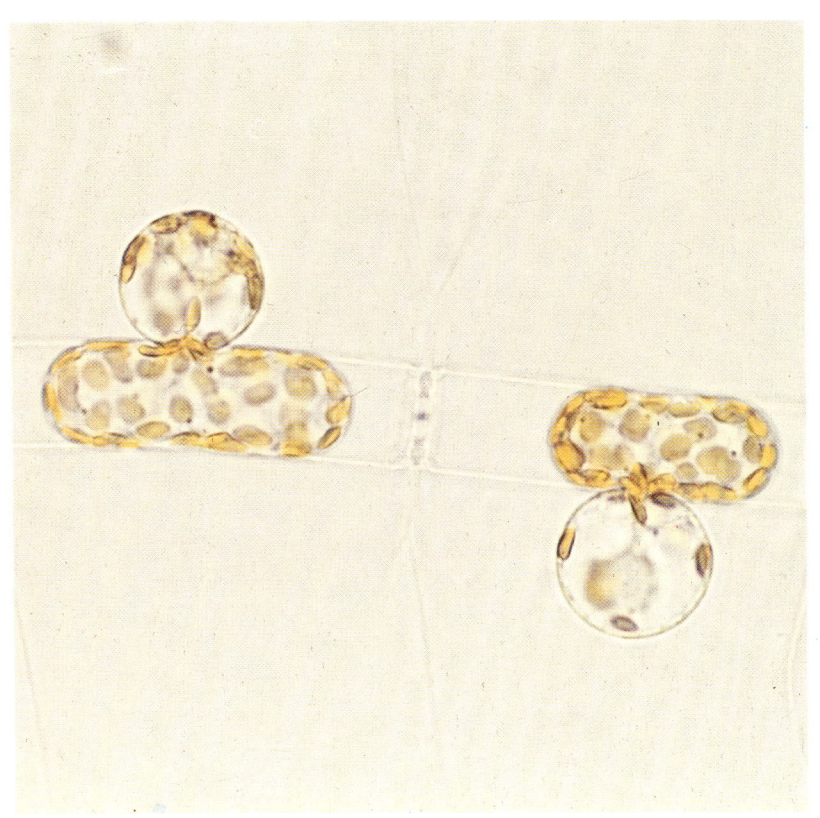

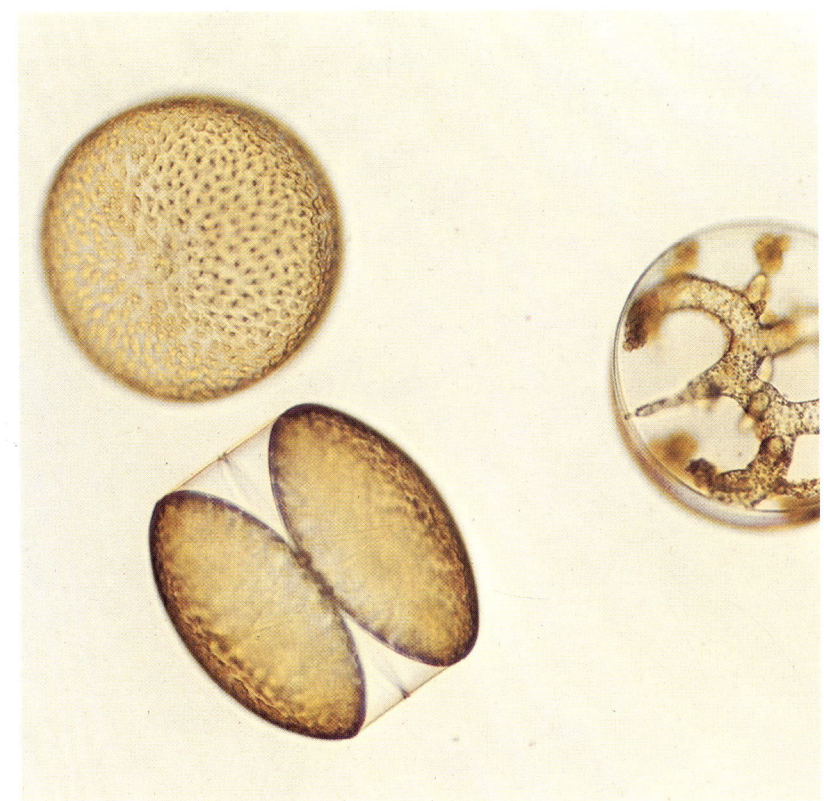

142 Dinoflagellat
144 Geschlechtliche Vermehrung einer fadenbildenden Kieselalge

143 Kieselalgezelle
145 Kieselalgezellen, die rechte mit Schimmel infiziert

jahreszeitlich. Im Winter finden wir die niedrigsten Anzahlen
vor, meist weniger als eine halbe Million im Liter. Im Frühjahr
steigt die Zahl auf einige Zehnmillionen Zellen im Liter,
um dann wieder abzunehmen; im Sommer sind die Zahlen
niedriger und schwanken stark.

Mikrophytobenthos   Zu dieser Pflanzengruppe gehören
die einzelligen Algen, die auf dem Boden leben, vor allem
auf den bei Niedrigwasser trockenfallenden Flächen. In der
Hauptsache sind auch dies Kieselalgen, jedoch andere Arten
als die des Planktons. Außerdem kommen Blaualgen, Flagellaten
und Dinoflagellaten vor. Einige dieser Algen heften sich
an Sandkörner. Diese Gruppe ist in sandigen Sedimenten
am wichtigsten. Andere bewegen sich im Raum zwischen
den Sandkörnern, diese stellen den größten Anteil in den
schlickreichen Sedimenten. Es sind vor allem die frei beweglichen
Kieselalgen, die dem Watt eine braune Farbe geben können.
Wenn Flächen bei Tage trockenfallen, kriechen die Algen
zur Wattoberfläche hin. Auf dem Wattboden kommen sicher
einige hundert Arten einzelliger Algen vor. Sie sind im ganzen
weniger gut untersucht als das Phytoplankton. Die Untersuchungen zeigen, daß Sand, schlickiger Sand und Schlick je einen
eigenen Diatomeenbewuchs haben (1-, 2-). Die Individuenzahlen
sind enorm: Im obersten cm des Wattbodens können 1 Million
Algen je cm² leben. Das Licht, das diese Algen zur Photosynthese
brauchen, dringt nicht tief in den Boden ein. Schon in 3
bis 4 mm Tiefe kann aus Lichtmangel keine Photosynthese
mehr stattfinden. Dennoch werden Algen bis zu 10 cm tief
im Wattboden angetroffen. Sie leben hier im Dunkeln, wobei
sie entweder eine Ruhepause durchmachen oder durch
Aufnahme gelöster organischer Stoffe am Leben bleiben.
Diese Algen können also wahlweise die zum Leben nötigen
organischen Stoffe aus anorganischen selbst herstellen oder
aber organische Stoffe von anderswoher beziehen. Sowohl
aktiv als auch passiv können Algen in die Tiefe gelangen.
Ans Licht gebracht, sind sie sofort wieder zur Photosynthese
fähig. Für das Ökosystem Watt sind die in der Tiefe des
Sediments lebenden Algen von großer Bedeutung. Wenn
z. B. durch einen Sturm die obersten Zentimeter vom Watt
abgetragen werden, dann ist immer eine Reserve von Algen
vorhanden, welche die Primärproduktion übernimmt. Bodendia-
tomeen spielen im Watt auch als Sedimentbinder eine Rolle.
Wenn eine dünne Lage Schlick auf dem Watt abgesetzt wurde,
kriechen die Diatomeen nach oben hindurch. Dabei wird
das frische Sediment durch eine Schleimabsonderung verkittet.

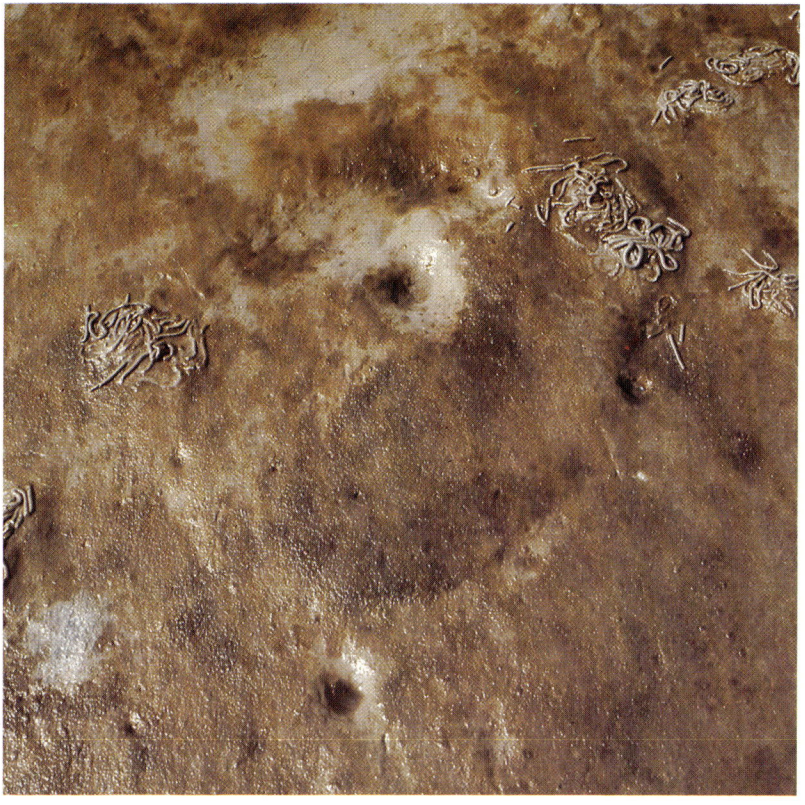

Auch Planktonalgen wirken übrigens bei der Sedimentation
mit, indem sie mit dem Schleimmantel ihres Kieselskeletts
Schlickteilchen einfangen.
Einige Diatomeenarten sind sowohl auf dem Watt als auch
im Plankton zu finden. Bei starkem Wellenschlag wird in
den flachen Teilen des Wattenmeeres, vor allem auf den
Wasserscheiden, viel Material vom Boden aufgewirbelt, wobei
auch Bodenalgen vorübergehend in das Plankton gelangen.
Im allgemeinen ist jedoch die Zusammensetzung der Algenarten
des Planktons und des Bodens deutlich verschieden.

Makrophytobenthos   Eine dritte Gruppe primärer Produzenten
im Wattenmeer stellen die mit bloßem Auge sichtbaren Pflanzen
dar. Das Seegras muß eine wichtige Rolle im Wattenmeer
gespielt haben, bis seine Bestände um 1930 durch einen
Schimmelpilz fast vernichtet wurden. Im westlichen Teil
des niederländischen Wattenmeeres gab es allein 15 000 ha
(6-), vor allem auf dem Balgzand bedeckte die Pflanze große
Flächen. Von dem Seegras (ndl. „wier") zeugen Namen
wie Wieringen, Wierbalg, Wierhoofd, Wierschuur. Die Pflanze
wurde in großem Umfang vom Menschen gewonnen. Losgerisse-
nes Seegras trieb an der Küste an und wurde dort gesammelt,

146   *Braune Diatomeenhaut auf dem Watt*

noch größere Mengen wurden im Wattenmeer abgemäht. Das Seegras wurde auch zum Deichbau benutzt, so z. B. an der Südseite von Wieringen. Später verwendete man es als Matratzenfüllung. Mit dem Verschwinden des Seegrases ist ein Bestand von Ringelgänsen, der sich davon ernährte, stark zurückgegangen.

An Deichen und auf Muschelbänken findet man den Blasentang. Mehrzellige Algen wie Meersalat und Meersaite können im Sommer stellenweise große Wattflächen bedecken. Auf den meisten Flächen können sich diese Algen jedoch nicht halten, weil der Sand oft bewegt wird und weil es an Gegenständen zum Anheften, wie etwa Muschelschalen, fehlt. Wir finden diese Algen daher mehr auf geschützten Wattflächen. Wenn solche Algen losgerissen werden, dann treiben sie mit Ebbe und Flut hin und her, wobei sie weiter wachsen, da sie ja doch keine Wurzeln benötigen. Lose treibende Lappen des Meersalats können bis über einen Meter lang werden.

Den Anteil der mehrzelligen Algen an der Produktion kann man schwer schätzen, vor allem, weil die Menge der treibenden Algen nicht einfach zu bestimmen ist. Wir nehmen jedoch an, daß sie eine geringere Rolle spielen als Phytoplankton und Mikrophytobenthos. Im Gegensatz zu den einzelligen Pflanzen werden von nur einigen Lebewesen diese Algen direkt verzehrt. Sie gelangen überwiegend als abgestorbenes Material in die Nahrungsketten. Dieser Detritus wird von Bakterien abgebaut, wobei die Bakterien ihrerseits wieder eine Nahrungsquelle für andere Organismen darstellen.

Primäre Produktion Es wurde schon gezeigt, daß die Photosynthese der wichtigste Vorgang ist, bei dem organisches Material entsteht. Faktoren, welche die Geschwindigkeit des photosynthetischen Prozesses beeinflussen, bedingen daher die Primärproduktion. Dieser Prozeß umfaßt eine Hell- und eine Dunkelreaktion. Bei der Hellreaktion wird im Blattgrün der Pflanze, dem Chlorophyll, Sonnenenergie aufgefangen, diese Reaktion ist von der Lichtmenge abhängig. Als Dunkelreaktion faßt man die darauf folgenden Vorgänge zusammen, bei denen mit der festgelegten Energie und mit Hilfe von Enzymen Kohlendioxid an Wasser gebunden wird. Diese Reaktion ist nicht vom Licht, wohl aber von der Temperatur abhängig. Bei höheren Temperaturen verläuft sie schneller; weil jedoch die Enzyme, wärmeempfindliche Eiweißstoffe, beteiligt sind, verläuft die Reaktion oberhalb einer optimalen Temperatur wieder langsamer. Außer Kohlendioxid und

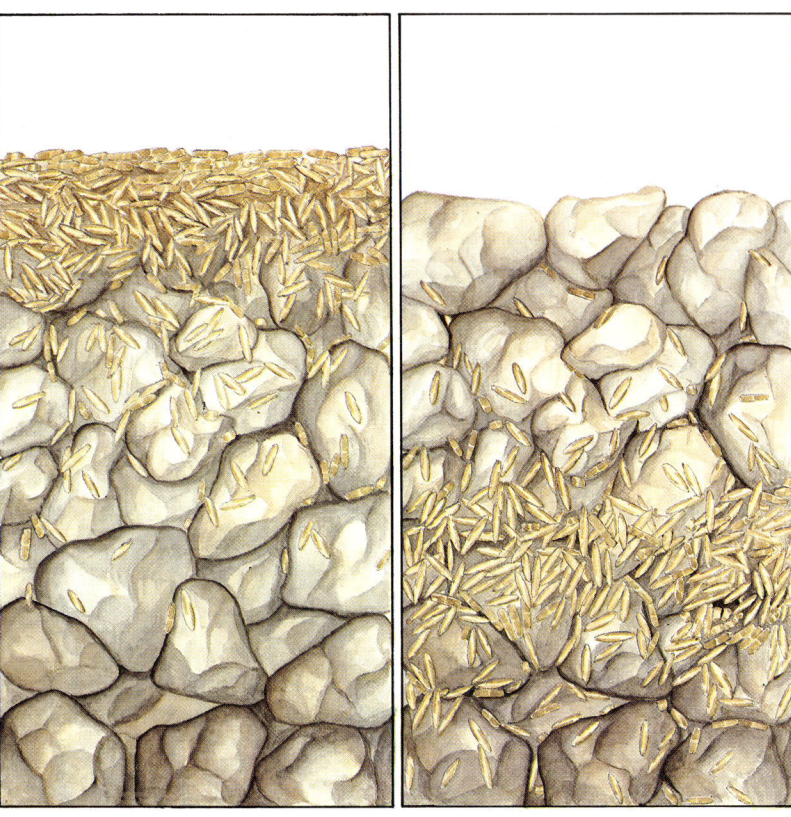

Wasser sind verschiedene Nährstoffe wie Stickstoffverbindungen, Phosphat und Kieselsäure erforderlich, um organische Stoffe aufzubauen. Der Umfang der Primärproduktion hängt demnach von Licht, Temperatur und Nährstoffen ab, wobei jeder dieser Faktoren eine begrenzende Wirkung ausüben kann. Messungen der Primärproduktion im Meer sind eigentlich erst möglich geworden, seit man in Dänemark dafür ein Verfahren unter Verwendung radioaktiver Kohlensäure entwickelte (9-, 12-). Abb. 148 enthält Ergebnisse dieser Messungen. Die Produktion des Phytobenthos auf den Wattflächen zeigt eine eingipflige Kurve, deren Maximum im Sommer mit dem der Sonnenenergie zusammenfällt. Die Produktionskurve ist jedoch asymmetrisch; im Juli und August ist die Produktion nur wenig niedriger als im Juni. Dies kommt wahrscheinlich daher, daß die Temperatur in diesen Monaten höher ist als im Juni. So kann der Gang der Primärproduktion auf dem Watt durch den Temperatur- und Lichtverlauf erklärt werden. Nährstoffe wie Stickstoffverbindungen und Phosphat sind keine begrenzenden Faktoren, weil das Wasser im Wattboden, wo viel organisches Material abgebaut wird, reicher an Nährstoffen ist als das freie Wasser im Wattenmeer. Das Mikrophytobenthos kann daher aus einer reichen Quelle schöpfen. Die Produk-

147 *Wanderung von Kieselalgen zwischen den Sandkörnern an der Wattoberfläche bei Niedrig- und Hochwasser*

tionskurve des Phytoplanktons weist im Frühjahr einen starken Anstieg auf, der deutlich mit der Zunahme der Sonnenenergie zusammenhängt. Die Temperatur von Luft und Wasser ist im Verhältnis dazu von geringerem Einfluß. Nährstoffe wie Phosphat und auch Kieselsäure, das die Diatomeen benötigen, werden knapp, und die Produktion läßt nach. Außerdem konsumiert das tierische Plankton große Mengen von Phytoplankton. Im Kapitel 6 wird der Nährstoffhaushalt des Meeres ausführlich behandelt. Hier genügt der Hinweis, daß die zunehmende Verschmutzung im Wattenmeer in den letzten 20 Jahren zu einer starken Zunahme von Phosphaten und Stickstoffverbindungen, jedoch nicht von Kieselsäure geführt hat. Deswegen kann Kieselsäure im Frühjahr und Sommer für den Diatomeenwuchs ein begrenzender Faktor sein. Dies wirkt sich auf die Zusammensetzung des Phytoplanktons aus: Wenn die Diatomeen abnehmen, können Flagellaten, die keine Kieselsäure benötigen, im Phytoplankton vorherrschend werden.

Es wurde schon erwähnt, daß die Zahl der Phytoplanktonzellen im Sommer niedriger ist als im Frühjahr. Dennoch ist diese kleinere Menge zu einer relativ hohen Produktion fähig, teils durch die größere Menge an Sonnenenergie, teils durch die höhere Temperatur im Sommer. Die Kurven zeigen die mittlere Produktion im westlichen Teil des niederländischen Wattenmeeres. Für die regionalen Unterschiede spielt die Durchsichtigkeit des Wassers eine große Rolle.

Die Durchsichtigkeit des Wassers im Wattenmeer nimmt in Abhängigkeit von der Schwebstoffmenge von innen nach außen ab. Die Durchsichtigkeit mißt man mit der Secchi'schen Scheibe, einer weißen Scheibe, die ins Wasser abgesenkt wird. Es wird die Sichttiefe bestimmt, die dann erreicht ist, wenn man die Scheibe nicht mehr sehen kann. Als Faustregel kann gelten, daß Phytoplanktonproduktion bis zur dreifachen Sichttiefe möglich ist. In den Seegats ist Phytoplanktonproduktion offenbar bis zu einer Tiefe von 5 m möglich, weiter innen und auf den Wattwasserscheiden jedoch nur bis zu Tiefen von weniger als 1 m. Die produktivsten Wasserflächen liegen denn auch nicht in Küstennähe oder auf dem hohen Watt, sondern in der äußersten Randzone des Wattenmeeres. Im Jadebusen und vor allem im Dollart, wo die natürliche Wassertrübe durch Verunreinigung mit organischen Stoffen noch erhöht wird, beträgt die Produktion des Phytoplanktons nur etwa ein Zehntel von derjenigen des Wattenmeeres. Die Wassertrübung spielt auch eine Rolle bei der Algenproduktion auf den Wattflächen. In einem Gebiet wie dem Balgzand,

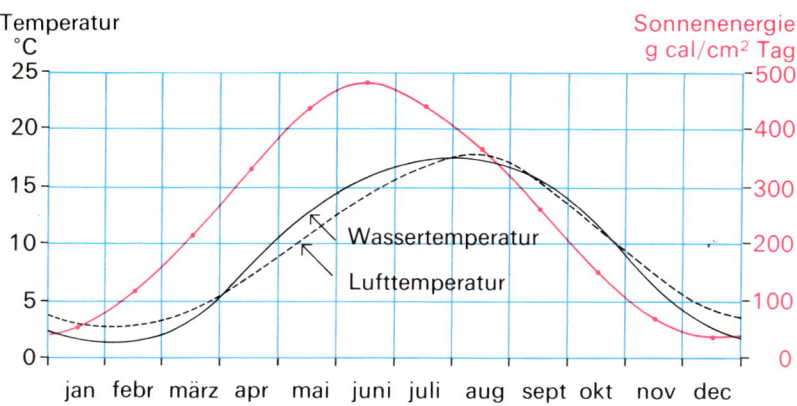

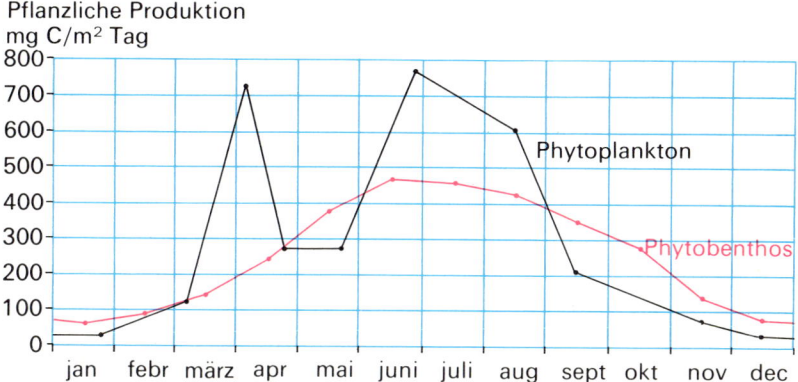

wo das Wasser vor allem in Küstennähe sehr trübe sein kann (Sichttiefe von 20 cm bei starkem Wind), liegt die Produktion auf den hohen Watten deutlich höher als auf den niedrigen. Hohe Wattflächen liegen länger trocken und werden weniger hoch von trübem Wasser bedeckt.

Schätzungen der jährlichen Primärproduktion im niederländischen Wattenmeer ergaben Werte von rund 100 g Kohlenstoff je m², das sind etwa 200 g organische Trockensubstanz. Dies gilt sowohl für das Phytoplankton in den Wattrinnen als auch für die Produktion des Mikrophytobenthos auf dem Watt (3-, 4-, 11-). Während des Hochwassers kann zusätzlich eine Produktion des Phytoplanktons über den Wattflächen stattfinden, so daß durch Mikrophytobenthos und Phytoplankton zusammen etwa 120 g Kohlenstoff je cm² im Jahr produziert werden.

Im Vergleich mit anderen Meeren kann man diese Produktion weder hoch noch niedrig nennen. Wenn man das Wattenmeer trotzdem als nahrungsreich bezeichnen kann, dann deswegen, weil neben der Eigenproduktion an organischem Material auch die Zufuhr von organischen Stoffen aus der Nordsee eine große Rolle spielt.

148 *Jahresgang der pflanzlichen Produktion in Abhängigkeit von Temperatur und Sonnenlicht*

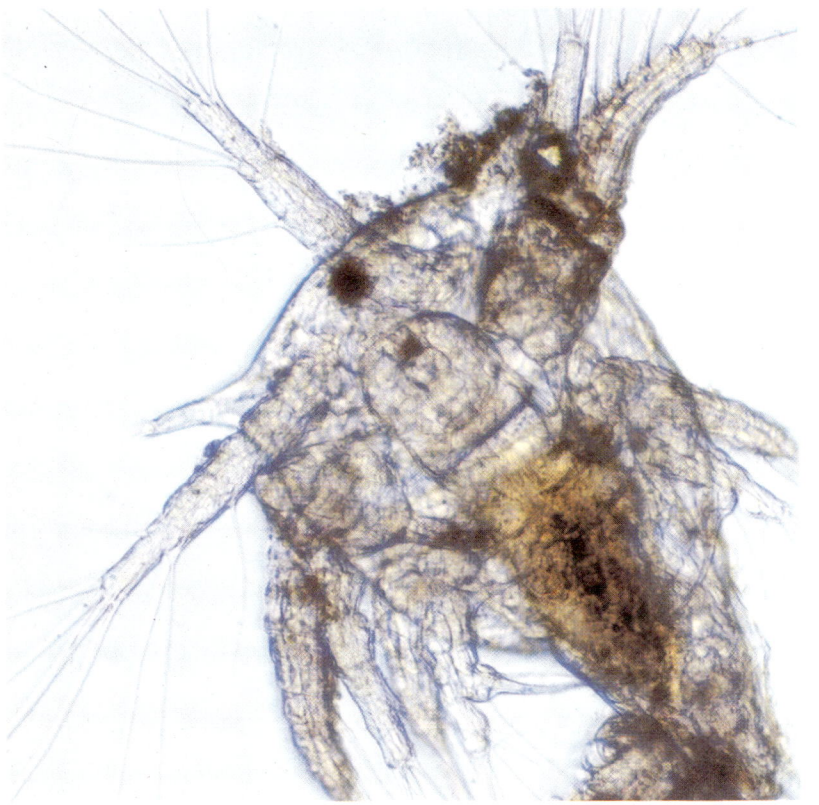

149 *Mikroskopisch kleines Larvenstadium eines Kleinkrebses*
   des Watts

151 *Ohrenqualle*

150 *Kompaßqualle*

152 *Rippenqualle*

Plankton   Als Plankton bezeichnen wir alle Organismen, die frei im Wasser schweben und überwiegend passiv vom Wasser mitgeführt werden. Ihre Eigenbewegungen sind relativ gering im Verhältnis zu den Bewegungen des Wassers. Im Wattenmeer wird das Wasser von den Gezeiten über viele Kilometer verschoben. Gezeitenströme haben denn auch großen Einfluß auf die Ortsveränderungen des Planktons. Zunächst unterscheiden wir pflanzliches und tierisches Plankton. Die letztere Gruppe wird hier näher behandelt. Ein Teil dieses tierischen oder *Zooplanktons* verbringt seinen ganzen Lebenszyklus schwimmend oder schwebend. Dies ist das echte oder *Holoplankton*. Beispiele dafür sind Rippenquallen und Ruderfußkrebse. Viele Arten gehören nur während eines bestimmten Lebensabschnitts zum Plankton. Diese bezeichnen wir insgesamt als *Meroplankton*. Dieses setzt sich zum großen Teil aus Larven solcher Arten zusammen, die später als Bodentiere im Wattenmeer leben. So gehören die Jugendstadien der meisten Würmer und Schalentiere zeitweise zum Meroplankton. Auch die Quallen gehören dazu, die als geschlechtsreife Tiere planktonisch leben, bei denen aber die Polypengeneration festsitzend lebt. Beispiele sind die bekannten großen Quallen wie Ohrenqualle, Nesselqualle, Kompaßqualle und Blumenkohlqualle.

Die Bedeutung des Planktonstadiums in der Lebensgeschichte der wenig beweglichen Bodentiere ist klar: Während der Dauer des Planktonstadiums können sie mit Hilfe der Meeresströmungen über große Räume rasch verbreitet werden, und geeignete Wohngebiete können rasch besiedelt werden. Auch die Befruchtung der Eizellen kann auf einfache Weise erfolgen, wenn sie gleichzeitig mit dem Sperma in das Wasser entlassen werden. Eine innere Befruchtung würde bei vielen festsitzenden oder wenig beweglichen Tieren wie Klaffmuscheln und Köcherwürmern unmöglich oder doch sehr schwierig sein. Zur äußeren Befruchtung im Wasser ist es erforderlich, daß Eier und Sperma gleichzeitig in großen Mengen abgegeben werden. Besonders das Sperma besitzt frei im Wasser nur eine begrenzte Lebensdauer. Auch dürfen die männlichen und weiblichen Tiere nicht zu weit auseinander sitzen. Viele dieser Arten leben tatsächlich gruppenweise. Bei einigen Arten hat man herausgefunden, daß die Larven sich gegenseitig aufsuchen, wenn sie sich auf dem Boden niederlassen. Dieses benachbarte Festsetzen wird zweifellos dadurch erleichtert, daß die Eier in großen Mengen gleichzeitig abgegeben werden, sich gleichzeitig entwickeln und die Larven daher von Anfang an in Schwärmen im Wasser vorkommen.

Die Larven vieler Arten schweben so lange im Wasser, daß sie genügend Zeit haben, einen zum Festsetzen geeigneten Platz auszusuchen; sie können unter ungünstigen Bedingungen sogar die planktonische Phase verlängern. In dieser Periode werden zwar große Mengen gefressen, aber die großen Verluste stehen mit der hohen Larvenproduktion im Gleichgewicht. Larven, die lange planktonisch leben, haben einen kleinen oder gar keinen Dottervorrat; sie sind daher auf Nahrung aus dem Wasser angewiesen. Wenn davon zu wenig vorhanden ist, kann das Wachstum verlangsamt und die Verwandlung in das erwachsene Tier gefährdet werden. Die hohe Produktivität des Wattenmeeres wird zum großen Teil durch den Reichtum an Plankton bedingt. Wegen der geringen Wassertiefe und der sehr günstigen Lichtverhältnisse kommt die Produktion des pflanzlichen Planktons schon früh im Jahr in Gang. Die Ruderfußkrebse, die zumeist pflanzliches Plankton konsumieren, treten bereits im März in großen Mengen auf. Dann erscheinen die Quallen in großer Zahl, und von Mai bis Oktober kommen die Larvenstadien von Bodentieren und Fischen hinzu. Die Bestandsdichten können dann hoch werden. Dabei treten komplizierte Nahrungsbeziehungen auf. Die Planktontiere fressen ja nicht nur pflanzliches Plankton, sie fressen sich auch gegenseitig. Ein Beispiel mag das verdeutlichen. Der Magen einer Ohrenqualle von nur 2 cm Durchmesser enthielt im Mai u. a. 3 Larven von Würmern, 2 von Fischen und 27 von Seepocken, außerdem noch 43 Ruderfußkrebse. Wenn im Mai und Juni die Quallen in Mengen vorhanden sind, kann die Dichte der Ruderfußkrebse auf ein Fünfzigstel sinken. Das gilt auch für andere Planktontiere. Das Plankton ist für Bodentiere wie Herz-, Mies- und Klaffmuscheln eine wichtige Nahrung. Eine einzige große Miesmuschel kann z. B. im Mai und Juni in 24 Stunden etwa 100 000 Larven aus dem Wasser filtern. Auch die auf Miesmuscheln sitzenden Seepocken fangen viele Larven. Daraus wird deutlich, wie groß die Bedeutung des Planktons für die Nahrungsketten und die Produktion des Wattenmeeres ist. Das Plankton bildet ein unentbehrliches Glied in der Lebensgemeinschaft Watt.

124

153 Häufchen des Pierwurms
155 Aus dem gleichen Wattstück wie Abb. 154 ausgespülte Tiere:
      2 Klaffmuscheln, 5 Herzmuscheln, 1 Tellmuschel, 4 Pierwürmer,
      etwa 12 Seeringelwürmer

154 Wattoberfläche in natürlicher Größe mit Sandkotschnüren
      des Pierwurms (rechts) und einer eingegrabenen Seerose
156 Kopf und Schlund eines Seeringelwurms

Reichtum   Wenn man über die Schlick- und Sandflächen des Wattenmeeres geht, würde man nicht meinen, daß es dort viele Bodentiere gibt. Nur am Horizont sieht man hier und da eine Muschelbank, aber die fast überall vorhandenen Häufchen des Pierwurms (Abb. 153) deuten schon an, daß es unter der Oberfläche auch Leben gibt. Erst beim Ausspülen einer Schaufel Boden in einem feinen Sieb wird deutlich, wie viele Tiere wirklich im Wattboden leben. Auf einem Quadratmeter sind fast immer Hunderte von Tieren vorhanden, die mit bloßem Auge zu sehen sind, nicht selten sind es Tausende oder Zehntausende. Eigentlich sagt solch eine Zahl noch nicht viel aus. Wenn wir auch die mikroskopisch kleinen Tiere mitzählen würden, kämen wir leicht auf noch viel höhere Zahlen. Es ist deswegen sinnvoller, das Gewicht je Quadratmeter zu vergleichen. Wenn wir die lebenden Tiere ganz, also samt ihren unbelebten Teilen wie Schalen und Darminhalt, wiegen, dann finden wir auf trockenfallenden Wattflächen im Mittel etwa 300 g je Quadratmeter. Auf das wirklich lebende Gewebe entfallen davon rund 100 g. Bei einem Wassergehalt von 70 bis 80 % sind also etwa 25 g organische Substanz vorhanden. Deren trockene Menge in Gramm wird im allgemeinen als das am besten geeignete Maß für die Menge tierischen oder pflanzlichen Materials angesehen. 25 g Trockensubstanz je Quadratmeter an tierischem Gewebe ist ein Wert, der in der Natur nicht oft erreicht wird. Der Boden des Wattenmeeres ist zehnmal reicher als ein durchschnittlicher Meeresboden. Auch die Tierwelt in Wäldern, Naturweiden und Seen ist nach ihrem Gewicht fast überall viel ärmer als im Wattenmeer. Reicher als das Wattenmeer sind nur einige besondere Lebensgemeinschaften wie Korallenriffe und vom Menschen gefütterte Systeme, wie z. B. Fischteiche. Die Mies- und Herzmuschelbänke im Wattenmeer stellen mit Hunderten Grammen organischer Trockensubstanz je Quadratmeter Lebensgemeinschaften dar, die gleichfalls stark gefüttert werden, nämlich durch Nahrungszufuhr über die Gezeitenströme.

Ursachen des Reichtums   Der große Reichtum an Bodentieren wird zweifellos durch das reichliche Nahrungsangebot bedingt. Erstens liegt im Wattenmeer zwischen den Produzenten und den bodenbewohnenden Konsumenten der Nahrung nur eine kurze vertikale Entfernung. Im Ozean leben die Bodentiere kilometerweit von der obersten Wasserschicht entfernt, in die bis höchstens 100 m Tiefe genügend Licht eindringt, um eine pflanzliche Produktion zu ermöglichen. Je länger der Weg ist, den diese Nahrung nach unten zurücklegen

muß, desto weniger davon wird am Boden ankommen, und desto niedriger wird das Gesamtgewicht der Bodentiere sein. Im sehr flachen Wattenmeer wird die Nahrung für die Bodentiere unmittelbar auf dem Boden selbst oder in der obersten Wasserschicht produziert. Diese Wasserschicht kommt jedoch durch den Wechsel des Wasserstandes und durch die Mischwirkung des Windes und der Gezeitenströme mit dem Boden in Kontakt. Ein Teil des pflanzlichen Materials, das in der obersten Wasserschicht produziert wird, wird zwar vom tierischen Plankton verzehrt, der größte Teil jedoch dürfte den Bodentieren zugute kommen. In den Ozeanen erreicht nur etwa 1 Prozent der Nahrung den Boden. Im Wattenmeer sitzen die Bodentiere „nahe an der Quelle".

Die zweite Ursache für den Reichtum an Bodentieren ergibt sich aus der großen Zufuhr von Nahrung vor allem aus der Nordsee. Eigentlich ist das Watt durch die Gezeitenströme, die mehr Nahrung zu- als abführen, ein subsidiäres System. Man kann es mit einer Weide vergleichen, auf der die Kühe zugefüttert werden, so daß auf der gleichen Grasfläche mehr Tiere leben können.

Verbreitung des Reichtums   Nicht überall im Wattenmeer ist die Bodenfauna gleichmäßig reich. Ausgesprochen arm sind Wattströme mit starkem Gezeitenstrom und ungeschützte Sandplaten. Besonders im westlichen Teil des niederländischen Wattenmeeres, wo der Abstand zwischen Inseln und Festland groß ist, und in der Deutschen Bucht, wo Inseln fehlen, finden wir solch arme Gebiete. Durch Brandung und Strömungen wird der Sand dauernd in Bewegung gehalten und saubergespült. Der Sand ist hier verhältnismäßig grob, es setzt sich weder Schlick noch Nahrung ab. Der Sand ist fast so sauber wie am Nordseestrand. Für die meisten Bodentiere des Wattenmeeres sind solche Gebiete zu dürftig und zu unruhig zum Leben. Nur wenige angepaßte Arten, die sich z. B. schnell wieder eingraben können, wenn sie losgespült sind, können es hier aushalten. Ihre Zahl und Größe sind in der Regel zu klein, um buchstäblich viel Gewicht auf die Waage zu bringen. Auf diesen extrem sandigen Platen suchen bei Niedrigwasser auch wenig Vögel nach Nahrung.

Ebenso arm an Bodentieren ist der weiche Schlick an besonders geschützten Stellen wie in Lahnungsfeldern und in Buchten wie Dollart und Jadebusen. Nur einzelne Arten fühlen sich in diesem weichen Schlick wohl. Es sind kleine Tiere, die wegen ihrer geringen Größe trotz großer Individuenzahl insgesamt nur wenig wiegen. Als Nahrung für einige spezialisierte

Vogelarten spielen sie dennoch eine wichtige Rolle. Die Nahrungsmenge je Quadratmeter ist zwar nicht groß, aber die Nahrung ist in den alleobersten Zentimetern konzentriert. Vögel mit spezialisierten Jagdmethoden, wie der Säbelschnäbler, finden doch eine reiche Beute.

Am reichsten sind Böden mit einem Schlickgehalt von 2 bis 20%. In diesem mehr oder weniger schlickreichen Sand kommen alle wichtigen Bodentiere des Watts vor. Dies sind übrigens nur einige Dutzend Arten. Von diesen sind jedoch einige so groß und zugleich häufig, wie Herz- und Miesmuscheln, Klaffmuscheln und Pierwurm, daß sie Rekordgewichte an lebender Substanz je Quadratmeter ergeben. Dies sind die Gebiete, in denen bei Niedrigwasser Massen von Vögeln Nahrung suchen, und wo bei Hochwasser die jungen Plattfische, Strandkrabben und Garnelen ihre wichtigsten Nahrungsgründe finden. Diese liegen meist in einem etwa 1 km breiten Streifen parallel zur Küste eben vor den Lahnungsfeldern. Hinter den Inseln ist dieser Streifen vielfach schmaler und liegt näher an der Küste. Von der Küste mehr entfernt kommen so reiche Gebiete auf den geschützten Wasserscheiden und in ruhigen Gebieten wie dem Balgzand und der Ho Bugt vor. Vor allem entlang der Priele treffen wir die reichsten

157 *Strandkrabbe*

Nahrungsgründe an, nämlich die Herz- und Miesmuschelbänke. Dem Gewicht nach gibt es nur vier Arten von großer Bedeutung im Watt: die Miesmuschel, die Herzmuschel, die Klaffmuschel und den Pierwurm. Jede dieser Arten macht mehr als 15%, zusammen drei Viertel vom Gesamtgewicht der Bodenfauna aus. Das übrige Viertel verteilt sich auf etwa 40 Arten. Dabei sind nur die Arten mitgerechnet, deren erwachsene Exemplare von einem Sieb mit einer Maschenweite von 1 mm noch zurückgehalten werden. Wie viele Arten durch das Sieb gehen, ist nicht genau bekannt.

Nahrungsaufnahme   Wenn wir die Tiere des Wattbodens danach einteilen, wie sie ihre Nahrung aufnehmen, dann ist die wichtigste Gruppe die der Strudler oder Filtrierer. Dazu gehören die drei genannten Muscheln. Eine zweite wichtige Gruppe, zu der unter anderem der Pierwurm gehört, entnimmt ihre Nahrung dem gefressenen Sand und Schlick. Es gibt auch Arten, die ihre Nahrung von der Bodenoberfläche abgrasen oder von dort mit Hilfe eines kleinen Wasserstroms absaugen (pipettieren). Strand- und Wattschnecken sind Beispiele für Graser; Muscheln, wie die Tell-, Platt- und Pfeffermuschel, sind Pipettierer. Schließlich gibt es noch Arten wie Garnelen und Strandkrabben, die größere Beutetiere lebend oder tot verzehren, und die wir Räuber oder Aasfresser nennen können.

Strudler   Mies- und Herzmuscheln sind typische Strudler. Besonders unter den Muscheln gibt es Arten, die sich dadurch ernähren, daß sie Wasser mit ihren Kiemen filtrieren, wobei sie das genießbare Material zurückhalten. Flimmerhärchen führen diese dann zu einer inneren Mundöffnung. Die ungenießbaren Bestandteile, die auf den Kiemen zurückgehalten werden, werden meist als einzelne Klümpchen, als „Pseudofaeces", ausgeschieden. Die Pseudofaeces der Miesmuschel spielen eine wichtige Rolle bei der Festlegung des Schlicks. Durch den Schleim der Muschel wird der Schlick zusammengeballt, und solche Schlickklumpen werden von der Strömung viel weniger leicht aufgewirbelt als der ursprünglich fein verteilte Sinkstoff. In der Umgebung einer Miesmuschelbank ist der Boden denn auch schlickig. Die Muschelbank wächst in die Höhe, weil die Miesmuscheln nach oben kriechen, dadurch vermeiden sie, unter dem eigenen Schlick begraben zu werden. Eine aktive Bank junger Miesmuscheln kann im Spätsommer auf einer knietiefen Schicht weichen Schlicks ruhen. Eine solche Bank ist den Winterstürmen schutzlos preisgegeben, sie wird oft schon im frühen Winter wieder abgetragen. Die Muscheln rollen dann einzeln oder in kleinen Klumpen über das Watt, bis sie sich an Schalen, Pfählen, Steinen oder anderen Miesmuscheln wieder anheften. Daraus kann dann wieder eine neue Muschelbank entstehen.

Für Strudler ergibt sich aus der Art ihrer Nahrungsaufnahme eine Bedingung für ihren Lebensraum: Sie müssen täglich für eine ausreichende Zahl von Stunden von nahrungsreichem, fortlaufend ausgewechseltem Wasser umgeben sein. Ein produktives Gezeitengebiet wie das Wattenmeer erfüllt diese Bedingung besonders gut. Strudler können hier in sehr hoher Siedlungsdichte leben, weil sie täglich mit den Gezeitenströmen frische Nahrung zugeführt erhalten. In einer Mies- oder Herzmuschelbank sitzen die Tiere so dicht beieinander, daß je Quadratmeter viel mehr Nahrung konsumiert wird, als vom Plankton produziert werden könnte. Ohne Nahrungszufuhr durch Gezeitenströme kann eine Herz- oder Miesmuschelbank nicht existieren. Die meisten Bänke liegen denn auch in und an Prielen. In stark strömenden Gezeitenprielen kommen nur Miesmuscheln auf festem Untergrund vor. In den höchsten Teilen des Watts ist die Fauna deswegen arm, weil hier keine Strudler vorkommen. Diese können wegen der kurzen Wasserbedeckung hier nicht

genügend Nahrung erlangen. Die Herz- und Miesmuscheln, die am höchsten sitzen, wachsen daher auch schlecht. Bei den Herzmuscheln kann man das gut an dem geringen Abstand der Jahresringe sehen (Abb. 158). Miesmuscheln haben weniger deutliche Jahresringe. Die langsam gewachsenen Exemplare sehen jedoch dicker und verwitterter aus. Die höchsten Zuwachsraten findet man in flachen Wattströmen, wo denn auch die kommerziellen Miesmuschelkulturen liegen.

Unter günstigen Bedingungen pumpt eine erwachsene Mies- oder Herzmuschel etwa einen Liter Wasser je Stunde durch ihre Kiemen, was in 24 Stunden etwa 10 Liter bedeutet, weil bei Niedrigwasser eine Pause eintritt. Bei einem Mittel von 10 großen Mies- oder Herzmuscheln je Quadratmeter werden dann täglich etwa 200 Liter Wasser gepumpt. Junge Tiere sind zahlreicher, aber wegen ihrer geringeren Größe filtern sie viel weniger Wasser. Große und kleine Tiere zusammen werden je Quadratmeter nicht mehr als 300 Liter Wasser pumpen. Für das niederländische Wattenmeer, das etwa 2300 km² groß ist, ergibt das 750 Mrd. Liter oder 0,75 km³ je Tag. Die Filtration von 0,5 bis 1 km³ am Tag bedeutet, daß im Sommerhalbjahr jede Woche einmal das gesamte Volumen des Wattenmeeres die Kiemen der Muscheln passiert. Ein so großes Filter kann den Gehalt des Wassers an lebenden Organismen und abgestorbenen Bestandteilen stark herabsetzen. Sowohl pflanzliches wie tierisches Plankton einschließlich der Larven der Mies- und Herzmuscheln selbst, dazu der feine Schlick, wird großenteils ausgesiebt werden. Dieser Effekt ist am deutlichsten dort, wo viele Miesmuscheln vorkommen und doch das Wasser nicht so stark ausgewechselt wird. Dies trifft für die Muschelkulturen auf der Wattwasserscheide von Terschelling zu, wo der Gehalt an pflanzlichen Plankton tatsächlich sehr niedrig ist.

Pipettierer   Wo das Wasser ruhiger ist, sinkt viel Schwebstoff ab: Sand, Schlick und allerhand lebende oder tote Organismen oder deren Reste. Abgestorbene Reste werden bald von Bakterien besiedelt, die sich in kurzer Zeit stark vermehren. Vielfach sind diese Mikroorganismen für größere Tiere eine geeignetere Nahrung als die schon stark zersetzten Reste selbst. Zusammen mit abgesunkenen lebenden einzelligen Algen bilden die Bakterien eine reiche Nahrungsschicht an der Grenzfläche Boden–Wasser. Jedes Tier, das in der Lage ist, dieses Material wirksam einzusammeln, findet auf dem Wattboden weithin eine reiche Nahrungsquelle. Die besondere Einrichtung, mit der eine Reihe von Bodentieren dieses Material

158 *Pfeffermuschel mit teilweise ausgestreckten Siphonen*

vom Boden aufnimmt, besteht aus einer fortgesetzt saugenden, beweglichen Pipette, also einer Röhre mit Saugpumpe, die wie ein Unterwasserstaubsauger funktioniert. Eine Anzahl von Muscheln wie die Tell- und die Pfeffermuschel besitzt solche Staubsaugerrohre in Form von zwei langen Siphonen. Die Tiere selbst sitzen im Boden. Die Siphonen können zwischen den Schalen hervorgebracht und so weit ausgestreckt werden, daß sie eine große Bodenfläche rund um das Tier bestreichen können.

Tell- und Plattmuscheln von 1 bis 2 cm Größe können ihre Siphonen bis zu 10 cm ausstrecken. Flimmerhaare auf den Kiemen erzeugen einen in- und einen auswärtsgerichteten Wasserstrom in den Siphonen. Mit dem Saugstrom werden genau wie bei einem Staubsauger Teilchen in das Innere der Muschel mitgeführt, wo sich die Mundöffnung befindet. So kann eine Plattmuschel aus einem untertassengroßen Gebiet um ihren Wohnplatz Bodennahrung beziehen. Ausscheidungen werden mit einem Druckstrom durch einen zweiten Sipho ausgespült. Ungenießbare Bestandteile werden durch Umkehrung der Strömungsrichtung im Ansaugsipho abgegeben. Die pipettierenden Tiere beschränken sich nicht auf diese Art der Nahrungsaufnahme. Sie können auch gewöhnliches Seewasser einsaugen und daraus wie die echten Strudler ihre Nahrung aussieben. Die Relation der Nahrungsmenge im Wasser und auf dem Boden könnte bei der Entscheidung des Tieres für eine der beiden Methoden eine Rolle spielen. Das Abpipettieren der Bodenschicht wird dann meist vorgezogen werden. Dabei ist jedoch zu beachten: Zum Pipettieren muß das Tier den Sipho viel weiter ausstrecken als zum Filtrieren. Die Gefahr, ein Stück des Siphos an ein Raubtier zu verlieren, ist deswegen beim Pipettieren viel größer. Besonders in den Mägen junger Schollen hat man Siphostücke in sehr großer Zahl gefunden. Während des Hochwassers kommen große Mengen dieser Schollen auf die Wattflächen zur Nahrungssuche. Aus der Anzahl von Jungschollen und Plattmuscheln je Quadratmeter und aus der mittleren Tageskonsumption einer Scholle an Siphonen kann man errechnen, wie groß für eine Plattmuschel das Risiko ist, ein Stück des Siphos zu verlieren. Im Sommer ist das Risiko sehr erheblich. Filtrieren mit einem fast ganz eingezogenen Sipho, der in dem Gang zwischen Tier und Wattoberfläche bleibt, ist dann sicherer und auf die Dauer vielleicht vorteilhafter. Eine Plattmuschel braucht nämlich etliches an Extranahrung um die Amputation eines Siphos wieder auszugleichen.

Sandfresser Während viele Muschelarten große Wassermengen durch ihren Körper gehen lassen, um die stark verdünnte Nahrung herauszuholen, fressen einige Wurmarten zu dem gleichen Zweck große Mengen von Sand. Der Pierwurm ist das bekannteste Beispiel. Daß er Sand frißt, zeigen die charakteristischen Kothäufchen direkt, es sieht aus, als ob man Tuben mit grauer Zahnpasta auf dem Watt ausgedrückt hätte (Abb. 154). Auch der viel dünnere Wurm Heteromastus filiformis ist ein Sedimentfresser, er erzeugt in Form schwarzer Häufchen von millimetergroßen Pillen ebenfalls typische Ausscheidungen. Sandfresser finden wir hauptsächlich in einigermaßen schlickigem Sand. Übrigens ist der Pierwurm in der Lage, zu armen Sand etwas nahrungsreicher zu machen. Er bewirkt dies dadurch, daß er Wasser durch den Sand pumpt, den er als Filter benutzt. Auf diese Art kann der Sand etwas mit Nahrung angereichert werden.

Der Pierwurm lebt tief im Boden in einer offenen J-förmigen Röhre. Der Wurm sitzt meistens ganz unten, etwa 20 bis 30 cm unter der Oberfläche, gut geschützt vor Feinden wie Vögeln und Fischen. Am kurzen Ende der Röhre wird gefressen, und dort sinkt der Sand nach. Wir sehen auf dem Watt eine mehr oder weniger trichterförmige Vertiefung. Am langen Hinterende der Wohnröhre wird der benutzte Sand wieder nach außen gedrückt. Dazu muß der Pier jedesmal rückwärts nach oben kriechen, um dann schnell das Hinterende des Darmes zu entleeren. Mit etwas Geduld kann man sehen, wie plötzlich auf dem Watt ein Häufchen entsteht oder größer wird. Auch Raubtiere warten auf solche Momente, um dann blitzschnell das Hinterende des Pierwurms zu packen. Schollen sind wahre Spezialisten darin. Ein erfolgreicher Biß der Scholle wird den Pier selten das Leben kosten. Genauso wie beim Schwanz der Eidechse sitzt nämlich der hinterste Teil des Pierwurms nur locker am Körper. Der Schwanz besteht aus einer großen Zahl von Segmenten, von denen nur die letzten drei ausgewachsen sind. Diese gehen leicht ab. Näher am eigentlichen Körper befindet sich ein Vorrat von meistens Dutzenden sehr schmaler Segmente. Erst wenn diese Reservesegmente an der Reihe sind, die letzten zu werden, wachsen sie sehr schnell zu breiten Segmenten aus. Ein Pier beginnt sein Dasein mit etwa 100 Segmenten. Beim Angriff einer Scholle wird er nicht mehr als drei auf einmal verlieren. Ein Pier kann also ziemlich oft amputiert werden, bevor der Schwanz ganz aufgebraucht ist. Das ist auch nötig, denn aus dem Verhältnis der Zahl der Schollen auf dem Balgzand und der Zahl der Schwanzstücke in ihren Mägen ergab sich, daß jährlich erheblich mehr von den Schwanzenden gefressen werden als Pierwürmer auf dem Bagzand sitzen. An den Schwanzenden der Würmer macht sich die vielfache Amputation auch bemerkbar, nur noch wenige von der ursprünglichen Anzahl Segmente sind vorhanden. Die verlorengegangene Anzahl Segmente könnte gut zu der Zahl passen, die in den Schollenmägen angetroffen wird.

Graser Die ergiebigste Nahrungsquelle auf dem Watt stellen wahrscheinlich die Kieselalgen dar, die das Watt oft braun färben. Einige Tierarten können diese Algenzellen sandfrei vom Boden abgrasen. Abb. 218 zeigt Kriechspuren auf dem Watt grasender Strandschnecken. Am zahlreichsten sind die Wattschnecken. Beide Arten haben eine bewegliche und fein gezähnte Raspelzunge, mit der sie Algen von einem festen Untergrund lösen können. Wenn die Schnecke auf einer veralgten Aquariumscheibe weidet, kann man die Zunge gut arbeiten sehen. Strandschnecken leben hauptsächlich auf Steinkanten und Pfählen (Abb. 159). Sie ziehen einen festeren Untergrund vor, als das Watt ihnen bieten kann. Wenn wir sie doch auf dem Watt sehen, dann stets in der Nähe eines festen Substrats. Von da aus unternehmen sie

Ausflüge auf das Watt. Die Wattschnecken sind viel stärker spezialisiert, auf einem beweglichen Untergrund zu leben. Sie können sich leicht in den Sand eingraben, sich aber ebensogut von dem Gezeitenstrom forttragen lassen, dies nicht als willenloses Opfer, sondern durch ein angepaßtes Verhalten. Wie viele andere Schnecken können auch sie sich mit ihrem großen Fuß an die Wasseroberfläche anhängen. Nach Belieben können sie sich wieder sinken lassen, um zu grasen oder sich einzugraben. So regeln sie ihren Ortswechsel unter Ausnutzung der Gezeitenströme. Wo man zu einem Zeitpunkt Tausende Wattschnecken pro m² antrifft, können sie nach einigen Stunden verschwunden sein. Die weitaus meisten treffen wir bei jedem Niedrigwasser in einer ziemlich schmalen Zone auf dem hohen und recht schlickigen Watt wieder an, manchmal bis zu Zehntausenden pro m². Außer von Algen leben die Wattschnecken auch von abgestorbenem Pflanzenmaterial. Dies ist für sie schwer verdaulich und darum von geringem Nährwert. Darauf leben jedoch unzählige Bakterien, die eine vorzügliche Nahrung für die Wattschnecken darstellen. So spielen diese Bakterien auf dem Watt eine wichtige Rolle als Zwischenglied für die Umsetzung von totem organischem Material in Nahrung, die größere Tiere verwerten können.

159 *Strandschnecken auf altem Bollwerk*

160 *Seepocken*

Räuber   Es ergibt sich aus der Sache von selbst, daß es von den Räubern viel weniger gibt als von ihren Beutetieren, die sonst bald alle aufgefressen wären. Die bei weitem wichtigsten Räuber auf dem Watt sind Vögel und Fische. Auch unter den Bodentieren gibt es jedoch einige Arten mit mehr oder weniger räuberischer Lebensweise. Mehr oder weniger, denn eigentlich sind Tiere wie Strandkrabbe und Garnele Allesfresser. Das trifft auch zu für Würmer wie den Seeringelwurm und den Opalwurm, die zwar ein Paar ansehnliche Kiefer haben, deren Speisezettel jedoch bestimmt nicht nur lebende Beute umfaßt. Im allgemeinen fressen die bodenbewohnenden Raubtiere des Watts auch tote Tiere und deren Reste sowie verschiedene Pflanzenstoffe. Ob sie mit ihren kräftigen Kiefern auch andere Tiere ergreifen, ist ungenügend bekannt. Die Strandkrabbe frißt große Mengen junger Muscheln, sie könnte sehr wohl den Nachwuchs etwa der Klaffmuscheln beeinträchtigen. In Amerika, wo Klaffmuscheln für den Konsum gewonnen werden, bekämpft man daher die Krabben. Wegen ihrer Schädlichkeit werden die Seesterne auf den Muschelparzellen im niederländischen Wattenmeer kurzgehalten. Auf dem trockengefallenen Watt sieht man Seesterne fast nie, weil sie unterhalb der Niedrigwasserlinie bleiben.

Die Strandkrabbe kommt nur im Sommer ihres ersten Lebensjahres auf dem trockenfallenden Watt massenhaft vor, die älteren leben hauptsächlich in den Wattströmen. Nachdem sich ihre Gestalt während des schwebend verbrachten Larvenstadiums erheblich verändert hat, siedeln sich die jungen Krabben am Anfang des Sommers auf dem Watt an. Sie sehen dann zwar krabbenähnlich aus, sind aber nur einige Millimeter groß. Über eine Reihe von Häutungen, bei denen sie jeweils um etwa ein Drittel größer werden, wachsen sie schnell heran. Bis zum Ende des Sommers können sie schon 1 bis 2 cm groß werden. Während dieser Wachstumsperiode leben sie besonders auf dem hohen Watt zum Beispiel zwischen Fadenalgen und in Ecken und Lücken zwischen Miesmuscheln. Das Vorhandensein von Verstecken ist für die Jungkrabben wichtig, weil eine laufende Krabbe für Fische, Vögel und größere Krabben als Beute ins Auge fällt. Kannibalismus spielt für die Überlebenschancen von Jungkrabben eine große Rolle. Das Leben auf den hohen Teilen des Watts bietet einen sicheren Schutz gegen die größeren Artgenossen, die sich bevorzugt in den Prielen aufhalten.

Jahreszeiten   Im Watt wechselt der Bestand an Bodentieren

161 *Pumpende Miesmuschel mit Seepocken*

162 *Schlickkrebs*

mit den Jahreszeiten: Wie auf dem Land ist der Winter die magere und der Sommer die reiche Zeit. Auf dem Balgzand sind zum Beispiel im Sommer etwa doppelt so große Mengen wie im Winter vorhanden. Von Jahr zu Jahr sehen wir unregelmäßige Veränderungen, die jedoch weniger groß sind. In den Beobachtungszeitraum fiel weder ein sehr strenger Winter noch ein ungewöhnlich schöner Sommer. Wir wissen, daß in strengen Eiswintern verschiedene Tierarten im Wattboden dezimiert werden, teils durch Ersticken unter dem Eis, teils durch Abscheuern der obersten Schicht bei Eisgang.

Wie kommt es zu dem regelmäßigen Saisonwechsel bei den Bodentieren? Man könnte zunächst annehmen, daß ein Teil der Tiere nur im Sommer auf dem Watt lebt und den Winter anderswo verbringt. Einige Arten halten sich wirklich im Winter in tieferem Wasser auf, zum Beispiel bleiben die Garnelen im Winter überwiegend in der Nordsee und tragen dort Eier. Zu Beginn des Sommers bevölkern die daraus entstandenen jungen Garnelen massenhaft die Watten, wo sie schnell heranwachsen. Die ausgewachsenen Garnelen ziehen sich nach und nach in die Wattströme zurück, wenn sie auch zum Teil bei Hochwasser noch einige Stunden auf das Watt zur Nahrungssuche kommen. Im Herbst bleibt ein wachsender Teil endgültig in tieferem Wasser, und schließlich ziehen sie fast alle fort in die Nordsee. Wanderbewegungen wie die der Garnelen tragen zu dem regelmäßigen saisonalen Wechsel der Bodenfauna deutlich bei. Der Gewichtsanteil der wandernden Tiere ist jedoch zu gering, um den Jahresgang der gesamten Bodenfauna maßgeblich zu beeinflussen. Im Sommer machen sie höchstens 10% aus. Es muß also eine andere Ursache geben, die für den jahreszeitlichen Stand der Bodentiere viel wichtiger ist. Diese hat man in der Begrenztheit der Wuchsperiode gefunden.

Die wichtigsten Bodentiere – das sind vor allem zweiklappige Schalentiere wie Mies-, Herz- und Sandklaffmuschel – wachsen nur in einem kleinen Teil des Jahres und nehmen in der übrigen Zeit wieder ab. Die Wuchsperiode ist auf einen Zeitraum von vier bis fünf Monaten beschränkt, der zwischen März und September liegt. Die Zehrperiode kann manchmal doppelt so lang sein wie die Wuchsperiode. Besonders die älteren Tiere dieser Arten wachsen in einer kurzen Periode sehr schnell und speichern große Vorräte an Reservestoffen, um dann während der übrigen Zeit des Jahres davon zu zehren. Dieser Zyklus ist es, der den Hintergrund für den regelmäßigen Wechsel der Bodentiermenge bildet.

Daneben spielen Fortpflanzung und Sterblichkeit eine nachweis-bare Rolle. Junge Tiere erscheinen vor allem bei Sommerbeginn auf dem Watt und tragen damit zum Anstieg des Totalgewichts im Sommer geringfügig bei. Die jungen Tiere sind noch so klein, daß sie trotz ihrer großen Zahl nur wenig Gewicht auf die Waage bringen. Nur Herz- und Miesmuschel bilden eine Ausnahme, aber ein übermäßiger Nachwuchs kommt bei diesen Arten ziemlich selten vor. Die Sterblichkeit ist bei den meisten wichtigen Arten recht gleichmäßig über das ganze Jahr verteilt.

Profitieren die Vögel und Fische nun tatsächlich von diesem sommerlichen Nahrungsreichtum, und suchen sie im Winter andere Nahrungsgründe auf? Einige Vögel sind im Sommer oder Spätsommer häufiger als zu anderen Jahreszeiten. Der Gesamtvogelbestand im Watt ist jedoch in den meist milden Wintern nicht viel kleiner als im Sommer. Die saisonale Entwicklung der Vogelzahlen steht daher kaum oder gar nicht mit der saisonalen Entwicklung des Bodentierbestandes in Beziehung. Auch in der mageren Jahreszeit finden die Vögel offenbar noch so viel Nahrung, daß sie nicht massenhaft ausweichen müssen.

Die Mengen anderer Räuber, der Fische, Krabben und Garnelen, schwanken mit den Jahreszeiten und folgen in etwa dem Nahrungsangebot. Diese Tiere fressen vor allem im Sommer auf dem Watt und ziehen sich im Winter großenteils in die Priele und in die Nordsee zurück. Es ist übrigens durchaus fraglich, ob deren Abwesenheit im Winter mit der relativen Nahrungsarmut in dieser Zeit zusammenhängt. Die niedrigen Wintertemperaturen und ihre starken Schwankungen, die viel extremer sind als in der Nordsee, sind wahrscheinlich eine viel stärkere Bedrohung als die Nahrungsknappheit.

Was auch immer die genaue Ursache des Wanderverhaltens der Fische, Krabben und Garnelen sein mag, auf jeden Fall suchen sie das Watt vornehmlich dann auf, wenn das Nahrungsangebot am größten ist.

Fische können als gute Schwimmer ihren Aufenthalt viel freier wählen als die vorgehend behandelten Tiergruppen. Durch Wanderungen können sie z. B. nahrungsreiche Gebiete aufsuchen oder ungünstigen Bedingungen wie etwa zu niedrigen oder zu hohen Temperaturen ausweichen. Ihre jüngsten Entwicklungsstadien besitzen diese Freiheit allerdings nicht. Bevor der junge Fisch ein dem erwachsenen Tier ähnliches Stadium erreicht und nennenswert schwimmen kann, durchläuft er ein Ei- und Larvenstadium. Die Eier vieler Fische und ebenso die Larven der meisten Arten schweben frei im Wasser, beide zusammen bilden einen Teil des Planktons. In diesem Planktonstadium, das manchmal lange dauern kann (beim europäischen Aal drei Jahre), sind die Tiere den Meeresströmungen vollständig ausgeliefert. Dabei werden sie oft sehr weit fortgetragen. So gelangt der Aal von der Saragossa-See an die europäischen Küsten. Die erwachsenen Tiere ziehen gewöhnlich vor dem Laichen gegen den Strom, so daß die *Laichplätze* außerhalb des *Wohngebietes* des ausgewachsenen Fisches liegen. Außerdem kann man bei einigen Fischen noch ein drittes Gebiet, die *Kinderstube*, unterscheiden, in der die Jungtiere nach dem Larvenstadium aufwachsen. Das hier kurz skizzierte Wanderungsmodell ist in Abb. 164 schematisch dargestellt (6–).

Die etwa 20 regelmäßig vorkommenden Arten, welche die Fischfauna des Wattenmeeres bilden (9-, 10-, 12-), weisen eine größere Wahlfähigkeit auf, die sich in stärkerem saisonalem Ortswechsel auswirkt. Auf Grund ihrer Beziehungen zu unserem Gebiet lassen sich folgende Gruppen unterscheiden:

1   Standfische, deren gesamter Lebenszyklus sich im Wattenmeer abspielt.
2   Saisongäste, die in einer bestimmten Jahreszeit, die oft im Sommer liegt, das Wattenmeer aufsuchen.
3   Fischarten, für die das Wattenmeer als wichtigstes Aufwuchsgebiet der Jugendstadien, als Kinderstube, fungiert.
4   Zufallsgäste.

Wie alle Einteilungen ist auch diese nicht vollkommen, treten vor allem zwischen den ersten drei Gruppen Übergänge auf.

Zufallsgäste   Von den vier Gruppen ist diese am wenigsten interessant. Vertreter dieser Gruppe sind an den Raum nicht angepaßt, und umgekehrt besitzt das Wattenmeer für diese Arten auch keinerlei besondere Bedeutung. Verschiedene typische Nordseefische dringen gelegentlich in das Wattenmeer vor, besonders wenn normalerweise in Gestalt von Temperatur

Nahrungs- und Überwinterungsraum erwachsener Fisch

Wanderung gegen den Strom

Wanderung mit dem Strom

Wanderung der Jungfische bis zum erwachsenen Zustand

Laichgebiet

Passive Drift der Eier und Larven (mit dem Strom)

Kinderstube

164   *Schematische Darstellung der Wanderungen von Seefischen zwischen Laichgebiet, Kinderstube und Nahrungs-/Überwinterungsgebiet der erwachsenen Tiere*

165   *Aalmutter mit Jungen*

163   *Heringsschwarm*

166 *Knurrhahn*

oder Salzgehalt vorhandene Schranken zeitweise wegfallen. Gelegentlich werden sogar Arten beobachtet, die selbst in der Nordsee kaum vorkommen und dort als Zufallsgäste auftreten. So wurde 1964 im Wattenmeer eine Invasion des Blauen Wittlings beobachtet (18-). Diese typisch ozeanische Art kommt zwar in der nördlichen Nordsee vor, ihr Hauptverbreitungsgebiet liegt jedoch im Nordostatlantik über tiefem Wasser westlich und nördlich der Britischen Inseln. Auch der Schellfisch und der Nagelrochen gehören zu dieser Gruppe und vielleicht auch die Kliesche. Das Vorkommen dieser Arten muß als eine zufällige Ausbreitung von ihrem Hauptareal aus betrachtet werden. Dabei hängt die Wahrscheinlichkeit eines Auftretens von der Individuenzahl der Art und von der Entfernung zwischen Hauptverbreitungsgebiet und Wattenmeer ab. So dürfte es bei der Invasion des Blauen Wittlings eine Rolle gespielt haben, das es sich um eine der individuenreichsten Arten im Nordostatlantik handelt, während das Verschwinden des Schellfisches und des Nagelrochens aus dem Wattenmeer damit zusammenhängt, daß deren Individuenzahl durch verstärkte Befischung abgenommen hat.

Standfische   Ganz anders sieht es bei den Standfischen

aus (12-). Hierzu gehören u. a. Arten wie Aalmutter, Seeskorpion, Steinpicker, Butterfisch, Großer Scheibenbauch und Strandgrundel. Keiner dieser Fische ist übrigens auf das Wattenmeer beschränkt; ausnahmslos gehören sie zur Küstenfauna Nordwesteuropas (9-). Sie vertragen durchaus einen niedrigen Salzgehalt, wie ihr Vorkommen im Brackwasser der Ostsee zeigt. Für fast alle Arten, die in Küstengewässern laichen, ist es typisch, daß sie ihre Eier auf einer festen Unterlage, also etwa auf Steinen, Muschelschalen oder Algen, anheften (16-). Verschiedene Arten wie Seeskorpion, Strandgrundel, Aalmutter, Butterfisch betreiben die eine oder andere Form der Brutpflege. Diese bleibt bei Seeskorpion, Butterfisch und Strandgrundel darauf beschränkt, daß die Eier bewacht und eventuell betreut werden. Bei der Aalmutter entwickeln sich Eier und Larven im Muttertier. Eine Sorge für den Nachwuchs ist für Meeresfische ungewöhnlich; diese setzen ihre Geschlechtsprodukte meist in Mengen frei in das Wasser ab, worauf sich die Eier pelagisch, d. h. im Wasser frei schwebend, entwickeln. Übrigens ist das Anheften der Eier nicht auf Küstenarten beschränkt, es kommt auch bei Arten vor, die im offenen Meer laichen. Die Art und Weise der Eiablage ist eher ein Familienmerkmal, wobei auffällt, daß küstenbewohnende Arten zu Familien gehören, die ihre Eier anheften. Durch das Ankleben der Eier wird verhindert, daß sie von den Meeresströmungen, die gerade in Küstengewässern stark sind (Gezeitenströme), fortgeführt werden. Wenn Fische mit pelagischen Eiern in einem Küstengebiet fehlen, kann dies andererseits auch mit der Schwierigkeit zusammenhängen, Eier im Wasser von stark wechselndem Salzgehalt und damit spezifischem Gewicht schwebend zu halten. Wenn es erst einmal zu Anheftung der Eier gekommen ist, wird auch die Weiterentwicklung zur Brutpflege möglich. Das schlagendste Beispiel ist die Brutpflege der Aalmutter, bei der auch das schwebende Larvenstadium ausgeschaltet ist.

Mit der zunehmenden Fürsorge für die Eier geht meist eine Abnahme der Eierzahl einher, von einigen Hunderttausend oder Millionen bei Fischen mit pelagischen Eiern sinkt sie bis auf einige Hundert bei der höchsten Form der Brutpflege wie bei Aalmutter und Seenadel. Dies hängt deutlich mit dem abnehmenden Risiko für die Jugendstadien zusammen.

Saisongäste   Die Art der Eiablage spielt teilweise auch für die heterogene Gruppe der Saisongäste eine Rolle. Zwei Typen lassen sich unterscheiden:

1   Arten, die einen großen Teil ihres Lebens im Wattenmeer

167 *Grundel*

168 *Dorsch*

169 *Wittling*

170 *Meeräsche*

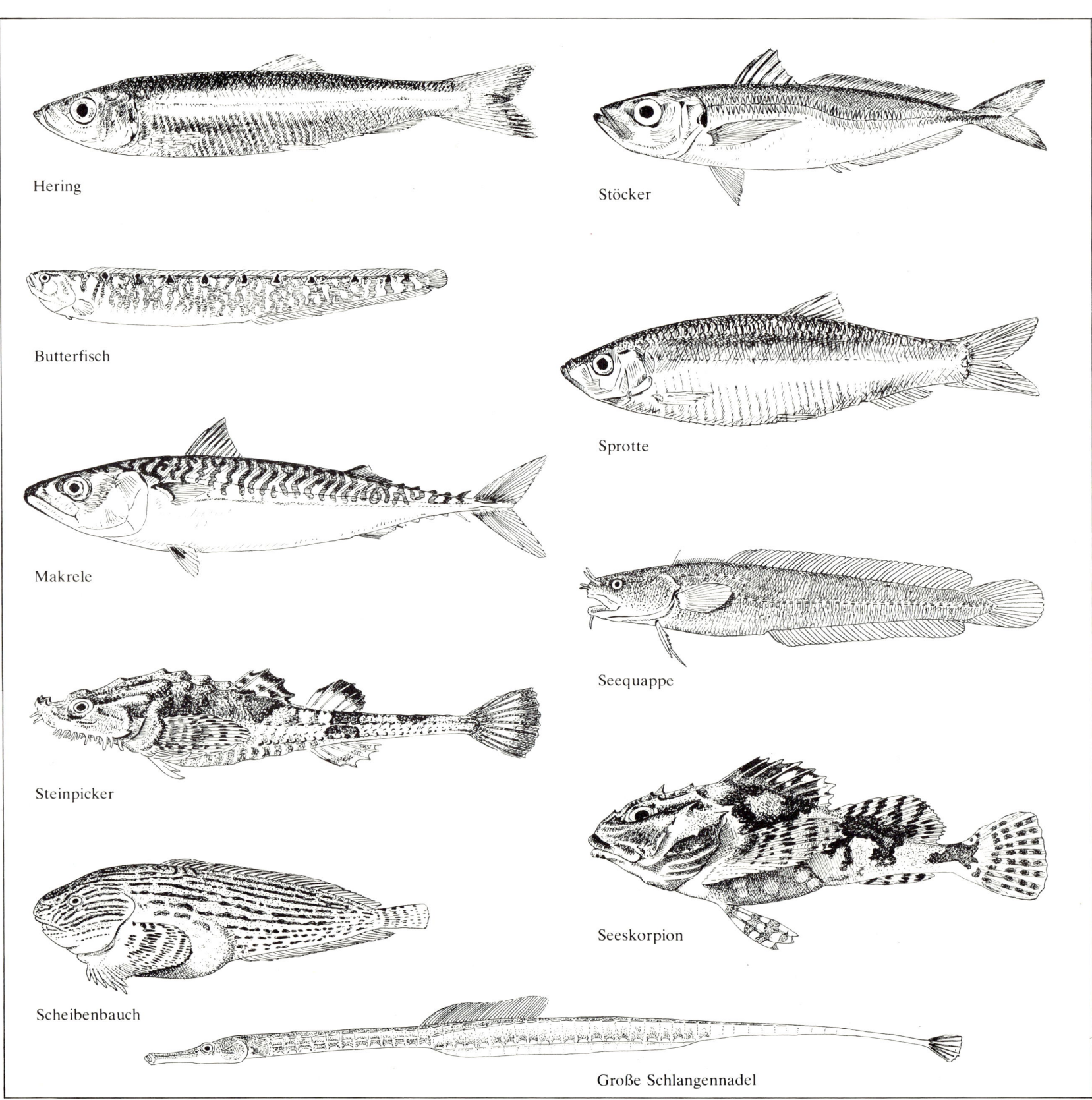

Hering

Stöcker

Butterfisch

Sprotte

Makrele

Seequappe

Steinpicker

Seeskorpion

Scheibenbauch

Große Schlangennadel

verbringen, aber im offenen Meer laichen oder überwintern. Diese Gruppe gehört fast zu den Standfischen des Wattenmeeres, man kann jedoch erkennen, daß in diesem Raum nicht alle Lebensbedingungen der Tiere erfüllt sind.

2 Arten, von denen vor allem erwachsene Exemplare das Wattenmeer besuchen; dabei können Sommer- und Wintergäste unterschieden werden.

Typische Vertreter der ersten Gruppe, die in der Nordsee laichen, sind die Flunder und die Seequappe, in geringerem Maße 2 Sandgrundelarten. Sie gehören fast zu den Standfischen; das Wattenmeer ist für diese Arten sowohl Kinderstube wie Nahrungsraum. Für die Flunder gilt allerdings, daß die Jungfische nicht nur in Küstengewässern aufwachsen, sondern auch im fast süßen Wasser der Flußmündungen der Elbe, Weser und Ems sowie im Ijsselmeer zahlreich vorkommen. Die Flunder und die Seequappe, beide mit vielen pelagischen Eiern, laichen im Winter und im zeitigen Frühjahr ziemlich weit vor der Küste. Für die Flundern aus dem niederländischen Wattenmeer liegen die Laichgründe wahrscheinlich im äußersten Süden der Nordsee und im nördlichen Teil des Kanals. Von dort werden Eier und Larven mit dem nordwärts gerichteten Reststrom in das Wattenmeer transportiert. Die Laichplätze vor Texel werden vermutlich von Flundern aus dem deutsch-dänischen Wattenmeer besucht (4-, 11-).

Die beiden Sandgrundelarten sind im Gegensatz zur Flunder und Seequappe kurzlebige Fische mit einem Lebenszyklus von 1 bis 2 Jahren. Sie laichen im Frühjahr (Mai–Juli), wobei die Eier unter Muschelschalen abgesetzt und vom Männchen bewacht werden. Die Grundeln wandern nicht so weit wie die Flundern und laichen dicht vor dem Außenrand des Wattenmeeres. Übrigens führen beide Arten auch eine Herbstwanderung aus, um den niedrigen Wintertemperaturen im Watt auszuweichen; sie überwintern im Raum außerhalb des Wattenmeeres (5-).

Von den Fischen, die im offenen Meer überwintern, aber im Wattenmeer laichen und aufwachsen, sind der Hornhecht, der Streifenfisch und einige Seenadelarten zu nennen. Auch sie sind nahezu Standfische, für die das Wattenmeer Laichplatz, Kinderstube und Nahrungsraum darstellt. Im Herbst verlassen sie jedoch den Raum, vermutlich wegen der niedrigen Wintertemperaturen. Im Frühling kehren sie bei steigender Temperatur zurück und gehen schon bald zum Laichen über. Hornhecht und Streifenfisch heften ihre Eier an, ersterer an Steinböschungen und Algen, der andere an Algen im Brackwasser. Die Seenadeln betreiben eine ausgeprägte Brutpflege, wobei sich die Eier in einem Brutbeutel des Männchens entwickeln.

Früher, als die Zuiderzee noch existierte, drang im Frühling manchmal massenhaft die Sardelle ein. Diese Art legte im Juni–August im Innern der Zuiderzee pelagische Eier; sie stellte damit eine Ausnahme von der Regel dar, daß Fische, die in Küstengewässern laichen, ihre Eier anheften. Übrigens blieb das Wasser lange innerhalb der Zuiderzee, so daß die Eier nicht so sehr von Strömungen vertragen wurden (11-).

Typische *Sommergäste*, von denen nur die erwachsenen Tiere zur Nahrungssuche das Wattenmeer aufsuchen, sind die Meeräschen (wenigstens 2 Arten) (3-), der Seebarsch, die Bastardmakrele und die Makrele. Diese Arten wandern im Frühjahr bei steigender Temperatur von Süden her in die Nordsee ein. Für diese Fische ist die im Wattenmeer herrschende Wintertemperatur vermutlich tödlich; dies zeigte sich vor einigen Jahren als es unter den Meeräschen, die in Grevelingen (SW-Niederlande) nach dem Dammschluß zurückgeblieben waren, zu einem winterlichen Massensterben kam. Die Meeräschen und Seebarsche bevölkern besonders küstennahe Gebiete wie das Wattenmeer, während Bastardmakrele und Makrele mehr dazu neigen, sich draußen im offenen Küstenbereich aufzuhalten. Die Laichplätze dieser Fische sind nur zum Teil bekannt. Die Makrele laicht vermutlich zwischen März und Juni am westlichen Eingang des Kanals, z. T. auch in der nördlichen Nordsee. Die Meeräsche legt ihre Eier im zeitigen Frühjahr vielleicht bei den Scilly-Inseln. Alle diese Fischarten besitzen pelagische Eier und laichen im offenen Meer.

Zu der Gruppe, die im Wattenmeer nach Nahrung sucht, gehört noch die Meerforelle, ein bei Sportfischern geschätzter Fisch, der nicht sehr häufig ist. Die Meerforelle laicht im Süßwasser, so daß ihre Kinderstube in Flüssen und Seen liegt. Erwachsene Tiere sind praktisch ganzjährig im Wattenmeer vorhanden, wenn auch in wechselnder Anzahl. Es ist unbekannt, aus welchen Flüssen sie stammen; der größte Teil der Meerforellen scheint wohl aus Skandinavien (Dänemark?) zu kommen.

Bei den typischen *Wintergästen*, unter denen einzelne Zufallsgäste wie der Dorsch vorkommen, trifft man einzelne Arten, die aus dem Süß- oder Brackwasser in das Wattenmeer eindringen. Dies sind der nach Gurken riechende Stint und der bekannte Dreistachelige Stichling. Beim Stint, von dem eine kleine einjährige Form im Ijsselmeer und in den Mündungen der Elbe, Weser und Ems sehr häufig ist, könnte man annehmen, daß er mit dem starken Süßwasserabfluß im Winter in das Watt gelangt. Der Stichling dagen strebt im Herbst deutlich meerwärts und kehrt im Frühjahr in Massen zurück.

Zu den Saisongästen gehört schließlich die Kliesche, der in den flachen Teilen der Nordsee häufigste Plattfisch. Es ist fraglich, ob dieser Fisch durch eine gezielte Wanderung in das Wattenmeer gelangt. Man muß wohl vielmehr an eine zufällige Ausbreitung in solchen Jahreszeiten denken, in denen die Temperaturbedingungen die Kliesche nicht abschrekken. Dabei dringen im Frühling nach der Laichzeit oft größere Klieschen in das Wattenmeer ein, während im Herbst junge Tiere kurzzeitig in großer Zahl vorhanden sein können (15-). Gleichzeitig werden jedoch vergleichbare Bestandsdichten bis zu mehreren hundert Kilometern vor der Küste angetroffen. Wegen der großen Bestände in der Nordsee ist die Kliesche eben manchmal auch im Wattenmeer häufig, wo sie dann einen beträchtlichen Teil des Nahrungsangebotes konsumieren kann.

Kinderstube   Zu dieser letzten Gruppe gehören Fische, für die das Wattenmeer nur die Funktion einer Kinderstube erfüllt; zugleich stellt dieser Raum für die Nordsee-Populationen der betreffenden Arten das wichtigste Aufwuchsgebiet dar. Die Gruppe umfaßt vor allem vier für die Fischerei sehr wichtige Arten, nämlich die Scholle, die Seezunge, den Hering

und die Sprotte (7–, 19-). Als wirtschaftlich wichtige Arten sind besonders die drei ersten gut untersucht. Scholle, Hering und Sprotte laichen in der offenen See. Wie Abb. 172 zeigt, liegen die Laichplätze der Scholle, die zwischen Dezember und März pelagische Eier absetzt, so, daß die Eier und Larven mit dem nordöstlichen Reststrom in das Gebiet eben außerhalb des Wattenmeeres transportiert werden (13-). Die junge Scholle, die dann vielleicht aktiv zur Küste strebt, dringt im April–Juni in das Wattenmeer ein. Bis zu einem Alter von etwa 2 bis 3 Jahren wächst sie in diesem Raum heran, wobei sie im Winter dazu neigt, tieferes Wasser im Wattenmeer oder außerhalb der Inseln aufzusuchen.

Der Nordseehering setzt seine klebrigen Eier auf Steinen und Muschelschalen weit außerhalb des Wattenmeeres ab. Wie bei der Scholle liegen seine Laichgebiete so, daß die Larven während ihrer bis zu 6 Monaten dauernden Entwicklung zu den Küstengebieten der östlichen Nordsee transportiert werden. Ein kleiner Teil der Larven gelangt vermutlich an die englische Küste (Abb. 173). Nach einem mehrmonatigen Aufenthalt verläßt der schnellwachsende Hering mit einer Länge von etwa 10 cm die Küstenzone und hält sich dann vor allem in der südöstlichen Nordsee auf (Abb. 176). Man

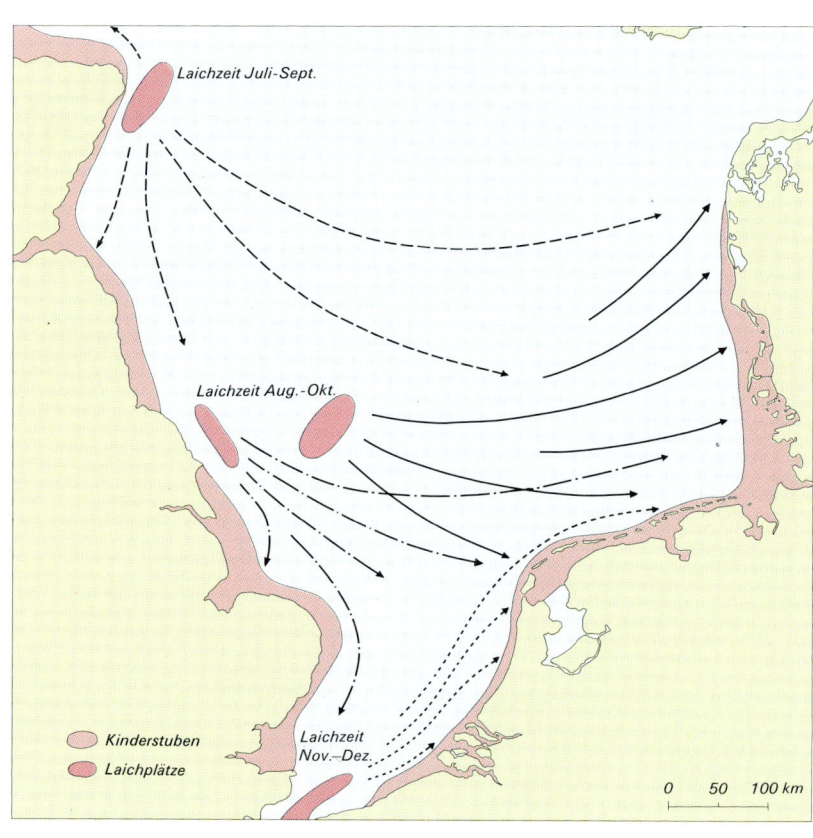

172 *Laichplätze und Kinderstuben des Herings*

173 *Laichplätze und Kinderstuben der Scholle*

kann daraus schließen, daß die Küstenzone der südöstlichen Nordsee vermutlich das wichtigste Aufwuchsgebiet des Jungherings ist (1-).

Die Sprotte, die im niederländischen Teil des Wattenmeeres vorkommt, laicht wahrscheinlich in der Mitte der südlichen und der südöstlichen Nordsee. Sie legt ihre pelagischen Eier im Januar–Juni; die Larven gelangen im Durchschnitt etwas später als die des Herings in das Wattenmeer. Die Sprotte, eine kleinere Verwandte des Herings, die mehr an die Küste gebunden ist, bleibt wahrscheinlich länger im Wattenmeer. Die Seezunge schließlich strebt im April–Juni zur Küste, um zu laichen. Dabei dringt sie auch in das Wattenmeer ein. Ihr Hauptlaichgebiet liegt aber wohl außerhalb des Wattenmeeres. Die pelagischen Eier entwickeln sich rasch, und die Larven machen kaum ein Planktonstadium durch, da sie sich gleich nach dem Schlüpfen auf den Boden begeben. Die junge Seezunge, die ebenso wie die Scholle vor allem im Wattenmeer aufwächst (Abb. 174), bleibt hier, bis sie etwa 3 Jahre alt ist. Im Herbst zieht sie schon recht früh bei einer Wassertemperatur von etwa 8° C nach draußen, wobei es vielleicht zu einer küstenparallelen Wanderung nach Süden kommt. Die Seezunge ist viel empfindlicher

gegen niedrige Temperaturen als die Scholle, bei 4° C stirbt sie. Dies erklärt die ausgeprägtere Winterwanderung der jungen Zunge. Von der erwachsenen Seezunge weiß man, daß sie im Winter westwärts in tieferes und wärmeres Wasser zieht (17-).

Ein besonderer Vertreter der Kinderstuben-Gruppe ist der Aal. Dieser Fisch legt seine Eier im Saragossa-See (Atlantischer Ozean). Die jungen „Glasaale" erreichen nach einem dreijährigen Larvenstadium die Küsten Europas, wo sie überwiegend im Süßwasser heranwachsen. Ein relativ kleiner Teil der jungen Aale bleibt im Wattenmeer, das damit auch für diese Art eine Kinderstubenfunktion besitzt.

Von zwei weiteren fischereilich wichtigen Arten wurden junge Exemplare im Wattenmeer angetroffen: Wittling und Dorsch. Der Wittling ist im deutsch-dänischen Gebiet häufiger als im niederländischen; der Dorsch dringt in beide Gebiete ein, wobei die Anzahl von Jahr zu Jahr stark wechselt. Junge Wittlinge, die hohe Temperaturen besser vertragen können, treten besonders zwischen Juni und Oktober auf; der junge Dorsch erscheint vorwiegend im Herbst (15-). Ähnlich wie bei der Kliesche werden jedoch große Bestände junger Tiere beider Arten außerhalb der Küstenzone angetroffen. Es ist daher sehr fraglich, ob das Wattenmeer für Wittling und

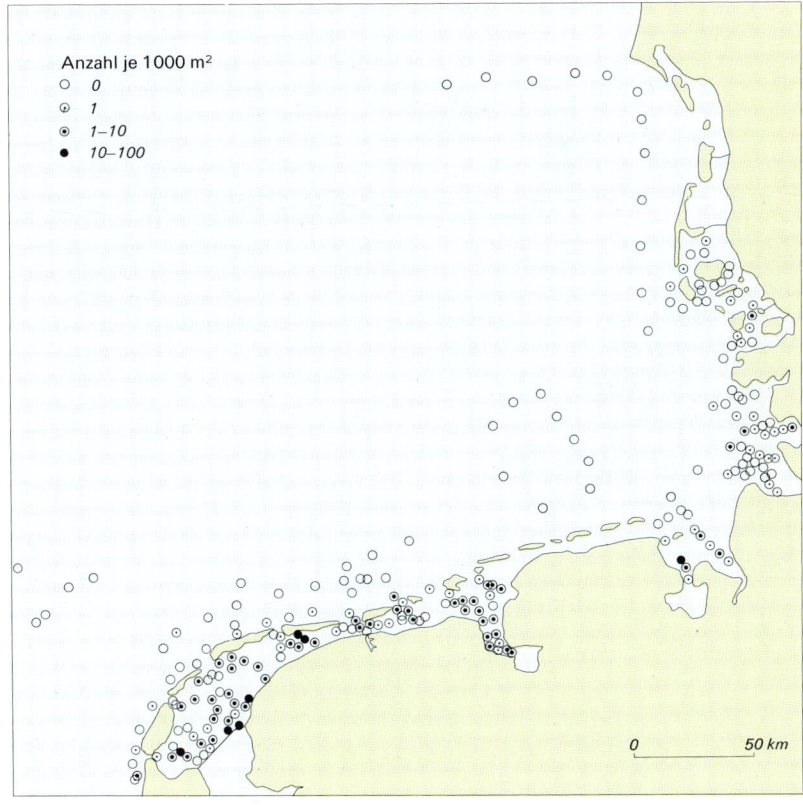

174 *Laichplätze und Kinderstuben der Seezunge*

175 *Verbreitung der jungen Seezungen*

Dorsch eine so lebenswichtige Kinderstube darstellt wie für
Scholle, Seezunge, Hering und Sprotte.

Merkwürdig ist es, daß von den vier Gruppen, die oben besprochen wurden, diejenige, welche das Wattenmeer als Kinderstube benutzt, sowohl der Zahl als auch dem Gewicht nach weitaus am stärksten vertreten ist. Obgleich diese Fische nur ihre Jugend hier verbringen und die Laichplätze oft weit draußen liegen, nutzen sie die im Wattenmeer vorhandenen Lebensmöglichkeiten am besten aus. Wichtig ist es dafür, daß sie während dieses Jugendstadiums ebenso gut an den Raum angepaßt sind wie die Standfische, jedoch den Vorteil haben, daß die Larven und die erwachsenen Stadien jeweils ein anderes und größeres Gebiet bewohnen, wodurch die gegenseitige Konkurrenz eine viel geringere Rolle spielt.

Außerdem können Hering, Scholle und Seezunge unter günstigen Bedingungen eine enorme Nachkommenschaft erzeugen.
Es wurde schon gezeigt, daß die Arten, die keine Brutpflege und – jedenfalls bei Scholle und Zunge – auch noch pelagische Eier besitzen, im Vergleich zu den meisten Stand- und „Beinahe"-Standfischen jährlich große Mengen von Eiern produzieren. Hinzu kommt, daß sie eine lange Lebensdauer haben, während die Standfische großenteils kurzlebig sind. Hering, Scholle und Seezunge können 10 bis 20 Jahre alt werden, Grundeln und Scheibenbauch 1 bis 2 Jahre, Aalmutter, Steinpikker und Seeskorpion 3 bis 5 Jahre. Die Kinderstuben-Arten produzieren also nicht nur viele Eier je Laichperiode, sie nehmen im Mittel auch öfter an der Fortpflanzung teil, womit ihre Vermehrungsfähigkeit nochmals verstärkt wird. Ihr großer Anteil an der Fischfauna das Wattenmeeres kann dadurch mit bedingt sein.

Nahrungsräume   Im Wattenmeer gibt es zwei deutlich verschiedene, aber nicht gänzlich voneinander unabhängige Lebensbereiche: das Wasser und den Boden. Auch in der Fischfauna des Wattenmeeres kommt diese Verschiedenheit deutlich zum Ausdruck. Ein Teil der Fische lebt so gut wie ganz vom tierischen Plankton, ein anderer Teil ist auf die Bodenfauna als Nahrungsquelle angewiesen (7-). Außerdem gibt es natürlich noch Raubfische, welche die Vertreter der beiden ersten Gruppen fressen. Zahlreich ist diese Gruppe jedoch nicht.

Zu den pelagischen Fischen, die vor allem auf das vorhandene tierische Plankton als Nahrung angewiesen sind, gehören u.a. Hering, Sprotte, Stint, Sardelle und Seenadel. Außerdem bevölkern fast alle Fischlarven während ihres Larvenstadiums diesen Lebensraum. Dabei nehmen sie allerlei Planktontiere auf. In ihren Mägen finden sich sowohl echte tierische Planktonten, z.B. Copepoden, als auch planktontische Stadien von Bodentieren wie Krebsen, Muscheln, Würmern und dazu Fischlarven. Ferner finden wir als ihre Beute manchmal Tiere, die zeitweise zum Plankton gehören, wie den Schlickkrebs.

Je größer der Fisch, desto größer sind auch seine Nahrungsteilchen. So beginnt der Hering als Larve, sehr kleines pflanzliches Plankton zu fressen, als größeres Tier frißt er z.B. Fischlarven. Wahrscheinlich kommt es unter den planktonfressenden Tieren zu Nahrungskonkurrenz. Für die beiden wichtigsten Vertreter – Hering und Sprotte – hat sich vielerorts gezeigt, daß sie die gleichen Nahrungsansprüche haben. Für das Wattenmeer ist dies noch nicht untersucht. Eine mögliche Nahrungskonkurrenz wird dadurch teilweise abgeschwächt, daß die Heringslarve durchschnittlich früher im Jahr eintrifft und außerdem größer ist als die Sprottenlarve. Tatsächlich ist der Hering hierbei im Vorteil, weil er sowohl kleine als auch große Beutetiere fressen kann. Anzeichen sprechen dafür, daß der Sprottenbestand der Nordsee in den letzten Jahren zunimmt. Man bringt dies in Verbindung mit einer abnehmenden Konkurrenz gegenüber dem Jugendstadium des Herings, dessen Larvenproduktion infolge Überfischung stark abgenommen hat. Ganz sicher ist dies jedoch noch nicht, weil die Nahrungsrelationen quantitativ noch nicht genügend bekannt sind. Pelagische Raubfische, die u.a. den Heringen, Sprotten und Stinten nachstellen, sind Hornhecht, Meerforelle, Bastardmarkrele und Makrele.

Die meisten Fische des Wattenmeeres sind bei ihrer Nahrungsversorgung auf Bodentiere angewiesen. Einige Arten suchen ihre Beute in den ständig unter Wasser stehenden Teilen, andere verlegen sich auf die trockenfallenden Flächen, die 60 % des Wattenmeeres ausmachen. An diesen Raum sind nur wenige Arten angepaßt, von denen einige dafür zahlreich vertreten sind. Fische, die auf diesen oft nahrungsreichen Flächen nach Nahrung suchen wollen, müssen an den Gezeitenrhythmus angepaßt sein. Bei den Plattfischen trifft dies für die junge Scholle zu – im Gegensatz zu Flunder und Zunge (8-). Typische Gezeitenwanderer, d.h. Fische, die bei Hochwasser auf den Watten nach Nahrung suchen, sind Scholle, Flunder, Meeräsche und vielleicht auch die Strandgrundel. Außerdem können sie auch in den tieferen Regionen fressen, wodurch ihnen mehr Nahrung zur Verfügung steht als den Arten, die nur diese tieferen Flächen nutzen.

Die Meeräsche, der einzige pflanzenfressende Fisch unserer

Küsten, „grast" bei Hochwasser die dünne Diatomeenschicht
von den Watten ab. Trotz des reichen Nahrungsangebots
wachsen die Meeräschen hier offenbar schlecht. Vermutlich
sind die Temperaturbedingungen in diesem nörlichen Raum
für die tropisch-subtropische Meeräschenfamilie zu ungünstig.
Der häufigste Gezeiten-Wanderer, die Scholle, ist wie die
Flunder auf Krebse, Muscheln und Würmer angewiesen.
Von den beiden Arten wächst die Scholle offenbar am schnell-
sten, wobei der Fisch im Alter von 2 bis 3 Jahren das Wattenmeer
verläßt. Die Flunder bleibt diesem Milieu bis an ihr Ende
treu. Nahrungskonkurrenz scheint es zwischen den beiden
nahe verwandten Arten nur beschränkt zu geben, da die
Flunder die höheren und schlickreichen Watten aufsucht,
welche die Scholle meidet.
Eine solche Aufteilung der Nahrungsgründe ist in Anbetracht
des erheblichen Anteils, den die beiden Arten der vorhandenen
Nahrung entnehmen, sehr sinnvoll. Beide Arten fressen im
Laufe ihres Wachstums immer größere Beutetiere. Die jüngsten
Fische ernähren sich von sehr kleinen Tieren, die zwischen
den Sandkörnern leben, die größeren vor allem von ganzen
Muscheln wie Herz- und Plattmuscheln. Vor allem die Scholle
hat weitere, eigenartige Freßgewohnheiten. Im ersten Jahr
beißt sie z.B. die Siphonen der Plattmuschel ab, später frißt
sie die Hinterenden des Pierwurms, die offenbar gepackt
werden, wenn der Wurm Kot absetzt (8-). Die Nahrung
der Strandgrundeln stimmt teilweise mit der jungen Scholle
und Zunge überein. Konkurrenz wird dabei kaum auftreten,
weil die kurzlebigen Grundeln sich nur im Spätsommer an
diese Nahrungsquelle halten, wenn Scholle und Seezunge
schon auf andere, größere Nahrung übergegangen sind.
In den dauernd wasserbedeckten Teilen liegen die reichsten
Nahrungsgründe in der Nähe von Muschelbänken, wo der
Boden viel Schlick und viel organische Stoffe enthält. Oft
finden sich hier auch viele Fische ein, sowohl arten- wie
auch zahlenmäßig. Besonders werden hier angetroffen: Seezunge,
Seeskorpion, Aalmutter, Aal, Butterfisch und Flunder. Zunge
und Butterfisch haben eine Vorliebe für Wurmnahrung, während
der Seeskorpion außer kleinen Fischen besonders Krabben
und Garnelen frißt. Die Aalmutter konsumiert u.a. Flohkrebse,
Muscheln, Garnelen und kleine Fische. Auch auf den härteren
Sandgründen außerhalb der Muschelbänke, wo u.a. die Garnele
zu finden ist, trifft man jedoch noch etliche Arten an wie
größere Schollen, Scheibenbäuche, Steinpicker, Seequappen,
Meergrundeln, Wittlinge und Dorsche. Dabei profitiert ein
Teil dieser Arten, besonders Scheibenbauch, Steinpicker,

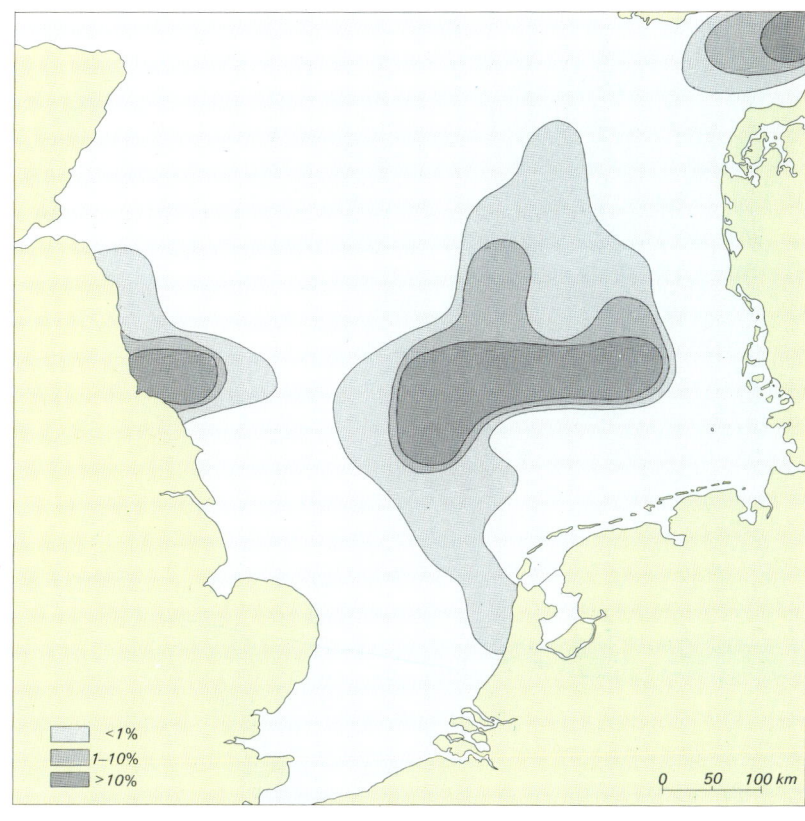

Seequappe, Wittling und Dorsch, von dem Nahrungsangebot,
das die Garnelen darstellen, aber auch andere Krebstiere,
Würmer und kleine Fische werden nicht verschmäht.
Aus Berechnungen, die in Deutschland (14-) und in den
Niederlanden (2-) über den Umfang der Garnelenkonsumtion
dieser Arten angestellt wurden, geht hervor, daß sie mengenmäßig
etwa zweimal so viel fangen wie die Garnelenfischerei. Quantitativ spielen dabei im deutschen Wattenmeer Scheibenbauch
und Wittling eine große Rolle; die große Scharen der Meergrundeln konsumieren offenbar viele kleine Garnelen. Im niederländischen Küstenraum hat man festgestellt, daß der Dorsch in
einigen Jahren, wenn er in vielen kleinen Exemplaren auftritt,
den Garnelenbestand arg dezimiert.
Aus alledem geht hervor, daß die vermutlich häufigsten Fische,
jedenfalls dem Gewicht nach – Scholle, Seezunge, Hering
und Sprotte –, in verschiedenen Teilräumen leben. Die Scholle
sucht Nahrung auf dem Sandwatt, die Zunge auf schlickreichen
Böden, wie an Muschelbänken, während Hering und Sprotte
zusammen das freie Wasser bewohnen.

176 *Verbreitung der fast einjährigen Heringe (Länge
etwa 15 cm) im Herbst*

Im Wattenmeer kommt eine Reihe von Seehundsarten vor. Außer dem *Seehund*, der wichtigsten Art, werden gelegentlich auch die *Kegelrobbe* und die *Ringelrobbe* beobachtet. Bei der Kegelrobbe handelt es sich vor allem um Jungtiere, die von der englischen Küste stammen. Nur in Schleswig-Holstein gibt es nahe bei Amrum eine kleine Kolonie. Die Ringelrobbe, die von den skandinavischen Küsten kommt, ist im Wattenmeer selten zu sehen. Der Seehund lebt vorzugsweise in flachen Teilen des Meeres, dort, wo bei Niedrigwasser Sandbänke auftauchen. Das Wattenmeer ist daher für diese Art der wichtigste Lebensraum. Im Winter, wenn das Wasser im flachen Wattenmeer schneller abkühlt als in der Nordsee, verlassen die meisten Seehunde das Wattenmeer. Der Seehund würde mit seiner bis 4 cm dicken Speckschicht die Temperaturunterschiede leicht ertragen können, seine Nahrungstiere, in erster Linie Butt und Garnelen, meiden jedoch das kalte Wasser. Im Frühjahr, wenn ihre Beutetiere wieder in hinreichenden Mengen im Wattenmeer vorhanden sind, kehren auch die Seehunde zurück. Zuerst treffen die weiblichen und die ein- bis dreijährigen Tiere ein, danach die älteren Männchen. Die jungen Seehunde werden im Juni und Juli auf einer Sandbank geboren. Meistens wirft ein Muttertier ein Junges, nur ausnahmsweise zwei. Die Jungen werden in den ersten vier Wochen von der Mutter gesäugt, auch dies geschieht bei Niedrigwasser auf einer Sandbank. Sandbänke sind deshalb für die Seehunde besonders wichtig. Gleich nach ihrer Geburt müssen die Jungen schon schwimmen können, denn die Sandbank wird vom Hochwasser wieder überflutet. Sie schwimmen dann mit der Mutter und werden in den ersten Tagen noch ab und zu auf dem Rücken mitgenommen. Während dieser Ausflüge lernen sie, sich ihre Nahrung zu verschaffen. Im Magen eines tot angespülten Seehundjungen findet man außer Muttermilch auch oft einzelne Garnelen oder einen kleinen Fisch.
Nach der Stillperiode bilden die älteren Seehunde oft Herden ohne Junge, während sich die jüngeren ihrerseits zusammenschließen. In der Regel beginnt Mitte September die Paarungszeit. Während diese bei einigen Robbenarten ein erregendes Schauspiel bietet, wird bei dem Seehund nur etwas geschnauzt und gebissen. Wenn die Männchen unter Wasser große Mengen von Luft ausatmen, können sie ein prächtig perlendes Geräusch hervorbringen, meist jedoch wird es durch die Laute des Windes, der Möwen und Austernfischer übertönt. Nach der Paarungszeit zerstreuen sich die Seehunde wieder, und allmählich wandern sie nach den tieferen Fischgründen ab. Dies ist

für die jungen Robben der schwierigste Lebensabschnitt, denn sie müssen unter härteren Bedingungen als im Sommer sich nun selbst ihre Nahrung suchen. Sie müssen noch erheblich wachsen; bei der Geburt sind sie etwa 80 cm lang, während ein erwachsenes Tier eine Länge von 150 bis 190 cm erreichen kann. Zu wachsen und zugleich in Kondition zu bleiben, ist für den jungen Seehund sehr schwer, und die Sterblichkeit unter den Jungen ist denn auch im ersten Winter am größten. Die pro Tag verzehrte Nahrungsmenge liegt beim erwachsenen Seehund zwischen 5 und 7 kg. Dies scheint viel zu sein – jedoch im Vergleich mit den Mengen, die der Mensch täglich dem Wattenmeer entnimmt und welche die Vögel verbrauchen, ist es nur wenig. Dennoch können die Seehunde, wenn sie in großer Zahl auftreten, der Fischerei Schaden zufügen, vor allem, wenn sie Netze und Reusen zerstören. Darum zahlten die niederländischen Behörden vor dem zweiten Weltkrieg zeitweise sogar eine Prämie für jeden getöteten Seehund. Nach dem Kriege hielt man das nicht mehr für erforderlich, und 1954 erhielt der Seehund einen sicheren Schutz durch das Jagdgesetz. Der Seehund durfte nur noch mit besonderer Erlaubnis bejagt werden. Für jede Abschußerlaubnis wurde eine Marke geliefert, die am Fell des erlegten Seehundes zu befestigen war. Im Laufe der fünfziger Jahre wurden jedoch nicht alle freigegebenen Seehunde erlegt. Dies war der Anlaß, die Seehundsbestände in den niederländischen Gewässern zu erforschen.

Erste Zählungen   Die ersten Angaben über das Vorkommen des Gemeinen Seehundes im niederländischen Wattenmeer stammen aus dem Jahre 1928, damals schätzte man deren Zahl auf etwa 1500 (1-). Fünf Jahre später wurde für das Gebiet eine Zahl von etwa 2700 angegeben (2-). Die Zahl ergab sich aus den ausbezahlten Prämien. Diese Angaben sind nur Schätzungen, sie beruhen nicht auf systematisch durchgeführten Zählungen, so daß man die Resultate der späteren Zählungen damit nicht vergleichen kann. In den Jahren 1953, 1954 und 1955 wurden etwa 1200 Seehunde gezählt (3-). Als 1958 die niederländischen Untersuchungen begannen, war von vornherein deutlich, daß der Bestand zurückging. Anfangs wurde von Schiffen aus gezählt. Dies hatte den Nachteil, daß man das ganze Gebiet während eines Niedrigwassers nicht erfassen konnte und daß die Seehunde, wenn sie dicht beieinander lagen, aus großer Entfernung nicht genau zu zählen waren. Deshalb beschloß man bald, mit Sportflugzeugen zu arbeiten, von denen aus die Robben

144

einwandfrei gezählt und photographiert werden konnten. Anfangs führte man die Zählungen dreimal im Jahr durch: im Februar, in der Wurfzeit um den ersten Juli und im September während der Paarungszeit. Auf die Winterzählung wurde bald verzichtet, weil sich herausstellte, daß die Zahl der dann vorhandenen Seehunde von den Witterungsbedingungen stark abhängig war. Die Sommerzählung gibt eine Vorstellung von der Zahl der weiblichen Robben und ihrer Jungen, während man bei der Septemberzählung zur Paarungszeit die meisten Seehunde im Wattenmeer erwarten kann. Zu dieser Zeit haben sich sowohl Männchen und Weibchen als auch die alten Tiere und die Jungen in den Watten versammelt. Die Septemberzählungen zeigten folgende Ergebnisse:

Jahr	Anzahl	Jahr	Anzahl
1959	900	1968	1480
1960	1000	1969	1200
1961	1000	1970	900
1962	1100	1971	700
1963	1300	1972	600
1964	1400	1973	500
1965	1400	1974	500
1966	1450	1975	430
1967	1450	1976	340

Gegen Ende der fünfziger Jahre war die Zahl erheblich gesunken, bis 1968 stieg sie auf fast 1500 Exemplare wieder an, worauf die Zahl rasch bis auf 340 Stück im Jahre 1976 absank. Die Ursachen des Rückgangs können in einer erhöhten Sterblichkeit, in einer zu geringen Vermehrung oder in Abwanderung, etwa infolge von Veränderung der Umwelt oder von Nahrungsmangel, zu suchen sein. Höhere Sterblichkeit könnte durch eine Zunahme von Krankheiten bedingt sein. Natürliche Feinde des Seehundes sind vor allem der Eisbär und der Schwertwal; sie gibt es in unseren Gewässern nicht. Im Magen eines 7 m langen Schwertwales hat man einmal 13 Delphine und 14 Seehunde gefunden, während ein Seehund noch im Schlund des Wales steckte (4-). Als einziger Feind des Seehundes im Wattengebiet blieb der Mensch als Jäger übrig. Im Wattenmeer finden seit jeher Veränderungen in beschränktem Umfang statt. Die Form der Sandbänke, die Lage der Priele und Tiefs ändern sich oft, aber doch nicht so, daß der Lebensraum für Seehunde ungeeignet würde. Damals (vor 1960) gab es die Nahrung des Seehundes, Plattfische und Garnelen, jedenfalls im Überfluß. Es lagen daher keine Gründe für

eine Abwanderung vor. Der jährliche Zuwachs betrug etwa 25% der Population, dies wäre als normal zu bezeichnen. Die einzige erkennbare Ursache für den Rückgang wäre der hohe Zoll, den die Jagd alljährlich forderte. Über das Konzessionssystem konnte man allerdings nicht genau feststellen, wie viele Seehunde tatsächlich getötet wurden, da die geschossenen Jungtiere recht häufig sanken, bevor sie geborgen werden konnten. Alles in allem kamen mehr Seehunde ums Leben, als die Abschußstatistik angab. Es kam hinzu, daß wegen des wertvollen Pelzes fast ausschließlich auf junge, wenige Monate alte Tiere Jagd gemacht wurde. Das bedeutete, daß alljährlich über die natürlichen Winterverluste hinaus ein großer Teil des Nachwuchses ums Leben kam. Damit könnte man den starken Rückgang sehr wohl erklären. Die Abschußquote wurde in den Niederlanden 1960 und 1961 stark gesenkt, und 1962 wurde die Seehundsjagd ganz eingestellt. Seitdem ist der Seehund im niederländischen Teil des Wattenmeeres unter Schutz gestellt. Die Wirkung dieser Maßnahme zeigte sich in der allmählichen Zunahme des Bestandes bis einschließlich 1968, wenn auch das Wachstum langsamer vor sich ging, als man erwartet hatte. Es ist jedoch möglich, daß die Jungen, die im niederländischen Teil des Wattenmeeres geboren

178 *Störung einer Gruppe von Seehunden und Eiderenten*

wurden, im deutschen und dänischen Teil erlegt wurden. Die Untersuchung hatte gezeigt, daß in den Niederlanden markierte Jungtiere sich im Winter u. a. über das ganze Wattenmeer bis Esbjerg hin verbreiteten. Dies bedeutet, daß wir eigentlich gemeinsam mit Deutschland und Dänemark den Seehundsbestand des ganzen Wattengebietes kontrollieren und lenken sollten. Erst 1970 kam eine gute Zusammenarbeit zustande.

Rückgang   Seit 1968 beobachten wir einen neuen Rückgang des Bestandes. 1968 hatte man noch fast 1500 Tiere gezählt, nach fünf Jahren wir die Zahl auf etwa 1000 gesunken. Erneut mußten alle möglichen Ursachen erwogen werden. Erhebliche Veränderungen des Lebensraumes gegenüber 1958 waren nicht festzustellen. Natürlich hatten sich von 1958 bis 1968 einige Sandbänke verlagert, und einige Priele hatten ihre Breite oder Tiefe verändert, aber für Seehunde war das Watt nach wie vor geeignet.

Anscheinend hat sich das Nahrungsangebot etwas verändert. Quantitative Angaben darüber gibt es nicht, doch ist bekannt, daß im Wattenmeer weniger Plattfische, vor allem Butt, gefangen werden als früher. Auch weiß man, daß der Garnelenbestand seit 1963 fortgesetzt abgenommen hat. Die Schweinswale, die früher oft zu sehen waren, kommen jetzt im Wattenmeer nicht mehr vor. Dies hängt wahrscheinlich mit dem weitgehenden Verschwinden ihrer Nahrungstiere, Hering und Makrele, zusammen.

Die Sterblichkeit unter den Seehunden ist erheblich, namentlich unter den neugeborenen und einjährigen Tieren. Weil mehr Menschen von der Untersuchung wissen, gehen mehr Meldungen über tote Seehunde ein als früher. 1973 waren von 46 untersuchten Tierleichen 20 jünger als ein Jahr; 1974 war das Verhältnis ähnlich. In diesen Jahren fanden wir 11 *zu früh geborene* Junge, die noch ganz oder teilweise von dem langhaarigen weißen Flaum bedeckt waren, der normalerweise kurz vor oder während der Geburt ausfällt. Das mittlere Gewicht dieser Tiere war rund 5 kg, das ist etwa die Hälfte des normalen Geburtsgewichtes. Die mittlere Länge lag unter 75 cm, normal sind 85 cm. Bei den übrigen jungen Robben lagen verschiedene Todesursachen vor. Einige *verhungerten*, wahrscheinlich, weil sie ihre Mutter verloren, andere *ertranken* in Reusen oder wurden *geschossen*. Ferner wurden *angeborene Defekte* und *Parasitenbefall* festgestellt. Die Exemplare im Alter von 6 bis 12 Monaten waren fast alle durch Parasitenbefall eingegangen. Aller Wahrscheinlichkeit nach ist dies jedoch

nicht die direkte Todesursache. Ein solcher Befall tritt nämlich vor allem dann auf, wenn die Widerstandskraft des Seehundes aus anderen Gründen stark abgesunken ist.

Die wichtigsten Parasiten sind der Lungenwurm, der Bandwurm, der Herzwurm und die Seehundslaus. In den letzten Jahren sind Infektionen mit Parasiten viel häufiger und schlimmer geworden. Die jährliche Zunahme der Population ging von 25 % auf höchstens 15 % zurück. Dies wurde teils bewirkt durch eine beträchtliche Anzahl zu früh geborener Jungen, die nicht lebenstüchtig zu sein scheinen, andere Ursachen sind noch nicht deutlich nachweisbar.

Bei den Seelöwen an der kalifornischen Küste (5-) werden bei den zu früh geborenen Jungen und ihren Muttertieren sehr hohe Konzentrationen von chemischen Stoffen wie PBC (polychloriertes Biphenyl) und DDT in Leber, Speck und Gehirn angetroffen. Auch die Untersuchung von toten Seehunden aus dem Wattenmeer auf *giftige Stoffe* ergab sehr hohe Gehalte an PBC, Quecksilber und Selen. Welche Auswirkungen dies für die Seehunde hat, weiß man noch nicht ganz genau, sicher ist jedoch, daß hohe Konzentrationen solcher Residuen, die am Ende einer Nahrungskette stehen, für Tiere wie den Seehund besonders gefährlich sein können. In Leber und

179 *Toter Seehund*

Gehirn eines achtjährigen Seehundes, der sein ganzes Leben in einem Tierpark zugebracht hatte, war der Quecksilbergehalt wesentlich niedriger als bei Seehunden aus dem Watt. Außer den Giften, deren Wirkung noch nicht genau abzuschätzen ist, stellen die Störungen einen schädlichen Faktor dar. Sie entstehen vor allem durch den Wassersport mit Booten, der gerade dann am stärksten ist, wenn die Jungen geboren und gesäugt werden. Auch Sportflugzeuge und Düsenjäger, besonders wenn diese tief über die Sandbänke streifen, sind eine Störungsquelle, ebenso die Krabbenfischerei dicht an den Seehundsbänken, das massenhafte Wattwandern und alle Tätigkeiten, die mit der Gas- und Ölgewinnung zusammenhängen. Dies Problem kann nur durch Befriedung der Seehundsbänke, vor allem in der Wurf- und Säugezeit, gelöst werden.

Internationale Zusammenarbeit   Weil man die Seehundspopulation im niederländischen, deutschen und dänischen Wattenmeer als Einheit behandeln muß, ist eine internationale Zusammenarbeit bei der Forschung notwendig. Die 1963 in Niedersachsen begonnenen Zählungen werden seit 1970 in gleicher Weise wie in den Niederlanden ausgeführt. Die Ergebnisse der Zählung in Niedersachsen sind:

Jahr	Anzahl	Jahr	Anzahl
1963	1899	1970	1399
1964	1965	1971	1282
1965	1670	1972	1441
1966	1744	1973	1276
1967	1665	1974	1240
1968	1541	1975	1121
1969	1347	1976	982

Seit 1972 werden auch hier, mit Ausnahme kranker Stücke, keine Seehunde mehr gejagt; es ist möglich, daß dadurch der Bestand in den Niederlanden nicht mehr weiter zurückgegangen ist.

Mit Schleswig-Holstein kam diese Zusammenarbeit noch später in Gang. Der Seehundsbestand schwankt hier schon seit Jahren um die 1500 Exemplare. Auf der Seehundskonferenz auf Helgoland 1974 wurde vereinbart, die Seehundsjagd in Schleswig-Holstein vorläufig einzustellen. Der größte Teil des Bestandes im Wattenmeer wird nun auf gleiche Weise erforscht und beaufsichtigt.

Im dänischen Wattenmeer hat noch keine systematische Untersuchung stattgefunden. Die Zahl der Seehunde in diesem Teil des Wattenmeeres wird auf etwa 500 geschätzt. Es werden etwa 75 Robben im Jahr erlegt. 1975 hat man auch hier in begrenztem Rahmen mit der Forschung begonnen. Aus alledem ergibt sich, daß die Gesamtzahl der Seehunde im ganzen Wattengebiet 1974 etwa bei 3740 lag. Der Rückgang war am größten in den Niederlanden, gefolgt von Niedersachsen, während im übrigen Wattenmeer die Zahl der Seehunde wahrscheinlich gleichgeblieben ist.

181   *Behandlungszentrum für kranke junge Seehunde. Nach der Behandlung werden sie im Wattenmeer wieder freigelassen.*

Im Verlauf der Evolution haben sich verschiedene Landtiere an das Leben im Meer mehr oder weniger angepaßt. Bei den Vögeln richtet sich diese Anpassung in erster Linie darauf, die im Meer vorhandene Nahrung auszunutzen. Mit der Entfernung von der Küste wird der Lebensraum extremer, und die wenigen Vogelarten, die dort noch leben können, sind sehr stark spezialisiert. Dies gilt für die Weltmeere, aber – in viel kleinerem Maßstab – auch für das Wattenmeer. Es ist nicht verwunderlich, daß ein so nahrungs- und abwechslungsreiches Gebiet wie das Wattenmeer eine große Vielfalt an Vögeln aufweist.

Anpassung Zwei Umweltfaktoren auf dem Watt unterscheiden sich völlig von den Bedingungen auf dem Festland: Es ist salzig und naß. Mit jedem Nahrungshappen, den ein Vogel auf dem Watt frißt, nimmt er auch Salz auf. Bei der Eiderente macht dies 40 bis 60 g pro Tag aus, das sind etwa 2 bis 3 % ihres Körpergewichts. Das Salz, das etwa auf dem Meer beim Trinken aufgenommen wird, ist darin nicht enthalten. Unsere Nieren wären nicht in der Lage, derartige Mengen zu verarbeiten, und hinsichtlich der Salzausscheidung sind die Vogelnieren noch weniger leistungsfähig als die von Säugetieren. Vögel besitzen jedoch am Kopf über den Augenhöhlen ein Paar Drüsen, die das überschüssige Salz rasch aus dem Blut entfernen können. Diese Drüsen sind bei Seevögeln sehr groß (11-). Über die Nase läuft die ausgeschiedene klare, konzentrierte Salzlösung zur Schnabelspitze, von wo der Tropfen, gewöhnlich mit einer charakteristischen Schüttelbewegung des Kopfes, weggeschleudert wird. Wenn man das einmal bei einem ruhenden Vogel, der kurz zuvor gefressen hatte, beobachtet hat, zum Beispiel bei einer Silbermöwe in einem Hafengelände, dann erkennt man dieses Verhalten leicht bei allen Wattvögeln im Gelände wieder.
Experimente, bei denen man Wattvögel die Wahl ließ zwischen Trinkwasser mit verschiedenem Salzgehalt, ergaben, daß alle Arten dem am wenigsten salzhaltigen Wasser doch den Vorzug gaben. Einzelne Arten, wie die Brandente, die Ringelgans und die Möwen, fliegen denn auch, wenn sich die Gelegenheit bietet, dorthin, wo Süßwasser vom Land abfließt, um zu trinken. Sie suchen dazu auch binnendeichs gelegene Wasserflächen auf; die meisten Arten tun dies jedoch nicht, sondern trinken Seewasser (13-).
Die relativ kleinen Vögel können ihre Körpertemperatur, die noch einige Grade über der des Menschen liegt, durch das hervorragend isolierende Federkleid einhalten. Dieses enthält eine große Menge Luft, die durch eine sehr große Zahl winziger Öffnungen mit der Außenluft in Verbindung steht. Wenn diese Luft von Wasser verdrängt wird, dann funktioniert die Isolierung nicht mehr, und der Vogel stirbt bald an Unterkühlung. Die Isolierwirkung tritt also nur bei trockenem Federkleid ein. Das poröse Gefieder der Wattvögel ist besonders wasserabweisend. Bei tauchenden Vögeln können die Federn das Eindringen von Wasser selbst unter Druck verhindern. Die Federn schließen bei allen Bewegungen des Vogels dicht zusammen; die Durchmesser der Federstrahlen und die der Öffnungen dazwischen sind so bemessen, daß das Wasser nicht eindringen kann (9-, 10-). Alles ist mit einer moleküldicken Schicht eines wasserabweisenden Stoffes überzogen, den die Bürzeldrüse liefert. Die Eigenschaften des Federkleides sind genau auf die spezifische hohe Oberflächenspannung des Wassers abgestimmt. Gegen Flüssigkeiten mit niedrigerer Oberflächenspannung wie Alkohol, Benzin oder Öl besitzt das Federkleid überhaupt keinen Schutz; diese Stoffe dringen sofort durch die Federn und verdrängen dort die Luft. Auch geringe Mengen anderer oberflächenspannungsmindernder Stoffe im Wasser können die wasserabweisende

182 *Eiderentenpaar*

183 *Feder eines Säbelschnäblers (Ausschnitt)*

Fähigkeit der Federn und damit die Überlebenschancen des Vogels gefährlich herabsetzen.

So gerüstet für einen langen Aufenthalt in einer schutzlosen, feuchten und salzigen Umgebung, suchen die Vögel die Nahrungsquellen des Watts, jeder auf seine Weise, auszunutzen.

Nahrungsökologie Manche Vögel sind hinsichtlich ihrer Nahrungssuche zeitlich ganz von den Gezeiten abhängig. Zu dieser Gruppe gehören alle Watvögel, die Ringelgans, die Brandente und die Schwimmenten. Die Watvögel laufen über den Wattboden, wenn er bei Niedrigwasser begehbar wird, und suchen dabei nach Nahrung, die anderen tun das beim Laufen oder Schwimmen im flachen Wasser, wobei sie mit ihrem Schnabel den Grund erreichen können. Eine andere Gruppe ist dem Leben auf dem Meer stärker angepaßt und daher von den Gezeiten unabhängig. Hierzu gehören Eiderenten, Säger und Kormorane, die von der Wasseroberfläche aus nach Nahrung tauchen, und die Seeschwalben, die dazu aus der Luft herabstürzen. Die Möwen kann man zu beiden Gruppen rechnen. Sie können je nach den Umständen ihre Nahrung sowohl laufend als auch fliegend ergreifen.

Der tägliche Rhythmus der Vögel, die bei Niedrigwasser auf dem trockengefallenen Watt Nahrung suchen, wird von den Gezeiten bestimmt. Zweimal täglich kann einige Stunden gefressen, zweimal muß geruht werden. Da sich die Gezeiten täglich etwa um eine Stunde verschieben, treten Anfang und Ende dieser Perioden entsprechend später ein. Während der erzwungenen Ruhezeiten konzentrieren sich die Vögel auf den Hochwasserrastplätzen. Sie sammeln sich überwiegend artenweise; dadurch kann man einen Eindruck von der Zahl der Vögel erhalten, die sich bei Niedrigwasser auf den weiten Wattflächen verteilen.

Die rastenden Scharen von Austernfischern, Pfuhlschnepfen, Knuts und Alpenstrandläufern können an vielen Stellen des Wattengebietes manchmal zehntausend und mehr Individuen umfassen; sie geben einen großartigen Eindruck vom Vogelreichtum dieser Landschaft. Ein merkwürdiges Bild bietet die Luftakrobatik von Schwärmen, die vorzugsweise von Strandläufern in der Nähe der Rastplätze ausgeübt wird. Auf Entfernungen von über zehn km kann man große Strandläuferschwärme wie einen Rauchpilz sehen. Die Vögel schwenken, steigen und fallen wie auf Kommando, wobei einmal die dunklen Rücken, dann wieder die hellfarbigen Unterseiten zu sehen

184 *Meerstrandläufer mit Salztropfen am Schnabel*

185 *Alpenstrandläufer*

186 *Nahrungssuchende Wattvögel*
187 *Tangfressende Ringelgänse*

sind, und die Schwärme sich ganz aufzulösen scheinen. Der Sinn dieser Manöver ist noch nicht hinreichend geklärt.

Man kann schwer angeben, welchen Forderungen ein Hochwasserrastplatz genügen muß. Ganz deutlich ist, daß die Vögel nicht gestört werden wollen, deshalb suchen sie recht offene Plätze auf, an denen sie nahende Störungen von weitem wahrnehmen können. Große Rastplätze liegen häufig auf bestimmten Strandflächen oder Vorlandrändern, aber auch auf Inseln, binnendeichs auf nackten Äckern und sogar in niedrigem Dünengelände. Beim Aufsuchen eines Rastplatzes bilden sich bald Gewohnheiten heraus. Knuts und Brachvögel sind gegen Störungen am meisten empfindlich, aber auch weniger scheue Arten wie Austernfischer und Lachmöwen wechseln schon nach wenigen Störungen auf andere Rastplätze über, wobei sie eventuell auch andere Nahrungsflächen aufsuchen müssen.

Nachts bleiben die Hochwasserrastplätze oft leer. Die Vögel bleiben dann lieber nahe an der Wasserlinie, oder sie stehen im flachen Wasser. Man kann sich vorstellen, daß dies eine instinktive Vorsichtsmaßnahme gegen herumschleichende Raubtiere ist.

188 *Hochwasserrastplatz des Alpenstrandläufers*
190 *Hochwasserrastplatz des Knuts*

189 *Große Brachvögel und Pfuhlschnepfen*

Gezeitenrhythmus Die Vögel überwinden die Entfernung zwischen den Rastplätzen und den Nahrungsgründen meist fliegend. Die Tiere verlassen die Rastplätze nicht gleichzeitig; manchmal kann man länger als eine Stunde lang den gerichteten Abflug beobachten, und auch die Rückkehr nimmt ziemlich lange Zeit in Anspruch. Vögel, die zu früh abfliegen, gruppieren sich wohl in Erwartung eines niedrigeren Wasserstandes auf Nahsammelplätzen. Ebenso finden sich Vögel, die früh mit der Nahrungssuche fertig sind, manchmal auf Vorversammlungsplätzen ein, bevor sie gemeinsam zum endgültigen Rastplatz abfliegen. Die Vögel legen meist nur einige Kilometer fliegend zurück. Manchmal liegen Nahrungs- und Rastplätze 5 bis 10 km auseinander, und Watvögel fliegen manchmal noch weiter. Möwen fliegen regelmäßig an die 20 km. Auf den ersten Blick sind diese Flüge schwer zu unterscheiden vom echten Vogelzug, der immer viel weiter geht. Beim Gezeitenflug fliegen die Vögel ziemlich niedrig, während der echte Zug oft in großer Höhe stattfindet.

Auch die Eiderenten, die bei Hochwasser nicht an Land gehen, richten sich nach den Gezeiten. Bei Hochwasser treiben sie oft in dichten Scharen auf dem Wasser. Mit dem Ebbstrom lassen sie sich bis zu den Herz- und Miesmuschelbänken treiben, wo sie fressen und dann während des Niedrigwassers in kleinen Gruppen an den Prielrändern rasten. Mit dem auflaufenden Wasser treiben sie ein zweites Mal über die Nahrungsgründe, um zu fressen, worauf sie bei Hochwasser wieder in großen Gruppen umhertreiben.

Tag- und Nachtrhythmus Die meisten Landvögel zeigen einen deutlichen Tag- und Nachtrhythmus. Bei den Watvögeln herrscht der gezeitenbedingte Rhythmus von Freß- und Ruheperioden vor, unabhängig von Tag und Nacht. Im Spätsommer legen Watvögel bei Einbruch der Dämmerung manchmal eine Art Ruhepause ein; sie können aber auch in sehr dunklen Nächten auf den reicheren Nahrungsgründen Würmer und Muscheln erbeuten. Auch Eiderenten fressen in normalen Nächten, nur Möwen ruhen durchgehend auf dem Wasser.

Nahrungsgründe Die meisten Arten suchen ganz bestimmte Plätze auf, um ihre Nahrung zu suchen. Platen und Strände, die aus fast reinem, schlickfreiem Sand bestehen, sind für den Dreizehenstrandläufer die artgemäße Nahrungsfläche, während dies für Säbelschnäbler und Brandente gerade die sehr schlickigen Teile des Watts sind.

Der größte Teil der trockenfallenden Flächen besteht aus

mehr oder weniger gemischten Böden, und hier gehen denn auch die meisten Arten auf Nahrungssuche, sobald das Wasser genügend abgelaufen ist.

Viele Arten folgen sowohl bei auf- als auch bei ablaufendem Wasser der Wasserlinie. Regenpfeifer suchen das trockenfallende Watt, Rotschenkel und Grünschenkel die zurückbleibenden Lachen und Kleinpriele bevorzugt auf. Ein Spezialist wie der Austernfischer merkt sich die Stelle mit einem reichen Nahrungsangebot. Wenn diese Stelle bei starken Winden aus N oder W viel später oder gar nicht vom Wasser freigegeben wird, kreisen die Austernfischer viele Male über dem gewohnten Platz, bevor sie eine andere Stelle aufsuchen. Dies zeigt, daß sie sich auch über einer eintönigen Wasseroberfläche ausgezeichnet orientieren können.

Nahrungssuche Alle Wattvögel benutzen in erster Linie ihre Augen, um Beute aufzuspüren, die dann stets mit dem Schnabel ergriffen wird. Viele Beutetiere sitzen aber unter losen Muschelschalen, Tang und dgl. versteckt, oder sie leben im Boden. Mehrere Vogelarten haben eigene Methoden entwickelt, um auch diese Nahrungsquelle nutzen zu können. Einige haben eine sehr empfindliche Schnabelspitze, mit

191 *Brandenten*

der sie den Untergrund abtasten, andere bewegen lose Gegenstände von ihrem Platz fort, so daß die versteckte Beute
sichtbar wird, oder sie jagen die Beute aus dem Versteck,
um sie dann zu ergreifen. Wir sprechen zwar von Augenjägern,
Tastjägern und Stöberjägern, müssen aber daran denken,
daß eine Art oft auf verschiedene Weise jagt (19-).
In der Gezeitenzone gehören in erster Linie die Regenpfeifer
und die Möwen zu den typischen *Augenjägern*. Die im flachen
Wasser jagende Möwe erhebt in typischer Weise ihren Kopf,
wodurch sie ihr Gesichtsfeld vergrößert. Auf trockenem
Boden laufen die Tiere gebückt, wobei der Schnabel sofort
vorschnellen kann, sobald ein Beutetier sich bewegt. Die
Möwen sind dabei meist in Bewegung. Regenpfeifer stehen
kurze Zeit ganz still, laufen dann sehr rasch ein Stück, manchmal
viele Meter weit, und erstarren dann wieder. Wenn eine
Beute entdeckt wird, folgt ein einmaliges Zupicken, wobei
der Schnabel vorher oft geringfügig abgewendet wird, damit
die Beute mit einem Auge fixiert werden kann. Zum Laufen
und Stillstehen der Regenpfeifer steht die andauernde Bewegung
vieler anderer Arten in scharfem Kontrast, z. B. der Strandläufer,
die ihre Nahrung vorzugsweise ertasten. *Tastjäger* berühren
während des Laufens den Boden mit ihren oft leicht geöffneten
Schnabelspitzen. Wird eine Beute geortet, dann taucht der
Vogel den Schnabel tiefer in den Boden ein, beim Fang eines
Wurmes oft ganz. Die Beute wird dann vorsichtig nach oben
gezogen und, falls Wasser in der Nähe ist, vor dem Schlingen
auch abgespült. Die Tastjäger ergreifen dabei auch Beute,
die nicht versteckt ist, woraus geschlossen werden kann,
daß das Auge auch bei ihnen sicher eine wichtige Rolle spielt.
Einige Watvögel können bei jedem Schritt den Boden vor
sich in einem Bogen abtasten. Vor allem Knuts machen dies
oft ganz systematisch und gruppenweise. Das Wort „Nähen"
bezeichnet ihre auf- und niedergehende Kopfbewegung,
bei welcher der Schnabel jeweils ein Stück in den Boden
dringt, recht gut. Dagegen schwenkt der Säbelschnäbler zum
Tasten seinen Schnabel „mähend" hin und her. Der merkwürdige,
nach oben gekrümmte und stark abgeplattete Schnabel wird
mit der flachen Spitze durch den weichen Boden hin und
her bewegt. Dabei wird jedesmal eine viel größere Fläche
abgetastet als beim Pricken mit der Schnabelspitze. Jeder
vertikal sitzende Wurm, jeder an der Oberfläche sitzende
Krebs oder Fisch wird dabei durch Berührung mit der Schnabel-
kante entdeckt (20-).
Viele Kleintiere verkriechen sich bei Niedrigwasser unter
Tang und losen Schalen. Einige Arten wie Brachvögel, Grün-

192 *Spuren der Nahrungssuche einer Brandente*
193 *Trampelkuhle*

schenkel und die vielseitigen Möwen ergreifen derartige Gegenstände und werfen sie beiseite. Die freigelegten Tiere, vor allem Krebse, suchen schnell ein neues Versteck zu finden, meist vergeblich. Aus dieser Gruppe der *Stöberjäger* sind die Steinwälzer am meisten spezialisiert. Sie werfen alle Gegenstände, die in Frage kommen, routinemäßig um. Große Tangbüschel werden am Rand gepackt und nach und nach wie eine Matte aufgerollt. Die Rollen können so dick werden, daß die Vögel mit der Brust daran stoßen, dann hören sie auf und nehmen das nächste Tangbüschel vor. Die Brandente siebt die alleroberste Bodenschicht mit Hilfe der Lamellen des Schnabelrandes durch. In flachem Wasser kann sie auch die Füße zum Abtragen des Bodens verwenden. Auch Lachmöwen stehen in flachem Wasser auf dem hohen Watt oft nebeneinander und trampeln, wobei sie den Sand mit den Schwimmhäuten der Füße nach vorn schwemmen. Während kurzer Pausen werden die ausgespülten Tiere, vor allem Krebse, aufgepickt, worauf das rückwärtsgerichtete Trampeln weitergeht (18-). Silbermöwen wenden diese Methode zum Ausspülen kleiner Herzmuscheln auf niedrigeren Flächen an, besonders wenn bei kaltem, windigem Wetter keine Spuren zu sehen sind. Junge Garnelen und Grundeln bleiben im Spätsommer bei Niedrigwasser in den Wasserlachen auf den Wattflächen zurück. Beide Arten haben eine ausgezeichnete Schutzfärbung, da sie sich außerdem noch teilweise in den Boden eingraben, sind sie fast unsichtbar. Grünschenkel, in geringerem Maß auch Dunkle Wasserläufer und Rotschenkel, wühlen mit dem Schnabel rasch oberflächlich durch den Boden. Dadurch werden die Beutetiere aufgejagt, so daß sie ergriffen werden können (14-).

Von den unter Wasser fressenden Schwimmvögeln dürften die fischfressenden Arten wohl ausschließlich Augenjäger sein; die Muschelfresser tauchen auch nachts und suchen dann vermutlich mit dem Tastsinn. In trübem Wasser ist die Sicht am Boden ohnehin beschränkt. Die tauchenden Vögel schließen sich gern an Artgenossen an, die offenbar Erfolg haben. Säger fallen manchmal bei fischenden Möwen ein, durch die sie auf einen Fischschwarm aufmerksam gemacht werden. Im Gegensatz zu den Alken und Pinguinen des offenen Meeres, die für die Fortbewegung unter Wasser einfach die Flügel gebrauchen, schwimmen die Tauchvögel des Wattenmeeres ausschließlich mit Hilfe ihrer Füße. Sowie die Füße stillstehen, schießen die Vögel wie Korken wieder an die Oberfläche. Ganz anders arbeiten die stoßtauchenden Seeschwalbenarten. Sie fliegen in einiger Höhe über dem Wasser und richten

zur Fischsuche ihren Kopf abwärts. Wenn sie eine Beute entdecken, stellen sie ihren Körper senkrecht und lassen sich fallen. Die Energie, die nötig ist, um unter Wasser die Beute zu erreichen, erlangen sie so aus dem freien Fall. Wenn der Fisch zu früh verschwindet, können sie ihren Fall abbremsen und in die frühere Höhe zurückkehren. Auch Möwen können stoßtauchen, wenn auch weniger geschickt; sie tun es oft und mit Erfolg.

Bearbeitung der Nahrung   Viele wirbellose Tiere besitzen ein festes, unverdauliches Außenskelett. Vögel, die solche Tiere fressen, schlucken sie meist herunter, ohne sie vorher zu bearbeiten oder zu kauen. In ihrem Muskelmagen, der als Kaumagen arbeitet, werden die Beutetiere geknackt und zu Grus zerkleinert. Eiderenten können sogar die dicken Gehäuse der Strandschnecken zerkleinern. Die weniger auf Muscheln spezialisierten Arten haben nicht so einen starken Muskelmagen, und bei den Fischfressern ist dieses Organ kaum entwickelt. Es fällt daher auf, daß der Austernfischer als typischer Muschelfresser einen schwachen Muskelmagen besitzt, der dem der Fischfresser ähnelt. Der Austernfischer ist jedoch der einzige Wattvogel, der seine Beute systematisch mit dem Schnabel bearbeitet (3-, 4-). Der sehr kräftige Schnabel ist am Ende seitlich abgeplattet. Bei einigen Individuen ist die Spitze scharf meißelförmig, bei anderen mehr stumpf, wie bei einem breiten Schraubenzieher. Die Meißelspitze wird zwischen die Schalen einer Herz- oder Miesmuschel eingetrieben; dann werden die Schließmuskeln der Muschel durchschnitten. Jetzt kann der Vogel das Fleisch aus den geöffneten Schalen lösen und verschlingen (3-, 4-). Die Vögel mit einem stumpfen Schnabel hacken erst ein kleines Loch am Schalenrand, um den Schnabel eintreiben zu können. So werden auch große Strandkrabben geöffnet und geleert. Einzelne Austernfischer haben ein spitzes Schnabelende. Es wird angenommen, daß diese Tiere vorzugsweise Würmer fressen.

Bei den Vogelarten, welche die harten Bestandteile ihrer Beute im Magen zerkleinern, enthalten die Ausscheidungen meist sehr viel Grus. Ein Teil des unverdaulichen Materials wird manchmal in der Form eines Gewölles ausgewürgt. Mit einigem Vorbehalt kann man bei diesen Arten die Zusammenstellung des Speisezettels an Hand der in Kot und Gewölle erkennbaren Skelettreste bestimmen.

Konkurrenz   Die Zahl der Vogelarten auf dem Watt ist größer als die Artenzahl der wichtigen Nahrungstiere. Kein einziger Vogel ist ausschließlich auf ein Beutetier angewiesen. Sei es aus dem Zwang, unterschiedliche Nahrung aufzunehmen, sei es, um dem Risiko einer zeitweisen Verknappung eines einzelnen Beutetieres zu entgehen, können viele Muschelfresser offenbar auch Krebse fangen. Andererseits gibt es zwischen den Vögeln deutliche Unterschiede hinsichtlich der Nahrungsflächen, Fangmethoden und -zeiten sowie der Größe der Nahrungstiere gleicher Art. Sehr kleine Herzmuscheln werden im Sommer von Brandenten aus dem Watt gesiebt. Von den übriggebliebenen, inzwischen gewachsenen holt der Knut im Spätsommer etliche Stück für Stück aus dem Boden. Die größeren Herzmuscheln bilden auf trockenfallenden Flächen eine wichtige Nahrung für den Austernfischer und auf überfluteten Flächen für die Eiderente. Daß die Wattvögel artspezifische Nahrungstiere, -plätze und Fangmethoden haben, bedeutet, daß sie verschiedene Nahrungsquellen effektiv ausnutzen können, ohne dabei in allzu starker Konkurrenz zu leben. Wir sahen, daß sie dazu verschiedenartige Organe und Verhaltensweisen besitzen, die nötig sind, um die Nahrung zu finden, zu fangen und zu verarbeiten. Auch verwandte, äußerlich ähnliche

194 *Speiballen und Fußspur des Großen Brachvogels*
195 *Meißelförmiger und spitzer Schnabel beim Austernfischer*

Arten können sich in dieser Hinsicht unterscheiden (s. Schema). Möwen sind vielseitiger. Sie sind gute Flieger, und ihr Aktionsradius ist viel größer als der anderer Arten. Sie tauchen nach Fischen, und auf dem Watt suchen sie als echte Augenjäger nach Beute. Kleine Muscheln können sie ganz verschlingen. Größere Muscheln zerschlagen sie und fressen sie leer, benötigen dazu aber mehr Zeit als der Austernfischer. Möwen lassen große, harte Muscheln aus großer Höhe auf harten Boden herabfallen, um die Schale zu zerbrechen, dies kann kein anderer Wattvogel. Sie treten notfalls mit den Füßen Nahrung aus dem Boden, offenbar recht erfolgreich. Sie kennen auch den Trick, verborgene Nahrung unter Algen und Treibsel aufzuspüren, wenn sie dabei auch nicht so raffiniert sind wie der Steinwälzer. Wenn ihre Methoden wenig Erfolg bringen, gehen sie dazu über, einer Art, die es besser kann, die Beute zu stehlen. Silbermöwen warten, bis eine Eiderente mit einer großen Strandkrabbe auftaucht, die sie nicht so rasch verschlingen kann, und nehmen sie dann weg. Sturmmöwen verjagen einen Austernfischer in dem Moment, wenn er eine Herzmuschel aufgebrochen hat, oder rauben einer Pfuhlschnepfe einen behutsam herausgezogenen Pierwurm aus dem Schnabel. Die kleineren Lachmöwen stehlen bei den kleineren Bunten

	Boden	Salzgehalt	Nahrung	Aufenthalt im Watt
Meerstrandläufer	steinig	marin	Muscheln Krebse	überwintert
Knut	schlickiger Sand (steinig)	marin	Muscheln Krebse	überwintert, häufiger Durchzügler im Frühling und Herbst
Sanderling	reiner Sand	marin	Würmer Krebse	Durchzügler im Frühjahr und Herbst; überwintert
Alpenstrandläufer	schlickiger Sand (Schlick)	marin (Brackwasser)	Würmer Krebse	Durchzügler im Frühjahr und Herbst; überwintert
Sichelstrandläufer	Schlick (schlickiger Sand)	Brackwasser (marin)	Würmer Krebse	nur als Durchzügler im Spätsommer

Strandläufern. Vom Menschen geschaffene neue Nahrungsquellen wie bei der Fischerei oder Abfallhaufen wissen die Möwen gut zu nutzen (12-). Es sind also recht behende, vielseitige und lernfähige Vögel, die auch dadurch, daß man sie gelegentlich Eier und Jungen anderer Vögel fressen sieht, bei einigen Menschen wenig beliebt sind. Im allgemeinen werden die Auswirkungen ihres Verhaltens aber gewaltig übertrieben, und die düsteren Prophezeiungen über die Alleinherrschaft der Möwen sind bisher nicht eingetroffen.

Vogel und Mensch Von den Wattvögeln sind nur Ringelgans und Pfeifente Vegetarier, die Schwimmenten ernähren sich teilweise von Pflanzenstoffen; alle anderen Arten sind Fleischfresser. Die Nahrung der letzteren besteht zu etwa 6 % aus Borstenwürmern, zu 12 % aus Krebsen, zu 72 % aus Muscheln und zu 10 % aus Fischen. Im ganzen Wattenmeer konsumieren diese Vögel im Mittel etwa 3 bis 4 g Trockengewicht an Fleisch je m² im Jahr (16-), auf nahrungsreichen Flächen natürlich viel mehr, auf armen sandigen Gebieten und in den tieferen Teilen viel weniger.

Der Mensch nutzt im Watt die gleichen Tiergruppen, ist aber doch eigentlich kein direkter Konkurrent der Vögel. Von den Würmern nutzt er nur die beiden größeren Arten, Pierwurm und Seeringelwurm. Der erste ist im Überfluß vorhanden, der andere ist für Vögel wenig wichtig. Von den Krebsen fängt der Mensch nur die großen Garnelen im tieferen Wasser, welche die Vögel nicht mehr fangen können. Die Vögel fressen außerdem auch die Strandkrabben und alle kleineren Krebstiere. Bei den Muscheln ist der Mensch vor allem an den größeren Exemplaren der Miesmuschel interessiert, die für Vögel nicht mehr geeignet sind. Vogel und Mensch konkurrieren wohl um die Herzmuschel, sie nutzen gleichgroße Tiere am gleichen Ort. Infolge der großen natürlichen Schwankungen des Bestandes ist die Werbung um die Herzmuscheln problematisch, sie sollte im Interesse der Vögel vielleicht besser eingestellt werden.

Von den Fischen nutzt der Mensch nur die großen Exemplare einzelner Arten, die für Vögel nicht wichtig sind. Der Mensch entnimmt dem Watt weniger als die Hälfte der Fleischmenge, welche die Vögel verbrauchen. Die Vögel haben während ihrer Entwicklung in Zehntausenden von Jahren eine längere Erfahrung in der Nutzung von Watten und Mündungstrichtern erworben. Sie sind daher auch viel erfolgreicher als der Mensch, der auf dem Watt ein Neuling ist. Bei der Nutzung vernichtet der Mensch nicht nur Teile der Umwelt wie beim Pierwurmgra-

ben, sondern auch große Mengen von Jungtieren oder von
wirtschaftlich uninteressanten Arten. Die Fischerei des Menschen
im Watt wirkt sich denn auch sicher negativ aus.

Brutgebiete Nach Stärke und Richtung wechselnde Winde
bewirken im Watt unregelmäßigen Wellengang und unvorher-
sehbare Wasserstände; dies ist sicher die Ursache dafür,
daß Vögel, die auf selbstgebauten Inseln oder treibenden
Nestern brüten, im Watt nicht vorkommen. Keine einzige
Vogelart hat sich so weit anpassen können, daß sie im eigentlichen Wattenmeer brüten könnte. Nur relativ wenige Arten
der Wattvögel brüten auf den höheren Sandbänken, den
Dünen oder im Vorland an den Rändern des Raumes. Die
für das Watt besonders typischen Arten haben in ihrer Brutzeit
gar keine Verbindung zum Wattenmeer. Das Gesamtareal
der Brutgebiete beginnt in geringer Entfernung im S des
Wattengebietes und reicht bis an die äußersten Gestade des
Nordpolarmeeres von 85° w.L. bis 110° ö.L. Die enorme
Ausdehnung des Brutareals der Vogelarten, die einen Aufenthalt
im Wattenmeer aus ökologischen wie aus historischen Gründen
in ihren Jahreskreislauf eingefügt haben, unterstreicht die
ornithologische Bedeutung dieses Raumes.

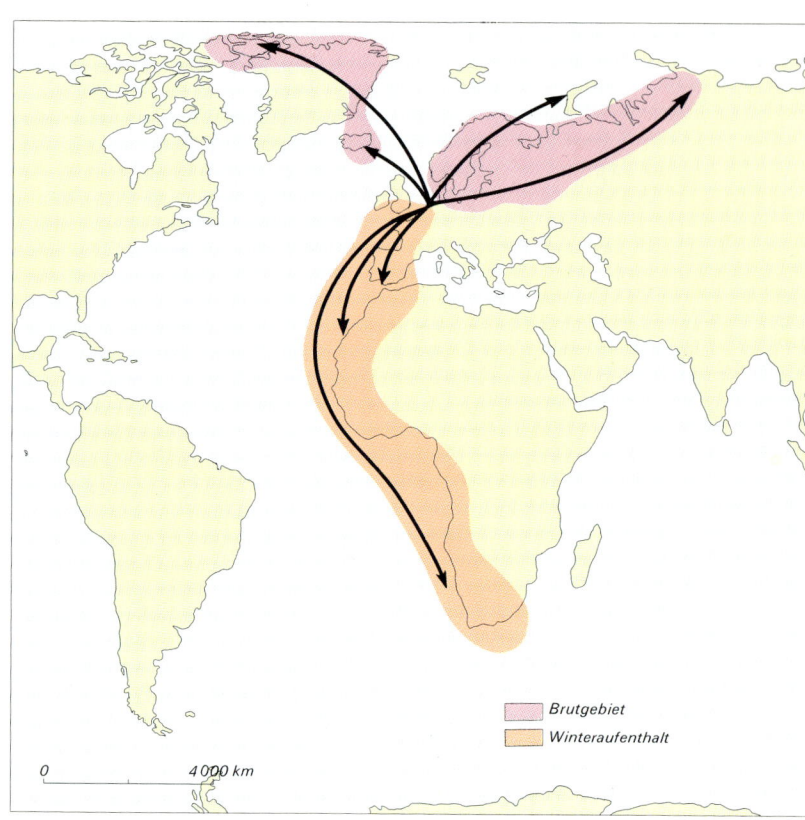

Brutgebiet
Winteraufenthalt

0   4000 km

198 *Brütender Säbelschnäbler*

Wanderungen Aus dem Gesagten geht hervor, daß einige
Arten zweimal im Jahr eine riesige Entfernung überwinden,
um vom Brutgebiet zum Wattenmeer und zurück zu fliegen.
Dabei zeigen sich zwischen den Arten große Unterschiede:
Während Austernfischer aus der Nähe der Wattlandschaft
nur ein kleines Stück fliegen müssen, um das Watt zu erreichen,
müssen ihre Artgenossen, die im N an den Küsten der Barentssee
und des Weißen Meeres brüten, an die 2000 km fliegen.
Die entlang der kahlen Westküste der Taimyr-Halbinsel
in Sibirien nistenden Ringelgänse (21-) und die weiter in
der Tundra brütenden Pfuhlschnepfen leben dort während
des kurzen Polarsommers 4000 km vom Wattenmeer entfernt.
Auf ihrem Fluge hin und zurück können sie vielleicht irgendwo
eine Rast machen, größtenteils jedoch ist das dazwischenliegende
Gebiet für diese Vögel ganz ungastlich. Noch krasser gilt
dies für die Steinwälzer und Knuts, die im äußersten N Kanadas
auf der Ellesmere-Insel brüten. Auf ihrem Weg zu den Brutgebieten legen sie zunächst 2500 km über den Nordatlantik zurück,
das bedeutet einen ununterbrochenen Flug von fast zweimal
24 Stunden. Es ist nicht bekannt, ob die Tiere danach immer
ausruhen können, aber nachdem sie die öde Küste Grönlands
erreicht haben, liegen noch 1500 km vor ihnen, größtenteils

197 *Verbreitungsgebiet von Vögeln des Wattenmeeres*

über das hohe, lebensfeindliche grönländische Inlandeis.
Diese Flüge erfordern schier unglaubliche Leistungen. Weniger
augenfällig, aber ebenso großartig ist es, daß diese Vögel
kurz vor ihrem Abflug eine Fettreserve anlegen können,
die dem Gewicht des mageren Körpers entspricht. Das Wattenmeer ist längst nicht für alle Wattvögel das endgültige Winter-
quartier, viele Arten fliegen nach einiger Zeit weiter an die
britische Küste, oder sie verbringen die Wintermonate an
den atlantischen Küsten Europas oder Afrikas (Abb. 197).
An ihre Stelle treten dann z.T. andere Arten, die rund um
die Ostsee den Herbst und frühen Winter verbringen, bis
das Eis sie vertreibt.

Viele Arten ziehen im Sommer und im frühen Herbst in
das Wattenmeer, um hier zu mausern. Die jährliche Erneuerung
des gesamten Federkleides ist ein sehr einschneidendes Ereignis.
Angesichts der vielen Schwierigkeiten, die gefangene Vögel
bei der Mauser haben, können nur Tiere, die sich in einem
guten Zustand und in einer optimalen Umgebung befinden,
sie gut durchstehen. Während der Mauser ist die Wärmeisolierung
leicht herabgesetzt und das Flugvermögen nicht optimal.
Für die Mauser ist daher die Wahl eines ruhigen und nahrungsreichen Raumes ebenso wichtig wie für die Brutzeit und für
die Zeit, die dem Zug vorangeht. Einzelne Arten, wie die
Enten, wechseln alle Schwungfedern gleichzeitig und können
dann einige Wochen lang überhaupt nicht fliegen. Wenn
die Weibchen noch brüten, versammeln sich die Erpel der
Eiderenten schon an ruhigen Plätzen im Wattenmeer, um
gruppenweise zu mausern. Sogar aus dem Ostseegebiet kommt
ein Teil der Eiderenten dazu ins Wattenmeer, wodurch deren
Anzahl schon im Juni merklich zunimmt (5-). Nach und
nach mausern die Erpel alle Körperfedern, wobei das Prachtkleid
durch das dunklere Schlichtkleid ersetzt wird; anschließend
wechseln sie alle Flugfedern gleichzeitig, und wenn sie das
Flugvermögen wiedererlangt haben, wechseln sie nochmals
alle Körperfedern, worauf sie im Oktober–November wieder
im Prachtkleid erscheinen.

Von Ende Juni bis in den August erfolgt in Westeuropa
ein auffallender Zug der Brandenten, die sich zur Mauser
im deutschen Wattengebiet zwischen den Mündungen der
Weser und Eider sammeln. Hier konzentrieren sich wohl
100 000 Vögel in einem recht eng begrenzten Raum zum
Federwechsel. Vor allem das Gebiet des Großen Knechtsandes
ist ein bekannter Mauserplatz. Die Brandenten kommen nicht
allein aus dem Wattenmeer, sondern aus dem ganzen Nordseeraum
und sogar aus Frankreich, Irland und den Ostseeländern.

Nur an wenigen anderen Stellen im Wattenmeer bleiben
in einzelnen Jahren erwachsene Brandenten in geringer Zahl
zurück, ferner in den Flußmündungen Seelands und Englands.
Die große Masse zieht Jahr für Jahr zu den traditionellen
und ökologisch sicher auch günstigen Plätzen im deutschen
Watt. Der Mauserzug wird bei vielen Arten durch die Herbstwanderung überlagert, in der er als Unterbrechung erscheint,
bei der Brandente jedoch ist er deutlich ein besonderes Geschehen (2-).

Ungeachtet der Tatsache, daß fast der ganze Vogelbestand
des Watts aus Zugvögeln besteht, kann man den eigentlichen
Vogelzug schwer beobachten, weil er für das Auge durch
die täglich viermal auftretenden Gezeitenflüge überlagert
wird. Es ist daher üblich, den Zug durch die Angabe der
zahlenmäßigen Zu- oder Abnahmen zu beschreiben. Dabei
kann der Durchzug jedoch erheblich unterschätzt werden.
Sogar in Perioden, in denen die Zahlen gleichbleiben, kann
ein Zug stattgefunden haben: Es ist ja denkbar, daß täglich
ebenso viele Vögel wegziehen wie andere ankommen.
Dies muß tatsächlich aus der Zusammensetzung der Vogelpopula-
tionen gefolgert werden. Weil die verschiedenen Altersgruppen
und z.T. die Geschlechter eine verschiedene Zugzeit haben,

199 *Mausernde Brandenten auf dem Großen Knechtsand*

kann man – bei gleichbleibender Vogelzahl – die Veränderung in der Zusammensetzung doch erkennen.

Beim Mauserzug der Brandenten, der sich über eine ziemlich lange Zeit erstreckt, kommen erst die jungen Vögel und nach einigen Wochen die erwachsenen Tiere an. Wenn der Rückflug der Jungen schon in vollem Gange ist, nimmt die Zahl der Tiere am Mauserplatz durch die Ankunft von erwachsenen Vögeln noch zu. Vom Bunten Strandläufer und vielen anderen nördlichen Watvögeln treffen im Spätsommer zuerst die erwachsenen Tiere und bis zu vier Wochen später die jungen Vögel ein. Auch im Frühjahr während des Rückflugs ziehen zuerst die alten Vögel in die Brutgebiete und erst dann die jungen. Da ein Teil der Vögel weiter im Süden überwintert und dann durch das Watt zieht, kommt es manchmal vor, daß in der Zugzeit die Zahl der jungen Vögel sowohl relativ – durch Fortzug der alten Tiere – als auch absolut – durch Ankunft weiterer Jungen – zunimmt. Eine Übersicht über die Jahreszeiten, in denen verschiedene Zugvogelarten im Watt vorkommen, gibt Abb. 200.

Durch den Zug verschiebt sich die Zusammensetzung der Vogelbevölkerung im Watt laufend. Dabei kommt und geht jede Art nach einem anderen Verhaltensmuster.

Geographische Unterschiede   Infolge von Unterschieden im Nahrungsangebot, Bodenbeschaffenheit, Wassertiefe, Salzgehalt und Ausmaß des Schutzes kommen auf kleinem Raum beträchtliche Unterschiede im Vogelbestand vor. Solche Unterschiede gibt es überall im Wattenmeer. Die oben beschriebene Konzentration von Brandenten während der Mauser im Gebiet zwischen Weser und Eider ist jedoch eindeutig geographisch bedingt.

Die ersten Ringelgänse kommen etwa Ende August–Anfang September im Wattenmeer an (1-, 7-). Das Gros trifft im dänischen Teil schon im September–Oktober ein, im deutschen und niederländischen Teil erst im November. Im Winter fehlen die Ringelgänse im dänischen Teil fast ganz, im deutschen Watt halten sich viel weniger auf als im Herbst, aber im niederländischen Teil nehmen die Zahlen kaum ab. Die Frühjahrszunahme beginnt im ganzen Gebiet im März, während die größte Anzahl im April und Mai zu sehen ist. Schon in der zweiten Maihälfte nehmen die Zahlen wieder ab, und die letzten Vögel verlassen das Watt überall in der ersten Juniwoche. Im niederländischen Teil ist die Anzahl der Vögel im April–Mai jedoch zweimal so groß wie im Herbst, im deutschen Teil ist sie gleich oder etwas kleiner und im dänischen

Sommergäste
Wintergäste
Jahresgäste

jan febr märz apr mai juni juli aug sept okt nov dec

200 *Zahlenverhältnis verschiedener Vogelarten im Laufe des Jahres*

201 *Durch DDT-Vergiftung gelähmte junge Lachmöwe*

Teil nur ein Bruchteil der Herbstzahl. Sehr viele Ringelgänse verbringen die Wintermonate in England und Frankreich. Die Zahl der Ringelgänse im Winter wird vom Temperaturverlauf beeinflußt. Bei strengem Frost fliehen fast alle Vögel, die sich im Watt ernähren. Dabei geschieht es öfter, daß die Frostgrenze irgendwo festliegt, und daß der östliche Teil dann von diesen Vögeln verlassen wird.

Vogelzahlen Die Größe der Watten und die Unzugänglichkeit vieler Teile erschweren die Bestimmung der Vogelzahlen. Weil sich jede Art in ihrem Kommen und Gehen wieder anders verhält, schwanken die Zahlen. Arten, die bei Hochwasser das Festland aufsuchen, sind relativ einfach zu zählen. Die großen Vogelschwärme sind jedoch buchstäblich unzählbar, so daß man sich mit Schätzungen begnügen muß, deren Genauigkeit von der Erfahrung und von den jeweiligen Bedingungen abhängt. Von vielen Teilräumen im Watt gibt es lange Reihen von Schätzungen, die von der Veränderung der Vogelzahlen ein recht gutes Bild ergeben. Es ist jedoch gefährlich, solche Angaben auf das ganze Wattengebiet zu übertragen. Man hat deshalb schon einzelne Versuche unternommen, die Vogelzahlen auf den Rastplätzen des ganzen Gebietes gleichzeitig zu bestimmen. So kam man im Januar 1974 auf eine Gesamtzahl von etwa 500 000 Watvögeln und im September 1973 von etwa 2 Mio. Die auf dem Wasser bleibenden Arten wie Möwen und Enten können nur aus der Luft oder von Schiffen aus gezählt werden. Dem stehen noch größere Schwierigkeiten entgegen als bei der Watvogelzählung vom Boden aus. Bisher liegen über diese Arten denn auch nur Schätzungen aus Teilräumen vor, aus denen sich ergibt, daß die Gesamtzahl dieser Vögel etwa 0,5 bis 1 Mio. beträgt. Mit diesen groben Schätzungen kommt man insgesamt für den Spätsommer auf 2,5 bis 3 Mio. und für den Winter auf 1 bis 1,5 Mio. Vögel. Falls eine spätere Schätzung im September auf 4 oder mehr Mio. kommt, muß das wegen der Zählfehler noch keine Zunahme bedeuten. Für den niederländischen Teil des Wattenmeeres wurde ein Jahresmittel von 550 000 mit einer Biomasse von 340 t berechnet – ohne Gänse und Schwimmenten (17-). Das Gesamtgebiet ist rund dreimal so groß, woraus sich, bei gleicher Bestandsdichte, ein Jahresmittel von 1,5 bis 2 Mio. Vögeln ergibt.

Mehrjährige Trends der Bestände Gute und weniger gute Brutjahre folgen unregelmäßig aufeinander. Selbstverständlich schlägt sich das in den Bestandszahlen nieder, aber wegen der Größe des Geländes und der unzureichenden Zählmethoden kann man diese Schwankungen nicht mit Sicherheit feststellen; einzelne markante Fälle von einschneidenden Bestandsveränderungen sind jedoch bekannt.

In den dreißiger Jahren wurde das Seegras von einer Krankheit befallen. Die wichtigste Nahrungspflanze der Ringelgans verschwand fast ganz, was für diese Vogelart ein schwerer Schlag war. Gegen Ende der dreißiger Jahre waren an den Stellen, wo die Art früher nach Zehntausenden zählte, noch einige hundert übrig. Sehr langsam trat eine Verbesserung ein, so daß jetzt an mehreren Stellen wieder einige tausend Ringelgänse vorkommen. In den sechziger Jahren verursachten chlorierte Kohlenwasserstoffe ein großes Sterben unter den Brutvögeln des westlichen Wattenmeeres. Brand-, Fluß- und Zwergseeschwalbe, Löffler und Eiderente wurden am schwersten betroffen. Ende 1965 wurde das Ablassen der Giftstoffe in der Rheinmündung eingestellt, und nach einigen Jahren trat eine langsame Verbesserung ein. Die Bestände haben ihre alte Höhe noch immer nicht wieder erreicht.

Bei vielen anderen Arten sind jedoch die Bestandszahlen höher als zu Beginn unseres Jahrhunderts. Durch anthropogene Vermehrung des Nahrungsangebots nahmen z. B. die Bestände des Austernfischers und der Lachmöwe zu. Unter anderem infolge des Schutzes der Brutplätze und der Beschränkung der Jagd konnten auch Arten wie Eiderente und Silbermöwe sich auffallend vermehren. Ferner ist es wahrscheinlich, daß die arktischen Watvögel sich infolge der Verkleinerung der Watt- und Schlickflächen in Westeuropa stärker in den noch verbliebenen Wattlandschaften konzentrieren werden. Man nimmt an, daß es vor allem diese Arten sind, für die eine weitere Verkleinerung der Wattgebiete eine Gefahr für die Größe ihres Bestandes darstellt.

Alle Möwen- und Seeschwalbenarten, die zum Brutvogelbestand des Wattenmeeres gehören, nisten in Kolonien. Der Platz, an dem die verschiedenen Arten ihre Kolonien anlegen, der Abstand von Nest zu Nest und andere Verhaltensweisen, die beim Brüten in Kolonien auftreten, sind jedoch von Art zu Art verschieden.

In den letzten Jahrzehnten haben sich Biologen intensiv mit der Frage beschäftigt, wie sehr und auf welche Weise durch das Koloniebrutverhalten der Möwen und Seeschwalben die Überlebenschancen dieser Vögel vergrößert werden. Diese Forschung steckt noch in den Kinderschuhen. So wurde bei der Lachmöwe und der Brandseeschwalbe der Blick bisher überwiegend auf das Brüten in Kolonien als mögliche Anpassung an die Abwehr von Feinden gerichtet, wodurch die Untersuchung einen recht einseitigen Charakter erhält. Die allgemeine Verbreitung der Möwen und Seeschwalben im Wattenmeer rechtfertigt jedoch eine Behandlung der bis jetzt erzielten interessanten Ergebnisse.

Lachmöwen Im Wattenraum sammeln sich die Lachmöwen Ende März in der Umgebung ihrer Brutplätze. Anfang April erscheinen die ersten Vögel in der eigentlichen Kolonie, wo sie sofort ein Territorium in Besitz nehmen, das sie gegen Artgenossen verteidigen. Im Laufe des Aprils nimmt die Zahl der Vögel, welche die Kolonie aufsuchen und die Zeit, in die sie in ihrem Territorium verbringen, täglich zu. Von Ende April an werden drei braun-grün gesprenkelte Eier gelegt, die 23 Tage lang gebrütet werden. Die hellbraunen schwarzgefleckten Jungen bleiben einige Wochen im Territorium der Eltern. Nach vier Wochen können sie fliegen und verlassen die Kolonie.

In England hat Tinbergen verschiedene Aspekte des Koloniebrut-verhaltens der Lachmöwe auf ihre Bedeutung hin eingehend untersucht (1-, 2-, 3-, 4-, 5-). Diese Untersuchung beginnt mit einer gründlichen Studie eines scheinbar nebensächlichen Teilverhaltens, nämlich der Entfernung der leeren Eierschalen aus dem Nest kurz nach dem Schlüpfen der Jungen. Diese Handlung kann in vielerlei Weise nützlich sein: Leere Schalen würden beim Brüten hinderlich sein, sie könnten sich über andere Eier schieben und das Schlüpfen der Jungen verhindern, möglicherweise könnten sie auch die Jungen verletzen. Die wahrscheinlichste Annahme wäre jedoch, daß die Lachmöweneier getarnt sind, und daß die weiße Innenseite der leeren Schalen die Tarnung der übrigen Eier aufhebt. Leere Eierschalen würden die Gefahr vergrößern, daß das Gelege von Nesträubern

entdeckt wird. Um zu beweisen, daß diese Annahme zutrifft, mußte erst einmal gezeigt werden, daß Lachmöweneier für die scharfen Augen von Räubern wie Krähen und Silbermöwen tatsächlich getarnt sind. Erst dann konnte man der Frage nähertreten, ob die Gegenwart einer leeren Schale die Tarnung anderer Eier des Geleges aufhebt. Nacheinander wurden nun zwei Experimente gemacht. Zuerst wurden weißgefärbte und normale Lachmöweneier in der Umgebung der Lachmöwen-kolonie ausgelegt, und aus einer Schutzhütte wurde beobachtet, ob die Chance, entdeckt zu werden, für beide verschieden war. Es zeigte sich, daß Rabenkrähen die weißen Eier viel früher entdeckten und fraßen als die grün-braunen, und es erschien berechtigt, daraus den Schluß zu ziehen, daß die Lachmöweneier tatsächlich eine wirksame Tarnfärbung haben. Dann wurden Lachmöweneier teils mit und teils ohne eine leere Schale daneben ausgelegt. Nun ergab sich, daß die Rabenkrähen die Eier, neben denen sich eine leere Schale befand, viel früher entdeckten als die Eier ohne solche Schale. Weitere Versuche zeigten, daß die Chance einer Entdeckung der Eier mit zunehmender Entfernung zwischen Ei und leerer Schale abnahm.

Der folgende Schritt in Tinbergens Untersuchung bezog sich auf den gegenseitigen Abstand zwischen den einzelnen Nestern in einer Kolonie. Lachmöwennester liegen meist 1 bis 2 m voneinander entfernt, Nester, die näher beieinander liegen, wird man nur ausnahmsweise antreffen. Tinbergen nahm nun an, daß die Einhaltung eines Abstandes zwischen den Nestern ebenfalls der Tarnung der Eier dienen würde. Um diese Annahme zu prüfen, mußte untersucht werden, ob dicht beieinanderliegende Gelege leichter von Nesträubern entdeckt wurden als solche, die weit auseinander lagen. Wieder wurde beschlossen, zur Beantwortung dieser Frage ein Experi-ment auszuführen. Lachmöweneier wurden gruppenweise ausgelegt. In jeder Gruppe war die Gesamtzahl der Eier gleich, der Abstand der Eier untereinander war von Gruppe zu Gruppe verschieden. Hatten die Rabenkrähen erst einmal ein Ei in einer dichten Gruppe entdeckt, dann hatten sie wenig Mühe, nun auch die anderen Eier in der Gruppe zu finden. In den verstreuten Gruppen gelang ihnen dies nicht so einfach. Daraus ging hervor, daß die Aussicht, von Nesträu-bern wie Rabenkrähen entdeckt zu werden, für Eier mit Schutzfärbung desto größer ist, je näher sie aneinanderrücken. Nachdem sich nun gezeigt hatte, daß mit einer Zunahme des Abstandes zwischen Nestern mit schutzfarbenen Eiern die Chance einer Entdeckung durch Nesträuber abnimmt,

Nutzen, wenn sie bewirken, daß die Nesträuber beim Stehlen von Eiern und Jungen weniger Erfolg haben.

Um die Wirkung der Angriffe der brütenden Möwen auf die Nesträuber zu erkunden, wurde u. a. ein Experiment gemacht, bei dem gleichzeitig an verschiedenen Stellen außerhalb, am Rand und in der Mitte der Lachmöwenkolonie Eier als Lockspeise für Krähen und Silbermöwen ausgelegt wurden. Die Beobachtungen zeigten, daß die raubenden Krähen und Silbermöwen die Eier außerhalb der Kolonie zuerst fraßen, dann die am Rand und erst zuletzt die in der Mitte der Kolonie. Die Reihenfolge, in der die Eier geraubt wurden, konnte nicht aus unterschiedlichen Chancen für deren Entdeckung erklärt werden. Die Eier in der Mitte der Kolonie werden bei diesem Experiment genau so schnell entdeckt wie die Eier am Rand oder außerhalb. Die einzige annehmbare Erklärung war, daß die Krähen und Silbermöwen die Eier in der Kolonie deswegen als letzte raubten, weil sie dort so oft und heftig von den Lachmöwen angegriffen wurden.

Küsten-, Fluß- und Zwergseeschwalben   Wenn auch bei den meisten Möwen- und Seeschwalbenarten das Koloniebrutverhalten kaum untersucht ist, scheint es, daß eine Reihe der im Wattenmeer brütenden Arten wie Silbermöwe, Mantelmöwe, Sturmmöwe, Fluß-, Küsten- und Zwergseeschwalbe sich gegen Nesträuber verteidigt wie die Lachmöwe.

Es gibt übrigens zwischen den Arten interessante Unterschiede hinsichtlich der Art der Anwendung von Tarnung und Angriff als Verteidigungsmittel. So brüten Küsten- und Flußseeschwalbe meist in großen Kolonien, in denen die Nestabstände deutlich größer sind als bei der Lachmöwe. Die Gelege beider Arten sind großartig getarnt, und beide Arten greifen in Massen an, wenn ein Nesträuber in der Nähe der Kolonie erscheint. Ohne Zweifel sind diese Angriffe sehr wirksam. Zwergseeschwalben brüten meist in recht kleinen Kolonien. Bei dieser Art liegen die Nester noch weiter auseinander als bei den beiden vorigen Arten. Auf dem Hintergrund der ausgedehnten Muschellagen, auf denen die Zwergseeschwalben gewöhnlich brüten, sind die Eier und die Jungen sehr gut getarnt. Daß bei der Zwergseeschwalbe die Tarnung des Geleges eine so große Rolle spielt, ist verständlich. Wenn ein Nesträuber in der Kolonie erscheint, greifen die Zwergseeschwalben wohl gleichzeitig und heftig an. Meist jedoch ist die Zahl der angreifenden Vögel gering. Überdies sind die Zwergseeschwalben klein, und ihre Angriffe können niemals die gleiche Wirkung haben wie die der so viel größeren Küsten- und Flußseeschwalben.

erhob sich die Frage, warum die Nester in einer Lachmöwenkolonie nicht noch weiter auseinanderliegen als es in Wirklichkeit der Fall ist. Mit anderen Worten: Warum brüten Lachmöwen eigentlich so dicht beieinander in Kolonien? Tinbergen ging davon aus, daß das Brüten im Kolonieverband für Eier und Junge einen erheblichen Schutz bedeutet, weil Nesträuber von einer großen Zahl von Brutvögeln zugleich angegriffen und verjagt werden können.

Aus der darauffolgenden Untersuchung, die von einem Mitarbeiter Tinbergens ausgeführt wurde (2-), ging klar hervor, daß Lachmöwen auf verschiedene Arten von Feinden durchaus verschieden reagieren. Wenn z. B. ein Wanderfalke über der Kolonie erscheint, wird er überhaupt nicht angegriffen, im Gegenteil: Alle Vögel fliehen. Dieses Verhalten ist gut angepaßt, denn der Wanderfalke hat es vor allem auf die erwachsenen Vögel abgesehen, Eier und Nestlinge holt er nicht aus der Kolonie. Nesträuber, die es gerade auf Eier und Junge abgesehen haben, wie Rabenkrähe, Silbermöwe, Hermelin und Igel, werden dagegen heftig attackiert. An solchen Angriffen nehmen oft Dutzende, manchmal auch Hunderte von Brutvögeln gleichzeitig teil. Diese Angriffe, wie heftig sie auch immer sein mögen, sind nur dann von

203 *Lachmöwen kurz vor der Paarung*

204 *Nester der Brandseeschwalbe*
206 *Nest der Küstenseeschwalbe*

205 *Nester der Lachmöwe*
207 *Nest der Zwergseeschwalbe*

Brandseeschwalben Im Vergleich mit der Lachmöwe und den anderen vorstehend genannten Möwen- und Seeschwalbenarten ist die Brandseeschwalbe in ihrem Koloniebrutverhalten ein Außenseiter. Dies forderte zu einer näheren Untersuchung heraus, die auf der kleinen Watteninsel Griend zwischen Harlingen und Terschelling durchgeführt wurde. Griend erschien dafür in verschiedener Hinsicht ideal, denn auf dieser Insel brüten neben Brandseeschwalben auch Lachmöwen, Küsten-, Fluß- und Zwergseeschwalben. Dadurch kann hier die Brandseeschwalbe mit anderen Arten verglichen werden. Wenn die Brandseeschwalben aus ihren Winterquartieren an der Westseite des tropischen Afrikas nach den Niederlanden zurückkehren und um die Aprilmitte in großer Zahl auf Griend ankommen, fällt sofort auf, daß diese Art sich ganz anders verhält als die Lachmöwe. Die Lachmöwe läßt sich fast immer am gleichen Platz nieder, an dem sie im Vorjahr brütete. Das tun die Brandseeschwalben nicht. Sie kommen anfangs nur zum Übernachten in großen Trupps an Land. Diese Trupps zeigen keine deutliche Bindung an einen bestimmten Platz, und ihr Aufenthaltsort kann denn auch von Tag zu Tag wechseln. Von Anfang Mai an erscheinen die Seeschwalben auch bei Tage in großen Trupps auf der Insel. Sogleich

208 *Zwergseeschwalbe mit Jungen*
209 *Junge Küstenseeschwalbe mit einem Plattfisch im Schnabel*

haben sie offenbar ihren Brutplatz ausgewählt und die einzelnen
Paare beginnen mit der Abgrenzung ihres Territoriums innerhalb
der Gruppe. Das gegen die Artgenossen verteidigte Territorium
ist übrigens besonders klein, denn die Paare lassen sich meist
in Abständen von nur wenigen Dezimetern voneinander
nieder. Einige Tage nachdem eine Seeschwalbengruppe sich
endgültig auf der Insel niedergelassen hat, werden die ersten
Eier gelegt. Das Nest ist nicht mehr als eine Vertiefung im
Sand. In jedes Nest werden 1 oder 2 Eier gelegt, aus denen
nach 25tägiger Bebrütung die Jungen schlüpfen. Wenn diese
einige Tage alt sind, werden sie von ihren Eltern vom Nest
weggelockt. Sie verlassen die Kolonie und suchen dicht mit
Pflanzen bewachsene Teile der Insel auf.
Die Brandseeschwalbenkolonien bilden meistens einen recht
auffälligen Fleck in der Landschaft. Im Gegensatz zur Lachmöwe
kümmert sich die Brandseeschwalbe wenig um die Tarnung
ihres Geleges. Brütende Vögel setzen ihren Kot nahe am
Nest ab, wodurch ein auffallender weißer Fleck entsteht.
Auch werden leere Eierschalen nicht aus dem Nest entfernt,
wenn die Jungen geschlüpft sind. Aus der Untersuchung
Tinbergens hat sich deutlich ergeben, daß die Tarnung des
Geleges bei der Lachmöwe einen wichtigen Schutz gegen

210 *Balzende Brandseeschwalben*

211 *Brandseeschwalben in der Kolonie, vorn ein Austernfischer
auf seinem Nest*

Nesträuber bedeutet. Man wird sich nun fragen, wie denn die Brandseeschwalbe ihre Eier und Jungen gegen Nesträuber verteidigt. Die Untersuchung auf Griend hatte vor allem die Beantwortung dieser Frage zum Ziel. Dazu hat man nacheinander untersucht, welches die Feinde der Brandseeschwalben sind, wie sie sich gegen diese Feinde verteidigen, und welche Wirkung die Verteidigung hat. In einem späteren Stadium der Untersuchung hat man Material über andere Brandseeschwalbenkolonien gesammelt, um zu klären, ob die auf Griend gewonnenen Ergebnisse allgemeingültig sind. Auf Griend gehen vor allem die Lachmöwe und die Silbermöwe auf Raub von Eiern und Jungen aus. Neben Eiern und Jungen rauben Lachmöwen auch noch die Fischchen, welche die Seeschwalben ihren Jungen zutragen. Auch Austernfischer, Sturmmöwe, Mantelmöwe und Kleine Raubmöwe treten auf Griend gelegentlich als Feinde der Brandseeschwalbe auf. Die Räubereien dieser Arten fallen jedoch, verglichen mit denen der Lach- und Silbermöwe, kaum ins Gewicht. Statt die ausgeführten Beobachtungen und Experimente systematisch zu behandeln, möchte ich Sie anschließend in den Beobachtungsstand mitnehmen, um Ihnen einen Eindruck davon zu geben, wie Lach- und Silbermöwen bei ihren Raubzügen zu Werk gehen, und wie sie in der Brandseeschwalbenkolonie Eier und Junge erbeuten.

17. Mai 1970 Ich sitze in einem Beobachtungsstand am Rand der Brandseeschwalbenkolonie. In deren unmittelbarer Nähe brüten auch einige Lachmöwen und Flußseeschwalben. Alle Brutvögel haben Eier. Vor dem Stand läuft eine Lachmöwe mit einem kleinen schwarzen Ölfleck am Bauch. Wahrscheinlich ist sie auf Raub aus, denn in den letzten Tagen habe ich sie mehrmals ein Ei fressen sehen. Behutsam schreitet sie am Rand der Kolonie entlang. Wenn sie sich den brütenden Seeschwalben nähert, beginnen diese heftig zu drohen. Sie sträuben dazu ihren Schopf, richten den Schnabel auf ihren Feind und lassen einen gackernden Ruf hören. Obgleich die Lachmöwe bis auf einen halben Meter an die brütenden Seeschwalben herankommt, gibt sie ängstlich acht, nicht in den Bereich der Schnäbel zu geraten.
Einige Stunden lang geschieht nichts Besonderes. Die Lachmöwe patrouilliert immer noch am Kolonierand vor meinem Versteck. Einige Male zeigt sie sich am anderen Rand der Kolonie, dort wird sie energisch verjagt von einzelnen brütenden Lachmöwen und Flußseeschwalben, die im Gegensatz zu den Brandseeschwalben sofort auffliegen, um den Räuber anzugreifen.

Plötzlich fliegen alle Vögel auf. Ein vorbeifliegendes Flugzeug, ein Raubvogel? Während des Nachdenkens über die mögliche Ursache des Auffliegens habe ich meine Lachmöwe einen Moment aus den Augen verloren. Als ich sie wieder entdecke, steht sie am Nest einer Brandseeschwalbe am Rand der Kolonie und pickt ein Ei auf. Dies alles spielt sich in wenigen Sekunden ab, und als sich die Seeschwalben wieder auf ihre Nester niederlassen, hat der Räuber das Ei schon so weit weggeschleppt, daß er in aller Ruhe fressen kann, ohne dabei gestört zu werden.

6. Juni 1970 Überall auf der Insel erscheinen die ersten Jungen. Die meisten Brandseeschwalben haben jedoch noch Eier und sitzen im Kolonieverband beieinander. Es ist Hochwasser, und auf dem Strand haben sich einige hundert Silbermöwen versammelt, die auf die Ebbe warten. Zwischen diesen Silbermöwen ist eine, die sich darauf verlegt hat, Eier und Junge zu rauben. Von dem auf Pfählen stehenden Vogelwärterhäuschen aus habe ich eine gute Aussicht, und ich verfolge den Weg der Möwe über den Kolonien. Überall, wo sie erscheint, fliegen Flußseeschwalben und Lachmöwen von ihren Nestern auf, jagen ihr nach und greifen sie in der Luft im Sturzflug an. Man sieht, daß sie schnell fliegen und fortgesetzt schwenken muß, um ihren Angreifern zu entgehen. Wenn der Räuber über der Brandseeschwalbenkolonie erscheint, sehen wir jedoch ein ganz anderes Bild. Immer noch von einer langen Kette angreifender Flußseeschwalben und Lachmöwen verfolgt, kreuzt die Möwe nur wenige Meter über den brütenden Seeschwalben. Offensichtlich reagieren sie überhaupt nicht, sie bleiben alle auf den Nestern sitzen. Dieses Spiel wiederholt sich viele Male, bis die Silbermöwe am Rand der Lachmöwenkolonie niedergeht, in einer raschen Bewegung einen Jungvogel packt und sich eilig an das Ufer begibt, um ihre Beute zu verzehren. Ich habe das geraubte Junge nicht genau sehen können. Es muß eine junge Lachmöwe oder eine der jungen Brandseeschwalben sein, die das Nest schon verlassen haben und sich nun über die Insel verstreut zwischen den anderen Brutvögeln befinden.

Die vorstehend beschriebenen Beobachtungen sind typisch für die Art, wie Lach- und Silbermöwe bei ihren Räubereien zu Werke gehen. Aus einer großen Zahl solcher Beobachtungen ging folgendes hervor:
Solange die Brandseeschwalben im Kolonieverband zusammenbleiben, schützen sie ihr Gelege, indem sie so lange wie möglich

212 *Schlüpfende Brandseeschwalben*
214 *Junge werden aus der Kolonie fortgeführt*

213 *Brandseeschwalben, einige Tage alt*
215 *Flügges Junges erhält einen Sandaal*

auf dem Nest sitzen bleiben und nötigenfalls in sitzender Stellung drohen. Diese Form der Abwehr ist sehr effektiv, sowohl gegen Lach- wie auch gegen Silbermöwen. Lachmöwen sind nicht imstande, eine brütende Brandseeschwalbe vom Nest zu verjagen, sie können nur dann rauben, wenn die Nester zeitweilig verlassen sind. Dies geschieht meist bei Störungen. Daß Silbermöwen Brandseeschwalben vom Nest verjagen können, wurde gelegentlich beobachtet. Meist jedoch jagen sie aus der Luft und greifen erst dann zu, wenn sie schon im Fluge ihre Beute entdeckt haben. Es scheint in den meisten Fällen eine geeignete Methode zu sein, auf dem Nest sitzen zu bleiben, um Eier und Junge vor den Augen dieser Räuber zu verbergen. Erst wenn die Brandseeschwalben ihre Kolonie verlassen haben und ihre heranwachsenden Jungen nicht mehr zudecken, fällt manches Junge den Silbermöwen zum Opfer.

Diese Beobachtungen haben gezeigt, daß raubende Silbermöwen von Flußseeschwalben und Lachmöwen heftig angegriffen werden. Da die beiden letzten auf Griend überall in unmittelbarer Nachbarschaft der Brandseeschwalben brüten, werden die Brandseeschwalben von der Verteidigung der Flußseeschwalben und Lachmöwen mit profitieren. Vor allem auf das gemeinsame Brüten mit Lachmöwen richtet sich das Interesse der Forschung auf Griend. Einerseits profitieren die Brandseeschwalben von den Angriffen der Lachmöwen gegen die gemeinsamen Feinde, andererseits wissen wir, daß Lachmöwen selbst auch Nesträuber bei den Brandseeschwalben sind. Die Untersuchungen auf Griend erwiesen, daß die Vorteile des gemeinsamen Brütens mit Lachmöwen deutlich größer sind als die Nachteile. Daß Brandseeschwalben mit Lachmöwen und Flußseeschwalben zusammen brüten, ist auch in anderen Kolonien beobachtet worden. Alles weist darauf hin, daß es immer die Brandseeschwalben sind, die sich bei anderen Arten ansiedeln, und die Erscheinung „Zusammenbrüten" könnte dann auch als ein Aspekt des Verhaltens zur Verteidigung gegen Nesträuber angesehen werden.

Das Gelege dadurch zu schützen, daß man auf dem Nest sitzen bleibt, kann zwar einen guten Schutz gegen räuberische Lachmöwen und Silbermöwen bieten, man kann sich aber kaum vorstellen, daß dieses Verhalten auch einen geeigneten Schutz gegen räuberische Landtiere bietet. Auf Griend gibt es keine Landraubtiere, und in diesem Punkt müssen uns Beobachtungen von anderen Kolonien weiterhelfen. Ein eindrucksvolles Beispiel für Landtiere als Nesträuber ist von der deutschen Hallig Norderoog bekannt. 1947 gelangten

auf diese Insel einzelne Wanderratten, die im gleichen Jahr etliche Eier und Jungen in der vorhandenen Brandseeschwalbenkolonie raubten. 1948 hatten sich die Ratten stark vermehrt, und in der Brandseeschwalbenkolonie, die über 1000 Paare zählte, wurden alle Eier und Jungen gefressen. Zum Teil wurden sogar erwachsene Vögel auf dem Nest angegriffen und getötet.

Glücklicherweise ertranken sämtliche Ratten 1949 bei einer Sturmflut, so daß das Brutgebiet der Seeschwalben von da an wieder frei von räuberischen Landtieren war. Neben dem Beispiel Norderoog sind noch weitere Fälle vorgekommen, in denen Landraubtiere großen Schaden in Brandseeschwalbenkolonien angerichtet haben. Die Brandseeschwalbe würde schon längst ausgestorben sein, wenn Landraubtiere in ihrem Brutgebiet regelmäßig vorkommen würden. Brandseeschwalben brüten jedoch vorzugsweise auf alleinliegenden Inseln, und auf Inseln sind Landraubtiere weniger verbreitet als auf dem Festland. Überdies wählen die Brandseeschwalben ihre Brutplätze immer an der Seeseite des Strandes oder des Vorlandes. Dieses Gelände wird meist von Halligprielen durchschnitten und im Winterhalbjahr regelmäßig überflutet. Daraus geht hervor, daß solche Plätze für räuberische Landtiere schwer zugänglich sind.

Nesträuber, Nahrung und Hochwasser Zusammenfassend können wir sagen, daß koloniebrütende Möwen und Seeschwalben ihre Gelege auf verschiedene Weise gegen Nesträuber verteidigen können. In einer Lachmöwenkolonie werden Nesträuber massiert angegriffen. Außerdem ist das Gelege der Lachmöwe gut getarnt. Weil eine zu hohe Nestdichte die Tarnwirkung herabsetzt, halten die einzelnen Paare in der Kolonie immer einen gewissen Abstand.

Brandseeschwalben verteidigen ihr Gelege gegen Nesträuber, indem sie auf dem Nest sitzen bleiben und aus sitzender Haltung drohen. Dadurch, daß sie ihre Kolonie immer in der Nähe brütender Flußseeschwalben oder Lachmöwen anlegen, profitieren die Brandseeschwalben zusätzlich von den heftigen Angriffen ihrer Nachbarn auf die Nesträuber. Die dichte, recht auffällige Kolonie der Brandseeschwalben ist gegen Landraubtiere wehrlos. In den abgelegenen, von Wasser umgebenen Brutgebieten der Brandseeschwalben sind Landraubtiere jedoch selten.

Die Tatsache, daß das Brüten in Kolonien bei der Lachmöwe und bei der Brandseeschwalbe eine Anpassung darstellt, die das Rauben von Eiern und Jungen verhindern soll, bedeutet

216 *Lachmöwe raubt eine junge Brandseeschwalbe*

nicht, daß die Abwehr von Nesträubern die einzige Funktion einer Brutkolonie wäre. Einige Forscher (7-) meinen, daß das Brüten in Kolonien sich während der Evolution hauptsächlich deswegen entwickelt hat, weil das gemeinsame Brüten die Möglichkeit zur gemeinsamen Nahrungssuche eröffnet. Eine gemeinsame Nahrungssuche würde wieder beachtliche Vorteile mit sich bringen. Über das Nahrungsverhalten der Lachmöwe ist noch zu wenig bekannt, als daß man darüber etwas aussagen könnte. Auch bei der Brandseeschwalbe ist dieser Punkt noch wenig erforscht. Wir wissen jedoch, daß die Brandseeschwalben hauptsächlich von solchen Fischarten leben, die nur stellenweise in großer Zahl an die Oberfläche kommen. Beim Suchen nach Nahrung verteilen die Seeschwalben sich meistens über einen großen Raum. Dabei halten sie einander gut im Auge. Wenn ein bestimmter Vogel wiederholt taucht, ist das ein Zeichen, daß er eine ergiebige Nahrungsquelle gefunden hat. Sofort kommen in einem solchen Falle die Seeschwalben von allen Seiten angeflogen, und bald befindet sich eine große Wolke fischender Vögel über der neu entdeckten Nahrungsquelle. Diese Art der Nahrungssuche hat den wichtigen Vorteil, daß jedes Einzeltier von den Entdeckungen der übrigen Gruppenmitglieder profitieren kann.

Der Vorteil, den die gemeinsame Nahrungssuche mit sich bringt, kann bei der Entstehung des Koloniebrütens an sich eine Rolle gespielt haben. Daraus ergibt sich jedoch keine Antwort auf die Frage, warum die Brandseeschwalben so dicht beieinander brüten. Es erscheint einerseits möglich, daß das Brüten in derart dichten Kolonien die beste Abwehr von Nesträubern ermöglicht, andererseits ist es aber auch möglich, daß das Brüten in dichten Kolonien eine Anpassung ist, die verhindern soll, daß Eier und Junge fortgespült werden. Brandseeschwalben brüten immer in Gebieten, die bei hohen Wasserständen regelmäßig überflutet werden. In einem solchen Gelände ist es äußerst wichtig, auf den höchsten Stellen zu brüten. Meist jedoch sind sichere hohe Stellen knapp, und durch das Brüten in dichten Kolonien wird der verfügbare Raum am besten ausgenutzt.

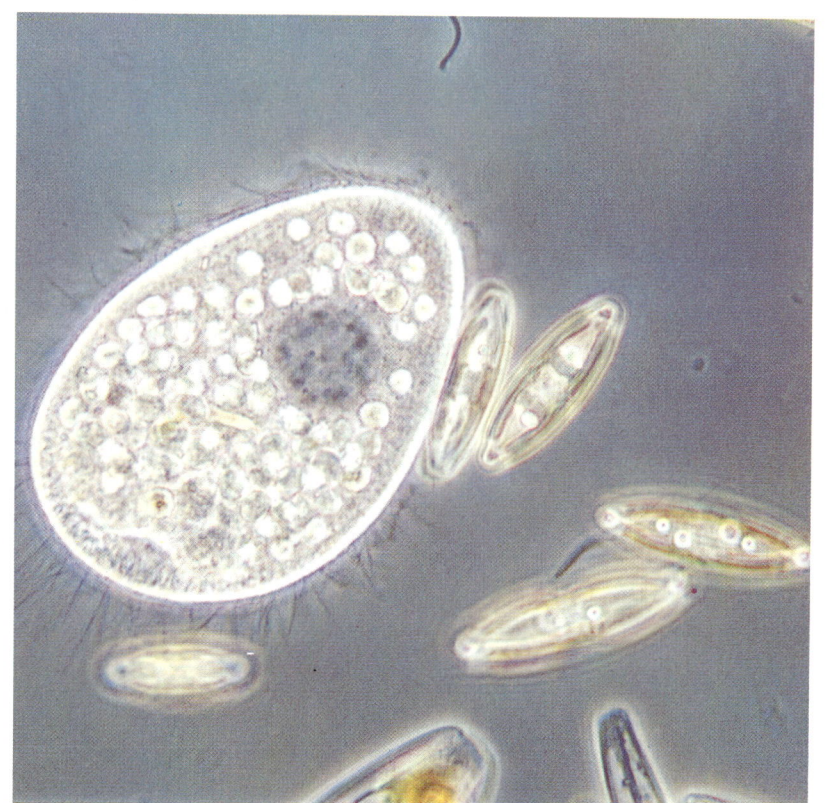

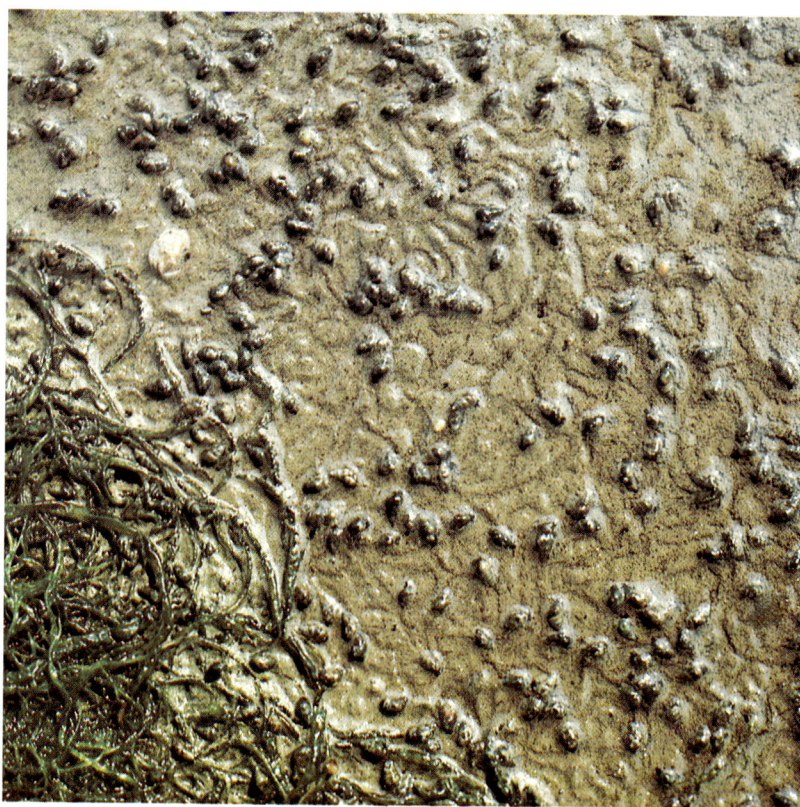

217 *Diatomeenfressendes einzelliges Wimpertierchen*
219 *Weidende Ringelgänse*

218 *Weidende Wattschnecken*
220 *Fressender Seestern*

Wie alle anderen Lebensgemeinschaften besteht auch die des Wattenmeeres aus Pflanzen, pflanzenfressenden Tieren und fleischfressenden Tieren. Vertreter aus diesen drei Gruppen bilden *Nahrungsketten*. Derartige Ketten reichen z. B. im Wasser des Wattenmeeres von schwebenden einzelligen Algen über tierisches Plankton bis zum Junghering und auf trockenfallendem Watt von bodenbewohnenden Diatomeen über Würmer bis zu Vögeln. Solche Nahrungsketten können besonders im Meer noch länger sein. Die Jungheringe können von Makrelen gefressen werden, die ihrerseits wieder vom Menschen verzehrt werden. Das Prinzip ist immer: Pflanze – Pflanzenfresser – Raubtier(e). Das bedeutet, daß alles tierische Leben in seiner Nahrungsversorung letzten Endes immer von pflanzlichen Organismen abhängig ist: direkt, im Falle der Pflanzenfresser, oder indirekt, über ein oder mehrere tierische Zwischenglieder, im Falle der Fleischfresser.

Produktion und Energie   Die Eigenart der Pflanzen besteht darin, daß sie in ihrer Energieversorgung nicht wie die Tiere von anderen Organismen abhängig sind. Ihre Bau- und Brennstoffe bilden sie aus einfachen unbelebten Bausteinen wie Kohlensäure, Wasser und Mineralen selbst. Die dazu benötigte Energie beziehen sie aus dem Sonnenlicht, das sie mit besonderen Pigmenten auffangen, um es in energiereichen organischen Verbindungen festzulegen. Über komplizierte chemische Prozesse in den Pflanzenzellen können dann weitere organische Stoffe aufgebaut werden. Diese *Primärproduktion*, die Bildung organischer Stoffe, steht ganz am Anfang der Nahrungsketten. Die neuentstandenen organischen Stoffe werden teilweise von pflanzenfressenden Tieren verzehrt, die das Material teilweise in tierisches Gewebe, z. B. in Muskeln, umsetzen. Einen Großteil verbrennen sie, um Energie für Fortbewegung, Freß- und Atembewegungen, Verdauung usw. zu erzeugen. Was von der aufgenommenen Nahrung dann noch übrigbleibt, ist verfügbar für das Wachstum und für die Erzeugung von Fortpflanzungsprodukten, Eiern und Sperma. Alle produzierten tierischen Gewebe zusammen bezeichnet man als *Sekundärproduktion*. Strenggenommen handelt es sich dabei nicht um eine Produktion, sondern nur um eine Umformung von Stoffen. Das in Fleisch umgewandelte pflanzliche Material kann seinerseits wieder als Nahrung für Fleischfresser, die Raubtiere, dienen. In den Nahrungsketten wird also letzten Endes Energie weitergegeben, im ersten Kettenglied als pflanzliches Material, in den höheren Gliedern als tierisches Material, überwiegend als Fleisch, aber auch als Eier, Milch und dergl. Dieses Weiter-

geben von Energie geschieht nicht ohne Verluste. Sowohl Pflanzenfresser als auch Raubtiere verwenden einen wesentlichen Teil ihrer Nahrung als Brennstoff für Lebensprozesse, während ein weiterer Teil der Nahrung den Körper unverdaut wieder verläßt. Nur was dann noch übrigbleibt, kann für den Aufbau neuen organischen Stoffes verwendet werden. Besonders ältere Tiere, die nur noch wenig wachsen, verbrauchen die aufgenommene Nahrung fast ganz als Betriebsstoff. Bei jüngeren Tieren ist das Verhältnis von Nahrungsaufnahme und Zuwachs viel günstiger. Im Durchschnitt wird jedoch meistens nicht viel mehr als ein Zehntel der Primärproduktion in Sekundärproduktion umgesetzt. Auch in den folgenden Gliedern der Nahrungsketten ist der Wirkungsgrad nicht viel besser. Bei einer jährlichen pflanzlichen Produktion von 100 g pro m^2 dürfen wir deshalb eine Produktion von 10 g pro m^2 an tierischer Substanz durch Pflanzenfresser erwarten sowie noch etwa 1 g durch Fleischfresser. Die immer weitergehende Verdünnung des Nahrungsstromes in Nahrungsketten wird *Nahrungspyramide* genannt. Diese besitzt eine breite Basis an pflanzlicher Produktion, während die tierische Produktion in dem Maße abnimmt, in dem die Nahrung von Glied zu Glied in den Ketten in Richtung auf die Spitze der Pyramide weitergegeben wird. Diese Grundprinzipien der Nahrungsketten gelten überall. Die Zahlenwerte müssen jedoch für jede Lebensgemeinschaft einzeln gemessen und berechnet werden.

Produktion von Wattströmen und Wattflächen   Pflanzliche Produktion findet im Wattenmeer sowohl im Wasser durch schwebende Algen als auch auf dem Boden durch mehr oder weniger festsitzende Algen statt; höhere Pflanzen, die Seegräser, liefern nur einen kleinen Teil. Für die Wattströme wurde eine jährliche Erzeugung von 250 bis 300 g organischer Stoffe pro m^2 gefunden (3-). Die Primärproduktion auf trockenfallenden Wattflächen erreicht etwa die gleichen Werte: 200 bis 400 g organischer Stoffe pro m^2 im Jahr (4-). Auf dem dänischen Watt fand man etwa die gleichen Werte wie auf dem niederländischen. Die Produktion auf dem Boden findet vor allem bei Niedrigwasser statt, wenn das Licht die Diatomeen gut erreichen kann und nicht durch das meist trübe Wasser, das bei Hochwasser auf dem Watt steht, abgehalten wird. Die Produktion der bei Hochwasser in dieser Wasserschicht schwebenden Algen ist relativ gering. Über sehr großen Teilen des Wattenmeeres, sowohl in den Tiefs wie auch auf den Wattflächen, wird an 300 g organischer Stoff pro m^2 jährlich produziert. Neben dieser ansehnlichen Produktion am Ort ist auch organischer

Stoff, der aus der Nordsee stammt, als Nahrung verfügbar. Der Flutstrom führt davon mehr heran, als der Ebbstrom mit zurücknimmt. Die Größe dieses Überschusses ist nicht genau bekannt, möglicherweise ist sie jedoch zweimal so groß wie die Primärproduktion des Wattenmeeres selbst (6-). Vermutlich ist aber nur ein kleiner Teil des zugeführten Materials vollwertige Nahrung, weil das meiste schon lange abgestorben und arm an leichtverdaulichen Bestandteilen ist. Die für Tiere als geeignete Nahrung jährlich verfügbare Menge an organischen Stoffen kann man vorsichtig auf 500 g pro m² schätzen. Mit diesem Nahrungsangebot ist das Wattenmeer rund doppelt so reich wie die Nordsee und sogar dreimal so reich wie das Mittel aus allen Meeren der Welt (2-). Es darf daher auch erwartet werden, daß das Wattenmeer sehr vielen Konsumenten Nahrung bieten kann. Untersuchungen ergaben, daß das Wattenmeer tatsächlich zahlen- und gewichtsmäßig sehr reich ist (9-), sowohl an Bodentieren als auch an Fischen und Vögeln.

In Gestalt von Bodentieren ist auf den trockenfallenden Watten je m² im Mittel etwa 25 g organischer Stoff vorhanden. Für den Boden der Wattströme kann man den Reichtum an Tieren zur Zeit noch schwer abschätzen. Auf gut besetzten Miesmuschelparzellen sind je m² mehrere hundert Gramm vorhanden, außerhalb davon aber meist nur wenige Gramm. Die Miesmuscheln auf diesen Parzellen und die wilden Muschelbänke bedecken nur einen kleinen Teil der Wattstromböden, wieviel genau, ist unbekannt. Dadurch wird die Schätzung des durchschnittlichen Reichtums der Bodenfauna in den dauernd wasserbedeckten Teilen des Wattenmeeres ziemlich ungenau. Im Durchschnitt wird er wohl etwas weniger sein als auf dem Watt. Dem steht entgegen, daß das tierische Plankton über den Wattflächen in viel geringeren Mengen vorhanden ist; weit unter 1 Gramm über dem trockenfallenden Watt gegenüber mehreren Gramm in den Tiefs. Die Gesamtmengen aller pflanzenfressenden Tiere auf dem Watt und in den Tiefs werden nicht sehr voneinander abweichen, sie können auf 25 g je m² im Jahresmittel geschätzt werden. Im Winter wären es etwa 15 g und im Sommer an 35 g. Besonders reich ist das Wattenmeer an Vögeln. Es gibt hier oft mehr als eine Million gleichzeitig, und im Durchschnitt sitzen über 200 auf einem km², das ist das Hundertfache der Nordsee (8-). Im Gegensatz zu den Vögeln sind die Fische schwer zu zählen. Es handelt sich sicher um Milliarden, besonders von Jungfischen (10-). Fast alle Vogel- und Fischarten ernähren sich von Bodentieren.

Von den 25 g organischen Stoffen je m², die im Durchschnitt vorhanden sind, ist nur die Menge, die jährlich neu hinzukommt, konsumierbar. Vögel und Fische können alljährlich nur diese Menge verzehren. Wenn wir das jährliche Nahrungsangebot erkennen wollen, dürfen wir uns nicht damit genügen, die durchschnittlich vorhandene Menge zu bestimmen. Wir müssen etwas über die Umlaufgeschwindigkeit dieses Materials wissen, über den jährlichen Zu- und Abgang. Das kann in bezug auf die vorhandene Menge viel oder wenig sein. Ein Vergleich mit einer Autofabrik und ihrer Stellfläche für fertige Autos kann das verdeutlichen. Wir sehen nur den Stellplatz mit einer wechselnden Zahl von Autos, wir wollen aber wissen, wieviel die Fabrik pro Tag herstellen kann. In einer Flaute wird das Abstellgelände voll, weil der Absatz stagniert. Dann steht dort die Produktion vieler Tage, und die Fabrik wird schließlich langsamer arbeiten. Bei flottem Absatz läuft die Fabrik auf vollen Touren, während nur wenig Autos auf dem Stellplatz stehen. Aus der Größe des Vorrats kann man also über das Produktionstempo der Fabrik nicht viel sagen. Je größer das Umlaufs- und Produktionstempo, desto größer ist die Produktion in bezug auf den Vorrat. Bei lebenden Organismen ist es am Anfang ebenso. Es gibt langlebige, langsam wachsende Arten wie Bäume oder Menschen, die im Verhältnis zu ihrer großen Masse jährlich nur wenig produzieren. Andere Arten sind kurz- und schnellebig und produzieren jährlich viele Male ihr eigenes Gewicht. Bei Einzellern kann es das Hundertfache betragen. Tiere, die ein Jahr alt werden, produzieren im Jahr etwa das Dreifache der mittleren Biomasse, und je älter die Arten werden, desto kleiner ist diese Zahl. Die Bodenfauna im Wattenmeer besteht aus lang- und kurzlebigen Arten. Kleinere Tiere, deren Lebensdauer unter einem Jahr bleibt, wie der Schlickkrebs und die Wattschnecke, erzeugen im Jahr mehrmals ihr Eigengewicht. Große langlebige Tiere hingegen, wie der Pierwurm und die Klaffmuschel, produzieren erheblich weniger. Die Produktion der meisten Bodentiere liegt zwischen diesen beiden Extremen, sie ist jedoch noch unzureichend untersucht. Hinzu kommt noch die Schwierigkeit, daß junge Tiere wegen ihres rascheren Wachstums auch eine größere Jahresproduktion aufweisen. Man müßte also auch noch etwas über den Altersaufbau der verschiedenen Arten im Watt wissen, um aus den vorhandenen Mengen die Produktion berechnen zu können. Man sammelt jetzt Art für Art die nötigen Fakten, um die gesamte Jahresproduktion der Bodenfauna und damit die

Tragfähigkeit des Wattenmeeres für Fische und Vögel berechnen zu können. Obgleich die Resultate dieser Untersuchung noch nicht vorliegen, können wir doch wagen, das Ergebnis vorläufig zu schätzen.

Eine solche Berechnung kann angestellt werden, indem man von der regelmäßigen jahreszeitlichen Schwankung der Menge größerer Bodentiere auf trockenfallendem Watt ausgeht (1-). Das Maximum mit etwa 35 g organischen Stoffen je m² liegt im Sommer, das Minimum mit etwa 15 g je m² im Spätwinter. Im Frühling und Sommer werden also jedes Jahr etwa 20 g je m² neu produziert. Tatsächlich ist die Produktion größer als diese 20 g je m², weil während der Wachstumsperiode laufend wachsende Tiere weggefressen werden. Deren Wachstum bis zu diesem Moment muß hinzugezählt werden. Zur Produktion zählen ferner die regenerierten Körperteile, die während der Wachstumszeit abgefressen wurden. Die tatsächliche Produktion dürfte fast 30 g je m² betragen. Diese Menge ist jedoch für die Fische und Vögel nicht voll verfügbar. Verschiedene Bodentierarten, vor allem die Muscheln, verbrauchen das in der Wuchsperiode gewonnene Gewicht großenteils im Rest des Jahres wieder selbst. Bei den Arten, die stark abmagern, auf die über die Hälfte der Gesamtmenge entfällt, müssen 5 bis 10 g von den geschätzten 30 g wieder abgezogen werden, um die Nahrungsmenge zu erhalten, die den Fleischfressern zur Verfügung steht. Aus dieser Überschlagsrechnung ergibt sich, daß auf trockenfallenden Flächen im Wattenmeer von den Fleischfressern jährlich höchstens 20 g je m² organische Stoffe gefressen werden können, ohne die Substanz anzugreifen. Das ist eine Schätzung dessen, was den Raubtieren maximal zur Verfügung steht, weil einige Tiere nicht gefressen werden, sondern sterben, z.B. an Sauerstoffmangel, Krankheiten und Parasiten. Diese Tiere werden teilweise verrotten und nur Bakterien Nahrung geben. Dies gilt für schwer erreichbare Beutetiere, die mengenmäßig rund ein Drittel der hier anwesenden Bodentiere und etwa ein Zehntel der Sekundärproduktion ausmachen.

Nahrungsbedarf Schätzungen über den Nahrungsbedarf der Vögel beruhen auf der Vogelzahl, ihrer täglichen Nahrungsaufnahme und der Anzahl der Freßtage (5-, 8-). Die Summe der je Art ermittelten Mengen ergibt für das niederländische Wattenmeer mit einer Fläche von 2500 km² 100 000 t an organischen Stoffen, wovon schätzungsweise 80 000 t aus dem trockenfallenden Watt stammen. Dies bedeutet, daß die Vögel jährlich 4 g vom m² an organischer Substanz an

Nahrung aufnehmen (8-). Für die trockenfallenden 1400 km² sind es 6 g je m².

Der Mensch entnimmt dem Wattenmeer hauptsächlich Miesmuscheln. Netto macht das fast 2 g je m² im Jahr aus. Daneben werden relativ kleine Mengen an Fischen, Garnelen, Pierwürmern und seit einigen Jahren auch Herzmuscheln geerntet. Bei der Miesmuschelkultur gehen ziemlich viele Muscheln durch Bruch verloren, manchmal werden auch viele Seesterne vernichtet. Der Anteil des Menschen kann insgesamt mit 3 g je m² angesetzt werden, er wird fast ganz den Wattströmen entnommen. Die Raubtiere unter den Bodentieren, von denen die Strandkrabbe das wichtigste sein dürfte, werden sicher an 2 g je m² im Jahr konsumieren. Die Summe für die bis jetzt besprochenen Konsumenten ist 11 g, was noch erheblich unter dem maximalen Angebot von 20 g liegt. Aber der Nahrungsverbrauch der Milliarden Fische ist noch nicht berücksichtigt. Schätzungen des jährlichen Verbrauchs durch die Schollen bei einem normalen Bestand kommen auf 4 bis 7 g je m² für das ganze Wattenmeer (7-). Wenn die Nahrung der Schollen nur auf trockenfallendem Watt aufgenommen würde, würde sich für dieses Watt 7 bis 12 g je m² ergeben. Nun frißt die junge Scholle wohl zum großen Teil, aber nicht ausschließlich auf dem Watt. Es gibt auch einige andere Fischarten wie Flunder und Grundel, die hauptsächlich dort ihre Nahrung suchen. Die am ehesten vertretbare Schätzung des Jahresverbrauchs an Bodennahrung durch die Fische dürfte zwischen den genannten Grenzen von 7 bis 12 g je m² liegen, etwa bei 9 g. Dies ist eine Schätzung für Jahre mit einem etwa durchschnittlichen Schollenbestand im Wattenmeer. In solchen Jahren ist der Gesamtnahrungsbedarf aller Fleischfresser auf dem trockenfallenden Watt etwa 17 g, nämlich 6 g für Vögel, 9 g für Fische und 2 g für die übrigen Raubtiere. Diese Menge kommt dem maximalen jährlichen Angebot von 20 g sehr nahe.

Von jeder Verkleinerung des Wattenmeeres oder von Eingriffen in das Bodenleben muß eine Rückwirkung auf die Schollenproduktion erwartet werden, die sich auf die Fischerei in der Nordsee auswirken wird (10-). Die Nahrungsketten im Wattenmeer über Bodentiere zu Vögeln und Fischen lassen offenbar nicht viel Spielraum für weitere Raubtiere. Es besteht eine Art Gleichgewicht zwischen Fleischproduktion und Bedarf. Wie empfindlich bzw. robust dieses Gleichgewicht ist, kann schwer vorausgesagt werden. Es steht zu hoffen, daß das komplizierte, aber offenbar im Gleichgewicht befindliche System nie wirklich auf die Probe gestellt wird.

Viele werden schon mit der Pflanzenwelt des Wattenraumes Bekanntschaft gemacht haben, mit weiten Salzwiesen und abgeschlossenen Dünentälern, mit Halligflieder und Herzblatt. Eine vollständige Beschreibung dieses so wechselvollen Pflanzenreiches in allen seinen Untergliederungen in Kürze ist fast unmöglich. Wir wollen uns aber bemühen, in großen Zügen die ökologische Grundlage dieser reichen Bestände und den besonderen Charakter der Teilgebiete aufzuzeigen. Den ursächlichen Zusammenhang erkennt man auch auf den Karten in Kapitel 32. Diese ermöglichen es, mit einem Blick zu überschauen, wo die verschiedenen Landschafts- und Vegetationstypen im Wattenmeer vorkommen.

Verbreitung und Ökologie   Inseln und Wattenmeer sind die beiden Aspekte der einmaligen Landschaft, welcher dies Buch gewidmet ist. Inseln faszinieren – sie haben das schon immer getan. Sie sind vor allem für die Differenzierung des Lebens auf der Erde von Bedeutung, und sie fesseln deswegen den Biologen und den Naturfreund. Auf den ersten Blick scheint das an zwei Bedingungen zu liegen: Eine Insel ist ein abgerundetes Ganzes, und eine Insel besitzt eine lange Grenzlinie zwischen Meer und Land. Wesentlicher jedoch ist die Tatsache, daß Inseln isolieren. Das Wort „isolieren" stammt daher auch von dem Wort isola (Insel) ab. Wenn es auch heute modern ist, von Kommunikation zu reden, so ist doch die Mannigfaltigkeit, zu der sich lebende Systeme entwickelt haben, vor allem das Ergebnis von deren Gegenteil: von Isolation. Isolation spielt bei Entstehen neuer Arten eine wichtige Rolle. Die ursprüngliche Flora ozeanischer Inseln weist deshalb einen hohen Anteil, oft fast 100%, an endemischen Arten auf, das sind Arten, die ausschließlich auf einer solchen Insel vorkommen.

Auf den Wattinseln, die allerdings keine Endemismen kennen, gibt es bei mehreren Arten erblich verschiedene Typen. Diese *Ökotypen* konnten wegen der Isolation und wegen der großen Unterschiede der Standorte hier entstehen. Die Unterschiede im Artenbestand werden durch die Isolation kurzfristig aufrechterhalten und langfristig noch verstärkt. Die Aufhebung der Isolation führt denn auch zu einer Verringerung der Unterschiede. Auf allen Wattinseln zeigt sich der Kontrast zwischen dem süßen, überwiegend trockenen, nahrungs- und mehr oder weniger kalkarmen Kern, dem *Dünengebiet*, und der salzigen, nassen, nahrungsreichen Randzone, dem *Vorland* (Heller, Groden). Es sind vor allem die allmählichen Übergänge zwischen den Extremen, welche die Lebensbedingungen

und Standortdifferenzierung für das Auftreten vieler Lebewesen erweitern. Diese Wirkung wird dadurch noch beträchtlich verstärkt, daß die Dünen der Wattinseln aus relativ *kalkarmem* Material mit weniger als 1,5% Calciumcarbonat aufgebaut sind, während dieser Gehalt in den Dünen des niederländischen Festlands ± 3 bis 20% beträgt. Man kann außerdem von Insel zu Insel Unterschiede im Kalkgehalt feststellen, welche den Unterschied insgesamt noch vergrößern. Die niederländischen Inseln sind kalkarm, die ostfriesischen etwas weniger, während die übrigen Inseln einschließlich Skallingen wieder arm sind. Der Kalkgehalt des Sandes kann unter dem Einfluß von Auslaugungsprozessen und der Vegetation lokal weiter sinken. Alte Dünenkerne sind oft weitgehend entkalkt. Der Kalkgehalt ist für die Vegetation mitbestimmend. Ein höherer Kalkgehalt im Boden geht durchweg mit einem höheren Gehalt an mineralischen Nährstoffen einher, wobei durch rascheren Abbau organischer Reste (Mineralisation) die Minerale rasch wieder verfügbar sind.

Die Bezeichnungen nahrungsarm und -reich können hier leicht das Mißverständnis hervorrufen, daß die kalk- und nahrungsarmen Inseln auch biologisch „arm" wären, während das Gegenteil zutrifft. Die Differenzierung und der Artenreichtum sind oft besonders langfristig um so höher, je ärmer der Standort an mineralischen Nährstoffen ist. Daran muß man sich wohl erst gewöhnen, weil der Bauer und der Gärtner immer Kunstdünger verwenden, um die Produktion zu steigern. Besonders in feuchten Klimaten werden nur wenige Pflanzenarten durch die Düngung gefördert. Es ist kein Zufall, daß zu diesen gerade die meisten unserer Kulturpflanzen gehören: Solche Gewächse müssen rasch wachsen können.

Warum also verstärkt der Kalkmangel und damit der Nährstoffmangel der Dünen auf den Wattinseln die Wirkung des Gefälles zwischen trockener süßer Düne und nasser salziger Marsch? Zunächst, weil die Gegensätze zwischen den Extremen dadurch größer sind. Wichtiger ist ein anderer Effekt. Um das zu verstehen, müssen wir erst verstehen, daß das Ausmaß der „Unruhe" oder Standortdynamik, die eine Pflanze verträgt und zugleich auch benötigt, eines der wichtigsten ökologischen Kennzeichen einer Art ist. Diese Standortdynamik, vor allem die (Grund-)Wasserbewegung, bestimmt besonders den Nährstoffhaushalt. Zunächst können wir eine Reihe aufstellen von solchen Arten, die viel Unruhe vertragen (und benötigen), bis zu solchen, die wenig vertragen. In der Natur kommen beide Standorttypen, der ruhige und der dynamische, mit allen Übergängen dazwischen vor. Da der kulturtechnisch

221 *Grasnelke*

tätige Mensch im letzten halben Jahrhundert die Unruhe
an den Standorten laufend vergrößert hat, sind die ruhigen
Standorte immer seltener geworden und mit ihnen die dafür
typischen Arten. Auf hohe Dynamik eingestellte Arten sind
z. B. „gemeine" Pflanzen wie Strandhafer, Weißes Straußgras,
Krauser Ampfer, Ackerkratzdistel; Arten, die Ruhe benötigen
sind z. B. solche seltenen und hochgeschätzten Pflanzen der
Wattinseln wie Mücken-Händelwurz, Glanzwurz und Siebenstern. Das schließt nicht aus, daß es auf den Inseln auch
eine Reihe seltener, von der Dynamik abhängiger Pflanzen
gibt, das können z. B. solche sein, die hier die Klimagrenze
ihres Verbreitungsgebietes erreichen wie Kahle Melde, Meer-
strandswinde, Gestielte Salzmelde und Niederliegendes Steifgras.
Nun hat es sich in den letzten Jahren gezeigt, daß das Standortgefälle um so gleichmäßiger ist, je mehr das höhere Gelände
nahrungsarm, trocken und humusreich ist und weiter unten
nahrungsreiches, salziges, humusarmes Gelände liegt. Kalkarme
an das Meer grenzende Dünen weisen daher meist ein stabiles
Standortgefälle und demzufolge einen großen Reichtum an
besonderen Pflanzenarten als kalkreiche auf.
Bisher haben wir den Sachverhalt schematisch dargestellt
und deswegen stark vereinfacht. In Wirklichkeit ist die Lage
viel verwickelter. Im Dünengebiet liegen kleinmaßstäbliche
Standortvariationen zwischen trockenen Dünen und feuchten
bis nassen Dünentälern vor. Innerhalb des Komplexes der
trockenen Dünen tritt eine Abfolge von Pflanzengesellschaften
auf, die sich auseinander entwickeln, die *Xeroserie*. Deren
Abwandlung ist u. a. abhängig von der Entfernung zum Meer,
vom Relief, vom Ausmaß der Beweidung und des Vertritts.
Innerhalb des Komplexes der feuchten Dünentäler, der *Hygroserie*, sind die Standorte stark differenziert wegen der landeinwärts
abnehmenden Überflutungsdauer und des Schlickgehalts,
wegen des Anwachses oder Abbruchs der Küste, Beweidung
oder Nichtbeweidung usw. Dazu kommen noch – als botanischer
Höhepunkt – die verschiedenen Abwandlungen des allmählichen
Übergangs zwischen salzigen und süß-feuchten Tälern, welche –
beweidet wie unbeweidet – die am meisten charakteristischen
und kostbaren Standorte der Wattinseln darstellen.
Im allgemeinen spielt sich dieser umfangreiche Abwandlungs-
prozeß innerhalb der jüngsten geologischen Formation, dem
Holozän, ab. In den Niederlanden hat nur Texel einen pleistozänen Kern, der jedoch innerhalb der Kulturlandschaft liegt
und nicht an das Meer grenzt. Biologisch interessanter sind
deshalb auch die Geestkerne der Nordfriesischen Inseln,
vor allem von Sylt und Amrum, weil diese teilweise an die

Marsch grenzen und dabei sehr schöne „Kliffgradienten"
mit sich bringen. Man trifft sie auch an der Festlandsküste
hier und da an wie an der Ho Bugt in Dänemark, westlich
von Cuxhaven und früher auch an der ehemaligen Zuiderzee-
küste.

Als Folge ihres primären Kalkmangels unterscheidet sich
die Vegetation aller Wattinseln so sehr von der der südlich
davon gelegenen kalkreichen Festlandsdünen, daß man sie
als ein besonderes pflanzengeographisches Gebiet, den *Wattendistrikt*, unterscheidet. Kennzeichnend sind hier vor allem
die drei Heidearten, Besenheide, Glockenheide und Krähenbeere,
die in den älteren Dünentälern vegetationsbildend auftreten,
die Krähenbeere auch an Nordhängen von Dünen. Die wichtigsten pflanzengeographischen Elemente sind das atlantische,
westliche Element, zu dem Glockenheide, Gagelstrauch,
Wald-Geißblatt, Königsfarn, Igelschlauch, Zindelkraut gehören;
das nordische Element mit Krähenbeere, Arktischer Binse,
Lorbeerweide; und das boreal-alpine Element mit Arten,
die sowohl in Nordeuropa wie auch in den mitteleuropäischen
Hochgebirgen vorkommen wie Siebenstern, Sprossender
Bärlapp, Bärentraube, Rauschbeere und Kleines Zweiblatt.
Eine interessante Gruppe, zu der das Englische Löffelkraut

gehört, ist auf den Norden des atlantischen Gebietes beschränkt.
Im ganzen sind von den Wattinseln mindestens 1109 Arten
höherer Pflanzen bekannt (6-).

	Artenzahl der Blütenpflanzen	Fläche in km²
Texel	656	183
Vlieland	415	33
Terschelling	626	107
Ameland	477	63
Schiermonnikoog	596	46
Rottumeroog	212	4
Niederlande insgesamt	863	436
Borkum	390	28
Juist	380	11
Norderney	430	25
Baltrum	312	6
Langeoog	339	15
Spiekeroog	285	17
Wangerooge	288	5
Niedersachsen insgesamt	752	315
Nordstrand	243	47
Pellworm	270	38
Halligen	154	23
Amrum	477	22
Föhr	605	84
Sylt	616	101
Schleswig-Holstein insgesamt	752	315
Rømø	498	90
Fanø	604	52
Mandø	345	8
Skallingen	338	24
Dänemark insgesamt	729	174

Die Artenzahl der Blütenpflanzen auf den Wattinseln

Der Artenreichtum auf den Inseln ist etwa dreimal so groß
wie er auf Grund der Flächengröße erwartet werden könnte.
Außerdem ist gerade die Anzahl seltener Arten dort relativ
groß. Wenn wir nach Normen suchen, um den botanischen
Wert von Naturräumen zu bestimmen und dafür die heute
üblichen Kriterien heranziehen, gehören die Wattinseln zu
den wichtigsten Gebieten in den Niederlanden, Deutschland
und Dänemark. Innerhalb davon sind einige Teilräume wichtiger
als andere. Oft sind es die „Gelenke" der Inseln, die Stellen
an der Ost- und Westseite, wo Nordsee und Wattenmeer
einander begegnen, und wo es *grüne Strände* gibt. Manchmal

liegen vergleichbare Flächen auch an der Nordseeküste, wo das Meer durch die erste Dünenreihe einbrach und eine Strandfläche abgeschnürt wurde, wie der Slufter auf Texel (Abb. 63-).

Dünen   Die Unterschiede im Pflanzenbestand der Dünen werden weitgehend durch die Grundwasserverhältnisse bestimmt. Im Sommer sinkt das Grundwasser in den etwas höheren Dünen durchweg um über einen Meter unter die Oberfläche, so daß viele Pflanzenarten ihn nicht mehr erreichen können. In den Dünentälern liegt der Grundwasserspiegel auch im Sommer weniger als einen Meter tief, während sie im Winter ganz unter Wasser stehen können. Tiefere Dünentäler stehen ganzjährig unter Wasser und bilden Dünenseen. Stellenweise hat man Dünenweiher gegraben, aber diese künstlichen Gewässer sind botanisch meist weniger reich als die natürlichen. In vielen Dünengebieten haben die nassen Standorte durch Entwässerung und Wassergewinnung ziemlich an Wert eingebüßt. Die *Sukzession* der Vegetation der trockenen Dünen verläuft sehr charakteristisch. Diese feste zeitliche Aufeinanderfolge von Pflanzengesellschaften ist aus der Reihenfolge abzulesen, in der sie landeinwärts zonal angeordnet sind, hier einfach

und artenarm, dort immer verwickelter und artenreicher. Das höchste Entwicklungsstadium einer solchen Sukzessionsreihe, ein Wald, wird auf den Inseln fast nirgendwo erreicht. An stillen, mehr landeinwärts gelegenen Stellen können sich jedoch Wäldchen bilden. Aus Anpflanzungen sind auf vielen Inseln, teilweise unter großen Mühen, Kiefernwälder entstanden, während in und um die Dörfer und besonders bei den Vogelkojen hohe und sehr alte Laubbäume mit einer reichen Krautschicht als Unterwuchs stehen.

Auf dem Strand beginnt die Vegetationsentwicklung eben oberhalb des mittleren Hochwasserstandes. Im Anwurf aus Tangen, Quallen und Holzresten ist durch Verwesung zusätzlicher Nährstoff vorhanden.

Auf einem übersandeten Spülsaum keimt vor allem der einjährige Meersenf und die Binsenquecke. Bei genügender Sandzufuhr kann letztere, ein wilder Verwandter unseres Weizens, sich gut ansiedeln. Mit ihrem flachen, aber weitreichenden Wurzelsystem kann sie viel Sand festhalten, so daß niedrige Kleindünen entstehen. Auf breiten Stränden können sich Zonen mit Hunderten dieser Primärdünen bilden, die jedoch bei hohen Fluten oder bei anderer Windrichtung oft wieder eingeebnet werden. Wenn die Primärdünen so hoch geworden sind,

224 *Sprossender Bärlapp*

225 *Dünenhügel, links Südhang mit Silbergras, rechts Nordhang mit Gemeinem Tüpfelfarn und Krähenbeere*

daß sie etwas Süßwasser festhalten, kann sich der Strandhafer ansiedeln, oft zusammen mit Strandroggen, einer nordischen Art mit sehr breiten blau-grünen Blättern.

Diese Arten können viel Sand festlegen, weil die Pflanzen den Sand rasch durchwachsen und dadurch die Sandzufuhr in Gang halten (Abb. 39). An Stellen, wo Löcher in Dünen ausgeblasen sind, kann man diese durch Anpflanzung von Strandhafer und -roggen wieder zusanden lassen. In Kombination mit Windzäunen aus Reisig hat man mittels Strandhaferanpflanzung auch viele breite Sanddeiche angelegt (Abb. 61). An ruhigen Stellen, wo die Sandbewegung etwas abnimmt, siedeln sich schon mehr Arten, darunter die Stranddistel und die gelbblühende Sandnachtkerze. In den mehr landeinwärts gelegenen Dünen, die schon länger durch eine Pflanzendecke festgelegt sind, hat Auslaugung und Entkalkung stattgefunden. Hier gibt es markante Unterschiede. Auf den *Nord- und Osthängen* und in trockenen Dünentälern haben sich Zwergsträucher angesiedelt. Für den Wattendistrikt ist vor allem die Gesellschaft mit Krähenbeere und Tüpfelfarn typisch. Mehr landeinwärts kann die Strauchheide dominieren, so daß die von vielen Wattinseln bekannte Dünenheide entsteht.

Die *Süd- und Westhänge* sind viel extremere Standorte mit großen Temperaturschwankungen und sehr trockenen Perioden. Die daran angepaßte trockenresistente Vegetation besteht vor allem aus Moosen und Flechten mit kleinen Blüten des Silbergrases. Als besondere Dünenpflanze kommt hier auch das Hundsveilchen vor. Bei leichtem Vertritt und Beweidung, meist durch Kaninchen, entstehen in den alten Dünen trockene Grasflächen mit viel Schafschwingel und einer Vielzahl von Kräutern, darunter Echtes Labkraut und Dünenkreuzblume. Die Arten dieses ziemlich trittempfindlichen Bestandes stellen zugleich eine für die Inseln charakteristische Pflanzengesellschaft dar.

In der genannten Reihe von Pflanzengesellschaften wird der Sand zunehmend festgelegt. Dabei wirken Pflanzen, Boden und Klima auf sehr verwickelte Weise zusammen. Die Dünentäler beherbergen wieder andere Pflanzenbestände *Primäre Dünentäler* sind als ausgesüßte, vom Meer abgeschlossene Strandflächen entstanden. *Sekundäre Dünentäler* entstehen in älteren Dünen, wenn Windmulden bis auf das Grundwasser ausgeblasen werden. In den verschiedenen Entwicklungsstadien beider Typen kommen viele besondere Pflanzenarten vor, oft nur vorübergehend. In der dynamischen Wattlandschaft kamen diese Standorte von Natur aus immer

226 *Rentierflechte und Silbergras auf trockenem Südhang*

227 *Meersenf am Strand vor einer Düne*

228 *Sumpfwurz-Orchidee*
230 *Herzblatt*

229 *Ästiges Tausendgüldenkraut*
231 *Schwarzes Kopfried*

wieder aufs neue zustande, und die wählerischen Arten fanden
immer irgendwo ein Plätzchen. Im gleichen Maße, in dem
immer mehr Dünen, besonders alte Dünen, festgelegt werden
und durch Trinkwassergewinnung der Grundwasserspiegel
erniedrigt wird, werden diese Sonderstandorte äußerst selten.
Die Dünengebiete, in denen sich jetzt noch auf natürliche
Weise Windmulden, Wanderdünen und primäre Täler bilden,
erhalten dadurch eine noch größere Bedeutung.
Typische Pioniere dieser Dünentäler sind das vor allem auf
den Wattinseln vorkommende Ästige Tausendgüldenkraut
und der seltene Bittere Enzian. Auch die älteren Täler, die
im Sommer naß bleiben, sind besondere Standorte. Die als
Eisbahn benutzten und darum regelmäßig ausgemähten Dünenweiher auf verschiedenen Wattinseln sind berühmt wegen
ihrer Seltenheiten wie z. B. Strandling und Igelschlauch. In
den jungen Tälern dringt nach und nach die Kriechweide
zusammen mit vielen Gräsern und Kräutern in die offene
Vegetation ein, darunter sind Schwarzes Kopfried, Mücken-
Händelwurz, Herzblatt und Glanzkraut; an anderen gleichartigen
Stellen das zierliche Rundblättrige Wintergrün. Schließlich
können sich auf den nassen, armen und humosen Stellen
Gagelstrauch und Birke einstellen.
Wo die primären Dünentäler an das Vorland grenzen und
unter ziemlichen Salzeinfluß geraten, finden wir Übergangsgesell-
schaften, in der die Arktische Binse vorkommt, und wo Arten
der Hygroserie wie Herzblatt und Kopfried den Arten der
Haloserie wie Salzbinse und Milchkraut begegnen.

Marschen   Der marine Grenzraum hat, je nachdem ob
der Boden aus mehr oder weniger reinem Sand oder schlickhalti-
gem Sand besteht, einen ganz verschiedenen Charakter. Der
Unterschied ist an der Farbe zu erkennen: Der Sandstrand
ist fast weiß bis gelblich, letzteres, wenn er kalk- und eisenreicher
ist; der schlickhaltige Sand in Watt und Marsch ist hell- bis
dunkelgrau. Der Unterschied beruht auf dem unterschiedlichen
Einfluß der bewegten Nordsee und dem ruhigeren Wattenmeer,
in dem sich Schlick absetzen kann. Für den Pflanzenwuchs
ist dieser Unterschied wesentlich; die Entwicklungsreihen,
die ihren Ursprung am Nordseestrand, beziehungsweise im
Watt nehmen, haben im Prinzip fast keine Arten gemeinsam,
sie sind als gänzlich verschiedene Systeme aufzufassen.
Die extremen Temperatur-, Feuchtigkeits- und Salzgehalts-
schwankungen am Strand sowie die mechanische Beanspruchung
durch Sandflug bieten nur wenigen Arten die Möglichkeit,
hier zu keimen und sich zu entwickeln.

Das Watt und das daraus sich entwickelnde Vorland sind
in mancher Hinsicht ein weniger extremer Standort: Einerseits
kann der Boden infolge des Schlickgehaltes das Wasser besser
festhalten, so daß er etwas gleichmäßigere Temperaturen
und Salzgehalte aufweist als der Strand; andererseits ist dadurch
auch die Oberfläche weniger in Bewegung. Diese Ruhe wird
noch erheblich verstärkt durch den Algenfilz aus Grün- und
Blaualgen und Diatomeen, der die oberste Zone des Watts
und den niedrigsten Teil des Vorlands bedeckt. Beides hat
zur Folge, daß im obersten Teil des Watts und dem noch
regelmäßig vom Meer erreichten Vorland bestimmte Arten
höherer Pflanzen leben und sogar große Bestände bilden
können. Diese Pioniere können den Salzgehalt des Wassers
vertragen und eine gewisse Salzmenge in ihr Gewebe aufnehmen:
Wir nennen sie daher Salzpflanzen oder *Halophyten*. Wenn
ihre Zahl auch begrenzt ist, sind sie auf dem Vorland dennoch
beträchtlich zahlreicher, sowohl an Arten als auch an Individuenzahl, als die wenigen Halophyten des sandigen Nordseestrandes.
Über die Art und Weise, wie diese Pflanzen das Salzproblem
lösen, ist noch nicht viel bekannt. Die Forschung zeigt jedoch,
daß die verschiedenen Arten auf kurze oder lange Überflutung,
auf stehendes, nicht mehr salziges Grundwasser oder auf

232   *Queller als Pionier und Grünalgen*

die Durchlüftung des Bodens unterschiedlich reagieren. Eine salzige Bodenlösung zieht Wasser an, und die Pflanze kann daraus nur Wasser aufnehmen, wenn die Salzkonzentration ihres Zellsaftes noch höher ist als die ihrer Umgebung. Eine Reihe von Salzpflanzen, darunter Queller, Strandsode und Salz-Spärkling, fallen durch ihren fleischigen Habitus auf. Stark verdickte Blätter vermindern bei gleichem Inhalt die Oberfläche, so daß relativ weniger Wasser aus der Pflanze verdunstet. Es ist schwierig, bei der Wasseraufnahme das Salz draußen zu lassen, und auch die Halophyten können nicht verhindern, daß sie geringe Salzmengen mit aufnehmen. Der Queller kommt dieser Salzansammlung stets dadurch zuvor, daß er im Laufe der Wachstumszeit stark an Volumen zunimmt. Diese Form der *Regulation* ist besonders bei einjährigen Pflanzen möglich. Bei den nicht sukkulenten Halophyten, wie Schlickgras und Halligflieder, kann man Salzdrüsen auf den Blättern erkennen, mit denen die Pflanze überschüssiges Salz aktiv *ausscheiden* kann, besonders auf der Strandnelke kann man bei trockenem Wetter die Salzkristalle auf den Blattunterseiten gut beobachten. Die Salzbinse nimmt im Laufe der Wuchsperiode immer mehr Salz auf, wenn sie auch auf weniger salzigen Stellen wächst als die schon genannten Arten. Diese *Akkumulation* führt schließlich zum Absterben der oberirdischen Teile.

Seegräser sind eigentlich die an tiefster Stelle gedeihenden Blütenpflanzen. Im Wattenmeer gibt es zwei Arten. Bei Niedrigwasser liegen die Stempel und bandförmigen Blätter schlaff auf dem Watt, so daß man sie leicht für Tang hält. Bis 1930 kam vor allem das Gemeine Seegras auf Tausenden von Hektaren vor und wurde sogar gewonnen, um beim Deichbau verwendet zu werden, z. B. auf Wieringen. Diese Art ist jedoch nach einer epidemischen Pilzkrankheit in den dreißiger Jahren fast ganz verschwunden. Eine schmalblättrige Form des Gemeinen Seegrases kommt aber hier und da im Wattenmeer noch vor, vor allem im nordfriesischen und dänischen Raum. Das Zwerg-Seegras, das ebenso wie die andere Art den Ringelgänsen und Pfeifenten als Nahrung dient, ist weiter verbreitet und wächst auf höherem Watt, sogar bis 15 cm unter dem mittleren Hochwasser. Der am meisten ins Auge fallende Pionier ist aber doch wohl der *Queller*, dessen Keimlinge in jedem Frühjahr aufs neue ihre Vorposten besetzen. Im Laufe des Sommers wachsen sie zu korallenartigen sattgrünen Pflanzen heran, die später mit hübschen orangegelben oder purpurroten Herbstfarben

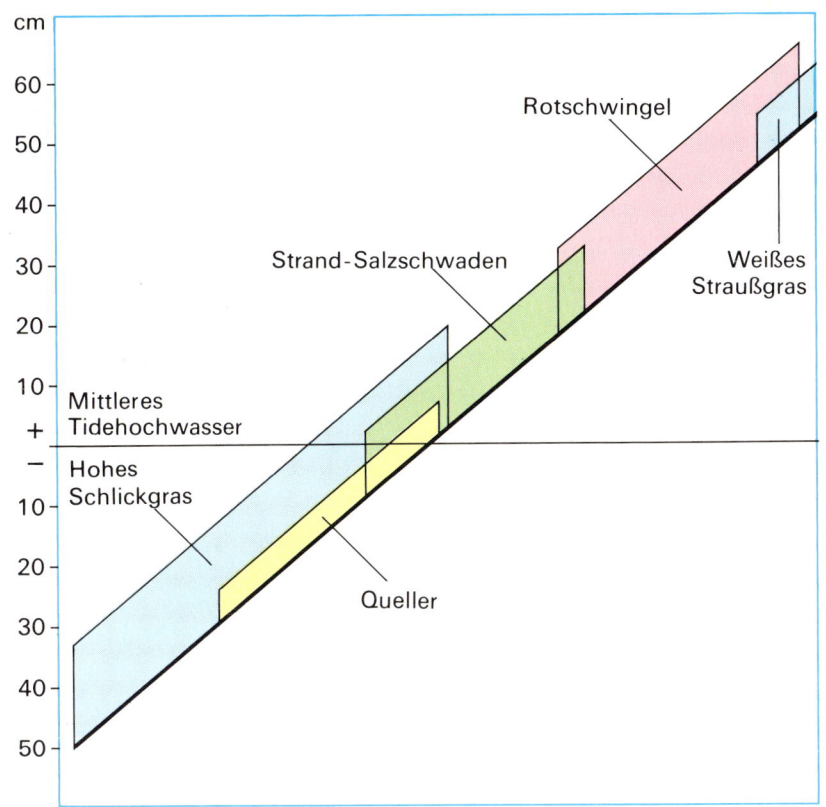

das niedrige Vorland zieren, um dann im Laufe des Winters ihren Samen auszustreuen und selbst abzusterben. Die flüchtigen Quellerflächen haben durchweg keinen großen Anteil beim Festlegen von Schlick und Sand, sie sind aber wohl ein Hinweis für den Anwachs an einer Wattküste. Der Boden des Quellerstandorts ist fast dauernd wassergesättigt. Dicht unter der bräunlichgrünen Algenhaut beginnt bereits eine sauerstofflose Zone, die von den reduzierten Schwefelverbindungen, die bei Fäulnisprozessen entstehen, grau bis schwarz gefärbt ist und nach faulen Eiern riecht. Der Queller vermag nicht nur diesen wenig attraktiven Standort auszunutzen; eine andere robustere Rasse dieser Art ist in der Lage, salzige Strandflächen als Pionier zu besiedeln, die über dem mittleren Hochwasser liegen, und wo in warmen Perioden Sandflug und Trockenheit ganz andere extreme Bedingungen darstellen. Man kann noch weitere erblich verschiedene Rassen des Quellers unterscheiden, ebenso wie bei anderen Pionierarten. Im Laufe des Evolutionsprozesses haben sich diese Populationen an verschiedene Standorte angepaßt.

Ursprünglich kam in der Quellerzone des Wattenmeeres keine andere Blütenpflanze vor, bis in den zwanziger und dreißiger Jahren das Schlickgras (Spartina) eingeführt wurde.

234 *Zone der bestandsbildenden Arten auf dem niedrigen Vorland*
235 *Queller*

236 *Queller und Hohes Schlickgras*

Dieses derbe aufrechtstehende Gras ist eigentlich ein fruchtbarer Bastard, der 1870 auf dem Schlickwatt bei Southampton zuerst entdeckt wurde. Die neue „Art" breitete sich von dort an der englischen Südküste rasch aus, sie war offenbar als Schlickfänger in Landgewinnungswerken besonders wirksam. 1924 wurden daher an einigen Stellen in den Südniederlanden Ableger ausgepflanzt. Diese wuchsen hier nicht nur gut an, sondern verdrängten sehr schnell die vorhandenen Bestände von Kleinem Schlickgras und Queller. Die für die Landgewinnung so vielversprechende Art wurde im Laufe der Zeit an verschiedenen Stellen der Wattküste angepflanzt, wo sie auch gedieh. Daß das Schlickgras die Quellerzone nicht ganz hat erobern können, ist vor allem seiner Vorliebe für weichen Schlick zu verdanken. Auf dem sandigen Vorland der Inseln hat es viel geringere Chancen. Die ökologische Eingliederung dieser „Schlickpest" in die Wattstandorte ist noch nicht beendet. Die Pflanze ist nicht winterhart, und bei Frost können stellenweise die Pflanzen durch die Eisdecke hochgehoben und ausgerissen werden, wobei es zu Erosion kommt. Es gibt jedoch Hinweise dafür, daß durch natürliche Selektion Varianten ausgelesen werden, die immer besser an die verschiedenen Standorte angepaßt sind. Wir werden daher lernen müssen,

237 *Englisches Löffelkraut*

mit diesem rauhen Neuling zu leben, der biologisch noch nicht als Gewinn bezeichnet werden kann.

Wenn der Boden der Quellerzone unter Mitwirkung der Algen und Diatomeen bis zum Niveau des mittleren Hochwassers aufgehöht ist, kommt eine weitere Salzpflanze mit viel älteren Rechten ins Spiel, der *Andel*. Zur ersten Ansiedlung dieses feine Ausläufer treibenden Grases kann es kommen, wenn lose Sprosse an Quellerpflanzen hängenbleiben. Der Andel bildet durchweg an den Küsten die niedrigen Salzwiesen. Im Gegensatz zum Schlickgras, das vom Vieh kaum gefressen wird und das gegen Vertritt empfindlich ist, verträgt der Andel die Beweidung gut, von vielen Tieren wird es mit Vorliebe gefressen. Es schmeckt süß (!), besitzt hohen Futterwert und bedingt damit die Anziehungskraft des niedrigen Vorlandes als Weide für Schafe, Jungvieh und Gänse. In den feinen Grasbüscheln bleibt viel Sediment zurück, wodurch die ersten Pflanzen im Quellerbestand schon bald Blüten bilden. Im Zusammenhang mit dem Rinnensystem, das sich allmählich herausbildet, wird das Gelände abwechslungsreicher. Es entstehen Priele, deren Ränder etwas erhöht werden, weil dort das meiste Sediment von der Vegetation eingefangen wird, während der feine Schlick erst dahinter abgesetzt wird. Das Relief der so entstandenen *Uferwälle* und *Becken* wird vor allem durch den örtlichen Tidenhub bestimmt. Durch die ein- und auslaufenden Gezeiten werden vor allem die sandigen Prielufer besser mit Sauerstoff versorgt als die Becken, in denen recht stagnierende Bedingungen herrschen. Neben einem für den Pflanzenwuchs so wichtigen Standortfaktor wie der Sauerstoffversorgung haben diese Unterschiede im Kleinrelief auch andere Standortunterschiede zur Folge. In flachen, abflußlosen Becken können die Salzgehalte stark wechseln. Bei anhaltender Trockenheit und beim Ausbleiben hoher Fluten kann der Salzgehalt stark ansteigen, während die Becken in regenreichen Perioden zeitweise unter Süßwasser stehen. Einige Becken bleiben lange Zeit unbewachsen, in anderen siedeln sich Queller, Strandsode und Salz-Spärkling zögernd an. Im nächsten Jahr können sie schon wieder verschwunden sein. Wenn durch Erosion ein Uferwall angegriffen und die Entwässerung eines Beckens verbessert wird, können Andel und andere Salzpflanzen eindringen. Das Prielsystem im natürlichen Vorland und die vielen Übergänge zwischen Werden und Vergehen solcher Entwässerungseinheiten bieten in Raum und Zeit sehr differenzierte Standorte. Neben und in dem Andelbestand treten verschiedene andere Salzpflanzen auf, jede mit einem eigenenen Verbreitungsmuster. Die wichtig-

sten und auffallendsten Arten sind Salz-Aster, Halligflieder, Portulak-Salzmelde, Strand-Wegerich, Strand-Dreizack, Flügelsamiger Spärkling und Englisches Löffelkraut.

Ein auffallendes Verbreitungsmuster weist die Portulak-Salzmelde auf, die von einer guten Sauerstoffversorgung des Bodens offenbar recht abhängig ist und daher vor allem die Prielufer silbergrau bedeckt. An Stellen mit grobsandigem Untergrund, durch den die Druckwellen der Gezeiten eine gewisse Pumpwirkung ausüben, kann diese mehrjährige Art große Flächen bedecken wie an der Wattseite von Skallingen. Die Portulak-Salzmelde findet ihren optimalen Standort jedoch außerhalb der eigentlichen Andelwiese ebenso wie die Salz-Aster, die sehr weit verbreitet ist und in fast allen Salzvegetationen der europäischen Küste vorkommt. Die Salz-Aster hat ihren optimalen Standort in brackigen Schlickgebieten wie am Dollart, wo es mannshohe Asternwälder gibt, und wo die Art sogar den kahlen Schlick besiedelt, hier gemeinsam mit der Strandsimse. Fast nirgends blüht die Salz-Aster so massenhaft, vor allem auch, weil in den weichen Schlick kein Vieh gelangen kann.

In der Andelwiese viel mehr zu Hause ist der Strand-Wegerich mit gedrungenen Blütenähren und hellgelben Staubbeuteln und der ähnliche Strand-Dreizack, der eine dünnere Blütenähre mit roten Stempeln besitzt. Strand-Wegerich ist vielgestaltig, kräftig aufsteigend mit dicken fleischigen Blättern an niedrigen schlickreichen Stellen. An den trockeneren sandigen Standorten bildet er viel kleinere, platte Rosetten mit schmalen Blättchen. Besonders an diesen Standorten werden die Pflanzen stark von Kaninchen und Hasen befressen.

Auf Hochwasserrastplätzen von Wattvögeln, wo der Boden durch den Guano gedüngt wird, kommt das Englische Löffelkraut zahlreich vor und beherrscht im Frühjahr mit seinen schneeweißen Blütenbüscheln das Bild. An diesen Stellen ist die ursprüngliche Vegetation oft etwas gestört, es treten mehrere einjährige Arten aus der Familie der Gänsefußgewächse auf, die sonst auf dem niedrigen Vorland an Stellen wachsen, die durch Treibsel „gedüngt" wurden. Dies sind auf den Algenflutsäumen an Prielrändern vor allem die Strandsode, an höheren Stellen mit streuselreicherem Treibsel die Spießblättrige Melde und die Strand-Melde. Letztere wachsen oft vergesellschaftet mit „Unkräutern" wie die Strandkamille, Ackerdistel und Vogelknöterich, dies weist auf eine ökologische Verwandtschaft mit den nährstoffreichen agrarischen Standorten. Schon genannt wurde der Salz-Spärkling, eine ein- bis zweijährige Art mit kleinen weißen oder rosa Blüten und linealischen fleischigen

238 *Vorlandvegetation mit Halligflieder, Meerstrandsbeifuß und Portulak-Salzmelde*
239 *Salz-Aster*

Blättchen. Diese Pionierart ist auf viel begangenen Plätzen
zu finden. Im ersten Besiedlungsstadium neuer Köge tritt
sie massenhaft auf. Der viel größere Flügelsamige Spärkling
ist durchweg zahlreicher und gehört mehr zu den Vorlandgesell-
schaften. Diese Art gedeiht sogar in der Schlickgraszone,
wobei die Blüten ihre Staubbeutel auf eine eigenartige Weise
gegen die regelmäßige Überflutung schützen. Die Blütenblätter
krümmen sich aufeinander zu, wobei eine Luftblase eingeschlossen wird.

Die vielleicht bekannteste Pflanze des Vorlandes ist der Halligflieder, die stellenweise massenhaft auftritt, z.B. auf der Hallig
Gröde und auf der Bosplaat von Terschelling. Leider verlocken
die eindrucksvollen violetten Flächen viele Menschen zum
Pflücken. Die typischen Standorte liegen um das mittlere
Hochwasser, haben oft eine Schlickschicht und weisen ziemlich
große Schwankungen des Salzgehalts auf. Halligflieder kann
durch besondere Salzdrüsen zuviel aufgenommenes Salz
wieder ausscheiden.

Von verschiedenen Pflanzenarten wurde schon berichtet
daß sie gern gefressen werden. Der Andel wird durch die
Beweidung gerade angeregt und bildet dann einen kurzen,
dichten Rasen. Weil fast alles Vorland am Wattenmeer beweidet

240 *Blütenähre des Strand-Dreizacks*

241 *Halligflieder*

in die Vegetation von Strandflächen hinter dem Strandwall über. An anderen Stellen finden wir Übergänge zu stärker entsalzten Standorten der Dünentäler. Der Boden hat schon mehr Struktur gewonnen, er ist stärker durchwurzelt und gut durchlüftet. Die hier auftretenden Arten vertragen zwar etwas Salz, sind aber nicht darauf angewiesen; in der bedeichten Marsch müssen sie allerdings nach einiger Zeit ihren Konkurrenten weichen. Grasnelke, Salz-Binse, Milchkraut und die Salzform des Weißen Straußgrases kennzeichnen diese Zone. Auf sandigem, gut durchlüftetem Boden kann die Grasnelke mit zahllosen rosa Blütenköpfchen das Bild bestimmen. An Stellen mit schlickigem Boden, wo das Wasser stagniert, tritt die Salz-Binse bestandsbildend auf, diese Art kommt aber auch weiter außen vor allem auf intensiv beweidetem hohem Vorland zusammen mit Weißem Straußgras und Rotschwingel vor. Das Milchkraut hat noch einen größeren Verbreitungsbereich, es kommt sogar als Pionier auf Strandflächen mit Sandflug vor, wo es mittels eines Geflechts unterirdischer Ausläufer Sand festlegen kann. Aber auch in verschiedenen Salzgesellschaften des niedrigen Vorlands und an den weitgehend entsalzten Standorten der primären Dünentäler mit Schwarzer Kopfsimse und Herzblatt begegnen wir dem Milchkraut.

wird, kann man sich fragen, wie die Andelwiese ohne Beweidung aussehen würde. Manches deutet darauf hin, daß als unbeweidetes Gegenstück der Andelwiese meistens eine Strandwegerich-Halligflieder-Gesellschaft entstehen würde, mit der Portulak-Salzmelde darin, während die Salz-Aster dann häufig zur Blüte käme. Bei weitgehender Aufschlickung geht die Andelwiese in die *Rotschwingelwiese* über, eine Gesellschaft mit Rotschwingel und Grasnelke, mit oder ohne ein Übergangsstadium, in dem der Meerstrand-Beifuß dominiert. Diese silbergraue, aromatische Pflanze mit holzigen Stengeln wird nicht gefressen, ist jedoch gegen Vertritt wenig widerstandsfähig und verschwindet daher bei Beweidung. Vor allem an Stellen, wo das Vorland unter Abbruch liegt, finden wir an der Abbruchkante einen Bewuchs von Meerstrand-Beifuß und Rotschwingel, ebenso an hohen Uferwällen an den Prielen, wo ab und zu Treibsel angeschwemmt wird. An Stellen mit noch mehr Treibsel kann sich ein dichter Bestand der Strandquecke bilden, in dem manchmal die wilde Runkelrübe, ein Stammvater der kultivierten Arten, angetroffen wird.
Die Rotschwingelwiese des hohen Vorlands, die nur noch von Springfluten überschwemmt wird, weist schon mehr verschiedene Standorte auf, an sandigen Stellen geht sie

242   *Grasnelke und Rotklee*

243   *Stranddistel*

Die Rotschwingelwiese geht in die Gesellschaft der niedrigen Dünenkuppen mit Land-Reitgras über, in der in den Niederlanden und in Niedersachsen ein Sanddorngebüsch vorkommt. In Schleswig-Holstein und Dänemark kommt der Sanddorn wild nicht vor. Gerade in diesen Übergangszonen liegen manchmal goldgelbe Flächen von Hornklee, an trockenen Stellen die seltene Stranddistel und die Strand-Zaunwinde, eine kriechende Art, die im niederländischen Wattenraum praktisch die Nordgrenze ihrer Verbreitung erreicht und sonst nur noch auf Föhr und Amrum gefunden wird. Die Gesellschaften der erwähnten sandigen Erhöhungen gehören aber schon mehr zu der Xeroserie der trockeneren Dünen, sie sind reich an Moos- und Flechtenarten. Die Rotschwingelwiese kann über mehrere Zwischenstufen in abgeschnürte Strandflächen übergehen, auf denen wieder andere Sukzessionen auftreten. Die Strandflächen werden nur bei Sturmflut überspült, können aber auch lange von Regenwasser überschwemmt werden. Die sandigen brackigen Standorte stehen auf der Mitte zwischen Strand und Vorland. Binsenquecke, die sandbindende Art der Primärdünen, weist hier noch auf Flugsand. Die ersten Pioniere, Queller, Strandsode und Salz-Spärkling, weisen auf die Verwandtschaft mit dem Vorland hin. Wenn der Boden durch einen Algenfilz stärker festgelegt ist, siedeln sich der Dünnschwanz, eine Grasart, und manchmal die Gestielte Salzmelde an. Diese aus Asien stammende ursprüngliche Steppenpflanze verschwindet in stärker geschlossenen Pflanzenbeständen. Auffallend ist auch das Auftreten des Haar-Salzschwadens und einer Salzform des Weißen Straußgrases, welche die weitere Vergrasung einleiten. Auf schwach bewachsenen Flächen finden wir ferner Arten wie Strandtausendgüldenkraut, Schlitz-Wegerich und Knotiges Mastkraut. In flachen Mulden, wo oft Regenwasser stehenbleibt, wächst die für die Wattinseln charakteristische Alpen-Binse zusammen mit Fuchsrotem Quellried und Einspelzigem Sumpfried. An benachbarten, noch weiter entsalzten Stellen findet auch das Herzblatt seinen Platz. Aber hier geraten wir schon in die ganz entsalzten Standorte der Dünentäler.

Am Fuß der etwas höheren Dünenkuppen, wo die Haloserie recht unvermittelt in die Xeroserie übergeht, fließt im Untergrund Süßwasser ab, eine Bedingung, von der die Strand-Segge und auch die Strand-Binse abhängig zu sein scheinen. Auch das Vorkommen von Schilf auf dem hohen Vorland hängt meistens mit diesem Umstand zusammen. Schilf wächst an allerhand Stellen, wo Süßwasser zum Watt hin abfließt, aber auch in Dünenseen wie dem Hammersee auf Juist, nahe

am Strand (Abb. 90). Auf dem hier abgesetzten Treibsel gedeihen hochwüchsige Bestände des Gänsefingerkraut-Verbandes, zu dem sehr viele Arten gehören, die wir im Binnenland in vergleichbaren Kontaktsituationen antreffen, z.B. an Gräben oder Flußufern: Krauser Ampfer, Gänsefingerkraut, Kriechender Hahnenfuß, Ackerkratzdistel, Herbstlöwenzahn und viele andere.

Vorland in Landgewinnungswerken ist zwar in Form und Ausdehnung fast ganz vom Menschen bestimmt, die hier vorkommende Vegetation ist jedoch weitgehend natürlich zu nennen, sie enthält die meisten Arten des niedrigen Vorlands. Die durchweg viel schlickigere Bodenbeschaffenheit, die intensive Bewirtschaftung sowie die Tatsache, daß das höhere Vorland vielfach bedeicht ist, machen diese Salzvegetationen ziemlich gleichförmig. Das gleichfalls intensiv genutzte Halligland ähnelt, soweit es nicht durch Sommerdeiche geschützt wird, sehr dem Vorland an der Küste, ist aber durch Höhenunterschiede und Priele stärker differenziert. Die intensive Entwässerung durch Grüppen fördert die Aufschlickung sowie die Sauerstoffversorgung, weshalb die Portulak-Salzmelde hier oft in Gruppen vorkommt und sogar ganze „Beete" bedecken kann. Wenn das Begrüppen unterbleibt, besiedelt das Schlickgras von den Gräben aus die ganzen Beete. Das fast überall aufgetriebene Vieh frißt manchmal offenbar das Schlickgras. Durch den Vertritt verschwindet diese Art, ebenso wie die Portulak-Salzmelde und der Halligflieder, worauf sich auch hier eine Andelwiese ausbildet. Wenn Vorlandflächen nicht mehr beweidet werden, treten die verbißempfindlichen Arten bald wieder hervor wie Strandaster, Strandsode, Strandwegerich, Spießmelde und Portulak-Salzmelde. Es wäre interessant, in den Landgewinnungswerken, aber auch auf dem Inselvorland, die Beweidung etwas mehr als „Instrument" zu benutzen, um die Vegetation auf eine optimale Differenzierung hin zu steuern. Im Hinblick darauf sind Beweidungsversuche auf den Vorländern von Skallingen und Schiermonnikoog im Gang.

Natur in jungen Kögen Seit jeher entstanden überall in den Küstenräumen und auf den Inseln infolge der menschlichen Tätigkeit bei Bedeichung, Küstenschutz, Bodenentnahme und Entwässerung kleine Ödlandflächen. Dabei sind Standorte entstanden wie brackige Niederungen, Pütten und Gräben am Deich und auch größere schwer zu entwässernde Gebiete im Hinterland wie der durch Abdämmung eines Wattstromes

244 *Durch Landgewinnung entstandenes Vorland, beweidet, mit*
Queller im Herbst
245 *Durch Landgewinnung entstandenes Vorland, unbeweidet,*
mit Portulak-Salzmelde und Queller

entstandene Bottschlotter See in Nordfriesland. Durch Abgrabung entstanden das Claerkamper Mar und weitere brackige Marschflächen in Westfriesland. Diese Räume beherbergen unerwartet viele Lebensgemeinschaften, deren Wert, weil es dafür an Grundlagen fehlt, oft geringgeschätzt wird. Infolge intensiver Entwässerung und Flurbereinigung verschwinden diese Naturgebiete mehr und mehr.

In der Vergangenheit hat man fast alle schlickreichen Küstenräume Stück für Stück für landwirtschaftliche Zwecke bedeicht. Die modernen technischen Möglichkeiten für Deichbau und Entwässerung gestatten Eindeichungen in weit größerem Maßstab, doch ist die Neulandgewinnung für Agrarnutzung gegenwärtig wirtschaftlich weniger interessant.

Sicherheit und Beherrschung der Entwässerung sind nach den letzten Sturmfluten von 1953, 1962 und 1976 die neuen Ziele, so daß jetzt überall weitgehende Deichverbesserungen stattfinden und fast alle Flußmündungen und Ästuare mit Sperrwerken versehen sind wie bei Lauwers, Reitdiep, Pinnau, Krückau, Stör, Oste und der breiten Eidermündung. Die früheren Bedeichungen wie das Amstelmeer bei Den Helder, das Ijsselmeer und das Rantumbecken auf Sylt gehören gleichfalls zu dieser Kategorie. Ferner wurden große Flächen sandiger unbewachsener Watten bedeicht wie in der Lauwerszee, der Meldorfer Bucht und dem Hauke-Haien-Koog (Abb. 104). Im Mündungsgebiet von Rhein und Maas wurden kürzlich riesige Flächen ähnlicher Räume vom Meer abgeschlossen.

Die Hauptaufgabe der bedeichten Flächen und Gezeitenrinnen ist es, das abfließende Süßwasser aufzunehmen, wobei die ehemaligen Gezeitenrinnen oder die vor dem Deichbau ausgebaggerten Wasserflächen als niedriggelegene Speicherbecken dienen. Dabei können sandige Platen über dem Wasser bleiben. Wenn Maßnahmen zur Urbarmachung unterbleiben, können hier faszinierende natürliche Besiedlungsprozesse von Pflanzen und Tieren in Gang kommen.

Diese ausgedehnten Flächen werden als Vogelschutz- oder Naturschutzgebiete ausgewiesen, mit oder ohne Erholungsfunktion, teils, weil andere Funktionen fehlen, vor allem jedoch, weil die Natur und die natürliche Differenzierung immer mehr als Wert anerkannt werden. Hinzu kommt, daß die Hauptfunktion als Speicherbecken für eine ungestörte natürliche Entwicklung viel Raum läßt.

Beim Abschätzen des Werts dieser vom Menschen geschaffenen Naturräume stehen wir vor dem Problem, daß der Endzustand schwer vorausgesagt werden kann, und daß deren ökologische Bedeutung von der Nutzung und Behandlung durch den

Menschen weitgehend abhängig ist.

Durch Unterschiede in Höhenlagen, Bodenart und Grundwasserhaushalt entwickeln sich verschiedene Pflanzengesellschaften und zugleich verschiedene Lebensgemeinschaften. Wenn die Funktion als Naturschutzgebiet vorherrscht, können die natürlichen Möglichkeiten zur Entwicklung kommen und sogar in eine bestimmte Richtung gelenkt werden. Dazu geeignete menschlichen Eingriffe wären etwa extensive Beweidung mit verschiedenen Tierarten, Mähen und Regulierung des Grundwasserstandes oder einmalige technische Eingriffe wie die Gestaltung des Reliefs und das Anlegen flacher Gewässer. Dieses *naturtechnische Handeln* steht noch in den Kinderschuhen, und die in diesen jungen Landschaften gesammelten Erfahrungen sind auch für die Behandlung von anderen Naturräumen von Bedeutung. Die natürlichen Entwicklungsrichtungen können von menschlichen Eingriffen durchkreuzt werden, z.B. durch Erniedrigung des Grundwasserspiegels oder durch den Bau von Wegen und dergleichen zwecks anderer Raumnutzung. Nachdem die jungen Flächen mehr oder weniger lange dagelegen haben, werden sie anderen Zwecken zugeführt wie zur Erholung und sogar zur militärischen Nutzung. Dann werden Einzel-Entwässerung, Waldanpflanzung und Erschließung

246 *Queller als Pionier*

durch Wege für erforderlich gehalten, so daß eine optimale natürliche Entwicklung weniger gut oder gar nicht mehr möglich ist.

Ökologische Charakterisierung   Bedeichte Wattflächen mit Sandplaten und niedrigeren schlickreicheren Sandböden unterliegen anfangs starken Veränderungen. An die Stelle der Gezeitenbewegungen, die im salzigen Zustand immer neue Nährstoffe zuführten und verteilten, tritt nun der Niederschlag, der Stoffe ausspült. Dadurch verarmt der Boden, während die Rinnen nur noch Süßwasser aus dem Hinterland zuführen. Dieses Wasser ist oft nährstoffreich, und die Speicherbecken zeigen denn auch oft eine massenhafte Algenblüte. In den Becken kommen die zugeführten Schlickteilchen und die hier und anderswo produzierten Algenmassen zum Absatz. Im Sediment z. B. der Randseen des Ijsselmeers werden immer mehr Giftstoffe und Schwermetalle festgestellt. Dieser „Klärgrubeneffekt" steht im Gegensatz zu den Verhältnissen in einem normalen Ästuar (Kap. 27). Die nahrungsreichen *Gewässer der Speicherbecken* ziehen besonders in den ersten Jahren große Mengen von Wasservögeln an. Schwimm- und Tauchenten finden viel Nahrung in dem schlammigen Boden, Taucher und Komorane fischen hier gruppenweise, und Schwäne weiden Laichkräuter und andere Wasserpflanzen ab. Pfeifenten, Krickenten und Gänse finden im Herbst auch einen reich gedeckten Tisch in der Pioniervegetation aus einjährigen Salzpflanzen. Mit ihren ausgedehnten stillen Flächen, schlickigen Uferzonen und flachen Gewässern bilden die neuen Landschaften auch vielen Watvögeln des Watts einen willkommenen Aufenthalt, vor allem bei rauhem Wetter. Wenn sich nach einigen Jahren die – z. T. angepflanzten – Schilf- und Binsengürtel an den Ufern gebildet haben und flaches Wasser zu verlanden beginnt, erhalten die Speicherbecken und Priele den Charakter eines Binnensees; andere Vogelarten treten auf und das Massenauftreten einzelner Enten- und Gänsearten läßt nach. Auf dem *neuen Land* steht die Vegetation noch viele Jahre nach der Eindeichung unter dem Einfluß von Salz, das auf höheren Sandplaten allmählich vom Regenwasser aus dem Boden gespült wird. Auf schlickreicheren Flächen kann das Salz in Trockenperioden mit dem kapillar aufsteigenden Grundwasser immer wieder in die oberste Bodenschicht gelangen. Die auswaschende Wirkung des Regenwassers betrifft auch die Pflanzennährsalze, und so entsteht auf den etwas höheren Sandplaten rasch ein karger, trockener und salzarmer Boden, der nur langsam besiedelt wird. Es stellen

sich einzelne Gräser ein wie Land-Reitgras und Wiesenrispengras, dazu viele Kräuter und zwischen den schütteren Pflanzen ein Teppich von Moosen und Flechten. In diesen kargen Beständen können sich allmählich seltene Arten einstellen, schon weil sich immer neue Standorte entwickeln, z. B. wenn sich Sträucher wie Sanddorn, Weißdorn, Hundsrose und Holunder angesiedelt haben. Diese nahrungsarmen, kalkreichen und trockenen Standorte sind selten, und die ungestörte Sukzession, die hier auftritt, ist fesselnd und großenteils unbekannt. Die niedrigeren sandigen Flächen mit einem höheren Grundwasserstand entwickeln sich zu ergiebigem natürlichem Grünland, dessen Rasen langfristig von wenigen Arten beherrscht wird, vor allem dem Weißen Straußgras, der Strand-Binse und an stagnierenden Stellen dem Geknieten Fuchsschwanz. Besonders wenn die Flächen bis spät im Frühling unter Wasser gesetzt werden, wie im Hauke-Haien-Koog, scheint diese artenarme, eintönige Grasfläche bereits das Endstadium darzustellen. Bei etwas weniger extremen Wasserverhältnissen können sich die Pflanzengesellschaften in viel stärkerer Abstufung entwickeln. So gibt es im Lauwerszeepolder ausgedehnte Sandflächen, die wegen fehlender Entwässerung im Winter sumpfig sind und während des Frühjahrs trockener werden. Unter diesen Grundwasserverhältnissen, die denen der Dünentäler ziemlich ähnlich sind, entsteht schon nach einigen Jahren ein abwechslungsreicher Bestand mit vielen Moosen und Kräutern wie Strand-Tausendgüldenkraut, Knotigem Mastkraut, Acker-Zahntrost und Herzblatt. Auf den niedrigen, lange salzig bleibenden Sandflächen entstehen hier Andelwiesen. Meistens entwickeln sich in den ab und zu unter Wasser stehenden Uferzonen Schilf und Binsen mit einem Unterwuchs von Weißem Straußgras. Dies finden wir im Rantumbecken, dem Hauke-Haien-Koog, am Ijsselmeer und im Amstelmeer.

Neubesiedlung durch Pflanzen   Nach dem plötzlichen Absterben der Wattlebensgemeinschaften kommt es schon im selben Jahr zu einem spärlichen Bewuchs mit Salzpflanzen aus den Samen, die überall durch die Gezeiten verbreitet waren. Vor allem einjährige Arten wie Queller, Strandsode, Speißmelde und Salz-Spärkling, die überall an der Küste eine Pionierrolle erfüllen, sind erfolgreiche Kolonisten. Samen von Arten, die aus einem süßen Standort stammen, kommen als Keimpflanze am salzigen Standort um. In der Pioniervegetation fallen zwei Erscheinungen auf: das massenhafte Vorkommen nur weniger Arten und der starke Wandel von Jahr zu Jahr. In den unübersehbaren, jährlich dichter werdenden Monokulturcn, überwiegend von Queller, kommt es jedoch bald zu einer Differenzierung. Wir finden Gruppenbildung durch Aussaat vieler Samen um die Mutterpflanze oder in Trockenrissen, und allmählich wandern neue Arten ein. Einige Jahre lang können nur Salzpflanzen gedeihen, und nur allmählich, Zug um Zug mit der fleckweise unterschiedlichen Entsalzung, kommen die salzempfindlichen Arten zum Vorschein; dabei nehmen verschiedene Gräser, Salz-Aster und an den Ufern Strand-Simse und Schilf stark zu. Schließlich finden auch Pflanzenarten, die kein Salz vertragen, ein Plätzchen; dabei haben sie es mit salzverträglichen Vorgängern zu tun, die es an dem ausgesüßten Standort noch jahrelang aushalten können.

Die Veränderungen vollziehen sich immer langsamer, und parallel dazu nimmt die räumliche Differenzierung der Vegetation zu. Vor allem an Stellen mit vielen Übergängen süß-salzig und in der Nähe salziger Quellzonen können viele interessante Arten aus dem angrenzenden Wattenraum auftreten.

An gut entwässerten Stellen, z.B. auf ehemaligen Muschelbänken, ist der durch die abgestorbenen Tiere fruchtbare Boden schon nach einigen Jahren oberflächlich ausgesüßt. Hier gelingt es Arten, die durch den Wind verbreitet werden, wie Löwenzahn,

Ackerkratzdistel, Lanzenblättrige Ackerdistel, Wald-Weidenröschen und verschiedenen Bastardweidenröschen, Gemeinem Kreuzkraut, Kanadischem Berufskraut und Moor-Kreuzkraut, die freigewordenen Standorte zu besetzen. Die meisten dieser Flugsamer sind im Umland verbreitet. Sie gedeihen einige Jahre lang üppig, wenn aber die zunächst reichlich vorhandenen mineralischen Nährstoffe ausgespült oder in toten oder lebenden organischen Stoffen festgelegt sind, tritt Konkurrenz ein, und mehrjährige, hochwüchsige Arten erlangen die Oberhand. In diesem rauhen Bestand ist es besonders für die Keimpflanzen der ersten Kolonisten nicht mehr möglich, im Kampf um Nahrung und Licht mitzuhalten.

Wenn auch nach einigen Jahren schon an 180 Pflanzenarten angetroffen werden, sind es immer die weniger wählerischen, sonst in der Umgebung verbreiteten Arten. Erst nach längerer Zeit erscheinen seltene, wählerischere Arten.

Zusammenfassend können wir sagen, daß in den neuen Kögen die Speicherbecken und großen Sandflächen wegen ihrer Ausdehnung, Ruhe und Nahrung für Wasserwild und Gänse von bleibender Bedeutung sein können. In diesen Landschaften stellt sich später ein eigener Brutvogelbestand ein, der von der Landvegetation abhängig ist.

247 *Strandsode als Pionier*

248 *Sumpf-Greiskraut*

Die Räume sind botanisch interessant durch vielerlei Zwischen-
stadien in der Sukzession, die jedoch nicht von Dauer sind.
Der langfristige Wert ist schwer abzuschätzen, er ist weitgehend
abhängig von dem Schutz des Raumes als Naturraum. Dabei
wird man von dem ökologischen Zusammenhang zwischen
Pflanzen und Tieren ausgehen müssen. Es ist wichtig, daß
das Schutzverfahren nicht einseitig auf Vögel und Jagdwild,
sondern auch auf die anderen Organismengruppen aus den
verschiedenen Lebensgemeinschaften ausgerichtet ist. Ein
zeitgemäßer Schutz der Natur wird darauf zielen, die natürliche
Entwicklung so zu begleiten, daß möglichst viele verschiedene
Organismenarten sich in ihrem gegenseitigem Zusammenhang
entfalten können.

Schlickfläche mit Blau- und Grünalgen

Areale mit Andel und Queller

Areale mit Andel, Strandnelke und
Portulak-Salzmelde

Trockene Areale mit Andel,
Queller und einzelnen Exemplaren der
Strandnelke und der Portulak-Salzmelde

Areale mit Meerstrands-Beifuß,
Rotschwingel, Strandnelke und
Portulak-Salzmelde

Areale mit Strandnelke, Andel
und Salz-Binse

Areale mit Hohem Schlickgras

Areale mit Andel und Queller, mit offenen
Spuren von Viehvertritt

249   *Beweidetes Vorland mit Strand-Binse (dunkelgrün) und*
      Meerstrandsbeifuß (grau) in der Grasflur

250   *Vorland von Skallingen; links unten durch 1 Kuh*
      und 2 Schafe intensiv beweidet; rechts extensiv beweidet
      (1 Schaf je ha)

251   *Vegetationskarte desselben Gebietes, s. Abb. 250*

Ein Ästuar ist das mehr oder weniger trichterförmige Mündungsgebiet eines Flusses, der in ein Gezeitenmeer einmündet. Charakteristisch ist eine *Brackwasserzone*, der Abschnitt, in dem sich das süße Flußwasser durch die Ebbe- und Flutbewegung mit dem Salzwasser vermischt. Theoretisch würde sich dabei das schwerere Seewasser am Grund entlang hin und her schieben, während über dieser salzigen Schicht das Süßwasser zum Meere hin abfließen würde. In Wirklichkeit tritt u.a. durch Unebenheit des Flußgrundes, wechselnde Winde, Unterschiede der Strömungsrichtung und -geschwindigkeit fast immer Durchwirbelung ein. Dabei werden die Wassermassen im Ästuar mehr oder weniger vermischt, was sich auch auf die Temperatur, den Salzgehalt und die Menge an gelösten und an Schwebstoffen auswirkt. Im süßen Flußwasser sind unter den gelösten Stoffen vor allem Karbonate häufig, im Seewasser überwiegen Chloride, was sich im Chemismus der verschiedenen Ästuarzonen auswirkt. Der Übergang süß – salzig bestimmt das Milieu des Ästuars. Die dabei entstehende Brackwasserzone liegt nicht völlig fest (Abb. 254). Die Brackwasserzonen verschiedener Ästuare sind untereinander schwer vergleichbar, so daß eine allgemeingültige Einteilung noch nicht möglich ist. Das Absinken der Schwebteilchen vollzieht

sich in einer charakteristischen Weise. In der Zone, in der sich Fluß- und Seewasser begegnen, tritt eine starke *Trübung* auf (9-). Das ist dadurch bedingt, daß durch eigenartige Strömungsvorgänge die Sinkstoffe in einem vertikalen Kreislauf herumgeführt werden, in dieser Zone bleiben und schließlich auch abgesetzt werden (Abb. 253).

Im Wattenraum bilden nur Eider, Elbe, Weser und Ems an ihren Mündungen echte Ästuare. Es gibt zwar noch tiefe Meeresbuchten, in die kleine Flüsse münden, wie die Ho Bugt nördlich von Esbjerg, den Jadebusen und in gewisser Weise auch den Dollart (7-, 11-). Aber diese Buchten lassen sich nicht wie echte Ästuare nach dem Salzgehalt in mehrere deutliche Zonen gliedern, weil die Süßwasserzufuhr so gering ist. Der Dollart steht zwar mit der Ems in Verbindung, er bildet jedoch eine deutlich abgegrenzte Bucht für sich, in der sich keine Salzgehaltzonen bilden. Durch die geringe Süßwasserzufuhr aus der Westerwolds A kommt am Südufer lediglich ein deutlicher Übergang süß – salzig zustande (11-). Die Ästuare mit ihren angegebenen charakteristischen Milieuzonen kann man als Naturräume von hohem Rang bezeichnen, in denen sich besondere Lebensgemeinschaften entwickeln können. Von den vier noch übrigen Wattenästuaren sind das der Elbe und das der Eider besonders typisch.

	Oberfläche des Mündungsgebietes in km²	Mittlere Wasserführung (Oberwasser) in m³/sek	Verhältnis zwischen Oberfläche und Wasserführung
Eider	45	23	1:0,5
Elbe	290	700	1:2,3
Weser	130	350	1:2,7
Ems/Dollart	300	100	1:0,3

Die Ästuare dieser beiden Flüsse sollen kurz beschrieben werden.

Im Wasser entwickeln sich sehr viele pflanzliche und tierische Planktonorganismen. Im Wasser der Elbe z.B. findet man folgende Artenzahlen: Bakterien 12, Blaualgen 19, Geißelalgen 101, Grünalgen 60, Jochalgen 17, Kieselalgen 234, tierische Einzeller 102, Hohltiere 3, Rädertiere 97, Wasserflöhe 29, Hüpferlinge 16 und außerdem noch verschiedene Entwicklungsstadien von Tieren sowie Fischeier. Die genannten Arten sind in äußerst verschiedener Weise an den Faktor Salz angepaßt: Es gibt Arten, die unbedingt Salzwasser benötigen; Arten, die vorzugsweise im Salzwasser leben; Arten, die Salzwasser vertragen und solche, die es gerade nicht vertragen. Da das Wasser im Ästuar einerseits mit Ebbe und Flut mehr oder weniger lange hin und her pendelt, andererseits Süßwasser

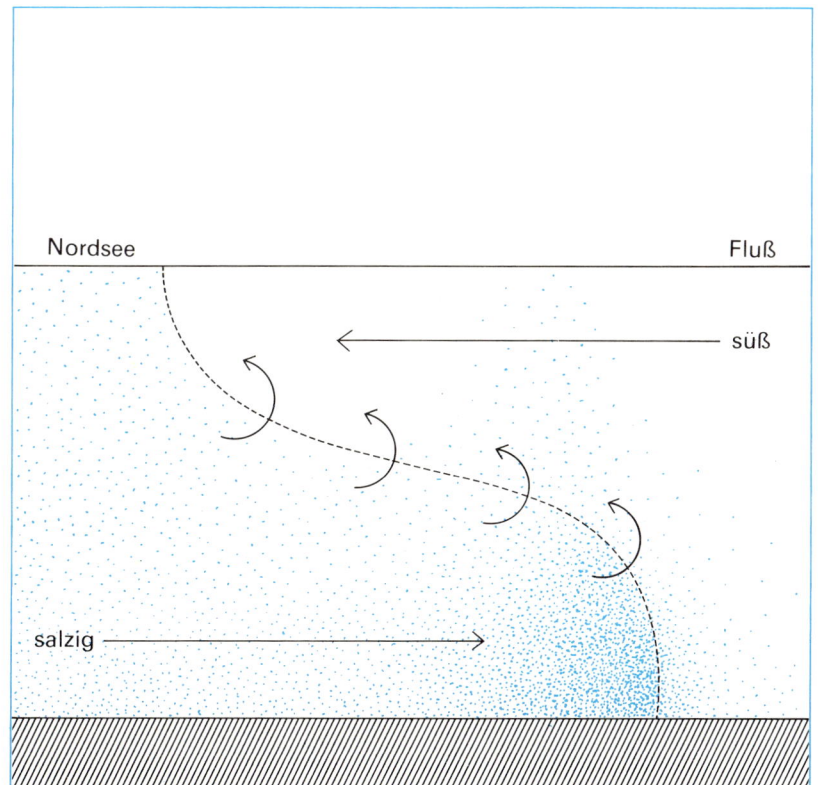

253 *Starke Wassertrübung an der Grenze Süß-Salzwasser*

252 *Korbweiden im Gezeitenbereich der Elbe*

ständig von oben nachströmt, haben die meist mikroskopisch kleinen Planktonwesen Zeit, um sich in dem Wasser, in dem sie schweben, zu vermehren, sie sterben erst ab, wenn sie allmählich das Gebiet mit dem ihnen zuträglichen Salzgehalt verlassen. In den einzelnen, nach ihrem Salzgehalt verschiedenen Zonen leben eigene charakteristische Arten, auf die hier nicht näher eingegangen werden soll.

Elbe   Die Anordnung der Salzgehaltszonen und deren mögliche Verschiebung zeigt Abb. 254 (3-). Das für die rechte Flußseite angegebene Schema entspricht etwa dem Normalzustand bei ruhigem Wetter und mittlerem Abfluß. Die obere Grenze der Brackwasserzone mit einem Salzgehalt von 0,3 bis 0,5 ‰ liegt bei Glückstadt; ab Friedrichskoog herrschen schon rein marine Bedingungen. Bei stärkerem Oberwasserzufluß, der in der Elbe zwischen 1000 und 2000 m³/sek liegt, wird die ganze Brackwasserzone seewärts verschoben, wie es auf der linken Flußseite dargestellt ist. Der weiß gezeichnete Flußabschnitt mit weniger als 0,5 ‰ Salz gehört auch noch zum Tidegebiet. Ein Ästuar reicht flußaufwärts bis dorthin, wo sich die Tide nicht mehr bemerkbar macht, d. h., wo auch kein durch die Flut bedingter Aufstau des süßen Flußwassers mehr erfolgt. Es kann nicht abfließen, weil im Tidebereich vor und nach Hochwasser kein Gefälle besteht. Der Süßwasser-Tidebereich reicht von Glückstadt bis nach Lauenburg und hat damit eine Länge von 100 km. Seit einigen Jahren ist er durch die Staustufe bei Geesthacht um 15 km verkürzt worden. Die auf Abb. 254 angenommene Brackwasserzone des Ästuars hat eine Länge von 60 km. Die Länge der Süßwasserstrecke ist also viel größer als die der Brackwasserstrecke. Dies gilt nicht für die Wasservolumina.

In der Süßwassergezeitenzone erstreckt sich besonders unterhalb Hamburgs ein Süßwasserwattenraum. Nachdem der ähnliche, noch viel größere Biesbosch durch die Abdämmungen im Deltagebiet von Rhein und Maas seinen Landschaftscharakter verloren hat, ist das Süßwasserwatt an der Elbe das letzte im ganzen Südosten der Nordsee. Seine Erhaltung ist deshalb aus landschaftskundlichen Gründen von internationaler Bedeutung. Der Landschaftscharakter in diesem Teil des Ästuars wird weitgehend durch diese Süßwasserwatt- und Verlandungsgebiete bestimmt, vor allem durch ihre hochwüchsigen Pflanzenbestände. Am rechten Elbufer ist das Watt besonders typisch ausgebildet. In diesem vom Tidehochwasser regelmäßig überfluteten Raum gibt es insel- und halbinselförmig mit Röhrichten bewachsene Flächen und landwärts davon höher gelegene

Grünländer, die nur bei hohen Sturmfluten unter Wasser gesetzt werden. Die Böden dieser Süßwasserwatten sind meist sehr schlickig und weich, reich an organischen Stoffen und vielerorts kaum begehbar. Sie beherbergen eine ganz andere Tierwelt als das Salzwasserwatt.

Artenzahl	Neuwerk (Salzwasser)	Ostemündung (Brackwasser)	Hetlingen (Süßwasser)
Borstenwürmer	14	4	6
Muscheln	5	2	8
Schnecken	3	–	3
Krabben	2	–	–
Andere Krebstiere	4	2	3
Seesterne	1	–	–
Mückenlarven	–	–	10
Gesamtgewicht	6068 g/m²	37 g/m²	143 g/m²

Vergleich der Artenzahlen verschiedener Tiergruppen auf Süßwasser-, Brackwasser- und Salzwasserwattboden (1-).

Im Süßwassergezeitenbereich kommen enorme Mengen von Mücken vor, von denen einige sehr kleine Arten sehr unangenehm stechen.

In den Verlandungsgebieten werden Landschaft und Vegetation durch die Pflanzenarten des Brackwasserröhrichts bestimmt: Strandbinse und Rauhe Binse im salzigeren Bereich, Rohrkolben, Teichbinse und Schilf im süßeren, jeweils mit einigen Begleitarten dazwischen. Urige Wildnisse gibt es noch heute in den nur bei höherem Wasserstand überfluteten Weiden (Salix)-Zonen, die zum Teil auf künstliche Anpflanzungen zurückgehen, solche gibt es z. B. unterhalb von Hetlingen. Dort kommen verschiedene Weidenarten, vor allem die Silberweide, vor in dichtem Verband mit vielen gesellschaftstypischen Feuchtgebietspflanzen wie Winden, Bittersüßem Nachtschatten, Kohldistel, Wasserdost, Rauhem Weidenröschen, Brennessel (5-) (Abb. 252 bis 259). Hier entwickelt sich auch ein reiches Insektenleben und dazu die entsprechende Vogelwelt. Alte Nebenpriele der Elbe dringen tief in diesen Raum ein, bei Niedrigwasser glänzt ihr dunkler Schlickgrund, dessen Oberfläche oft mit dunkelgrünem Blaualgenrasen überzogen ist.

Auf dem hohen Außendeichsland liegen Viehweiden mit Reihen von Kopfweiden; auf diesen fruchtbaren Böden hat man auch viele Obstplantagen angelegt.

Eider   An diesem, im Vergleich zur Elbe viel kleineren Fluß sind die Ästuarverhältnisse viel leichter überschaubar. Obgleich der Abfluß seit der Abdämmung bei Nordfeld (1935) ungleichmäßig geworden ist, und obwohl 1972 am seewärtigen Ende des Trichters ein Damm mit Sturmflutsperrwerk gebaut

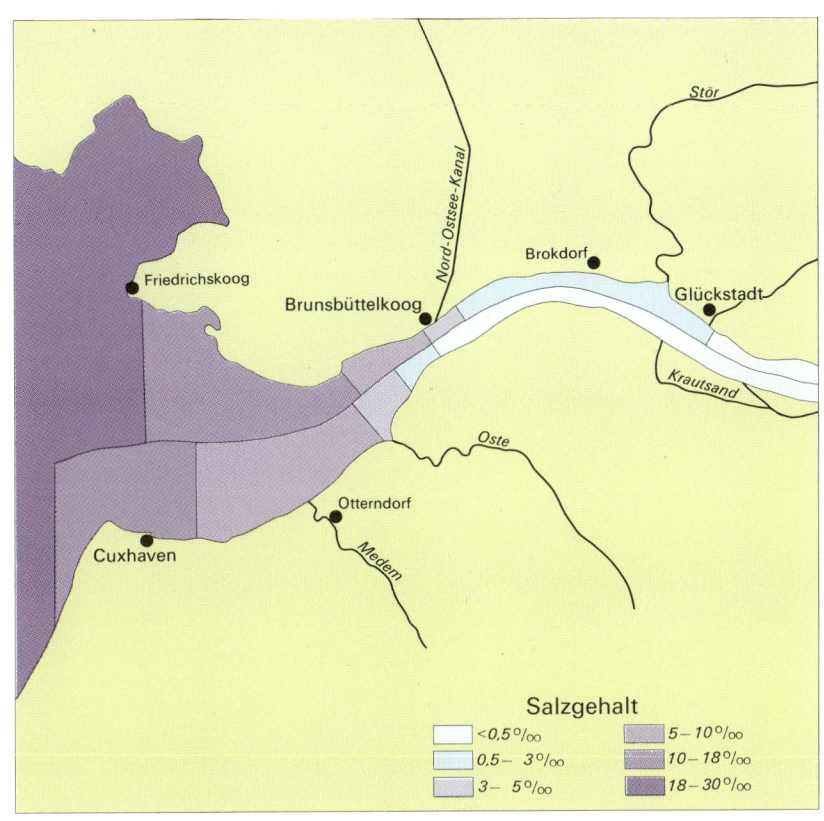

Salzgehalt

<0,5 °/∞	5 – 10 °/∞
0,5 – 3 °/∞	10 – 18 °/∞
3 – 5 °/∞	18 – 30 °/∞

254 *Salzgehaltszonen im Elbe-Ästuar*
256 *Binnenelbe bei Haseldorf*

255 *Weidelandschaft der Elbe*

257 *Hochwüchsiger Pflanzenbestand mit Kohldistel, Brennessel und Schilf*
258 *Pioniervegetation auf dem Schlick des Süßwassergezeitengebietes*

wurde, ist die Eider ökologisch auch heute noch ein Ästuar.
Die Zonierung von Salz- über Brack- zum Süßwasser kann
man am Plankton des freien Wassers auch jetzt noch gut
feststellen (6-). Noch deutlicher wird der kontinuierliche
Übergang süß – salzig bei der Untersuchung des Wassers
im Wattsediment. Dessen Salzgehalt ist viel konstanter als
der des freien Wassers darüber, der sich durch viele äußere
Faktoren an einer Stelle ständig verändert. Nur wenn bei
Sturmfluten Salzwasser weit stromaufwärts gedrückt wird
und über mehrere Tiden in der Eider bleibt, wird auch das
im Boden befindliche Wasser salziger. Das Watt hat seine
heutige große Ausdehnung erst gewonnen, seit mit der Abdämmung bei Nordfeld eine Änderung des Flut-Ebbe-Verhältnisses
eintrat. Der nunmehr relativ viel kräftigere Flutstrom brachte
Sinkstoffe in die Eider, welche der schwächere Ebbstrom
nicht wieder mit hinausnehmen konnte. Das neugebildete
Watt wurde sehr bald von verschiedenen Tier- und Pflanzenarten
besiedelt, wobei sich einige charakteristische Pflanzenarten
in deutlichen Zonen anordneten, z. B. Queller, Schlickgras,
Andel, Strandbinse, Rauhe Binse, Rohrkolben und Schilf.
Markante Verbreitungsgrenzen von Meerestieren liegen z. B.
für den Pierwurm bei Tönning, für die Tellmuschel bei Reimers-
bude, für den Schlickkrebs noch 2,5 km weiter stromaufwärts,
für den Wattwurm Nereis diversicolor oberhalb Friedrichstadts.
In der Eider trifft man jedoch auch typische Brackwassertiere
an, z. B. einige kleine Arten von Oligochaeten (Würmern),
die schon unterhalb von Friedrichstadt massenhaft auftreten.
An den Pfeilern der Straßenbrücke bei Friedrichstadt wachsen
dicke Kolonien von Keulenpolypen, zwischen denen ein
Brackwasserkrebs lebt.
Auf dem noch nicht bewachsenen Watt an und über der
Mittelhochwasserlinie siedelt eine ganze Reihe typischer
Insekten, z. B. Langbeinmücken und Gnitzen, deren Larven
in der obersten Bodenschicht in kleinen Gängen leben, aus
denen dann die Puppenhüllen nach dem Schlüpfen herausragen.
In dieser Zone kommen auch Käfer in vielen Arten vor.
Diese biologischen Verhältnisse mögen sich nach der Abdämmung
von 1972 im Laufe der Jahre etwas ändern.

259 *Priel im Süßwasserwatt*

Vorländer Das Außendeichsgebiet von den ersten Stadien der Landpflanzen bis an den Fuß des Deiches oder der Dünen umfaßt verschiedene Biotope: das hohe schlickige Watt mit den ersten Pionierpflanzen, die Schlickgras- und Quellerzone, die Salzgraswiese, Salzwassertümpel und Prielränder. Jeder dieser Biotope enthält seine eigenen Tierarten. Besonders die tief gelegenen Teilareale sind Grenzräume zwischen Land und Meer, so daß wir hier sowohl Meerestiere wie auch Landtiere antreffen.

Schlickiges Watt Hier leben zwischen den Schlickgras- und Quellerpflanzen in den obersten Millimetern des Sediments die kleinen Wattschnecken, während etwas tiefer die Schlick- krebse angetroffen werden. Ferner gräbt der Seeringelwurm hier seine Gänge in den Boden.

Schlickgras- und Quellerzone In unserem Jahrhundert wurde überall im Wattenmeer das Englische Schlickgras (Spartina) angepflanzt. Diese Art hat sich rasch ausgebreitet und ist vielerorts, besonders an der schleswig-holsteinischen Küste, vorherrschend geworden. Das Schlickgras scheint als Versteck oder als Nahrung für Kleintiere noch kaum eine Rolle zu spielen. In den vielfach quadratkilometergroßen geschlossenen Beständen entlang der ganzen Küste und an den Inseln ist z. Z. kaum Kleintierleben zu bemerken. Selbst für Vögel ist das Spartina-Dickicht nicht besonders anziehend, nur Stockenten brüten hier gelegentlich, während die Lachmöwe die von den Winterfluten umgeknickten Halmlager, die eine 20 bis 30 cm über MThw liegende Decke bilden, als Nestunter- lage benutzt. Die zuunterst vorkommende Blütenpflanze, der Queller, wird von vielen Tieren als Nahrung benutzt. Von Enten und Gänsen wird er als frische Pflanze gefressen, und die Samen dienen Kleinvögeln als wesentliche Winternah- rung. Der Hauptbefall des Quellers durch Insekten tritt oberhalb des MThw auf, und zwar besonders an den oft recht üppigen Exemplaren, die auf hohen Schlickspülfeldern und den Standorten hinter den Deichen gedeihen. Die beiden Arten, der Wattqueller (Salicornia stricta) und der kurzährige Queller (Salicornia ramosissima), werden in gleicher Weise befallen. Vor allem Schmetterlingsraupen fressen Queller. Man trifft öfter die Raupen einer Eule an, diese Art lebt jedoch auch von anderen Pflanzen. Mindestens zwei, wahrscheinlich mehr Kleinschmetter- lingsarten sind auf Salicornia spezialisiert (14-) (Abb. 262). Die Raupe frißt das saftige Gewebe von Sproß und „Ähre". Meist wird die ausgenagte Höhle mit Gespinst abgeschirmt. In diesem Raum liegt meist auch die Puppe. Auf dem Queller

260 *Kleiner Fuchs auf Halligflieder*

261 *Raupenfraß am Blütenstand des Quellers*
262 *Arten von Quellerschmetterlingen*

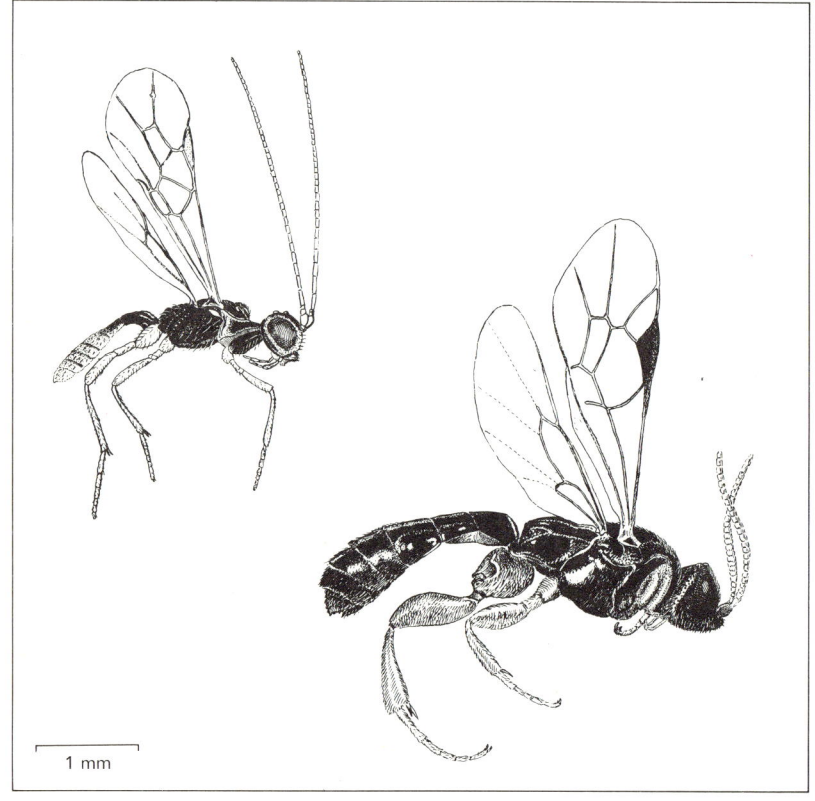
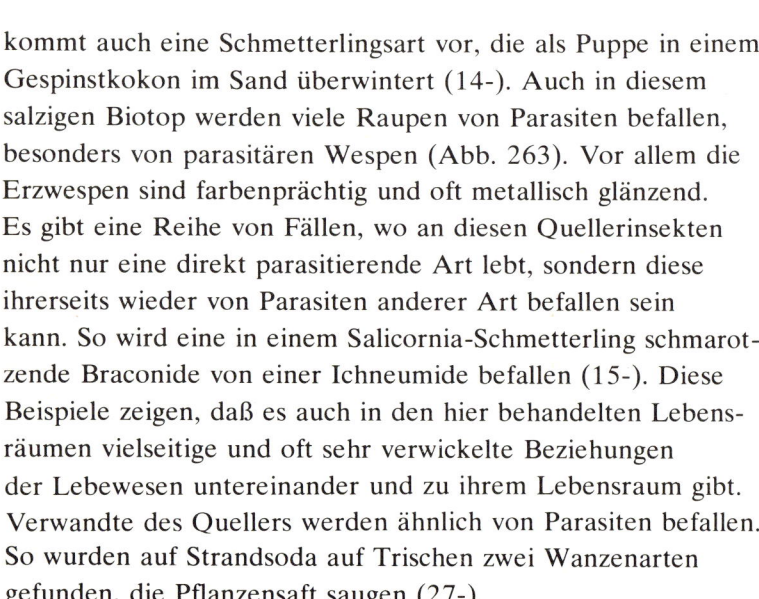

1 mm

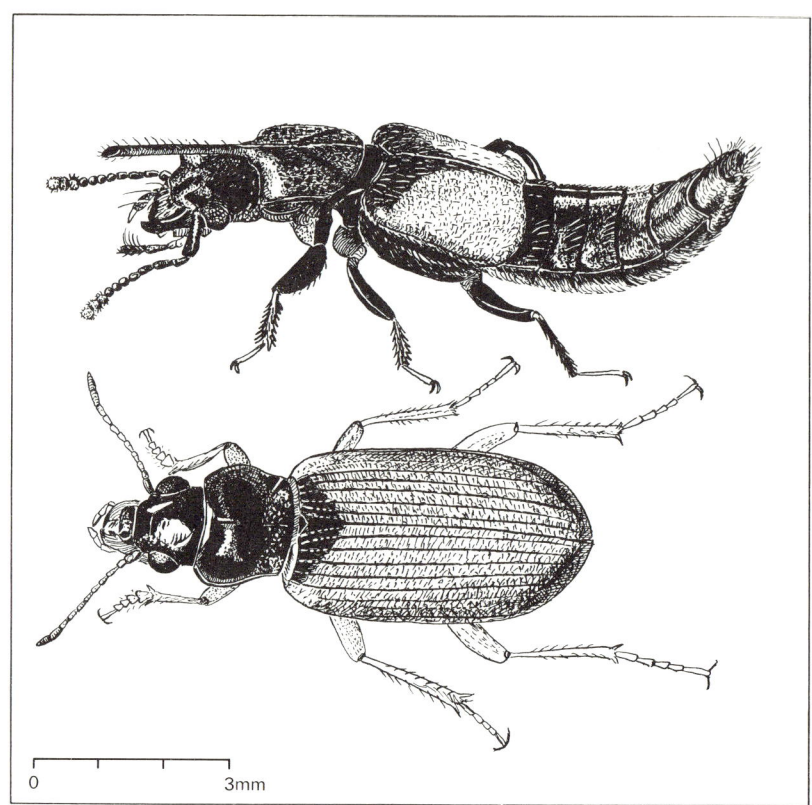

0   3mm

kommt auch eine Schmetterlingsart vor, die als Puppe in einem
Gespinstkokon im Sand überwintert (14-). Auch in diesem
salzigen Biotop werden viele Raupen von Parasiten befallen,
besonders von parasitären Wespen (Abb. 263). Vor allem die
Erzwespen sind farbenprächtig und oft metallisch glänzend.
Es gibt eine Reihe von Fällen, wo an diesen Quellerinsekten
nicht nur eine direkt parasitierende Art lebt, sondern diese
ihrerseits wieder von Parasiten anderer Art befallen sein
kann. So wird eine in einem Salicornia-Schmetterling schmarot-
zende Braconide von einer Ichneumide befallen (15-). Diese
Beispiele zeigen, daß es auch in den hier behandelten Lebens-
räumen vielseitige und oft sehr verwickelte Beziehungen
der Lebewesen untereinander und zu ihrem Lebensraum gibt.
Verwandte des Quellers werden ähnlich von Parasiten befallen.
So wurden auf Strandsoda auf Trischen zwei Wanzenarten
gefunden, die Pflanzensaft saugen (27-).

Salzwiesen   In den Salzwiesen der Vorländer und Halligen
wird die Fauna erheblich reichhaltiger, wie es aus vielen
neueren Untersuchungen hervorgeht (4-). Diese Untersuchungen
zeigten, daß in diesem Raum nicht nur die oberirdischen
Pflanzenteile von Tieren besiedelt werden, sondern auch

der durchwurzelte Boden mit seinem feinen Porensystem.
All diese Tiere sind als Individuen winzig. Sie haben aber
durch ihr massenhaftes Vorkommen in diesem Biotop eine
große Bedeutung, die sich sogar auf die menschliche Wirtschaft
auswirkt. Sie tragen alle irgendwie dazu bei, daß das abgelagerte
Wattsediment zu einem Boden, einem lebenserfüllten Gefüge
wird. Sie durchwühlen den Boden und lagern ihn um, zerkleinern
organische Reste und beeinflussen die Tätigkeit der überaus
wichtigen Bodenbakterien.
In der Salzwiese haben geringe Höhenunterschiede von einigen
Dezimetern auch deutliche Unterschiede in der Bodentierwelt
zur Folge.
Nach oben hin nimmt die Artenzahl ab; der Boden wird
für viele dieser Tierarten, die auf einen feuchten Boden angewiesen sind, zu trocken. Die verschiedenen Höhenzonen enthalten
nur weilweise dieselben Tierarten. Außer Bodentieren gibt
es auf dem Vorland noch viele andere Kleintiere. Viele leben
an und von den Pflanzen, andere an den Halligblumen, weitere
fressen andere Tiere. Die Zusammensetzung der Fauna ist
jahreszeitlich verschieden in bezug auf Individuenzahl, Entwick-
lungszustand und Aufenthaltsort. Die hier ständig lebenden
Tiere müssen, auch wenn sie sich 0,5 bis 1 m über MThw

263 *Wespen, die auf den Raupen von Quellerschmetter-*
     lingen parasitieren

264 *Kurzflügelkäfer Bledius (oben) und der Laufkäfer Cillenus*

aufhalten, auf plötzliche unregelmäßige Überflutung eingestellt
sein, oder sie müssen ihren Bestand, wenn er infolge von
Überflutung vernichtet wird, durch Zuwanderung rasch wieder
ergänzen können. An der Nordseeküste liegt im Jahresdurch-
schnitt die obere Andelwiese etwa 30 cm über MThw, sie
wird an etwa 150 Tiden (75 Tagen) im Jahr überflutet, die
untere Rotschwingelwiese, die etwa 50 cm über MThw liegt,
wird an etwa 100 Tiden im Jahr vom Salzwasser überspült.
Auf dem Vorland kommen u. a. folgende schon näher bekannte
Tiergruppen vor: Spinnen, Hornmilben, Collembolen, Blattläuse,
verschiedene Hautflügler, ferner Käfer, Gallmücken, Minier-
und Halmfliegen, Langbein- und Tanzfliegen. Noch nicht
genauer untersucht, aber auch häufig, sind folgende: Milben,
Wanzen, Zikaden, verschiedene parasitäre Hautflüglerfamilien,
pflanzenfressende Käfer, Schmetterlinge, Langbeinmücken
und Schnaken.
Es kommen etwa 40 Spinnenarten vor (12-), von denen
etwa 12 Arten an das Salzwassermilieu gebunden sind. 15 Arten
sind nur salzresistent und leben auch anderswo. Die 61 Milben-
arten leben teils auf dem Boden oder dicht unter der Oberfläche,
teils tiefer als 4 cm. 41 Collembolenarten wurden festgestellt.
Die Artenzahl dieser beiden Gruppen nimmt vom feuchteren
Andelrasen zu der trockeneren Zone des Rotschwingelrasens
zu: Es sind terrestrische Tiere (28-). Ferner wurden mindestens
103 Blattlausarten gefunden (20-). Davon scheinen 31 Arten
im Gezeitenbereich beheimatet zu sein, 9 sind an echte Salzpflanzen gebunden. Im Vorlandbereich leben 8 Springwanzen
und eine Reihe von anderen Landwanzen. Auch die Gruppe
der Hymenopteren ist reichlich vertreten. So hat man auf
den Vorländern 50 Erzwespenarten und rund 200 Schlupfwespen-
arten gefunden (1-). Etwa 40 weitere hier häufige Arten
blieben noch unbestimmbar. Einiges sei noch über die artenreiche
Gruppe der Käfer gesagt, von denen 28 regelmäßig im Vorland
anzutreffen sind (11-). Diese Arten sind großenteils salzliebend
(halobiont). Die Kurzflügelkäfer der Gattung
Bledius (Abb. 264) ernähren sich von Kleinalgen. Die Käfer
legen Wohnröhren an, wobei sie charakteristische Häufchen
von Bodenteilen um den Eingang herum ablegen (19-, 30-).
Die Eier werden einzeln in besonderen Nebenkämmerchen
der Wohnhöhle abgelegt und z. T. mit Algen als Nahrungsvorrat
versorgt.
Auch binnendeichs kommen in neuen Kögen diese Kurzflügelkäfer an salzigen Stellen vor. Von diesen Bledius-Käfern ernähren
sich kleine räuberische Laufkäfer. Am Strand und auf dem
Vorland von Skallingen wurden sogar 35 Arten tunnelgrabender

265 *Sandhäufchen des Kurzflügelkäfers Bledius*
266 *Ameisenhügel im Vorland von Skallingen*

Käfer angetroffen, unter denen es Algenfresser und Fleischfresser gibt. Die Eier eines Rüsselkäfers entwickeln sich in den Blütenstengeln des Strandwegerichs, wobei der Stengel zu einer Galle anschwillt. Im brackigen Röhricht kommt eine Heuschrecke vor. Auf sandigen Vorländern trifft man Ameisenhaufen an. Die grünen Hügel von etwa 15 cm Höhe, die oft in etwas feuchtem Gelände liegen, sind die Bauten der kleinen gelben Wiesenameise, die auch im Binnenland weit verbreitet ist (10-, 23-), aber als einzige Art in diesem salzig-feuchten Biotop siedelt. Die Tiere leben im Sommer wie im Winter in diesen Erdbauten, die durch einen dichten Filz von Pflanzenwurzeln fest zusammengehalten werden. Die Ameisen kommen nicht an die Oberfläche, um Nahrung zu suchen, sie leben wahrscheinlich vom Kot der Wurzelläuse (32-).

Tümpel und Prielränder   In den unteren Teilen der Vorländer und an den Rändern tief eingeschnittener Vorlandpriele gibt es eine Reihe kleiner Schnecken, die stellenweise zahlreich sind. Sogar marine Nacktschnecken leben hier. Eine davon besiedelt vorzugsweise die mit Grün- und Blaualgen bewachsenen Watten an der Hochwassergrenze. Hier sieht man die fast 1 cm großen Tiere als gallertartige Klümpchen auf dem Algenfilz. Wenn man sie mit der Lupe betrachtet, kann man mehrere Reihen durchscheinender Anhänge erkennen. An ähnlichen Stellen zwischen Algen und verrotteten Gräsern trifft man manchmal eine noch viel kleinere Schnecke an, die an dem hellen Kopf und Rückenfleck erkennbar ist. An feuchten Plätzen, wie sie z. B. an steilen Priel- und Grabenkanten unter überhängenden Grassträhnen vorkommen, lebt das Mausohr, eine kleine Lungenschnecke. An ähnlichen Orten lebt eine Kiemenschnecke, die an ihrem glänzenden kegelförmigen Gehäuse erkennbar ist. Die genannten Arten suchen unterschiedliche Zonen in bezug auf das MThw bevorzugt auf (22-). In Strandtümpeln kommt die Dunkle Strandschnecke viel häufiger vor als auf dem Watt, wo vor allem die Gemeine Strandschnecke anzutreffen ist. Selbst ausgesprochene Meeresbewohner können unter günstigen Umständen in abgeschlossenen Strandtümpeln jahrelang gedeihen, wie das Beispiel der Klaffmuschel zeigt (18-). Im Frühjahr ist der Dreistachelige Stichling nicht selten in Strandtümpeln und Vorlandgräben zu finden, die noch mit dem Watt in Verbindung stehen, und in denen die schon rot gefärbten Männchen ihr in den Schlick eingebautes Nest bewachen.
Das Vorland bietet auch vielen Gästen aus der Insektenwelt eine vorübergehende, aber wichtige Nahrungsquelle.

Besonders die Strandaster, die im Spätsommer stellenweise massenhaft blüht, wird von Schwebfliegen viel besucht. Es summt dort um diese Zeit wie an einem Bienenhaus. Die Schwebfliegen haben ihr Larvenstadium wahrscheinlich in natürlichen und künstlichen Faulschlammgewässern durchgemacht. Im Sommer und Herbst ziehen vor allem Distelfalter auf das Vorland. Noch häufiger sind die Gamma-Eulen, welche die Blüten der Grasnelken und der Salzschuppenmiere besuchen. Diese Schmetterlinge wandern von Südeuropa hierher.

Dünen   Über die Dünen liegt nicht so viel Untersuchungsmaterial vor wie über das Vorland. Die Dünen gehen an vielen Stellen in Busch- und Baumbestände und in die vom Menschen besiedelten Biotope über. Das Spektrum der Dünenfauna ist daher sehr weit gestreut, so daß ein Überblick nicht leicht zu geben ist. Doch lassen sich einige Eigentümlichkeiten aufzeigen. Durch Wind und Wellen werden große Mengen von Kleintieren auf die Strände geworfen (2-, 3-, 24-, 25-), die hier längst nicht alle ihren Lebenszyklus vollenden können. So wurden auf Memmert 1439 Insektenarten festgestellt, auf Borkum sogar 2842 Arten. Auf die reiche Tierwelt des Strandaufwurfs aus Tang, Seegras, Wurmröhren, Schalen und Eiballen von Mollusken, toten Tieren usw. soll hier nicht weiter eingegangen werden. Auf breiten Sandflächen findet man im feuchten Sand oft große Mengen von 1 bis 2 cm langen Sandschnürchen; diese stammen von einem kleinen schwarzen Kurzflügelkäfer, dessen massenhaftes Vorkommen, oft an 500 Tiere je m², für dieses vollkommen kahle Biotop sehr kennzeichnend ist. Ein schneller Räuber auf diesen offenen Sandflächen ist der grüne Sandlaufkäfer, der auch geschickt fliegen kann. Unter den wenigen Pflanzenarten der Anwurfzone am Strand oder am Dünenfuß ziehen vor allem die Gänsefußgewächse viele Insekten an. Besonders der Meersenf dient als Nektarquelle, er wird ferner u.a. von Eulenraupen gefressen. Auf den ersten kleinen Dünen, die um Strandweizenpflanzen aufgeweht werden, finden wir nur wenige Tiere (27-).
Etwas reicher besiedelt sind schon die Strandhaferdünen. Hier kommen viel mehr Blütenpflanzen vor wie Nachtkerze, Saudistel, Habichtskraut und Strandplatterbse. In diesem Biotop leben auf Amrum 54 Spinnenarten und 10 charakteristische Fliegenarten (5-, 17-). Mehr landeinwärts auf den älteren Dünen nimmt mit dem dichteren Bewuchs auch die Festigkeit des Sandes zu, so daß immer mehr Sandbewohner Lebensmög-

lichkeiten finden, besonders dort, wo sich Moose und Flechten angesiedelt haben. In den Dünentälern können vielfältige Pflanzengesellschaften mit Kriechweide und Heidegewächsen vorkommen.

Nord- und Südhänge und ausgeblasene Sandkessel stellen hier verschiedene Biotope dar, deren Fauna schon derjenigen von ähnlichen Binnenlandgebieten ähnelt. Arten der gleichen Familie können aber große ökologische Unterschiede aufweisen. So lebt von einer Wolfsspinnenfamilie eine Art auf feuchtem Boden, eine andere im Pflanzenbestand von Kriechweide und Sandsegge, während eine dritte Art auf dürrem, nacktem Boden vorkommt (26-).

Mehrere Forscher stellen große zahlenmäßige Schwankungen von Insektenbeständen auf den relativ ungestörten Inseln fest, ohne daß dafür eine Erklärung gefunden wurde (8-). Die Dünen werden sogar von einigen Amphibien und Reptilien bewohnt. So sind z. B. die eventuell leicht brackigen Vorlandtümpel bei St. Peter-Ording und Kleingewässer in verheideten Dünentälern Laichplätze der Kreuzkröte. Diese Kröte kommt in den Dünen aller Wattinseln vor. Der Moorfrosch, und auf dem Festland auch der Teichfrosch, leben in ähnlichen Biotopen. Auf den meisten Inseln kommt die Bergeidechse auf den trockenen Dünenhängen vor, die Zauneidechse ist jedoch viel seltener, sie kommt z. B. auf Sylt vor. Auf den Ostfriesischen Inseln hat man mit zahlreichen Arten Einbürgerungsversuche gemacht (21-). Es kann daher dort nicht genau festgestellt werden, ob die auf den Inseln vorhandenen Amphibien und Reptilien überall wirklich beheimatet sind.

Säugetiere Die Zahl der Säugetiere auf Vorländern und Dünen ist klein. Besonders beachtenswert ist in den Niederlanden das Vorkommen der Wasserspitzmaus und der Sumpfwühlratte, die beide auf Texel einheimisch sind. Die letztere Art fehlt ganz im deutschen Küstenraum und auf den Inseln (13-) und ist überhaupt in Europa nur fleckenhaft verbreitet.

Auf den schleswig-holsteinischen Inseln und Küstenvorländern ist die Fauna ziemlich ähnlich. Der Fuchs legt in der Festlandsmarsch seinen Bau an. Er sucht gern den Strand nach Nahrung in Gestalt lebender oder toter Tiere ab. Der Iltis, dessen Spur am Wattrand neben dem Spülsaum häufig zu sehen ist, macht es ähnlich. Auch Mauswiesel und Hermelin gehen hier auf die Mäusejagd.

Über die Säugetiere der Nordfriesischen Inseln weiß man noch nicht alles. Der Igel kommt an der ganzen Küste vor, ebenso auf den fünf großen Inseln. Auf Amrum waren Igel anscheinend die Hauptursache, daß die Flußseeschwalben eine große Kolonie in einem Dünental verließen. Der Maulwurf geht nirgends in den salzigen Überflutungsbereich, kommt jedoch auf Sylt, Pellworm und Nordstrand vor. Wie es mit den Spitzmäusen auf den Inseln steht, ist noch unbekannt. Von den Wühlmäusen ist die größte, die Wasserratte, auf den fünf großen Inseln und in der Marsch verbreitet, nicht aber außendeichs. Auf Pellworm, wo sie sehr häufig ist, hilft sie durch Abbeißen der jungen Schilfsprosse, daß die Gräben nicht so schnell zuwachsen. Die Feldmaus ist überall verbreitet. Wie es mit der Erdmaus steht, ist noch nicht bekannt. Die Zwergmaus lebt auch auf manchen Inseln, wo sie vermutlich eingeschleppt ist und auch auf Vorländern. Als auf Trischen noch ein Koog bestand, war die Zwergmaus dort die häufigste Art. Die Waldmaus ist außer auf dem Festland jedenfalls auf den Geestinseln reichlich vorhanden, ob auch auf den Marschinseln, ist noch unklar.

Nicht bekannt ist auch die Verbreitung der Gelbhalsmaus und der Hausmaus. Die Wanderratte tritt überall an den menschlichen Siedlungen auf, dies auf den Halligen nur zeitweise. So entwickelten sich um 1950 vorübergehend sehr große Bestände auf Norderoog und Scharhörn, wobei jeweils über tausend Ratten in den Vogelkolonien große Verheerungen anrichteten. Sie wurden mit viel Mühe an beiden Orten bekämpft und durch eine Sturmflut gänzlich vernichtet. Hasen kommen auf den fünf großen Inseln vor, am Küstenvorland haben sie gelegentlich sogar im Spartinagebiet ihren Ruheplatz. Sie sind auf den Inseln ebenso wie das Kaninchen künstlich eingeführt worden. Das Kaninchen ist besonders auf den Geestinseln sehr häufig, es hat dort die Myxomatose überstanden. Die auf Sylt und Föhr eingeführten Rehe haben sich gut gehalten. Mauswiesel, Hermelin und Fuchs kommen außer auf dem Festland auch auf Sylt vor. Wir sehen also, daß auf den Halligen fast keine wildlebenden Säugetiere vorkommen, und daß die meisten Arten nicht einmal auf die feuchten salzigen Vorländer an der Festlandsküste gehen.

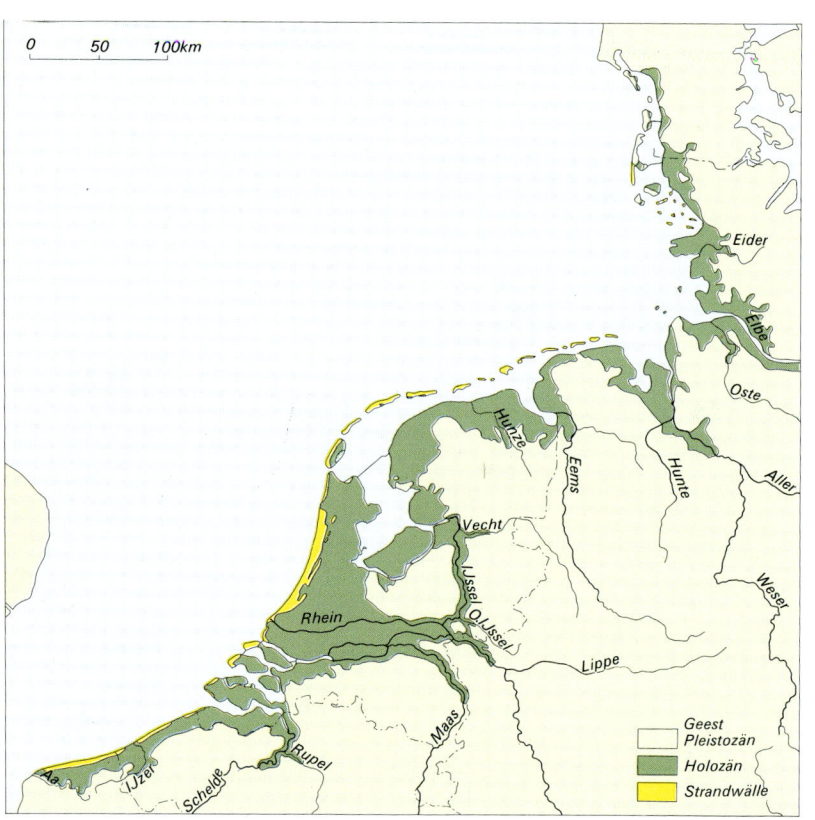

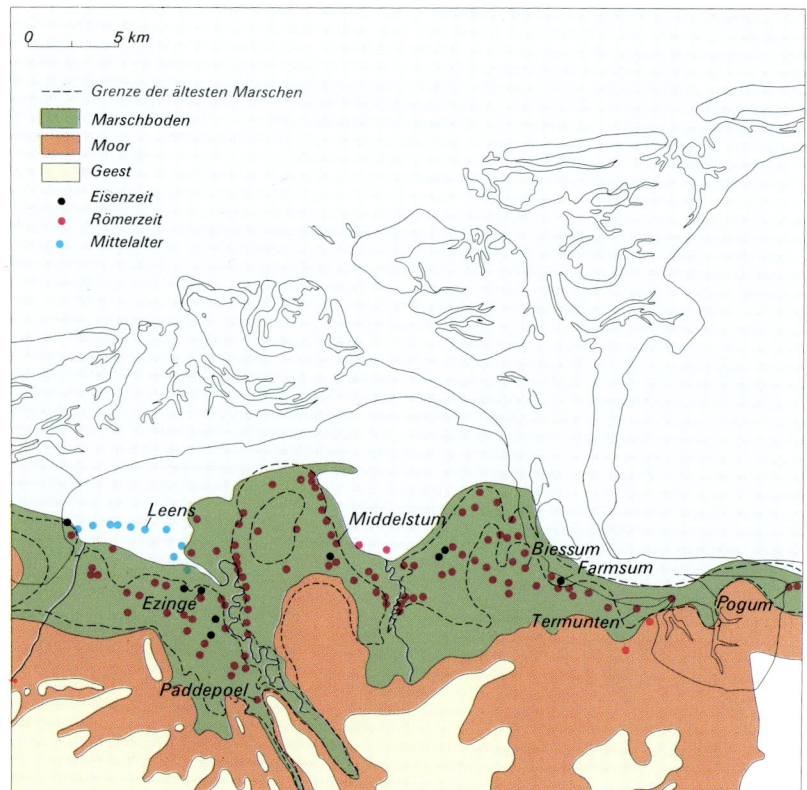

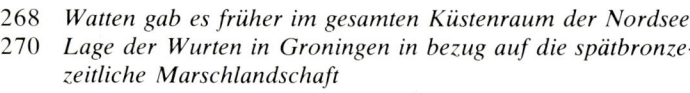

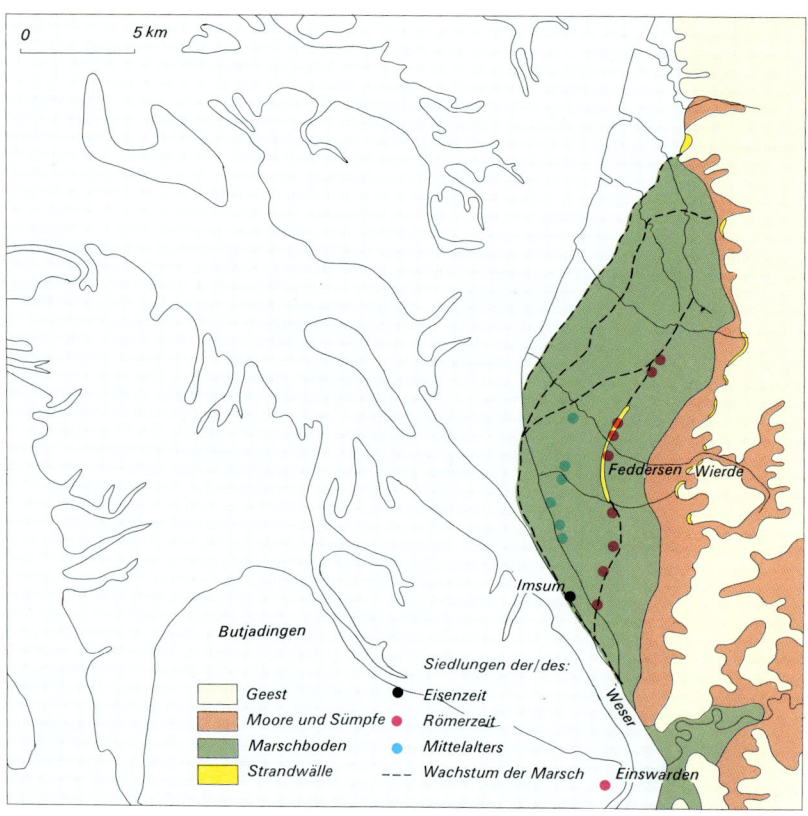

268 Watten gab es früher im gesamten Küstenraum der Nordsee

270 Lage der Wurten in Groningen in bezug auf die spätbronze-
zeitliche Marschlandschaft

269 Seegaten, Strandwälle und Watten an der niederländischen
Küste um 2500–2000 v. Chr.

271 Besiedlung im Lande Wursten (nördlich von Bremerhaven)
in der frühen Eisenzeit, um Chr. Geb. und im frühen Mittelalter

Einst reichte der Wattenraum von den Kreidehügeln bei Calais bis zu den eiszeitlichen Moränen Nord-Jütlands. Schelde, Maas, Rhein, Ijssel, Ems, Weser, Elbe und eine Reihe kleinerer Flüsse wie Aa, Ijzer, Boorne, Hunze, Oste und Eider führten große Mengen von Sand und Schwebstoffen ins Meer. Hinter einer Barre aus Geestkernen, zwischen denen Strandwälle und Sandplaten lagen, bildete sich das typische Watt heraus (Abb. 268). Im niederländischen Küstenraum beginnen sich die ersten Watten vor 5000 v. Chr. zu bilden. Diese Stadien können wir schwer nachweisen, weil das Mittlere Hochwasser damals etwa 10 m tiefer lag als heute, und weil sich der Vorgang der Wattenstehung fast ganz in einem Raum vollzog, der unter der heutigen Nordsee liegt. Mehr Einblick in die Entstehung der Watten gewinnen wir von der Zeit um etwa 4000 v. Chr. an, als sich etwa im Zuge der heutigen Westküste der Niederlande eine Reihe paralleler Strandwälle bildete. Auf den Wällen entstanden Dünen. Von dieser alten Dünenlandschaft sind Reste erhalten geblieben, die teilweise landwärts der heutigen Dünenküste liegen und teilweise von jüngeren Dünen bedeckt sind, die erst im Mittelalter entstanden. Im nordfriesischen Küstenraum spielen die Strandwälle, die das Rückgrat der Halbinsel Eiderstedt bilden, eine entsprechende Rolle.

In diesem Kapitel geht es um die Geschichte der menschlichen Besiedlung von etwa 4000 v. Chr. bis etwa 1000 n. Chr., als der Mensch begann, Deiche zu bauen und Kanäle auszuheben, um damit in den Ablauf der natürlichen Vorgänge erheblich einzugreifen. Außer Betracht bleiben die Siedlungsreste aus jener Zeit, in der die Nordsee noch nicht vorhanden war, Reste, von denen ab und zu auf der Doggerbank und der Braunen Bank Fundstücke aufgefischt werden. In den fünftausend Jahren hat sich die Anordnung der Inseln, Sandbänke, Wasserflächen, Schlick- und Marschflächen, des Moores und Festlandes ständig verändert. Einige Ursachen dafür sind der Meeresspiegelanstieg, durch den das Meer immer weiter landeinwärts vordrang, die Verlegung bzw. Versandung der Flußmündungen und das Auftreten von Regressionen, Phasen mit geringerer Sturmfluttätigkeit, in denen Watt- und Marschflächen aussüßten, so daß Schilf, Wald oder Hochmoor darauf wachsen konnten (Abb. 272).

Er konnte dort fischen, Jagd auf Vögel und Seehunde machen sowie Muscheln sammeln. Während er auf dem hohen Vorland Vieh weiden lassen und vielleicht sogar Sommergetreide anbauen konnte. Dazu mußte er den Raum mit seinen vielen Eigenarten kennenlernen. Das konnte nur von der unmittelbaren Nachbarschaft aus geschehen, die deshalb in die Betrachtung einbezogen werden muß.

Ob der Mensch wirklich in der Lage war, das Watt als Nahrungsraum zu erschließen, hängt ferner ab von seinen technischen Kenntnissen im Bereich der Schiffahrt, Bodenbearbeitung, Viehbetreuung usw. Einen Anreiz, den Wattenraum aufzusuchen, können wirtschaftliche Gründe geliefert haben, etwa Bevölkerungszunahme oder nachlassende Fruchtbarkeit der Äcker auf den Sandböden des Hinterlandes. Endlich wäre denkbar, daß das Eindringen von Feinden in den bisherigen Siedlungsraum den Anlaß für die Niederlassung im Wattenraum gegeben hätte.

Unsere Kenntnisse über die Siedlungsgeschichte des Küstenraumes haben sich in den letzten Jahren enorm vermehrt. Während zuerst der Schwerpunkt vor allem auf der Untersuchung der *Wurten* durch Forscher wie van Giffen in den Niederlanden und durch Haarnagel und Bantelmann in Deutschland gelegen hatte, haben die Archäologen in jüngster Zeit ihren Blick auch auf die an der Oberfläche nicht sichtbaren und häufig überschlickten *Flachsiedlungen* im Küstenraum gerichtet. Die in den Kulturschichten erhaltenen pflanzlichen und tierischen Reste haben dabei so viel Material über Flora und Fauna geliefert, daß wir über Lebensraum und Lebensweise der

272 *Anstieg des Mittleren Hochwassers während der letzten 7000 Jahre*

Küstcnbevölkerung oft besser informiert sind als über die der Bewohner des höheren Landes. Auch über die geologische Entwicklung des Küstenraumes wissen wir so viel, daß wir für große Teile davon schon über Karten verfügen, die für jede Hauptepoche die Lage und die Ausdehnung der besiedelbaren Räume angeben.

Siedlungsräume Die wichtigsten Landschaften im und um den Wattenraum, die für sich allein oder in Kombination mit anderen für menschliche Besiedlung in Frage kommen, sind folgende:

Das „altbesiedelte Land", das zwischen den breiten Mündungsräumen der großen Flüsse eine Reihe von Halbinseln bildet: Flandern, Nord-Brabant, der Hügelrücken von Utrecht mit der Veluwe, die westfriesisch-drenthische Geest, die ostfriesisch-oldenburgische Geest sowie die Hohe Lieth zwischen Weser und Elbe. Nördlich der Elbe ist die Geest weniger tief eingeschnitten. Eichen-Birken-Wälder, Buchen-Eichen-Wälder mit Stechhülsen und Eichen-Hainbuchen-Wälder mit Linden bilden die natürliche Vegetation, die in den Bachauen durch Erlen- und Birkenbruchwald und in schlecht entwässerten Gebieten durch Hochmoore vertreten wurde.

Die heutigen *Geestinseln* Wieringen, Texel, Amrum, Föhr, Sylt und Rømø einschließlich einer Reihe ehemaliger Inseln, von denen nur noch Bänke oder Untiefen übrig sind. Von diesen Inseln aus, die Schutz vor Sturmfluten boten, konnte das angrenzende Watt genutzt werden.

Die holozänen *Küstendünen* entstanden in Phasen mit großer Sandzufuhr auf Geestinseln, Strandwällen oder Sandplaten. Außer in den Zonen des Strandhafers und der Dünenumlagerung bestand die natürliche Vegetation aus artenreichen Gebüschen und Eichenwäldern u.a. gemischt mit Buchen, Birken, Ulmen und Silberpappeln.

Die pleistozänen *Flußdünen* sind Sandhügel, die gegen Ende der Eiszeit auf dem Boden breiter Urstromtäler entstanden. Die Gipfel dieser Dünen tauchen als flache Hügel aus den Fluß- oder Seemarschablagerungen der Ästuare empor. Von Natur aus waren sie mit Wald bedeckt. Auch sie stellten geeignete Wohnplätze dar, von denen aus die regelmäßig überschwemmte Umgebung erkundet und genutzt werden konnte.

Die feinsandigen *Uferwälle in den Flußmarschen* entstehen dadurch, daß das gröbere Material zuerst absinkt, wenn der Fluß über seine Ufer tritt. Hier herrschte ein Wald aus Ulmen, Eschen und Erlen vor.

Die sandigen *Moorstromrücken* mit einem Kleistreifen auf jcdcr Seite entstehen aus Flußläufcn, die sich durch eine Moorlandschaft einen Weg bahnen und dann versanden. Klei und Torf sacken dann schneller zusammen als der Sand im Flußbett.

Die mit Weiden-, Ulmen- und Eschenwäldern bestandenen mehr oder weniger oft überfluteten *Uferwälle der Gezeitenpriele (Kreeks) im Süßwassergezeitengebiet* der Ästuare mit angrenzendem Sietland. Die brackigen und deshalb waldfreien *Uferwälle im Brackwassergezeitengebiet* der Ästuare.

Das hochaufgeschlickte, noch unregelmäßig überflutete *Vorland* im eigentlichen Wattenraum mit Salz-Binsen. Man muß zwischen dem flachen Vorland und den feinsandigen Vorlandrücken, die parallel zur Küste liegen, unterscheiden.

Das nicht mehr von Salzwasser überflutete und daher aussüßende, jedoch nicht bewaldete oder vermoorte, *ehemalige Vorland* im eigentlichen Wattenraum.

Die *Strandwälle* und Sandplaten in Küstennähe mit beginnender Dünenbildung und spärlichem Pflanzenwuchs.

Jede dieser Landschaften stellte den Menschen vor besondere Probleme. Wenn man die Reste der menschlichen Aktivität im Küstenraum überschaut, kann man feststellen, daß im Laufe der Zeit alle Probleme gelöst wurden: der schwierige Zugang, die regelmäßige Überflutung, der schwer zu bearbeitende Boden, der Mangel an Holz für Bau- und Heizzwecke und die schwierige Süßwasserversorgung. Schließlich wurden auch die Uferwälle und Vorländer dauernd besiedelt.

Frühes Neolithikum, etwa um 3500 v.Chr. Um 4500 v.Chr. lebten auf den Lößböden des belgisch-niederländischen Maasgebietes in der Kölner Bucht und weiter östlich am Fuß der deutschen Mittelgebirge jungsteinzeitliche Bauern in Gemeinschaften von etwa 50 bis 150 Personen, die in großen Häusern aus schwerem Eichenholz wohnten, in der Asche des gerodeten und verbrannten Urwalds Weizen, Gerste und Erbsen anbauten und Schafe, Ziegen, Rinder und Schweine hielten. Die Jagd auf Auerochs, Hirsch und Wildschwein spielte für sie nur eine geringe Rolle. Ihre Kultur stammte aus Mittel- und Südosteuropa.

Zur gleichen Zeit waren die Sandböden zwischen der Lößzone und der Küste mit wandernden Jäger- und Fischergruppen dünn bevölkert, die mit Vorliebe das offene Wasser aufsuchten, wo das Nahrungsangebot größer war als im Eichenwald selbst. Das seen- und fördenreiche, der Ostsee zugewandte Jungmoränenland nördlich der Elbe war dafür günstiger als der Raum westlich davon, wo Seen fast ganz fehlten und als Gewässer nur einzelne große Flüsse in Frage kamen. Es gibt Hinweise dafür, daß diese spätmesolithischen Jäger gerade in den Flußtälern mit den neolithischen Bauern in Kontakt kamen. Das belgisch-niederländische Maasgebiet ist offenbar ein wichtiger Begegnungsraum gewesen, vielleicht schon durch die für beide Gruppen interessanten großen Feuersteinvorkommen in der Kreide. Durch diese Kontakte entstanden Gemeinschaften mit einer merkwürdig vielseitigen Lebensweise.

Um 3500 v.Chr. finden wir sie in weiten Teilen Nordwest-Europas, wobei es erstmals auch zur Besiedlung des Wattenraumes kommt. Am besten ist die *Ellerbek-Ertebølle-Kultur* aus Schleswig-Holstein und Dänemark bekannt. Die auffälligen Muschelabfallhaufen an den Förden, die Kjøkkenmøddinger, erregten schon im vorigen Jahrhundert Aufmerksamkeit; inzwischen hat man auch Wohnplätze an den sumpfigen Ufern von Binnenseen und hochgelegenen Stellen gefunden. Es war eine überraschende Entdeckung, daß die Menschen der Ertebøllekultur schon Ackerbau und Viehhaltung betrieben, dazu jagten sie Groß- und Kleintiere, speziell Robben, sie fischten im Süßwasser und im Meer, sie suchten Wildfrüchte wie z.B. Haselnüsse und sammelten Muscheln.

Gemeinschaften, die vermutlich auf die gleiche Art lebten, sind in den vergangenen Jahren auch in Nordwestdeutschland festgestellt worden, z.B. auf Flußdünen an der Elbe in Boberg bei Hamburg und an den Ufern einiger Seen wie dem Dümmer und dem Zwischenahner Meer.

In den Niederlanden hat das Tal der Vechte übereinstimmende Funde geliefert, aber das klarste Bild ergaben die Ausgrabungen bei Swifterbant. Etwa einen Meter tief unter dem ehemaligen Zuiderzeeboden im Polder Ostflevoland und etwa 5 bis 6 Meter unter NN liegt ein ertrunkenes Ijssteästuar mit Flußdünen und Gezeitenprielen, mit bewaldeten Uferwällen und Schilfschlenken dahinter – alles entstanden während einer Transgression. Sowohl auf den Dünen wie auch auf den Prielufern finden sich Kulturschichten. Sie stammen von Menschen, die nach den Funden von Getreidekörnern und Rinderknochen schon Ackerbau und Viehzucht kannten, die außerdem im großen Stil Fische wie Wels, Karpfen, Hecht und Stör fingen und Jagd auf Otter, Biber und Hirsch machten. Die Prielufer wurden öfters überflutet, es kann jedoch sein, daß man sich in den feuchtesten Zeiten woanders aufhielt, etwa auf den Flußdünen. Auch die Keramik zeigt Verwandtschaft mit der Ertebøllekultur, eine weitere Übereinstimmung ergibt

sich durch einen bestimmten Beiltyp aus Hirschgeweih. Diese Tüllengeweihaxt, die übrigens in Europa weit verbreitet ist, wurde auch im Scheldetal gefunden. Unter den Schmuckstücken von Swifterbant befindet sich ein durchbohrter fossiler Haizahn, der vermutlich aus dem Scheldegebiet stammt (Abb. 273). Zusammen mit einem Keramikfund von Schiedam sind dies vorläufig die einzigen Hinweise darauf, daß die Swifterbantgruppe auch weiter westlich im Brackwassergebiet oder auf den Strandwällen ansässig gewesen ist. Wegen des Meeresspiegelanstiegs seit dem Neolithikum sind die Aussichten, in den Niederlanden Spuren dieser frühen Phase zu finden, besonders gering. Die Wahrscheinlichkeit, daß am Strand gesiedelt wurde, ist jedoch groß, weil anderswo an den Küsten Westeuropas in der Bretagne, in Asturien und Portugal wieder Muschelabfallhaufen vorkommen, sogar früher als in Dänemark. Möglicherweise hat sich dieser Brauch an der atlantischen Küste entlang nach Norden ausgebreitet.

Spätes Neolithikum 2500–1700 v.Chr.   Um 3000 v.Chr. sind Ackerbau und Viehhaltung überall im klimatisch gemäßigten Europa die wichtigste Lebensgrundlage geworden. Vermutlich hat neben der weiteren Expansion der mitteleuropäischen Bevölkerung auch ein landeinwärts gerichteter Zug der Küstenbevölkerung stattgefunden. An den atlantischen Küsten bleiben die kulturellen Beziehungen aus der vorangegangenen Epoche bestehen. Dies zeigt die Sitte, Tote in Großsteingräbern (Hünengräbern) zu bestatten. Man findet solche Gräber überall im Hinterland der Watten von Dänemark bis Rijs in Westfriesland. Auf Sylt, Amrum und Föhr gibt es insgesamt 77; an den südniederländischen, belgischen und nordfranzösischen Küsten, wo es an geeigneten Steinen fehlt, werden andere Bestattungsformen bestanden haben.

Erst um 2500 v.Chr. gibt es im westniederländischen Küstenraum eine Besiedlung von einiger Bedeutung. Es sind Gruppen, die zur Vlaardingen-Kultur (2500–2000 v.Chr.) gehören, und die einige Jahrhunderte lang den niedrigen Küstenraum auf allerlei Arten nutzen. Ihre Ansiedlungen liegen in ganz verschiedenen Gebieten (Abb. 269).

Auf hoch aufgewachsenen, sandigen, nicht mehr überfluteten Prielufern im Süßwassergezeitenbereich wie bei Vlaardingen und Hekelingen war ihre Lebensweise weitgehend auf Fischerei und Jagd, vor allem auf Stör, Hirsch, Biber, Wildschwein und Vögel, ausgerichtet, dazu wurden Rind und Hausschwein gehalten und gleichzeitig Weizen, Emmer und etwas Gerste angebaut. Auf der bewaldeten Dünenlandschaft der Strandwälle

fehlen, müssen wir annehmen, daß diese Menschen hauptsächlich von Ackerbau und Vichhaltung gelebt haben. Die Versandung eines Meeresarmes bei Kijduin führte zu rascher Aussüßung dieses Raumes. Der Mensch wird hier in einer überwiegend waldfreien Landschaft gelebt haben. In der Glockenbecherzeit waren auch die alte Dünenlandschaft und die Flußdünen u.a. bei Molenaarsgraaf in der Alblasserwaard besiedelt sowie die Uferwälle in den niederländischen Flußmarschen und punktuell im Süßwassergezeitengebiet bei Vlaardingen. Weiter im Norden sind von Vlieland, Terschelling und Ameland einige neolithische Beile und Abschläge bekannt, während Siedlungsspuren der Vlaardingen- und der Trichterbecherkultur auf Sandaufragungen in einer Moorlandschaft gefunden wurden, die später überschlickt wurde, so bei Bornwird in −1,5 m NN und bei Birdaard in Westfriesland. In Bornwird ist Gerstenanbau nachgewiesen. In Oostrum findet sich Keramik aus der Schluß-phase der Trichterbecherkultur in der Höhe von NN. In Nortmoor bei Leer und in Gellenerdeich bei Oldenburg wurden ebenfalls Flachsiedlungen der Trichterbecherkultur gefunden, und zwar bei + 2,50 m NN und zwischen + 1 und 1,40 m NN.

Endlich sind die neolithischen Feuersteinbeile von einem Strandwallkomplex in der Eidermündung zu nennen. Flintdolche und -sicheln aus der Übergangsphase Neolithikum-Bronzezeit hat man an verschiedenen Stellen im heutigen nordfriesischen Watt an der Küste und im Gebiet der Halligen gefunden, wohl in Übereinstimmung mit dem Verlauf der Strandwälle. Intakte Kulturschichten sind dort bisher nicht gefunden worden.

mit angrenzenden salzigen Sandflächen, wie bei Leidschendam und Voorschoten, herrschte die Viehhaltung vor, doch wurde auch gejagt, und zwar nicht nur auf Hirsch, Reh und Wild-schwein, sondern auch auf die Kegelrobben. Auf einem vermut-lich unbewaldeten Strandwall in Vorlandnähe dicht bei einer Flußmündung bei Haamstede wurden massenhaft Muscheln gesammelt. Bei Zandwerven war auf einer Plate mit Sandverwe-hung, die an ein Vorland grenzte, die Rinderhaltung von Bedeutung, und auch Ackerbau wurde betrieben, daneben Fischfang, Vogeljagd und Muschelsammeln. Schließlich wurden auch die bewaldeten Rücken ehemaliger Uferwälle in der mittelniederländischen Flußmarsch besiedelt. Als Wohnplatz wurden trockene für Ackerbau geeignete Teilräume bevorzugt, während die Groden als Weide eine wichtige Rolle gespielt haben können.

Viele spätere Siedlungen der Vlaardingen-Kultur enthalten einzelne Elemente der Standfußbecherkultur (2300–2000 v.Chr). Ein zu dieser Kultur gehörender Wohnplatz wurde bei Aartswoud in Nordholland in trockengelegtem Marschland ausgegraben. Während von der etwas späteren Glockenbecherkultur (2000–1700 v.Chr.) u.a. bei Oostwoud (Nordholland) eine derartige Siedlung entdeckt wurde. Wenn auch Belegfunde

Bronzezeit 1700–600 v.Chr. In der frühen Bronzezeit von etwa 1600–1400 v.Chr. tritt in den Niederlanden eine neue Transgression auf. In dieser Zeit müssen die Siedlungsbedin-gungen im niedrigen Küstenraum und an den großen Strömen ungünstig gewesen sein. Nur die alte Dünenlandschaft war durchweg bewohnt, wie Funde bei Monster, Den Haag und Vogelenzang beweisen. Auch der Utrechtsche Hügelzug, die Sandböden zwischen Maas und Waal und in Brabant waren nun offenbar dichter bewohnt als vorher, und es liegt nahe, anzunehmen, daß die Küstenbewohner hier Zuflucht gefunden haben. Die Hilversum-Kultur, unter der man diese Reste zusammenfaßt, entspricht gleichzeitigen Kulturen in England. So erinnern bestimmte Pfahlkreise um Grabhügel herum an das berühmte Stonehenge. Zwischen den beiden Räumen haben sehr enge Kontakte bestanden.

273 *Bearbeiteter fossiler Haifischzahn von Swifterbant*

Die Vertrautheit unserer Küstenbewohner mit dem Wasser wird durch die kulturelle Verwandtschaft unterstrichen. Eine solche Verwandtschaft zwischen den Bewohnern des niederländisch-belgischen Küstenraumes und der britischen Inseln bestand übrigens schon zur Zeit der Glockenbecherkultur. Im Hinblick auf die Vertrautheit mit dem Wasser ist es nicht erstaunlich, daß die Menschen nach der Transgression das niedrige Gebiet wieder aufsuchten. Zuerst, etwa ab 1400 v. Chr., wurden die bewaldeten Uferwälle im mittel- und niederländischen Stromgebiet besiedelt, anschließend etwa ab 1200 neu gebildetes Vorland in Nordholland. Das Dünengebiet war offenbar weniger dicht bevölkert.

Bei Zijderveld im Gebiet der Flußmarschen kennen wir die Grundrisse kleiner runder Häuser mit einem rechteckigen Eingang. Umzäunungen aus Flechtwerk umschlossen die Wohnstätten. Das Getreide wurde in Speichern aufbewahrt, die auf vier oder sechs Pfählen standen. Die Bewohner bauten Gerste und Emmer an, und vielleicht sammelten sie auch die Samen von Pfirsichkraut und Gänsefußgewächsen und hielten Vieh. Die Jagd scheint in allen untersuchten bronzezeitlichen Wohnplätzen des Küstenraumes unbedeutend gewesen zu sein.

274 *Bronzezeitliche Grabhügel aus der Zeit um 1000 v. Chr. in einer ehemaligen Marschlandschaft bei Zwaagdijk, Nord-Holland*

Zu den großartigsten Zeugen der menschlichen Aktivität im Küstenraum gehören die Grabhügelgruppen der mittleren Bronzezeit in Nordholland (Abb. 274). Jeder einigermaßen feinsandige Rücken war dort bewohnt, und überall kommen an der Basis der Grabhügel die Spuren einer Bodenbearbeitung mit einem Hakenpflug zum Vorschein, die erweisen, daß dieses ehemalige Vorland intensiv ackerbaulich genutzt wurde. Neuere Untersuchung hat dort auch Grundrisse großer rechteckiger Gebäude mit Stallraum für das Vieh zutage gebracht, dazu Wohnstätten, die etwas aufgehöht sind, so daß man an Wurten denken kann. Die Gewässer waren jedoch überall süß, und das Land wurde nicht mehr überschwemmt. Der Raum dürfte waldarm gewesen sein, doch findet man Reste von Reh, Wildschwein und Fuchs. Am Ende der Bronzezeit von 700–600 v. Chr. tritt eine neue Transgression ein, gegen die sich die Bewohner Nordhollands nur örtlich behaupten können. Auf dem „altbesiedelten Land" kennen wir aus der späteren Bronzezeit die Urnenfelder. In Drenthe, auf der Veluwe, in Twente, der Achterhoek, in Kempen und Flandern sind sie besonders zahlreich, und es gibt Hinweise auf eine Bevölkerungszunahme, die wahrscheinlich infolge von Wanderungen auf dem Kontinent eintrat, möglicherweise aber auch infolge ungünstiger Lebensbedingungen in den niedrigen Küstenräumen, wie schon einige Jahrhunderte vorher.

An den deutschen Küsten kennen wir noch keine Spuren bronzezeitlicher Besiedlung auf marinen Ablagerungen. Es ist jedoch anzunehmen, daß die damaligen Bewohner von Sylt, Amrum und Föhr das angrenzende Vorland als Viehweide nutzten. Eigenartig sind die Muschelopfer in bronzezeitlichen Grabhügeln auf Sylt und Amrum. Solche Opfer sind vom Festland nicht bekannt. In einer Kulturschicht aus der vorrömischen Eisenzeit, die auf dem Eiderstedter Strandwall bei Tating entdeckt wurde, fand man außer Spuren von Ackerbau auch Muscheln und Fischreste.

In der mittleren und späten Bronzezeit war auch Texel bewohnt, doch fanden sich hier noch keine Hinweise auf eine Nutzung der umliegenden Watten.

Eisenzeit, 600 v. Chr. bis zum Jahre 0 Während der ruhigen Periode, die der letzten Transgression folgte, trat eine neue Kolonisationswelle ein, bei der nicht nur die mittelniederländischen Flußmarschen erneut besetzt wurden, sondern auch die unter Gezeiteneinfluß stehenden Prielufer in den westniederländischen Ästuaren, die seit dem Neolithikum gemieden worden waren, wie an der Maas bei Vlaardingen, am Rhein bei Leiden und an dem Ur-Ij bei Assendelft. Erstmals kommt es zur Besiedlung in den Ästuaren der Ems bei Jemgum und Boomsborg-Hatzum und an der Weser bei Rodenkirchen, Brake, Imsum und Neuenkirchen.

Im Gegensatz zu früheren Kolonisationsphasen lassen sich die Menschen jetzt in der unbewaldeten Seemarsch nieder, wo sie nicht nur Vieh halten, sondern auch in großem Stil Ackerbau betreiben (Abb. 270). Das in der Bronzezeit so dicht besiedelte nördliche Nordholland wird dagegen gänzlich verlassen, vermutlich weil das Moor wuchs und dadurch der Raum unbewohnbar wurde. Es besteht ein deutlicher Zusammenhang zwischen dieser massenhaften Kolonisation und den ungünstigen Bedingungen für die Landwirtschaft im „altbesiedelten Land", wo die großen Ackerflächen, die „celtic fields", immer humusärmer wurden und zuletzt vielerorts abgeweht wurden. Sandverwehungen aus der späten Bronzezeit oder der frühen Eisenzeit sind von vielen Orten bekannt: die Kempen, das Lippegebiet, das Vechtetal, Drenthe, Westerwolde, das Emsland, Texel, die Hohe Lieth und sogar in der Umgebung von Ringkøbing in Dänemark. In Drenthe läßt sich eine Bevölkerungsabnahme archäologisch nachweisen, während gleichzeitig die Besiedlung der Marsch in Westfriesland und Groningen zunahm. Das

Fundmaterial läßt deutlich erkennen, wie die Küstenbewohner mit den neuen Überflutungen gerungen haben. Von den beiden ausgegrabenen Siedlungen aus der frühen Eisenzeit im Emsästuar wird die bei Jemgum schon bald wieder aufgegeben, die von Boomborg-Hatzum hält sich zwei Jahrhunderte lang und wird dann auch verlassen. Beide lagen auf einem mit Eschen-Ulmen-Wald bestandenen Uferwall der Ems, der von Gezeiten kaum beeinflußt wurde. Die Siedlung bei Hatzum bestand aus einer Gruppe von etwa 10 Bauernhöfen, jeder mit Wohn- und Stallteil und einem Getreidespeicher daneben. In den Ställen war für rund 120 Kühe Platz. An Ort und Stelle wurden angebaut: Flachs, Feldbohne, Leindotter, Gerste, Emmer, Mohn und vielleicht Eibisch, die letzten beiden als Genuß- oder Heilmittel. Im ganzen konnten sechs aufeinanderfolgende Siedlungsphasen unterschieden werden. Durch winterliche Sturmflutablagerungen und durch die Anhäufung von Dung und anderem Abfall wurde die Siedlung allmählich höher, eine echte Wurt war es jedoch noch nicht, weil die Wohnstätte nicht aktiv aufgehöht wurde. Die allmähliche Erhöhung wird für den Aufenthalt im Winter ausgereicht haben. Die Fluten dürften eher den Ackerbau und die Gewinnung von Winterfutter für das Vieh gefährdet haben. Bei zu häufigem Hochwasser in den Sommermonaten ist beides nicht möglich. Auch die Siedlung von Rodenkirchen im Weser-Ästuar bestand nur kurze Zeit. In den beiden Siedlungsphasen wurden außer Rind und Pferd auch Knochen von Elch und Reh gefunden, was auch hier auf Bewaldung weist.

Bei Leeuwarden, Ezinge und Middelstum hat man Siedlungen aus der frühen Eisenzeit aufgefunden, die in einem brackigen und daher waldfreien Marschland angelegt waren. In Leeuwarden mußte der Platz bald wieder aufgegeben werden. In Middelstum behauptete sich die Siedlung geraume Zeit, so daß sich auch dort eine wurtartige Erhöhung bildete, die aber um 300 v. Chr. verlassen werden mußte, weil sich das Umland, obwohl man Entwässerungsgräben ausgehoben hatte, für Ackerbau sicher nicht mehr eignete.

Bleibende Marschsiedlungen aus dieser Zeit kennen wir nur aus den nördlichen Niederlanden im Westergo u. a. bei Tritsum, im Ostergo u. a. bei Hogebeintum und im Hunzingo z. B. bei Ezinge. Diese Plätze lagen offenbar so geschützt und hoch, daß sie während der Wachstumszeit nicht überflutet wurden. In Tritsum baute man Gerste, Flachs und Leindotter an. An Vieh wurden hauptsächlich Rinder, Schafe und einzelne Ziegen, Schweine und Pferde gehalten. Der Fischfang spielte wahrscheinlich kaum eine Rolle. Größere Bedeutung hatte die Jagd auf Gänse, Schwäne und andere Zugvögel. Übrigens hat man erst in jüngster Zeit Methoden entwickelt, um die Reste von Fischen und kleinen Vögeln zu bergen und zu bestimmen, so daß vorher die Bedeutung von Fischfang und Vogeljagd leicht unterschätzt werden konnte.

Dadurch, daß man den Wohnplatz mit Kleisoden erhöhte und verbreitete, entstanden *Wurten* (auch Warfen, ndl. Terpen). Auf den Wurten konnte Süßwasser in Fethingen aufgefangen werden. Manchmal findet man in den Wurten dicke Dungschichten, anderswo fehlen sie, man vermutet daher, daß der Dung als Feuerung benutzt worden ist. Holz mußte man von weither heranschleppen. Die Wurten boten Platz, um die Nutztiere bei hohen Fluten in Sicherheit zu bringen, Wintervorräte und Feuerung zu stapeln, dazu das Baumaterial, mit dem man in völliger Isolierung Reparaturen an den Häusern ausführen konnte, wenn sie durch Winterstürme Schaden gelitten hatten. Während dieser vorrömischen Transgression, die um das 3. Jahrhundert v. Chr. ihren Höhepunkt erreichte, hat sich der Mensch endgültig an das Leben im ungeschützten Vorland angepaßt. Die damals in der friesisch-groningischen Marsch entwickelte Lebensweise wurde später im Küstenraum der Nordsee allgemein übernommen. Die Selbständigkeit dieser

Bevölkerung äußert sich auch in Einzelheiten der materiellen Kultur, die nicht mit der Umwelt zusammenhängen wie Form und Verzierung der Gebrauchskeramik. Man spricht von der protofriesischen Kultur. Wer sich nicht behaupten konnte, mußte im alten Land in den Dünen oder auf den Geestinseln Zuflucht suchen. Das altbesiedelte Land von Drenthe erweist sich als ebenso dünn bevölkert wie vorher. In den Dünen bei Den Haag, Santpoort und Velzen hat man jedoch Spuren von Bauerngruppen nachgewiesen, die in dem mageren Dünensand ihre Äcker anlegten und dort dauernd mit Sandverwehungen zu kämpfen hatten. Sie hatten die Entwaldung eindeutig übertrieben, und sie hatten es sicher nicht leichter als die Marschbewohner. Kurz vor dem Beginn unserer Zeitrechnung zieht sich das Meer wieder zurück. Dies führt wegen der ungünstigen Bedingungen in der alten Dünenlandschaft und dem verkleinerten Siedlungsraum im Wurtengebiet sogleich zu einer neuen Besiedlung der eben entstandenen Marschen. Der inzwischen entwickelte Scharpflug wird es ermöglicht haben, jetzt auch schwerere Böden zu bearbeiten. Wurten entstehen jetzt überall an den deutschen Küsten: an der Ems, in Ostfriesland, in der Krummhörn und im Harlingerland, in Butjadingen (Einswarden), an der Weser (Feddersen Wierde), (Abb. 271) an der Elbe (Hodorf) und in Eiderstedt (Tofting). Der seit dem Neolithikum auf dem altbesiedelten Land geübte Raubbau, die infolge des Meeresspiegelanstiegs laufend verkleinerte besiedelbare Fläche und die rasche Ausbreitung der Hochmoore werden noch mehr als vorher den Anreiz geboten haben, Siedlungsplätze auf neu angeschlicktem Land zu suchen. In den westniederländischen Ästuaren verlief die Entwicklung in der Eisenzeit etwas anders. Der ganze Raum hinter den Strandwällen bestand aus Hochmoor, das nur von den Flüssen unterbrochen wurde. Zwar kennt man bei Vlaardingen eine Siedlung aus dem 4. Jahrhundert v. Chr., doch überall sonst sind die Uferwälle während dieser Transgressionsphase verlassen, die hier nicht zur Bildung neuer Watten führte. Kurz vor der römischen Zeit kommt es dann auch hier zu einer neuen Besiedlungswelle an den Ufern der Scheldearme, an der Maas und im Westland.

Die Versandung des Ur-Ij hatte eine rasche Aussüßung der Marsch zur Folge. Eine dichte Besiedlung trat ein. Auf Grund bestimmter Formen und Verzierungen der Keramik nimmt man an, daß die Kolonisten von der flämischen Küste stammten.

Historische Periode, 0–1000 n. Chr. Die Berichte der römischen Geschichtsschreiber ermöglichen es, einzelne Volks-

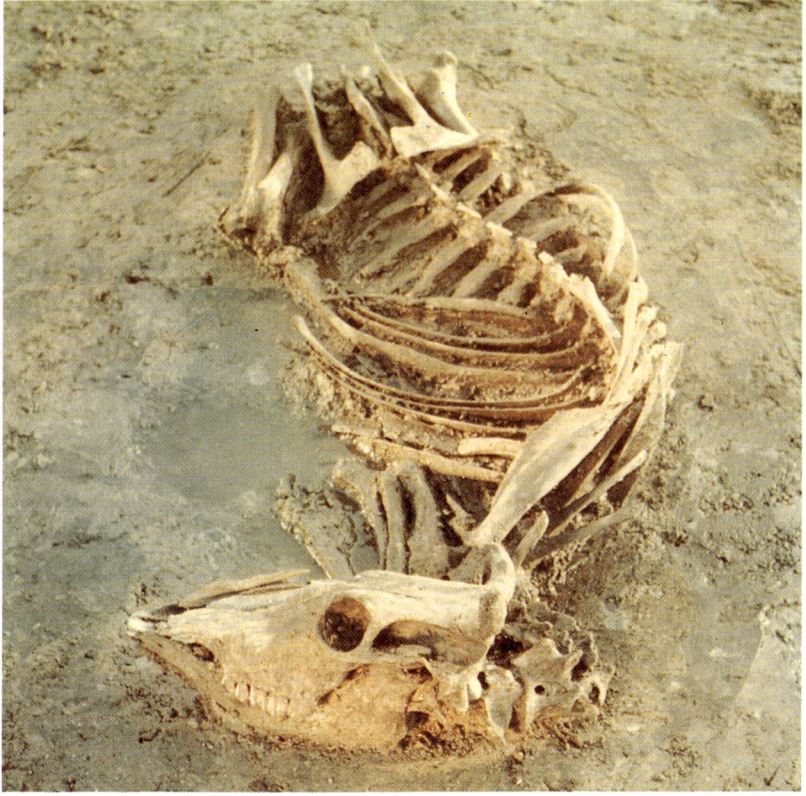

276 *Rinderskelett von Elisenhof*

stämme zu lokalisieren: die Menapier im südniederländischen und belgischen Küstenraum, die Bataven in der Betuwe, die Friesen im nordniederländischen Küstenraum und die Chauken im Weser-Ems-Raum. Von den letzten berichtet Plinius ausdrücklich, daß sie auf mit den Händen aufgeworfenen Erdhügeln wohnten. Nach einigen Vorstößen nach Norden machten die Römer den Rhein endgültig zur Reichsgrenze. Auf dem südlichen Uferwall wurde eine Reihe von Grenzbefestigungen angelegt, u. a. bei Vechten, Utrecht, Zwammerdam und Valkenburg, die in ihrer Nahrungszufuhr vermutlich z. T. auf den Handel mit den Friesen nördlich der Grenze angewiesen waren. Wichtige zivile Ansiedlungen im Küstenraum lagen bei Oudenburg, Aardenburg und Velzen. Nach einer erfolgreichen Englandfahrt richteten die römischen Salz-, Fischsoßen-, Wein- und Keramikhändler für die Göttin Nehalennia bei Domburg und Colijnsplaat Altäre auf.

Wegen der neuen Transgressionsphase in der spätrömischen Zeit werden viele Siedlungen, darunter auch Wurten, wieder verlassen, sicher weil in der Umgebung Ackerbau nicht mehr möglich war. Der Prozeß beginnt schon im 2. Jahrhundert n. Chr. Beispiele für derartige überschlickte Siedlungen findet man bei Sneek, Wartena, Grijpskerk, Groningen-Paddepoel und Bentumersiel.

Zu den Faktoren, die eine Entvölkerung bewirken, können von etwa 400 n. Chr. an auch die Völkerwanderungen gerechnet werden. Sehr wahrscheinlich sind viele Wurtbewohner mit den Angeln, Sachsen und Jüten nach England übergesetzt. Im deutschen Küstenraum rechnet man mit einem starken Bevölkerungsrückgang im 5. Jahrhundert n. Chr. Wahrscheinlich behauptete sich in Friesland und Groningen die Wurtenbesiedlung wenigstens lokal in der Merowingerzeit. Infolge der spärlichen Quellen ist es außerordentlich schwierig, von den Details der Völkerwanderungen eine klare Vorstellung zu gewinnen. Das historische Bild ist daher noch weitgehend von den archäologischen und geologischen Befunden abhängig. Eine genaue Datierung der lokalen Gebrauchskeramik aus dem 5.–9. Jahrhundert n. Chr. ist jedoch schwierig.

Im 7. und 8. Jahrhundert n. Chr. sind die Bedingungen überall im Küstenraum wieder günstig. Das in Friesland und Groningen neu angewachsene Vorland wird kolonisiert, und dort entsteht die jüngste Wurtengeneration, u. a. bei Tzummarum und Leens. Auch im deutschen Raum entstehen oft auf neu gebildeten Marschen viele Wurten wie bei Hessens, Emden, Groothusen, Visquart, Misselwarden und Elisenhof (Abb. 275 u. 276). Vermutlich wurde der Raum östlich der Weser vom niederländischen

Küstenraum aus kolonisiert. Auch in der Betuwe und in Zeeland entstanden neue Siedlungen. Jetzt kommt es zu den ersten städtischen Siedlungen im Küstenraum der Nordsee: im 7. Jahrhundert Domburg und Dorestad, später Tiel, Utrecht, Deventer, Staveren, Emden und Ripen, die über die Eider und Treene rege Handelsbeziehungen mit der Stadt Haithabu an der Ostsee unterhielten.

Seit etwa 1000 n. Chr. werden als Schutz gegen das Vordringen des Meeres bei neuen Transgressionen die ersten Deiche gebaut. Von diesen Transgressionen zeugen einige verlassene und überschlickte Siedlungen bei Emden. Durch die Deiche wurde man von der Notwendigkeit befreit, sich fortgesetzt an die Veränderungen der Marschlandschaft anzupassen und immer aufs neue nach solchen Räumen zu suchen, in die das Meer während der Vegetationsperiode nicht eindrang. Es liegt nahe, anzunehmen, daß die ersten Deiche kaum mehr waren als niedrige Wälle. Durchgehende hohe Seedeiche entstanden erst im späten Mittelalter.

Eine verhältnismäßig niedrige Wurt bot gegen winterliche Überschwemmungen ausreichenden Schutz, weil sich die Flut immer auf großen Flächen ausbreiten konnte, ohne sich zu stauen. So wird auch verständlich, daß nach den ersten

277 *Ausgrabung einer Wurt aus der Karolingerzeit bei Elisenhof auf der Halbinsel Eiderstedt*

Bedeichungen durchaus noch Siedlungen im unbedeichten Gebiet entstehen konnten, z.B. die kleinen *grünen Wierden* im Marnegebiet. Auch im Fivelbusen gab es im Mittelalter Wohnhügel mit einem einzelnen Bauernhof vor dem Deich.

Leben der Marschbewohner   In den 15 Jahrhunderten seit der frühen Eisenzeit hat sich das Leben der Marschbewohner zunächst nicht verändert. Ackerbau und Viehhaltung waren die wichtigste Lebensgrundlage. Für den Ackerbau kamen nur die höchsten Teile des Marschlandes und die Prielufer in Frage. Indem man die Vorlandpriele vertiefte und Grüppen aushob, wurde die Entwässerung verbessert. Der Boden auf den so geschaffenen Beeten wurde mit einem Pflug 10–12 cm tief bearbeitet. Angebaut wurden vor allem zwei Arten Gerste, Hafer, Hirse, Flachs und Leindotter, in geringerem Umfang Feldbohnen, Emmer, Zwergweizen, Rübsen und Färber-Waid. Seit einigen Jahren sind auf dem Vorland bei Ulrum Versuche im Gange, die erwiesen haben, daß Gerste, Hirse, Flachs und Leindotter tatsächlich annehmbare Ernten ergeben können. Hochwasser ist während des Keimens und beim Fruchtansatz schädlich. Während des Wachstums ist eine einzelne Überflutung mit Salzwasser nicht so schlimm. Die Viehhaltung war bedeutend.

In der Feddersen Wierde, die ganz ausgegraben worden ist, nahm die Zahl der Betriebe in den ersten vier Jahrhunderten n. Chr. von 5 auf 23 zu; in den Ställen war schließlich für etwa 450 Rinder Platz (Abb. 278). Im Sommer war der Viehbestand naturgemäß noch etwas größer. In diesem Raum waren je Wurtdorf etwa 250 ha Weide- und 50 ha Ackerland verfügbar. Das bedeutet, daß in der unmittelbaren Nähe ein Mangel an Weide und Heuland geherrscht haben muß, den man nur durch die Nutzung entfernt gelegener und weniger günstigerer Flächen ausgleichen konnte.

Außer Rindern hielt man als Haustiere Schafe, Pferde und Schweine, die ebenfalls Weideflächen benötigten. Diese Tiere blieben im Winter draußen. Ferner wurden Hunde und Hühner gehalten. Aus einzelnen Mosaiksteinen fügt sich das Bild einer sehr intensiv genutzten Kulturlandschaft zusammen. Der Fischfang war vermutlich von geringer Bedeutung, ebenso die Jagd auf große Landsäugetiere, die – mit eventueller Ausnahme des Auerochsen – im Marschenraum nicht vorkamen; von ihnen konnten nur die weiter landeinwärts gelegenen Siedlungen profitieren. Die Ausgrabung Paddepoel z. B. lieferte einige Reh- und Wildschweinknochen. Wie Knochenfunde bei Tritsum zeigen, wurde hingegen Vogeljagd betrieben

278 *Rekonstruktion der Bebauung im 3. Jh. nach Chr.*
     auf der Feddersen Wierde

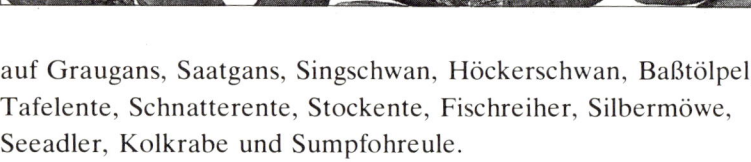

auf Graugans, Saatgans, Singschwan, Höckerschwan, Baßtölpel, Tafelente, Schnatterente, Stockente, Fischreiher, Silbermöwe, Seeadler, Kolkrabe und Sumpfohreule.

Man kann sich vorstellen, daß die Bauern im Sommer mit der Bearbeitung der Äcker und mit der Viehgräsung voll beschäftigt waren, daß sich jedoch im Winter, wenn die Ernte im Speicher und das Vieh im Stall war, die Gelegenheit bot, durch die Vogeljagd zur Fleischversorgung beizutragen.

Die Wurtausgrabungen haben viel Fundmaterial über handwerkliche Arbeiten geliefert wie Spinnen, Weben, Holzschnitzen, Knochenbearbeitung und Ledergerberei. In den Südwestniederlanden und in Belgien war schon vor der römischen Zeit die Salzgewinnung von großer Bedeutung.

Indem sie die Erzeugnisse solcher Gewerbe und auch einen eventuellen Überschuß an Vieh und Korn verkauften, konnten die Wurtbewohner sich Luxusgüter aus entfernten Gebieten verschaffen wie keltische Bronzen, römische Keramik und fränkischen Goldschmuck. Für den Transport aller dieser Güter waren die Küstenbewohner die geeigneten Leute, und so nahm im Laufe der Zeit die Bedeutung von Handel und Transport zu. Die Handelsstädte Bolsward, Leeuwarden, Dokkum und Emden sind aus Wurtdörfern entstanden.

Der Hausbau erfuhr während der Wurtenzeit nur geringe Veränderungen. Die dreischiffige Konstruktion, die im Binnenland aufgegeben wurde, behauptete sich im Küstenraum. Nur im Norden bei Elisenhof finden wir in der Karolingerzeit auch andere Haustypen. In den Wohnhäusern wird der höher gelegene Wohnteil durch einen Querflur mit einer Tür auf jeder Seite von dem Stallteil getrennt. Die Kühe waren zu zwei und zwei mit dem Kopf zur Wand in Boxen aufgestallt. Die Hauswände bestanden zuerst aus Flechtwerk, das durch Pfähle verstärkt wurde; in der jüngsten Wurtengeneration finden wir sehr breit aufgestapelte Kleisoden als Wände. Auch zum Brunnenbau benutzte man oft Kleisoden. Nach einigen Jahrzehnten mußten die Gebäude erneuert werden. Dies führte zur Erhöhung und Verbreiterung der Wurtfläche. Die Wurten wuchsen schneller, wenn die Besiedlung dichter war und mehr Klei für Wände und Fußböden benötigt wurde. Nur durch Untersuchung von Profilen und Funden läßt sich herausfinden, ob eine Wurt in kurzer Zeit schnell oder in langer Zeit langsam gewachsen ist. Es sind übrigens nur wenige Wurten von 500 v. Chr. bis 1000 n. Chr. ununterbrochen bewohnt gewesen. Dazu gehören gerade auch die allerhöchsten, Ezinge und Hogebeintum (Abb. 281).

279 *Verkohlte Gerste aus Dorestad (Karolingerzeit)*

280 *Ausgrabung der Wurt von Eenum (Nord-Groningen), 1910*

Eine etwas größere Zahl wird seit der Römerzeit bewohnt gewesen sein. Viel größer ist jedoch die Zahl der Wurten, die nur einige Jahrhunderte intensiv bewohnt wurden.

Nachwirkungen des alten Zustandes   Es ist interessant, daß bei dem Wachstumsprozeß der Wurten wie von selbst eine radiale Anordnung der Bauernhöfe eintrat. In Ezinge und auf der Feddersen Wierde war sie schon in römischer Zeit ausgeprägt, und da eine solche Anordnung in Ezinge auch heute noch vorhanden ist und die Wurt offenbar immer bewohnt war, liegt die Annahme nahe, daß die Struktur nie verschwunden ist. Bei den Warfen, die erst in Karolingischer Zeit entstanden, fehlt meist die Radialstruktur: Es sieht so aus, als wäre man hier von Anfang an darauf ausgegangen, eine rechtwinklige, auf persönlichem Eigentum beruhende Flureinteilung zu schaffen. Die Bedeichung fixiert den letzten Zustand, wobei das bedeichte Gebiet bewohnte und unbewohnte Wurten enthalten kann. Im allgemeinen werden die letzteren im heutigen Flurbild nicht auffallen. Sowohl in Gebieten mit einer deutlichen Radialstruktur wie in Rysum (Abb. 267) als auch dort, wo ein rechtwinkliges Muster vorherrscht wie bei Leens, wird die Flureinteilung immer mit dem alten Priel-

verlauf zusammenhängen, wobei Form und Größe der Parzellen dem natürlichen Relief weitgehend folgen werden, ebenso das Wegenetz. Nirgendwo anders in Nordwesteuropa finden wir Kulturlandschaften, die so direkt und vollständig auf die spätprähistorische oder frühhistorische Besiedlung der Marsch zurückgehen wie gerade in bestimmten Teilen des Wurtengebietes. Der Nordosten von Westfriesland, die Ufer des Reitdiep, die Umgebung von Delfzijl mit ihren typischen radialen Flurmustern sind die ältesten niederländischen Kulturlandschaften. Teile Ostfriesland weisen eine übereinstimmende Struktur auf.

Die mittelalterlichen Einbrüche und Erweiterungen der Flußmündungen, wie im Dollart und Jadebusen, haben Teile der Wurtenlandschaft ausgeräumt. Die noch übrige groningsche Wurtenreihe Farmsum, Weiwerd, Oterdum, Termunten findet ihre Fortsetzung in den deutschen Wurten Pogum, Ditzum, Hatzum, Witzum, Jemgum und Bingum im Rheiderland. Auf der äußersten Spitze von Rheide liegt noch ein Wurtenrest. Auch die Ems selbst hat das Wurtengebiet angegriffen, wie die Wurt von Oterdum zeigt, die schon in den alten Deich eingefügt war, und die nun ganz unter dem erhöhten neuen Deich liegt. Zusammen mit den wiederbedeichten Flächen in der Middelzee, Lauwerszee, Fivelbusen, Dollart und Jadebusen und mit den Neueindeichungen am Groninger-, west- und nordfriesischen Watt veranschaulichen die verschwundenen Wurten den ewigen Wandel im Wattenraum. Die Möglichkeit, diesen Prozeß zu erforschen und dadurch die Faktoren genauer kennenzulernen, die für die Küstenbewohner von beherrschender Bedeutung waren, ist ein Grund mehr, sich für die Erhaltung des Wattenmeeres und der angrenzenden alten Kulturlandschaften mit aller Kraft einzusetzen.

Niederlande Der Schwerpunkt dieses Abschnittes liegt auf wichtigen wirtschaftlichen und kulturellen Ereignissen der Vergangenheit, wobei die Wattinseln im Mittelpunkt stehen. Auf *Texel* gibt es Siedlungsspuren aus vor- und frühgeschichtlicher Zeit, jedoch um 250 n. Chr. enden die Spuren, und erst im 6. Jh. kommt es zu einer bleibenden Besiedlung. Im 8. Jh. wird Texel erstmalig als Tyesle in Quellen erwähnt. Erst im 17. Jh. zog es Nutzen von seiner Lage am Marsdiep, dem Ein- und Ausfalltor für Kriegs- und Handelsschiffe. Durch die Angliederung der Insel Eyerland um 1630 und die Gewinnung des gleichnamigen Polders 1835 erhielt Texel seine heutige Gestalt (18-).

Auf *Vlieland*, das 1317 als Vli(-)oghe genannt wird, gab es jahrhundertelang zwei Dörfer. West-Vlieland wurde gegen 1600 von dem günstiger gelegenen Ost-Vlieland überflügelt. Um 1700 schlug das Meer zu. 1727 verschwanden die Kirche West-Vlieland und zahlreiche Häuser in den Wellen, 1736 wurden die beiden letzten Häuser verlassen. 1750 war an der Stelle, an welcher der Ort gelegen hatte, das Wasser schon etwa 25 m tief. Ost-Vlieland wurde durch Sandflug und Küstenabbruch bedroht, 1854 versuchte man ihn mit Hilfe von Buhnen aufzuhalten.

Auf *Terschelling* kam es nur an der Südwest-Seite zu einem nennenswerten Abbruch. Die Insel vergrößerte sich durch das Versanden des Koggediens sowie durch Angliederung der Bosplaat und des Noordsvaarders im Westen. Wegen der strategischen Lage der Insel, die im Mittelalter unter dem noch unzureichend ableitbaren Namen Wuxalia und Wexalia genannt wird, wurde Schyljelân in Kriege verwickelt. Invasoren setzten 1374, 1396 und 1499 die Dörfer in Brand. Die Wassergeusen, welche 1569 die Insel überfielen, behielten hier bis 1576 einen Stützpunkt. Das bekannteste Ereignis ist der Brand von 1666, wobei die Engländer erst 168 Handelsschiffe und dann West-End in Flammen aufgehen ließen. Das Dorf mußte ganz neu aufgebaut werden (6-, 9-, 15-). Zugleich mit Terschelling wird das Inselchen *Griend* oder Gryn genannt, das schon 1399 erwähnt wird. Es muß einige Jahrhunderte lang von Bauern besiedelt gewesen sein, noch im 17. Jh. war es wegen seines Käses berühmt. Wegen des fortgesetzten Abbruchs mußte die Insel verlassen werden, nach 1700 lag sie schutzlos da. Im 20. Jh. mußte ihre Befestigung mehrmals verstärkt werden, zuletzt 1974.

Ameland spielte wegen seiner bemerkswerten Neutralität in der niederländischen Geschichte keine bedeutende Rolle; schon im 9. Jh. wird es als Ambla erwähnt. Seine Westseite

hat sehr unter Abbruch gelitten. Infolgedessen kamen nach 1943 westlich von Hollum etwa 200 Brunnen des im 15. Jh. vom Sand verschütteten Dörfchens Sier zum Vorschein. Inzwischen liegt die Stelle samt den Bunkern aus der deutschen Besatzungszeit schon wieder weit im Borndiep. An seinem Ostende, dem Hon, ist Ameland in den letzten 3 Jahrhunderten im Durchschnitt 1 km im Jahrhundert gewachsen (1-). Auch auf *Schiermonnikoog*, so genannt nach den Skieren oder Grauen Benediktinermönchen, früher wahrscheinlich Wardenoog oder Werner Oege geheißen, klagte man schon 1588 über Abbruch. 1717 mußte die Kirche von Westerburen verlegt werden. 1760 wurde dieses Bauwerk schon wieder derart von den Wellen bedroht, daß die Bewohner sich im heutigen Oosterburen ansiedelten und dort 1762 die dritte Kirche errichteten. Die Anlage des neuen Dorfes fand in Übereinstimmung mit dem Wunsche des Inselherrn in genau geplanter Weise statt. Die Häuser waren von einem einheitlichen Typ, sie wurden in Reihen gebaut, die „streken" genannt wurden (7-).

Rottumeroog wurde 1354 erstmals erwähnt, als es einen Streit um diese Insel gab, die im Besitz von zwei Groninger Klöstern stand. Von einer Ansiedlung hört man erst 1483, als Lagerhäuser von Hamburgern beraubt wurden. 1524

282 *Wandkacheln mit Darstellung der Schiffahrt von Schiermonnikoog*   283 *Keramik aus dem ehemaligen Dorfe Sier auf Ameland*

nahm man hier Seeräuber gefangen, und um 1570 hatten die Wassergeusen hier einen Stützpunkt. Noch 1628 wurde ein neuer Lehrer berufen, der zugleich Strandvogt war. Im Laufe der Zeit wurde die Insel jedoch verlassen, worauf 1738 der erste hauptamtliche Vogt angestellt wurde. Der letzte zog 1965 mit seiner Familie endgültig aufs Festland. In Chroniken wird weiterhin von *Corensant, Heffsant* und *Bosch* berichtet, inzwischen verschwundene Inseln im Wattenmeer vor Groningen. Das Inselchen *Bant* an der Nordostküste Westfrieslands ist ein Teil des Bantpolders geworden. An der Wattenküste der Nord-Ost-Niederlande haben nur Dokkum und Harlingen eine bedeutende geschichtliche Rolle gespielt. *Dokkum* hatte im Mittelalter eine offenen Verbindung zur Lauwerszee. Deswegen wurde es 1596 der Sitz der friesischen und 1597 der „nördlichen" Admiralität. 1645 wurde diese Behörde nach Harlingen verlegt. Als 1725 das Groot Diep durch die Dokkumer Nieuwe Zijlen abgeschlossen wurde, war Dokkums Rolle als Hafen ausgespielt. *Harlingen* hatte schon im 16. Jh. einen „principalen Hafen", und seit 1550 profitierte es vom Aufschwung der friesischen Sundfahrt. Der Handel mit dem Ausland machte um 1600 die Anlage von zwei neuen Hafenbecken erforderlich. Nach der französischen

Zeit erholte sich Harlingen, und 1827 war es der wichtigste niederländische Hafen nach Rotterdam und Amsterdam. In der zweiten Hälfte des 19. Jh. wurden neuerlich Hafenbecken angelegt, und vor einigen Jahren erhielt die Stadt einen Fischerei-hafen (10-).

Fischerei Soweit wir wissen, war auf den Wattinseln im Mittelalter der Fischfang auf der Nordsee die wichtigste Lebens-grundlage. Von Texel aus erfolgte 1494 der Fang mit Booten, und 1514 hieß es, daß „wohl 500 Mann zur See fuhren, um ihr Brot zu verdienen". In diesen Jahren waren De Koog und Hoorn wichtige Plätze, deren Bewohner „alle Fischer" waren (4-). Um 1510 brachten 14 bis 15 Karavellen die Fische nach Harderwijk, Kampen und Zwolle. Im Laufe des 16. Jh. jedoch begann sich die Fischerei von der Nordsee ab- und dem Wattenmeer zuzuwenden, dabei wurden Oudeschild und Oosterend zu Fischerorten. Dort begann man im 18. Jh. auch mit der Austernfischerei. Ein Vorrat von Austern wurde auf dem Middelzand gehalten. Um 1850 gab es auf der Insel etwa 80 Austernfischer, die sich auch mit der Seegrasgewinnung beschäftigten. Nach 1920 ging der Fang jedoch zurück, und 1928 wurden in Oudeschild die letzten Austern angelandet (18-).

284 *Ausschnitt eines Bildes des Hafens von Harlingen bei Sturm (N. Bauer 1767–1820)*

Von Vlieland wird 1514 berichtet, daß die Bewohner ihren Unterhalt durch Fischerei gewannen. Sie hatten 12 Boote, mit denen auf Scholle, Schellfisch und Kabeljau gefischt wurde (4-). Daß noch gegen Ende 16. Jh. die Fischerei eine Rolle spielte, zeigt das Wappen von Ost-Vlieland, welches auf einem Giebel von 1590 zu sehen ist und ein Fischerboot (Pink) zeigt (Abb. 285). Die Größe der Flotte von Terschelling ist nicht bekannt. Aber 1443 enterten die Harderwijker in einem Streit über das Stapelrecht für Fische die Fischerboote „von der Schillinck". 1545 bestätigte der Drost der Insel nochmals, daß Harderwijk das Stapelrecht für Terschellinger Fisch besaß (19-). 1555 wird berichtet, daß viele Fischer in den Dörfern wohnen und daß die Insulaner den Robbenfang betreiben, indem sie sich den Tieren vermummt nähern (3-). In einer Abmachung mit der Gräfin von Aremberg über die Nutzung der Dünen als Weide wird 1563 festgesetzt, daß die Pacht in getrockneten oder gesalzenen Fischen bezahlt werden soll. 1812 gab es erst 50 Fischer mit 11 Schiffen, und die Flotte wird unbedeutend genannt. Später wurde mit 60 Bottern, Blazern und Bollen auf der Nordsee gefischt, doch ging diese Periode zu Ende, als die Dampfer die Segelschiffe verdrängten.

Auch auf Ameland kannte man die „Pink". 1483 wird von den Einkünften der Pinkenfischer zu Nes berichtet, und vermutlich ist das „Pinkegat" nach diesem Schiffstyp benannt. Später wanderte die Fischerei nach Hollum ab, wo man im 18. Jh. Snikken verwendet, einen Typ, welcher auf die Pink folgte. 1811 zählte man auf Ameland 18 Fischereifahrzeuge, 1849 noch 7, das letzte Schiff wurde 1897 verkauft (1-, 8-,). Wenn es richtig ist, den Namen Skolbalch für das Seegat zwischen Ameland und Schiermonnikoog als „Seegat durch das die Schollen zum Land gebracht wurden" zu lesen – der Name kommt 1487 als „Sculbalch" vor –, dann scheint in dieser Gegend im späten Mittelalter schon die Scholle gefangen worden zu sein. Im 18. Jh. gehörten zur Flotte Schiermonnikoogs 110 Schiffe, vor allem Snikken. Aber schon 1787 hatte die Zahl der Schiffe stark abgenommen. Im 18. Jh. fischten die Schiermonnikooger auch Austern und brachten ihren Fang nach Hamburg. Aber 1811 gab es auf der Insel nur noch drei Schiffe. Die Handelsschiffahrt trat bald an die Stelle der Fischerei (8-, 16-). An der friesischen Wattenküste wurde die Seefischerei von Plätzen wie Holwerd, Fiskbuorren bei Ternaard, Wierum und Peasens-Moddergat schon früh ausgeübt. 1664 wurde Peasens als ein armes Fischerdorf bezeichnet. Moddergat

entstand erst um 1700, und bald zogen die Schiffe von Peasens dorthin, weil die Zufahrt zuschlickte. Um 1800 wurde von Holwerd und Fiskbuorren aus nicht mehr gefischt. Die übrigen Dörfer fischten weit draußen auf der Nordsee nacheinander mit Snikken, Aken, Zweimastschokkern und Blazern, stets mit Langleinen. Bei der Katastrophe von 1883 ging die Flotte von Peasens-Moddergat fast ganz im Sturm verloren. Teils durch Hilfsaktionen erholten sich die Flotten wieder, aber die Fischereimethoden und die Schiffe waren nicht aufeinander abgestimmt, und gegen die englischen Dampftrawler zogen sie den kürzeren (8-).

An der Nordwestküste von Friesland ist vom 18. Jh. bis etwa 1930 von kleinen Fischereigenossenschaften Heringsfischerei mit Reusen betrieben worden. Für diese Saisonfischerei benutzte man besondere Herings- oder Meerboote, die mit Stangen gestakt wurden. 1905 nahmen noch 144 Boote an dieser Art Fischfang teil, aber nach dem Bau des Abschlußdeiches ließ sich kein Hering mehr blicken. Es herrschte „Totenstille" am Seedeich.

Auch an der Küste von Groningen gab es Fischerei, über die jedoch wenig bekannt ist. Zoutkamp war zu Beginn des 19. Jh. schon ein Fischerort, von dem aus etwa 22 Schiffe

285 *Wappen von Ost-Vlieland mit der Darstellung einer Pink (1590)*

außerhalb der Inseln auf Schellfisch und Scholle fischten. Später kam die Garnelenfischerei im Wattenmeer auf, die u. a. von Noordpolderzijl, Bierum, Delfzijl, Termuntezijl und einzelnen anderen Plätzen aus betrieben wurde. Man gewinnt den Eindruck, daß die Seefischerei in Groningen noch nicht alt ist.

Handelsschiffahrt   Daß es im Wattenmeer Handelsschiffahrt gab, geht aus den 1323 in Amsterdam einsetzenden Bierzollregistern hervor, in denen Schiffer von Terschelling genannt werden. Oudeschild auf Texel gewann Bedeutung durch die Gründung der Admiralität um 1620. Gleichzeitig kamen viele Seefahrer nach West-Terschelling. Texel, Vlieland und Terschelling profitierten im 17. Jh. davon, daß die Admiralitäten ihre Flotten dort konzentrierten, wenn eine Schlacht bevorstand. Daß damit auch Risiken verbunden waren, zeigt die erwähnte Vernichtung von 168 Handelsschiffen auf Vlieree durch englische Kriegsschiffe im August 1666 und der darauffolgende Brand von West-Terschelling.

Auf Texel wohnten überdies viele „Kaagschipper", Frachtfahrer auf Binnengewässern, die im 16. Jh. auf vielen Schiffen den begehrten Texelschen Dünensand zum Festland brachten. Texel, Vlieland und Terschelling stellten im 17. Jh. auch Hunderte von Lotsen, deren Gewerbe nach der französischen Zeit ein Ende fand. Die Bedeutung Texels für die Schiffahrt ging durch Verlegung der Route verloren. Auf Texel und Vlieland kannte man im 17. Jh. die Islandfahrt. Diese Frachtfahrt erfolgte für Rechnung der Isländischen Kompanie, einer dänischen Unternehmung (6-, 9-, 17-, 18-).

Zwischenzeitlich blieb auch die Fahrt durch das Wattenmeer nach Bremen und Hamburg, die schon im 13. Jh. erwähnt wird, von Bedeutung, ebenso die Fahrt durch den Sund, an der durch die Jahrhunderte Schiffer aus dem Wattenraum teilnahmen. Im 19. Jh. ging die Handelsschiffahrt auf Texel und Vlieland stark zurück, nur Terschelling stellte noch 1874 den größten Anteil Seeleute an der niederländischen Schiffahrt. Dies wurde anders, als die Dampfer die Segelschiffe mehr und mehr verdrängten. Die Seeleute von den Inseln ließen sich in den Hafenstädten im Westen der Niederlande nieder. Nur bescheidene Handelsflotten erhielten sich in Harlingen und auf Schiermonnikoog. An beiden Orten wurden ebenso wie auf Terschelling und in Delfzijl Seefahrtschulen eingerichtet. Delfzijl stellte für die Segelschiffe auf Nord- und Ostsee den Winterhafen dar, war aber auch für die Handelsschiffahrt von Bedeutung: 1899 gab es noch an 150 Schiffe.

Walfang   Der arktische Wal- und Robbenfang, der im 17. und 18. Jh. vom Wattenraum aus unternommen wurde, war ein kompliziertes Unternehmen. Um 1760 wohnten in Den Helder, Huisduinen und Föhr die meisten Kommandeure der niederländischen Grönlandfahrer. Diese Plätze haben die Grönlandfahrt zur Blüte gebracht. Der Walfang wurde östlich von Grönland betrieben. Die Mannschaft kam aus Nord-Holland und später auch von Texel und Vlieland. Nach 1719 gingen die Terschellinger, die entlang der Davisstraße mit den Grönländern Handel trieben, dazu über, auch an der Westküste Grönlands Wale zu fangen. Es kam also ein Fanggebiet hinzu. Die Fahrt zur Davisstraße wurde auch von Ameland und Borkum aufgenommen, und diese drei Inseln haben dann auch diese Fahrt bis zum Schluß betrieben. Schiermonnikoog spielte eine beschränkte Rolle, merkwürdigerweise hatten die Ostfriesischen Inseln am Walfang im übrigen keinen Anteil. Mit Ausnahme von Den Helder und Huisduinen, die im 18. Jh. die meisten Kommandeure stellten, war die Grönlandfahrt vor allem eine Sache der Watteninseln und der Halligen (2-). Bekanntlich war es nach der Napoleonischen Zeit mit der Grönlandfahrt von den Niederlanden und von Deutschland aus schnell vorbei (10-).

Ackerbau und Viehzucht   Während für alle Inseln die Fischerei früher ein wichtiger Erwerb war, war die Bedeutung von Viehhaltung und Ackerbau unterschiedlich. Die ältesten Quellen über Texel von 1494 erwähnen Viehzucht und Ackerbau sowie den Versand von Schafkäse zum Markt von Deventer. Doch war die Viehhaltung zurückgegangen, was 1514 damit erklärt wurde, daß der gute Boden von Sand verschüttet und von Salzwasser überflutet worden sei. Der Schafkäse wurde schon von 1439 bis 1441 in den Kampener Zollregistern aufgeführt, und ein Bericht von 1561 sagt, daß auf Texel früher an zwölftausend Mutterschafe gezählt wurden. Die Angaben über Getreidezehnten 1367 und eine in Gerste geleistete Pachtzahlung von sechs gräflichen Höfen bei Den Burg weisen auf Ackerbau (18-).

Auf Texel war die Landnutzung durch altüberliefertes Recht geregelt. Die Bauern konnten nur vom 1. Mai bis zum 1. August ihr Acker-, Weide- und Heuland individuell nutzen. Danach wurden alle Flächen zum Weiden von Rindern, Pferden und Schafen gemeinschaftlich genutzt, dies wurde 1637 die „overall weydingen" genannt. Das meiste Land, einschließlich des Grünlandes, wird damals noch unparzelliert gewesen sein, die bekannten heutigen Plaggenwälle gab es vermutlich nicht.

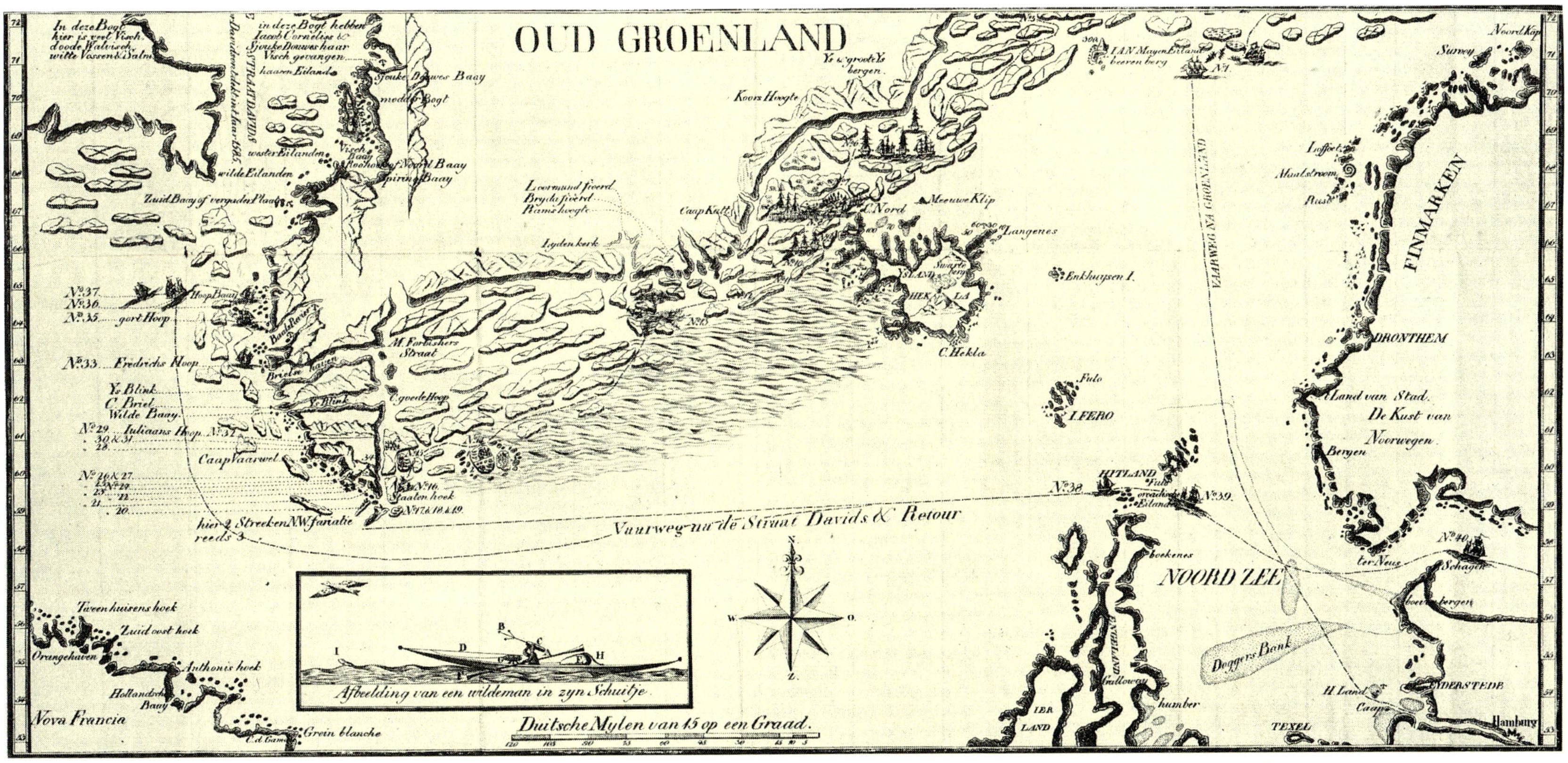

286 *Goldbrosche von Terschelling mit einer Darstellung des Walfangs*   287 *Grabstein eines Walfängers zu Hollum auf Ameland*
288 *Karte über die Fahrt zur Davis-Straße*

Diese Landnutzung, die es auf mehreren Inseln gab, würde auf die Existenz einer *Markgenossenschaft* hinweisen können. Darunter versteht man eine Organisation aller Bauern eines Dorfes, die Rechte und Pflichten regelt. Viehhaltung und Ackerbau gewannen im 19. Jh. durch den Rückgang der Schiffahrt mehr und mehr an Bedeutung, auch durch wichtige Eindeichungen. In diesen Poldern führten die ersten Generationen ein hartes Leben, die Agrarkrise von 1880 brachte vielen Bauern den Ruin. 1887 und 1888 wanderten Hunderte von Texelanern aus (18-).

Für Terschelling nennen die ältesten Berichte 1555: 800 Rinder und 300–400 Ochsen, dazu eine Menge von Schafen. 1611 werden „viele Pferde und Jungvieh" erwähnt. Die Bauern müssen also in der Vergangenheit von der Viehhaltung gelebt haben, der Ackerbau kam erst an zweiter Stelle. Die Höfe lagen im Osten, bei Aest, von Midsland am Hauptweg entlang, ferner lagen Gehöftgruppen in +2,5 bis +3,0 m NN auf einem Strandwall. Zu jeder Gehöftgruppe gehörten durch das Gewässernetz begrenzte Ländereien.

Die noch heute funktionierenden Buren oder Borren, eine nachbarschaftliche Organisation, die als einzige Land verpachtet, wird in der Zeit der Bedeichung für die Abgrenzung der Gemarkungen gesorgt haben. Die Borren werden als eine mittelalterliche öffentlich-rechtliche Betriebsorganisation mit eigenen Beauftragten und Hilfsmitteln angesehen. Von Westend bis Oosterend lagen seit jeher acht „hemrikken", Dorfsköge. Das auch auf dem friesischen Festland bekannte mittelalterliche „hemrik"-System gehörte zu einer statischen Agrarverfassung mit vererbbarem Grundbesitz, in der das Dorf den sozialen Rahmen darstellte.

Auch West-Terschelling war ursprünglich ein kleines Hemrik mit etwa 10 Höfen, aber schon gegen Ende des 16. Jh. sank die Bedeutung der Landwirtschaft, weil die Seefahrt zunahm. Der traditionelle Mischbetrieb wandelte sich um 1860 erheblich, wobei die gemeinschaftliche Weidenutzung ebenso verschwand wie die freie Dünenweide. Zugleich kamen neue landwirtschaftliche Betriebszweige auf, die Kleinbetriebe verlegten sich auf Kartoffelanbau und Fohlenhandel. Neue Höfe wurden gebaut. Fischerei und Seefahrt behielten noch ihre Bedeutung als Nebenerwerb, bis im 20 Jh. der Fremdenverkehr eine neue Einkommensquelle erschloß. Die Gründe für die große Verbreitung der Kleinbetriebe liegen in dem Mangel an Kulturland. Infolge des Bevölkerungswachstums kam es zu Teilungen der bestehenden Betriebe, wodurch eine intensive Bewirtschaftung sehr schwierig und Betriebsneugründungen fast unmöglich wurden. Das Vieh konnte bis zum September auf der mageren Außenweide auf der Wattseite grasen, dann wurde es auf das höher gelegene Land getrieben (14-).

Auf Ameland war das Ackerland Privateigentum, die ganze Außenweide, die „Grie", war gemeinsamer Besitz, während die Binnenweide, das war das Heu- oder Meedland, bis in das 18. Jh. periodisch neu verteilt wurde. Die dorfnahen Ländereien und die Wege waren gegen das Vieh mit Wällen eingefaßt (1-). Leider hat die Flurbereinigung nach dem zweiten Weltkrieg fast alle diese interessanten agrarhistorischen Merkmale zerstört. Auch von den Wällen um die „hiemen", später in den Dünen urbar gemachten Flächen, ist nichts mehr übrig.

Ameland besaß ursprünglich eine Hufenverfassung, wobei ein Dorf in gleichwertige Hufen mit gleichen Rechten und Pflichten eingeteilt war. Lange hatte man angenommen, daß diese Verfassung auf alte Formen der Landaufteilung bei den Germanen beruhe; neuerdings fragt man sich jedoch, ob das System nicht auf eine recht junge grundherrschaftliche Gründung zurückgeht. Ameland war nämlich früher eine „Herrlichkeit". In diesem Zusammenhang ist auffällig, daß hier im Mittelalter unter der „Penninghuur" (Pfennigpacht)

289 *Kirche von Den·Hoorn auf Texel*

eine Landfläche verstanden wurde, die einer normalen Hufe entsprach. Nur in Hollum-Ballum war das Nutzungsrecht an der Außenweide an die Einwohnerschaft des Dorfes und an den Besitz bestimmter Ländereien, des Achtendeelslandes, gebunden. Die Zahl dieser Achtendeele (je etwa 0,33 ha) war für die Weiderechte in der gemeinen Außenweide maßgebend. Ein Achtendeel gab das Recht zum Eintreiben von einem Stück Großvieh. Der Name weist auf ein achtel Teil einer Fläche, die man mit der Hufe gleichsetzen könnte. Eine volle Hufe konnte daher 8 Stück Vieh auf die Weide bringen. Auf dieser Basis ergeben sich für Hollum und Ballum je 72 Hufen. Die Gemeinweide von Hollum und Ballum wurde schon 1896 aufgeteilt, 1904 die von Nes und erst 1928 die von Buren. Auch für das Heuland ergaben sich im Verlauf dieser ersten Flurbereinigung in den Niederlanden große Veränderungen. 1916 wurde z.B. in der Ballumer Meede auf 190 ha die Parzellenzahl von 3790 auf 219 herabgesetzt (1-, 11-, 12-, 13-). Bei der Flurbereinigung in den fünfziger Jahren wurden Dutzende von Betrieben ausgesiedelt, während die in den Dörfern vorhandenen Hofgebäude abgebrochen oder für die Erholung genutzt wurden.

Auf Vlieland und Schiermonnikoog war die Bedeutung der Landwirtschaft stets gering. Obgleich es von West-Vlieland ein Bild aus dem 17. Jh. gibt, auf dem Höfe vom westfriesischen Typ zu sehen sind, heißt es 1514, daß das Meer im Sommer so wenig „Grünes" übrigließ, daß nur 50 Kühe gehalten werden konnten. Auf Schiermonnikoog erfuhr die Landwirtschaft am Ende des 18. Jh. durch die Bedeichung des Nutzlandes einen Aufschwung. An Hand von Unterlagen des Jahres 1811 konnte man ermitteln, daß es nur 280 ha Acker, Weide und Wiese gab, die von 109 Personen genutzt wurden.

Sprache und Volksbräuche Auf den Wattinseln gibt es noch immer eigene, wenn auch im Rückgang begriffene Dialekte und Reste eines eigenen Brauchtums. Das „Westers" und das „Aesters" auf Terschelling sind friesische Dialekte, ebenso das „Schiermonnikoogs". Die Sprache von Midsland, das Meslânzers, kann mit der Amelands verglichen werden: eine friesisch-holländische Mischsprache. Um 1510 sprach man auf Ameland noch friesisch. Vlieland hat schon lange keinen eigenen Dialekt mehr, und der Texels ist ein nordholländischer Dialekt. Hieraus darf geschlossen werden, daß die Bewohner von Terschelling, Ameland und Schiermonnikoog vom friesischen Festland aus übergesetzt sind. Dies kann

290 *Einbringen der Heuernte von der Gemeinweide bei Ballum auf Ameland, etwa 1800*

291 *Grabsteine des Striper Friedhofs bei Midsland auf Terschelling*

kaum vor dem 10. Jh. geschehen sein. Die hölzernen Reste der ältesten Kirche auf dem Striper Kirchhof auf Terschelling stammen ebenfalls aus dieser Zeit. Auf Texel gibt es Funde aus der mittleren Steinzeit, 8000 – 4500 v. Chr. Vor 900 n. Chr. hatten viele Insulaner ihre Siedlungen verlassen, wofür wahrscheinlich die Normanneneinfälle verantwortlich sind. Die Bauernhäuser in den friesischen Landschaften an der Nordsee haben bis in unser Jahrhundert manche Eigenarten bewahrt, unter anderem die Aufstallung des Viehs mit dem Kopf zur Wand, die schon in frühen Warfen vorhanden waren, wie Ausgrabungen in Ezinge (Gn), Nordholland, Ostfriesland, Nordfriesland und der Elbmündung gezeigt haben. Nachdem um 1500 die friesische Scheune aufkam, übernahm man auf Texel die nordholländische Gulfform, während man auf Terschelling und Ameland einen Haustyp mit Querdiele entwickelte. Für Terschelling wurde das Scheunentor mit dem „Schuntsje" charakteristisch. Groningen übernahm die friesische Scheune und später aus Ostfriesland den „oldambster Typ".

Die Bauweise der Bürgerhäuser weist auf den Inseln manch eigene Form auf. Auf Terschelling sind das die holländischen Treppengiebel, die nach dem Brand von 1666 in West-Terschelling üblich werden, auf Ameland die Kommandeurshäuser mit ihrem Fries, einem Gesims, das einen Barockgiebel andeutet. Diese haben jedoch mit den Kommandeuren nichts zu tun, denn sie kommen schon im 17. Jh. auf dem Festland vor. Von den Erzeugnissen der Volkskunst im Wattenraum sind eigentlich nur die bemalten Möbel, die Amelander Bänkchen und die für das 17. Jh. typischen „Keeftkasten" (Schränke) bekannt geworden. Sie stammen jedoch nicht von Ameland, ebensowenig wie die Kachelwände mit Bildmotiven auf den Inseln, die aus den Steingutfabriken von Makkum und Harlingen kommen. Diese Erzeugnisse findet man im gesamten Wattenraum bis nach Dänemark. Andere Werke der Volkskunst sind heute nur noch in Museen zu sehen, wie Grabsteine mit Schiffsmotiven, als Grabstein verwendete behauene Pfosten, Schellenschlitten, Bauernwagen, Seemannsarbeiten und Mangelbretter.

Die Tracht wich im 16. Jh. von der an der Zuiderzee und in Nordholland wenig ab. Im 18. und 19. Jh. hielt auf Terschelling und Ameland die Flügelhaube mit Silberschmuck nach holländischem Vorbild ihren Einzug. Auf beiden Inseln behauptete sich bis vor kurzem der „Kaper", der Überrest eines einst weit verbreiteten Kopfschmucks. Terschelling gilt als Insel der Lieder und Volkstänze. Von Texel bis Schiermonnikoog feiert man ein eigenes Nikolausfest. Auf Schiermonnikoog begeht man zu Pfingsten das „Kallemooifeest". Dabei geht es im wesentlichen um einen Maibaum, der hier etwas später errichtet wird.

Vogelkojen   Vogelkojen (niederländisch: eendekooien) waren auf allen Wattinseln und entlang der Küste von Friesland und Groningen in Gebrauch. 1561 bemerkt eine Kommission, die Texel beschrieb, daß in der „Wildernisse", dem Dünengebiet südlich von De Koog, zwei Vogelfängereien waren (18-). Auf Terschelling gab es im 17. Jh. schon Vogelkojen. Im 19. Jh. hat man dort bei Midsland und Formerum auch Kojen eingerichtet, die sich aber nicht gehalten haben. Auf Ameland legte der Erbherr 1705 einen Kojenplatz als Jagdhaus mit zugehöriger Vogelkoje an. In der zweiten Hälfte des 19. Jh. wurde westlich von Nes noch eine Koje eingerichtet, die inzwischen verfallen ist und unter Naturschutz steht. Schiermonnikoog erhielt erst 1735 eine Koje, die 1769 noch bestand. Die heutige Koje stammt aus dem Jahre 1862. Vlieland hatte von 1891 bis 1911 westlich des Dorfes eine Vogelkoje, die als „Oude Kooi" 1956 Naturschutzgebiet wurde. Die „Nieuwe Kooi", die gleichzeitig entstand, ist nie zum Fang benutzt worden.

Erholung   Später als in Deutschland hielt das Badewesen auf den niederländischen Inseln seinen Einzug. 1850 erhielt Nees ein Badehaus, das 1880 durch ein neues ersetzt wurde. Dies wurde 1884 schon wieder versteigert, worauf 1902 ein neuer Badepavillon entstand. 1866 wurde auf Schiermonnikoog eine Badekommission gebildet, daraufhin bauten kapitalkräftige Groninger 1886 in den Dünen ein Badehotel (7-). Texel, Vlieland und Terschelling wurden erst nach 1900 von Badegästen besucht.

Niedersachsen   Auch in Niedersachsen hat sich die Form der Küste ständig verändert. In einigen Gebieten konnte der Mensch dem Meere fruchtbare Marschen abgewinnen, in anderen mußte er zurückweichen und altes Kulturland preisgeben. Bald nach 1870 begann hier die historische Küstenforschung mit der Entdeckung von alten Siedlungsspuren in den Watten der Jade. Nach und nach entdeckte man weitere Siedlungsreste und untergegangene Ackerfluren in den Watten des Jade-Weser-Gebietes. Auch nördlich von Borkum, Baltrum und Langeoog wurden Siedlungsfunde gemacht. Endlich bezeugen auch die spärlich überlieferten Nachrichten

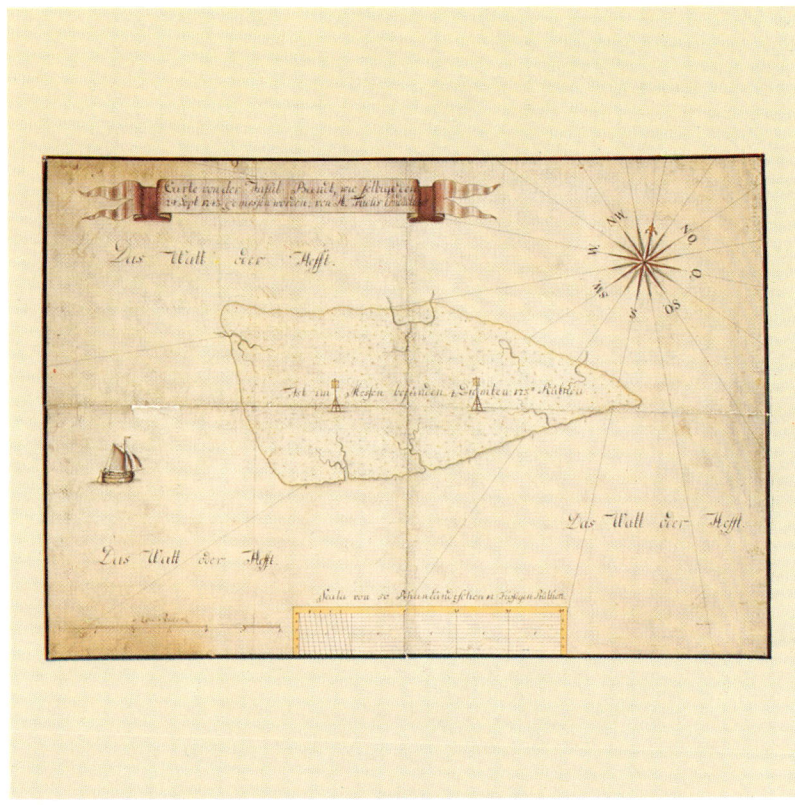

von der einstigen Insel Bant südlich von Juist, daß das Wattengebiet vor der heutigen Festlandsküste altes Kulturland
gewesen ist.

Nach Perioden mehr oder weniger dichter Besiedlung in
vor- und frühgeschichtlicher Zeit begann im 7. bis 9. Jahrhundert
n. Chr. eine neue Landnahme der Marsch. Damals wurden
die meisten der heutigen Kirchdörfer angelegt. Die in der
Völkerwanderungszeit aufgegebenen Wurten (Warfen) wurden
teilweise erneut besiedelt, darüber hinaus entstanden zahlreiche
neue Wohnplätze. Die Siedlungen wurden stets an den Flußufern,
an den Meeresbuchten und an den Prielen angelegt. Die
Wasserläufe ermöglichten den Bewohnern, am See- und
Binnenhandel teilzunehmen, wie zahlreiche Funde belegen.
Die hoch aufgelandeten sandigen Uferwälle boten trockenes
Gelände für die Siedlungen und leichten Boden für den
Ackerbau.

In der Krummhörn nördlich von Emden liegen Reihen von
Wurtdörfern an den Ufern der ehemaligen Buchten von
Sielmönken und Campen. Da im frühen Mittelalter noch
neue Siedlungen an den Ufern der Bucht von Sielmönken
und den in sie einmündenden Prielen und Rinnen angelegt
wurden, muß diese Bucht damals noch offen gewesen sein.

Darüber liefern archäologische Untersuchungen genaueren
Aufschluß: Die nach Grabungsergebnissen im 8. bis 9. Jahrhundert n. Chr. begründete Siedlung Damhusen liegt an
einer damals schon teilweise verlandeten Nebenrinne der
Sielmönker Bucht, die in Richtung auf die Dorfwurten Uttum
und Miedelsum verlief. Auf dem gegenüberliegenden Ufer
dieses Gewässers lag eine Flachsiedlung des 2. Jahrhunderts
n. Chr., die bei Ziegeleiarbeiten angeschnitten wurde. Aus
der Lage beider Siedlungen geht hervor, daß sich der Küstenverlauf offenbar über längere Zeit wenig verändert hat. Anders
gestaltete sich die Entwicklung der Küste im Land Wursten
nördlich der Wesermündung. Die Untersuchungen im Zusammenhang mit der Grabung Feddersen Wierde zeigten, daß
seit prähistorischer Zeit regional neuer Anwachs entstand,
den die Bewohner jeweils in Besitz nahmen. Zwar wurden
die prähistorischen Wurten zu Beginn der frühmittelalterlichen
Landnahme neu besiedelt, doch gab man später einen Teil
davon wieder auf. In der Vorlandzone, die sich westlich der
Feddersen Wierde über ehemaligen Wattablagerungen gebildet
hatte, entstand eine neue Reihe von Wurten.

Sowohl in den ostfriesischen Marschen als auch in Wursten
läßt sich die weitere siedlungsgeschichtliche Entwicklung
detailliert verfolgen. Nachdem die dorfnahen Fluren erschlossen
waren, entstanden in den von Prielen durchzogenen Marschgebieten, die von den Dörfern aus schwer zu erreichen waren,
neue Wohnplätze, die schon an ihren Namen als Ausbausiedlun-
gen zu erkennen sind: Westerhusen, Osterhusen, Suurhusen
(Süderhusen) und Wichusen liegen rings um das Dorf Hinte
nördlich von Emden. Auf Grund von Bodenfunden läßt
sich nachweisen, daß der Landesausbau im 8. bis 9. Jahrhundert
n. Chr. stattfand.

Die Schenkungsregister der Abteien Werden und Fulda geben
für die Zeit um etwa 900 n. Chr. erstmals eine Übersicht
über die Besiedlung der Emsmarschen und der Krummhörn.
Sie lassen erkennen, daß damals bestimmte Siedlungsgruppen,
die durch besondere Ortsnamen gekennzeichnet sind, bestanden
haben. Somit können auch bestimmte Siedlungen anderer
Küstengebiete, wie z. B. im Norder-, Harlinger- und Jeverland,
mit Hilfe der Ortsnamenkunde der frühgeschichtlichen Siedlungs-
periode zugeordnet werden. In Ostfriesland hinderten offenbar
die aus den mächtigen Auftragungen der Wurten zu erschließen-
den starken Sturmfluten die Siedler daran, nach der frühmittelalterlichen Ausbauperiode weitere Siedlungen zu gründen.
Erst nachdem im Mittelalter das Marschland durch Deiche
geschützt war, erfolgte ein erneuter Landausbau durch zahlreiche

292 *Die ehemalige Hallig Bant auf der Karte von Fuchs aus dem Jahre 1743*

Einzelhöfe. Der im 11. bis 12. Jahrhundert beginnende mittelalterliche Landesausbau erreichte seinen Höhepunkt im 13. bis 14. Jahrhundert. Sowohl die dem Meere abgewonnenen Marschgebiete als auch die Weiden und Wiesen der Altmarsch, die durch bestimmte Hofnamen wie Hammrich, Meede und Grashaus gekennzeichnet sind, wurden von Einzelhöfen aus erschlossen. In der ostfriesischen Westermarsch, im Jeverland und in Butjadingen bestimmen solche Einzelhöfe das Landschaftsbild. Im Rheiderland und in der Krummhörn haben die Wurtdörfer und die Fluren noch deutliche Spuren ihrer ursprünglichen Form bewahrt.

Die besten Beispiele bieten die großen Dorfwurten der Krummhörn. Die Höfe sind an Ringstraßen radial um die Kirche angelegt. Im Jeverland bietet die Dorfwurt Ziallern ein Beispiel für diese Siedlungsform, in anderen Marschlandschaften, z. B. im Harlingerland und in Wursten, sind sie noch aus älteren Flurkarten ersichtlich. Die Dorfgemarkungen werden durch die von den Wurten ausgehenden radialen Flurwege in mehr oder weniger regelmäßige Abschnitte gegliedert.

Die Anfänge der heute in der Marsch vorherrschenden Blockflur reichen vermutlich bis in das frühe Mittelalter zurück. Die Fluren der alten Marsch unterscheiden sich von denen der später erschlossenen jungen Marsch durch unregelmäßige Formen, da das Grabennetz in den noch unbedeichten Marschgebieten dem geschlängelten Lauf der Priele angepaßt wurde. Durch zusätzlich künstlich gezogene Gräben entstanden verschiedenartige – trapezförmige, drei- oder viereckige – Parzellen. Dagegen sind die Gräben im Gebiet der ehemaligen Meeresbuchten stets geradlinig gezogen, und die Fluren weisen regelmäßige Formen auf.

In den jungen Marschgebieten der ehemaligen Bucht von Sielmönken treten streifenförmig parzellierte Ackerfluren auf, die „Escher", die den Eschen oder Gasten der Geest ähneln. Durch Eindeichung wurden im 13. und 14. Jahrhundert größere Flächen mit sandigen Böden erschlossen, die für den Ackerbau vorzüglich geeignet waren. Die an die frühere Bucht grenzenden Dörfer besitzen Anteile an den „Eschern". Das Land ist in schmale Ackerstreifen von etwa 200 bis 280 m Länge unterteilt. Solche Streifenfluren haben sich vermutlich aus dem Bemühen um eine gleichmäßige Verteilung des wertvollen Ackerlandes ergeben. Einige inzwischen verlassene Einzelwurten sind nach Keramikfunden im 13. bis 14. Jahrhundert entstanden, sie stellen die älteste Besiedlung in der Nähe der Escher dar.

Auch in Wursten lassen sich die einzelnen Besiedlungsphasen

auf Grund der Lage der Warfen, Deiche und Ortsnamen recht gut verfolgen. Nach einer umfangreichen Verlandung der Watten in den nördlichen und mittleren Teilen fand seit dem 9. und 10. Jahrhundert eine Landnahme durch bäuerliche Siedlungsverbände statt, die von den alten Wurtdörfern ausging. Anfangs wurden kleine und niedrige ringförmige Deiche zum Schutz der Fluren angelegt. Die zugehörigen Wurten liegen in Reihen oder verstreut. Im nächsten Stadium folgen Siedlungen hinter geschlossenen Deichlinien, die mit den „...büttel"-Siedlungen des 11. bis 12. Jahrhunderts beginnen.

In Ostfriesland sind die langgestreckten Reihendörfer mit dem als „Upstreeken" bezeichneten Marschhufenfluren im Übergangsgebiet von Marsch und Moor verbreitet. Die Entstehung dieser planmäßig angelegten Siedlungen und Fluren ist nicht vor dem 12. Jahrhundert anzunehmen, weil in dem niedriggelegenen Gelände ein Schutz durch Deiche erforderlich war. In Ostfriesland finden sich Beispiele dafür im nördlichen und südlichen Brokmerland wie Osteel und Riepe.

Während die Marschhufensiedlungen meist unter herrschaftlicher Leitung im Zuge planmäßiger Siedlungsvorgänge entstanden, wurde im Lande Wursten die Kolonisation von den Bauern

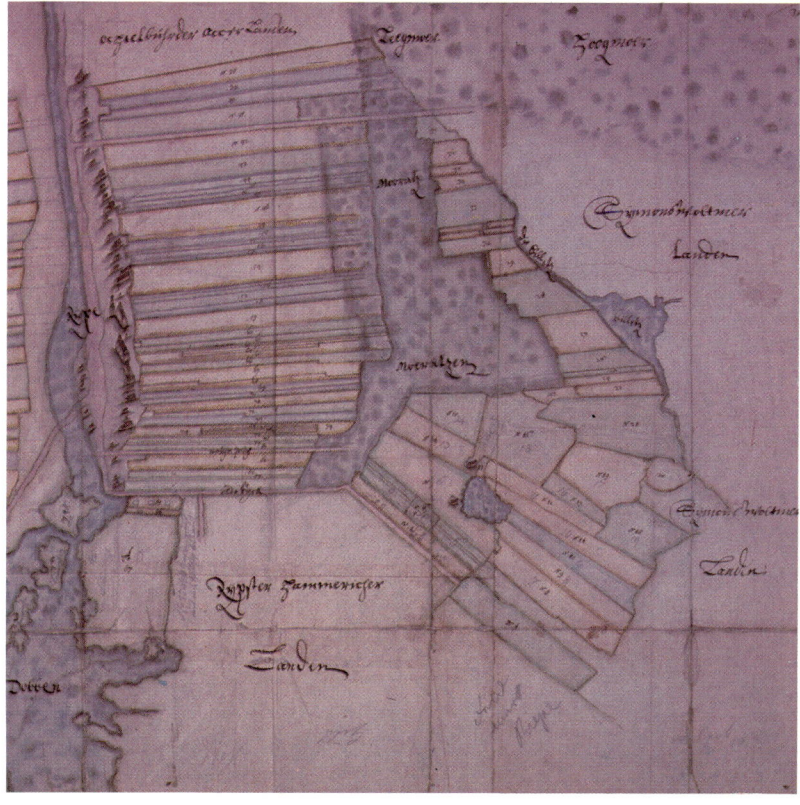

293 Grundriß des Hufendorfes Riepe um 1670

selbst in die Hand genommen, wobei Parallelstreifenfluren entstanden.

In bestimmten Gebieten der Küste läßt die Flureinteilung erkennen, daß das alte Kulturland ehemals bis in das heutige Wattenmeer reichte, z. B. in den Uthlanden und der Wester-marsch vor der Nordwestecke Ostfrieslands sowie zwischen Bensersiel und Neuharlingersiel im Harlingerland und im südlichen Teil des Landes Wursten. Abgesehen von einigen historisch überlieferten Orten wie Itzendorf (vor der Küste der Westermarsch) Osterbur, Oldendorf, Bense und Otzum (vor der Küste des Harlingerlandes) und Rintzeln und Reminzeln (vor der Küste der Landes Wursten) sind keine Einzelheiten über die im Meer versunkenen Kulturlandschaften bekannt. Auf dem heutigen Juister Watt wurden unter jungen Wattsedi-menten Reste der ehemaligen Halliginsel Bant sowie Siedlungs-spuren festgestellt. Diese Insel war um 1780 endgültig ver-schwunden, nachdem das schützende Vorland seit dem Mittelalter durch raubbauartiges Abgraben von Salztorf nach und nach zerstört worden war. Wenn auch die Meinungen über die vormalige Ausdehnung der Insel auseinandergehen, ist doch wahrscheinlich, daß das durch Bohrungen ermittelte Halliggebiet ein Rest der ehemaligen Großinsel in der Emsmündung ist.

Die schriftlichen Überlieferungen über die Ostfriesischen Inseln im Mittelalter sind so spärlich, daß Aussagen über ihre Besiedlungsgeschichte nicht möglich sind. Als erste tritt 1327 „Wangeroch" urkundlich in Erscheinung, die übrigen werden erst 1398 in einem Vertrag zwischen ostfriesischen Häuptlingen mit Herzog Albrecht von Bayern, zugleich Graf von Holland, aufgeführt: Borkyn, Just, Burse (untergegangen), Oesterende, Balteringe, Langoch, Spickeroch und Wangeroch. Infolge der Ostwanderung der Inseln mußten die Dörfer mehrfach verlegt werden. Wangerooge verlagerte sich zwischen 1672 und 1892 um die halbe Insellänge von Westen nach Osten. Bekannt ist das Schicksal des alten Westturmes, der 1793 noch fast in der Mitte der Insel stand, und der sich bei seiner Sprengung 1914 am äußersten Nordwestende der Insel befand. Ebenso lag der heute in der Mitte Wangerooges befindliche alte Leuchtturm 1793 noch am Ostrand. Es ist anzunehmen daß die Inselbevölkerung ebenso wie auf den niederländischen Watteninseln hauptsächlich vom Fischfang lebte. Zeitweise brachten u. a. Frachtschiffahrt und Schillgraben zusätzliche Erwerbsmöglichkeiten. Von Borkum, wo bis 1657 eine fast ausschließlich bäuerliche Bevölkerung lebte, wird 1753 überliefert, daß der Walfang um Grönland fast alle männlichen Einwohner in Anspruch nahm, sie waren auf Hamburger und Amsterdamer Schiffen tätig.

Die Lage der Siedlungen am Wattenmeer ermöglichte den Küstenbewohnern die Teilnahme am Seehandel, wovon zahlreiche Funde aus den Wurtgrabungen zeugen. Die in den ostfriesischen Marschen angelegten Wikorte zeigen sich heute als Gassendörfer, die mit kleinen Häusern bebaut sind und auf langgestreckten, wallartigen Wurten liegen. An einem Ende befindet sich die Kirche, am anderen die Burg oder ein früherer Burgplatz. Die an den Gassen eng aneinandergereihten Häuser gehören überwiegend kleinen Händlern, Gewerbetreibenden oder Arbeitern. Beispiele sind Groothusen und Grimersum in der Krummhörn, Nesse im Norderland und Langwarden in Butjadingen. Auf der Stadtwurt von Emden konnte durch Grabung als älteste Siedlung ein Straßenmarkt der Zeit um 800 n. Chr. nachgewiesen werden, der am Nordufer einer damaligen Emsschleife angelegt wurde. Dabei kamen die Grundrisse kleinerer Stabbauten und Einraumhäuser zum Vorschein, die den Befunden von Haithabu und Dorestad entsprechen. Zahlreiche fränkische Münzen und Münzwaagen aus dem niederrheinischen Raum bezeugen den Handel im frühen und hohen Mittelalter. Wenn auch der friesische Seehandel im Mittelalter an Bedeutung verloren hatte und in die Hände

295 *Münzen, Kämme und andere Gegenstände aus dem frühen*
     Mittelalter, gefunden in Emden
296 *Grundriß von Emden 1595*

der hansischen Kaufleute übergegangen war, so spielte er
doch weiterhin eine wirtschaftliche Rolle im Küstenraum.
Es würde zu weit führen, die spätere Entwicklung des niedersächsischen Küstenraumes in wirtschaftlicher und landesgeschichtlicher
Hinsicht zu verfolgen. Wir würden uns dabei zu befassen
haben mit der Hanse und ihrem Streben, den Seehandel
der Friesen zu unterbinden, mit der Beteiligung der friesischen
Häuptlinge an Seeräuberei, mit den Bemühungen Bremens,
die Wesermündung zu kontrollieren, mit dem Emporkommen
Emdens, das sich im 16. und 17. Jahrhundert zu einer der
bedeutendsten Hafenstädte an der Nordseeküste mit zahlreichen
Reedereien entwickelte, und das die schweren Folgen der
Emsverlagerung zu überwinden hatte.

Schleswig-Holstein   Die frühesten schriftlichen Quellen
über die Bewohner der Westküste Schleswig-Holsteins stammen
aus der Zeit kurz nach dem Jahre 1000. Damals saßen zwischen
Elbe und Eidermündung die Dithmarscher und zwischen
Eider und Wiedau die Nordfriesen. Es sind die Nachfahren
von zwei nach ihrer Herkunft und Wesensart völlig verschiedenen
germanischen Stämmen.
Die Dithmarscher gehören neben den Holsten und den Stormar-
nern zu den nordelbischen Sachsen, von deren Freiheitskampf
gegen Karl den Großen wir aus den fränkischen Annalen
wissen.
Da bereits Ptolemäus von den Sachsen angibt, sie säßen
„auf dem Nacken der Cimbrischen Halbinsel", dürfen wir
annehmen, daß der Kern der Dithmarscher Bevölkerung
seit mindestens 2000 Jahren seinen heutigen Siedlungsraum
innehat. Ihre Sprache ist das Dithmarscher Platt. Die Nordfriesen
nördlich der Eider gehören hingegen nicht zur autochthonen
Bevölkerung der Westküste. Auf diesen Umstand weist als
erster der um 1140 geborene dänische Geschichtsschreiber
Saxo Grammaticus mit den Worten hin: „Daß sie von den
Friesen herstammen, bezeugen der gleiche Name und die
gleiche Sprache; als diese neue Sitze suchten, kam ihnen
zufällig dieses Land in den Weg; zunächst war es sumpfig
und feucht, in langer Arbeit haben sie es trockengelegt."
Diese Angaben werden von der Archäologie und von der
modernen Sprachwissenschaft bestätigt. Wir wissen heute,
daß die Nordfriesen im 8. Jahrhundert n. Chr. mit der Einwanderung aus den Stammessitzen an der südlichen Nordseeküste
begonnen haben, der Vorgang scheint längere Zeit gedauert
zu haben. Die älteste Landnahme scheint auf den Geestinseln
und in Teilen Eiderstedts stattgefunden zu haben; auch in

selbst ausgeführt. Dazu arbeiteten sie in Gruppen zusammen, aus denen später die Geschlechter hervorgingen, welche die politische Führung des Landes übernahmen. Ein Teil der mittelalterlichen Siedlungen ist daher auch nach den alten Geschlechtern benannt.

Kennzeichnend für den Dithmarscher Küstenraum ist die absolute Dominanz des Bauerntums. Ein Zeugnis dafür sind die Grabsteine auf dem Geschlechterfriedhof in Lunden. Die Bauerngeschlechter, die im mittelalterlichen Dithmarschen die politische Gewalt ausübten, wußten die Unabhängigkeit des Bauernfreistaates lange zu verteidigen. Die Schlacht von Hemmingstedt im Jahre 1500, in der die vereinte Streitmacht der Fürsten und des Adels von den Dithmarscher Bauern vernichtend geschlagen wurde, zeugt vom Freiheitswillen und der politischen Kraft des Geschlechterbundes.

Obwohl zur Hansezeit der Hauptschiffahrtsweg dicht an der Dithmarscher Küste entlangführte, haben die selbstbewußten Bauern die darin liegenden Möglichkeiten – vom Strandraub abgesehen – kaum genutzt. Für den lokalen Verkehr und den Austausch mit den nahe gelegenen Hansestädten, besonders mit Hamburg, genügten einige kleine Häfen. Eine eigene Flotte größerer Schiffe hat es in Dithmarschen in der Vergangenheit nie gegeben. See- und Wattfischerei dienten nur dem eigenen Bedarf und wurden nur als Nebenerwerb betrieben. Erst in der zweiten Hälfte des 19. Jahrhunderts kam die Garnelenfischerei auf.

Die Bewohner des mittelalterlichen Bauernfreistaates Dithmarschen beschritten einen typisch bäuerlichen Weg, das Meer zu nutzen: Sie gewannen neues Ackerland daraus. Im hohen Mittelalter lag die alte Linie des Seedeichs lange Zeit fast unverändert fest. Das Außendeichsland wurde im Sommer zur Gräsung genutzt. Von etwa 1500 an wurde das begrünte Vorland bedeicht. Später beschleunigte man den Anlandungsprozeß durch planmäßige Landgewinnung, so daß sich die bedeichten Marschflächen seit dem Ausgang des Mittelalters in Norderdithmarschen um etwa 40 %, in Süderdithmarschen sogar um 64 % vergrößert haben.

Die nordfriesische Landschaft nördlich der Eidermündung hat einen völlig anderen Charakter. Um das Jahr 1000, vor Beginn der umfassenden Bedeichungen, gab es nur am Südrand des Gebietes, im Bereich der heutigen Halbinsel Eiderstedt, größere Flächen besiedlungsfähiger Marsch. Nördlich davon waren ältere Wattablagerungen von Sümpfen, Mooren und lichten Sumpfwäldern bedeckt. Diese unwirtliche Landschaft muß sich bis Föhr erstreckt haben. Die älteste friesische

der weiteren Geschichte zeigen sich große Unterschiede zwischen den beiden Stämmen. Die Nordfriesen sind viel stärker mit dem Meer verbunden als die Dithmarscher. Die Ursachen dafür sind nicht nur in der verschiedenen Stammesart, sondern insbesondere auch in der unterschiedlichen Landschaftsentwicklung ihrer Siedlungsgebiete zu suchen.

Die große Zahl alter Dorfwurten in der Dithmarscher Marsch zeigt, daß dieses Gebiet bereits vor einer umfassenden Bedeichung dicht besiedelt gewesen sein muß. Archäologische Funde bestätigen diese Vermutung. Schon um Christi Geburt war die extrem hochliegende Oberfläche des alten Marschlandes für eine Besiedlung hervorragend geeignet. Abgesehen von Uferabbrüchen im Bereich der Elbmündung bei Brunsbüttel und der ehemaligen Insel Büsum sind in historischer Zeit keine bleibenden Landverluste großen Umfangs nachzuweisen. Die das Marschland umfassende erste Bedeichung muß bald nach dem Jahre 1000 erfolgt sein. Während die ersten großen Bedeichungs- und Kultivierungsmaßnahmen im Bereich der Elb- und Wesermündung unter Mithilfe niederländischer Einwanderer erfolgte, wurden in Dithmarschen die ersten Bedeichungen und ebenso die darauf folgende Kultivierung der uferfernen Marsch von den einheimischen Wurtbewohnern

Einwanderung, vermutlich im 8. und 9. Jahrhundert, beschränkte sich auf den südlichen Marschstreifen und die Geest von Sylt, Föhr und Amrum. Erst im Zusammenhang mit dem Bau eines umfassenden Deichsystems vom 11. Jahrhundert ab wurde das alte, ehemals vermoorte Hinterland großenteils entwässert und kultiviert. Das Zentrum dieses alten Nordfrieslandes war im hohen Mittelalter die große fruchtbare Insel „Strand", später auch Nordstrand genannt. Sie war damals durch Deiche geschützt, die Moore waren bis auf geringe Reste im Zentrum kultiviert. In der Zeit der Landnahme der friesischen Kolonisten nahm der Meereseinfluß hier wieder zu. Ein Teil der küstennahen Moore lag schon im Bereich der Sturmfluten und wurde mit Klei bedeckt. Auf der Insel selbst wurde den Bewohnern ihr Fleiß zum Verhängnis, denn durch die Entwässerung und Kultivierung des moorigen Bodens trat Sackung ein, wodurch die Landoberfläche in eine niedrigere Lage geriet und sich nach mehreren Deichbrüchen in Watt verwandelte. Die Besiedlungsgeschichte dieses Raumes ist im Mittelalter und in der frühen Neuzeit gekennzeichnet durch den verzweifelten Kampf der Bewohner um die Bewahrung ihrer Heimat. Es folgte eine Reihe von Fluten, darunter die beiden „Manndränken" von 1361 und 1634, bei denen schlagartig sehr große

Flächen für eine weitere Besiedlung verlorengingen. 1634 wurde der Rest des einst wohlhabenden Strandes fast vollständig vernichtet, nur Teile der Pellwormer Harde konnten mit eigenen Mitteln wieder bedeicht werden. Heute nehmen riesige Wattflächen den Raum ein, den noch vor wenigen Jahrhunderten Menschen bewohnten.

Vielerorts wird die Oberfläche des alten Kulturlandes durch junge Wattablagerungen geschützt. Nach deren Abtragung kommen hier und da Teile der ehemaligen Äcker und Weiden, wie bei dem einstigen Rungholt, zum Vorschein. Seit der zweiten Hälfte des 16. Jahrhunderts, als Herzog Alba seine Gewaltherrschaft ausübte, erlebte Nordfriesland eine zweite Einwanderungswelle von Niederländern. Zuerst finden wir sie als Pächter in Eiderstedt. Durch Kapitalkraft und Wissen gewannen die Niederländer großen Einfluß auf den Ausbau und die Sicherung des Landes gegen die See. Sie brachten das Gulfhaus mit, das heute noch in Eiderstedt als „Haubarg" einen Kontrast zu den althergebrachten niedrigen nordfriesischen Wohnstallhäusern bildet. Um den Seehandel zu fördern, erhielten Niederländer im Jahre 1619 die Oktroi zur Gründung Friedrichstadts im Eidermündungsgebiet (Abb. 299). Die Stadt erhielt ein rein holländisches Gepräge, hier lebten

298 *Kulturspuren im Watt bei Pellworm*

299 *Friedrichstadt*

Anhänger verschiedener Glaubensrichtungen ungestört nebeneinander. Von Friedrichstadt aus wurden durch die Holländer manche Verbesserungen im Deichbau eingeführt, die Flutkatastrophe von 1634 konnte aber nicht verhindert werden. Bei den Versuchen zur Wiederbedeichung nach der Flut spielten die kapitalkräftigen Holländer eine große Rolle. Dank der Initiative der belgischen Oratorianer Patres, denen die Seelsorge an katholischen niederländischen Einwanderern oblag, konnte 20 Jahre nach der Flutkatastrophe im Gebiet des alten Strandes als erster der Friedrichskoog, heute Alter Koog genannt, gewonnen werden, 1657 folgte der Marie-Elisabeth-Koog. Durch Bedeichung eines kleinen Teils des früheren Kulturlandes entstand die heutige Insel Nordstrand. Die altkatholische Gemeinde mit ihrer Kirche bildet auf Nordstrand die letzte Erinnerung an die Initiatoren dieses Werkes.

Im Gebiet der Halligen, wo es nicht zu großen Bedeichungen kam, verlief die Entwicklung anders. Auf ihren Wurten leben die nordfriesischen Siedler in diesem Raum noch heute ähnlich wie die Marschbewohner in vor- und frühgeschichtlicher Zeit. Erst in den letzten Jahrhunderten ist Marschland über den Mooren aufgewachsen, die früher die Grundlage für die einzige Industrie der Nordfriesen darstellten: die Salzgewin-

nung aus Seetorfasche. Wie zahlreiche Urkunden erwähnen, wurde das nordfriesische Salz über Ripen, Schleswig und Flensburg exportiert und teilweise zum Einsalzen von Heringen verwendet.

In den Niederlanden wurde diese Art der Salzgewinnung schon früh durch Erlasse eingeschränkt. In Nordfriesland hielt sie sich bis etwa 1800. Während in der Neuzeit nur die Torfschichten im Wattenmeer selbst ausgebeutet wurden, baute man im Mittelalter auch die Schichten unter dem Halligland ab, wodurch große Flächen wertvollen Weidelandes verlorengingen. In der Umgebung der Halligen sind Spuren des Abbaus noch im Watt zu sehen.

Auch Fischerei und Handelsschiffahrt haben in Nordfriesland ein eigenes Gepräge. Während auf der fruchtbaren Marschinsel Strand der Fischfang nur eine geringe Rolle spielte, war er auf den weniger fruchtbaren Geestinseln Sylt, Föhr und Amrum um so wichtiger. Die männliche Bevölkerung von Sylt und Amrum war von etwa 1425 fast ausschließlich mit Heringsfischerei bei Helgoland beschäftigt, um 1610 ging dieser Erwerbszweig nach großen Verlusten an Schiffen und Mannschaften ein. Nach Gründung der Grönländischen Compagnie in den Niederlanden wurde der Walfang ein wichtiger

300 *Halliglandschaft*

301 *Alte Kirche mit Turmruine hinter dem Seedeich (oben rechts) auf Pellworm*

Erwerbszweig für die Insel- und Halligbewohner. Von dem
Wohlstand, den der Walfang mit sich brachte, zeugen noch
heute die prunkvollen Grabsteine und die reiche Ausstattung
vieler Wohnräume mit Delfter Kacheln.
Nach den verlustreichen Jahren 1744 und 1767 gingen die
Insulaner mehr und mehr zur Handelsschiffahrt über. 1783
wohnten auf Sylt, Föhr und Amrum über 1200 Seeleute,
die vorzugsweise auf fremden Schiffen fuhren. In Nordfriesland
selbst herrschte die Küstenschiffahrt vor. Neben den vielen
kleinen Sielhäfen waren Tönning, Husum und Wyk auf Föhr
bedeutend. Die letzteren beiden entstanden aus Ansiedlungen
von Flüchtlingen nach den Sturmfluten von 1362 und 1634.
Auf Föhr wurde 1730 die erste Vogelkoje Nordfrieslands
nach niederländischem Muster angelegt. Im 19. Jahrhundert
gab es auf den Inseln 12. In Övenum wurden bis 1929 im
Mittel etwa 15 000 Enten jährlich gefangen, mit denen seit
1885 eine Konservenfabrik auf Föhr beliefert wurde.
Die Austernfischerei, die noch im vorigen Jahrhundert im
Wattenmeer eine erhebliche Bedeutung besaß, ist heute
ganz zum Erliegen gekommen.
Ein junger Erwerbszweig in diesem Raum ist das Badewesen.
Schon 1819 wurde in Wyk das erste Seebad gegründet. Seitdem
ist eine Vielzahl von Badeorten hinzugekommen. Der Schwer-
punkt des Fremdenverkehrs liegt auf den Nordfriesischen
Inseln.

Dänemark   An den niedrigen dänischen Küsten sind die
Tondermarsch und die Ballummarsch zuerst besiedelt worden.
Im 8. und 9. Jh. legten friesische Einwanderer Wurten auf
natürlichen Erhebungen an, auf den Ruttebüll-Halligen und
an der Wiedau entlang; es handelt sich um das heutige Ruttebüll
und die Einzelhöfe NO davon. Auf Faeldsvaerre, einer dieser
Wurten, wurden vier Hauptsiedlungsperioden festgestellt,
in denen die Oberfläche um 3,55 m aufgehöht wurde.
Yder Bjerrum, eine einsame Wurt im Gezeitenbereich der
Ribe Aa, wird 1214 zuerst erwähnt, wobei nicht sicher ist,
ob es sich hier um eine friesische Kolonisation handelt. Die
nördlichste Wurtensiedlung Westjütlands findet man in Halkjaer
am Stadil-Fjord (NW Ringköbing), wo die Besiedlung von
der römischen Eisenzeit bis in das Mittelalter gedauert hat
(1-). Die Wurten in der Tondermarsch sind wegen der winterlichen Überschwemmungen des Flusses auch nach der Bedeichung
weiter bewohnt worden.
Die erste Nachricht von einer niederländisch-friesischen
Kolonisation stammt aus dem Jahre 1417; sie nennt Steuerpfen-

302 *Hünengrab in den Dünen auf Amrum*

nige der „Holländer in der Ballum Marsch", die zu den Einkünften des Schlosses Mögeltondern gehörten (2-). Die Besiedlung dieses Marschgebietes reicht bis 1299 zurück, ihr Mittelpunkt war vermutlich die Wurtgruppe von Misthusum, die bis nach Mjolden reichte.

1634 richtete eine Sturmflut große Verwüstungen an, sie forderte unter den Bewohnern von Misthusum viele Todesopfer, von denen 44 in Skaerbaek begraben wurden. Die letzte Wurt, Hoiberg genannt, wurde 1815 verlassen. Nur eine Hütte bezeichnet die Stelle, wo die Wurten im Vorland lagen, während ein Balken der Schutzhütte die Inschrift trägt „1634 kam die große Flut und spülte alle Häuser weg" (3-). Eine Wurt mit Fething ist ausgegraben worden. Die Kultur in diesem Teil der niedriggelegenen dänischen Küstenlandschaft hängt mit der friesischen Kultur in Deutschland und den Niederlanden zusammen. So zeigt die traditionelle Art der Dachkonstruktion eine deutliche Übereinstimmung. Dies ist um so mehr zu beachten, als Arbeitswesen und Techniken sich nicht mit der gleichen Geschwindigkeit und in gleichem Umfang ausbreiten wie Handelsgüter oder solche Kulturelemente, die der Mode unterworfen sind. Dagegen werden sie durchaus rasch verbreitet durch Wanderungen. Dänische Untersuchungen

scheinen zu bestätigen, daß die friesische Dachkonstruktion durch die friesischen Kolonisten eingeführt worden ist, und daß man es hier mit einem lebenden Kulturelement zu tun hat, das direkt auf einen gemeinsamen Ursprung der friesischen Bevölkerung zurückgeht (4-).

Im friesisch-dänischen Grenzgebiet findet man Bauernhaustypen mit fast identischem Grundriß. Viele alte Bauernhöfe besitzen nämlich vier Flügel, die einen kleinen Innenhof umschließen. Hier könnte man einen Zusammenhang zum traditionellen dänischen Vierseithof herstellen, es handelt sich aber eher um eine lokale Anpassung an die gegebenen Bedingungen: Dieser Haustyp scheint nämlich ideal zu sein, um den beschränkten Raum auf einer Warf so rationell wie möglich auszunutzen. Ferner besitzen die Bauernhäuser im SW Dänemarks ziemlich viele abweichende Merkmale. In den friesischen Landschaften Dänemarks ist die friesische Art der Viehaufstellung für ältere Häuser charakteristisch. Als typisch friesisch für die Konstruktion und die Ausschmückung werden der Querflur zwischen Wohn- und Stallteil, der kleine Spitzgiebel über der Eingangstür sowie der gemauerte Bogen über Türen und Fenstern angesehen.

Sowohl der Grundriß als auch der friesische Spitzgiebel haben sich nach Norden ausgebreitet; während jedoch die beschriebene Hauseinteilung schon im 17. und 18. Jh. in großen Teilen Süd- und Westjütlands vorkommt, kam der Spitzgiebel nicht weiter als bis in die Landschaft um Skaerbaek-Brøns. In Skaerbaek und östlich von Tondern kommen friesische und gewölbte Giebel nebeneinander vor. Auf Fanø und Mandø herrscht der friesische Spitzgiebel nicht vor. Den weiß, schwarz und grün bemalten Türbogen der Häuser auf Hallig Hooge findet man auch in Sønderho auf Fanø. Aus dem Auftreten nordfriesischer Elemente in Hausbau und Giebelverzierung auf Fanø können wir jedoch nicht beweisen, daß die Insel zum nordfriesischen Siedlungsraum gehört hat. Zweifellos handelt es sich hier um kulturelle Beeinflussung.

Unter den Volksbräuchen, die nur im äußersten SW Dänemarks vorkommen, muß das Pedersblus (Petersfeuer) am Abend des 21. Februar erwähnt werden. Das Fest des Petersfeuers hängt mit der typischen Berufsstruktur einer Landschaft mit seefahrender Bevölkerung zusammen, aber auf Fanø und Mandø, wo doch gleiche Bedingungen herrschten, ist es unbekannt. Das Petersfeuer bzw. das St.-Peters-Fest scheint daher mit den nordfriesischen Volksbräuchen sehr eng zusammenzuhängen, besonders auf Sylt zündete man dazu ein großes Feuer an, das Biikenbrennen (5-).

303 *Wurten bei Misthusum*

Auch die dänischen Inseln haben von dem Wohlstand profitiert, den die Zeit des Walfangs und der Seefahrt brachte (6-). 1770 wohnten auf Rømø 40 „Kommandeure"; Zäune und Torbögen aus Walknochen erinnern noch heute an diese Epoche. Auf dem Friedhof der Insel findet man reich ausgestaltete Grabsteine von Seeleuten aus jener Zeit. Um 1800 erreichte die Einwohnerzahl 1500, da aber der Walfang schon zurückging, mußte man andere Existenzgrundlagen suchen. Bald traten auch hier die Islandfahrt, die Handelsschiffahrt und die Küstenfahrt nach Dänemark, Deutschland und den Niederlanden an die Stelle der alten Erwerbsquellen.

Dennoch konnten Seefahrt und Fischerei die angewachsene Bevölkerung nicht hinreichend ernähren. Viele Menschen verließen daher die Landschaft, so daß die Einwohnerzahl abnahm. Zu Beginn der deutschen Verwaltung 1864 war sie auf die Hälfte zurückgegangen. Viele wanderten nach Dänemark oder in die USA aus. Nach 1921 stabilisierte sich die Bevölkerungszahl. Die Fertigstellung des Hafens von Rømø 1964 war für die Insel von großer Bedeutung. Nur von hier aus wird in Dänemark die Garnelenfischerei in der gleichen Weise wie in Deutschland und in den Niederlanden betrieben. Weiterhin ist der Massentourismus heute eine wichtige Einnahmequelle, vor allem für Rømø, das über einen Damm erreichbar ist, aber auch für die anderen dänischen Watteninseln. Die Einkünfte aus der Seefahrt des 16. bis 18. Jh. wurden auf Fanø, besonders aber auf Rømø, zur Verschönerung der Häuser verwendet. Der bekannte Kommandørgard in Toftum auf Rømø ist zwar kein typisch friesisches Bauwerk, aber die Inneneinrichtung mit ihren Kacheln als Statussymbol eines Kapitäns im 18. Jh. zeugt auf den Nordfriesischen Inseln ebenso vom Wohlstand, den der Walfang brachte. Fanø wies zwischen 1600 und 1800 die gleichen Berufe auf wie Rømø.

Nach 1870, nach dem Bau des Hafens von Esbjerg, zog ein Teil der Inselbevölkerung dorthin. Auch heute noch wohnen auf der Insel Rømø mit ihrer Seefahrtschule und ihrer langen Seefahrtstradition viele Seeleute.

304 *Dänischer Bauernhof bei Ballum*

Noorman.

SIMONS PLAAT.

SCHIERMONNIKOOGER BALG.

SCHIERMONNIKOOG.

NOORDER NOORMAN.

KADE.

DE GROOTE SIEGE.

de Rotganzhorn.

BRELDE LAAG.

SCHIERMONNIKOOGER WAD.

Brak Zand.

ZOLTKAMPER LEEG.

Ooster. Rug.

HE GAT.

Pallast

plaat.

GRONINGER BALG.

GRONINGER WAD.

LAUWERS ZÉE.

Hornhuysen.

Vierhuysen.

Wierhuise

GRONIN

N

O

Z

O

ER. DIEP

Das Wattenmeer ist von jeher eine wichtige Handels- und Wasserstraße gewesen. Als solche werden die Watten indirekt erstmals in der Lebensbeschreibung des Wulfram (gest. 720) und in der des Bonifatius (gest. 754) erwähnt. Im 14. Jahrhundert wird das Wattenmeer von zahllosen kleinen Segelschiffen befahren, die – wie alte Zollisten beweisen – bis zu siebenmal im Jahr die Route Amsterdam – Hamburg und zurück passierten. Für das 17. und 18. Jahrhundert lassen sich sogar 3000 bis 4000 jährliche Passagen errechnen. Für die Watten der jütischen Westküste sind weniger hohe Frequenzen anzunehmen. Trotz dieses lebhaften Schiffsverkehrs liegen aus älterer Zeit keinerlei Schilderungen über diese wichtigen Wasserstraßen – sogenannte Segelanweisungen – vor. Wohl weisen einzelne südeuropäische stark verzeichnete Seekarten, die sogenannten Portulankarten, indirekt auf diese Route der zwischen Festland und Düneninseln „binnenduinen" segelnden Frachtfahrer hin. Sie führte aus dem Bereich der Strommündungen Rhein, Waal und Lek nach Utrecht, weiter nach Harderwijk und über die hier erreichte Zuiderzee zum Marsdiep zwischen Den Helder und Texel bzw. zum Vlie zwischen Vlieland und Terschelling in die offene See oder im Schutz der friesischen Inselkette nach Wangerooge. In dieser frühen Zeit geben die Segelanweisungen und Karten für diese Routen nur das Hauptfahrwasser, die Fluß- und Strommündungen und die Fahrt über See an. Die Wasserstraßen der Wattenschiffahrt, die bezüglich des Transportvolumens zeitweilig der Großschiffahrt überlegen war, werden stets nur beiläufig und ohne Einzelheiten erwähnt. Wahrscheinlich hatten die Wattfahrer für eingehendere Beschreibungen ihres Kurses gar keinen Bedarf. Einmal war dieser ihnen ohnehin bekannt, da sie Jahr für Jahr die gleiche Route befuhren, zum anderen bot die Orientierung zwischen Inseln und Festland kaum Schwierigkeiten, um so weniger, als die Rinnen des Überwattverkehrs mit ihren Krümmen und Untiefen seit alter Zeit durch viele Baken und Pricken gekennzeichnet waren. Erst aus der Mitte des 16. Jahrhunderts stammen die ersten Karten, die hier und da auch die Watten mit berücksichtigen. Zu den ältesten zählt die Landkarte „Frieslandt" von Jacob van Deventer, die 1545 zu Mecheln herauskam. Sie skizziert den zwischen der Inselkette und dem Festland gelegenen Wattenraum bereits mit erstaunlicher Sicherheit, allerdings ohne über Sände und Priele etwas mitzuteilen. Sie vermittelt als erste eine Vorstellung von Lage und Gestalt der Watteninseln Griend, Hefsand und Kornsand und erwähnt Bant auf dem Norder Watt. Auch die ältestens hydrographischen Aufnahmen des Raumes geben nur den Beginn einzelner

305 *Watten von Schiermonnikoog, Ausschnitt aus der Karte des Atthalin, 1811*

306 *Griend, Vlieland und Texel, Ausschnitt aus der Karte des Lucas Waghenaer, 1584*

307 *Ems-Ästuar, Ausschnitt aus der Karte des Martin Faber, 1642*

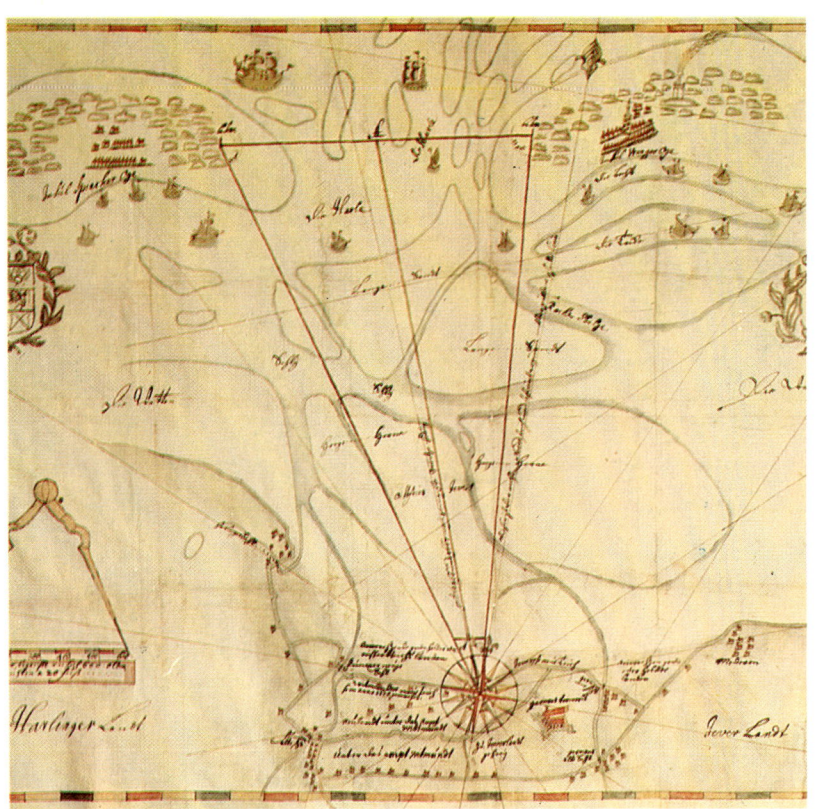

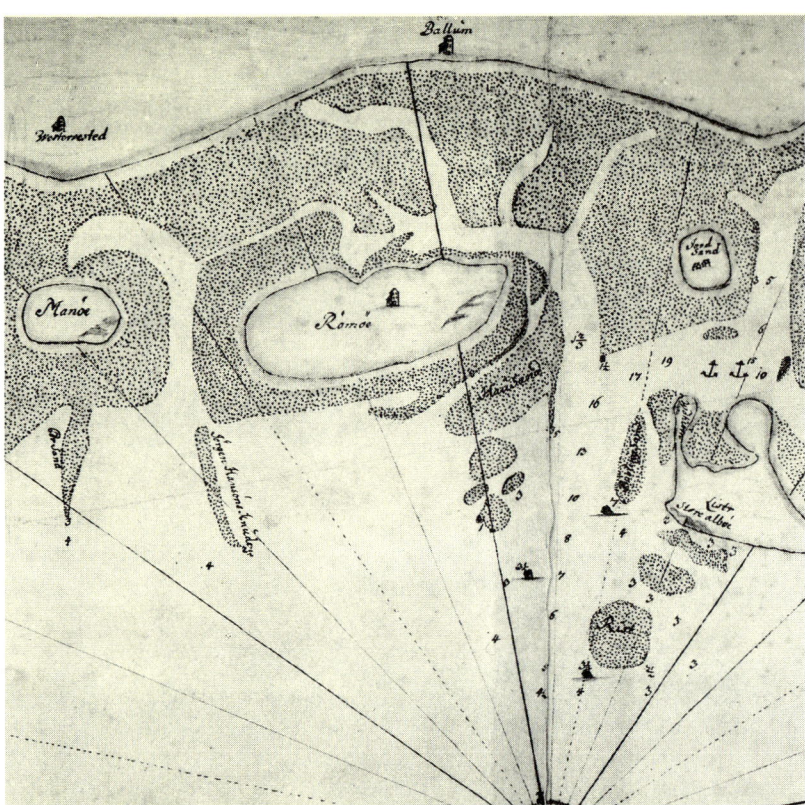

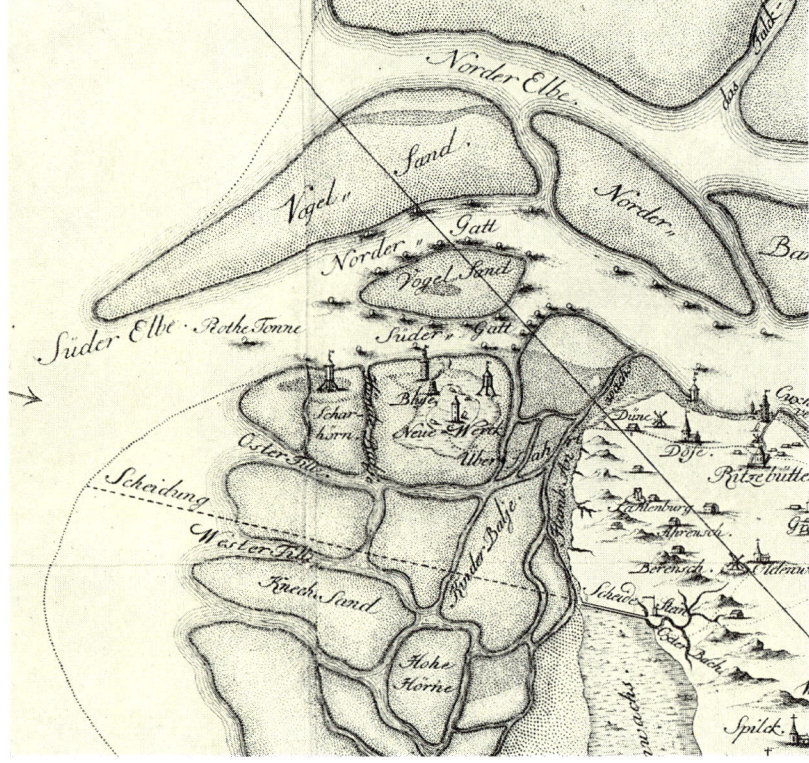

308 *Watten um Spiekeroog und Wangerooge, Ausschnitt aus der
Karte des J. Honart, 1667*

310 *Westlicher Teil des niederländischen Wattenmeeres
auf der Karte des Mathurin Guitet, 1708*

309 *Mandø und Rømø, Ausschnitt aus der Karte des N. Hegelund, 1689*

311 *Elbmündung mit Scharhörn und Neuwerk auf der
Karte des J. Hasenbanck, 1751*

Wattrouten an, und zwar lediglich im Bereich wichtiger Fahrwasser der Großschiffahrt. Beispiele dafür sind die Skizzen der Elbemündung, des Vlie und des Marsdiep, die z. T. vielleicht auf den Niederländer Dirk Sael zwischen 1550 und 1570 zurückgehen.

Gegen Ende des 16. Jahrhunderts begegnen wir endlich systematischen Beschreibungen dieser wichtigen Fahrwasser von der Zuiderzee bis Skallingen. Wir verdanken sie zwei niederländischen Hydrographen: Lucas J. Waghenaer, ein „Pilot" aus Enkhuizen, gab in seinem Segelhandbauch „Spieghel der Zeevaert" (1584/85) mehrere eindrucksvolle kartographische Darstellungen des Küstenvorfelds. Der Amsterdamer Aelbert Haeyen hat nur gelegentlich einzelne Wattpriele auf seinen für die Hochseeschiffahrt gedachten Blättern mit abgebildet, wobei er Waghenaer in glücklicher Weise verbessert. Denn Waghenaer läßt in seltsamen Gegensatz zu seiner tiefe Sachkenntnis verratenden Darstellung der wichtigen Fahrrinnen jede Sorgfalt vermissen, wenn es um die Watten selbst geht. Beschränkt er sich hier doch lediglich auf vage Andeutungen der Verbindungen der wichtigsten kleinen Häfen und Sielorte mit den Seegaten. Die Wattrinnen sind weitgehend schematisiert, fast stets in gleichbleibender Breite und geradlinig gezeichnet, was in keiner Weise der Wirklichkeit entspricht. Die für diese Route so wichtigen Wattdrempel werden fast immer vernachlässigt, Fahrwassertiefen der Wattrinnen nur selten angegeben. Immerhin aber gibt er durch Punktierung für manche Rinnen an, daß sie unbefahrbar sind, wie z. B. die alte Lauwers oder das ehemalige Riber Tief. Auch verweist er auf verschiedene, z. T. nicht mehr existierende Inseln und Örtlichkeiten. So erscheint Eyerland nördlich von Texel noch als selbständige kleine Insel, ferner erwähnt er Bosch westlich von Rottum und Buise zwischen Juist und Norderney; südlich von Terschelling macht er auf das Koggendiep, bei Rottum auf Hefsand und bei Büsum auf die Wattinsel Bielshöft aufmerksam. Ferner hat er Griend mit dem Vlie, die alte Salzsiederinsel Bant und Jordsand bei Sylt z. T. mit großer Sorgfalt wiedergegeben. Der Schiffahrtsweg zwischen Zuiderzee und Elbe bot an zahllosen Plätzen Verbindungen zur offenen See und führte nördlich der Elbe zwischen Außensänden und Düneninseln weiter bis nach Skallingen.

Trotz der genannten Mängel setzte sich die von Waghenaer 1585 entwickelte Methode der Wattendarstellung in der Hydrographie durch und wurde bis zum Ende des 18. Jahrhunderts fast unverändert von den Landkartographen übernommen. Nur gelegentlich, so um 1640, begegnen uns einige

Kartographen, die für begrenzte Küstenabschnitte die Darstellung verbesserten. 1641 wurden durch Terschellinger Lotsen die vom Hauptfahrwasser abzweigenden Wattrinnen kartiert. 1642 nahm der Emder Stadtarchitekt Faber den Emsmündungstrichter hydrographisch auf, wobei er erstmals Rottum und die Norderwatten einschließlich der Leybucht der Wirklichkeit genähert wiedergab und eine Reihe neuer Namen wie Kopersand, Ley, Hamborger Sand und Bantsbalje einführte. Ein unbekannter Niederländer schuf ungefähr um die gleiche Zeit eine eindrucksvolle Darstellung der Ufer des Hohen Weges, wobei er mit Sorgfalt die breiten Wattflächen des Weserästuars mit ihren Sänden und Rinnen abbildete. Ein Seeoffizier in Diensten der friesischen Admiralität, Mathurin Guitet, ist es endlich gewesen, der die bisherigen Wattkenntnisse – einschließlich einer Neuaufnahme des Vlie durch den Amsterdamer Bürgermeister Witsen (1708) – zusammenfaßte und durch eigene, erstaunlich sichere Aufnahmen selbständig verbesserte. So entstand in den Jahren 1708 bis 1710 die „Seekarte für die Watt- und Außenfahrt", die bis dahin genaueste Karte des Wattenraumes der friesischen Inseln von Vlieland bis zur Elbe. Erstmals werden hier die Watten in voller Ausdehnung, ungefähr ihren wahren Verhältnissen entsprechend, dargestellt. Das verwirrende Rinnensystem südlich von Ameland wird genau wiedergegeben und die Windungen, z. B. der Bantsbalje, richtig abgebildet. Pricken an den Nordufern der Priele kennzeichnen das Hauptfahrwasser zwischen der Piereplaat bei Terschelling und der Steenbalge östlich Wangerooges. Vier Inseln existieren nicht mehr: Hefsand, Den Bosch, Buise und das kleine Eiland Oldeoog zwischen Spiekeroog und Wangerooge. Zahlreiche neue Wattnamen treten auf, wie Trobbelop, Horssenssand, Lammers-Hull-Plate. Nur wenige Wattkarten des 17. und 18. Jahrhunderts können einen Vergleich mit der Guitets aushalten. Hierzu zählen unter anderem die Karten der Grenzen in der Lauwers oder in der Harle (um 1750 bzw. 1666), die von Landmessern aus Anlaß strittiger hoheitsrechtlicher Fragen entworfen wurden. Weiter östlich gibt die Elbkarte von Zimmermann und Hasenbanck von 1721 erstmalig einigermaßen verläßliche Angaben über die Untergliederung der Wurster und Ritzbütteler Watten mit Knechtsand, Hohe Hörn, Rippel und Robbenbalje. Die Westküste Schleswig-Holsteins und Dänemarks hat in dem Husumer Geodäten Johannes Mejer einen hervorragenden Landkartographen gefunden, der als erster nicht nur das Festland mit seinen Inseln von der Elbe im Süden bis Kap Skagen im Norden, sondern auch die Watten von Skallingen

bis zur Elbe mit bisher nicht bekannter Genauigkeit wiedergab.
Er kennzeichnet die holsteinischen Watten und den Raum
um Alt-Nordstrand mit seiner Halligwelt im wesentlichen
durchaus richtig. Auch nördlich von Sylt gibt er die Wattrinnen
mit ihren Verästelungen überzeugend wieder, wobei er oft
sogar die Fahrwassertiefe und zahlreiche Flurnamen mitteilt.
Seine Abbildung des Raumes Skallingen mit Stormholm,
der Insel Langli und dem Hobotief ist trotz einiger Unrichtigkei-
ten von großem Aussagewert. Generell verdanken wir Mejer
– ein halbes Jahrhundert nach Waghenaer und Hayen –
somit eine Fülle neuer Erkenntnisse. Einige weitere Landmesser
und Hydrographen des 17. und 18. Jahrhunderts, unter ihnen
die Niederländer Indervelden und Wittemaak, die sich vor
allem des Raumes Nordstrand nach der furchtbaren Sturmflutkatastrophe von 1634 annahmen, sowie die Dänen Hegelund
(1689) und Poulsen (1775), haben zu unserem Wissen über
die Entwicklung der Watten wesentlich beigetragen.
Der hervorragende dänische Kartograph Jens Sörensen hat
seine Neuaufnahme der Westküste leider nicht vollendet.
Dagegen kartierte der bis heute fast unbekannt gebliebene
nordfriesische Kapitän Smidt das Küstenvorfeld von Skallingen
bis zur Elbe mit einer kaum für möglich gehaltenen Akribie
im alten Stil. Die Vollendung der Seekarte Smidts (1801)
fiel bereits in eine Zeit, in der die Kartographie durch die
Einführung wissenschaftlich-geodätischer Methoden einen
entscheidenden Fortschritt erfuhr. Dies hatte zur Folge, daß
im Bereich zwischen der Zuiderzee und Skallingen die alten,
meist auf Schätzungen aufgebauten Seekarten innerhalb
weniger Jahrzehnte verschwanden. Der unter Führung dänischer
Wissenschaftler arbeitende oldenburgische Vermessungsingenieur
Behrens war der erste, der 1789 die neue Aufnahmemethode
auf den Wattenraum zwischen Wangerooge und Wursten
anwendete. Auf Grund seiner sorgfältigen Vermessung lernen
wir u. a. den genauen Verlauf der Niedrigwasserlinien aller
Wattgebiete des Weser- und Jadeästuars, die Krümmungen
der Blauen Balje, das Aussehen des Hohen Weges, die Ausdehnung des Knechtsandes, die Breite der Rubinsbalje genau
kennen. Im Norden begann die neue Zeit mit den – nie veröffent-
lichten – Aufnahmen des jütischen Küstenvorfeldes durch
den dänischen Admiral Löwenörn. Arbeiten, die bei Sylt
um 1807 abgebrochen werden mußten, und die erst nach
1830 in erstaunlicher Genauigkeit durch den dänischen Admiral
Zahrtmann beendet wurden. Die glänzenden Seekarten der
Napoleonischen Zeit können wir hier, mit Ausnahme der
Aufnahmen Atthalins, übergehen, da sie allein die Rinnen

312 *Südlicher Teil der Lauwerszee aus der Karte des P. Portier, 1754*
313 *Watten am Hohen Weg bei Mellum, Ausschnitt aus der*
   Karte des C. F. Mentz, 1803

der Großschiffahrt in den Strommündungen – nicht aber die Watten berücksichtigen.

In den Niederlanden wandte als einer der ersten Admiral Ryk die modernen kartographischen Methoden bei der Aufnahme des Raumes um Texel an. Von 1828 bis 1833 wurde durch die Marineoffiziere Keuchenius und Van Rhyn die ganze nordniederländische Küste einschließlich der Watten und der Emsmündungen erstmals exakt vermessen. Durch Vergleiche dieser frühen exakten Aufnahmen mit heutigen Seekarten lassen sich die außerordentlich tiefgreifenden Veränderungen des Küstenvorfelds in den letzten 150 bis 180 Jahren einwandfrei erkennen, und durch sie sind wir ebenfalls in der Lage, die Darstellungen der vorangegangenen Epoche der Seekartenskizzen teilweise bis zurück ins 16. Jahrhundert einigermaßen zuverlässig zu interpretieren.

So müssen wir feststellen, daß das Vlie durch Verlagerungen von Richel und Jacobs Rug sowie durch starke Veränderungen einzelner Zweige der Meep sich in den letzten anderthalb Jahrhunderten grundlegend wandelte. Ameland erfuhr im Osten einen Zuwachs von über drei Kilometern, und die Wasserscheide verschob sich entsprechend nach Osten. Neben der starken Verschmälerung der Engelmansplaat zwischen Ameland und Schiermonnikoog wirkt die Aufreibung der im 16. Jahrhundert noch langgestreckten Insel Rottum besonders eindrucksvoll: Ihre westliche Niedrigwasserlinie wurde nicht weniger als 7 km in Richtung auf Borkum verdriftet. Das im Westen konstante Juist nahm im Osten über 5 km an Länge zu, während Wangerooge seit etwa 1800 über zwei km im Westen verlor. Es ist kein Wunder, daß sich die Watten ebenfalls stark veränderten und daß ihr Prielsystem – wie im Bereich der längst nicht mehr existierenden Insel Buise – ein völlig anderes Aussehen annahm. Zwischen Elbe und Weser verlagerten sich die Rinnen des Wurster Watts derart extrem nach Norden, daß im Raum von Neuwerk die jahrhundertealten, einst weit voneinander getrennt liegenden Wasserzüge, die Oster- und Wester-Till, miteinander verschmolzen.

Die stärksten Veränderungen im Laufe der letzten 400 Jahre erfuhren die Dithmarscher Watten. Die beiden Hauptrinnen, der Flakstrom und die Quassbalje, die in etwa zwei und acht km Entfernung parallel zum Festland verliefen, wurden vollkommen zugedriftet, und im Bereich der Insel Dieksand bildete sich, obwohl sie den freien Kräften der See ungeschützt ausgesetzt war, eine über 8200 ha große Verlandungsfläche, die im Laufe der Zeit eingedeicht wurde. Dagegen ging die Wattinsel Bielshöft westlich Büsum zugrunde.

Bis vor wenigen Jahrzehnten wurden die Halligen immer kleiner. Viele verschwanden vollständig, und die hufeisenförmige Großinsel Nordstrand wurde in der ersten Hälfte des 17. Jahrhunderts durch die heute bis 20 m tiefe Norderhever in mehrere Teile zerrissen. Im dänischen Küstenvorfeld waren die Veränderungen weniger einschneidend. Am auffälligsten ist die Verlagerung des Fahrwassers nach der alten Handelsmetropole Ripen im Raum der Inseln Mandø und Fanø, aber auch Veränderungen im Laufe des versandeten Hobo-Dyb bei Skallingen.

Daneben liefern die alten Karten auch eine Fülle charakteristischer Flurnamen, die uns gelegentlich wichtige morphologische Rückschlüsse gestatten. Viele spiegeln die Verhältnisse rasch oder kaum strömenden Wassers wider, wie Ries, Jetting, Hunte oder Doove vief Faden; andere drücken die unterschiedliche Höhe der Platen aus, wie Repel, Trindel, Tötel oder Swin. Wieder andere Namen kennzeichnen die Schiffsroute über das Watt: Trade oder die Wasserscheide; Slapershörn oder die starken Krümmungen der Fahrrinne. Manche Namen erinnern an Schiffskatastrophen oder an Personen wie Hendrik Tjaarsplaat, Kaagen- und Schüyten-Sand, Ostindienfahrerhuk, Pilgrimsand und Halsverrader. Die Eigenart der Örtlichkeit erläutern sehr alte Flurnamen wie Wittensand, Düsterwatt, Scharhörn und Swarte Grund. Alte Namen von Rinnen und Platen sind Leyde, Rak oder Tille, Horsbornzand oder Paardemarkt. Viele dieser Flurbezeichnungen auf unseren Watten sind heute längst verschwunden.

Es sind vor allem alte Karten, welche die Erinnerung an die vergessenen Namen wachhalten. Darin kommt die Dynamik unserer Watten zum Ausdruck, die zu den veränderlichsten Landschaftstypen gehören, die wir kennen.

Kurzer geschichtlicher Überblick   Nach der Periode, in der die Küstenbevölkerung auf Wurten wohnte, um sich gegen Hochwasser zu schützen, eine Situation, die auf den Halligen noch jetzt besteht, fing um 1000 n. Chr. der Deichbau an. Man begann damit, daß man Moordeiche verbesserte und hohe Vorlandränder und Verbindungswege zwischen den Wurten erhöhte. Regional wie in Dithmarschen und Groningen wurde das bereits *besiedelte Gebiet* etwa gleichzeitig ganz oder großenteils mit einem großen Ringdeich umgeben, während z. B. im Norden Schleswig-Holsteins das Kulturland mehr schrittweise geschützt wurde.

Später wurde durch Bedeichung auch *Neuland* gewonnen. Die Eindeichungen beschränkten sich auf das bewachsene Vorland, dessen Boden für die Landwirtschaft meist gut geeignet war. Außerdem lagen diese Flächen hoch genug, um bei Ebbe überschüssige Niederschläge abfließen zu lassen: Für einen Koog ist ein Siel ebenso wichtig wie ein Deich. Man ließ meistens einen Vorlandstreifen außendeichs als Reserve an Boden und Rasensoden zur Deichunterhaltung und -reparatur. Letztere war häufig erforderlich, denn die Qualität der alten Deiche ließ meist viel zu wünschen übrig: Sie waren niedrig, schmal und steil (13-, 17-, 23-).

Anfänglich waren die einzigen zum Deichbau verwendeten Werkzeuge der Spaten, die Trage (Tragbahre) und die Forke. Dreirädrige Sturzkarren oder Störten wurden jedenfalls schon im 16. Jahrhundert benutzt, z. B. für den Störtewerkerkoog in Nordfriesland 1545; die Schiebkarre wurde um 1600 von Johann Clausen Koth, genannt Rollwagen, aus den Niederlanden nach Deutschland eingeführt.

Die Deiche errichtete man aus dem am Ort vorhandenen Boden, der manchmal moorig und dann für den Deichbau wenig geeignet war.

Eine Gefahr für den Deich bildeten die für den Deichbau angelegten Entnahmestellen. Erst nach und nach wurden Vorschriften entwickelt, die diese Gefahr einschränkten (maximal zulässige Länge der Pütten, Mindestabstand zwischen Pütten und Deichfuß) und die Deichunterhaltung festlegten.

Über die ältesten Formen der *Deichunterhaltung* wissen wir wenig (das Rüstringer Recht ist erhalten geblieben), jedenfalls entwickelte sie sich mit den gesellschaftlichen Verhältnissen. Anfangs war alles Land vor und hinter dem Deich in Gemeinbesitz. Die Unterhaltung des Deiches oblag demjenigen, der die Bedeichung durchgeführt hatte (oft ein Kirchspiel), und die Landnutzer unterhielten den Deich gemeinsam. Als sich das Privateigentum durchsetzte, erhielt jeder Eigentümer

die Unterhaltspflicht für das an sein Land grenzende Deichstück. Dies System funktionierte, weil die Regeln sehr streng waren. Wer zum Deichunterhalt nicht in der Lage war, mußte sein Land verlassen: „Wer nich will diken, de mutt wiken." Vernachlässigung und Beschädigung des Deiches wurden sehr hart bestraft. Auch Kirche und Landesherr waren von der Deichpflicht nicht frei. Ungerechtigkeiten wie unterschiedliche Anfälligkeit verschiedener Deichabschnitte gegen Beschädigung oder zu geringe Deichlast der zurückliegenden Ländereien wurden weitestmöglich ausgeglichen. Um 1300 gelangten auch die Eigentumsrechte am Vorland an die Eigentümer des binnenlands anliegenden Landes. Einige Eigentümer erwarben nicht selten durch Handel und auch durch Seeraub großen Wohlstand, und wenn sie Einfluß auf die Deichunterhaltung erlangten, konnte das zu Mißständen führen. Die Aufsicht der regionalen Obrigkeit auf die Organisation des Deichwesens wurde im Laufe der Zeit strenger, die Deichbehörden ließen die Unterhaltung immer mehr durch eigene Kräfte und besonders durch Unternehmer ausführen (nur im Notfall wird noch jeder zur Mitarbeit aufgerufen), und auf die Dauer war es für eine wirksame Verwaltung erforderlich, größere Deichbezirke zu schaffen.

Deiche mit einem flach abfallenden Außenprofil kamen in Schleswig-Holstein erst um 1600 auf und anderwärts noch erheblich später. Starkem Wellenschlag ausgesetzte *Erddeiche* wurden an der Außenseite befestigt, z. B. durch eine ziemlich steile Mauer mit aus Seegras bewachsenen zähen Kleiklumpen (ndl. Slikkerdijken). Später entstanden die Wierdeiche, gleichfalls Erddeiche, deren Außenböschung durch eine breite Seegraspackung geschützt wurde. Durch Gären und Pressen bildete das Seegras (ndl. wier) ein festes Paket, das wie eine Mauer an den Erdkörper des Deiches angelehnt war, und das meist durch Pfähle verstärkt und an seinem Platz festgehalten wurde. Die Slikker- und Wierdeiche haben jahrhundertelang Dienst getan. Schließlich kamen Deiche auf, die an der Außenseite nur mit Pfahlwerk befestigt wurden, in Schleswig-Holstein hießen sie „Stackdeiche".

Nach der Invasion des Pfahlwurms um 1730 ging die Verwendung von Holz im Deichbau sehr zurück. Schon im 18. Jahrhundert kamen Steinschüttungen auf, denen später aus vier Schichten bestehende Steinböschungen folgten. Zuunterst befand sich eine Strohbestickung, eine dünne Strohlage, die mit eingesteckten Strohbügeln auf dem Boden befestigt wurde. Darauf kamen zwei Steinschichten und zuoberst eine Basaltdecke. Heute werden vielfach Betonformsteine verwendet.

Moderne Deiche haben in der Regel einen Kern aus Sand, der dem Watt entnommen wird. Wenn Klei verfügbar ist, kommt auf den Sand eine Kleidecke, auf der durch Besoden und/oder Einsaat eine Rasendecke angebracht wird. Diese wird durch planmäßige Beweidung mit Schafen und manchmal Gänsen in gutem Zustand erhalten (27-). Auch die Deichpflege mit Schafen gibt es hier und da noch nicht lange. Falls erforderlich, wird ein Teil der Außenseite mit einer Steinböschung oder einer Asphaltdecke geschützt. Für die Kleidecke verwendet man Vorlandboden, alte Binnendeiche, Klei aus binnendeichs gelegenen Gruben, aber auch Wattenschlick, der auf den Sandkörper des Deiches aufgebracht wird. Ausgetrocknet und entsalzt, ist er schnell zur Ansaat geeignet. Wenn kein geeigneter Boden verfügbar ist, stellt Asphaltbeton auch eine zuverlässige Deckschicht dar.

Meist war das eingedeichte *hohe Vorland* sehr wertvoll, manchmal wurde auch Vorland bedeicht, das nur eine dünne Kleidecke über dem Wattsand aufwies wie im Dieksanderkoog. Einige Köge bestehen sogar großenteils aus Sand wie Koegras (1824) und Zijpe (1597). Eine besondere Form der Landgewinnung war (und ist es stellenweise noch), Deiche aus Sand aufwehen zu lassen. Damit werden auf den Inseln, wo große Teile der Wattseite ziemlich sandig sind, Wattsandflächen gewonnen. Das gewonnene Land wurde großenteils als Grasland genutzt; der Wasserbedarf der Gräser war dadurch hinreichend gewährleistet, daß sich von den Dünen her eine Süßwasserschicht ausbreitete. Die geringe Fruchtbarkeit des Sandes konnte man durch reichliche Handelsdüngerzufuhr ausgleichen. Sanddeiche werden auch benutzt, um isolierte Dünengebiete miteinander zu verbinden, um Dünenstreifen zu verlängern, kurz, um die Inseln zu vergrößern und gegen Angriffe des Meeres widerstandsfähiger zu machen.

Sobald die Dampfmaschine zum Antrieb von Entwässerungspumpen verwendet werden konnte, brauchte man die Bedeichungen nicht mehr auf hohes Vorland zu beschränken, sondern konnte auch niedrige Schlickflächen trockenlegen. Die Verwendung von Windmühlen zu diesem Zweck war nie sehr beliebt. Bekannte Beispiele für frühe Bedeichungen mit Pumpentwässerung sind der Waard- und Groetpolder (1843), der Anna-Paulowna-Polder (1846), der wegen der schlechten Entwässerung (sechs Windmühlen und eine Dampfpumpe) anfangs nicht befriedigend genutzt werden konnte, und der Johannes-Kerkhoven-Polder (1878), dessen Anfangsjahre auch schwierig waren. Durch die Mitbedeichung niedriger, *roher Schlickflächen* wurde nicht nur eine andere Art der Entwässerung nötig,

auch bei der Urbarmachung gab es einige Probleme, und der Deichbau selbst wurde viel schwieriger. Frühere Versuche, Wattland zu bedeichen, vor allem in Schleswig-Holstein, sind denn auch fast alle mißlungen. Unter den Deichabschnitten, die auf weichen Schlick gebaut werden, ist eine größere Setzung zu erwarten als auf altem, „deichreifem" Vorland. Außerdem wurde es bei einer großen Fläche niedrigen Watts schwieriger, den Deich zu schließen.

In einem reinen Vorlandkoog konnte man von dem Vorlandsprielsystem erst die Seitenarme abdämmen und dann den Hauptpriel meist mit einfachen Mitteln dichtmachen. Früher hat man, vor allem nach Deichbrüchen, besondere Techniken angewendet, wie das Versenken von Schiffen und von Sinkstücken. Später wurden über die breiten Schlickpriele z. B. Brücken mit Schmalspurgleisen gebaut. So wurde die breite Lücke im Störtebekerdijk (1950) mit Kipploren in kurzer Zeit geschlossen. Oder man rammte außer der Brücke noch eine hölzerne Spundwand mit Öffnungen an der Oberseite, die mit Hilfe von Schotten im gegebenen Augenblick alle gleichzeitig geschlossen werden konnten wie beim Friedrich-Wilhelm-Lübke-Koog (1954). Für die Lauwerszee wurde ein Abschluß mit offenen Sinkkästen angewendet, doch handelt es sich hier nicht um

315 *Mittels Sandfangzäunen angelegter Sanddeich auf Rottumerplaat*

316 *Friedrich-Wilhelm-Lübke-Koog*
317 *Abschließung der Lauwerszee mit Hilfe von Senkkästen*

die Bedeichung eines normalen Kooges.

Wenn auch im weitaus größten Teil der Wattenküste das alte Land von jungen Kögen umsäumt wird, darf man doch die *Landgewinnung,* die auf die erste Bedeichung des Küstenraumes folgte, nicht überschätzen. An vielen Stellen ist die Breite des alten Leeglandes zwischen dem ältesten Deich und dem Geestrand wohl 4- bis 8mal so groß wie die der späteren Bedeichungen. Die ackerbaulichen Nutzungsmöglichkeiten in den jungen Kögen sind im allgemeinen größer als in dem zuerst bedeichten Gebiet. Letzteres umfaßt zum großen Teil kalkfreie, zähe Ton-über-Moor-Böden, z.T. auch reines Moor, niedriggelegen und schlecht entwässert, während die jungen Köge aus kalkhaltigen Lehmen und Tonen bestehen, die hoch aufgeschlickt und deswegen gut entwässert sind (20-).

Man muß ferner bedenken, daß es nicht überall möglich war, die Kulturfläche durch Bedeichung von Vorland zu vergrößern. Noch immer grenzen an verschiedenen Stellen u.a. bei Harlingen und nordwestlich von Delfzijl die ältesten Deiche oder ihre Nachfolger ans Meer. Es hat sogar *Landverluste* gegeben, kleine oder z.T. auch große Teile des ältesten Kulturlandes mußten für immer aufgegeben werden. So liegt in Butjadingen der heutige Seedeich auf einer langen Strecke landwärts des ältesten Deiches. Im Norden Schleswig-Holsteins hat es im Raum des heutigen Wattenmeeres viel besiedeltes Land gegeben (1-).

Aber auch die jungen Köge waren vor dem Angriff des Meeres nicht sicher. Viele Köge wurden wiederholt überflutet, weil ihre Deiche zu niedrig oder zu schwach waren. Die Deicherhaltung ließ infolge von unzureichender Organisation, Geldmangel (nicht selten auf Grund der letzten Überflutung) oder Kriegseinwirkung öfters sehr zu wünschen übrig. Manchmal war es technisch einfach nicht möglich, mit den vorhandenen Mitteln einen gefährdeten Punkt zu halten. Ein rezentes Beispiel für den Verlust eines jungen Kooges bietet die westlich der Meldorfer Bucht gelegene Insel Trischen (24-). Hier entstand in der zweiten Hälfte des 19. Jahrhunderts eine hohe Sandplate, der Buschsand. Auf der Plate bildeten sich Dünen, und dahinter landete Vorland an. Dies wurde 1895 verpachtet und ging wieder verloren. 1920–1925 wurden 78 ha privat bedeicht. Später wurde dieser Marienkoog vom Staat übernommen. Das eben erst gewonnene Gebiet konnte nicht behauptet werden. Die Hochwasserlinie wanderte jährlich 15 m ostwärts, 1937 durchbrach das Wasser die Dünen, und 1942 ging der Koog endgültig verloren; der Pächter

erhielt einen Betrieb im Dieksanderkoog. Inzwischen ist die Dünenkette vollständig zerrissen und der Sand über die ganze Insel verteilt worden. Die Marsch kommt nun am Strande zum Vorschein. Inzwischen ist die Insel ein Vogelschutzgebiet geworden.

Ein erstaunliches Beispiel hartnäckiger Verteidigung ihres Bodens lieferten Küstenbewohner bei Brunsbüttel (23-). Sie mußten im 16. und 17. Jahrhundert nach 11 Sturmfluten insgesamt 675 ha Land und den alten Ort Brunsbüttel Stück für Stück aufgeben, schafften es 1765 schließlich, wenigstens das in jenem Jahrhundert verlorengegangene Land zurückzugewinnen, das sie bis heute behauptet haben.

Halligen   Im nordfriesischen Wattenmeer gingen mehrere zehntausend Hektar Land verloren. Von den vielen Sturmfluten, die diese Landschaft heimgesucht haben, sind vor allem die Marcellusflut von 1362 und die Burchardiflut vom 11. Oktober 1634 (9000 Tote) wegen der großen Landverluste, die sie zur Folge hatten, berüchtigt. Das übriggebliebene Moor und die moorigen Böden wurden nach und nach von Ebbe und Flut weggerissen. Hier und da drang das Meer bis an den Geestrand vor. Aus dem Untergrund auftauchendes Pleistozän

318 *Überreste des Entwässerungssiels am seeseitigen Strand von Trischen*
319 *Erhöhung des alten Emsdeiches nordwestlich von Delfzijl*

320 *Hallig Oland*

bildete in den „Uthlanden", wie man den nordfriesischen Wattenraum früher nannte, die Kerne der Inseln Sylt, Amrum und Föhr. Zwar wurden die Uthlande großenteils zerstört, örtlich wurde jedoch auf dem Moor Schlick abgelagert, es entstand Halligland. Darauf wurden Warfen (Wurten) gebaut, die den Bewohnern Sicherheit gegen Überflutung und die Möglichkeit zum Auffangen von Süßwasser boten. Von diesen Halligen hat es Dutzende gegeben, es gibt jetzt noch elf. Einige, wie Südfall und Habel, sind nach der Katastrophe von 1362 entstanden. Nordstrandischmoor und die Hamburger Hallig entstanden, als die zweite „Manndränke" (1634) nur einen Bruchteil der Insel Strand übrig ließ, aus dem außer diesen Halligen auch die Insel Pellworm und Nordstrand hervorgingen.

Die alten Kulturschichten des untergegangenen Landes liegen unter den Halligen, und Spuren früherer Besiedlung sind u.a. bei Südfall, Pellworm und Nordstrand noch im Watt zu sehen (1-).

Nach diesen enormen Landverlusten wurden im Laufe der Jahrhunderte große Flächen wiedergewonnen. Der erste Koog auf Pellworm wurde 1635 schon wieder bedeicht, und Nordstrand folgte 1654; in beiden Fällen wurden die Bedeichun-

gen von Niederländern durchgeführt, und erst 1938 kam auf Pellworm der 245 ha große Bupheverkoog hinzu. Nordstrand wurde 1924 durch den 645 ha großen Pohnshalligkoog vergrößert, und auch die Festlandsküste ist an den meisten Stellen wieder deutlich seewärts vorgerückt. Die Halligen sind jedoch im Laufe der Zeit immer kleiner geworden. Auf Nordstrandischmoor sind von den 16 Warfen, die um 1700 vorhanden waren, nur noch 5 übrig, davon eine unbewohnt. Auf den anderen Halligen ist es nicht besser. Einige sind unbewohnt wie Norderoog und Habel, andere sind ganz verschwunden. Norderoog, das dänische Jordsand und Südfall sind Naturschutzgebiete geworden. Von den übrigen sind Nordstrandischmoor, die Hamburger Hallig und Oland-Langeneß durch Dämme mit dem Festland verbunden. Hooge ist auf + 1,7–2,2 m NN Höhe bedeicht und daher keine typische Hallig mehr. Hooge, Oland und Langeneß beziehen ihr Trinkwasser durch eine Leitung vom Festland.

Die im gesamten Wattenraum berüchtigten Sturmfluten von 1717 und 1825 trafen auch die Halligen schwer, 1825 ertranken 74 von 937 Halligbewohnern. Die Sturmflut von 1962 forderte auf den Halligen keine Menschenleben. Allerdings wurden über 70 % der Häuser schwer beschädigt. Man hat viele

321   *Schafe während des Hochwassers an der Warf der Hamburger Hallig*

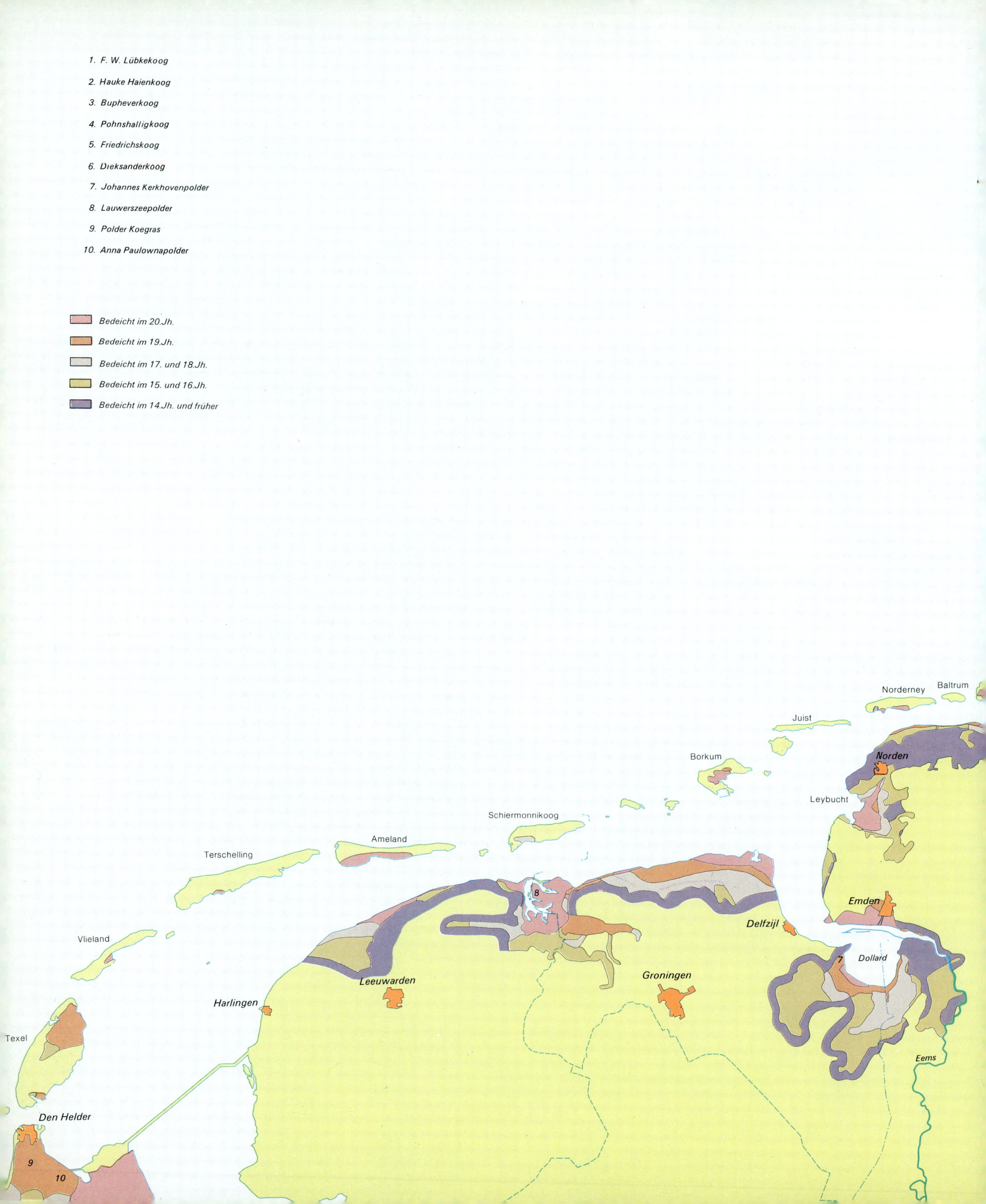

1. F. W. Lübkekoog
2. Hauke Haienkoog
3. Bupheverkoog
4. Pohnshalligkoog
5. Friedrichskoog
6. Dieksanderkoog
7. Johannes Kerkhovenpolder
8. Lauwerszeepolder
9. Polder Koegras
10. Anna Paulownapolder

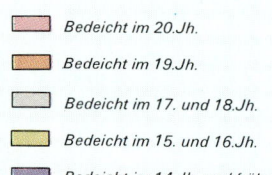

Bedeicht im 20.Jh.
Bedeicht im 19.Jh.
Bedeicht im 17. und 18.Jh.
Bedeicht im 15. und 16.Jh.
Bedeicht im 14.Jh. und früher

Norderney   Baltrum
Juist
Norden
Borkum
Leybucht
Schiermonnikoog
Ameland
Terschelling
Emden
Delfzijl
Vlieland
7   Dollard
Leeuwarden   Groningen
Harlingen
Texel
Eems
Den Helder
9
10
8

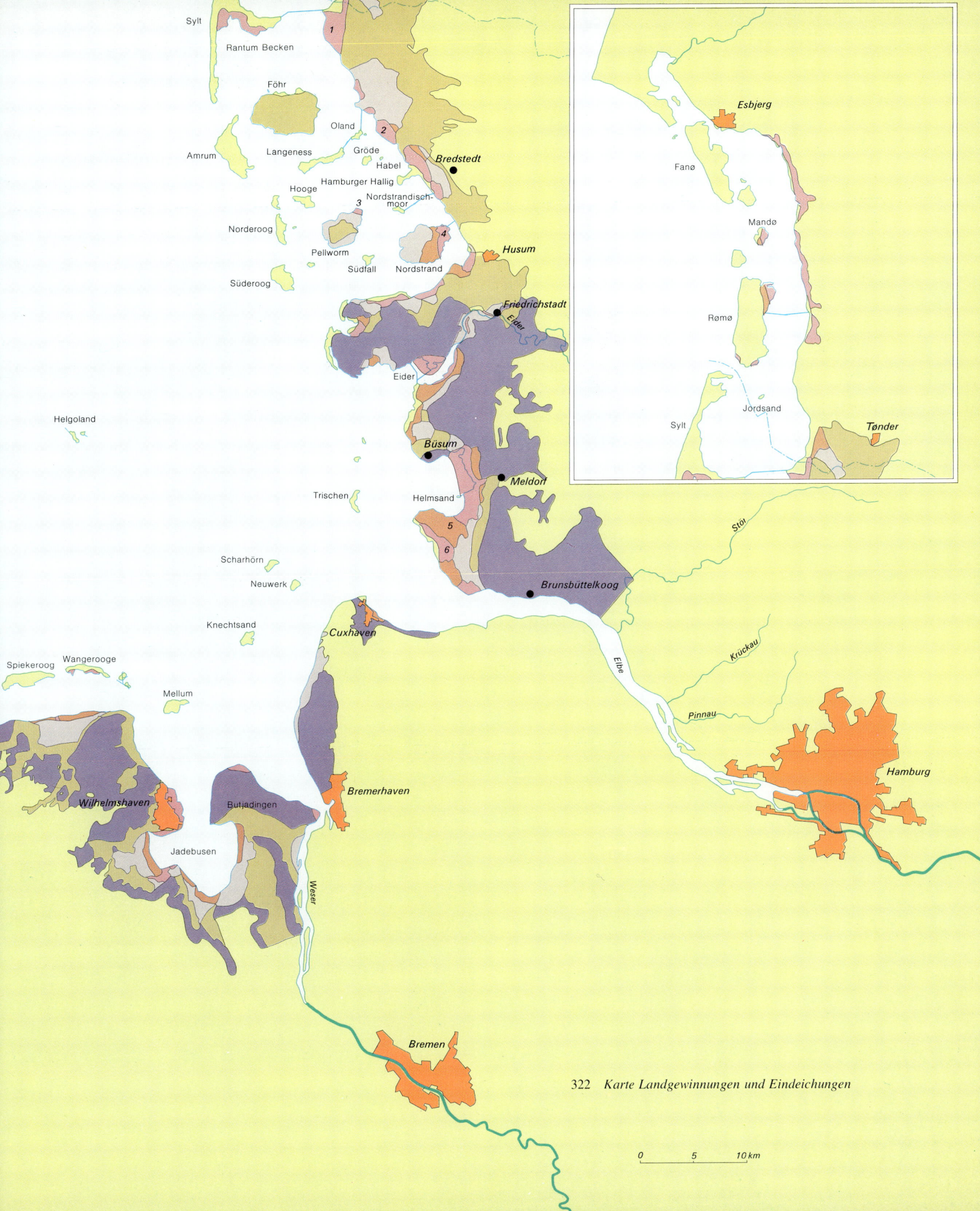

Sylt

Rantum Becken

Föhr

Oland

Amrum

Langeness

Gröde

Habel

Bredstedt

Hooge

Hamburger Hallig

Nordstrandisch-
moor

Norderoog

3

Pellworm

4

Husum

Süderoog

Südfall

Nordstrand

Friedrichstadt

Eider

Eider

Helgoland

Büsum

Trischen

Helmsand

Meldorf

5

6

Scharhörn

Neuwerk

Knechtsand

Brunsbüttelkoog

Cuxhaven

Stör

Elbe

Krückau

Spiekeroog

Wangerooge

Pinnau

Mellum

Bremerhaven

Hamburg

Wilhelmshaven

Butjadingen

Jadebusen

Weser

Bremen

322 *Karte Landgewinnungen und Eindeichungen*

0   5   10 km

Esbjerg

Fanø

Mandø

Rømø

Tønder

Sylt

Jordsand

Häuser erneuert, wobei sich das Landschaftsbild veränderte. Der Uferschutz wurde teilweise verstärkt (28-).

Buchten   Nicht überall waren die bleibenden Verluste so groß wie in Nordfriesland. Besonders dort, wo das Meer Buchten in das Land geschlagen hatte, war man bei der Wiedergewinnung viel erfolgreicher. Das ist verständlich, weil in diesen Buchten das Wasser weniger unruhig und anfangs sicher oft schlickreich war, weil von dem überfluteten Land Sinkstoffe abgetragen wurden. So ist die Norder-Eider, die von Friedrichstadt in Richtung Nordstrand verlief, schon lange verschwunden, die Middelzee und die Harlebucht sind wieder ganz bedeicht, und in der Leybucht wächst das Vorland nach der letzten Bedeichung rasch wieder an. Harlebucht und Leybucht hatten ihre große Ausdehnung im 14. Jahrhundert. Andererseits war in der Lauwerszee – bevor mit der Abschließung 1969 Gezeitenbewegung und Sinkstoffzufuhr aufhörten – die Landgewinnung ein mühsames Geschäft, im 20. Jahrhundert wurde hier nur ein winziger Polder bedeicht. Auch im Dollart ist die Aufschlickungsgeschwindigkeit in diesem Jahrhundert sehr gering gewesen, und im Jadebusen gab es südlich von Wilhelmshaven im 20. Jahrhundert auch nur wenig Anwachs. Die Meldorfer Bucht ist nicht durch Einbruch, sondern durch Anwachs entstanden. Anfänglich verlief die Küste hier ziemlich gerade, doch wurde an der Nordseite der Meldorfer Bucht die Insel Büsum durch Bedeichungen mit dem Festland verbunden, wodurch die Küste seewärts vorrückte. An der Südseite wurden schrittweise Köge gewonnen, das Vorland des Dieksandes wurde 1853/54 als Friedrichskoog bedeicht (23-). In der Bucht selbst, die inzwischen als Dithmarscher Speicherkoog bedeicht wurde, ist der Anwachs immer gering gewesen.

Landgewinnung   Nicht nur in den Buchten wurde Land wiedergewonnen, auch draußen wurde Land bedeicht, teilweise an Stellen, wo vorher noch nie Köge gewesen waren. Um den Anwachs zu beschleunigen, versucht man seit einigen Jahrhunderten, den Schlickfall zu fördern, anfangs vor allem durch das Begrüppen des schon bewachsenen Vorlandes, später durch ein System von Grüppen und niedrigen Erddämmen unmittelbar vor dem Vorland. Vor etwa 50 Jahren gab man diese sogenannte *Bauernmethode* auf und ging in den Niederlanden und in Deutschland dazu über, im Watt vor dem Vorland Lahnungsfelder anzulegen. Diese werden von Lahnungen, doppelten Pfahlreihen mit Reisigpackung dazwischen, umschlossen und z.T. noch durch Erddämme unterteilt. In größere

323 *Landgewinnungsarbeiten in Schleswig-Holstein*

Abflußgräben münden die Grüppen in Abständen von 6 bis 10 m ein. Die Grüppen haben zwei einander zuwiderlaufende Funktionen:

1 Die Entwässerung der dazwischenliegenden Beete, dadurch kann das frische Sediment austrocknen, so daß es von einer folgenden Flut weniger leicht fortgespült werden kann.

2 Die Beförderung des Schlickfalls.

Je mehr Schlick sich in den Grüppen absetzt, desto mehr wird die Entwässerung behindert. Daher werden sie in angemessenen Zeitabständen, je nach Schlickfall und verfügbaren Geldmitteln, neu begrüppt, wobei der Schlick mitten auf die Äcker gebracht wird. Das Prinzip des Verfahrens ist mehrfach beschrieben worden (5-, 12-, 20-, 26-), die Ausführung ist jedoch unterschiedlich.

In erster Linie differiert die Größe der Lahnungsfelder. Diese umfaßt in den Niederlanden fast immer 16 ha mit zwei Wasserauslässen und einer Unterteilung in 16 Fächer von je 1 ha. In Deutschland sind die Felder oft kleiner mit nur einem Wasserauslaß. Dies trifft vor allem für gefährdete Küstenabschnitte zu, wo der Küstenschutz wichtiger erscheint als die Landgewinnung. Auch die Anzahl der Felder, die vom Deich oder Vorland an aufeinanderfolgen, ist unterschiedlich. In Deutschland sind es zwei Felder, von denen das zweite in erster Linie als Sandfang dient und nicht begrüppt wird, bis es bewachsen ist. In den Niederlanden legt man drei und auch vier Felder hintereinander an, auch die äußersten Felder werden mit breiten Grüppen versehen, die viel Sediment „fangen" können. Diese sogenannte veränderte *Schleswig-Holsteinische Methode* wurde in den dreißiger Jahren in den Niederlanden eingeführt. In jener Zeit entwickelte sich die Landgewinnung zu einem beachtlichen Arbeitsbeschaffungsprogramm. Die Regierung hatte die Landgewinnung von den berechtigten Anliegern übernommen, was in Schleswig-Holstein schon zwischen 1860 und 1870 geschehen war. Im Kriege (und in Deutschland auch danach) trat durch Vernachlässigung und lokal durch Holzdiebstahl ein starker Rückgang ein. Dann kam die Arbeit wieder in Gang. Wegen des Rückgangs der Arbeitslosenzahl und auch, um die sehr hohen Kosten zu senken, wurde die Anlage von Pfahlbuhnen vereinfacht (22-) und das Begrüppen mechanisiert (6-). Dennoch ist diese Art der Landgewinnung für landwirtschaftliche Nutzung gegenwärtig zu teuer. Nur die Unterhaltung der bestehenden Felder wird weitergeführt, um das schon gebildete Vorland zu erhalten und um niedrige Felder nach Möglichkeit zu Vorland aufzuhöhen. Es hat sich nämlich gezeigt, daß ein

hohes, vom Deichfuß an mindestens 200 m breites Vorland den Wellenauflauf am Seedeich bei hohen Fluten merklich verringern kann (4-, 14-). Die Vorlandkante wird gelegentlich gegen Abbruch geschützt. Wenn Landgewinnungswerke Erfolg aufweisen sollen, muß wenigstens bei rauhem Wetter genügend Sediment, vor allem schlickbildende Sinkstoffe, im Wasser vorhanden sein. Wo das nicht der Fall ist, bleibt der vertikale wie der seewärtige Anwachs in den Lahnungsfeldern praktisch aus.

In den Niederlanden weist das Sediment etwas östlich der Wattwasserscheiden die höchsten Schlickgehalte auf (7-). Er nimmt vom äußersten zum innersten Fach zu, während die Geschwindigkeit des Schlickfalls in der gleichen Richtung abnimmt (2-). An der westfriesischen Küste sind die Schlickgehalte auf den Wasserscheiden höher als vor Groningen. Die Sedimentation auf den Wasserscheiden ist übrigens größer als dort, wo große Priele nahe an den Seedeich kommen.

Besondere Erwähnung verdient die Landgewinnung in Dänemark. Am Rømødamm wendet man das erwähnte System an, jedoch mit Lahnungsfeldern von 200 x 200 m. An der Festlandküste verfährt man anders. Hier wandern fortgesetzt Sandbänke auf die Küste zu; sie werden dabei höher und weisen zum

324 *Rømødamm*

Schluß einen Quellerbewuchs auf. Endlich verschwinden sie wieder, weil sie in den Landpriel vor dem Vorland geschoben werden. Die Landgewinnungsarbeiten haben hier das Ziel, die Existenz der Sandbank zu erhalten. Dazu wird an der Seeseite ein Schutz aus Pfählen angebracht, die Sedimentation wird durch Begrüppen gesteigert, und durch einen Bewuchs mit Andelgras wird die Bank weiter erhöht. Man hat dann ein Stück Vorland in der Breite einer Sandbank hinzugewonnen, und außerdem kann sich eine neue Sandbank entwickeln (9-, 10-).

Verbindungsdämme Die Landgewinnung wird durch den Bau von Dämmen zwischen dem Festland und den Inseln oder Halligen ebenfalls gefördert. Der erste niedrige Damm verband 1860 die Hamburger Hallig mit dem Festland. Der wenig später angelegte Damm nach Ameland hat nicht lange bestanden, aber die Dämme nach Oland-Langeneß, Nordstrandischmoor, Nordstrand und Helmsand bestehen noch, wenn auch der letztere nach der Deichverkürzung in der Meldorfer Bucht seine Bedeutung verloren hat. Beim Bau dieser Dämme war die Landgewinnung durchweg ein Nebenzweck, die Hauptsache war meist eine bessere Verkehrsverbindung. Der 1927 fertiggestellte Damm nach Sylt wird nur für den Eisenbahnverkehr benutzt. Verbindungsdämme unter Sturmfluthöhe wirkten sich auf die Anschlickung oft nur wenig aus, höhere Dämme haben jedoch vielfach auf einer oder beiden Seiten einen erheblichen Landgewinn bewirkt (25-). Der jüngste, 1948 erbaute Damm führt nach Rømø. Der Einfluß dieses Dammes auf das umliegende Watt ist gründlich untersucht worden (15-). Infolge des Dammbaus verlagerte sich ein Priel gefährlich weit landwärts, so daß der Bau eines rückwärtigen zweiten Deiches auf Rømø erforderlich wurde (11-, 21-). Übrigens ist nach und nach schon deutlich geworden, daß solche Verbindungsdämme viele andere und schwer vorauszusagende Auswirkungen haben können wie auf das Tierleben auf Watt und Inseln und die Entwicklung eines Tagesausflugverkehrs. Das Interesse an solchen Dämmen hat denn auch stark nachgelassen. Zur Zeit wird nur noch an einer Verbesserung der Verbindung der Insel Mandø mit dem Festland gearbeitet, es handelt sich dabei mehr darum, den bestehenden „ebbevej" durch einen niedrigen Damm zu ersetzen.

Argumente für eine Landgewinnung im Wattenmeer
Nicht nur das Interesse für den Bau von Verbindungsdämmen, auch das Interesse der Behörden für die Eindeichung von Neuland für landwirtschaftliche Zwecke ist fast verschwun-

den (16-). Der eigentliche Wattsand, der bei weitem größte Teil der Fläche des Wattenmeeres (8-), ist für Land-, Garten- und Waldwirtschaft (Grünland, Blumenzwiebeln) nur sehr beschränkt nutzbar, wobei diese Sande hinsichtlich der sommerlichen Süßwasserversorgung besondere Bedingungen stellen. Andererseits stellt der schmale Vorlandstreifen einen so wesentlichen Teil des Wattenmeeres dar, daß man äußerst sparsam mit ihm umgehen sollte. Hinzu kommt, daß zur Steigerung der Weltnahrungsproduktion andere und viel bessere Wege offenstehen, und daß die Steigerung ohnehin in erster Linie in den Entwicklungsländern geschehen muß. Es geht immer noch Vorland verloren. Nach den Sturmfluten von 1953 und 1962 hat man nicht überall die vorhandenen Deiche erhöht, sondern z. T. neue Deiche auf dem Vorland angelegt. Vor allem die deutschen Pläne zur Deichverkürzung sind hier und da ziemlich einschneidend (18-, 19-). Manchmal haben Maßnahmen zur besseren Entwässerung des Hinterlandes ernste Verluste an Vorland zur Folge. So wurde vor einigen Jahren der biologisch gesehen äußerst wertvolle westliche Teil des Dollart durch den Bau eines außendeichs geführten Entwässerungskanals und einen neuen Polder bedroht. Zum Glück entschied sich die niederländische Regierung für einen

325 *Uferschutz auf der teilweise überfluteten Hallig Südfall*

326 *Eidersperrwerk*

binnendeichs verlaufenden Kanal, wodurch irreparable Schäden abgewendet wurden (3-).

Die meist überwiegend kanalisierten Flüßchen entspringen oft weit im Geesthinterland, durchfließen das niedrige alte Land und strömen anschließend zwischen den höher gelegenen jüngeren Kögen hindurch ins Meer.

Wenn die Flüsse infolge sehr hoher Wasserstände in der Nordsee ansteigen, werden niedrige Flußdeiche und tiefgelegene Orte gefährdet. Wo das der Fall ist, werden vielfach Sturmflutsperrwerke in den Flußmündungen angelegt wie bei den Elbnebenflüssen Pinnau, Krückau und Stör sowie in der Eidermündung. Wenn bei Niedrigwasser nicht genügend Wasser abfließen kann, tritt der Fluß bei starkem Zufluß über seine Ufer; dagegen nützt ein Sperrwerk nichts. Der Abfluß aus der Marsch kann durch ein Schöpfwerk gesichert werden wie z.B. das Arlauschöpfwerk zwischen Husum und Bredstedt. Stellenweise hat man sich dafür entschieden, außerhalb des bestehenden Seedeiches einen Speicherpolder anzulegen. Dessen hochgelegener Teil wird vielfach der Landwirtschaft überlassen, der niedrige Teil dient als Speicherbecken, wenn das Wasser nicht abfließen kann. Wenn auch der nicht landwirtschaftliche Teil zum Schutzgebiet erklärt wird, wie im Lauwers-

zeepolder und im Hauke-Haien-Koog, kann der Verlust von Vorland und Watt dadurch nicht aufgewogen werden. 1938 wurde die Rantumer Bucht auf Sylt für die Marinefliegerei bedeicht, jedoch nicht trockengelegt; das Becken ist heute Naturschutzgebiet. Leider ist für Teile des Lauwerszeepolders eine militärische Nutzung geplant.

Bedeichungen zur Anlage von Süßwasserbecken, wie sie für die Washbucht in England entworfen wurden, sind im Wattenmeer unwahrscheinlich. Bedeichungen für Erholungszwecke (eines der Argumente für die Trockenlegung des Amelander Watts und des Teiles des dänischen Wattenmeeres zwischen Rømø und Esbjerg) werden auch nicht mehr erwogen. Dadurch würden an die Stelle seltener Erholungsmöglichkeiten wie Wattlaufen, Strandsegeln und Wattfischen solche treten, die auch anderswo verwirklicht werden können, und dies würde auf Kosten eines unersetzlichen Naturraumes geschehen. Man hat lediglich an der niedersächsischen Festlandküste in den letzten Jahren kleine Wattflächen mit Sand aufgespült, um einen Badebetrieb zu ermöglichen.

Schwerwiegender sind oft Pläne zur Bedeichung und Aufspülung für Hafen- und Industriegelände wie für den Emshafen und im Raum Scharhörn–Neuwerk. In diesen Fällen geht nicht nur Wattland verloren, es droht auch eine einschneidende Umweltverschmutzung. Die Erfahrung lehrt, daß es sehr schwierig ist, diese Art von Eingriffen zu verhindern. Vielleicht werden die geplanten Vorhaben so lange aufgeschoben, bis sich überall die Einsicht durchgesetzt hat, daß diese für unsere Existenz gar nicht nötig sind.

327 *Vogelkoje auf Fanø*
329 *Pfeife einer Vogelkoje auf Föhr*

328 *Entenjagd auf Föhr*
330 *Jagd auf dem Vorland*

Die besonderen geographischen und ökologischen Bedingungen machen das Wattenmeer zum wichtigsten Nahrungs- und Rastplatz für Tausende von Wasservögeln, die während der Zugzeit im Frühling und Herbst einkehren oder hier überwintern. Seit der Küstenraum besiedelt ist, haben die Menschen von den massenhaften Vogelzügen profitiert.

Fangnetze   Bei den ältesten Jagdmethoden wurden Netze und Kojen verwendet. Der Fang mit Netzen ist im deutschen und dänischen Teil nicht mehr erlaubt, im niederländischen Teil wird diese Methode jedoch für den Fang von Gänsen und Goldregenpfeifern in geringem Umfang noch angewendet. Neue Genehmigungen werden nicht mehr erteilt, so daß die Zahl der Fänger allmählich auf Null sinkt. Die Fänger werden z.T. für die Beringung mit eingesetzt, wodurch vor allem Einblick in die Zugbewegungen und in die Bestandsgröße der Gänse und Goldregenpfeifer gewonnen werden kann.

Vogelkojen   In Deutschland und Dänemark ist der Fang mit Vogelkojen nicht mehr erlaubt; ausgenommen sind einzelne Kojen, die für wissenschaftliche Zwecke benutzt werden. So wurde 1960 eine der Kojen auf Fanø wiederhergerichtet, die jetzt zur Beringung benutzt wird. Im niederländischen Teil des Wattenraumes sind noch 11 Vogelkojen in Betrieb, die jährlich schätzungsweise 20 000–30 000 Wildenten fangen. Verschiedene Kojen, wie die auf Texel, werden nur für die Beringung benutzt.

Jagd mit dem Gewehr   Die Jagd auf Wasserwild mit dem Jagdgewehr wird sowohl auf den Inseln wie auch auf dem Festland betrieben, wo Reviere von Jägern einzeln oder gemeinsam gepachtet werden können. Zum Wasserwild zählen Goldregenpfeifer, Bekassinen, Doppelschnepfen, Zwergschnepfen und Bläßhühner nebst sämtlichen Arten von Enten und Gänsen. In den Niederlanden ist die Jagd auf Wasserwild im Wattenmeer selbst nicht mehr erlaubt. In Deutschland macht noch eine Anzahl von Jägern von der Möglichkeit Gebrauch, eine Erlaubnis zur Jagd auf Wasserwild im Watt zu erhalten. Diese Möglichkeit blieb bestehen, weil die Küstenbevölkerung sich ihr Gewohnheitsrecht, auf dem Watt von eingegrabenen Tonnen aus zu jagen, nicht nehmen lassen wollte. In Dänemark kann jeder, der einen gültigen Jagdschein besitzt, im Wattenmeer jagen. Einige Schutzgebiete sind davon ausgenommen. Im niederländischen und deutschen Teil dürfen Weißwangen-, Ringel- und Kanadagans, Kolbenente, Eider- und Brandente nicht bejagt

werden, während im niederländischen Teil außerdem Zwerggans, Eisente, Trauer-, Samt-, Brillenente, Mittelsäger, Gänsesäger, Zwergsäger und Schellente geschützt sind. Jagdbare Arten sind: Stockente, Krick-, Spieß-, Pfeif-, Löffel-, Schnatter-, Berg-, Reiher- und Tafelente. In Deutschland sind darüber hinaus Eisente, Samt- und Trauerente, Säger und Regenbrachvogel jagdbar. In jüngster Zeit wird die Jagd auf Möwen, die sich enorm vermehren, angeregt. Auch die nicht geschützten Gänsearten werden im gesamten Gebiet bejagt. Bei der Jagd auf Wasserwild müssen verschiedene Beschränkungen beachtet werden, die sich aus den jeweiligen Jagdgesetzen und -verordnungen ergeben, wie die Jagd- und Schonzeiten, die für jede Art besonders festgesetzt werden. Außerdem ist es verboten, im Winter an Wasserlöchern im Eis zu jagen; mausernde Vögel, die wegen unvollständigen Federkleides nicht fliegen können, dürfen gleichfalls nicht geschossen werden. In Dänemark hat man das Kaliber der Jagdgewehre auf maximal 12 begrenzt und mehr als zweischüssige Gewehre verboten.

Seehundsjagd   Im gesamten Wattenmeer wird seit jeher Seehundsjagd betrieben. Wegen des Schadens, den die Seehunde der Fischerei zufügten, wurden in den Niederlanden bis zum Zweiten Weltkrieg sogar Prämien gezahlt, um den Abschuß zu fördern. Nach Abschaffung des Prämiensystems und des 1954 eingeführten Abschußquotenverfahrens wurde die Seehundsjagd wegen der bedenklichen Abnahme des Bestandes 1962 ganz verboten. Auch in Niedersachsen ging die Anzahl offenbar stark zurück. Hier blieb das Genehmigungsverfahren bis 1972 in Kraft. Die Tiere wurden zur Bekämpfung der Wilderei mit einer Plombe markiert. Jeder Abschuß mußte gemeldet werden. Nach 1972 dürfen mit Ausnahmegenehmigungen nur noch kranke Hunde erlegt werden, die dann zur Untersuchung abgeliefert werden müssen. Wenn auch in Schleswig-Holstein noch kein Rückgang des Seehundsbestandes erkennbar ist, hat man ebenso wie in den Niederlanden und Niedersachsen auch hier die Jagd verboten, außer auf kranke Tiere für Untersuchungszwecke. Ganz offensichtlich werden Schonung und Forschung in der Erwartung unternommen, daß nach einer Erholung des Seehundsbestandes die Robbenjagd wieder möglich sein wird. Auch in Dänemark hat man noch keinen Rückgang festgestellt. Jeder Inhaber eines gültigen Jagdscheines darf außerhalb einer 500-Meter-Zone an der Küste im dänischen Wattenmeer jagen. Ausgenommen sind drei Gebiete, die als Reservate bezeichnet sind. Jährlich werden in der Jagdsaison noch etwa 75 Seehunde erlegt.

Von den menschlichen Tätigkeiten im Wattenmeer ist die Fischerei vielleicht eine der ältesten. Die Annahme, daß die Küstenbewohner hier schon früh begannen, ihre Nahrung teilweise aus dem Meer zu beziehen, liegt in einem Raum nahe, der durch vorgelagerte Inseln geschützt und der mit seinen großen Wattflächen, die bei Niedrigwasser trockenfallen, gut zugänglich ist. Die Annahme wird durch Funde von Fischereigerät und Resten von Meerestieren an vorgeschichtlichen Wohnplätzen gestützt.

Bis heute hat die Fischerei im Wattenmeer sich stark gewandelt, teils durch technische Entwicklung zu effektiveren Fangmethoden, teils durch Bau von Deichen und Dämmen, die den Fischbestand beeinflussen. So führte die Abschließung der Zuiderzee dazu, daß die Heringsfischerei um das Marsdiep und an der westfriesischen Küste verschwand. Teilweise waren die Veränderungen auch eine Folge der Fischerei selbst, die in den Fischbestand eingriff. Daher spiegelt die heutige Fauna des Wattenmeeres, vor allem, wo es sich um wirtschaftlich wichtige Arten handelt, den Einfluß der Fischerei wider. Dabei sind einzelne Arten wie Auster, Rochen und Schellfisch aus dem Raum ganz verschwunden, während andere jetzt weniger häufig sind und eine dritte Gruppe möglicherweise von der Fischerei profitiert hat, wie Aal und Miesmuschel.

Neben dem Einfluß der Fischerei auf die Fauna des Wattenmeeres ist die Bedeutung dieses Raumes für den Fischfang zu nennen. Im Wattenmeer findet einerseits eine Küstenfischerei statt, die etwa 3 % des Fanges in der Nordsee erbringt, andererseits ist der Raum von sehr großer Bedeutung für die Nordseefischerei selbst. Dieser über die Grenzen des Raumes hinausgehende Einfluß des Wattenmeeres auf die Fischerei hängt mit dessen Funktion als „Kinderstube" zusammen.

Küstenfischerei   Obwohl in der Anlandungsstatistik des Wattenmeeres etwa zwanzig Arten erscheinen, eine Zahl, die gegenüber den tatsächlich gefangenen marktfähigen Arten sicher noch zu niedrig ist, bilden nur zwei – die Garnele und die Miesmuschel – den Kern der Wattenfischerei. Der Ausdruck Fischerei mutet hier etwas merkwürdig an, weil keine der beiden Arten im biologischen Sinn zu den Fischen gehört: Die Miesmuschel ist ein Weichtier, die Garnele ein Krebs. Die Bedeutung der beiden Arten geht aus der folgenden Übersicht hervor, die den Fang für die Niederlande und für Deutschland als fünfjährigen Mittelwert angibt. Anlandungswerte aus dem dänischen Wattenmeer fehlen, weil hier wegen

der Rolle des Raumes als Aufwuchsgebiet der Scholle die Fischerei mit einer unbedeutenden Ausnahme verboten ist.

	Deutschland (1968 – 1972)		Niederlande (1968 – 1972)	
	Anlandung (1000 t)	Erlös (Mio. DM)	Anlandung (1000 t)	Erlös (Mio. Gulden)
Garnelen	29,0	17,8	3,6	5,3
Miesmuscheln	8,3	1,4	55,1	8,8
Gesamtanlandung	42,4	19,5	60,4	15,3

Auf Garnele und Miesmuschel zusammen entfallen etwa 90 % des angelandeten Gewichtes und des Ertrages, wobei in Deutschland mehr Garnelen und in den Niederlanden mehr Miesmuscheln angelandet werden.

Beide Produkte – Garnele und Miesmuschel – sind Gegenstand spezialisierter Betriebszweige, jeweils mit einer typischen Geschichte. Dabei stellt die Garnelenfischerei, auch „Krabbenfischerei" genannt, eine echte Fischerei dar, die nur erntet, was die Natur anbietet. Die Miesmuschelgewinnung in ihrer heutigen Form ist jedoch meist eine Teilkultur, bei der die Produktion durch die Aussaat von Brut und die Bekämpfung schädlicher Tiere gesichert wird.

Garnelenfischerei   Die Garnelenfischerei wird von vielen Häfen aus betrieben, in Deutschland sind dies u.a.: Husum, Tönning, Büsum, Friedrichskoog, Cuxhaven, Greetsiel, Norddeich, Westeraccumersiel, Neuharlingersiel und Harlesiel. In den Niederlanden wird u. a. von Den Oever, Harlingen Zoutkamp, Delfzijl und Termunten aus gefischt. In den letzten 10 Jahren bestand die Flotte in Deutschland aus 300 bis 400 Schiffen und in den Niederlanden aus 100 bis 200. Man verwendet einen kleinen Kuttertyp von 10 bis 20 m Länge und einer Motorleistung von 100 bis 200 PS. 1970 arbeiteten in Deutschland etwa 700, in den Niederlanden etwa 350 Fischer. In beiden Ländern nimmt die Zahl der Kutter und der Fischer ab, zugleich besteht die überall in der Fischerei vorhandene Tendenz, Schiffe und Motoren zu vergrößern, womit die Produktion je Schiff und Mann – ebenso wie der Kostenfaktor – steigt.

Das Fanggerät der Garnelenfischerei, die Baumkurre, beruht auf einem alten Prinzip. Es besteht aus einem spitzen Netzsack, welcher horizontal durch einen – ursprünglich hölzernen, heute stählernen – Baum offengehalten wird. An dessen Enden befinden sich Bügel mit Gleitern an der Unterseite,

332 *Garnelenfischer beim Fang*
334 *Der Fang*

333 *Der Fang auf dem Deck*
335 *Der Fang wird sortiert*

welche die Netzöffnung vertikal offenhalten. Das Netz ist
der geringen Größe der Garnelen entsprechend feinmaschig.
Auf der Unterleine des Netzes sind oft Rollen aus Holz oder
Gummi angebracht, um zu verhindern, daß das Netz sich
in den weichen Wattboden einschneidet. Ein Kutter fischt
mit zwei derartigen Netzen; dazu sind stählerne Ausleger
unten am Vormast befestigt und quer zur Fahrtrichtung gezurrt,
welche die Netze beiderseits des Schiffes halten. Bei dieser
Fangmethode werden die Garnelen von dem fischenden
Fahrzeug aufgesucht, wobei die Rollen und manchmal eine
Kette die oft in den Sand eingegrabenen Garnelen aufjagen
und das nachfolgende Netz sie einsammelt.
Der Fang, in dem außer Garnelen noch verschiedene andere
Tierarten, Meersalat, Torf- und Kleibrocken und Wegwerfpro-
dukte der Wohlstandsgesellschaft vorkommen, wird mit Sieben
in drei Fraktionen sortiert:
1   Grober Unrat, Krabben, untermaßige und marktfähige
    Fische.
2   Speisegarnelen, über 55 mm groß.
3   „Gammel", überwiegend kleine Garnelen.
Die Speisegarnelen, die nach deutschen Angaben aus den
60er Jahren etwa 15 % des Fanges, jedoch 80 % des Wertes
ausmachen, und um die es daher eigentlich geht, werden
an Bord gekocht. Die Garnele ist ungekühlt nur kurze Zeit
haltbar, weshalb die Fangfahrten kurz sind, im Sommer meist
weniger als 24 Stunden. Durch den Einbau von Kühleinrichtungen
ist in einigen neueren Schiffen dieser Nachteil beseitigt und
die Reisedauer verlängert worden, ebenso der Aktionsradius
des Schiffes.
Der „Gammel", oft 70 % des geringwertigen Fanganteils,
wird ungekocht an Land gebracht, in übelriechenden Darren
getrocknet und u. a. als Entenfutter verkauft. Eine Fangmethode,
bei der ein Siebentel des Fanges allein den Löwenanteil des
Erlöses liefert, ist wenig selektiv und fordert die Frage heraus,
inwieweit die Gammelanlandung durch Vernichtung des
Garnelennachwuchses die Erträge des Wirtschaftszweiges
negativ beeinflußt. Es kommt hinzu, daß beim Fischen mit
kleinmaschigen Netzen in dem Aufwuchsgebiet auch noch
große Mengen junger Schollen, Zungen und Jungstadien
anderer wirtschaftlich wichtiger Fischarten ausgemerzt werden,
von den wirtschaftlich unwichtigen Lebewesen ganz zu schweigen.
Dieses Problem entsteht dadurch, daß kleine und große Garnelen
in einem Fanggebiet zusammen vorkommen, in dem außerdem
die Kinderstube anderer wirtschaftlich wichtiger Arten liegt
(14-, 17-). Dies Problem tritt bei anderen Formen der Fischerei

336 *Garnele auf dem Boden*
337 *Eingegrabene Garnele*

nicht so sehr auf, weil kleine und große Tiere oft geographisch voneinander getrennt sind; hier wird es noch verschärft, weil das klassische Garnelennetz kaum eine Möglichkeit bietet, mittels der Maschenweite die Spreu von dem Weizen zu trennen, wie es bei vielen anderen Fangmethoden üblich ist. Im Zusammenhang damit ist in den Niederlanden ein besser selektierendes Netz entwickelt worden, das Siebnetz, und gleichzeitig eine Sortiermaschine, mit der an Bord die hochwertigen Speisegarnelen recht gut von dem Rest getrennt werden können, mit dem der Gammel und die jungen Plattfische lebend über Bord gehen (6-). Unter anderem dadurch hat die Anlandung von Gammel durch die niederländische Garnelenfischerei fast aufgehört. Übrigens beurteilen die Fachleute den Schaden der Gammelfischerei ziemlich verschieden, wobei die Frage im Mittelpunkt steht, ob die Schonung der Gammelgarnelen und die daraus entstehenden finanziellen Verluste durch höhere Fänge an Speisegarnelen kompensiert werden. Obgleich die Antwort einfach erscheint, müssen wir doch wissen, daß natürliche Feinde wie Steinpicker, Meergrundel, Scheibenbauch, Wittling, Dorsch und Kliesche erheblich mehr Garnelen verzehren, als die Fischer fangen (7-, 16-). Es wäre dann zu fragen, ob man die kleine Garnele hauptsächlich

verschont, damit sie ihren natürlichen Feinden zur Nahrung dient, oder ob diese eine so große Anzahl kleiner Garnelen übriglassen, daß die Fänge an Speisegarnelen bedeutend höher ausfallen. Daneben wird noch betont, daß ein erheblicher Teil des Gammels aus Männchen besteht, die selten die Größe von Speisegarnelen erreichen. Es gibt jedoch gute Gründe für die Annahme, daß ein Teil der Männchen sich später in Weibchen verwandelt und dann doch über die Gammelgröße hinauswächst (2-). Kurzum, das Problem der Gammel-Anlandung ist erkannt und wird untersucht. Das gleiche gilt für die Schonung der kleinen Schollen und Zungen, bei der auch etliche Zweifel hinsichtlich der Auswirkung bestehen. Ein Argument dazu ist, daß die Zahl der Jungfische dieser Arten oft größer ist als das Wattenmeer ernähren kann, so daß eine Auslichtung nicht von vornherein schädlich sein muß (8-).
Übrigens geht auch in Deutschland die Gammelanlandung zurück u. a. infolge nachgebender Preise. Die oben angedeutete Entwicklung zu Kühlschiffen mit längeren Reisen dürfte ebenfalls zu einer Verminderung der Anlandungen von Gammel führen. Die Fanggründe der Garnelenfischerei liegen teils im Wattenmeer, teil im Raum 10 bis 20 sm außerhalb der Inseln. Weder bei der deutschen noch bei der niederländischen Fischerei kann man eine klare Grenze ziehen zwischen inner- und außerhalb des Wattenmeeres gefangenen Garnelen. Die angegebenen Fangergebnisse gelten für beide Fanggründe und stammen genaugenommen nicht nur aus dem Wattenmeer. Für die niederländische Anlandungsstatistik bildet die Frühjahrsfischerei bei Sylt, außerhalb der deutsch-dänischen Westküste, die seit 1966 stattfindet, ein besonderes Problem; dies ist in den o. a. Anlandungsmengen jedoch berücksichtigt worden. Im Wattenmeer wird vor allem unterhalb der Niedrigwasserlinie gefischt, wobei im Sommerhalbjahr flachere Gründe aufgesucht werden als im Winter, wenn ein großer Teil der Speisegarnelen das Wattenmeer verläßt. Im Winter wird viel außerhalb der Inseln gefischt, in strengen Wintern manchmal bis 50 km vor der Küste (3-). Dieser saisonale Wechsel der Fanggründe spiegelt die Wanderung der Garnelen wider, die im Sommer weiter drinnen und flacher sitzen als im Winter, wenn extrem niedrige Temperaturen die Garnelen offenbar weit aus dem Küstenraum forttreiben. Übrigens besteht sowohl bei der niederländischen wie auch bei der deutschen Fischerei die Tendenz, mehr „draußen" zu fischen, wozu die großen Schiffe, die größere Häufigkeit der Speisegarnelen auf den Außengründen sowie die abnehmende Bewertung des Gammels, der mehr im Wattenmeer vorkommt, beitragen.

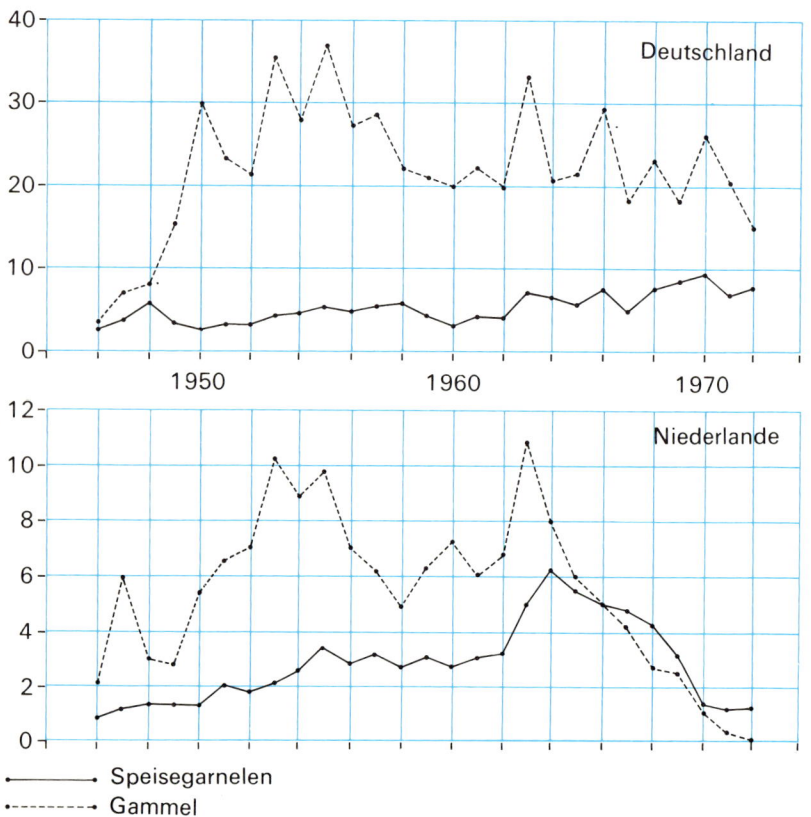

338 *Anlandungen der Garnelenfischerei in Deutschland und den Niederlanden aus dem Wattenmeer und den angrenzenden Gewässern (in 1000 t)*

Wenn auch in allen Monaten des Jahres Garnelen angelandet werden, so zeigt sich doch ein deutlicher jahreszeitlicher Verlauf. Dabei sind in den deutschen wie in den niederländischen Häfen die Anlandungen in den Monaten Juli bis November am größten (60% des Jahresfanges), wofür zwei Ursachen maßgebend sind. Die erste und wichtigste ist, daß die meisten Garnelen nur kurze Zeit, etwas über ein Jahr, leben. Nur ein kleiner Teil wird etwa zwei Jahre alt. Die Brut, die vor allem in der von Februar bis Juni liegenden Fortpflanzungsperiode geboren wird, wächst heran und erreicht bis Anfang Juli eine solche Länge, daß sie im Netz gefangen werden kann. Derjenige Teil, der diese kritische Länge erreicht hat, nimmt im Laufe des Sommers zu, weshalb die größten Fänge von August bis Oktober erfolgen. Danach nehmen die Zahlen ab, weil viele Tiere sterben. Es stimmt mit diesem Bild überein, wenn die Gammelfänge ihr Maximum zwischen Juli und September erreichen, die Fänge von Speisegarnelen zwischen September und November. In dieser Zeit von etwa 8 Wochen wächst ein Teil der kleinen Garnelen offenbar zur Speisegarnelengröße heran. Das Herbstmaximum wird außerdem dadurch bewirkt, daß sich die Garnelen in den Wattströmen und den Außengründen sammeln, wenn sie die flacheren Teile des Wattenmeeres mit dem Absinken der Temperatur verlassen (4-).

Die Erträge der deutschen und niederländischen Garnelenfischerei sind in Abb. 338 dargestellt. Die deutschen Fänge an Speisegarnelen zeigen eine Zunahmetendenz in der Nachkriegszeit, wobei eine leichte Neigung zu abnehmender Gammelanlandung in den Jahren nach 1955 festzustellen ist. Die niederländische Speisegarnelenanlandung geht, nach anfänglicher Steigerung bis 1964, auffällig zurück. Die Ursache dafür ist nicht einfach. Teils handelt es sich darum, daß sich die Garnelenflotte damals auf die lukrativere Zungenfischerei verlegt hat, teils liegt eine Abnahme des Garnelenbestandes vor, die mit einer gefräßigen Dorschpopulation in Verbindung gebracht wird. Diese laicht im westniederländischen Küstenraum und nahm gerade nach 1964 sehr stark zu (7-). Andererseits kann im niederländischen Küstenraum eine zunehmende Wasserverschmutzung als Ursache nicht ausgeschlossen werden. Obgleich uns das Bild der Garnelenfischerei im Wattenraum sehr vertraut ist, ist diese, historisch betrachtet, vermutlich noch nicht sehr alt. Deutsche und niederländische Berichte aus dem vorigen Jahrhundert ergaben ein ganz anderes Bild der Fischerei, die damals aus heutigen Garnelenhäfen und von vielen Orten um das Wattenmeer betrieben wurde, die heute keine Fischerei mehr kennen, sowie von fast allen Inseln aus. Mit Segelschiffen wie Pinken, Schnicken und Blazern wurde auf Scholle, Schellfisch, Dorsch und Rochen in einem Raum gefischt, den jetzt die Garnelenfischer bearbeiten. Es wird jedenfalls berichtet, daß in Sichtweite der Küste gefischt wurde. Im 18. Jahrhundert waren Ameländer Schollen ein Qualitätsbegriff auf dem Amsterdamer Fischmarkt, kaufte man in Groningen Zoutkamper Bratscholle, und damals entstand vielleicht das Lied, das auf Scholle und Schellfisch im Wattenmeer bei Ameland anspielt. Als Fischereigerät diente eine Baumkurre mit hölzernem Baum und später die mit beköderten Haken versehene Legschnur. Als Köder wurde der Pierwurm und eigenartigerweise die Garnele benutzt. Diese Fischerei, die lange Zeit in Blüte stand, verschwand nach dem Aufkommen der Dampftrawlfischerei. Diese verminderte den Fischbestand in der Nordsee, wobei das Areal mit marktfähigen Schollen und Schellfischen schrumpfte, und die Küstenräume leer zurückblieben (15-). Diese Argumentation wird dadurch bestätigt, daß am Ende beider Weltkriege, nachdem der Fischbestand sich einige Zeit erholt hatte, größere Schollen und Schellfische in unserer Küstenzone erschienen.

Miesmuschelwerbung   Im Gegensatz zur Garnelenfischerei ist die Miesmuschelwerbung im Wattenmeer bis jetzt eine überwiegend niederländische Angelegenheit (11-). Sie wird im westlichen Teil des Raumes ausgeübt, wo die Miesmuscheln auf dafür hergerichteten und vom Staat verpachteten Parzellen in „Kultur" gehalten werden. Dazu wird Muschelbrut, die im Wattenmeer meist im Überfluß vorhanden ist, aufgefischt unf auf den Parzellen ausgesät. Die Brutfischerei, welche die von Natur aus vorhandenen Jungmuscheln nutzt, findet im Frühling und Sommer statt. Die Brut, die manchmal nach einem Jahr wieder herausgefischt und auf neuen, oft tiefer gelegenen Parzellen wieder ausgebracht wird, liefert nach etwa zwei Jahren fast das Fünffache des Gewichtes als Ertrag. Die Anzahl ist durch Sterblichkeit geringer geworden. Die Muschelparzellen liegen stets in dauernd wasserbedeckten Gebieten. Zwar gedeiht die Miesmuschel auch in den Gezeitenzonen, sie erreicht dort aber nur eine geringe Qualität. Sie wächst langsamer, und das Gewicht des Muschelfleisches, das auf guten Parzellen bis 30% des Bruttogewichtes ausmachen kann, bleibt geringer. Die Miesmuschel, die überwiegend pflanzliches Plankton aus dem Wasser filtriert, wächst um so besser, je länger sie unter Wasser steht. Bei der Muschelkultur werden die Parzellen ab und zu von natürlichen Feinden wie Seesternen und Krabben gereinigt, indem die Muscheln mit ihren Feinden zusammen aufgefischt und sauber wieder ausgebracht werden. Außer mit diesen Feinden hat man bei der Muschelkultur damit zu tun, daß das Tier aus ungenießbaren Teilchen, die es aus dem Wasser gefiltert hat, sogenannte Pseudofaeces formt. Diese bilden Schlickschichten unter dem Tier, die durch die vorhandene Muschelschicht gegen die Strömung geschützt werden. Man kann das an Muschelbänken in den Gezeitenzonen beobachten, bei denen auch die Umgebung etwas schlickig ist. Weil die Miesmuschel auf einem harten Sandboden am besten gedeiht, verändert das Tier die Parzellen derart, daß sie weniger Ertrag liefern. Wilde Muschelbänke verschwinden denn auch nach einigen Jahren. Auf den Parzellen wird der Schlick durch Eggen bei starkem Strom aufgewirbelt und entfernt.

Nach einer Ernte, die im Winterhalbjahr erfolgt, werden die Muscheln nicht direkt an die – meist belgischen und französischen – Konsumenten verkauft. Sie werden auf kleinen Flächen in der Nähe der Exporthäfen in Zeeland gelagert. Dies hat einen doppelten Zweck. In erster Linie verfügt man hier an geschützter und bei fast jedem Wetter zugänglicher Stelle über einen Vorrat, aus dem die Nachfrage jederzeit

befriedigt werden kann. Außerdem gibt die Miesmuschel hier auf hartem Boden in geschütztem Wasser einen Teil von dem im Darmkanal vorhandenen Schlick und Sand ab, dies ist für den Kosum eine unbedingte Voraussetzung. Das Problem der Wässerung wird dadurch verschärft, weil die niederländischen Miesmuscheln mit denen aus Portugal und Spanien konkurrieren müssen, wo in ruhigem Wasser die Muscheln, an Tauwerk hängend, von Flößen aus gezogen werden. Diese Miesmuscheln enthalten bei der Ernte im Gegensatz zu den niederländischen keinen Sand.

Die Miesmuschelkultur im Wattenmeer ist noch jung, sie begann eigentlich erst richtig nach 1950 (Abb. 339). Vorher wurden wohl Muscheln gefischt, und es gab eine kleine Fläche mit Parzellen, jedoch mit Ausnahme des Ersten Weltkrieges, als 1918 auf dem Höhepunkt 120 000 t Muscheln gewonnen und überwiegend nach Deutschland exportiert wurden, hatte diese Fischerei aus Qualitätsgründen nur geringe Bedeutung. Die Wiege der Muschelwirtschaft in ihrer heutigen Form liegt in Zeeland, wo diese Halb-Kultur in der Osterschelde und in den Grevelingen vielleicht schon im 18. Jahrhundert betrieben wurde. Als im zeeländischen Raum ein Miesmuschelparasit auftrat, der dazu zwang, die Besatzdichte auf den

Miesmuschelanladung x 1000 Ton.
Aalfänge in Tonnen

339 *Miesmuschelanlandungen (in 1000 t) und Aalfänge (in t) aus dem niederländischen Wattenmeer*

340 *Miesmuschel mit den zum Anheften dienenden Byssusfäden*

Parzellen und damit die Produktion drastisch zu beschränken (12-), ging man im westlichen Wattenmeer dazu über, im großen Stil Miesmuscheln auf Parzellen zu kultivieren. Als später die Gefahr bestand, daß das südliche Delta abgedämmt werden würde, gab das der Entwicklung der Kultur im westlichen Wattenraum weiteren Auftrieb, wo, anders als in Zeeland und im östlichen Teil des niederländischen Wattenmeeres, der Muschelparasit seltener war oder ganz fehlte.

Eine Schwierigkeit liegt jedoch darin, daß das Wattenmeer für die Wässerungsflächen in der Osterschelde keinen guten Ersatz bietet. Aus diesem Grunde wird bei der Muschelprüfstelle auf Texel untersucht, ob die Möglichkeit besteht, eine künstliche Wässerung einzurichten (10-).

In Deutschland steht die Miesmuschelwirtschaft noch am Anfang. Die Erzeugung ist niedrig und erreicht wahrscheinlich nur einen Bruchteil der möglichen. Das gleiche gilt für das dänische und für das östliche niederländische Wattenmeer. Es ist allerdings nicht sicher, ob die niedrigeren Temperaturen im östlichen Wattenmeer, insbesondere an der schleswig-holsteinischen und dänischen Küste, die Erzeugung eines Qualitätsproduktes ermöglichen.

Die Einrichtung der Muschelkulturen im Wattenmeer hat den Vorteil, daß mit der Miesmuschel, die als Pflanzenfresser dicht am Anfang der Nahrungsketten steht, eine große Produktion möglich ist. Andererseits muß man sich fragen, ob durch die Kulturen, die übrigens schon jetzt durch Absatzmöglichkeit und Wässerungsgelegenheiten beschränkt werden, dem Raum kein Schaden zugefügt wird. Zweifellos beeinflußt das Tier seine Umwelt, u.a. indem es Schlick absetzt und dem Wasser Nahrung entzieht. Daß dieser Nahrungsentzug für andere Planktonfresser und für die Organismen, die von ihnen leben, von Bedeutung ist, geht aus einer Berechnung hervor, nach welcher der gesamte Wasserinhalt des westlichen Wattenmeeres alle zwei Wochen von den Miesmuscheln gefiltert wird (18-). Diesem möglicherweise negativen Aspekt der Muschelzucht, dessen Auswirkungen übrigens noch nachgewiesen werden müssen, steht entgegen, daß durch die Gegenwart der Muschelbänke die Fauna des Raumes eine Bereicherung erfährt. Auf den Miesmuschelbänken siedeln sich viele Tierarten an, die sonst auf dem Watt fehlen, auch quantitativ beherbergen die Bänke eine reiche Fauna.

Die niederländische Miesmuschelzucht im Wattenmeer wird aus historischen Gründen fast ausschließlich von Zeeländern betrieben. Es hat jedoch in der Vergangenheit sowohl in Deutschland wie in den Niederlanden im Wattenmeer eine eigene wichtige Muschelfischerei bestanden: die *Austernfischerei* (9-). Im 18. und 19. Jahrhundert war die Wattenmeer-Auster beim Handel in Amsterdam, Hamburg und sogar in Rußland berühmt. In den Anlandungsstatistiken des vorigen Jahrhunderts wird nicht die Miesmuschel, sondern die weit beliebtere Auster mit ihren Fangplätzen bei Texel, Wieringen, Schiermonnikoog und Sylt genannt. Die Austernbänke, deren Spuren man in Gestalt leerer Schalen noch findet, lieferten bis in unser Jahrhundert noch einige Erträge. Die Ursache für den Rückgang ist so gut wie sicher eine hemmungslose Überfischung, bei der viele junge Austern vernichtet wurden. Wie in Zeeland hat man Versuche zu einer Zucht unternommen, wobei man den Brutansatz durch das Ausbringen von Reisigbündeln zu fördern trachtete. In Zeeland war der Versuch erfolgreich, wobei die Erträge der Kultur 30mal größer waren als die natürlicher Austernbänke (13-). Im Wattenmeer hatte man keinen Erfolg, und Versuche, die Auster nach 1945 im westlichen Wattenmeer wieder einzuführen, schlugen auch fehl, wahrscheinlich, weil man dazu Austern aus Zeeland verwendete, die sich bei den niedrigen Sommertemperaturen im Wattenmeer nicht fortpflanzen konnten.

Andere Schalentiere wie Herzmuschel, Strandschnecke und

341 *Austernschalen auf Steinen aus dem Hafen von Oudeschild auf Texel*

Wellhornschnecke werden in Deutschland und den Niederlanden gewonnen, die Erträge sind meist nur bescheiden. Darunter ist besonders die *Herzmuschelfischerei* risikoreich, weil es durch die wechselnde Brutproduktion nur ab und zu gute Jahre gibt.

Obgleich mit der Garnelenfischerei und der Miesmuschelzucht die wichtigsten Zweige der Fischerei beschrieben worden sind, gibt es doch derer noch einzelne, die zwar wirtschaftlich unbedeutend, für das Gesamtbild der Fischerei in diesem Raum aber doch charakteristisch sind. Dazu gehört der Fang mit *Fischgärten*, eine passive Methode, welche die – für das Watt so typische – Gezeitenwanderung einiger Fischarten ausnutzt. Das Prinzip ist einfach: Mit Hilfe von Stöcken errichtet man auf trockenfallenden Wattflächen eine V-förmige Sperre, wobei die Arme des V mehrere hundert Meter lang sein können. Die Öffnung des V weist zum höheren Teil des Watts; am Endpunkt steht eine Reuse. Die Fische werden bei ablaufendem Wasser an der Sperre aus Stäben entlanggeleitet und gefangen. Meist werden Flundern, als die besonders typischen Wattfische, gefangen und auch wohl große Schollen. In den letzten Jahren verwendet man im westlichen Wattenmeer einen komplizierten Fischgarten für die Meeräschen (Abb. 342). Dieser Fisch hat an Zahl zugenommen, und er hat einen höheren Marktwert.

Eine gleichfalls passive Fischerei, bei der das Fanggerät stillsteht und der Fisch in das Netz schwimmt, ist die *Heringsfischerei* im westlichen Wattenmeer. Vor der Abschließung der Zuiderzee (1932) suchte von Februar bis Mai ein Heringsstamm (Lokalrasse) diesen Raum zum Laichen auf. Auf ihrem Weg zu den Laichgründen zogen die Fischschwärme offenbar an der Küste entlang. Dabei wurden die Fische mit Reusen gefangen, in die sie mit langen Flügeln geleitet wurden. Diese Fischerei blühte bei Den Helder, Texel, Wieringen und an der Küste bei Harlingen. Nach Fertigstellung des Abschlußdeiches erschienen die Heringe noch einige Jahre, wobei sie Eier auf der Steinböschung des neuen Deiches ablegten. Im Wattenmeer nahmen in den ersten Jahren nach der Abschließung die Fänge zu, weil die Schwärme länger dableiben und nicht mehr in die Zuiderzee weiterziehen konnten. Aus den Eiern entstand jedoch offenbar keine neue Brut, die Ergänzung des Bestandes durch Jungtiere blieb aus, und der Heringsbestand verschwand (Abb. 343). Anderswo im Wattenraum kommen derartige Lokalrassen des Herings bis heute vor wie in der Elbe und in der Ho Bugt bei Esbjerg. Diese Stämme sind jedoch im Vergleich mit dem in der Zuiderzee nur klein,

342 *Fischreusenanlage zum Meeräschenfang*
343 *Heringsfischerei zu Beginn unseres Jahrhunderts*

und ihre fischereiliche Bedeutung ist gering.

Dem Verschwinden der Heringsfischerei steht im westlichen Wattenmeer das Aufkommen der *Aalfischerei* in der Nachkriegszeit gegenüber. Die in Abb. 339 dargestellt Zunahme dieser Fischerei führt man auf die Muschelkultur zurück, die ein dem Aal zusagendes Milieu mit sich bringt (5-).

Kinderstube   Wie schon berichtet, erfüllt das Wattenmeer für eine Reihe von Fischarten, die als erwachsene Tiere in der Nordsee gefangen werden, die Aufgabe einer Kinderstube. Hinsichtlich der Arten kann man leicht feststellen, daß in dem Raum Schollen, Zungen, Heringe, Dorsche und im deutschen Teil Wittlinge als Jungfische vorkommen. Diese Arten liefern zusammen 20–30 % des Fischereiertrages in der Nordsee. Für die niederländische Fischerei, die sich gerade auf Arten wie Zunge, Scholle und Hering spezialisiert hat, ist finanziell gesehen der Anteil am Fang noch größer, er liegt bei 60 % (19-).

Während qualitativ leicht festgestellt werden kann, daß Jungfische der genannten Arten im Wattenmeer vorkommen und aufwachsen, ist es schwieriger, die Bedeutung des Wattenmeeres innerhalb des Aufwuchsgebietes dieser Arten zu quantifizieren.

Das Gebiet ist nicht auf das Wattenmeer beschränkt, sondern umfaßt für die genannten Arten im Prinzip alle flachen Küstenräume. Für die Scholle erweist die Anordnung der Laichplätze in der Nordsee (Abb. 172) zusammen mit dem Strömungsverlauf in den Laichgebieten, daß die wichtigste Kinderstube an den niederländischen, deutschen und dänischen Küsten liegen muß. Für die Zunge, eine Fischart, die in der Küstenzone laicht (Abb. 174), ergeben die Fang- und Wanderungsdaten, daß deren Kinderstube an den gleichen Küsten liegt. Für den Hering, der in der Masse von August bis einschließlich Dezember in der westlichen Nordsee laicht (Abb. 173), und dessen Larvenstadium manchmal über ein halbes Jahr dauert, gibt es zwei Hinweise, daß auch hier ein bedeutender Teil der Kinderstuben in der Küstenzone der Niederlande, Deutschlands, und Dänemarks liegen muß. Der Strömungsverlauf in der Nordsee weist immer in diese Richtung, er wird also die Heringslarve dorthin führen (Abb. 173). Erst mit 10 cm Länge verlassen die Heringe die küstennahen Aufwuchsgebiete und sammeln sich vor allem östlich und südlich der Doggerbank (Abb. 176).

Nachdem die Kinderstuben der genannten Arten in den Küstenräumen der südöstlichen Nordsee lokalisiert sind, muß der Anteil des Wattenmeeres daran ermittelt werden. Aus einer internationalen Untersuchung geht hervor, daß sich in der Wachstumsperiode der Jungfische von April bis September ein Großteil der einjährigen Schollen und Zungen im Gezeitenraum aufhält. Im niederländischen Küstenraum, der bisher am besten untersucht wurde, halten sich offenbar etwa 80 % der vorhandenen Jungfische im Wattenmeer und im Deltaraum auf. Die dazwischenliegende lange Küstenzone der Nordsee enthält nur wenig Jungschollen und -zungen. Dies gilt sinngemäß für die deutsche Küste (1-, 20-). Damit ist auch quantitativ die Bedeutung des Wattenmeeres als Kinderstube für Scholle und Zunge vorläufig nachgewiesen.

344 *Aalreuse*

An Bodenschätzen werden im Wattenraum zur Zeit Sand, Muschelschalen, Erdgas und Trinkwasser gewonnen. Die Aussicht, Öl unter dem Wattenmeer zu finden, ist sehr gering, und auch eine Gewinnung von Kies dürfte nicht oder kaum stattfinden, da es keine Kiesbänke von Bedeutung gibt. Im deutsch-dänischen Wattenraum gibt es bisher keine Pläne für eine Erdgasgewinnung oder für eine übermäßige und schädliche Gewinnung von Sand oder Muscheln. Der letztere Fall kann aber durchaus eintreten, wenn für Hafen- oder Bedeichungsprojekte viel Sand nötig ist, wie etwa bei Wilhelmshaven, an der Elbmündung und in Schleswig-Holstein. Man kann nicht ausschließen, daß im Laufe der Erdgassuche im deutschen Watt nutzbare Lagerstätten gefunden werden.

Sand   Die Bewohner des Raumes haben schon immer zum Bau von Wurten, Deichen und später auch Wegen und um Baugrund aufzuhöhen den Wattboden abgegraben. So sind seit dem 19. Jahrhundert kleine Saugbagger im Wattenmeer immer wieder in Erscheinung getreten, aber die gewonnenen Mengen blieben bescheiden, und von irgendwelchen Schäden hat man nie etwas gehört. Im niederländischen Watt tritt hier offenbar eine Änderung ein. Wegen der stets zunehmenden

Nachfrage nach Sand für Bauvorhaben, Wegebau, Industrieansiedlung, Flurbereinigung, Deicherhöhung und anderer Küstenschutzbauten wird das Wattenmeer immer interessanter zur Sandgewinnung für den Bedarf der nördlichen Provinzen. Es kommt hinzu, daß die Möglichkeiten, auf dem Festland Sand zu gewinnen, knapper zu werden beginnen: Die Gegner einer weiteren Vertiefung von Seen und anderen Binnengewässern nehmen zu. Zufuhr aus anderen Gegenden bedeutet Verteuerung, und die Sandgewinnung in der Nordsee ist teurer als die im Wattenmeer, wodurch sich die Neigung, Sand im Wattenmeer zu gewinnen, noch vergrößert. Das Wattenmeer ist ein öffentliches Gewässer, und auf Grund des Gesetzes über Bodenschätze kann der Verkehrsminister Konzessionen für eine Sandgewinnung erteilen. Es wurden Konzessionen zum Abbau der Ränder von Wattflächen erteilt, manchmal umfaßte eine Konzession offenbar große Teile von Wattplaten, was darauf hinauslief, daß der Konzessionsinhaber die Wattplate abtragen durfte. Die Folgen einer zunehmenden Sandgewinnung im Wattenmeer sind jedoch, abgesehen von den direkten Schäden an den Wattplaten, noch nicht bekannt. Solange die Sandgewinnung auf die Wattströme beschränkt bleibt – und die heutige Konzessionspraxis läuft darauf hinaus – ist die Wahrscheinlichkeit gering, daß die Bodenfauna Schaden leidet, weil der sandige Boden der Baljen sehr arm an Tieren ist; diese sind ohnehin auf einen beweglichen Boden eingestellt und werden sich nach der Sandgewinnung rasch wieder einstellen. Beim Abbau der höheren Flächen sieht es jedoch anders aus, besonders, wenn viele Bodentiere vorhanden sind, welche die wichtigste Nahrungsquelle im Wattenmeer darstellen. Dennoch kann zunehmende Sandgewinnung in den Wattströmen auch schädlich sein. Mit dem Flutstrom kommt Sand aus der Nordsee in das Wattenmeer, und mit der Ebbe geht wieder Sand zurück. Es ist unbekannt, wie groß diese Mengen sind, und wenn auch vermutlich mehr Sand in das Wattenmeer gelangt, wissen wir darüber nichts Genaues. Wenn also in immer größerem Maßstab Sand im Wattenmeer gewonnen wird, ist die Wahrscheinlichkeit groß, daß das auf die Dauer auf Kosten der Wattflächen geschieht, indem die Löcher, die beim Abbau entstehen, mit Sand aufgefüllt werden, der bei Sturm durch Brandung von den Rändern der Platen abgetragen wird. Seit 1963 sind im niederländischen Teil des Wattenmeeres jährlich 2 bis 3 Mio. m³ Sand gewonnen worden.

Muschelschalen   Bei der Schalengewinnung droht die gleiche Tendenz wie bei der Sandgewinnung. Seit jeher hat

346 *Saugbagger im Wattenmeer*

345 *Bau einer Gasleitung im Watt südlich Rottumeroog*

man im Wattenmeer Schalen gefischt, um Kalk zu brennen und um Wege und Pfade zu befestigen. Schon seit 1950 werden im niederländischen Wattenmeer jährlich 100 000 bis 200 000 m³ Schalen gewonnen, viel mehr als die etwa 90 000 m³, die durchschnittlich im Jahr zuwachsen, so daß der vorhandene Bestand angegriffen wird. Es ist nicht bekannt, wie lange dieser Raubbau stattfinden kann, auch wenn nur in den Wattströmen Schalen gewonnen werden. Dabei bilden Muschellagen einen festen Boden in vielen Tiefs, vermutlich tragen sie zur Konstanz der Wattströme bei. Wenn eine solche Schicht in großem Stil entfernt wird, kann diese Konstanz gefährdet werden, allerdings weiß man nicht, welche Folgen das haben kann.

Erdgas   Neben der Sand- und Schalengewinnung haben vor allem die Pläne zur Erdgasgewinnung im niederländischen Wattenraum zahlreiche Reaktionen hervorgerufen. Seit der Entdeckung des Gasfeldes bei Slochteren 1960 sind etwa 30 Suchbohrungen in dem niederländischen und deutschen Wattenraum niedergebracht worden, und mehr als 10 000 Ladungen wurden für die seismische Untersuchung gezündet. Im niederländischen Wattenraum wurden seither drei Konzessionen zur Erdgasgewinnung vergeben, eine vierte ist beantragt, während für den gesamten niederländischen Wattenraum Rechte zur Gassuche erteilt wurden. Wenn auch die Ölgesellschaften und die Regierung geheimhalten, wieviel Erdgas im niederländischen Wattenraum gefunden wurde, ist doch bekannt, daß minimal 50 Mrd. m³ und insgesamt kaum über 100 Mrd. m³ nutzbaren Erdgases vorhanden ist.

Gewinnbare Erdgasmengen, die unter dem niederländischen Wattenraum vorhanden sind (inoffizielle Schätzung)

Ameland	30 – 50 Mrd. m³
Konzession Südwal	20 – 30 Mrd. m³
auf Grund seismischer Untersuchung mögliche weitere kleinere Vorkommen	ca. 30 Mrd. m³
Wattenraum insgesamt	ca. 100 Mrd. m³

Zum Vergleich: Die niederländischen Erdgasvorräte umfaßten am 1.1.1974 nach offiziellen Angaben 2428 Mrd. m³. Das Slochteren-Feld enthielt bei Beginn der Nutzung 2100 Mrd. m³, am 1.1.1974 etwa 1950 Mrd. m³, während auf dem niederländischen Kontinentalschelf in der Nordsee jährlich 25 Mrd. m³ gewonnen werden sollen. Mit seismischen Methoden wird

die Struktur des Untergrundes untersucht, aus der Rückschlüsse auf Erdgasvorkommen gezogen werden können. Bei dieser Methode wird eine Sprengladung zur Detonation gebracht oder auf andere Weise eine tief in den Untergrund eindringende Schwingung erzeugt. Die erdbebenartigen Wellen werden von den Gesteinsformationen des Untergrundes teilweise reflektiert, und aus diesen Echos kann die Lage möglicher Öl- und Erdgaslagerstätten bestimmt werden. Im Wattenraum ging diese Untersuchung damit einher, daß Vögel und Seehunde durch die Explosionen und durch die Verwendung von Luftkissenfahrzeugen gestört wurden. Auf den Wattflächen blieben tiefe Trichter zurück, und bei Explosionen im Wasser wurden Fische getötet. In den Dünen ließen die Probebohrungen Narben zurück. So ist auf Ameland noch nach zehn Jahren sichtbar, wo einmal ein Bohrturm stand, und die in der Umgebung brütenden scheuen Vögel sind nicht zurückgekehrt. Manchmal blieb ausgedientes Material zurück, was z.B. in de Hon auf Ameland jahrelang der Fall war. Seit 1965 wurden jedoch durch Verbesserung der Meßgeräte neue seismische Methoden entwickelt, für die viel weniger oder gar kein Sprengstoff benötigt wird, so daß eine seismische Untersuchung jetzt ohne großen Schaden erfolgen kann, wenn sie nicht

347 *Explosionstrichter von der seismischen Untersuchung*

gerade in einem Seehundschutzgebiet oder in Brutgebieten während der Brutzeit geschieht.

Wenn aus der seismischen Untersuchung des Untergrundes hervorgeht und durch Probebohrungen bestätigt wird, daß tatsächlich Erdgas oder -öl vorhanden ist, müssen für die eigentliche Gewinnung dauernde Bohrstationen, im Wattenmeer feste Plattformen, angelegt werden, von denen aus mehrere Bohrungen niedergebracht werden. Um das geförderte Erdgas für die Verwendung geeignet zu machen, wird es in einer Gasbehandlung gereinigt, wobei Wasser und andere Verunreinigungen wie schwere Kohlenwasserstoffe, Kohlendioxid und Schwefelwasserstoff ausgeschieden werden. Die schweren Kohlenwasserstoffe, eine Art Leichtöl, werden einer Raffinerie zugeführt. Die Gasbehandlung kann auf der Bohrstation bzw. auf der Plattform selbst installiert werden, wo das Gas von mehreren Bohrstellen zusammen gereinigt wird. Für den Transport des rohen Gases von der Bohrstelle zur Gasbehandlung sind Hochdruckleitungen erforderlich, ebenso für den Transport des gereinigten Gases zum Abnehmer. Für den Transport des rohen Gases zur Gasbehandlung wird dem Gas Glycol beigemischt, das als eine Art Frostschutzmittel der Bildung von Hydratflocken entgegenwirkt, die Rohre und Pumpen verstopfen können. Daraus geht hervor, daß auf den Bohrstellen außer einem Verteilerkreuz mit Verschlüssen auf jedem Bohrloch auch ein Glycoltank mit einer Injektionsvorrichtung vorhanden ist. Auf Ameland hat man eine Bohrstelle im Naturschutzgebiet von Oerd, eine Bohrplattform nördlich davon im Meer und eine Bohrstelle an der Westspitze der Insel geplant. Es ist beabsichtigt, diese drei Bohrstellen an eine zentrale Gasbehandlung, die in der Ballumer Bucht geplant ist, zusammen anzuschließen. In der beantragten Konzession Zuidwal im Wattenmeer sind zwei Bohrplattformen am Inschot westlich Griend geplant, die an eine zentrale Gasbehandlung bei Harlingen angeschlossen werden sollen.

Neben den Einrichtungen für Gasgewinnung sind im Wattenraum Leitungen und Gasbehandlungsstationen für die Verarbeitung von Erdgas aus der Nordsee geplant bzw. im Bau. Eine solche Leitung führt vom Ekofisk-Feld im norwegischen Sektor zu einer Gasbehandlungsstation bei Emden mit einem Abzweiger nach Delfzijl und einer Kompressorstation bei Bierum, um das Gas auf den erforderlichen Druck zu bringen. Eine weitere Leitung führt vom Placid-Feld nordwestlich von Vlieland nach Rottumeroog und von dort über die Wasserscheide zu einer Gasbehandlungsstation bei Uithuizen. Von der zweiten

Gaslagerstätte nordwestlich von Vlieland ist eine Leitung zur nordholländischen Küste nördlich von Callantsoog in Bau, die zur geplanten Gasbehandlung im Balgzandpolder bei Den Helder weiterführt. Das ist ein eigenartiger Standort, denn die Leitung macht einen großen Umweg. Ein Platz weiter südlich am „Noordhollands Kanaal" würde sinnvoller und auch möglich gewesen sein. Die Gemeinde Den Helder möchte jedoch das vorhandene Industriegelände so schnell wie möglich vergeben, um dann einen Teil des Balgzandes für weiteres Industriegelände und besonders für einen neuen Hafen fordern zu können. Ferner bestehen Pläne, eine oder mehr Leitungen über den Vliehors und durch das westliche Wattenmeer nach Kimswerd oder Harlingen zu verlegen oder nach der geplanten Gasbehandlungsstation auf dem Festland. Wahrscheinlich wird es in Zukunft, wenn Öl aus der Nordsee nach Westeuropa transportiert werden muß, auch zu Plänen kommen, Ölleitungen durch den Wattenraum zu verlegen.

Die Errichtung von Bohrstellen, der Bau von Leitungen und Gasbehandlungsstationen stellen direkte Eingriffe in die Naturlandschaften im Wattenmeer und auf den Inseln dar. Das Bohren sowie die Boden- und Konstruktionsarbeiten stören diese Räume in erheblichem Umfang, um so mehr, als im Wattenmeer manche Arbeiten nur mit großem und schwerem Material ausgeführt werden können. Das hat sich u. a. beim Bau der Placid-Pipeline über die Wasserscheide zwischen Rottumeroog und der Küste von Groningen gezeigt, wo ein breiter Wattstreifen durch große Spezialbagger auf Raupenketten vernichtet wurde, die eine Rinne für die Gasleitung gruben (Abb. 345). Die Bohrstellen, Plattformen und Installationen zur Gasgewinnung stellen eine bleibende Störung der Landschaft dar; sie im Wattenraum anzulegen, steht im Widerspruch zu allen Planungsbeschlüssen, die über diesen Raum gefaßt worden sind, und die einschließen, daß Industrieansiedlung hier nicht erlaubt sein soll.

Um eine Bohr- oder Entnahmestelle oder eine Gasbehandlungsstation anzulegen, ist neben einer Konzession des Wirtschaftsministers auch die Zustimmung des Grundeigentümers, der Gemeindeverwaltung, die eine Baugenehmigung erteilen muß, und meist auch der Provinzialverwaltung erforderlich. Da das Wattenmeer jedoch ein öffentliches Gewässer ist, große Teile der Inseln im Besitz des Staates stehen und private Eigentümer für die Nutzung ihres Bodens gut entschädigt werden, bildeten diese Genehmigungen in den sechziger Jahren kaum ein Hindernis für die Errichtung von Bohrstellen.

Nach 1970 trat jedoch ein Wandel ein, und seither sind die Beschwerden gegen die Erdgasgewinnung immer allgemeiner geworden. 1971 verweigerten Bürgermeister und Beigeordnete und später auch der Gemeinderat von Terschelling der Nederlandse Aardolie Maatschappij (NAM) die Zustimmung zu einer Probebohrung in dem Naturschutzgebiet Noordsvaarder mit der Folge, daß 1972/73 die Probebohrungen der NAM bei Ameland fein säuberlich außerhalb der Gemeindegrenzen in öffentlichem Gewässer durchgeführt wurden. 1971 wurden etwa 8800 Beschwerdeschriften eingereicht, die sich gegen die Erteilung der Konzession Zuidwal an Petroland zur Erdgasgewinnung im westlichen Wattenmeer richteten. 1972 gingen rund 60 000 Proteste gegen die Pläne, Bohrstellen in den Naturschutzgebieten der Insel anzulegen, bei der Amelander Gemeindeverwaltung ein. Eine Umfrage ergab, daß 80 % der Amelander Bevölkerung gegen die Pläne zur Gasgewinnung war, und auch eine Reihe von Behörden riet davon ab. 1973 wurden noch einmal 27 000 Beschwerdeschriften gegen die Erdgasgewinnung auf Ameland an die Provinz Friesland gerichtet. Die Argumente liefen vor allem darauf hinaus, daß die Gewinnung der relativ kleinen Erdgasmenge unter dem Wattenraum die Umweltschäden, die dabei entstehen,

nicht rechtfertigt. Es geht um maximal 100 Mrd. m³ Erdgas. Unter dem niederländischen Schelfsektor in der Nordsee wurde allein schon 3- bis 3,5mal soviel gefunden, und die Suche geht weiter; inoffizielle Schätzungen kommen bereits auf das Sechsfache oder mehr. Dazu wurde berechnet, daß bis über 1990 hinaus die niederländische Nachfrage nach Erdgas ohne zusätzliche Gewinnung im Wattenmeer befriedigt werden kann. Nach dem Ölboykott lohnt es sich noch mehr, das Nordseegas beschleunigt zu erschließen, statt auf die relativ kleinen Mengen im Wattenraum zurückzugreifen. Dabei kann man dieses Erdgas als eine Reserve für Notfälle betrachten.

Trinkwasser Die meisten Wattinseln sind im Besitz eines natürlichen Süßwasservorrats. Von dem Niederschlag, der auf eine Insel fällt, verdunstet ein Teil direkt oder über die Vegetation, das übrige Wasser versickert im Boden und strömt dann dem Meere zu. Dabei übt der Boden, durch den es fließt, einen Widerstand auf das Wasser aus. Wenn das Regenwasser zu dem schon vorhandenen Grundwasser hinzukommt, steigt der Grundwasserspiegel und damit der Druck, den das Wasser ausübt. Zum Meere hin wird der Druck und also auch die Höhe abnehmen, weil das Wasser auf dem kürzeren Weg zum Meere weniger gehemmt wird. So entsteht ein Gefälle, das demnach bei starker Wasserversickerung und bei dem hohen Widerstand einer wenig durchlässigen Bodenart stärker und das bei geringer Wasserversickerung und geringem Widerstand des Bodens schwächer ist. Neben diesem Widerstand ist es für die Entstehung eines Grundwasservorrats wichtig, daß Süßwasser leichter ist als Seewasser. Weil sich die spezifischen Gewichte etwa wie 40:41 verhalten, wird die in den Dünen entstandene *Süßwasserlinse* sich im Gleichgewichtszustand zu $1/41$ ihrer Dicke über dem Meeresniveau befinden. Dieser Zustand kommt jedoch selten in idealer Form vor. Meist wird das Einsickern des Süßwassers durch schwer durchlässige Bodenschichten gehemmt. Wenn diese Schichten einen nicht zu großen vertikalen Widerstand bieten oder wenn Öffnungen darin vorhanden sind, entsteht trotzdem eine vollständige Süßwasserlinse, wie auf Schiermonnikoog und auf Norderney; wenn sie jedoch praktisch undurchlässig sind, können sie die Entwicklung der Süßwasserlinse nach unten verhindern wie im Westen von Ameland. Die Höhe des freien Grundwassers in den Dünengebieten wird also durch die Entfernung zum Meer bedingt. Dies

trifft jedoch nicht zu, wo Teile der Dünen oberflächlich entwässert werden wie in den Dünentälern Griltjeplak und Groote Vlak in den Wassergewinnungsgebieten von Terschelling und Texel.

Gewinnung   Das Trinkwasser wird aus der Süßwasserlinse gewonnen, indem man Filterbrunnen setzt und das Wasser hochpumpt. Dabei ist die Wahl der richtigen Tiefe sehr wichtig, weil in der Nähe des Brunnens starke Grundwasserströmungen auftreten werden. Früher setzte man sie manchmal zu tief, sie saugten dann auch das Seewasser aus der Tiefe an, wobei Salzwasserkegel entstanden. Ein sehr flacher Brunnen wird vor allem Wasser aus der nächsten Umgebung ansaugen und dort eine starke Senkung des Grundwasserspiegels bewirken. Der Brunnen kann dann sogar trockenfallen. Es ist daher besser, das Wasser unter einer schwer durchlässigen Schicht zu entnehmen. Das Wasser wird dann mehr horizontal zuströmen, und das Pumpenfilter wird aus einer größeren Fläche gespeist. Der Grundwasserspiegel wird weniger stark abgesenkt. Außerdem ist das Wasser in einer Tiefe von mehr als 20 Metern meist frei von Krankheitskeimen, ein weiterer Grund dafür, die Brunnen etwas tiefer zu setzen. Einer Absenkung des Grund-

wasserspiegels kann auch dadurch entgegengewirkt werden, daß man mehr Brunnen über ein großes Gebiet verteilt.

Gewinnbare Mengen   Es ist für die Wassergewinnung wichtig, zunächst festzustellen, wieviel Wasser, ohne Raubbau zu treiben, aus der Süßwasserlinse entnommen werden kann. Auf den Wattinseln fallen jährlich ungefähr 740 mm Niederschlag; davon bleibt in einem Dünengebiet ein Anteil von etwa 260 mm, der versickert und in das Grundwasser gelangt. Jeder km², der zum Brunnen hin entwässert, liefert also jährlich etwa 260 000 m³ Süßwasser. Ein Teil davon ist nötig, um die durch Abfluß verminderte Süßwasserlinse zu erhalten, die Wasserversorgungsbetriebe rechnen damit, daß dann noch 70 % übrigbleiben. Diese 180 000 m³ pro Jahr können im Prinzip, ohne Raubbau zu treiben, gewonnen werden. Im Gelände kann man messen, wie groß das Einzugsgebiet ist, und so ist die nutzbare Menge vorläufig bekannt. Eine Bedingung für eine verantwortungsvolle Wassergewinnung ist es, daß das zu entnehmende Wasser durch den Regen vollständig wieder ergänzt wird. Aber durch die Entnahme wird die freie Wasseroberfläche erniedrigt. Es strömt immer weniger Wasser zum Meer hin ab, während sich der Widerstand

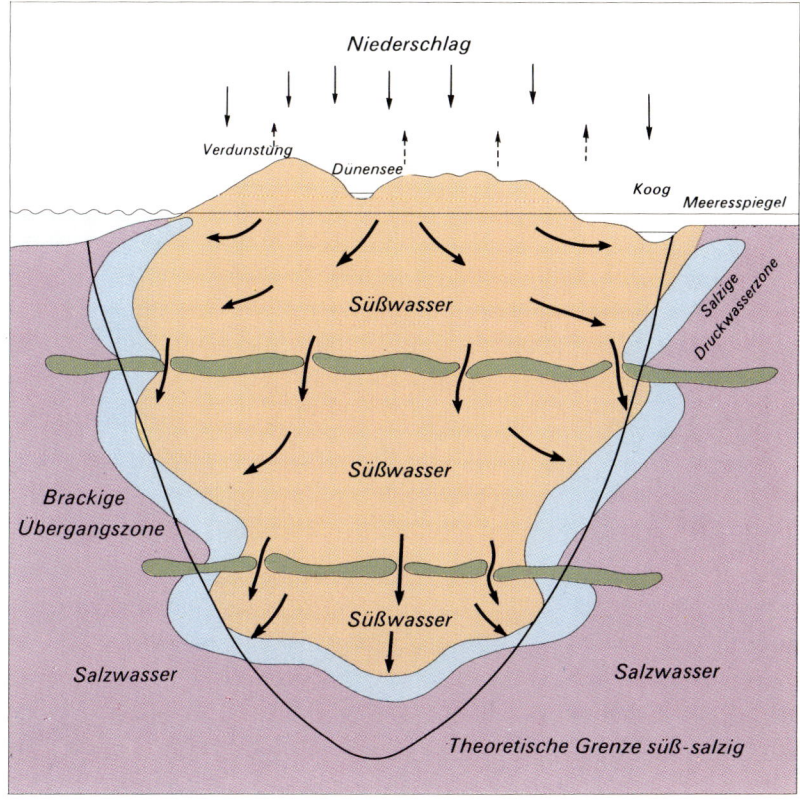

349   *Bohrplattform im Wattenmeer*   350   *Süßwasserlinse*

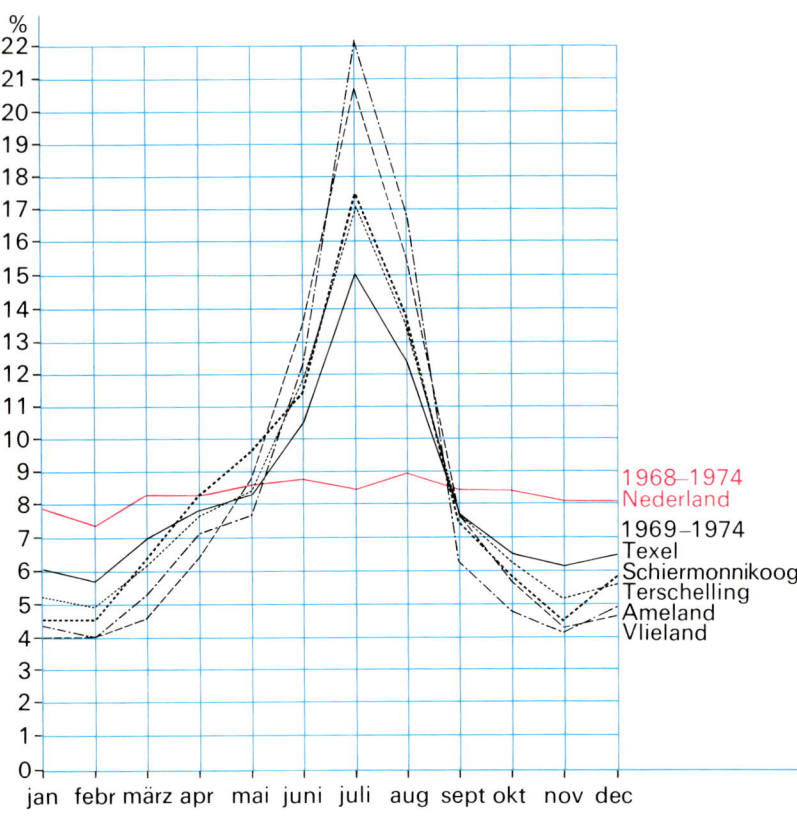

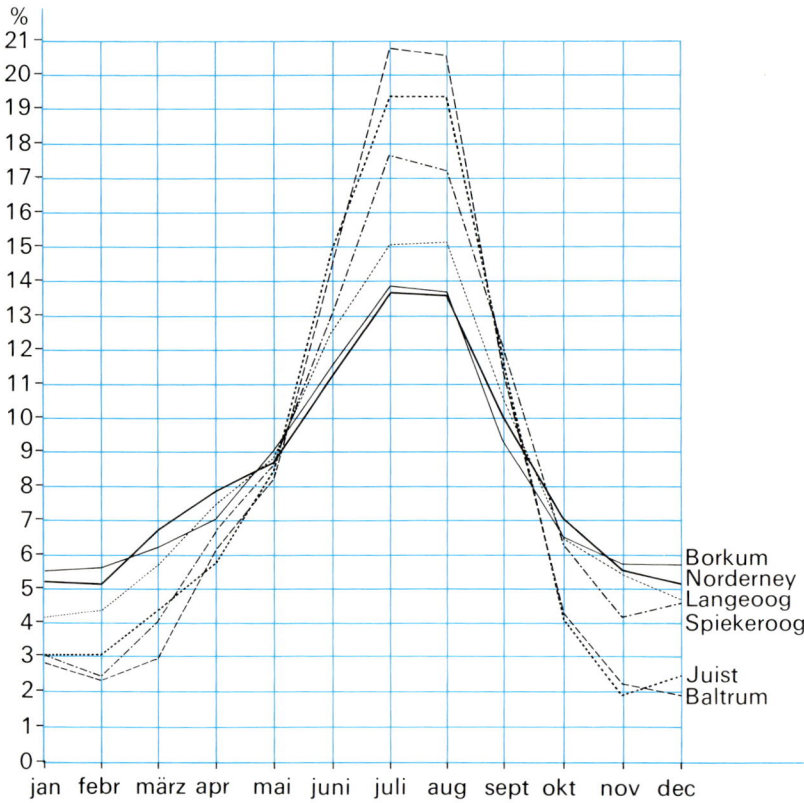

des Sandpaketes nicht verändert. Infolgedessen tritt ein schwächeres Gefälle des Grundwasserspiegels ein. Wenn kein Raubbau betrieben wird, stellt sich ein neues Gleichgewicht mit einem niedrigeren Wasserstand ein. Man kann schwer angeben, wieviel niedriger es sein wird, weil es von der Form der Insel und von den lokalen geologischen Bedingungen abhängt, aber in der Mitte des Wassergewinnungsgebietes wird es bald zu einer Absenkung um einige Dutzend Zentimeter kommen. Erst in den letzten Jahren wird dieser Zusammenhang auf Vlieland, Terschelling, Ameland und Schiermonnikoog systematisch untersucht, und es ist geplant, dies auch auf den Ostfriesischen Inseln zu tun. Auf Vlieland und Schiermonnikoog hat man übrigens versäumt, systematische Wasserstandsmessungen durchzuführen, bevor die Gewinnung begann. Auf Texel und Terschelling hat sich das Problem der Grundwasserabsenkung dadurch verschoben, daß durch die Entwässerungsgräben, die schon früher – auf Texel 1880 – angelegt wurden, eine Absenkung erfolgt ist (15-). Diese Gräben werden seit einiger Zeit an der Seeseite gestaut, und das Wasser, das früher ins Wattenmeer abfloß, kann jetzt als Trinkwasser verwendet werden. Auf Texel hat man den Moksloot vollständig abgeschottet, was gegenüber dem natürlichen Wasserstand

sogar zu einer zeitweisen Erhöhung führt. Auch der unregelmäßige Verbrauch wirkt sich auf den Grundwasserstand aus. Von Natur aus beträgt die jahreszeitliche Schwankung in Dünengebieten höchstens einen Meter, wie sich aus Untersuchungen auf Norderney (21-) und Schiermonnikoog ergibt. Es wird jedoch nicht während des ganzen Jahres die gleiche Trinkwassermenge gewonnen. Vielmehr bringt der Sommer einen ausgesprochenen *Spitzenverbrauch* durch die vielen Touristen (Abb. 351, 352). Die Wasserentnahme kann dann bis über das Fünffache des normalen Verbrauchs der Inselbewohner ansteigen (Abb. 353). Die maximale Entnahme im Juli und/oder August fällt gerade in die Zeit des niedrigsten Grundwasserstandes, wodurch dieser zusätzlich absinkt. Dadurch werden die feuchten Dünentäler im Frühjahr eher austrocknen, auch wenn sie wenigstens im Winter noch naß werden.

Trinkwasserversorgung der Wattinseln   Als Trinkwasser ist anfangs auf allen Inseln Regenwasser verwendet worden, dazu Wasser aus kleinen Grundwasserlöchern bei den Häusern. Zur Zeit geschieht dies nur noch auf Mandø und auf den Halligen Gröde und Nordstrandischmoor. Die Halligen besitzen keine Süßwasserkörper. Die Bewohner verwenden Regenwasser,

351   *Monatlicher Wasserverbrauch der niederländischen Wattinseln in Prozenten des Jahresverbrauchs von 1969 bis 1974*

352   *Monatlicher Wasserverbrauch der Ostfriesischen Inseln in Prozenten des Jahresverbrauchs von 1969 bis 1974*

und für das Vieh wird das Wasser aus dem offenen Tränkteich, dem Fething, benutzt, dessen Salzgehalt oft nur eben noch zulässig ist. Bei der Sturmflut vom Februar 1962 gingen alle Süßwasservorräte verloren. Nach dieser Katastrophe erhielten die Halligen Hooge 1968, Oland und Langeneß 1963/64 eine Wasserleitung vom Festland, ebenso 1964 Pellworm. Nordstrand besaß eine solche Versorgung schon seit 1958/59. Bei dem gleichen Sturm hat ein Deichbruch die Hälfte der Brunnen auf Wangerooge versalzen; daraufhin erhielt auch diese Insel 1962 eine Leitung vom Festland. 1971 folgte Baltrum, wo die Versorgung durch Versalzung im Februar 1962 und auch durch Raubbau gefährdet war. Auf allen übrigen bewohnten Inseln wird Trinkwasser aus dem Grundwasserkörper gewonnen. Dies enthält infolge vorhandener Torfschichten oft viel organische Substanz wie auf Texel, Buren auf Ameland, Borkum, Juist, Norderney, Rømø und Fanø. Die dänischen Inseln haben außerdem mit einer starken Verschmutzung des Grundwassers zu kämpfen. Die Bewohner von Mandø haben schon mehrfach versucht, einen Anschluß an das Festland zu erhalten. Auf Texel wurde schon seit 1966 über die 540 000 m³, die der Niederschlag jährlich ergänzen kann, hinaus Wasser entnommen. Das Dünental Pompevlak wurde auch im Winter nicht mehr naß, und es gab Schwankungen des Grundwasserstandes von über zwei Metern. Trotz Wasseranfuhr per Schiff wurden 1971 noch 734 000 m³ entnommen. Seit 1972 übernimmt ein Wasserwerk zwei Drittel der Förderung. Terschelling gewinnt schon seit 10 Jahren mehr als die Konzession gestattet, und seit 1970 wurden die 250 000 m³ pro Jahr überschritten, die der Eigentümer, die Reichsforstverwaltung, maximal erlauben will. Man will in Zukunft entweder die Grundwasserentnahme erhöhen oder das Oberflächenwasser aus dem Terschellinger Polder in Trinkwasser umwandeln. Von den Ostfriesischen Inseln hält sich keine an die Konzessionen. Borkum, Norderney und Langeoog überschreiten sie schon seit 5 oder mehr Jahren, und seit 1972 gewinnen auch Juist und Spiekeroog mehr als erlaubt.

Verbrauch   Die Abb. 351 und 352 geben den Spitzenverbrauch an, den der Fremdenverkehr bewirkt. Die jährliche Zunahme liegt oft erheblich über dem niederländischen Mittel von 4 %. Auffällig sind die großen Unterschiede im Verbrauch je Übernachtung, was nahelegt, daß die Erhebungen der Übernachtungsstatistik wenig zuverlässig sind. Eine Erhebung über die verfügbare Bettenkapazität dürfte zuverlässiger

sein. Der Verbrauch je Bett differiert denn auch weniger, er dürfte mit dem Standard an Komfort zusammenhängen. Insgesamt gibt der Wasserverbrauch einen besseren Einblick in den Tourismus als die Übernachtungsstatistik. Es ist nicht tunlich, Voraussagen zu machen. Die zentrale Wasserversorgung wird vielfach erst seit kurzem benutzt, während die Entwicklung des Fremdenverkehrs ein ungewisser, aber wichtiger Faktor ist. Prognosen sind daher oft schnell überholt. Der Verbrauch dürfte vorläufig weiter steigen, denn der Fremdenverkehr nimmt überall noch stark zu, und auch das Anspruchsniveau steigt ständig an.

Künftige Entwicklung   Der Einfluß der Wassergewinnung auf den freien Grundwasserstand der Wattinseln ist noch unzureichend bekannt. Aus den entnommenen Mengen kann man zwar auf die Größe des beeinflußten Gebietes schließen, für je 180 000 m³ ist mindestens etwa 1 km² Dünenfläche erforderlich. Wenn das Einzugsgebiet kleiner ist, findet Raubbau statt. Innerhalb der Einzugsgebiete wird der Grundwasserspiegel bisweilen erheblich abgesenkt. Nun sind die Wattinseln von Natur aus reich an feuchten Dünentälern mit ihrer seltenen Vegetation. Diese Pflanzengesellschaften verschwinden oder gehen bei Veränderung des Wasserstandes sehr stark zurück. Auch eine Zunahme der jahreszeitlichen Schwankungen ist schädlich für die empfindlichen Pflanzengesellschaften, die in den feuchten Dünentälern beheimatet sind, ebenso eine zu lange Überschwemmung wie auf Texel. Es wird daher auch höchste Zeit, um auf allen Inseln, wo es noch nicht geschieht, den heutigen und zukünftigen Einfluß der Gewinnung auf die freien Grundwasserstände zu untersuchen. Man kann verschiedene Maßnahmen ergreifen, um den nachteiligen Einfluß der Trinkwassergewinnung herabzumindern. Zunächst fließt auf den meisten Inseln aus den Dünen noch viel Süßwasser durch die Gräben ab, die der Land- oder Forstwirtschaft dienen. Dieses Wasser muß besser verwendet werden. Ferner muß man sich bemühen, den Verbrauch zu begrenzen. Eine Einschränkung des Touristenstroms wird auch von diesem Problem her erforderlich. Der steigende *Wasseranspruch* des Touristen kostet schon genug Wasser. Es kann schon viel ausmachen, wenn man den Leitungsdruck etwas herabsetzt. Als auf Texel durch das neue Wasserwerk das Wasser 1972 mit normalem Druck geliefert werden konnte, stieg der Verbrauch von einem Tag zum anderen um 10 % an. Drittens bringt die Anwendung eines Unterdruck-Kanalisationssystems neben allen anderen Vorteilen eine Ersparnis von 30 bis

	Jahr der Inbetrieb-nahme	Konzessio-nierte Ent-nahme in m³ pro Jahr	Gewinnung 1974 in m³	Mittl. jährl. Zunahme in % 1969-1974	Verbrauch je Einwohner in m³ pro Jahr	Verbrauch für Fremdenver-kehr in % des Jahresverbr.	Verh. des Gesamtverbr. zum Verbr. der Einw. im Juli u. August	Verbrauch je Bett in m³ pro Jahr	Verbrauch je registrierte Übernachtung in Litern
Texel Moksloot	1956	540 000	363 000	8	64	23	2,3	11	73
Wasserwerk	1972	1 000 000 [1]	657 900						
Vlieland	1952	40 000 [2]	104 00	4	55	47	4,6	10	84
Terschelling	1957	190 000 [3]	305 000	5	43	38	3,2	9	107
Ameland Hollum	1961	100 000 [4]	214 000	7	54	47	4,9	9	99
Buren	1962	100 000	90 000						
Schiermonnikoog	1950	150 000	116 000	7	82	44	3,7	20	59
Borkum	1900	600 000	799 000	4	73	31	2,5	24	240
Juist	1907	300 000	317 000	4	60	64	6,7	29	300
Norderney	1880	650 000	900 000	4	64	37	2,7	24	280
Baltrum	1936	86 000	15 600	0 [5]	43	69	9,0	20?	170?
(Leitung v. Festland)	1971		83 000						
Langeoog	1908	250 000	322 000	6	60	48	3,7	31	280
Spiekeroog	1954	80 000	111 000	8	44	68	7,4	31	260
Wangerooge(Leitung v. Festland)	1962	–	234 000	5					
Nordstrand (Leitung v. Festland)	1959	–	162 000	4	47	31	1,4		
Pellworm (Leitung v. Festland)	1964	–	162 000	12	70	46	1,4		
Hooge (Leitung v. Festland)	1968	–	17 000	14	76	42	1,7	7	60
Oland/Langeneß (Leitung v. Festland)	1964	–	25 000	7	86	48	1,3	5	
Amrum	1974	–							
Föhr-West	1961	220 000	213 000	23	57	24	2,1		280
Föhr-Ost	1970	800 000	703 000						
Sylt, Hörnum	1936	nicht vorh.	128 000	5	55	31	2,4	11	165
Kampen	1936		419 000						
List	1936		196 000						
Westerland	1973	9000 m³ in 24 Stunden	1 678 000						
Rømø, Mølby/Havneby	1962	250 000	135 000						
Lakolk	1955	60 000	35 000						
Tvismark	1968	100 000	33 000			73?			
Kongsmark	1964	40 000	22 000						
Rømø, syd	1959	5 000	3 000						
Fanø, Nordby	1963	–	365 000		62?	61?	5,7?		80?
Rindby			75 000						

[1] Maximale Produktion
[2] Eine neue Genehmigung wird beantragt
[3] Ein neuer Antrag auf Entnahme von 250 000 m³/Jahr ist eingereicht
[4] Ein neuer Antrag ist eingereicht
[5] 1969-1972 Zunahme von 2,5 % im Jahr, dann Abnahme

353 *Wasserverbrauch durch Wohnbevölkerung und Feriengäste*

40 Litern je Tag und Person mit sich (1-, 5-). Eine vierte
Sparmöglichkeit stellt die Wiederverwendung gereinigten
Abwassers dar, möglichst kombiniert mit einer Trennung
von Oberflächen- und Schmutzwasser, die technisch gesehen
gut möglich ist (4-).

Solche Sparmaßnahmen werden jedoch kaum effektiv sein,
wenn nicht eine wirksame Politik bei der Vergabe von Konzessionen und der Aufsicht über deren Innehaltung betrieben wird.
Allzu leicht sucht man die Lösung darin, das Einzugsgebiet
zu vergrößern, wie bei Buren auf Ameland und auf Terschelling,
oder ein neues Gewinnungsgebiet anzulegen wie bei Westerland
auf Sylt; dagegen wird erst Alarm geschlagen, wenn der
Süßwasservorrat fast erschöpft ist, wie auf Baltrum. Zusammenfassend sieht man, daß zur Zeit von den 15 Inseln, die sich
noch aus dem eigenen Grundwasser versorgen, drei, Ameland,
Juist und Norderney, an das Ende ihrer Möglichkeiten gekommen
sind, und daß Terschelling, Borkum, Langeoog, Föhr und
Fanø auch schon sehr viel Wasser verbrauchen. Auf Sylt
wird Raubbau betrieben, denn für die bei Westerland gewonnenen 1,7 Mio. m³ pro Jahr wäre ein Einzugsgebiet von rund
9 km² erforderlich, das jedoch hier nicht vorhanden ist. Texel
muß um 1980 das Wasserwerk erweitern, es wird aber 1985

erneut in Schwierigkeiten geraten, während Rømø und Fanø
große Qualitätsprobleme haben. Binnen 10 Jahren werden
die meisten dieser 15 Inseln also vor großen Schwierigkeiten
stehen, um ihren Trinkwasserbedarf zu decken. Schon aus
technischen Gründen wird man sich dann zwischen einem
Wasserwerk und einer Leitung vom Festland entscheiden
müssen. Es hat denn auch wenig Sinn, zu versuchen, große
Probleme auf den Inseln selbst zu lösen, dabei käme nur
Flickwerk zustande. Eine Entsalzungsanlage hat den Nachteil,
daß es oft schwierig sein wird, einen vom Natur- und Landschaftsschutz her vertretbaren Standort zu finden. Eine Leitung
vom Festland verdient von den Inseln her gesehen zwar den
Vorzug, verschiebt jedoch lediglich das Problem. In einigen
Fällen wäre sie aber vielleicht doch eine Lösung. In beiden
Fällen muß sehr darauf geachtet werden, daß keine Versorgung
für einen mittleren Bedarf zustande kommt, bei der eine
zusätzliche Wassergewinnung aus den Dünen den im Sommer
eintretenden zusätzlichen Bedarf decken muß, so daß die
größten Schwankungen von den Dünen aufgefangen werden
müssen wie auf Texel. Sowohl ein Wasserwerk wie auch
eine Leitung werden so bemessen sein müssen, daß sie allein
den Maximalbedarf an Wasser fast decken können.

Handels- und Industriehäfen   Schon frühzeitig lagen an den Flußmündungen die Knotenpunkte des Handelsverkehrs über Land und Meer. Hier entstanden später die Hafenstädtc, und hier erkennt man auch jetzt die weitere Entwicklung. In den früheren Wattenraum, der vom Zwin in der Provinz Seeland bis nach Blåvands Huk in Dänemark reichte, mündete eine Reihe von Flüssen: Schelde, Maas, mehrere Rheinmündungsarme, Amstel, Vecht, Ijssel, ferner Lauwers, Hunze, Ems, Jade, Weser, Elbe, Eider, Vade Å und zahlreiche kleinere Flüsse. Sie alle flossen durch Räume, in denen die europäische Kultur sich frühzeitig entwickelte, und wo später die sehr großen Bevölkerungs- und Industrieballungen entstanden. Lange Zeit hat diese Entwicklung dem Wattenraum selbst nicht geschadet, denn die Häfen entstanden meist flußaufwärts dort, wo der Fluß in das Ästuar überging wie Antwerpen, Rotterdam, Bremen und Hamburg. Aber auch die wichtigen Häfen an der Zuiderzee wie Amsterdam und früher u.a. Kampen liegen landeinwärts. Seit wenigen Jahrzehnten besteht die Tendenz, neue Häfen nahe am Meer anzulegen oder sogar ins Meer hinauszubauen, was durch die immer größeren Schiffe und die stets fortschreitende Technik angeregt wird. Die damaligen handwerklichen Möglichkeiten schlossen eine für das Küstenvorfeld bedrohliche Hafenentwicklung weitgehend aus. Man mußte die Häfen und Schiffe der Breite und Tiefe der Wasserwege anpassen. Die heutigen technischen und wasserbaulichen Eingriffe, mit denen man versucht, Wasserwege und Landschaft den Schiffen anzupassen, und mit denen diese Landschaft gänzlich auf den Kopf gestellt wird, stehen dazu in scharfem Kontrast.

Die industrielle Revolution brachte zu Beginn keine Bedrohung für Natur und Landschaft an der Küste mit sich, da die Industrie sich anfänglich im Binnenland entwickelte. Später aber wurden die Häfen neben ihrer ursprünglichen Funktion als Handels- und Umschlagplatz manchmal auch zu Industriestandorten, und es entstand die Gefahr, daß sich Industrieagglomerationen an der Küste bildeten. Das ist eine Folge einschneidender Veränderungen bei Angebot und Verarbeitung von Rohstoffen und Industrieprodukten verbunden mit zunehmendem Energieverbrauch und vergrößertem Umschlagvolumen. Diese Entwicklung trägt zu der heutigen direkten und umfangreichen indirekten Gefährdung des Wattenraumes in erheblichem Maße bei. Die Gründe zum Hafenausbau wurden durch den internationalen und regionalen Konkurrenzkampf noch verstärkt; dazu werden fortgesetzt große Projekte entwickelt, denen oft nicht nur die ökonomische Rechtfertigung fehlt, sondern die zugleich

zu verdoppelten Infrastrukturmaßnahmen führen. Eine der größten Gefahrenquellen ist ferner die von der Industrie bewirkte Verschmutzung der Flüsse im Küstenraum.

Fischereihäfen   Während sich Handel und Industrie auf einzelne Hafenplätze konzentrieren, waren die Fischereihäfen seit jeher über den ganzen Wattenraum verstreut. Die Fischerei wurde von einer Reihe von Dörfern aus immer betrieben, sie hatte jedoch keine Verarmung von Natur und Landschaft zur Folge und wurde vor allem im Küstenvorfeld selbst ausgeübt. In den letzten Jahren ist es auch hier zu tiefgreifenden Veränderungen gekommen. Die technische Entwicklung der Schiffe und Fanggeräte ließ die Fischerei mit kleinen Schiffen von der Küste aus ganz verschwinden. Gegenwärtig findet die Fischerei nur noch von größeren Hafenorten aus statt, die übrigens wohl im Wattenraum liegen. Ferner haben 700 Jahre Deichbau, darunter die Abschließung der reichen Zuiderzee, das Fischereigebiet bedeutend verkleinert. Der Übergang zu immer größeren Schiffen mit kräftigen Motoren machte die Fischerei im Wattenmeer weniger rentabel. Die übriggebliebenen Fischereihäfen sind jetzt die Ausfalltore für Fischerflotten, die auf der Nordsee und darüber hinaus operieren. Die häufige

355 *Industrialisierung bei Delfzijl*   356 *Werft mit Fischereifahrzeugen in Esbjerg*

Durchfahrt dieser großen Flotten schneller Fischereifahrzeuge
durch die Tiefs des Wattenmeeres trägt zur Beunruhigung
der Tiere bei; es kommt auch zur Verunreinigung, z.B. dadurch,
daß Ölreste und Müll zuweilen rücksichtslos über Bord gekippt
werden, dies sowohl in den Häfen wie auch auf dem Watt.
Diese neue Entwicklung der Fischerei wirkt sich auf den
Hafenausbau aus. Auch die Entwicklung im Bereich der
Fischverarbeitung verdient besondere Aufmerksamkeit. Diese
hat erreicht, daß z.B. in Esbjerg große fischverarbeitende
Industrien entstanden, die im Vergleich zu den Industrieanlagen
in Handelshäfen zwar geringere Auswirkungen auf die Landschaft
haben, aber auch erhebliche Verschmutzung mit sich bringen.

Marinehäfen   Der Vollständigkeit halber müssen neben
den Handels-, Industrie- und Fischereihäfen auch die Marinehäfen genannt werden. Die damit einhergehenden Gefährdungen
sind allerdings minimal gegenüber den anderen militärischen
Aktivitäten in diesem Raum. Der früher große deutsche
Marinehafen Wilhelmshaven an der Jade hat an Bedeutung
verloren, und auch in den anderen deutschen und dänischen
Häfen spielt die Marine nur eine geringe Rolle. Eigentlich
ist nur Den Helder ein Marinehafen von Bedeutung, dessen
Schiffsverkehr und Hafenbau sich auf den Raum störend
auswirkt.

Jachthäfen   Man erwartet, daß der Wassersport, der im
Küstenvorfeld bis vor kurzem wenig bedeutend war, in nächster
Zukunft enorm anwachsen wird. Wenn man daran denkt,
daß viele Tausende segelnder Fischerei- und Handelsschiffe
jahrhundertelang das Watt befahren haben, dann sollte eine
erhebliche Zunahme des Wassersports, wenn dieser auf die
Segelei beschränkt bliebe, eigentlich unbedenklich sein. Da
aber die Natur im Wattenraum jetzt von so vielen Seiten
bedroht wird, ist die zunehmende Beunruhigung durch den
Wassersport ein Anlaß zur Sorge geworden. Es kommt hinzu,
daß der moderne Wassersport auch andere Formen kennt,
z.B. schnellfahrende Motorboote, die mehr Unruhe in das
Wattenmeer bringen. Mit dem wachsenden Zustrom von
Jachten geht der Ausbau unnötig luxuriöser Jachthäfen einher.

Hafenpläne in und um den Wattenraum   Die jüngsten
Hafenerweiterungen auf Kosten von Naturräumen außerhalb
des Wattenmeeres wie z.B. an den Küsten von Zeeland und
Zuidholland machen die im Wattenmeer noch übrige Natur

um so wertvoller. Außerdem gibt es in den bestehenden
Hafen- und Industriearealen viel ungenutzte Kapazitäten,
die nur dem modernen Entwicklungsstand anzupassen wären.
Hinzu kommt, daß die Nutzung dieser leeren Flächen viel
näher liegt als Neugründungen im Wattenraum. Durch politischen
Druck werden jedoch Entwicklungen angebahnt, die wirtschaftlich
und ökologisch abzulehnende Prozesse in Gang bringen.
Im folgenden werden die Häfen am Wattenmeer hinsichtlich
ihres Umfangs und ihrer künftigen Entwicklung kurz beschrieben.

Den Helder   Schon lange Zeit beruht die Bedeutung Den
Helders als Hafen auf der Gründung einer Marinebasis mit
der zugehörigen Werft. Ein Teil des Hafens ist mit vielen
aufgelegten Schiffen belegt. Die Fischereikaje gehört zu
den wichtigsten Anlandungsplätzen für Nordseefische in
den Niederlanden. In den sechziger Jahren erhielt Den Helder
einen Binnenhafen für Industrie, für den erst in den letzten
Jahren in Zusammenhang mit der Lage zu den Erdgasfeldern
in der Nordsee Interesse entstand. Dessenungeachtet wurde
ein Teil dieses Industriegeländes für einen luxuriösen Jachthafen-
komplex verwendet. Dies hatte eine erneute Nachfrage nach
Hafen- und Industriegelände zur Folge, so daß man jetzt

357 *Harlingen*

erwägt, einen Teil des äußerst wertvollen Wattgebietes des Balgzandes einzupoldern. In dem angrenzenden kleinen Polder ist mittlerweile eine Gasbehandlungsstation geplant.

Harlingen   Die alte Hafenstadt Harlingen besitzt einen bescheidenen Hafen, der noch immer hauptsächlich der Fischerei dient und wenig Umschlag aufweist. Im vorigen Jahrhundert war er jedoch ein Heimathafen für eine umfangreiche Handelsflotte aus kleinen und mittelgroßen Segelschiffen. Die heutigen Pläne Harlingens für eine bescheidene Hafenerweiterung gefährden den Wattenraum nicht, solange man sich an den Vorsatz hält, dort zu gründende Unternehmen auf etwaige schädliche Auswirkungen hin kritisch zu prüfen.

Emsästuar   Die Industrie im Emsästuar ist bei den alten Handelshäfen Delfzijl und Emden konzentriert, ihr stehen aber jetzt die fertiggestellten Industrieflächen des neuen Eemshaven und das Gelände auf dem Rysumer Nacken westlich von Emden offen. Bei der Verwirklichung dieser für den Wattenraum schädlichen Pläne wird in fernerer Zukunft beiderseits der Emsmündung eine mehr oder weniger zusammenhängende Industrielandschaft entstehen.

Die niederländische Regierung bemüht sich, den nordniederländischen Raum durch Schaffung kapitalintensiver Industriearbeitsplätze sozialökonomisch zu fördern. Wegen der angebotenen Niederlassungsbedingungen erschienen in den vergangenen Jahren schon einige wichtige Industrien mit einem hohen Abwasserausstoß und Luftverschmutzung bei *Delfzijl*. Dies sind u. a. chemische Betriebe der AKZO mit Fabriken für Soda, Chlor, Methanol, Amine, Formaldehyd und chlorierte Kohlenwasserstoffe, ferner die Aluminiumfabrik von Aldel, die Siliciumcarbidfabrik der Elektro Schmelzwerke, eine Polyurethanfabrik von Upjohn, eine Fabrik für Legierungen von Kawecki-Biliton und eine Gipsplattenfabrik von Norgips. Neue Industriehäfen wurden in raschem Tempo nach Osten hin angelegt, wobei die alten Wurtdörfer Heveskes, Weiward, Oterdum und Borgsweer geopfert wurden.
Auf Kosten einer großen Wattfläche und mit einem Kostenaufwand von Hunderten Millionen Gulden aus der Staatskasse wird nun der *Eemshaven* gebaut. Hier ist inzwischen ein Elektrizitätswerk entstanden, dessen Erweiterung erwogen wird. Diese Entwicklung ist für den deutsch-niederländischen Wattenraum sehr bedrohlich. Hinzu kommt, daß die wirtschaftlichen Grundlagen unter dem Gesichtspunkt der Arbeitsplätze, der Transport-

358, 359   *Oterdum vor und nach der Deicherhöhung
und der Hafenerweiterung von Delfzijl*

wirtschaft und auf Grund der Entwicklung in der Seeschiffahrt
zweifelhaft sind.

Die schon recht große Hafenstadt *Emden* besitzt einen Hafen
für den Massengutumschlag, einige große Werften wie die
Rheinstahl Nordseewerke, eine Ölraffinerie, ein Exportwerk
von VW, mehrere Maschinenenfabriken und einen Fischereihafen.
Der Entwicklung auf der niederländischen Seite entsprechend,
ist die Erschließung von ausgedehntem neuem Industriegelände
im Gange, dazu ist vorgesehen, den Lauf der Ems südlich
des Geisedamms durch den Dollart zu verlegen und eine
Industrieinsel mit neuen Hafenbecken, die für größere Schiffe
zugänglich sind, anzulegen. Ein großes neues Industriegelände
ist ferner auf dem Rysumer Nacken aufgespült worden, wo
ein Kernkraftwerk und eine Reihe von Industriewerken geplant
sind. Die Erdgasleitung vom Ekofiskfeld in der Nordsee endet
hier bei einer Gasbehandlungsstation. Im deutschen Teil
des Dollart liegen Salzstrukturen in der Tiefe; es besteht
die Gefahr, daß hier Kernmüll abgelagert wird.

Wilhelmshaven   Dieser Seehafen an dem schon immer
tiefen Jadestrom war von 1896 bis 1945 die wichtigste deutsche
Marinebasis. Bis 1945 bot die Marinewerft die meisten Arbeitsplätze, jedoch wurde der Kriegshafen zerstört.
Für die zunehmenden Schiffsgrößen ergaben sich immer neue
Probleme für die Tiefe der Außenjade, die durch die West-Ost-
Sandwanderung beeinträchtigt wurde. Zu deren Abwehr
wurden schon 1927 auf Wangerooge und Minsener Oldeoog
Dämme angelegt.
1956 erhielt die Marine erneut ihre Basis in Wilhelmshaven,
während etwa gleichzeitig der industrielle Aufbau stärker
in Gang kam. Nördlich der Stadt wurde auf dem Heppenser
Groden ein neuer Ölhafen mit einer Ölleitung zum Ruhrgebiet
angelegt. Daneben wurde die Jade weiter vertieft. Wilhelmshaven
ist jetzt der größte westdeutsche Ölhafen, der für Supertanker
geeignet ist. Für chemische und Hüttenindustrie (darunter
Alusuisse) sowie Ölraffinerien besteht wachsendes Interesse.
Die Pläne sehen jetzt eine Industrialisierung des Westufers
der Jade vor. Für die Zukunft denkt man auch daran, die
Küste von Butjadingen zu opfern, so daß schließlich ein
zweites Europoort entsteht. Damit kommt es auch in diesem
Ästuar zu einer ernsten Gefährdung des Wattenraumes.

Wesermündung   Die Entwicklung in den Häfen an der
Weser hat sich bisher außerhalb des eigentlichen Wattenraumes
vollzogen. *Bremerhaven* war bisher ein Fischerei-, Passagier-

360 *Industrie an der Weser bei Nordenham*
361 *Neuwerk, möglicherweise ein künftiges Industriegebiet*

und Handelshafen, in zunehmendem Maße gewinnen Industrien an der Weser u. a. bei *Bremen, Brake* und *Nordenham* an Bedeutung. Darunter befinden sich Blei- und Zinkhütten, Fischkonserven- und Asbestfabriken, ein Titanwerk und ein Stahlwerk. Das Atomkraftwerk bei Esenshamm soll das größte Europas werden. Die Verschmutzung der Weser stellt ebenfalls eine Gefährdung für das Wattenmeer dar.

Elbmündung   Die 1165 km lange Elbe war von jeher für Mitteleuropa als Transport- und Handelsweg von großer Bedeutung. Die Häfen in ihrem Mündungsraum sind jedoch in ihrem Wachstum gehemmt, seit das Hinterland durch die Abtrennung Ostdeutschlands verkleinert wurde. Dennoch haben die derzeitigen Vorhaben und Pläne zur Hafen- und Industrieentwicklung einen solchen Umfang, daß dieser Teil des Wattenmeeres sehr gefährdet ist. In der großen Hafenstadt *Hamburg* tendiert man dorthin, mit zunehmender Schiffsgröße das Fahrwasser der Nordsee immer weiter zu vertiefen. Unbeschadet des relativ kleinen Hinterlandes, werden Erweiterungsmaßnahmen erwogen, die für den Wattenraum einschneidend sind. 1961 kaufte Hamburg 9000 ha des Neuwerker Watts, wo an dem Tief der Außenelbe die biologisch interessanten Inseln Neuwerk und Scharhörn liegen. Ein großer Tiefwasserhafen nebst Industriekomplex soll hier angelegt werden. Seither ist dieser Raum einer eingehenden interdisziplinären Untersuchung unterzogen worden, um mögliche Folgen dieses großen Eingriffes zu erkennen. Die Abwasserbelastung der Elbe, die aus der vielseitigen Industrie Hamburgs stammt, wird durch die Hütten- und chemischen Werke bei *Stade*, darunter die Dow Chemical und die Vereinigten Aluminiumwerke, vermehrt. Hier liegt auch das erste deutsche Kernkraftwerk. Weiter stromabwärts bei *Brunsbüttel* befinden sich chemische Werke der Bayer AG, ein Kernkraftwerk, eine Ölraffinerie des VEBA-Konzerns und eine Ölleitung zur Raffinerie bei Heide. *Cuxhaven* ist schon lange ein Heimathafen der Seefischerei. Auch hier ist ein Kernkraftwerk geplant.

Esbjerg   Die Entwicklung von Esbjerg, dem einzigen großen dänischen Nordseehafen, beruhte auf dem Export von Agrarprodukten. Im 20. Jahrhundert wuchs seine Bedeutung als Fischereihafen, wobei sich Fischkonserven- und Fischmehlindustrien ansiedelten. Ferner gibt es u. a. Schiffswerften, eine Ölraffinerie, Schlachtereien, Handels- und Fährhäfen. Esbjerg muß das Grådyb, seine Verbindung zum Meer, durch Baggerung tief halten.

362   *Industrie und Kernkraftwerk an der Elbe bei Stade*
363   *Hafen von Esbjerg*

Noch vor wenigen Jahren war die Ansicht weit verbreitet, daß die Wasserverschmutzung nur lokal zu sehr großen Problemen führen könnte und auch dies ausschließlich im Süßwasser. In den letzten Jahren wird dieses Problem zunehmend auch im Salzwasser in vielen Teilen der Erde festgestellt. Die Nordsee einschließlich des Wattenmeeres wird international als eines der gefährdeten Gebiete betrachtet (1-, 14-). Diese Probleme entstehen durch die Abfallstoffe des menschlichen Zusammenlebens. Große Mengen von Abfall verschiedener Art werden in die Umwelt gebracht, sowohl lokal als auch über große Flächen verteilt. Der größte Teil gelangt früher oder später ins Meer, wobei die Flüsse für den Transport eine große Rolle spielen. In jüngster Zeit hat sich herausgestellt, daß auch die Luft bei einer Reihe von Schmutzstoffen für den Transport eine Rolle spielt. Diese Stoffe werden der Luft entweder direkt zugeführt, z. B. durch Verbrennungsmotoren oder Schornsteine, oder indirekt durch Verdunstung von der Erdoberfläche. Diese können mit den Niederschlägen abgesetzt werden und sich Tausende von Kilometern vom Ort ihrer Entstehung entfert noch auswirken. Atmosphärischer Transport von Schadstoffen hat im offenen Ozean auffällige Wirkungen hervorgebracht: eine Erhöung des Bleigehaltes

auf das Fünffache im Nordatlantikwasser und das Vorhandensein von DDT im Körperfett von Pinguinen im Südpolargebiet. Für Küstenmeere, besonders für deren Randgebiete, in die große Flüsse aus einem dicht besiedelten und stark industrialisierten Hinterland einmünden, ist die Zufuhr von Schmutzstoffen durch atmosphärischen Transport vergleichsweise viel weniger wichtig als die Zufuhr durch Flüsse und durch direkte Einleitung. Küstenmeere sind durch eine große Dichte von Organismen ausgezeichnet, die als erste den Gefahren der schädlichen Stoffe ausgesetzt werden können. Die Nordsee und besonders das Wattenmeer gehören zu diesen Regionen ebenso wie die Ostsee, das Mittelmeer und die Küstengewässer der Vereinigten Staaten und Japans. Stoffe, welche die Natur verunreinigen, gelangen in das Wattenmeer durch die darin ausmündenden Flüsse, aus der Nordsee und durch direkte Einleitung. Die Einleitung einer Reihe chemischer Stoffe aus Schiffen ist durch Vertrag verboten oder einem Genehmigungsverfahren unterworfen. Schmutzwasser aus Haushalten wird vielerorts ungeklärt in das Wattenmeer eingeleitet. An verschiedenen Stellen wird Abwasserschlamm in großen Mengen aus Schiffen eingebracht. Schließlich gibt es große Industriebetriebe an der Wattenküste, die ihr Abwasser

365 Müllplatz auf Norderney

366 Luftverunreinigung durch die Aluminiumindustrie in Delfzijl

364 Müll

Jährlicher Wasserabfluß		Schwebstoffe		
		Zufuhr	Absatz	Abgang
	km³	Mio Tonnen		
Rhein/Waal	66	3.20 ⎤		
			0.9	3.0
Maas	10	0.70 ⎦		
Schelde	10	0.40	0.3	0.1
Ems	4	0.14 ⎤		
Weser	12	0.42		
			0.3	1.1
Elbe	24	0.84		
W. Dänemark	4	0.12 ⎦		

so gut wie ungeklärt einleiten. Das Problem der Belastung
des Wattenmeeres mit abbaubaren organischen Stoffen, die
zum Teil aus diesen Quellen stammen, wird in Kap. 6 behandelt.
Mit Sicherheit werden mit diesen auch erhebliche Mengen
nicht oder kaum abbaubarer organischer Stoffe eingeleitet,
die von der chemischen Industrie hergestellt und die nach
Verwendung im Haushalt teilweise frei werden.

Flüsse Die wichtigste Zufuhr von Süßwasser in das Wattenmeer erfolgt durch die Flüsse Varde Å, Elbe, Weser, Ems
und das Ijsselmeer, das über die Ijssel 10 % des Rheinabflusses
und Wasser aus mehreren anderen Zuflüssen empfängt. Das
Süßwasser wird mit dem Salzwasser aus der Nordsee vermischt,
welches vermittels der Gezeitenbewegung das Wasser im
Wattenmeer regelmäßig erneuert. Das salzige Wasser, das
in das Wattenmeer eindringt, ist das kontinentale Küstenwasser,
das Süßwasser aus Rhein, Maas und Schelde enthält. 85 %
dieses Süßwassers ist Rheinwasser. Davon gelangt nach nordwärts
gerichtetem Transport 5–10 % in das Wattenmeer. Fast alles
einlaufende Wasser verläßt das Wattenmeer durch dieselben
Seegaten, durch die es gekommen ist. Nur in sehr beschränktem
Ausmaß findet innerhalb des Wattenmeeres ein West-Ost-Trans-

port statt. Wegen der Verteilung des Süßwassers im Wattenmeer
wird auf Seite 103 verwiesen. Die Flüsse führen neben dem
Wasser auch feste Bestandteile mit: von 30–40 mg/l bei
normalem Abfluß, bis zu vielen hundert mg/l bei starkem
Abfluß. Die Schwebstoffe kann man von dem Wasser, in
dem sie sich befinden, z. B. durch Filtrieren trennen. Anschließend
können dann die im Wasser gelösten und die das schwebende
Material bildenden Stoffe getrennt untersucht werden.
Die Zusammensetzung der Schwebstoffe ist kompliziert,
sie ist stark von ihrer Herkunft abhängig. Ein wesentlicher
Teil der Schwebteilchen ist durch natürliche Verwitterungs-
prozesse entstanden, ein weiterer Teil wird durch Verunreinigung
verursacht. Schwebstoffe können in erheblichem Ausmaß
verunreinigende Stoffe an sich binden. Ob ein chemischer
Stoff im Wasser gelöst oder an Schwebstoff gebunden transportiert wird, hängt von der Art des Schwebstoffs und der betreffenden chemischen Komponente ab. Dieser Unterschied ist
für das Verständnis des endgültigen Verbleibs und der biologischen Wirkung eines bestimmten Schmutzstoffes von großer
Bedeutung.
In den Ästuaren der Flüsse finden wichtige Veränderungen
der Schwebstoffe statt. Teilchen, die im Süßwasser unabhängig

367 *Einleitung von mechanisch, biologisch und chemisch behandeltem*
Abwasser aus der Ölraffinerie bei Heide, Schleswig-Holstein

368 *Jährlicher Wasserabfluß und Schwebstoffgehalt*

voneinander transportiert werden können, werden unter dem Einfluß von Salzwasser zu größeren Einheiten zusammengefügt. Im Flußwasser gelöste Stoffe können außerdem bei diesem Vorgang in den schwebenden Zustand übergehen. Als Ergebnis kommt bei dem komplizierten System nebeneinander verlaufender Vorgänge heraus, daß ein erheblicher Teil der Schwebstoffe auf dem Boden des Ästuars abgesetzt werden kann. Es handelt sich um die größten Teilchen und um diejenigen mit dem höchsten spezifischen Gewicht. Die übrigbleibenden, überwiegend kleineren Teilchen können das Gebiet verlassen. Der Einfluß der in das Wattenmeer mündenden Flüsse hängt daher ab von den zugeführten Schwebstoffmengen und von der Menge, die im Ästuar zurückbleibt (8-). Einige Flüsse wie Rhein und Elbe führen netto beträchtliche Mengen ab, bei anderen Flüssen wie der Schelde ist die Nettoabfuhr gering. Von der von Rhein und Maas insgesamt zugeführten Schwebstofffracht bleibt etwa 25 %, fast 1 Mio. t im Jahr, im Boden zurück. Von dem meerwärts abgeführten Material gelangt schätzungsweise 40–60 % in das Wattenmeer, besonders in dessen westlichen Teil, von wo aus es in östlicher Richtung im Wattenmeer weiter verfrachtet werden kann. Von dem durch die Ijssel abgeführten Rheinschwebstoff gelangt nur ein kleiner Teil in das Wattenmeer. Der südliche Teil des Ijsselmeeres wirkt als Klärbecken für die Schwebstoffe und die damit vergesellschafteten Schmutzstoffe. Möglicherweise werden dabei auch im Wasser gelöste Komponenten mit dem Schwebstoff abgesetzt (3-). Die Ursache ist hier nicht im Einfluß von Salzwasser zu suchen, sondern im Absinken der Schwebstoffe in ruhigem Wasser mit viel geringerer Fließgeschwindigkeit als im Fluß. Von dem durch Elbe, Weser und Ems zugeführten Material (1,4 Mio. t) bleiben 300 000 t jährlich in den Ästuaren zurück.

Wattenmeer   Das Wattenmeer ist reich an Schwebstoffen. Die mittleren Mengen betragen in den Seegaten einige Dutzend mg/l, nehmen jedoch zur Küste hin und von Westen nach Osten zu bis auf einige hundert mg/l. Die Schwebstoffmenge schwankt während einer Tide von Ort zu Ort und von einem Augenblick zum anderen. Bei starkem Wind wird viel Material vom Boden aufgewühlt und in einen vorübergehenden Schwebezustand gebracht.
Im östlichen Teil des niederländischen Wattenmeeres und besonders nahe am Festland befinden sich ausgedehnte Flächen, auf denen der Boden überwiegend aus feinem Material besteht. Auf Grund dieser Beobachtungen könnte man annehmen,

daß ein Schwebstofftransport aus dem Wattenmeer in die Nordsee stattfindet. Das Gegenteil ist der Fall. Es findet ein Netto-Transport von Schwebstoff aus der Nordsee in das Wattenmeer statt, wo dieser sich ablagert. Dies erklärt sich aus den unterschiedlichen Wassertiefen bei Hoch- und Niedrigwasser, aus der verschieden starken Strömung bei Ebbe und Flut und der andauernden Veränderung der Stärke und Richtung des Stromes an jedem Punkt (11-). Außerdem spielen die in und auf dem Boden lebenden Organismen eine wichtige Rolle beim Festlegen der Schwebstoffe. Im westlichen Wattenmeer werden jährlich an 300 000 t Schlick durch die Tätigkeit der Herz- und Miesmuscheln festgelegt, die das schwebende Material aus dem Wasser filtrieren und als zusammenhängende Masse ausscheiden. Dies Material fällt durch Wind- und Welleneinwirkung teilweise wieder in kleinere Partikel auseinander. Auch pflanzliche Organismen spielen bei der Festlegung der rund 800 000 t Schwebstoffe eine Rolle, die jährlich im niederländischen Wattenmeer insgesamt abgesetzt werden.

Schmutzstoffe   Wir sahen schon, daß sich die Verteilung eines Schmutzstoffes, der im Flußwasser gelöst ist, genauso vollziehen wird wie die des Süßwassers selbst, solange jedenfalls, wie der Stoff in Lösung bleibt. Ein gelöster Stoff wird viel weniger lange im Wattenmeer verbleiben als ein Stoff, der mit einem Schwebteilchen verbunden ist. Es zeigt sich nun, daß in Wirklichkeit ein Schmutzstoff nicht ausschließlich in gelöstem oder aber in schwebendem Zustand vorkommt. Gewöhnlich spielen beide Formen eine Rolle. Außerdem kommen Übergänge zwischen dem gelösten zum Schwebezustand und umgekehrt vor. Viele Schwermetalle, die im Flußwasser mit einem schwebenden Stoff verbunden sind, können in beträchtlichem Umfang in Lösung gehen und in diesem Zustand in die Nordsee gelangen (5-). Man kann sich jedoch auch vorstellen, daß in Flußmündungsgebiete, besonders von Elbe und Rhein, die Ablösung von Metallen vom Schwebstoff eine untergeordnete Rolle spielt (9-, 10-). Sofern sie nicht im Mündungsgebiet auf dem Boden abgesetzt werden, würden die Schwermetalle während des Transports ins Meer an Schwebstoffe gebunden bleiben können. Außer durch Flüsse werden auch beträchtliche Mengen von Schmutzstoffen mit Abwässern durch Rohrleitungen oder von Schiffen aus eingeleitet. Die für das Verhalten dieser Stoffe im Wattenmeer maßgebenden Vorgänge sind die gleichen wie bei dem aus den Flüssen zugeführten Material.

292

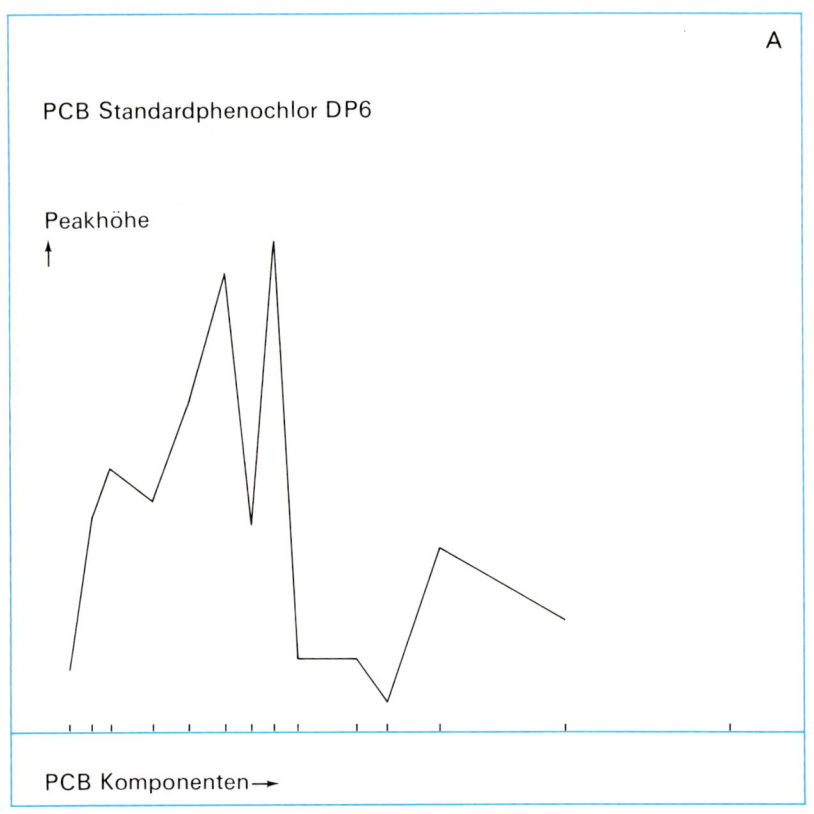

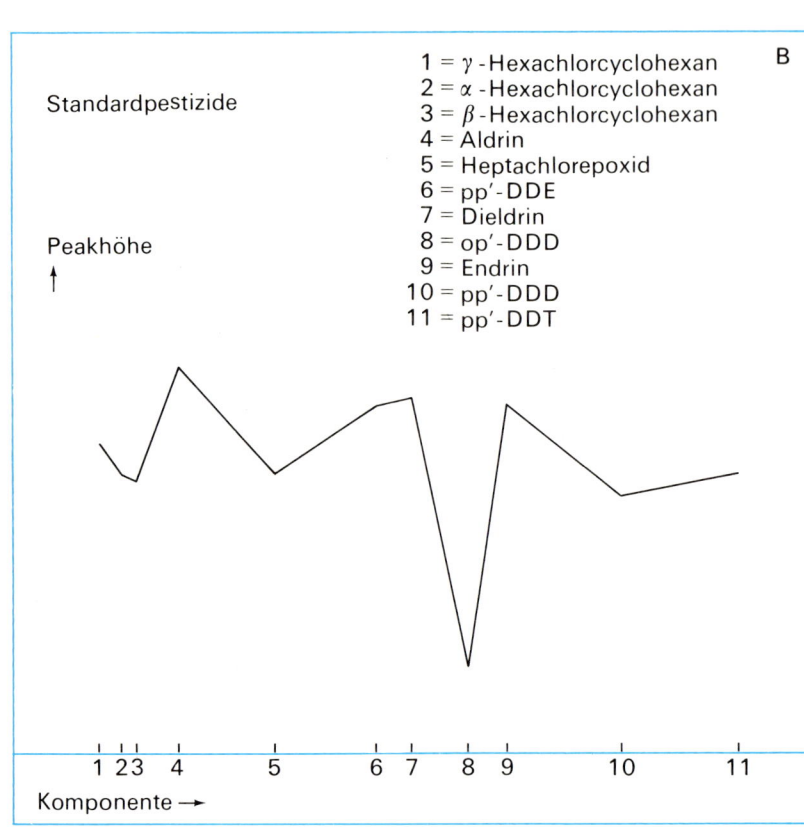

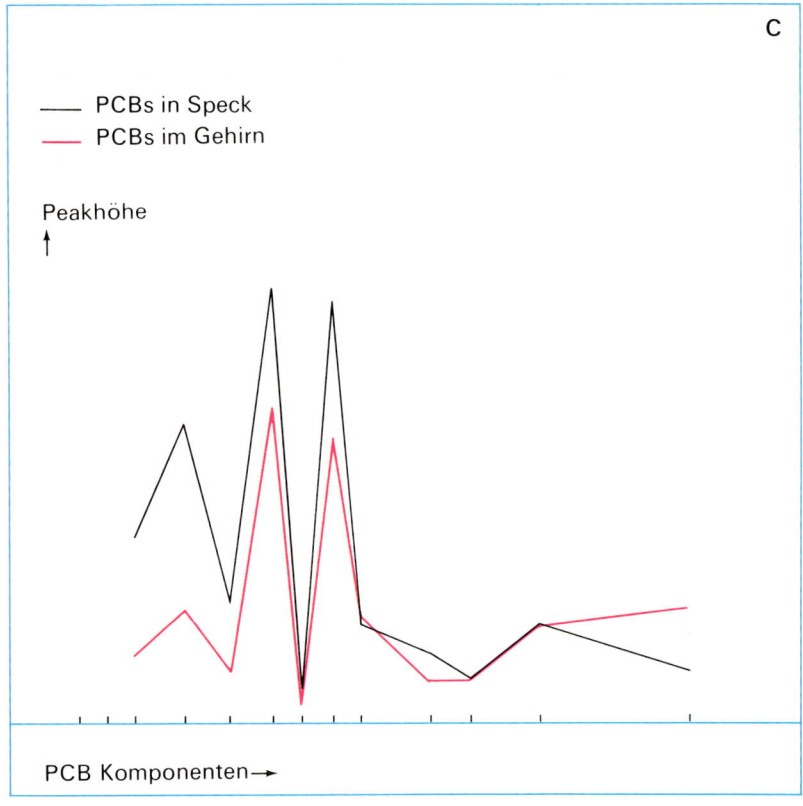

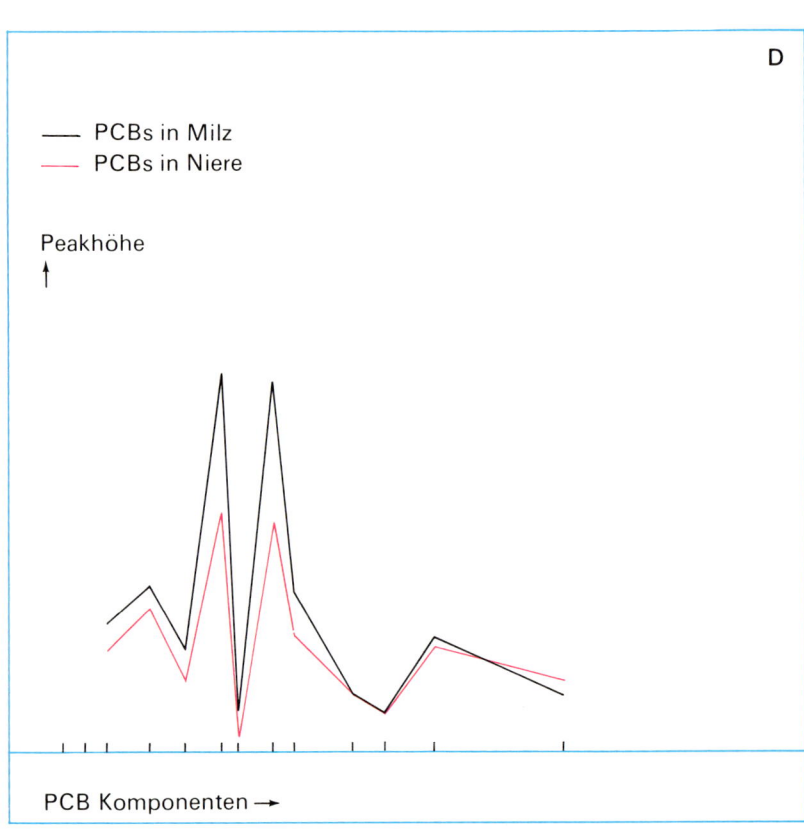

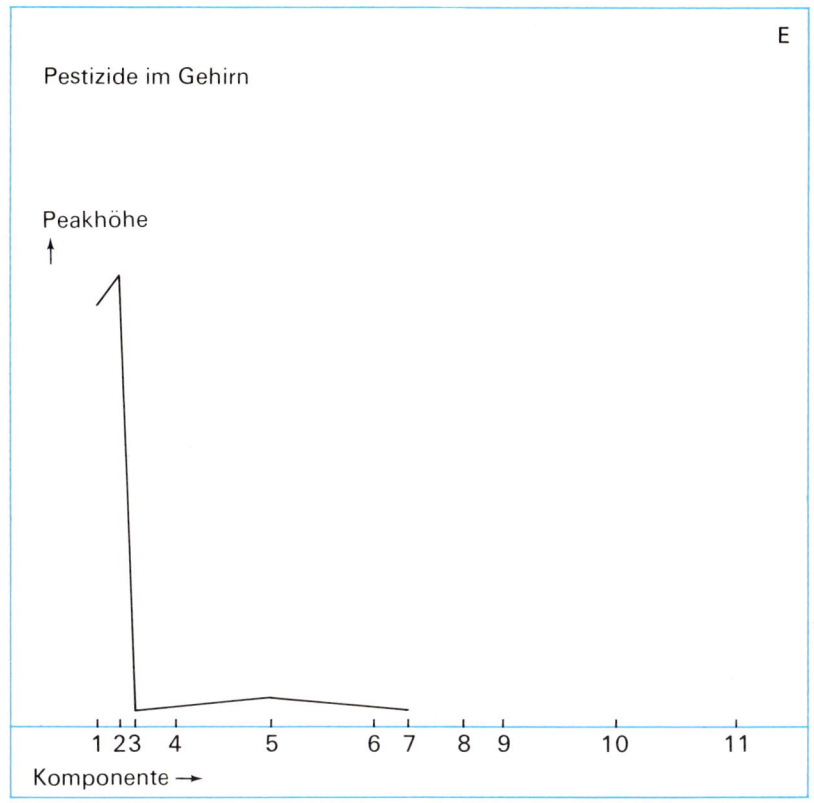

E

Pestizide im Gehirn

Peakhöhe

Komponente →

	Rhein		**F**
	gelöst	schwebend	
PCB	80 (40–150)	100 (50–250)	
Hexachlorbenzen	5 (2–10)	5 (2–15)	
Dentachlorbenzen	2 (1–5)	4 (0–5)	
α-Hexachlorcyclohexan	20 (15–30)	1 (0–2)	
γ-Hexachlorcyclohexan	25 (8–45)	10 (2–60)	

	Niederländisches Wattenmeer		
	gelöst	schwebend	
PCB	114 (20–320)	75 (60–120)	
Hexachlorbenzen	1 (0–3)	2 (0–6)	
Dentachlorbenzen	0.5 (0–1)	1 (0–2)	
α-Hexachlorcyclohexan	22 (10–140)	0	
γ-Hexachlorcyclohexan	16 (7–55)	8 (0–15)	

Chlorkohlenwasserstoffe im Rhein und im Wattenmeer.
Konzentration der gelösten und schwebende Stoffe in
mg pro 1000 Tonnen Wasser.
Zahl der Proben im Rhein 33, im Wattenmeer 42.
Probennahme Herbst 1974.
Als Ergebnisse sind die Mittelwerte sowie die Maxima
und Minima angegeben.

In fast jeder Probe aus dem Wattenmeer, aus toter wie aus lebender Materie, kann man eine lange Reihe vom Menschen fabrizierter Stoffe nachweisen, die nicht in die Natur gehören. Zu den am meisten ins Auge fallenden Verbindungen gehören Chlorkohlenwasserstoffe. Von diesen kommt die Gruppe der Polychlorbiphenyle (PCB) in den höchsten Konzentrationen vor. Auch dann, wenn diese Stoffe in einer natürlichen Probe in sehr geringen Konzentrationen vorhanden sind, können sie – nach chemischer Trennung aus der normalerweise kompliziert zusammengesetzten Probe – nachgewiesen werden. Die Abb. C, D und E geben die Werte für Chlorkohlenwasserstoffe aus der Analyse verschiedener Organe eines einjährigen, tot aufgefundenen Seehundes wieder. Die Höhe der Kurve gibt die Menge der jeweiligen Komponente direkt an. Abb. A gibt die Zusammensetzung einer bestimmten industriellen Mischung von PCBs an; Abb. B die einer im Laboratorium zusammengestellten Standardmischung von Schädlingsbekämpfungsmitteln. Aus dem Vergleich der Analyseergebnisse von Leber, Milz, Speck, Gehirn und Nieren geht hervor, daß die Gruppe der PCBs relativ am stärksten vertreten ist; eine Ausnahme bilden das γ-und α-Hexachlorcyclohexan, diese Stoffe sind in den anderen untersuchten Organen kaum vorhanden. Auffallend

ist die große Ähnlichkeit der PCB-Häufigkeitsverteilung sowohl der verschiedenen Organe untereinander als auch zum Ausgangsprodukt. Abgesehen von den beiden ersten (Kurvengipfel 1 und 2) werden die Komponenten in fast unveränderten Mengenverhältnissen im Gewebe gespeichert. Die Gehalte, die auf das Gewicht der feuchten Probe, in Klammern auf das Fettgewicht, bezogen sind, betragen in ppm für Nieren 0,6 (10), Milz 0,6 (20), Gehirn 1,4 (10), Speck 22 (23), Leber 1,6 (22). Ältere Tiere können PCBs bis zu viel höheren Konzentrationen aufspeichern als sie bei diesem Jungtier gefunden wurden. Aus den Zahlen geht eine starke Bindung der PCBs an fetthaltige Gewebe hervor. Vergleiche mit Ergebnissen aus anderen Erdräumen zeigen, daß im Wattenmeer hohe Werte vorliegen. Dies wird auch deutlich, wenn man für eine Reihe von Chlorkohlenwasserstoffen die Mengen vergleicht, die 1974 in Wasser- und Schwebstoffproben aus dem Rhein und dem Wattenmeer gefunden wurden, siehe Abb. F. Die Werte im Wattenmeer sind im Vergleich zu den Flußwerten auffallend hoch.

369 Speicherung von Chlorkohlenwasserstoffen in Seehunden

Vorgänge in und auf dem Boden   Stoffe, die mit dem schwebenden Material auf dem Boden abgesetzt worden sind, können selbstverständlich auf Tiere, die in und auf dem Boden leben, oder für welche die Bodenteilchen eine wichtige Nahrungsquelle darstellen, direkt schädlich wirken. Dies Bild ist unvollständig, weil es die Wirkungen, die infolge der Sedimentation von Schmutzstoffen im Boden auftreten können, noch unterschätzt, besonders wenn große Mengen von abbaubaren organischen Stoffen beteiligt sind. In deren Gefolge treten in weiten Teilen des Wattenmeeres, in den obersten Bodenschichten, vor allem auf schlickigem Substrat, reduzierende Bedingungen ein. Unter diesen Bedingungen können Schmutzstoffe in eine andere Form übergehen, in der sie von Organismen leichter aufgenommen werden können. Endlich können sie in gelöstem Zustand in das *interstitielle Wasser* übergehen, das sich zwischen den Bodenteilchen befindet. Zwischen diesem und dem freien Wasser darüber ist der Austausch gering. In Perioden mit starken Winden kann es zu stärkerem Austausch kommen, wobei erheblich höhere Konzentrationen auftreten können (2-, 3-). Die hohen Konzentrationen im interstitiellen Wasser sind sowohl für Schwermetalle als auch für Chlorkohlenwasserstoffe nachgewie-

370   *Schwefelbakterien (weiß), Purpurbakterien (rosa) und Blau-*
      algen (dunkelgrün) auf dem Watt bei einem Schmutzwasserrohr
371   *Mündung einer Schmutzwasserdruckleitung*

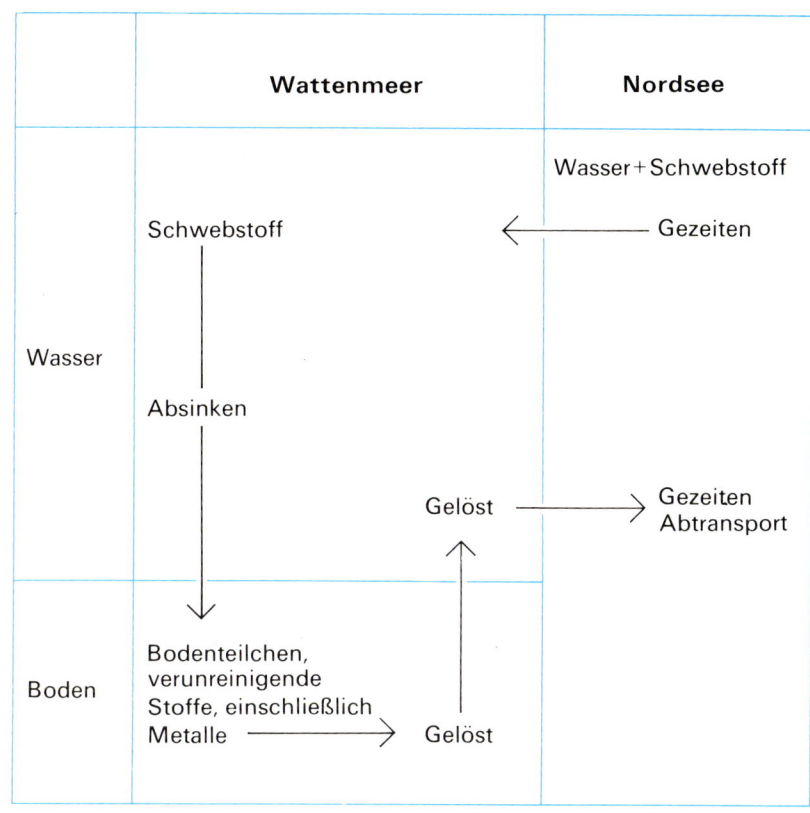

	Wattenmeer	Nordsee
Wasser	Schwebstoff ← Absinken ↓	Wasser + Schwebstoff ← Gezeiten Gelöst → Gezeiten Abtransport
Boden	Bodenteilchen, verunreinigende Stoffe, einschließlich Metalle → Gelöst	

372 *Prozesse, denen die an Sinkstoffteilchen gebundenen*
Schmutzstoffe und Schwermetalle unterworfen sind

sogar nach sehr langer Zeit zutage treten. In einem solchen Fall ist es sehr zweifelhaft, ob die Ursache mit der genügenden Sicherheit festgestellt werden kann. Das Problem des abnehmenden Seehundsbestandes im niederländischen Wattenmeer ist schon oft damit in Verbindung gebracht worden, daß bestimmte chemische Stoffe in Speck, Gehirn und Leber dieser Tiere in hohen Konzentrationen vorhanden sind. Der Schweinswal ist seit einigen Jahren aus unserem Küstenraum ganz verschwunden.

Auch in anderen Teilen der Erde wird ein verhängnisvoller Einfluß der Verschmutzung auf bestimmte Tierarten vermutet, aber der Beweis ist schwer zu erbringen. In einigen Fällen ist es aber doch geglückt. Einer dieser Fälle war das Massensterben, das von 1964 bis 1968 im niederländischen Wattenmeer unter den Eiderenten, Brandseeschwalben und einigen anderen Vogelarten eintrat (6-). Es ist übrigens kein Zufall, daß ein derartiger Vorgang, bei dem die Brutvögel bis auf einen Bruchteil der ursprünglichen Bestände zurückgingen, sich gerade im Wattenmeer abspielen konnte.

Die Gefahren, welche die Gruppe der *Chlorkohlenwasserstoffe* mit sich bringt, können beispielhaft veranschaulichen, was im Wattenmeer geschah.

sen. Es ist noch nicht bekannt, welchen Einfluß diese Effekte auf die Bodenfauna haben und auf die Tiere, die von ihr abhängig sind.

Auswirkungen im Wattenmeer   Der Schaden für Pflanzen und Tiere ist ein wichtiges Kriterium für die Beantwortung der Frage, ob und ggfs. in welchem Ausmaß das Wattenmeer mit chemischen Stoffen verunreinigt ist. Die Definition dessen, was als Schaden verstanden werden soll, wird übrigens noch diskutiert. Hierauf kann erst eingegangen werden, nachdem eine Reihe von Tatsachen besprochen worden ist. Zu den Stoffen, welche das Meer verschmutzen, rechnet man Schwermetalle, organische (Haus-)Abwässer, Öl, feste Stoffe (Müll), radioaktive Abfälle und industrielle Produkte wie Chlorkohlenwasserstoffe und andere Produkte der petrochemischen Industrie. Eine extreme Wirkung chemischer Stoffe auf lebende Organismen liegt vor, wenn sie unter bestimmten Tierarten ein Massensterben hervorrufen. Das Beispiel des großen Fischsterbens im Frühjahr 1965 an einem Teil der niederländischen Küste infolge fahrlässiger Einleitung von Kupfersulfat (12-) veranschaulicht die akute Giftwirkung chemischer Stoffe im Meerwasser. Die schädliche Wirkung kann aber auch erst nach langer oder

373 *Opfer der Ölpest*

Zu dieser Gruppe von Verbindungen gehören Pflanzenschutzmittel und industriell verwendete Stoffe. Bekannte Beispiele
sind DDT, Diëldrin, Hexachlorbenzol und die Gruppe der
Polychlorbiphenyle (PCB). Diese letzte Gruppe wird als
ein recht kompliziertes Gemisch nahe verwandter Stoffe
hergestellt, sie wird in etwa der gleichen Mischung in natürlichen
Proben wiedergefunden. In einigen Fällen hat sich jedoch
der molekulare Bau der PCB in der Natur auf das stärkste
verändert.

Von den genannten Stoffen werden jährlich Hunderttausende
von Tonnen hergestellt und angewendet. Gegenwärtig können
sie in fast jeder im Wattenmeer genommenen Probe nachgewiesen
werden, sei es im Wasser, im Schwebstoff oder in den Lebewesen
(3-, 4-). Fast alle Tierarten nehmen diese Art Verbindungen
in ihr Gewebe auf, oft bis zu sehr hohen Konzentrationen.
Diese dauerhaften Verbindungen sammeln sich vor allem
in Organismen an, die in der Nahrungspyramide oben stehen
wie Säugetiere und Vögel. Auch andere Faktoren wie die
Fettspeicherung im Gewebe und die unterschiedliche Ernährung
spielen bei dieser Ansammlung eine Rolle.
Aus Laborexperimenten geht hervor, daß von dieser Ansammlung
von Chlorkohlenwasserstoffen im Gewebe schädliche Wirkungen

374 *Toter junger Seehund*

ausgehen, daß z. B. das Fortpflanzungsvermögen beeinträchtigt
und die mittlere Lebensdauer verkürzt wird. Daraus können
sich ernstliche Folgen für die Lebenschancen der einzelnen
Lebewesen und für die Populationen, zu denen sie gehören,
ergeben. Bei hinreichend hohen Konzentrationen kann es
zu tiefgehenden Wirkungen kommen. Das schon erwähnte
Vogelsterben im westlichen niederländischen Wattenmeer
wurde durch eine Reihe von Pflanzenschutzmitteln hervorgerufen,
die im Abwasser einer Fabrik bei Rotterdam gelöst waren.
Über die Nordsee waren diese Stoffe, vor allem Aldrin, Telodrin
und Diëldrin, in das Wattenmeer gelangt, wo sie über die
Nahrung aufgenommen werden konnten. Die dabei im Gewebe
der Vögel gespeicherten Giftstoffe gelangten unter bestimmten
Bedingungen frei in das Blut, was sich unmittelbar fatal
auswirkte (1-, 6-, 7-, 13-).
Die Konzentration von *Polychlorbiphenylen* (PCB) übertrifft
in fast jeder Probe aus dem Wattenmeer die aller anderen
Chlorkohlenwasserstoffe. Die endgültigen Auswirkungen
der PCB sind großenteils noch unbekannt, u.a. weil in diesen
Stoffen auf Grund des Fabrikationsprozesses geringe Mengen
anderer Stoffe enthalten sind, die eine noch weit schädlichere
Wirkung haben können als PCB selbst. Möglicherweise sind
gerade diese Stoffe die Ursache des Kormoransterbens im
niederländischen Küstenraum. Der Gehalt an PCB im Speck
des Seehunds ist extrem hoch (2-, 7-). Auch in Blut, Milz,
Leber, Gehirn und Herz tot aufgefundener Seehunde wurden
erhebliche Konzentrationen dieser Stoffe festgestellt.
Vieles weist darauf hin, daß viele Chlorkohlenwasserstoffe,
darunter PCB, im marinen Milieu besonders stabil sind. Das
Meer fungiert als Sammelbecken für diese Stoffe, ohne daß
sie durch Abbau unschädlich gemacht werden. Viele dieser
Stoffe sind in erheblichem Umfang an Schwebstoffe gebunden.
Die Ansammlung von Schwebstoff im Wattenmeer schließt
mehr und mehr die Ablagerung großer Mengen dieser Stoffe
im Boden ein. Die im Wattenmeer nachgewiesenen Stoffe
sind in der Tabelle (Abb. 375) zusammengestellt.
Die Tabelle gibt von der tatsächlichen Situation ein schmeichelhaftes Bild. Im Rhein wurden viele hundert schädliche Stoffe
nachgewiesen. Wegen unzureichender Erforschung des Wattenmeeres wurden viele dieser Stoffe dort noch nicht festgestellt,
obwohl man annehmen muß, daß sie dort bereits vorhanden
sind. Bisher wurden die Wirkungen schädlicher Stoffe im
Wattenmeer hauptsächlich von niederländischen Wissenschaftlern
beschrieben. Es ist erfreulich, daß diese Forschung auch
in Westdeutschland und Dänemark vorangetrieben

	Wasser	Sediment	Miesmuscheln	Garnelen	Fische	Vögel	Säugetiere (Seehunde)
Chlorkohlenwasserstoffe							
PCB = Polychlorbiphenyl	■	■	■	■	■	■	■
PCT = Polychloorterphenyl					■		
p,p' – DDE	■	■	■	■	■		■
p,p' – DDT		■					■
p,p' – DDD			■				■
(Dieldrin)			■		■		
Aldrin			■				
(Telodrin)			■	■		■	
(Endrin) (Umweltschäden vermutet)			■		■		
(Endosulfan)	■				■		
∝ – BHC	■			■			
β – BHC					■		
γ – BHC (Lindan)	■	■			■	■	■
HCB = Hexachlorbenzen	■	■			■	■	■
Pentachlorbenzen		■			■		
Tetrachlorbenzen					■		
Oktachlorstyren						■	■
Mirex							■
Hexachlorbutadien	■			■			
Detergentien	■						
Metalle und Nichtmetalle							
Quecksilber einschließlich Methylquecksilber (Umweltschäden vermutet)	■	■	■	■		■	■
(Kupfer)	■	■	■	■	■		
Zink	■	■	■	■			
Cadmium			■	■			
Eisen	■	■					
Blei				■			■
Arsen							■
Selen					■	■	■
Antimon							■
Mangan		■					■

375 *Im Wattenmeer festgestellte Giftstoffe*

wird (14-, 15-). In einer Reihe von Laboratorien auf der Erde werden Experimente angestellt, in denen Versuchstiere bestimmten Schadstoffen, wie sie in deren Umwelt vorkommen, ausgesetzt werden. Dabei können sehr *schädliche Wirkungen* wie herabgesetzte Fortpflanzungsfähigkeit und verkürzte Lebensdauer eintreten sowie eine große Anzahl anderer, nicht direkt tödlicher, aber auf lange Sicht möglicherweise schwerwiegender Effekte. Solche Effekte wurden schon bei viel geringeren als den kurzfristig lätalen Gehalten nachgewiesen. Offenbar ist der Unterschied zwischen den Konzentrationen einiger Schadstoffe im Ökosystem und den Konzentrationen, die im Laborversuch schädliche Auswirkungen haben, nur gering. Eine ernste Schwierigkeit besteht darin, die an den Proben erzielten Ergebnisse ihrer Bedeutung im Ökosystem entsprechend zu übersetzen. Dort können verschiedene Faktoren zusätzlich eine Rolle spielen, die sich wegen der Kompliziertheit der Naturvorgänge dem Wahrnehmungsvermögen der Forscher entziehen. Da wir die Faktoren nicht bzw. kaum kennen, können wir sie auch nicht in die Experimente einbeziehen. Mit der recht ausführlichen Besprechung der Chlorkohlenwasserstoffe wird über die Schadwirkung dieser Stoffe im Vergleich zu anderen Schadstoffen im Wattenmeer kein Werturteil

ausgesprochen, auch Öl, Schwermetalle und feste Abfallstoffe spielen eine wichtige Rolle. Im deutschen Wattenmeer, wo bis vor kurzem der bei der Aluminiumfabrikation als Restprodukt anfallende Rotschlamm in großen Mengen aus Schiffen verklappt wurde, trat bei Tieren offenbar eine mechanische Störung der Atmung ein. Gegenwärtig findet die Ablagerung auf dem Lande statt. Schwermetalle, besonders Quecksilber, sind vielleicht für bestimmte Tierarten wie Vögel und Seehunde gefährlich. Wie Chlorkohlenwasserstoffe werden Schwermetalle und Ölbestandteile in Geweben gespeichert. Die endgültige Wirkung dieser Schadstoffe ist großenteils noch unbekannt, die schädliche Wirkung des Quecksilbers ausgenommen. Über die Wirkungen des Öls wissen wir mehr. Es ist schon mehrfach vorgekommen, daß Öl in das Wattenmeer gelangte. Die zunehmende Ölsuche und -förderung in der angrenzenden Nordsee machte es immer wahrscheinlicher, daß ein Ölteppich in das Wattenmeer eindringt. Dies würde eine totale Katastrophe bedeuten. Treibendes Öl bedeutet den Tod von vielleicht Hunderttausenden von Vögeln. Ein zugefügtes Dispersionsmittel löst das Öl im Wasser auf, was für die Jugendstadien von Organismen fatale Folgen hat. Diese treten vor allem durch die Schadstoffkomponenten im Öl ein. Wenn man mit chemischen

376 *Einbringen von eisenhaltiger Schwefelsäure, eines Abfallprodukts der Titandioxidindustrie, in der Deutschen Bucht*

377 *Ölhafen Wilhelmshaven*

Mitteln den Ölteppich zum Absinken bringt, hat das schwerwiegende Auswirkungen auf die Bodenfauna und dann auch auf die anderen Organismen.

Eine besondere Verunreinigung stellt die *thermische Belastung* des Wattenmeeres und vor allem der Ästuare als Folge der Kühlung von Kraftwerken dar, von denen noch viele gebaut werden sollen. Im Süßwasser ergeben sich aus der thermischen Verschmutzung erhebliche Umweltprobleme. Über die Folgen der Erwärmung im salzigen Milieu ist noch kaum etwas bekannt. Sehr viele Einzelheiten über Schmutzstoffe im Wattenmeer sind noch unbekannt. Die Erforschung der Auswirkungen der in die Umwelt gebrachten Stoffe wird diese Einzelheiten niemals in dem gleichen Tempo entwirren können, in dem die Verschmutzung zunimmt. Es gelangt eine sehr große Menge an Abfallstoffen ins Meer und also auch ins Wattenmeer, deren Unschädlichkeit nicht von vornherein feststeht. Bevor ein Stoff in großem Ausmaß produziert wird, ist aber der Beweis zu erbringen, daß dieser keine bleibenden Schäden verursacht, wenn er schließlich in die Umwelt gelangt. Es ist notwendig, diese Beweispflicht anzuführen, um die Größe des Risikos, dem das Wattenmeer ausgesetzt ist, tatsächlich herabzusetzen.

Daß in fast jeder Probe aus dem Wattenmeer Stoffe nicht natürlicher Herkunft vorhanden sind, bedeutet für Pflanzen und Tiere eine sehr große Belastung. Für die natürlichen Systeme des Wattenmeeres bedeutet es, daß ihre Fähigkeit, fortdauernd und optimal zu funktionieren, wesentlich eingeschränkt wird.

Wir wissen nicht, wie lange und wie weit wir diesen Druck noch zunehmen lassen können, ohne daß die festgestellte Entartung des Wattenmeeres *unumkehrbar* wird. Das Wattenmeer ist ernstlich verschmutzt. Es hat uns deutlich gewarnt. Unser Wissensstand ermöglicht es, gegen die wesentlichen Quellen der Verschmutzung wirksam vorzugehen.

378 *Emskraftwerk*

Schon in den Reiseberichten der ersten Touristen aus dem Beginn des vorigen Jahrhunderts begegnet uns der besondere Reiz, den das Wattenmeer auf den nach Abwechslung suchenden Ferienreisenden ausübt. Das Bedürfnis, eine abwechslungsreiche Landschaft zu erleben, kann sowohl im niederländischen wie im deutschen und dänischen Teil des Wattenraumes befriedigt werden. Die zahllosen Übergänge, die man in jedem Teil dieses natürlichen Gezeitenraumes mit seinen Inseln und Sandbänken finden kann, gibt es nirgendwo sonst so nahe beieinander und in so vielen Abwandlungen. Freunde von Landschaften wie Wald, Dünen, Strand, Vorland oder ländlichen Dorfbildern, von Pflanzen und Tieren, von Strandleben, von Wassersport, Wattlaufen oder Sportfischen – sie alle können aus vielen Möglichkeiten dieser weiten Landschaft wählen.

Seit die Erholung in Westeuropa einen festen Platz eingenommen hat, haben Millionen Menschen diese Freude erfahren. Infolgedessen konnte der Wohlstand der Insulaner mit dem der Festlandsbewohner Schritt halten. Während die Insulaner früher Seefahrer, Fischer, Viehhalter, Ackerbauern oder Handwerker waren, haben sich die meisten von ihnen heute ganz oder teilweise auf den jährlich wiederkehrenden Touristenstrom eingestellt. Diese Entwicklung hat sich an der ganzen Nordküste Westeuropas vollzogen. Der immer größere Umfang der Freizeit und das wachsende Interesse an der Natur haben besonders in den letzten 15 Jahren den Strom der Gäste noch zunehmen lassen. Im ganzen westeuropäischen Wattengebiet haben sich Teilräume herausgebildet, die jährlich von sehr großen Mengen von Gästen überflutet werden; es gibt aber auch Räume, die selbst im Sommer noch eine Ruhe aufweisen, wie sie vor 50 Jahren überall geherrscht haben muß. Dies Kapitel möchte alle Formen der Erholung im Wattenraum in einer Übersicht vorstellen. Der Küstenstreifen ist dabei fast ganz außer acht gelassen worden, obwohl er für die Erholung im Wattenmeer z. B. für Wassersport und Wattlaufen durchaus eine Rolle spielt. Wie haben sich all diese Erholungsarten entwickelt? Welches sind die Interessen der Inselbewohner? Wie und in welchem Umfang wird dieser Naturraum durch den Menschen, der ihn genießen möchte, gefährdet?

Erholungsaufenthalt   Schon 1797 wurde auf Norderney das erste Seebad gegründet. 1805 kamen mehr Gäste als die Insel Einwohner hatte. Die meisten anderen Inseln folgten zwischen 1850 und 1900. Dem elitären Tourismus jener Zeit entsprechend, hatten die auf einigen deutschen Inseln

aufblühenden Kurorte einen luxuriösen Charakter. Man betrachtete die Inseln in erster Linie als Orte, wo man in einer angenehmen Umgebung neue Gesundheit erwerben konnte. Auf den niederländischen Inseln entstanden Badehäuser, z. B. auf Ameland 1850. Die Bedeutung des Fremdenverkehrs für die Inseln ist immer von der Verbindung zum Festland abhängig gewesen. Das Wachstum hielt mit der allmählichen Erschließung dieser Gebiete Schritt. Diese allmähliche Entwicklung hat sich jahrzehntelang vollzogen, und erst in den sechziger Jahren begann eine Phase exponentiellen Wachstums. Gleichzeitig vollzog sich die Differenzierung zwischen den überfüllten und den vergleichsweise ruhigen Teilräumen. Die Statistiken über die Gästezahlen bzw. die Anzahl der Übernachtungen im Jahr scheinen in allen drei Ländern leider unvollständig zu sein. Eine genaue Einsicht in den historischen Wachstumsprozeß ist daher nicht möglich. Die Bettenzahl, die Zahl der Gäste und die Einwohnerzahl sind hier abgerundet wiedergegeben.

	Einwohner	Gästebetten	Gästezahl
Texel	12.000	40.600	375.000
Vlieland	1.061	9.000	80.000
Terschelling	4.536	27.500	160.000
Ameland	3.011	32.000	205.000
Schiermonnikoog	818	7.000	110.000
Borkum	6.700	15.000	60.000
Juist	2.800	7.500	48.000
Norderney	10.000	15.000	77.000
Baltrum	500	3.000	22.000
Langeoog	3.000	5.000	30.000
Spiekeroog	940	1.390	20.000
Wangerooge	2.000	5.200	32.000
Föhr	6.200	8.800	64.000
Amrum	2.200	7.400	37.000
Sylt	18.000	40.000	222.000
Rømø	900	9.000	100.000
Mandø	100	200	1.500
Fanø	2.700	15.000	120.000

Die Angaben über die deutschen Inseln stammen aus dem Jahr 1972, die der dänischen Inseln aus dem Jahr 1973. Die Zahlen über die niederländischen Inseln datieren aus den Jahren 1974 und 1975, hiervon beruhen die letzten zwei Spalten auf Schätzungen.

379 *Lemster Aak während der Segelregatta Harlingen–Terschelling*

Im Wattenraum gibt es alle Formen des Erholungsaufenthaltes. Im Laufe der Zeit schälten sich immer deutlicher die Unterschiede zwischen den einzelnen Inseln heraus. So findet man auf den Ostfriesischen Inseln nur wenige und unzureichende Camping-Gelegenheiten. Einzelne Inseln wie Norderney und Borkum verfügen über zahlreiche Unterkünfte in Hotels und Pensionen, zu denen Strandpromenaden und Hochhäuser kommen. Die Tendenz zum Luxus von einst wirkt sich hier immer noch aus, es sind denn auch die teuersten Ferieninseln. Fast alle Inseln führen den Titel „Nordseeheilbad" und besitzen zahlreiche Kureinrichtungen, die der Gesundheit des Gastes dienen. Andere Inseln aus dieser Gruppe wie Spiekeroog und Baltrum haben ihre Eigenart weitgehend bewahren können. Für Dauergäste sind die Bedingungen auf den Nordfriesischen Inseln sehr unterschiedlich. Sylt ist mit dem Festland durch einen Eisenbahndamm verbunden. Infolgedessen zählt man rund 3 000 000 Übernachtungen und rund 200 000 Autos im Jahr. Mit ihren großen Appartements und städtischen Attraktionen ist diese Insel dem niederländischen Scheveningen vergleichbar. In scharfem Kontrast dazu steht der Fremdenverkehr auf den Halligen. Hier sind die Bedingungen für den Gast noch einfach. Die niederländischen Inseln haben

sich ganz anders entwickelt. Seit jeher waren sie das Ferienziel weiter Schichten der niederländischen Bevölkerung. Die Unterkünfte sind daher viel unterschiedlicher und weniger luxuriös. Außer vielen Sommerhäusern trifft man auf jeder Insel ausgedehnte Campingplätze an, auf Texel entfallen darauf rund 50% der Dauergäste. Lange vor der Vollsaison sind alle Unterkünfte schon ausgebucht. Überfüllung muß übrigens nicht bedeuten, daß eine Insel überschwemmt wird. So weist Terschelling durch die Einrichtung von Unterkünften für Dauergäste eine starke Zonierung der Dichte auf, die von Westen nach Osten abnimmt. Auf den niederländischen Inseln sieht man jetzt überall ein, daß die Bettenzahl nicht beliebig gesteigert werden kann, weil dann die Inseln ihrer größten Werte, der Ruhe und der Schönheit der Natur, beraubt werden würden. Mit Ausnahme von Texel und Ameland ist überall beschlossen worden, die Unterkünfte nicht zu vermehren. Auf Texel hat man zwar eine Grenze festgesetzt, es dürfen jedoch noch weitere 15 000 Betten hinzukommen. Auf den niederländischen Inseln werden die weitaus meisten Unterkünfte für Dauergäste von Insulanern bereitgestellt. Das Einkommen liegt daher im Durchschnitt weit über dem Landesmittel. Viele Bauern mit Grenzbetrieben geben daher

380 *Badestrand auf Borkum*

381 *Hindenburgdamm nach Sylt mit Autozug*

die Landwirtschaft auf und richten die Betriebsgebäude als Unterkunft her oder richten einen Campinghof für Kindergruppen ein. Auf den niederländischen Inseln ist bisher von großen Erholungs-Unternehmen wenig investiert worden. Es gibt jedoch auf verschiedenen Inseln Pläne für den Bau großer Appartement-Hotels. Auf mehreren deutschen Inseln wie Sylt, Pellworm und Nordstrand haben große Gesellschaften vom Festland erhebliche Investierungen vorgenommen. Die drei dänischen Wattinseln haben eine verschiedene Entwicklung hinter sich. Rømø gehörte von 1864 bis 1920 zu Deutschland. In dieser Periode begann man bereits, sich auf den Fremdenverkehr einzurichten, überwiegend ohne Beteiligung der Insulaner. Die Entwicklung auf Rømø wurde vor allem durch den Bau des Dammes zum Festland 1948 beeinflußt. 1973 wurde er von 960 000 Autos passiert. Rømø ist auf Massentourismus eingestellt, und man findet hier alle Formen der Dauererholung. Die Erholungseinrichtungen sind zugleich auf die sehr großen Mengen von Tagesausflüglern eingestellt. Der Fremdenverkehr auf Fanø entspricht dem einer durchschnittlichen Wattinsel: Der Tourismus herrscht vor, ohne daß man von Massentourismus sprechen kann. Die Hälfte der Gäste sind Ausländer. Mandø liegt recht isoliert. Bei gutem

Wetter kann man mit dem Auto oder dem Mandø-Bus über den „ebbevej“, eine befestigte Trasse über die Wasserscheide, fahren. Die Unterbringungsmöglichkeiten sind beschränkt: ein Gasthaus und einige Dutzend Sommerhäuser. Das Fehlen eines echten Badestrandes macht Mandø für den Touristen wenig interessant.
Die nördliche Grenze des Wattenraumes wird von der Halbinsel Skallingen gebildet, auf der das Dörfchen Blåvand liegt. Skallingen ist großenteils Naturschutzgebiet. Es hat unter dem Tourismus viel zu leiden, besonders durch die Autos, die in den Dünen abgestellt werden. Die Dauergäste konzentrieren sich in Blåvand, wo es sehr viele Sommerhäuser gibt.

Tagesausflügler   In den Statistiken werden Tagesbesuche und kurze Wochenendaufenthalte als Tagesaufenthalte gezählt. Neben den Dauergästen ist besonders auf einigen deutschen und dänischen Inseln, die eine gute Verbindung zum Festland besitzen, die Zahl der Tagesbesuche sehr groß. Dabei handelt es sich um häufige und schnelle Fährverbindungen oder um Dämme wie den Eisenbahndamm nach Sylt oder den Straßendamm nach Rømø. Tagesausflügler beschränken sich fast ganz auf den Strandbesuch. Ein extremes Beispiel dafür ist Rømø. Diese Insel besitzt einen kilometerbreiten Strand, über den die Ausflügler mit ihren Autos bis an die Wasserlinie fahren, wo manchmal 6 bis 8 Reihen Autos hintereinander stehen. Der Nordteil des Strandes ist für Autos gesperrt. An einem schönen Sommertag besuchen an die 100 000 Menschen diese Insel. An einigen Stellen an der deutschen Festlandsküste hat man künstliche Strände aufgespült, um die Möglichkeiten für die Naherholung zu verbessern. Wirtschaftlich sind die Tagesausflügler für die einheimische Bevölkerung viel weniger wichtig als die Dauergäste. An verschiedenen Orten wird der Tagesausflugsverkehr sogar als ausgesprochen nachteilig erfahren. So empfängt Norderney in der Saison täglich etwa 8000 Tagesbesucher, und es besteht der Eindruck, daß viele Dauergäste deshalb auf ruhigere Inseln ausweichen. An den Wochenenden entstehen lange Autoschlangen u. a. von Appartementbesitzern, die ganz aus dem Ruhrgebiet kommen. Die Politik verschiedener örtlicher Behörden geht denn auch dahin, den Tagesausflugsverkehr abzubremsen. Auch Sylt empfängt viele Tagesbesucher, die teils aus Festlandsquartieren über den Damm, teils mit der Fähre von Rømø kommen.
Im niederländischen Wattenraum wird nur Texel von vielen Tagesausflüglern besucht. Die häufigen Fährverbindungen

erleichtern es, einen Tag auf der Insel zu verbringen. In zunehmendem Maße ziehen auch Ameland und Schiermonnikoog Tagesbesucher an. Die Küste von Friesland und Groningen ist für Tagesbesuche ungeeignet. In der eingedeichten Lauwerszee steht für die Planung ein Gebiet zur Verfügung, das teilweise für Tagesausflugsverkehr geeignet ist.

Wattlaufen   Die für das Wattenmeer besonders typische Form der Erholung ist zweifellos das Wattlaufen. Es gibt Gelegenheit dazu, die wesentlichen Elemente des Raumes intensiv kennenzulernen. Die Begegnung mit Wasser, Wind und Sand, mit den Gezeiten, mit der Stille und Weiträumigkeit spricht jeden Besucher an. Außerdem ist es reizvoll, rechtzeitig vor der aufkommenden Flut wieder einen sicheren Platz zu erreichen. Das Wattlaufen ist von großer Bedeutung für die überall zunehmende Beliebtheit des Wattenmeeres. Aus reiner Liebhaberei sind einige mit Wattlaufen zur Erholung angefangen. Sie haben die ersten Routen zu Inseln und Sandbänken erkundet. In den letzten Jahren hat das Wattlaufen stark zugenommen. Gegenwärtig wird viel in organisierten Gruppen gelaufen. Verschiedene Zentren in den Niederlanden und in Deutschland haben Führer angestellt, und man achtet

383   *Autos am Strand von Rømø*
384   *Parkplatz in den Dünen von Skallingen*

385   *Wattläufer zu Beginn einer Wattwanderung*

sehr auf die Sicherheit und Ausrüstung der Teilnehmer. Für den unerfahrenen Besucher kann das Wattlaufen aus verschiedenen Gründen gefährlich sein. Mangelnde Kenntnis der Gezeitenbewegungen oder plötzlicher Wetterumschlag können für unangenehme Überraschungen sorgen. Auch müssen die markierten Routen regelmäßig nacherkundet werden, weil Wasser und Wind die Lage von flachen und tiefen Stellen immer wieder verändern können. Die Routen führen über die Wasserscheiden. Es gibt auch Routen von Inseln zu Insel, z. B. von Texel nach Vlieland. Diese sind allerdings selbst für Kenner schwierig. Die größten Wattlaufzentren der Niederlande haben sich in Pieterburen, in Groningen und in Ternaard in Westfriesland angesiedelt. Von dort aus werden große Gruppen von Menschen z. B. nach Ameland oder Schiermonnikoog geführt. Von Pieterburen aus nahmen 1974 etwa 25 000 Menschen an Märschen teil; von Ternaard und Wierum aus waren es etwa 10 000 Menschen. Die Wattlaufzentren haben eingesehen, daß Absprachen über feste Routen und über die Größe der Gruppen erforderlich sind. Wichtige Brutareale und Rastplätze für Vögel und Seehunde werden jetzt gemieden, ebenso einige schutzbedürftige Vorlandflächen. Wattläufer, vor allem weit verteilte kleine Gruppen von Wattwanderern, stören jedoch die auf dem Watt nach Futter suchenden Vögel. Das Wattlaufen erfolgt in Deutschland vor allem von den Inseln aus, auf Wunsch unter Leitung eines Führers. Teilweise sind auch Routen auf Wanderkarten angegeben wie im Gebiet der Halligen und in den dänischen Watten.

Wassersport   Seit jeher wurden Schiffahrt und Fischerei im Wattenmeer mit Segelschiffen betrieben. Mehrere tausend solcher Schiffe waren vorhanden. Heute wird nur noch im Rahmen des Wassersports gesegelt. Wattströme eignen sich vorzüglich, um zu einer Insel zu gelangen. Der Segler muß jedoch navigieren können. Er muß mit den Seezeichen, Gezeitentabellen und Stromkarten vertraut sein. Kieljachtsegler müssen sich an die tiefen Wattströme halten, wenn sie nicht ihr Leben und ihr Schiff gefährden wollen. In jedem Jahr müssen Rettungsboote auf Grund gelaufenen Jachten zu Hilfe kommen. Schiffe mit Plattboden können bei Hochwasser das Tief verlassen und bei Niedrigwasser eventuell auf einer Sandbank trockenfallen. Nach der Anzahl der Boote könnte man sagen, daß der Segelsport im Wattenmeer noch in den Kinderschuhen steckt. Die Hafeneinrichtung auf den Inseln ist einfach, für die Wünsche des Durchschnittseglers aber ausreichend. Vor allem aus der Lauwerszee und dem IJsselmeer

schwärmt jedoch ein rasch zunehmender Strom von Jachten in das Wattenmeer aus. Sie verursachen jährlich einige Wochen lang in der Hochsaison ein großes Gedränge in den Inselhäfen. Dies sind meistens Mehrzweckhäfen für Bauschiffe, Fähren, Fischereifahrzeuge und Jachten. Zur Zeit wird hart daran gearbeitet, die Häfen vieler Küstenorte auszubauen. Die Zahl der Liegeplätze rund um das niederländische Wattenmeer wird in den kommenden Jahren von einigen Hunderten auf viele Tausende erhöht werden. Der Wassersport ist eine der Erholungsarten, deren Entwicklung man mit Hilfe geeigneter Verordnungen in der Hand behalten und eine Überfüllung vermeiden kann. Alljährlich werden von Harlingen nach Terschelling und von Delfzijl nach Borkum Segelwettkämpfe durchgeführt, an denen immer mehr Schiffe teilnehmen. Die Lage im deutschen und dänischen Teil des Wattenmeeres stimmt in großen Zügen mit dem Gesagten überein. Einen weiteren Aspekt bringen die Segelschulen hinzu, die es auf einigen Inseln, vor allem auf Juist und Norderney, gibt.

Sportfischerei   Im niederländischen und deutschen und in geringerem Umfang im dänischen Teil des Wattenmeeres ist die Sportfischerei als Erholung sehr verbreitet. Tausende

386 *Jachthafen Terschelling*

von Anglern suchen an Wochenenden und in den Ferien ein Plätzchen am Deich, auf einer Mole oder fahren mit kleinen Booten in das Wattenmeer zu tiefen fischreichen Wattströmen. Große Gruppen können ein Schiff mieten und damit in einem tiefen Wattstrom ankern. Die Zahl der jährlichen Angeltage geht in die Hunderttausende, schon 1968 waren es 200 000. Im niederländischen Teil des Wattenmeeres waren dafür 1973 an die 40 Schiffe verfügbar. Es wird vor allem auf Plattfische, Aal, Makrele und Hornhecht geangelt. Auf den Inseln und in den Küstenhäfen kann man überall Pierwürmer als Köder kaufen. Das Pierwurmgraben ist daher auch als Gewerbe von Bedeutung, obwohl erfreulich viele Sportangler ihre Pierwürmer selbst graben. Auf dem Balgzand bei Den Helder werden Pierwürmer maschinell gewonnen.

Luftsport Der Luftraum über den Inseln und dem Wattenmeer ist bei den Sportfliegern beliebt. Aus verständlichen Gründen sind andere Erholungssuchende über ihr Anwesenheit wenig glücklich. Auf Texel landeten 1964 nur 200 Sportflugzeuge, im Jahr 1973 waren es schon 7500. Auch auf Ameland gibt es einen Flugplatz. Fast alle deutschen und dänischen Inseln besitzen Flugplätze, von denen aus auch Rundflüge über

die Inseln erfolgen. Dazu werden sie für die Anreise von Touristen von verschiedenen, weit entfernten Flugplätzen in Deutschland sowie für den Verkehr von Insel zu Insel intensiv benutzt.

Konflikt Erholung – Natur Das Wattenmeer verdankt seinen großen Erholungswert seinem natürlichen Reichtum. Aber die Erholung hat ihrerseits schon seit Jahren auf vielerlei Weise diesen Reichtum direkt gefährdet. Die Inselbevölkerung hat durchweg versucht, die daraus entspringenden immer noch zunehmenden Fragen zu lösen. Dabei ist sie manchmal bewußt vorgegangen, allzuoft hat sie jedoch die Belange der Natur ihren eigenen Interessen untergeordnet. Um die Natur gegen die vielen einander verstärkenden Eingriffe zu verteidigen, haben sich die Naturschutzvereine eingeschaltet. Der Fremdenverkehr ist nur einer von vielen Faktoren. Die intensiven Kampagnen der Vereine haben mit dazu geführt, daß das Interesse für den Raum stark zugenommen hat, womit sie zum Anwachsen des Fremdenverkehrs selbst erheblich beigetragen haben. Der Konflikt Erholung – Natur und das Dilemma des Naturschutzes sind damit angedeutet. Die schädlichen Auswirkungen des Fremdenverkehrs lassen sich in Zahlen angeben. Bevor auf die Möglichkeit, die widerstreitenden Interessen zu einem harmonischen Miteinander umzubiegen, eingegangen werden soll, sollen die Ursachen und Wirkungen der zunehmenden Gefährdung durch den Fremdenverkehr dargestellt werden. Diese Wirkungen sind im ganzen internationalen Raum gleichartig.

Erschließung Die Entwicklung des Fremdenverkehrs wird in erheblichem Maße bedingt durch die Zugänglichkeit des Wattenmeeres und der Inseln. Auf allen Inseln hängen Art und Ausmaß des Fremdenverkehrs unmittelbar mit der Verbindung zum Festland zusammen. Sylt, die meistbesuchte deutsche Insel, ist denn auch mit dem Festland durch einen Damm verbunden. Auch Nordstrand und Rømø haben feste Verbindungen zur Küste. Die unmittelbare Wirkung ist eine sehr große Zahl von Autos auf diesen Inseln und große Verkehrsstockungen an Wochenenden mit vielen Tagesbesuchern. Vor allem Sylt und der Strand von Rømø sind dann große Parkplätze. Auf den Ostfriesischen Inseln sind Autos nur auf Borkum und Norderney zugelassen, auf den niederländischen Inseln sind Autos auf Texel, Terschelling und Ameland erlaubt. Keine der niederländischen Inseln besitzt einen Damm zur Küste. Ameland hat im vorigen Jahrhundert einen niedrigen Damm

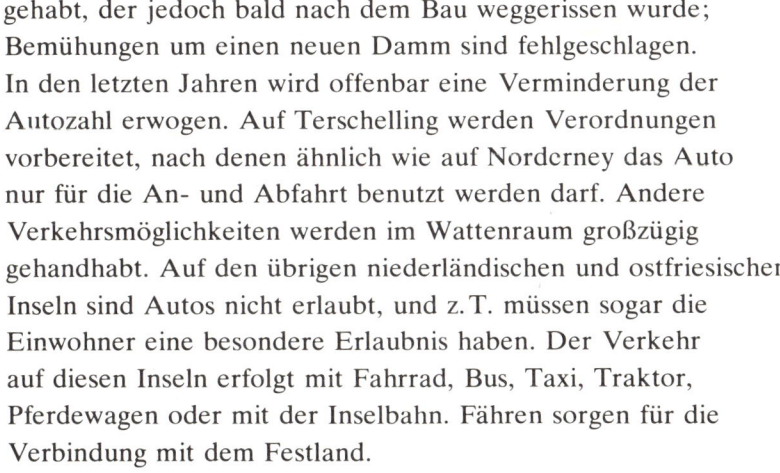

gehabt, der jedoch bald nach dem Bau weggerissen wurde; Bemühungen um einen neuen Damm sind fehlgeschlagen. In den letzten Jahren wird offenbar eine Verminderung der Autozahl erwogen. Auf Terschelling werden Verordnungen vorbereitet, nach denen ähnlich wie auf Norderney das Auto nur für die An- und Abfahrt benutzt werden darf. Andere Verkehrsmöglichkeiten werden im Wattenraum großzügig gehandhabt. Auf den übrigen niederländischen und ostfriesischen Inseln sind Autos nicht erlaubt, und z. T. müssen sogar die Einwohner eine besondere Erlaubnis haben. Der Verkehr auf diesen Inseln erfolgt mit Fahrrad, Bus, Taxi, Traktor, Pferdewagen oder mit der Inselbahn. Fähren sorgen für die Verbindung mit dem Festland.

Für die meisten Inseln gibt es feste Fahrpläne, einige, wie Juist, sind von den Gezeiten abhängig. Für die deutschen Inseln sind außerdem die Luftverbindungen wichtig, sowohl zum Festland als auch von Insel zu Insel. Die Entdeckung des Wattenmeeres durch Sportsegler hat in den letzten Jahren schlagartig zugenommen. Im Lauwerszeepolder, bei Den Helder, Harlingen und Termunterzijl sind Jachthäfen im Bau. Die Inseln besitzen mit Ausnahme von Schiermonnikoog keine speziellen Jachthäfen, doch gibt es überall Pläne dafür.

388 *Öffentlicher Transport über den Ebbevej nach Mandø*

Raumordnung Dauergäste und in geringerem Umfang auch Tagesgäste benötigen Unterkunft in verschiedener Form. Bevor es eine staatliche Gesetzgebung zur Raumordnung gab, lag die Entscheidung über Zelt- und Wohnwagenplätze, Sommerhauskomplexe, Parkplätze, Straßen und Radfahrwege bei Einzelpersonen, örtlichen Behörden und bei verschiedenen behördlichen Instanzen. Dabei spielten die Grundeigentümer eine entscheidende Rolle. Diejenigen niederländischen Inseln, auf denen sich viel Boden im Besitz der öffentlichen Hand befand, wie Vlieland und Schiermonnikoog, haben sich viel harmonischer entwickelt als Inseln mit viel Privatbesitz. So herrschte auf Ameland hinsichtlich der Raumordnung schon vor 1940 ein chaotischer Zustand. Viele der verstreuten hölzernen Sommerhäuser wurden im zweiten Weltkrieg verfeuert. Mit der Anlage der heutigen Campingplätze hat sich die Lage aber nur verschlimmert. Auf Ameland werden viele Bauernhöfe zu Campinghöfen für große Kindergruppen, vor allem aus Westdeutschland, umgebaut. Neue Höfe werden extra für diesen Zweck errichtet.

Durch eine sinnvolle Verteilung der Dauergäste können auf dem Wege der Zonierung stark besuchte und stille Gebiete durchaus eingerichtet werden. Auf den meisten ostfriesischen

389 *Camping bei Nes auf Ameland*

Inseln ist es auf diese Weise zu einer klaren Aufteilung in Gebiete mit touristischen Einrichtungen und in ruhige Zonen gekommen. Die Begleiterscheinungen des Fremdenverkehrs, vor allem die durch Autos hervorgerufenen, nehmen viel Raum in Anspruch. Die Autos werden in kleinen Dörfern mit engen Straßen oft als Belästigung empfunden, besonders in der Hochsaison. Daher werden bei den Dörfern und bei den Dünenübergängen immer mehr Parkplätze angelegt. Der Autofahrer verhält sich besonders dann wenig naturbewußt, wenn er seinen Wagen parken will. Ein Auto muß zweimal in Rechnung gestellt werden: Es braucht Platz an der Unterkunft und am Erholungsgelände. Das jetzige niederländische Raumordnungsgesetz ist ein geeignetes Instrument, um sinnvoll verfahren zu können, und etliche Inseln machen davon guten Gebrauch. Die Zunahme der Dauergäste kann stark gebremst werden wie auf Schiermonnikoog, oder eine Sanierung kann zu einer besseren Zonierung führen wie auf Terschelling. Die Planung sieht auf Texel und Ameland immer noch eine Zunahme vor. Auch in Deutschland und Dänemark arbeitet man jetzt an Richtlinien für die Raumordnung. Die meisten deutschen Inseln sind jedoch ruhig, weil Autos nicht erlaubt sind. Manche Entwicklungen kann man schwer aufhalten. Die immer schlechter werdenden Ergebnisse vieler Agrarbetriebe bringen die Bauern dazu, sich auf Fremdenverkehr umzustellen. Die Gemeindeverwaltungen können dagegen kaum etwas unternehmen, weil es keine Alternative gibt.

Störungen   Man muß nach den Arten der Störung unterscheiden, die durch die verschiedenen Formen des Fremdenverkehrs verursacht werden. Die starke Zunahme der Menschenzahl im Wattenraum hat unvermeidlich zur Folge, daß Seehunde und Vögel gestört werden. Besonders viele Seehunde und Vögel werden durch *Sportflugzeuge* aufgeschreckt, weil diese ein so großes Gebiet überstreichen. Außerdem läßt sich in der Praxis schwer feststellen, ob die Flugbestimmungen eingehalten werden. Angaben anderer Erholungssuchender lassen vermuten, daß diese oft überschritten werden. Wenn ein Gebiet nicht zu oft überflogen wird, suchen die Vögel es aber weiterhin auf. Auch einzelne *Vogelphotographen* können zu argen Störenfrieden werden, wenn sie sich etwa auf das Photographieren von Nestern verlegen. Die Gefahr ist groß, daß empfindliche Arten, wie die Weihen, ihre Brut verlassen. Auch *Segler* und *Fischer* können Brutkolonien von Vögeln und Ruheplätze von Seehunden empfindlich stören, wenn

390   *Segler auf dem Watt südlich von Schiermonnikoog*

sie an Sandbänken anlegen und von Bord gehen, besonders wenn dann noch ein Hund losgelassen wird. Solche und andere Störungen werden als eine wichtige Ursache des Rückgangs der Seehundzahlen angesehen. Junge Seehunde werden gerade in der Touristensaison geboren, sie können bei Belästigungen leicht von ihrer Mutter getrennt werden. Durch häufigen Besuch von *Spaziergängern* können Brutkolonien ernstlich gestört werden. *Wattläufer* hindern die Vögel an der Nahrungssuche auf dem Watt, Wanderer auf Deichen und Vorländereien schrecken die Vögel auf ihren Hochwasserrastplätzen auf. Alle diese Störungen kommen überall im Wattenraum vor. Nicht das Vorhandensein einer großen Menschenzahl an sich, sondern ihre Verteilung und ihr Verhalten bedingen die Gefährdung. Wenn man darauf ausgeht, die Feriengäste auf bestimmte Teile der Inseln zu konzentrieren, kann die Natur ziemlich unbelästigt bleiben. So hat man etliche Sandbänke und Teile von Inseln gesperrt, z.T. nur während der Brutzeit.

Erosion und Vegetationsschäden Der Pflanzenwuchs auf Inseln und Vorland ist – den großen Unterschieden der einzelnen Standorte entsprechend – abwechslungsreich und zugleich charakteristisch. Der Fremdenverkehr hat schon

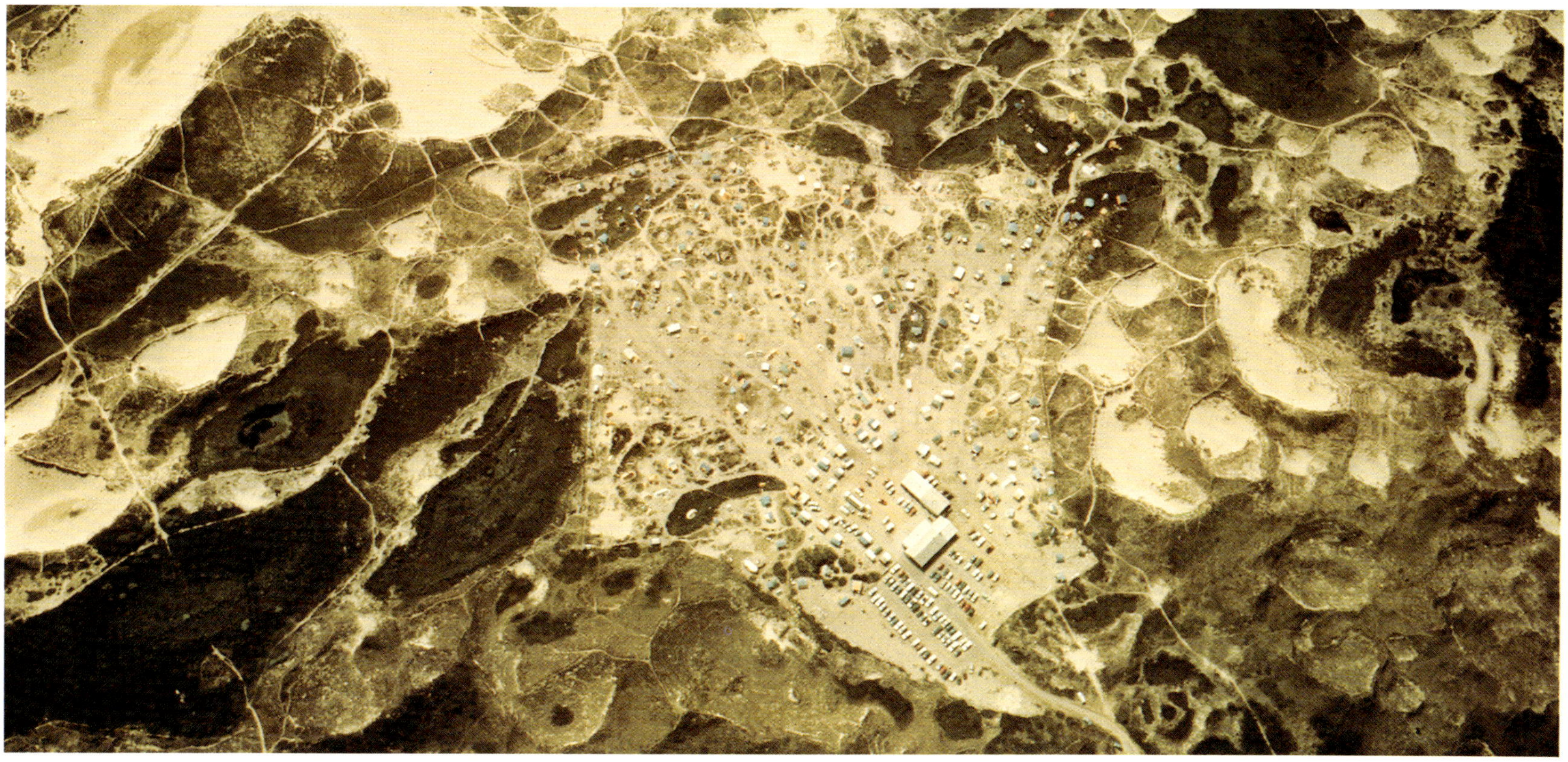

391 *Auch einsame Wattwanderer tragen zur Störung bei*
392 *Durch Fremdenverkehr bewirkte Erosion in den Dünen von Amrum*

seit Jahren einen solchen Umfang angenommen, daß hier
Schäden z.T. irreversibler Art eintreten. Dabei handelt es
sich vor allem um Erosion und um Vegetationsschäden infolge
von zu häufigem Betreten. Der Rückgang läßt sich zahlenmäßig
belegen und viel besser nachweisen als die Störungen bei
Vögeln und Seehunden. In der Vergangenheit wurde viel
natürlicher Bewuchs für Erholungseinrichtungen wie Sommer-
hausareale, Zelt- und Wohnwagenplätze, Wege und Parkplätze
geopfert. Andere Auswirkungen werden erst im Laufe der
Zeit sichtbar wie übermäßige Wasserentnahme zur Trinkwasserversorgung, wodurch feuchte Dünentäler und Dünentümpel
mit ihren seltenen Pflanzen verschwinden. Daß die Flächen
um die Erholungseinrichtungen intensiv begangen werden,
zeigt sich schon nach einigen Jahren in Erosion und Einebnung.
Vor allem Dünenvegetation ist dagegen sehr empfindlich,
viel mehr als Wälder oder nackter Strand. Aus Luftbildern
kann man entnehmen, daß die Zahl und Breite der Trampelpfade
in frei zugänglichen Gebieten beträchtlich zunehmen. Bei
Midsland auf Terschelling hat sich die Länge der breiten
Pfade von 1959 bis 1969 verfünffacht. Die Auswehungen
in den Dünen von Terschelling haben in den Jahren von
1969 bis 1972 um 32 % zugenommen. Zu intensivem Betreten
kann es weit von den Erholungszentren entfernt kommen.
Es gibt keinen Anlaß für andere Inseln mit ähnlicher Fremdenver-
kehrsentwicklung optimistischer zu sein. Mit durchgreifenden
Maßnahmen kann viel Schaden verhütet werden. Das bedeutet
allerdings eine Verunstaltung der Landschaft durch kilometer-
lange Stacheldrahtzäune. Auf Texel und seit kurzem auch
auf Terschelling hat man sich dennoch dafür entschieden.
Der verschmutzende Einfluß des Menschen im allgemeinen
und auch der Müllplätze müssen hier erwähnt werden. Gerade
die charakteristischen Pflanzenarten sind gegen kleine Veränderungen ihres Standortes sehr empfindlich, wie sie durch Weg-
werfen von Abfall oder leichte Düngung eintreten.

Landschaftssilhouette   Horizont und Siedlungsbild sind
im Wattenraum wesentliche Bestandteile des Erlebniswertes
für Einwohner und Gäste. Die Inselsilhouetten und die Dörfer
sind im Laufe von Jahrhunderten nach und nach entstanden.
Hier und da haben Insulaner versucht, die Unterkunft den
Wünschen einiger Gäste entsprechend zu gestalten. Die Orte
auf Borkum, Norderney und Sylt haben sich dadurch in lebhafte
städtische Badeorte mit Promenaden und Hochhäusern verwandelt. Viele Inseln haben jedoch ihre charakteristische Silhouette
bewahren können. Im niederländischen Teil gibt es noch

keine nennenswerten Hochhäuser. Ein anderes Problem
bildet die zunehmende Zahl von Zweithäusern in den Dörfern,
die in der meisten Zeit des Jahres unbewohnt sind. Die Neigung,
alte Gebäude zu restaurieren, nimmt zu.

Künftige Entwicklung   Der Fremdenverkehr hat in den
letzten Jahren immer schneller zugenommen und wird dies
bei freier Entfaltung weiterhin beschleunigt tun. Die Störungen
der Seehunde und Vögel sind schwerwiegend, ebenso die
Erosion und die Vegetationsschäden. Viele Insulaner sehen
ein, daß sie ihr eigenes Kapital angreifen. Darum wird im
niederländischen und ostfriesischen Wattenraum die Entwicklung
der Erholungswirtschaft durchweg gebremst. Deren heutiger
Umfang hält die Bewohner übrigens schon voll beschäftigt.
Eine Erweiterung würde bedeuten, daß mehr Arbeitskräfte
und mehr Kapital vom Festland kommen müßten. Gewinne
aus einem weiteren Ausbau würden daher den Insulanern
kaum zugute kommen. Eine andere Möglichkeit ist die Saison-
verlängerung. Sie ist auch nicht unbedenklich, weil dann
die Zahl der Gäste in der Brutzeit und während des Vogelzuges
zunimmt. Daß sich eine neue Entwicklung ohne Kontrolle
durch die ursprünglichen Einwohner vollzieht, geht aus den

393 *Zunehmende Form des Fremdenverkehrs*

Langzeitverträgen z. B. auf Ameland mit deutschen Unternehmen hervor sowie aus dem Verkauf von Boden und Häusern an Ausländer und Projektentwicklungsgesellschaften. Um hier eine Schranke zu errichten, sind Regionalpläne erforderlich und damit gekoppelt Leitpläne für den Fremdenverkehr, die keine einzige Erweiterung zulassen. Um den Konflikt Fremdenverkehr – Natur zu lösen, sind weitere Maßregeln erforderlich. Deren Grundlage muß sein, daß der Mensch in diesem Raum zu Gast ist, und daß er sich daher den Forderungen, die der Raum an ihn stellt, unterwerfen muß. Das ist etwas ganz anderes als der vielzitierte Maßstab der „biologischen Tragfähigkeit der Umwelt". Beim Anlegen dieses, übrigens kaum bestimmbaren Maßstabes geht man davon aus, daß die Natur bis zu einem gewissen Grad zerstört werden darf, und zwar so weit, wie es die Mehrheit der Menschen für richtig hält. Beim Anlegen des zuerst genannten Maßstabes zieht man die Konsequenz, daß für jede Form des Fremdenverkehrs festgestellt werden muß, ob sie den Bedingungen oder dem Charakter des Gebietes angemessen ist. Um dies von Fall zu Fall abwägen zu können, muß eine Reihe von Normen entwickelt werden. Eine Norm könnte sein, daß jede Art motorisierter Fortbewegung in diesem Raum für Touristen dem natürlichen Charakter nicht angemessen ist. Der motorisierte Verkehr etwa der Berufsschiffahrt steht nicht im Widerspruch dazu. Es darf ja angenommen werden, daß dieser Transport notwendig ist und außerdem sachkundig erfolgt. Eine andere Norm könnte sein, daß in bestimmten empfindlichen Gebieten große Menschenansammlungen unzulässig sind. Daraus kann sich eine weitgehende Zonierung ergeben. Auf einigen Inseln hat man diesen Weg schon ein gutes Stück weit beschritten. Eine dritte Norm wäre, daß Erschließung und Investierung nur durch Insulaner erfolgen dürfen, nicht aber durch Ausländer oder Projektentwicklungsgesellschaften. Diese Normen müssen Teil eines durchdachten Systems sein, mit Hilfe dessen die Entwicklung der Erholungswirtschaft an die Natur und Landschaft des Wattenraumes künftig angepaßt werden kann. Es ist dazu weiter erforderlich, daß die Behörden und die betroffenen privaten Organisationen dies System rasch entwickeln und in Kraft setzen. Außerdem muß der Gast in geeigneter Weise aufgeklärt werden. An verschiedenen Stellen im Wattengebiet müßten Informationszentren entstehen, die sich zur Aufgabe machen, den Gast auf die Einmaligkeit dieses Naturraumes hinzuweisen, so wie es auf Ameland durch die Landelÿke Vereniging tot Behoud van de Waddenzee und auf Hooge durch die Schutzstation Wattenmeer schon geschieht.

394 *Muschelpfade werden gern als Fahrradwege benutzt*
395 *Erholung auf dem Strand von Rømø*

In den Niederlanden und in geringerem Maße auch in Dänemark können militärische Übungen, die einen größeren Raum erfordern, auf dem Festland praktisch nicht durchgeführt werden. Nach Ansicht militärischer Fachleute ist das Wattengebiet für militärische Zwecke besonders geeignet, weil auf seinen großen, leeren Flächen hinreichend große Sicherheitszonen für gefährliche Übungen ausgewiesen werden können. Die militärischen Übungsgebiete und die dort veranstalteten Aktivitäten sollen hier nach Ländern besprochen werden.

Niederlande   Die Marineluftwaffe benutzt die Sandplate de Hors auf Texel als Übungsgebiet zum Abwerfen unscharfer Bomben aus Flugzeugen von 1. April bis 31. Mai und vom 1. September bis 1. Oktober. Bei dem Übungsplatz liegt an der Mokbaai ein Stützpunkt, von dem aus amphibische Übungen mit Hubschraubern veranstaltet werden, die meistens über ganz Texel gehen. Die Luftwaffe benutzt den Übungsplatz de Vliehors, den westlichen Teil der Insel Vlieland, für Schieß-übungen mit Bordkanonen und Raketen auf Bodenziele, für den Abwurf scharfer und unscharfer Bomben und für das Simulieren nuklearer Operationen. Nur in der Zeit vom 1. März bis 15. September dürfen keine scharfen Bomben verwendet werden. Die Marineluftwaffe benutzt dies Gebiet in beschränktem Umfang für die gleichen Zwecke, und außerdem dient de Vliehors den Landstreitkräften für Schießübungen mit Panzern. Dies ist die einzige Stelle in den Niederlanden, an der scharfe Munition verwendet wird. Landstreitkräfte und Luftwaffe üben während des ganzen Jahres sehr intensiv. Das Übungsglände an der Westspitze von Terschelling de Noordsvaarder wird von der Luftwaffe für das Schießen mit Bordkanonen und Raketen auf Bodenziele und für den Abwurf unscharfer Bomben benutzt.
Die Übungsgebiete auf Vlieland und Terschelling werden regelmäßig auch von den Luftwaffen der NATO-Partner in Anspruch genommen. Es ist geplant, auf dem trockengelegten Boden der Lauwerszee zwei Übungsplätze mit einer Fläche von zusammen 2500 ha anzulegen. Bisher ist noch nicht ganz klar, wofür diese Gebiete benutzt werden sollen. Ferner übt die Marine von ihrer Basis Den Helder aus in begrenztem Umfang im Texelstrom mit Minensuchbooten, auch Torpedos werden hier eingeschossen. Die Luftwaffe sucht gelegentlich zwei Gebiete vor Ameland und Terschelling für Schießübungen von Flugzeugen auf Luftziele auf (7-).

Deutschland   Im deutschen Wattenmeer befinden sich keine militärischen Übungsgebiete. Das war nicht immer so. 1953 wurde angekündigt, daß militärische Übungen der RAF, bei denen schwere Bomben abgeworfen wurden, von Helgoland in das Wattengebiet des Großen Knechtsandes verlegt werden sollten. Die Sandbank, die als Mauserplatz von Zehntausenden von Brandenten aus Nordwesteuropa weit bekannt ist, war eine sehr unglückliche Wahl. 1954 begannen die schweren Bombenabwürfe der britischen Royal Air Force. Die Bomben wurden Tag und Nacht und auch während der Mauserzeit, in der die Vögel nicht fliegen konnten, geworfen. Viele Tausende von Brandenten wurden in diesen Jahren getötet, zum Teil wurden sie direkt getroffen, zum Teil kamen sie im Wasser durch den Luftdruck der Explosionen um. Aus Deutschland und später auch aus anderen Ländern wurde gegen die Bombenabwürfe auf diese großen Ansammlungen hilfloser Vögel protestiert. 1955 faßte das britische Oberhaus den Beschluß, daß während der Mauserzeit der Brandenten von Juli bis September nur noch Übungs- und Rauchbomben geworfen werden durften, jedoch keine scharfen Bomben. Einige Jahre danach wurden alle militärischen Aktivitäten auf dem Großen Knechtsand eingestellt, und dieser erhielt den Status eines Vogelschutzgebietes.
Es hat auch Pläne gegeben, auf Norderoogsand Übungen abzuhalten; zum Glück ist es bei den Plänen geblieben. Einige militärische Aktivitäten im deutschen Wattenmeer gibt es bei Knock an der Ems und auf Borkum, wo Landungsboote der Marine liegen. Der wichtigste Marinehafen ist Wilhelmshaven, das diese Funktion schon lange vor dem Zweiten Weltkrieg besaß. Der 1945 einschließlich der Werft völlig zerstörte Marinehafen ist nach 1955 zu einem wichtigen Stützpunkt der NATO nach und nach wieder aufgebaut worden. Schließlich besitzt Sylt einen Flugplatz, der auch von NATO-Flugzeugen benutzt wird.

Dänemark   Im dänischen Wattengebiet befinden sich mehrere militärische Übungsplätze. Südlich von Hjerpstedt an der jütischen Westküste liegt ein Schießplatz mit einer Fläche von etwa 32 ha. Dieser Platz wird nur für kleine Kaliber benutzt, und von Juni bis August ist er geschlossen. In nächster Zukunft wird die Fläche in ein Naturschutzgebiet einbezogen werden.
Eine etwa 500 ha große Fläche, die durch die Luftwaffe sehr intensiv genutzt wird, liegt nördlich von Juvre am Nordende der Insel Rømø. Das Gelände ist abgesperrt. Hier werden

an etwa 200 Tagen im Jahr Schießübungen von Flugzeugen auf Bodenziele durchgeführt. Diese Übungen der Luftwaffe haben Störungen für Touristen, Bewohner, Vögel und Seehunde zur Folge. Das Watt zwischen Rømø gehört teils dem Ministerium für Umweltangelegenheiten und teils Privatleuten. Die Verträge mit den privaten Besitzern laufen 1978, die mit dem Ministerium 1984 aus. Ein drittes Gebiet von 8000 ha wird von den Landstreitkräften benutzt, es liegt zwischen Blaavandshuk, Oksbøl und der Ho Bugt.

Störwirkungen Die militärischen Übungen bringen einen sehr intensiven Luftverkehr mit sich. Außer solchen Übungen, bei denen Flugzeuge auf lange Strecken sehr niedrig über das Watt fliegen, gibt es noch viele andere Formen der militärischen Fliegerei, z. B. dichten Luftverkehr mit Hubschraubern. Von der Emsmündung nach Lauwersoog verläuft eine NATO-Tiefflugroute mit Flughöhen zwischen 75 und 100 m über das Watt. Solche Routen verlaufen auch von der deutschen Küste über die Ostenden von Juist und Norderney zur Nordsee sowie über der Elbe bei Glückstadt. 1957 begannen in den Niederlanden Übungen mit Flugzeugen. Seither sind 10 davon, überwiegend Düsenjäger, über den

Inseln oder im Wattenmeer abgestürzt. Wiederholt verloren Flugzeuge auch Bomben außerhalb der Übungsgebiete; einmal entstand dadurch ein Brand im Naturschutzgebiet de Meuwenduinen auf Vlieland. Die Lärmbelästigung ist groß, besonders für die Bewohner in der Nähe der Übungsplätze und Anflugrouten. Auf die Klagen der Bevölkerung des Dorfes West-Terschelling hin wurden 1971 von der Luftwaffe Geräuschpegelmessungen durchgeführt. Trotz voraufgegangener Verbesserungen des Übungsvorganges ergab sich, daß ein Teil des Dorfes einer zu hohen Lärmbelastung ausgesetzt war (6-). Die Grenzwerte lagen nach Sachverständigenaussagen schon sehr hoch, sie nahmen überdies keine Rücksicht auf den ländlichen Charakter Terschellings und auf die vielen Erholungssuchenden auf der Insel. Vögel werden vor allem durch Flugzeuge sehr gestört. Es zeigt sich, daß sie ganz besonders durch langsame Flugzeuge wie Hubschrauber und Aufklärungsflugzeuge erschreckt werden, die durch ihre Form und Geschwindigkeit Raubvögeln ähneln (8-). Natürlich stören auch niedrig fliegende Düsenjäger die Vögel.

Für die Vögel sind Störungen während der Mauser wahrscheinlich besonders schädlich. Sie können dann kaum fliegen und besitzen wenig Reserven.

397 *Militärische Aktivitäten im Wattenraum*

398 *Warntafel auf Terschelling*

Auch Seehunde sind empfindlich gegen Störung durch langsame Flugzeuge, weniger durch hochfliegende Düsenjäger. Die militärischen Übungen sind in den Niederlanden und in Dänemark, abgesehen von den geringen Beschränkungen durch Immissionsschutzgesetz und Flächennutzungspläne, kaum an Vorschriften gebunden. Weil alternative Übungsgebiete sicher nicht in den Niederlanden und wie es scheint auch nicht bei NATO-Partnern zu finden sind, führen Aktionen gegen die militärischen Übungen im Wattenmeer unvermeidlich zu einer grundsätzlichen Diskussion über die Notwendigkeit des heutigen Verteidigungsapparates. Daß diese Diskussion viele Konfliktstoffe aufwirft, steht außer Frage.

399 *Störung durch einen Hubschrauber*

An anderer Stelle dieses Buches wird eine genaue Darstellung und ein abgewogenes Werturteil über den internationalen Wattenraum gegeben. Es ist ein Naturraum – zwar keine Urnatur in dem Sinne, daß kein menschlicher Einfluß vorhanden wäre, wohl aber könnte man das Watt als *naturnahe* Landschaft bezeichnen. Es handelt sich um einen Raum, in dem sich Meer und Land begegnen und durchdringen und wo die ursprünglichen Lebensgemeinschaften von Pflanzen und Tiere in ihrer Abhängigkeit von Wasser und Wind größtenteils noch bestehen und weiterhin bestehen bleiben, wenn wir es wollen.

Zweifellos besteht der Wert des Wattenraumes nicht nur in dem, was die Autoren dieses Buches für Außenstehende deutlich gemacht haben. In unserer Zeit ist es eine Ausnahme, daß es Naturräume von derartiger Ausdehnung noch gibt; für Westeuropa ist das Watt ein einzigartiger Fall. Dies gilt auch für die wenigen Möglichkeiten, über die wir Menschen noch verfügen, um die Natur in ihrem ursprünglichen Zustand kennenzulernen und ihren Erlebniswert zu erfahren.

Geschichtliche Entwicklung des Konflikts   Schon lange vor Beginn der Zeitrechnung hat sich der Mensch in den Kampfraum zwischen Wasser und Land eingefügt. Er hat gelernt, im Küstenraum zu wohnen und zu arbeiten, und die Warf- und Deichlandschaften gehören als Denkmäler menschlichen Daseins an den Ufern des Wattenmeeres zu den eindrucksvollsten europäischen Kulturlandschaften. Alle im Laufe der Jahrhunderte erworbenen Kenntnisse und Einsichten haben jedoch nicht verhindern können, daß Konflikte zwischen Mensch und Watt entstanden sind. Eigentlich ist es ein Konflikt der Menschen untereinander über die Frage, wo die Grenzen der Eingriffe und der Umgestaltung des Wattenraumes tatsächlich liegen sollen: Es ist nicht das historische Problem des Meeresspiegelanstiegs, das uns beschäftigt. Die technische Entwicklung hat es ermöglicht, Deiche zu bauen, die ein Maximum an Sicherheit garantieren. Deichbau bietet an sich auch keinen Anlaß zu Meinungsverschiedenheiten, da dessen zwingende Notwendigkeit allgemein anerkannt wird. Die gleiche technische Entwicklung hat es dem Menschen aber auch ermöglicht, in großem Maßstab und in raschem Tempo Aktivitäten zu entwickeln, die früher nicht möglich waren. Jetzt erkennen wir die Diskrepanz zwischen diesem schon weit vorgeschrittenen Prozeß und den Grenzen, welche

die Natur uns setzt, sowie unserem Wissen davon.

So hat das Wissen über das Leben im Wasser, wie es fast jeder Watt- und Nordseefischer besitzt, nicht verhindern können, daß die Seefischerei am Ende ihrer Möglichkeiten angelangt ist. Die wichtigste Ursache dafür ist eine schwer steuerbare, durch die Eigengesetzlichkeit der modernen Technologie bedingte Entwicklung. Die fortgesetzte Vergrößerung der Motorkraft der Kutter und Trawler und die Verbesserung der Fangtechniken haben die Fischerei am eigenen Leibe erfahren lassen, wo die Grenzen dessen liegen, was die See uns liefern kann.

Die herkömmliche Landgewinnung an den Wattküsten und das schon ziemlich alte Recht, das die Bauern hinter dem Seedeich auf den Anwachs haben, führen in unserer Zeit zum Konflikt: Die Arbeiten können zwar technisch einfach ausgeführt werden, sind jedoch meist zu teuer im Verhältnis zu den späteren Erträgen des Neulandes. Auch wenn die Landgewinnung nicht zu teuer ist, gerät sie in Konflikt mit der Auffassung, daß die letzten Vorland- und Schlickflächen vor dem Außendeich als Naturraum so wertvoll sind, daß man vernünftigerweise davon nichts mehr wegnehmen kann. Dieser Konflikt kam bei der Entscheidung über einen außen- oder binnendeichs zu bauenden Kanal am Dollart sehr deutlich zum Ausdruck. Die bäuerlichen Betriebe, denen viele Polderland- schaften auf den Inseln ihre typische Schönheit verdanken, können in ihrer heutigen, geringen Größe nicht weitergeführt werden. Man hält Aufstockung und Flurbereinigung für notwendig. Es entsteht ein komplizierter Konflikt, in dem auch Vorstellungen eine Rolle spielen, mit Hilfe von behördlichen Maßnahmen und Subventionen die Landschaft so weit wie möglich erhalten zu können. Abgesehen davon, daß diese Maßnahmen auf berechtigte Skepsis stoßen, wird zugleich deutlich, daß alle denkbaren Subventionen zusammen die Sanierung der Agrarbetriebe nicht verhindern werden: Nur wenige große, moderne Betriebe werden auf die Dauer existieren können. Außerdem ist die Polderlandschaft verschiedenen Formen der Erholung ausgeliefert. Die Erholungswirtschaft, die jetzt für viele Insulaner die Haupteinnahmequelle darstellt, ist zu einem Anlaß für Konflikte geworden. Formell wird dem immer noch zunehmenden Besucherstrom Unterkunft und Verpflegung gegen Geld angeboten, in Wirklichkeit jedoch werden Natur und Landschaft auf den Inseln vermietet und verkauft. Kritik an schädlichen Auswirkungen der Erho- lungswirtschaft wird daher leicht als Angriff gegen das Einkom- men der Beteiligten verstanden.

Heutige Probleme Neu eingeführte Aktivitäten führen zu weiteren Konflikten, deren Ursprung ebensosehr in der zunehmenden Technisierung wie in der Maßstabsvergrößerung unseres Zusammenlebens liegt.

Die Gewohnheit, Abwasser in Binnengewässer einzuleiten, hat dazu geführt, daß die Abwasserkanäle Europas, der Rhein, die Ems, die Weser und die Elbe, ihre Klärgruben im Wattenmeer haben. Die internationale Rheinkonferenz ist bekanntlich kaum mehr als eine Quelle scharfer Gegensätze. Strukturveränderung und Maßstabsvergrößerung in Landwirtschaft und Fischerei an den Wattenküsten haben zur Entleerung dieses Gebietes und zugleich zu einer ernsten strukturellen Arbeitslosigkeit geführt. Zu deren Abhilfe ahmt man das zweifelhafte Vorbild der westlichen Niederlande und des Ruhrgebiets nach und siedelt an den Ufern aller Ästuare des Wattenmeeres petrochemische und metallurgische Industrie an. Diese Entwicklung wird besonders in den Mündungsräumen der Weser und Elbe noch durch den harten Konkurrenzkampf verschärft, den die großen Seehäfen Bremen und Hamburg untereinander und gegen Rotterdam glauben führen zu müssen. Die Entdeckung des großen Erdgasvorkommens bei Slochteren in der Provinz Groningen hat in den ganzen nördlichen Nieder-

landen, im Wattenmeer und auf dem Kontinentalschelf eine fieberhafte Gassuche ausgelöst, an der zahlreiche Gesellschaften beteiligt waren. Unter dem niederländischen Wattenraum wurden an zwei Stellen nutzbare Erdgaslagerstätten nachgewiesen, und was wirtschaftlich erschließbar ist, wird vor dem Hintergrund eines wachsenden Energiebedarfs auch erschlossen werden. Die drohende Energiekrise hat den Konflikt zwischen den verschiedenen Interessentengruppen für und gegen eine Gewinnung in Naturräumen nur noch verschärft.

Die internationalen Gegensätze und die andauernde (tatsächliche oder eingebildete) Kriegsgefahr haben zu der raschen Entwicklung eines militärisch-technischen Apparates von unbekanntem Umfang geführt, der sich in Art und Ausmaß der militärischen Übungen vor allem im niederländischen und dänischen Wattenraum äußert. Die Zahl der Flüge mit Überschalljägern über Texel, Vlieland, Terschelling und Rømø ist mit der Zahl der Flüge von Passagierflugzeugen in unmittelbarer Nähe eines großen Flughafens vergleichbar. Daß Übungsflüge mit Düsenjägern in dem geschilderten Umfang, das Schießen mit Explosivgeschossen, das Werfen von Napalmbomben, die Übungen mit schießenden Tanks usw. im Wattenraum nichts zu suchen haben, bedarf keines Beweises, aber es geschieht, und damit ist der Konflikt gegeben.

Entstehung und Entwicklung des Konflikts Sorgfältiges Studium dieses Buches muß uns zu der Einsicht führen, daß an die Stelle des seit Jahrhunderten bestehenden Spannungsverhältnisses zwischen Mensch und Watt ein anderer Konflikt getreten ist, nämlich der zwischen der modernen Gesellschaft und dem Watt. Die menschlichen Bewohner des Wattenraumes haben sich gegen die Natur zu behaupten gelernt. Sie haben sich mit Wurten und Deichen gesichert, sie haben gelernt, die Natur mit Sachkenntnis zu nutzen, um davon zu leben, ohne das bestehende Gleichgewicht wesentlich zu stören. In Wirklichkeit wurde dem Raum eine Dimension zugefügt: Der Mensch fand seinen Platz am Watt. Es war ein gefährdeter Platz, der andauernd und bis heute verteidigt werden mußte. Gegenwärtig haben sowohl die Eingriffe der Küstenbewohner selbst als auch die von außen kommenden Eingriffe das gemeinsame Merkmal, daß sie nur teilweise oder gar nicht mit der natürlichen Umgebung in Wechselwirkung stehen, sondern fast ausschließlich auf deren Kosten zustande kommen. Die tiefere Ursache für dieses unharmonische Verhältnis zwischen Mensch und Raum liegt in dem engen Zusammenleben der

Menschen und in der Betonung eines starken Wachstums
der Produktion und Konsumption von Gütern und Ernergie
je Kopf der Bevölkerung. Außerdem hat sich ein Stand der
Technologie entwickelt, der auf diesem Gebiet scheinbar
das Unmögliche möglich machen kann: „Wir sind Herr über
die Natur und können die Welt nach Gutdünken gestalten."
Aus der grundsätzlichen Verkehrtheit dieser von vielen Menschen
ohne weiteres übernommenen Einstellung entspringen Gegensätze,
die den alten Kampf gegen das Meer weit in den Schatten
stellen. Diese Gegensätze treten bei Aktionen für die Erhaltung
von Natur und Landschaft im Wattenraum fortgesetzt zutage.
Vor dem geschilderten Hintergrund reicht die Forderung
zahlreicher Organisationen, Behörden und wissenschaftlicher
Institute, den Wattenraum unter Schutz zu stellen, viel weiter,
als es den Anschein hat. Die Gegensätze, die hier in einem
„vogelfreien" Raum ausgefochten werden, berühren sich
nämlich mit den Problemen, die in den großen Ballungsräumen
mehr und mehr in Erscheinung treten und auch mit den
globalen Problemen, wie sie in dem Bericht des Club of
Rome dargestellt werden. Der Konfliktcharakter tritt namentlich
hervor in den scharfen Auseinandersetzungen zwischen den
oft stark spezialisierten Interessengruppen, die von einem

konkreten Problem betroffen sind: Auf der einen Seite stehen
die Bauernverbände, Projektplaner, Unternehmergruppen
im Erholungsbereich, einflußreiche, politische Institutionen
mit sehr einseitiger Ausrichtung wie Hafenbehörden, Wirtschafts-
abteilungen der Regierungen der Niederlande und der Stadtstaa-
ten Bremen und Hamburg – und auf der anderen Seite stehen
Organisationen des Naturschutzes wie die niederländische
Waddenvereniging, die deutsche Schutzgemeinschaft Nordseeküste und die vielen dazugehörenden Arbeitsgruppen. Es
fällt auf, daß der Konflikt quer durch die bestehenden politischen
Parteien geht. So wie sich Naturschutzorganisationen auf
die aktive Mitarbeit von Anhängern fast aller bestehenden
Parteien stützen können, so kann sich auch ein Appell in
Landes-, Provinz- und Gemeindeparlamenten bei vielen
politischen Gruppierungen Gehör verschaffen. Der Grund
dafür ist vermutlich, daß der Konflikt noch zu neu ist, um
in politische Programme umgesetzt zu werden, ferner, weil
er zu einem großen Teil von persönlicher Natur ist: Er beginnt
im Innern des Menschen zu leben, dort führt er zu allmählichen,
manchmal auch plötzlichen Verschiebungen des Urteils über
sich selbst, über die Gesellschaft und über die Verantwortung
gegenüber künftigen Generationen.

403 *Führung in den Salz-Astern des Dollart*

In dieser Lage sind zwei Dinge sehr deutlich geworden: Der Konflikt, so wie er wirklich ist, spielt sich auf allen Ebenen ab, er muß darum auch auf allen Ebenen ausgetragen werden. Es ist nützlich, aber unzureichend, wenn man vereinfachend feststellt, daß unsere Gesellschaft auf einem falschen Weg sei. Der „Untergang des Abendlandes" ist ein abgedroschenes Schlagwort; die politische Umsetzung von erdweiten Problemen scheint nur an Hand sehr konkreter Situationen möglich zu sein. Dafür bietet das Wattenmeer ein Beispiel.

Die Gegensätze im Bereich des Wattenmeeres eignen sich im allgemeinen nicht für Kompromißlösungen, einfach deswegen, weil jeder Kompromiß zwischen Eingriff und Nicht-Eingriff bedeutet, daß tatsächlich eingegriffen wird.

Außenseiter Wenn der Konflikt in ein akutes Stadium tritt, ist der Anlaß oft ein aktives Eingreifen von „Außenseitern" in lokale oder regionale Angelegenheiten, über die seit jeher auf lokaler und regionaler Ebene entschieden wurde. Dies fordert den lokalen Widerstand heraus, und die konsequente Erhellung der Sachgrundlagen führt zu Diskussionen, bei denen Emotionen die Argumente zu verdrängen drohen. Dies kann am besten durch eines aus vielen vorhandenen

Beispielen verdeutlicht werden: Die Entscheidung *für* einen binnendeichs geführten Kanal am Dollart entlang zur Verbesserung des Abflusses und, wie manche meinen, auch der Schiffahrt *gegenüber* einem Außendeichskanal im Dollart ist rational leicht zu verteidigen, auch wenn diese Lösung einige Dutzend Millionen Gulden mehr kostet. Daß jedoch die Meinungsbildung in der Region wie selbstverständlich an das Nutzungsrecht am Außendeichsland gekoppelt wurde, ist anscheinend schwer zur Diskussion zu stellen. Der Regierungsbeschluß zugunsten eines Binnendeichskanals hat daher den Charakter einer „harten" Entscheidung; die Argumente konnten in Groningen kaum verdaut werden.

Zu Beginn der siebziger Jahre meinten führende Kreise in Nord-Holland noch ganz selbstverständlich, den Balgzand und den Breehorn zu einem Seehafen nebst Industriegebiet entwickeln zu können. Nach jahrelanger heftiger Diskussion wurde daraus ein vorsichtiger Antrag, eventuell einen Teil des Balgzandes für das Projekt zu benutzen, sofern die Ergebnisse einer inzwischen begonnenen ökonomisch-ökologischen Untersuchung das Vorhaben positiv beurteilen würden. Gegenüber der Behandlung der Dollartfrage handelt es sich hier nicht um ein „hartes", sondern um ein „weiches" Vorgehen, bei dem immer mehr Menschen im positiven Sinne motiviert werden, das dafür aber auch Jahre dauert.

Die Entdeckung nutzbarer Erdgaslager unter Ameland führte während der Energiekrise, Ende 1973 bis Anfang 1974, zu einer umfangreichen öffentlichen Diskussion, ob es zulässig sei, im Zuge der Gewinnung, Verarbeitung und des Abtransports von Erdgas in Naturschutzgebiete einzugreifen. Außerdem steht zur Debatte, ob all unsere kostbaren Rohstoffe in dem von privaten Unternehmern gewünschten Tempo gewonnen und verbraucht werden sollten. Diese Diskussion darüber wurde beträchtlich vernebelt durch die Selbstverständlichkeit, mit der ein Teil der Amelander Bevölkerung die mit der Gewinnung verbundene Gasversorgung der Insel selbst in die Sache mischte.

Die niederländischen Bemühungen, mit der Einrichtung von Nationalparks und nationalen Landschaftsschutzgebieten auf den Inseln bessere Garantien für eine sinnvolle Raumordnung in größeren Gebietseinheiten zu erhalten, sowie die deutschen Bestrebungen, im Wattenraum Niedersachsens einen Naturpark und vor der Westküste Schleswig-Holsteins einen Nationalpark einzurichten, rufen vor allem bei den Bauern und bei der Erholungswirtschaft emotionale Proteste hervor. Das selbstverständliche Herr-im-Haus-Prinzip droht durchbrochen zu

haben ein hohes Abstraktionsniveau und eignen sich schlecht
für eine öffentliche Diskussion, von der praktische politische
Konsequenzen erwartet werden. Die räumliche Ordnung
im lokalen Maßstab ist dafür durchaus geeignet. Wenn wir
hart daran arbeiten, die politische Basis für wichtige planerische
Entscheidungen zu verbreitern, werden wir auch lernen müssen,
gegen andere wichtige gesellschaftliche Entscheidungen einschließlich der ökonomischen anzugehen. Für den Wattenraum
gibt es *außerhalb* unserer Gesellschaft keinen Platz, dafür
sind die direkten Ansprüche und die indirekten Einflüsse
zu groß.
Wer den Wattenraum bewahren will, muß zuerst die Entscheidung treffen, welchen Rang die Erhaltung dieser Landschaft
in seiner persönlichen Wertskala besitzt. Erst dann wird
es möglich sein, den Konflikt, der nicht ausbleiben kann,
anzunehmen und zu bestehen. Es geht nie um das Wattenmeer
allein.

werden, ebenso die Selbstverständlichkeit, mit der jeder
die gerade für ihn günstigste Lösung vertritt.
Die hohen Arbeitslosenzahlen im niederländisch-deutschen
Küstenraum werden in eine Politik umgesetzt, die eine Industrialisierung zum Ziel hat. Um den Wattenraum intakt zu erhalten,
genügt es demgegenüber nicht, die umweltgemäßen Vorkehrungen an den Produktionsstandorten kritisch zu verfolgen.
Die Frage ist vielmehr, ob man die Probleme des Wattenraumes
dadurch lösen kann, daß man eine Entwicklung durchsetzt,
die zwar an anderer Stelle viel Geld, jedoch offenbar auch
zahlreiche Probleme eingebracht hat. Wo diese Frage gestellt
wird, spitzt sich der Interessenkonflikt zu.
In den geschilderten Konfliktsituationen läßt sich dort eine
positive Entwicklung aufweisen, wo Menschen und Organisationen bereit sind, sich mit den verschiedenen Aspekten des
zur Debatte stehenden Gegenstandes ernsthaft zu befassen.
Der Denkprozeß beim einzelnen und das Gespräch zwischen
Menschen kommen in Gang, wenn Vorurteile und Eigeninteresse
beiseite geschoben werden können. Für den Wattenraum
hat die Erfahrung gelehrt, daß dies nur an Hand konkreter,
für jedermann einsichtiger Probleme geschehen kann. Themen
wie die Welternährungsfrage oder die Bevölkerungspolitik

405 *Bau einer Erdgasleitung durch das Watt*

Die Erhaltung und der Schutz der Natur des Wattenraumes
stehen zur Zeit sowohl in den Niederlanden als auch in Deutschland und Dänemark im Mittelpunkt des Interesses. Dies
steht national wie international im Zusammenhang mit der
Notwendigkeit, in naher Zukunft, vielleicht innerhalb weniger
Jahre, einen international vertretbaren abgewogenen Plan
für die Land- und Wassernutzung des Gesamtraumes bereit-
zustellen.
Kenntnis, gute Sachkenntnis aller Elemente, ist eine erste
Voraussetzung, um das gewünschte Ziel zu erreichen. Es
geht dabei nicht nur um naturwissenschaftliche Kenntnis,
wenn diese auch von grundlegender Bedeutung ist, sondern
auch um Kenntnis der sozialgeographischen, Verwaltungs-,
wirtschaftlichen und sozialen Aspekte.
Ausgangspunkt muß sein, daß die angestrebten Lösungen
auf den Wattenraum als Ganzes bezogen sind. Es kann nicht
länger mit „ad-hoc“-Lösungen oder mit „lokal“ vertretbaren
Beschlüssen gearbeitet werden. In diesem Zusammenhang
kann „lokal“ sich übrigens auf das Gebiet einer Gemeinde,
einer Provinz oder sogar des Staates beziehen.
Für viele der heutigen Naturschutzbestrebungen wurde schon
vor Jahren mühsam der Grund gelegt. Eine der größten
Gefahren bestand auch hier darin, daß die Eingriffe und
die Umwertung des Raumes allmählich erfolgten. Es handelte
sich oft um kleine, scheinbar unwichtige Veränderungen,
die jede für sich für vertretbar gehalten wurden, aber gerade
die Aufeinanderfolge dieser Veränderungen führte zu beklagens-
werter Entartung. Obgleich die Naturschutzinstanzen oft
hinter den Tatsachen zurückbleiben mußten, ist doch das
Nötige zustande gebracht worden. Mehrere internationale
Konferenzen über die Naturerhaltung im allgemeinen und
über die Erhaltung von Gewässern und Sümpfen im besonderen
sowie die Veröffentlichungen über den niederländischen
Wattenraum (9-, 11-) hatten zur Folge, daß nach 1960 der
Wert des internationalen Wattenraumes viel besser bekannt
wurde; dies wirkte sich in verschiedenen Empfehlungen und
Resolutionen aus, in denen für die Rettung des Gesamtgebietes
plädiert wurde.

Niederlande Diese Empfehlungen sind immer noch eine
wertvolle Hilfestellung für das Bemühen des niederländischen
Naturschutzes, zu einer umfassenden Rettung des Wattenraumes
zu kommen. Eine solche ist auch nötig, denn nach 1950
hat die Gefährdung ein Ausmaß wie nie zuvor angenommen:
vollständige oder teilweise Eindeichung wie bei der Lauwerszee,

Dämme nach Ameland, Dollartausbau, Deicherhöhung, Wasserverschmutzung durch Abwasserleitungen, Mineralgewinnung,
Industrieansiedlung, militärische Übungen und nicht zuletzt
der Fremdenverkehr. In dieser Zeit zunehmender Gefährdung
unterstützte die Landelijke Vereniging tot Behoud van de
Waddenzee die anderen Organisationen für den Naturschutz
im Wattenraum nachdrücklich (13-). Zugleich wurden die
Forschungsprogramme erweitert und intensiviert, wobei auf
Schiermonnikoog durch die Rijksuniversiteit von Groningen
und die Vrije Universiteit von Amsterdam feldbiologische
Stationen eingerichtet wurden. Verschiedene Forscher bildeten
die Arbeitsgruppe Wattenraum mit dem Ziel, die naturwissenschaftliche Wattenforschung in den Niederlanden zusammenzufas-
sen; inzwischen entstand daraus eine internationale Arbeitsgruppe
mit niederländischen, deutschen und dänischen Forschern (7-).
Das europäische Naturschutzjahr des Europarates 1970 leitete
eine wichtige Entwicklung ein. Das Naturschutzgebiet de
Boschplaat auf Terschelling wurde durch den Europarat
mit dem Europäischen Naturschutzdiplom ausgezeichnet.
Die Weltkonferenz des Internationalen Rates für Vogelschutz
wurde 1970 auf Texel abgehalten.
1971 kam zu Ramsar im Iran unter Mitwirkung des Internationalen Waterfowl Research Bureau (IWRB) die Wetlands Conven-
tion zustande, in der die Grundlage für eine internationale
Einstufung von Gewässern und Sumpfgebieten gelegt wurde.
Auf dieser Grundlage wurde die Insel Griend 1973 zum
Naturschutzgebiet erklärt.
1974 veröffentlichte die von der niederländischen Regierung
berufene Wattenkommission ihren Bericht, in dem die Erhaltung
des Wattenraumes als Ganzes empfohlen wird. Im gleichen
Jahr beschloß die niederländische Regierung, den Dollart
zu schonen, und das Naturschutzgebiet de Boschplaat erhielt
durch Einbeziehung in das Naturschutzgesetz einen weiteren
gesetzlichen Schutz.
Gleichzeitig wurde bereits am Text einer internationalen
Konvention gearbeitet, die eine Zusammenarbeit der Regierungen
der Niederlande, der Bundesrepublik Deutschland und Dänemarks intendiert.

Möglichkeiten für Schutzmaßnahmen Es gibt zur Zeit
eine Reihe von Möglichkeiten, um die Natur ganz oder teilweise
zu schützen, die nahezu alle irgendwo im Wattenraum zur
Anwendung gelangen. Der Schutz kann durch Maßnahmen
im Bereich der Raumordnung, des Eigentums, des Verfügungs-
rechts und durch andere Verordnungen zustande kommen.

Maßnahmen auf dem Gebiet der Raumordnung   Die Bestimmung eines Geländes zum Schutzgebiet wird auf verschiedenen Verwaltungsebenen ausgesprochen. Auch Behörden, die ein Areal verwalten, wie die Staatsforstverwaltung auf den Inseln, können einen Teil ihres Gebietes zum Schutzgebiet bestimmen. Eine solche Bestimmung allein ohne fachkundige Betreuung ist freilich niemals ausreichend.

Die meisten Gemeinden im Wattenraum kennen die Bezeichnung „Naturreservat" im Flächennutzungsplan für ihren ländlichen Raum. Eine solche Bestimmung ist für die Erhaltung von Naturarealen von großer Bedeutung, vor allem, wenn diese (noch) nicht im Eigentum einer Naturschutzorganisation stehen. Fast alle wichtigen Schutzgebiete im Wattenraum sind als solche in den gemeindlichen Flächennutzungsplänen ausgewiesen, leider nicht alle Naturräume, die Schutzgebiete werden müßten.

Wichtige Naturräume werden auch in Regionalplänen als Naturreservate ausgewiesen, wie z. B. im Regionalplan Westfriesische Wattinseln. Die Gemeindepläne werden dann dazu ausgerichtet. Auch national bemüht man sich um die Erhaltung naturwissenschaftlich und landschaftlich wichtiger Räume. So spricht die niederländische Regierung in mehreren Erklärungen zur Raumordnung von Naturreservaten, mehreren Nationalparken und Landschaftsschutzgebieten.

Internationale Bestimmungen gibt es, streng genommen, nicht, die internationale Einstufung funktioniert aber in gewissem Sinn doch. Diese Einstufung kann darin zum Ausdruck kommen, daß der Europarat das Europäische Naturschutzdiplom verleiht oder der Internationale Rat für Vogelschutz die Anerkennung als Europareservat ausspricht. Die Einstufung kann auch in Veröffentlichungen über den Raum festgelegt sein, in denen die Bedeutung an internationalen Normen gemessen wird, wie z. B. die U. N. List of National Parks and Equivalent Reserves (IUCN 1967), MAR-list (1965) und die List of Wetlands of International Importance (1976).

Eigentum und Verfügungsrecht   Der Eigentümer einer Fläche hat das weitgehendste Verfügungsrecht und dadurch die besten Möglichkeiten, die Natur in seinem Gebiet zu betreuen. Die Naturschutzorganisationen bemühen sich daher auch darum, die Naturgebiete soweit wie möglich als Eigentum zu erwerben. So hat die niederländische Regierung schon viele Gebiete als Naturreservate unter Schutz gestellt. Auf Texel, Vlieland und Terschelling betreut die Staatsforstverwaltung die Schutzgebiete, auf Schiermonnikoog hat die Domänen-

verwaltung große Schutzgebiete in Besitz. Auch das Ministerium für Landwirtschaft und Fischerei und das für Kultur, Erholung und öffentliche Arbeit (CRM) haben Naturgebiete angekauft. Außerdem besitzen auch einzelne private Naturschutzorganisationen einige Naturreservate wie die Vereniging tot Behoud van Natuurmonumenten, die Nederlandse Vereniging tot Bescherming van Vogels sowie Stiftungen wie It Fryske Gea. Es kommt auch einmal vor, daß ein Gelände nicht gekauft werden kann. Manchmal ist es dann doch möglich, ein Mitspracherecht zu erlangen, z. B. durch Besitz von Anteilen an einer Vogelkoje. Es kann auch möglich sein, Flächen zu mieten oder zu pachten. So hat die Vereniging tot Behoud van Natuurmonumenten die Vogelinsel Griend in Erbpacht. In bestimmten Fällen können auch dadurch, daß die Jagd, die Fischerei, die Weidenutzung usw. gepachtet wird, die Belange der Natur mit Erfolg durchgesetzt werden. Die Naturschutzinstanzen können auch Abmachungen mit dem Eigentümer treffen, nach denen die Aufsicht über Naturgebiete gewährleistet wird, sei es, daß der Eigentümer nach Absprache selbst die Aufsicht führt, sei es, daß er sie in andere Hände gibt. Auf den Wattinseln beaufsichtigt z. B. die Staatsforstverwaltung Gelände der Wasserbau- und Domänen-

407 *Griend*

verwaltung als Naturreservat. In sogenannten freien Vogel-
reservaten, zu denen Weidevogelreservate in Poldern gehören,
sind die Eigentümer gegen eine Vergütung bereit, eine geeignete
Aufsicht zu übernehmen.

Andere Verordnungen　　　Verschiedene Pflanzen- und Tierarten
werden durch besondere Gesetze und Verordnungen direkt
geschützt, wie das Jagdgesetz, das Vogelgesetz, das Fischerei-
gesetz und das Naturschutzgesetz. Das Jagdgesetz stellt Arten
wie Seehund, Weißwangengans, Ringelgans, Eiderente, Brandente und Nebelkrähe unter Schutz. Das Vogelgesetz
schützt die meisten Watvögel, Möwen und Seeschwalben,
Raubvögel und Singvögel.
Das Naturschutzgesetz setzt ergänzenden Schutz für diejenigen
Gruppen fest, die nicht durch andere Gesetze geschützt werden
wie bestimmte Säugetiere, Reptilien, Amphibien, eine Reihe
von niederen Tieren und bestimmte Pflanzenarten.
Öfter werden Arten nicht landeseinheitlich geschützt, sondern
durch provinziale und gemeindliche Verordnungen, in denen
das Fangen, Sammeln oder Abpflücken örtlich seltener Arten
verboten wird. Stranddistel und Orchideen erhalten durch
diese Verordnungen ihren Schutz.
Ferner spielt die Gesetzgebung auf dem Gebiet des Umweltschutzes eine Rolle für die Erhaltung von Natur und Landschaft,
dazu gehören das Gesetz über die Verunreinigung von Oberflächenwasser, das Gesetz über Luftverschmutzung und das
Gesetz über Schädlingsbekämpfung.
Internationale Abmachungen können die nationalen Organisationen beim Schutz von Arten und Gebieten unterstützen. Beispiele
dafür sind die Internationale Konvention zum Schutz bedrohter
Tierarten, Washington 1973, und die Konvention gegen
die Verunreinigung des Meeres durch Bunkeröl, London 1962.

Deutschland　　　Organisation und rechtlicher Status des
Natur- und Landschaftsschutzes im deutschen Wattengebiet
sind nicht optimal, weil sie der Zuständigkeit der vier Bundesländer Niedersachsen, Bremen, Hamburg und Schleswig-Holstein
unterliegen. Selbst wenn in Kürze das in Vorbereitung befindliche Bundesgesetz für Natur- und Landschaftspflege verabschie-
det sein wird, behalten die Bundesländer für die Ausübung
des Naturschutzes ihre Zuständigkeiten in unveränderter
Weise. Das gilt beispielsweise für die Einrichtung von Schutzgebieten wie Natur- und Landschaftsschutzgebieten, Natur-
und Nationalparks sowie für andere landschaftsfördernde
Maßnahmen. Damit ist das Problem aufgeworfen, daß es

für den Schutz des deutschen Wattenraumes eine einheitliche
Konzeption nicht gibt und auch in Zukunft schwerlich geben
wird.
Nur durch einen gemeinsamen Staatsvertrag kann ein einheitliches
Schutz- und Entwicklungsprogramm aufgestellt und durchgeführt
werden. Wegweisend dafür ist die Art und Weise, wie das
Institut für Vogelforschung „Vogelwarte Helgoland" in Wilhelmshaven zugleich als Zentralstelle für den Seevogelschutz an
der Nord- und Ostseeküste tätig ist. Auf ähnlicher Grundlage
sollte eine gemeinsame staatliche Institution für den übergreifen-
den Schutz des deutschen Wattenmeeres errichtet werden,
die auch die nötige Grundlagenforschung betreibt.
Die Landesplanung im Bereich der Küste und der Inseln
wird ebenfalls durch die unterschiedlichen Landesplanungsgesetze
und zusätzlich in den beiden Flächenstaaten durch regionale
Pläne bestimmt, die aber alle nur Leitgedanken und Richtlinien
geben. Die konkrete Planung selbst nehmen die einzelnen
Gemeinden auf Grund der ihnen nach dem Bundesbaugesetz
verliehenen Planungshoheit vor. So besteht die Planung des
Küstenraumes vom Dollart bis nach Sylt im Grunde aus einem
schier unübersehbaren Mosaik von über 100 Gemeindeplanungen.
Nur nebenbei sei bemerkt, daß die Aspekte des Umweltschutzes
wie die Reinhaltung von Wasser, Boden und Luft und die
Lärmbekämpfung durch unterschiedliche Gesetze geregelt
sind. Trotzdem sind große und bedeutende Landschaftsteile
des Wattenmeeres und der Inseln unter Natur- oder Landschaftsschutz gestellt. Daß aber selbst die Ausweisung als Naturschutzgebiet nicht immer einen vollständigen und dauerhaften Schutz
darstellt, hat sich im nördlichen Dünengebiet der Insel Sylt
gezeigt, wo mit Billigung der Behörden in das seit 1923 bestehende Naturschutzgebiet Ferienhauskolonien gebaut wurden.
Einen absolut strengen Schutz gibt es in den 31 Naturschutzgebieten ohnehin nicht, weil nicht nur fast überall gejagt
wird, sondern weil auch in allen geschützten Wattgebieten
die Fischerei ohne Einschränkung gestattet bleibt. Naturschutz
im Bereich des Wattenmeeres hat man in erster Linie als
Seevogelschutz verstanden. Die ersten, Anfang des 20. Jahrhunderts begründeten Schutzgebiete wurden als Seevogelfreistätten
für brütende Seevögel ausgewiesen. Erst in den letzten Jahrzehnten wurden auch die durchziehenden und rastenden Wasservögel
in den Schutz einbezogen, so daß erst spät größere Wattengebiete
wie im Knechtsand-Gebiet und im nordfriesischen Wattenmeer
unter Schutz gestellt wurden. Eine Ausnahme war das schon
in den 20er Jahren ausgewiesene Naturschutzgebiet „Vogelfrei-
stätte Wattenmeer östlich Sylt" mit einer Fläche von 20 700 ha.

Trotzdem werden selbst gefährdete Zugvogelarten wie die Nonnengans oder die Kurzschnabelgans in den Natur- und Vogelschutzgebieten etwa bei der Hamburger Hallig von Jägern bejagt. Dies geschieht sogar in Naturschutzgebieten, die im Besitz des Staates sind.

Nach dieser ersten Phase, die vom Seevogelschutz bestimmt war, setzte dann ein weitergehender Schutz größerer Landschaftseinheiten ein, wobei größere Dünengebiete wie auf Amrum oder Sylt oder große Teile des Watts unter Naturschutz gestellt wurden. Zu Beginn unterlagen sie meist dem sehr viel schwächeren Landschaftsschutz, der jedoch für eine dauerhafte Sicherung des natürlichen Zustandes nicht ausreichte. Von einem umfassenden Ökosystemschutz, der die natürlichen Entwicklungsabläufe vor wirtschaftlichen Nutzungen bewahrt, kann im Wattenmeer bisher nicht die Rede sein, weil es dafür außer bei Fachleuten und privaten Naturschutzorganisationen an der nötigen Einsicht fehlt. Die bisherigen Erfolge im Naturschutz für das deutsche Wattenmeer sind daher weniger dem nach dem Gesetz dazu verpflichteten Staat, sondern vielmehr den privaten Vereinigungen zuzuschreiben, die unter kargen finanziellen Verhältnissen Initiativen zur Ausweisung von Schutzgebieten, besonders aber für die Bewachung und Betreuung von Schutzgebieten und auch für die Information Hunderttausender von Besuchern ergriffen haben. An erster Stelle ist der Verein Jordsand zum Schutze der Seevögel in Hamburg zu nennen, ferner der Deutsche Bund für Vogelschutz (Stuttgart), der Mellumrat (Oldenburg) und die Naturschutzgesellschaft Schutzstation Wattenmeer (Rendsburg). Auch lokal arbeitende Gruppen haben für die Erhaltung vieler Gebiete Unvergleichliches geleistet.

Dänemark Angesichts dessen, daß der Wattenraum auch für Dänemark eine Besonderheit darstellt, sollte man erwarten, daß der Naturschutz hier vorrangig betrieben würde, und zwar gerade im Rahmen der zwischen den drei skandinavischen Ländern für den Naturschutz vereinbarten Zusammenarbeit. Es ist erst wenige Jahre her, daß der Raum erstmals eine schutzwürdige natürliche Landschaft wurde. Wahrscheinlich ist dieser Wattenraum deswegen erst so spät für einen Schutz in Betracht gezogen worden, weil sich die Gefährdung in Grenzen hielt. Von der Stadt Esbjerg abgesehen ist der Raum dünn besiedelt und von überwiegend landwirtschaftlichem Charakter. Die wichtigste Gefährdung lag in den Plänen, zwischen den Inseln Rømø, Mandø und Fanø Dämme anzulegen. Etwa 3,5% des dänischen Wattenraumes stehen unter gesetz-

lichem Schutz. Man kann zwei Arten von *Schutzgebieten* unterscheiden: Naturschutzgebiete, mit denen Natur und Landschaft geschützt werden sollen, und Wildreservate, in denen die Jagd verboten und der Zugang beschränkt ist. Die ältesten Schutzgebiete wie Skallingen, Jordsand und die Albo Bugt auf der Ostseite von Fanø wurden Ende der dreißiger Jahre eingerichtet. Neben Gebieten, die unter gesetzlichem Schutz stehen, kann man auch diejenigen Teile des Wattenraumes, die Staatseigentum sind, als unter Schutz stehende Naturgebiete ansehen, da sie vom Umweltschutzministerium betreut und beaufsichtigt werden. Es handelt sich dabei hauptsächlich um Teile von Stränden, Dünen und Vorländern. Auf Skallingen wurde seit den dreißiger Jahren von dem dortigen Institut viel wertvolle geographische und ökologische Forschungsarbeit geleistet. Skallingen, das diesen Forschungen zufolge besonders erhaltungswürdig ist, wird jedoch ernstlich durch Erosion gefährdet, u.a. infolge von intensiver Beweidung und von Fremdenverkehr. Auch auf Fanø und Rømø gibt es geschützte Gebiete, wie auf Rømø ein Sumpfgebiet mit dem Lakolksee, das eine reiche Vogelfauna aufweist.

Die Vorländer im Mündungsraum der Varde Å und der Ribe Å sind wegen ihres Vogelreichtums ebenfalls geschützt. Nördlich von Hojer und auch Esbjerg grenzt das Pleistozän mit einer Kliffküste an das Wattenmeer. Teile dieser Sonderlandschaft sind ebenfalls geschützt. Einige Kilometer landeinwärts finden wir noch weitere Schutzgebiete, die mit dem Wattenraum zusammenhängen wie z. B. die alten Vorlandgebiete an der Ribe Å.

Die Wildreservate im dänischen Wattenraum befinden sich überwiegend um Jordsand und bei der Albo Bugt. Seit 1951 ist auch in der Umgebung des Rømødammes die Jagd verboten. Das wichtigste Wildreservat um Jordsand umfaßt 106 km². Es ist für mausernde und überwinternde Vögel von großer Bedeutung. Im Wildreservat Albo Bugt bei Fanø liegen zwei alte Vogelkojen; ein Teil dieses Gebietes auf der Insel ist zugleich ein Naturschutzgebiet.

Infolge des Naturschutzgesetzes müssen regionale Naturschutzkommissionen die Landschaft auf Grund von ästhetischen, wissenschaftlichen, kulturellen und Erholungsbelangen in verschiedene Zonen gliedern.

1967 kam die erste Landschaftskartierung für ganz Dänemark zustande, wobei sich eine deutliche Häufung dieser Belange im Wattenraum ergab. Bei einer genaueren Unterteilung kam man 1975 dazu, vier Zonen zu unterscheiden:

1 Äußerst wertvolle Gebiete, die den Status eines Naturschutz-

gebietes erhalten, in denen keinerlei menschliche Tätigkeiten gestattet werden, es sei denn für die Aufsicht.

2 Wertvolle Gebiete, die eines besonderen Schutzes bedürfen. Veränderungen in der Landschaft sind nicht erlaubt, und eine Nutzung des Gebietes für Landwirtschaft, Jagd und Fischerei kann nur erfolgen, wenn dies keinen Eingriff in den Raum darstellt.

3 Übergangsgebiete, in denen die jetzige Nutzung weiterbetrieben werden darf, und in denen Jagd, Fischerei und Wassersport unter bestimmten Bedingungen erlaubt werden können.

4 Gebiete, in denen eine normale wirtschaftliche Nutzung erlaubt ist.

Die ersten beiden Zonen umfassen 60% des dänischen Wattenraumes. Etwa 3,5% des Raumes ist bis jetzt geschützt, außerdem stehen 9% als Wildreservat unter beschränktem Schutz. Außerdem gehört nur ein Fünftel der vorhandenen Naturschutzgebiete in Zone 2 und der Rest in Zone 3. Zur Zeit gibt es noch kein einziges Gebiet, das einen vollständigen Schutz genießt, so wie er für Zone 1 beabsichtigt ist. Das dänische Wattenmeer ist mittlerweile sowohl in skandinavischen als auch in internationalen Listen besonders bedeutender Gebiete verzeichnet, aber dadurch ist der Schutz des Raumes noch

nicht gesichert. Wenn auch der dänische Wattenraum noch bei weitem nicht so intensiv genutzt wird wie der deutsche oder niederländische, so nehmen die Probleme, die durch den Fremdenverkehr und durch Verschmutzung entstehen, doch zu. Auch Pläne für Dammbauten und Bedeichungen stellen eine Gefährdung dar. Nach Mandø wurde kürzlich ein niedriger Damm angelegt, der sowohl für die Insel selbst als auch für deren Umgebung eine Gefährdung bedeutet, vor allem für die Sandplate Kore Sand, wo sich besonders viele Seehunde aufhalten. In Zukunft werden sich vielleicht auch aus Hafenerweiterungen, Kernkraftwerken und Gewinnung von Bodenschätzen Probleme ergeben. Angesichts dieser Tendenz zunehmender Gefährdung ist es von größter Wichtigkeit, daß der dänische Wattenraum endgültig geschützt wird.

Schutz der Lebensgemeinschaften im Wattenraum   Das Ziel des Naturschutzes ist es, alle von Natur aus vorkommenden Pflanzen- und Tierarten in ihren eigenen Ökosystemen und Landschaften zu erhalten. Man bemüht sich, dies in Naturschutzgebieten und Nationalparks von so großem Umfang zu verwirklichen, daß repräsentative Einheiten der betreffenden Lebensgemeinschaften sich dort auf Jahre hinaus ungestört behaupten

und entwickeln können. Es geht um alle Lebensgemeinschaften, und das sind im Wattenraum sehr viele.
Der Naturschutz steht nun vor der riesigen Aufgabe, all diese Ökosysteme zu erhalten. Im niederländischen Wattenraum werden die verschiedenen Landschaften nicht in gleicher Weise geschützt. Die Ökosysteme der Dünen hinter dem Uferstreifen sind leidlich gut geschützt, dies gilt sowohl für die verschiedenen Lebensgemeinschaften als auch für ihre Bodenoberfläche. Die natürlichen Elemente des Polderlandes sind nur recht mäßig geschützt. Verschiedene charakteristische Elemente wie Dünenkratts, an den Deichen gelegene „Wasserpütten" und Wehlen sind fast gar nicht geschützt. Am ungünstigsten ist jedoch die Lage im Wattenmeer, in der Nordsee, auf dem Strand und dem Vorstrand. Großflächige Schutzgebiete wurden im niederländischen Wattenraum noch nicht eingerichtet.

Probleme des Naturschutzes Der Naturschutz im Wattenraum wird durch viele entgegengesetzte Interessen erschwert. Das größte Problem für die Naturerhaltung liegt in der Kontroverse zwischen den direkten ökonomischen Interessen, die besonders von den lokalen Behörden wohlwollend behandelt werden, und den oft wenig ansprechenden Naturschutzbelangen, die nicht ohne weiteres ökonomisch einzustufen sind. Nach den verschiedenen Funktionen, die dabei eine Rolle spielen, kann man Schutz, Aufsicht und Nutzung unterscheiden.

Der Naturschutz ist vor allem von Beschlüssen abhängig, die von Personen in zuständigen Behörden von oben nach unten durchgesetzt werden. Die Gemeindeverwaltungen sind dabei durchaus wichtig. Es ist klar, daß nicht alle Betroffenen dem Naturschutzgedanken ohne weiteres eine hohe Dringlichkeit zubilligen. Einen nicht zu unterschätzenden Einfluß haben oft Ingenieurbüros, die Flächennutzungspläne entwerfen, Projekte vorbereiten oder Rat erteilen. Es ist sehr wesentlich, daß die Naturschutzsachverständigen sie an Hand von fundiertem Material beraten.
Man darf nicht vergessen, daß die Planungsbehörden verpflichtet sind, die Interessen der Naturerhaltung gegenüber den anderen Interessen wie Wohnen, Verkehr, Erholung, Landwirtschaft, Fischerei, Bergbau, Militär usw. objektiv abzuwägen. Anhörungen und Einsichtnahmemöglichkeiten geben, wenn es gut geht, einem ausreichend großen Kreis von Interessenten die Gelegenheit, ihren Einfluß positiv geltend zu machen. Die Initiative, die Aufmerksamkeit, der Scharfsinn und der Takt dieser Gruppen sind für einen Erfolg entscheidend. Weil die besondere

Bedeutung der Erhaltung der einzigartigen Natur im Wattengebiet noch nicht eingesehen wird, ist das Interesse für den erforderlichen Schutz bei den Menschen, die in diesem Raum wohnen und wirtschaftlich auf ihn angewiesen sind, noch ziemlich gering. Eine Besserung scheint sich jedoch anzubahnen.
Neben der Tätigkeit der Naturschutzbehörden nimmt in den letzten Jahren der Einfluß privater Naturschutzorganisationen zu. Vor allem aus der Landelijke Vereniging tot Behoud van de Waddenzee, der Stiftung Natuur en Milieu, der Naturschutzgesellschaft Schutzstation Wattenmeer und dem Verein Jordsand zum Schutze der Seevögel hat sich ein qualifiziertes Gegengewicht entwickelt, das die Beschlußfassung positiv beeinflußt.

Aufsicht Die Erhaltung der schutzwürdigen Naturgebiete steht und fällt mit der Aufsicht. Bei staatlichen Naturschutzgebieten bietet die Aufsicht keine Probleme. Viel schwieriger ist es bei wertvollen Flächen, die (noch) nicht als Naturschutzgebiet ausgewiesen, vielleicht aber im Plan als solche vorgesehen sind. Wenn es auch im Wattenraum schon ziemlich viele Schutzgebiete gibt und die Einrichtung von Nationalparks erwogen wird, so ist doch das größte und wichtigste Naturgebiet, nämlich das Wattenmeer selbst, noch nicht geschützt.

410 *Westerheversand bei Beginn der Überflutung*

Die Behörden, die schutzwürdige Naturgebiete betreuen, jedoch selbst nicht genügend Fachpersonal dafür haben, sollten sich durch Fachleute berufener Naturschutzinstitute beraten lassen. Sehr vieles bedarf noch der Erforschung, bevor man davon ausgehen kann, daß die Aufsichtspersonen hinreichend mit Richtlinien versehen sind. Die wissenschaftlichen Institute und Universitäten, aber auch Arbeits- und Studiengruppen sowie einzelne Forscher bieten dazu ihre Kenntnisse an.

Nutzung   Die Benutzer sind mindestens ebenso wichtig für den Schutz der Areale wie die Aufsicht. Diese Gruppe ist schwer überschaubar, aus praktischen Gründen wird sie hier in Bewohner und Gäste unterteilt.
Die Bewohner leben großenteils in, aber auch von dem Wattenraum einschließlich der Naturgebiete. Sie nutzen die Natur besonders über den Fremdenverkehr, beeinflussen sie aber auch u. a. durch landwirtschaftliche und fischereiliche Tätigkeit. Die vielen Gäste, die den Wattenraum besuchen, wie Spaziergänger, Rad- und Mopedfahrer, Autofahrer, Segler, Sportfischer und Wattläufer, beeinträchtigen die Natur in steigendem Maße. Unachtsamkeit und Unkenntnis auf seiten der Benutzer führen zu unnötigen Verlusten, auch wenn der Naturschutz und die Aufsicht alles tun, um alle Werte zu schützen. Es ist daher äußerst wichtig, daß die Naturschutzorganisationen die Notwendigkeit einer geeigneten Information der Besucher erkennen. Dazu ist die Hilfe von Touristenorganisationen und regionalen Museen unentbehrlich.

Naturschutz in der Zukunft   Angesichts der raschen Entwicklung ist es erforderlich, kurzfristig durchgreifende Maßnahmen anzustellen, um unwiederbringlichen Verlusten an der Natur vorzubeugen. Der Naturschutz in seiner bisherigen Form hat wohl das eine oder andere erreicht, in Zukunft wird er aber doch anders arbeiten müssen. Wissenschaftliche Forschung und zentrale Steuerung werden für einen künftigen Naturschutz die wichtigsten Kriterien bilden müssen.

412 *Prielkante im Sandwatt*
414 *Sanddeich*

413 *Rippelmuster*
415 *Deich mit Teerdecke im Winter*

Die in den vorangegangenen Abschnitten enthaltene Beschreibung des Wattenmeeres und der Wattinseln dürfte jeden Leser davon überzeugt haben, daß wir es hier tatsächlich mit einem besonders wertvollen Raum zu tun haben. Diese Wertschätzung des Wattenraumes ist nur allmählich gewachsen. Wie die Geschichte des Naturschutzes im Wattenraum zeigt, richtete man anfangs das Augenmerk nur auf auffallende Erscheinungen wie Vogelbrutkolonien. Das Watt und die Dünen mit ihren Pflanzen und Tieren kannte man zwar, betrachtete sie jedoch als selbstverständliche Dinge, die es im Überfluß gab, und die man nach Belieben nutzen konnte. Erst später wuchs in einem weiteren Kreis die Überzeugung, daß die Brutkolonien nicht für sich allein existieren, sondern mit dem Vorhandensein des Wattenmeeres zusammenhängen und in Wirklichkeit Teil eines viel komplizierteren Ökosystems sind. Man überzeugte sich auch davon, daß Watt und Dünen längst nicht überall auf der Erde zu finden sind.

Diese Zunahme an Kenntnis und Einsicht verdanken wir vor allem den vielen Wissenschaftlern, die sich schon seit über hundert Jahren mit dem Wattenmeer beschäftigt haben, und außerdem den Naturschützern, welche diese Kenntnis zu verbreiten wußten. So wurden schon im vorigen Jahrhundert wichtige botanische Studien auf den Wattinseln ausgeführt, vor allem durch den Niederländer F. Holkema und den Dänen F. Warming.

Zu Beginn unseres Jahrhunderts gab der deutsche Ornithologe Otto Leege schon eine Übersicht über alle Vögel der Wattinseln. Seitdem haben sich Hunderte von Wissenschaftlern mit dem Wattenraum beschäftigt. Von großen, gut ausgerüsteten wissenschaftlichen Forschungsinstituten aus werden gegenwärtig viele Untersuchungen im Wattenraum ausgeführt. Dabei handelt es sich teilweise um Ein-Mannprojekte, oft auch um wohlkoordinierte multidisziplinäre Vorhaben. Forschungsinstitute, die sich ganz oder zu einem großen Teil mit dem Wattenraum befassen, sind das Vildtbiologisk Institut in Kalø, die Biologische Anstalt Helgoland mit Niederlassungen auf Helgoland, Sylt und in Hamburg, das Institut für Meeresgeologie und -biologie Senkenberg und die Vogelwarte Helgoland in Wilhelmshaven, die Forschungsstelle für Insel- und Küstenschutz auf Norderney und das Nederlands Instituut voor Onderzoek der Zee auf Texel. Außerdem gibt es noch zahlreiche Institute, in denen praxisbezogene wissenschaftliche Forschung stattfindet. Ferner befassen sich Forscher aus fast allen Universitäten und Hochschulen im Umkreis des Wattenmeeres mit dem Studium dieses Raumes.

Diese internationale Forschung erhellt nach und nach, wie der Wattenraum strukturiert ist, wie er funktioniert, und wie er im Vergleich zu anderen Naturräumen der Erde zu bewerten ist. In den vorstehenden Kapiteln, die überwiegend von Wissenschaftlern geschrieben wurden, die bei der Untersuchung des Küstenvorfeldes aktiv beteiligt sind, liegt eine Übersicht über das Wissen vor, das uns zur Verfügung steht. Da ja die Forschung weitergeht, ist diese Übersicht gewissermaßen eine Momentaufnahme. Dennoch wissen wir schon mehr als genug, um die Qualifikation *einmalig* nachzuweisen. Wir werden die wichtigsten Ergebnisse zusammenfassen, welche die Bedeutung des Wattenmeeres zeigen.

Der Wattenraum als Ganzes stellt einen auf der Erde seltenen Landschaftstyp dar. Außerdem wird nirgendwo auf der Erde dieser Landschaftstyp in gleichem Umfang angetroffen. Schon allein deswegen ist das Wattenmeer als einmalig zu betrachten. Außerdem springt die Abwandlung innerhalb des Raumes ins Auge. Überall spielen sich sedimentpetrographische und geomorphologische Prozesse in reicher Differenzierung ab. Der große Reichtum an Bodentieren macht das Wattenmeer zu einem der nahrungsreichsten Gebiete in Europa, in dem im Jahreslauf viele Millionen Vögel für kürzere oder längere Zeit ihre Nahrung finden. Von der gleichen Nahrungsquelle profitieren die Fische, so daß alljährlich Hunderte Millionen Jungfische im Wattenmeer heranwachsen. Die Inseln tragen zum Reichtum des Wattenraumes bei durch ihre ungewöhnliche Vielfalt an Pflanzen- und Tierarten. Es ergibt sich, daß die fünf großen niederländischen Wattinseln auf die Fläche bezogen dreimal so reich an Pflanzenarten sind wie die übrigen Niederlande. Auch der Brutvogelbestand ist relativ reicher als auf dem Festland. Diese Beispiele erweisen den biologischen Reichtum zur Genüge.

Die wissenschaftliche Bedeutung dessen ist in den folgenden Eigenschaften des Wattenraumes begründet.

Erstens weist der Wattenraum einen deutlichen Zusammenhang auf. Dies beruht darauf, daß verschiedene Stoffe und Organismen von einem Teil des Raumes in einen anderen transportiert werden, während sich außerdem verschiedene Tiere aktiv von Ort zu Ort bewegen. Dieser Zusammenhang schließt ein, daß sich Wattenmeer und Wattinseln teilweise in wechselseitiger Beeinflussung entwickelt haben und fortbestehen. Dem steht gegenüber, daß die Wattinseln voneinander und vom Festland durch das dazwischenliegende Meer getrennt werden. Dieses Zusammenspiel von Zusammenhang und Isolation führt zu einem Verlaufsmuster in dem sehr allmähliche und sehr plötzliche Vorgänge in reicher Abstufung miteinander abwechseln. Auf diese Weise ist ein sehr reiches Angebot verschiedener Standorte mit nach Salzgehalt, Wasserstand, Bodenart usw. sehr verschiedenen Eigenschaften zustande gekommen. Dadurch wieder ist ein großer Reichtum an Lebensmöglichkeiten für verschiedene Pflanzen- und Tierarten entstanden. Dieser Reichtum wird dadurch noch vergrößert, daß vielerorts in dem Raum immer noch Küstenabbruch, Sandflug und Ablagerung von Sand und Schlick stattfinden. Dadurch beginnen verschiedene natürliche Entwicklungs- und Sukzessionsreihen immer wieder von vorn. Schließlich ist der menschliche Einfluß, der im allgemeinen nachteilig und nivellierend wirkt, in großen Teilen des Küstenvorfelds noch sehr beschränkt und der natürlichen Dynamik untergeordnet. Beispiele dafür wären die Anlage von Sandfangzäunen an solchen Stellen, wo die Dynamik eben zu groß war, um Pflanzenwuchs zu ermöglichen, die extensive Beweidung hohen Vorlandes, wodurch die Vegetation niedrig und artenreicher bleibt, die kleinflächige Dünenbepflanzung. Alle diese Faktoren zusammen machen den Wattenraum zu einem der reichsten Naturräume Nordwesteuropas.

Der Wattenraum ist also ein großes „Reservoir" von Pflanzen-

und Tierarten; er ist ein einmaliges Objekt für biologische, aber auch für geowissenschaftliche Forschung. Er bietet dem Menschen die Gelegenheit, der Natur auf besondere Art zu begegnen.

Ökologische Einstufung   Die Zuerkennung von Qualifikationen an Naturräume wird Naturbewertung genannt. Entscheidend dabei ist, die ökologischen Funktionen, welche die (natürliche) Umwelt zum Nutzen der Lebensgemeinschaft erfüllen, genau zu bestimmen und zu messen. Das ist möglich, weil wir mittlerweile über hinreichende Einsicht darüber verfügen, wie die natürlichen Ökosysteme funktionieren, und den Einfluß verstehen, den menschliche Eingriffe auf die Ökosysteme haben wie Belastung, Nutzung und Naturschutz.

Die *ökologischen Funktionen* sind als die Möglichkeiten aufzufassen, die der natürliche Standort der Lebensgemeinschaft anbietet. Sie beruhen auf der Information und Regulation der natürlichen Systeme, und sie sind auf die Erfüllung primärer Bedürfnisse des Menschen bezogen. Bei diesen Lebensbedürfnissen sind in erster Linie fünf ökologische Funktionen der natürlichen Umwelt betroffen:

1   Die natürliche Umwelt liefert die Energie und die Stoffe

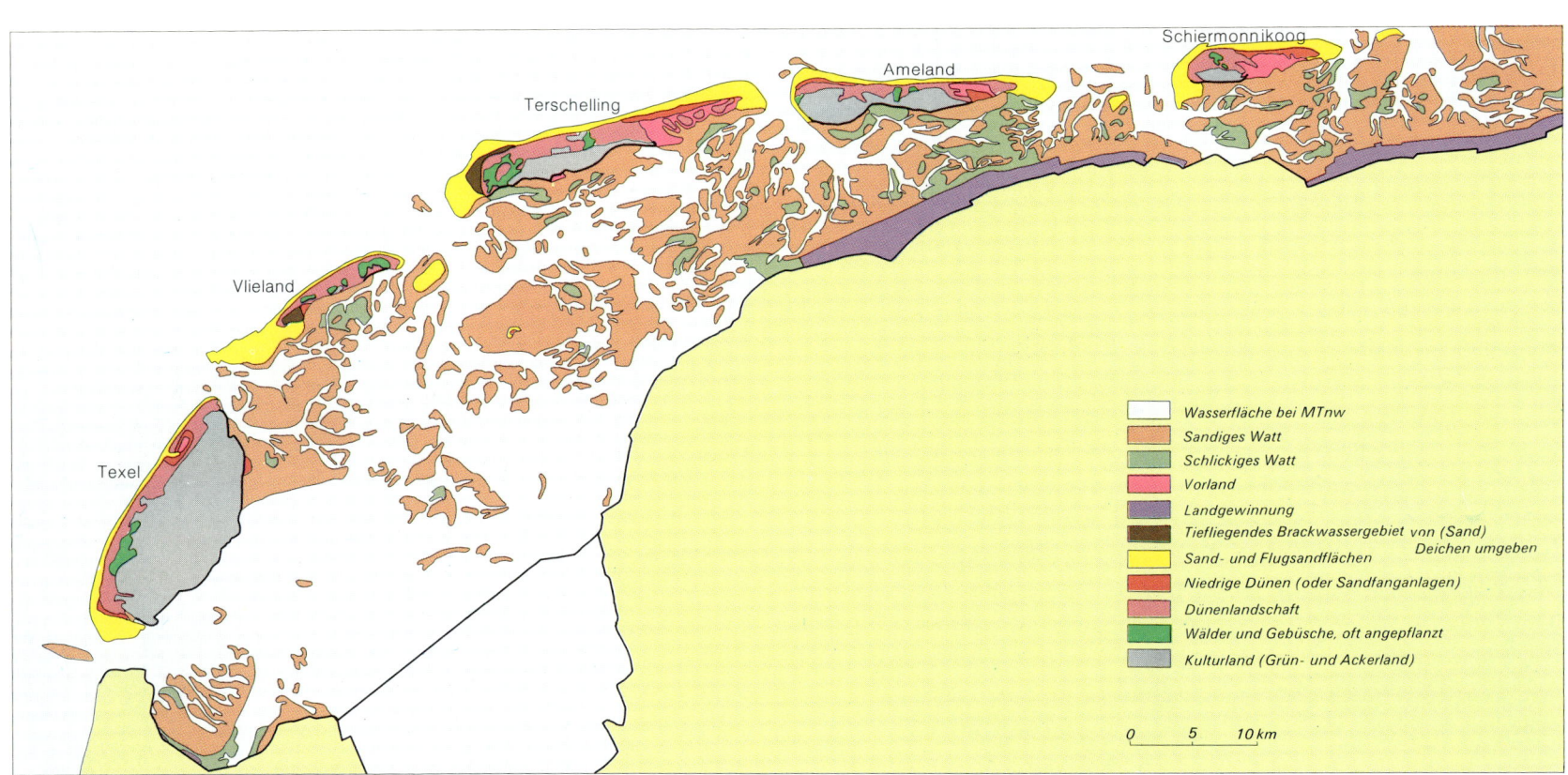

Wasserfläche bei MTnw
Sandiges Watt
Schlickiges Watt
Vorland
Landgewinnung
Tiefliegendes Brackwassergebiet von (Sand) Deichen umgeben
Sand- und Flugsandflächen
Niedrige Dünen (oder Sandfanganlagen)
Dünenlandschaft
Wälder und Gebüsche, oft angepflanzt
Kulturland (Grün- und Ackerland)

0   5   10 km

für den Stoffwechsel (Ernährung und Atmung), diese Lieferungen werden *Produktionsfunktionen* genannt.

2 Die natürliche Umwelt nimmt die beim Stoffwechsel freiwerdende Energie und Materie (Abfall) wieder auf. Die Verarbeitung von Abfallstoffen durch natürliche Kreisläufe betrifft *Säuberungsfunktionen*.

3 Die natürliche Umwelt liefert dem Menschen bei Besuch oder Untersuchung Impulse und Informationen. Es kommen *Informationsfunktionen* zum Vorschein.

4 Die natürliche Umwelt stellt bei allen Lebensäußerungen des Menschen die Tragfläche für Tätigkeiten und Erzeugnisse dar. Sie erfüllt dabei eine *Trägerfunktion*.

5 Die natürliche Umwelt wird durch eine große Anzahl von Regulationsprozessen gekennzeichnet, durch welche die Lebensbedingungen konstant gehalten werden. Infolge dieser *Regulationsfunktionen* können auch viele menschliche Tätigkeiten stattfinden.

In dem Maße, in dem sich die menschlichen Bedürfnisse immer mehr erweitern, werden immer mehr soziale und technische Aktivitäten entwickelt. Dabei werden zunehmend Wechsel auf ökologische Funktionen gezogen. Die Entwicklung führt zu einer immer weitergehenden Entfaltungsmöglichkeit des einzelnen Menschen. Diese Entfaltung wird in zunehmendem Maße durch die *Erholungsfunktion* der natürlichen Umwelt realisiert, die in den o.a. Trägerfunktionen und Informationsfunktionen wurzelt. Von den erwähnten ökologischen Funktionen hängen vor allem die Informations- und Regulationsfunktion in hohem Maße mit der natürlichen Qualität der Umwelt zusammen. Sie sind als solche nicht in Geld auszudrücken. Die mit der Produktion zusammenhängenden Funktionen lassen sich durchaus quantifizieren und in Geld ausdrücken. Die Informationsfunktion steht in Beziehung zu den qualitativen Aspekten unseres Wohlbefindens. Die praktische Bedeutung dieser Information zeigt sich in den folgenden Teilfunktionen. Die *Orientierungsfunktion* steht in Beziehung zum Funktionieren der sinnlichen Wahrnehmung des Menschen. Wenn die Forschung auch noch am Anfang steht, ist es doch fast sicher, daß das Erlebnis einer offenen Landschaft wie des Watts, aber auch einer geschlossenen Waldlandschaft, zu den wesentlichen Bedürfnissen der meisten Menschen gehört. Auch kulturgeschichtliche Information, die in halb-natürlichen Landschaften vorliegt, trägt hierzu bei. In der *erzieherischen Funktion* wird die natürliche Umwelt für Unterricht und Bildung herangezogen. Diese Funktion kann als ein Aspekt der *wissenschaftlichen Funktion* betrachtet

werden, die darauf hinausläuft, daß Organismen und Lebensgemeinschaften in ihrem natürlichen Zusammenhang für die Forschung zur Verfügung stehen. Dies führt nicht nur zu Ergebnissen von unmittelbarer praktischer Bedeutung, sondern auch zu langfristigen Erkenntnissen von höherem Stellenwert. Die Anspassungen an ihre natürliche Umgebung, die das Fortbestehen der Pflanzen- und Tierarten ermöglichen, sind in erblichen Eigenschaften festgelegt. Es ist sehr wichtig, daß der Mensch jetzt und in Zukunft über diese Information verfügen kann, die wir die *genetische Reservoirfunktion* der Naturräume nennen. Seit jeher macht der Mensch in der Landwirtschaft und in der Medizin davon Gebrauch.

Auf Grund der wissenschaftlichen Kenntnisse der Anforderungen, die Arten an ihre Umwelt stellen, sind wir in der Lage, von den Reaktionen der Arten her eine Umweltveränderung festzustellen. So kann das Auftauchen oder Verschwinden von Arten auf eine Umweltverschlechterung hinweisen. Gerade im Wattenmeer kommt diese *Signalfunktion* zur Geltung. Die Umweltverschlechterung, die hier auftritt, ist durch die Industriegesellschaft in Nordwest-Europa unmittelbar bedingt. Das Ausbleiben des Schweinswals, der Rückgang des Seehundbestandes und das Vogelsterben in verschiedenen Populationen

417 *Schäden am Deich bei Rejsby (Dänemark), Januar 1976*

sind die warnenden Beispiele dafür, daß etwas verkehrt ist. Zusammenfassend kann man feststellen, daß diese Informationsfunktionen um so besser wirksam werden, je stärker die natürliche Umwelt differenziert ist.

Die landschaftsgestaltenden und -erhaltenden Elemente wie Boden, Klima, Gezeiten, Pflanzen- und Tierwelt schaffen und regulieren die Bedingungen für diese natürliche Differenzierung. Dabei kommen *Regulationsfunktionen* zum Vorschein. Im Wattenraum sind viele dieser ökologischen Funktionen gut entwickelt, besonders die Informationsfunktionen. Im Anschluß daran werden die Erholungsfunktionen wirksam, vor allem als Landschafts- und Naturerholung. Beispiele dafür sind Wattlaufen, Sportfischerei, Wassersport und Naturstudium. Die besondere Wirksamkeit dieser Funktionen ist auf folgende Eigenschaften des Wattenraums zurückzuführen:

Seltenheit: Vor allem auf den Wattinseln werden viele seltene Arten angetroffen, teilweise in Lebensgemeinschaften, die es nur auf einer oder auf nur wenigen Inseln gibt. Allerhand ungewöhnliche geomorphologische Erscheinungen kann man hier beobachten, darunter verschiedene Stadien der Bildung und des Abbruchs von Küsten. Dabei liegt nicht nur eine Reihe seltener Naturerscheinungen vor, sondern Hand in Hand damit ein großes Spektrum verschiedener Landschaften, Lebensgemeinschaften und Arten. Einmal handelt es sich um große Flächen, auf denen nur wenige Arten von Pflanzen und Tieren massenhaft vorkommen, dann wieder finden in einem kleinen Raum sehr große Artenzahlen ihren Platz. Das große Maß von *Natürlichkeit* und die ungestörte Entwicklung, die viele Teilräume erfahren und erfahren haben, sind weitere Eigenschaften, an denen fast der ganze Wattenraum noch teilhat.

Die Unberührtheit, die Weite oder die Illusion einer weiten Landschaft ohne erkennbaren menschlichen Einfluß ist ebenfalls ein wichtiges Merkmal, das in dem überall stark vom Menschen geprägten Nordwest-Europa immer mehr an Bedeutung gewinnt. Es wurde schon gezeigt, in welchem Maße man von Verschiedenheit und Zusammenhang der unbelebten und belebten Natur und der einzelnen Teilräume untereinander sprechen kann. Die obengenannten ökologischen Funktionen werden im Wattenraum denn auch von lokaler bis zu internationaler Ebene in hohem Maße erfüllt.

Ökologie und Ökonomie Neben den genannten ökologischen Funktionen erfüllt der Wattenraum weitere Funktionen für

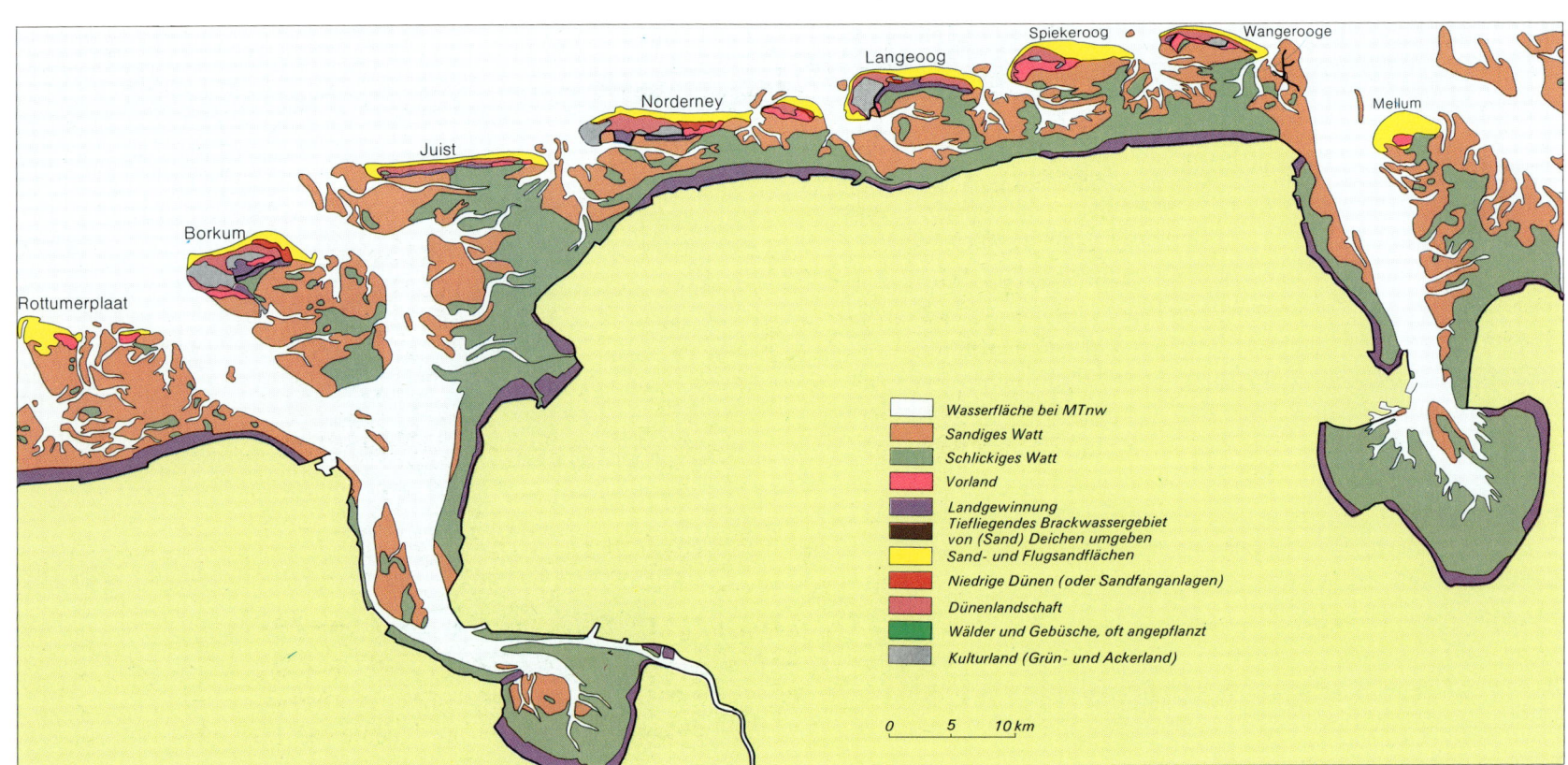

Wasserfläche bei MTnw
Sandiges Watt
Schlickiges Watt
Vorland
Landgewinnung
Tiefliegendes Brackwassergebiet von (Sand) Deichen umgeben
Sand- und Flugsandflächen
Niedrige Dünen (oder Sandfanganlagen)
Dünenlandschaft
Wälder und Gebüsche, oft angepflanzt
Kulturland (Grün- und Ackerland)

0 5 10 km

418 *Landschaften des niedersächsischen Wattengebietes*

den Menschen, wobei er dem Einfluß einer Reihe von Tätigkeiten
ausgesetzt ist. So gibt es die auf direkte Produktion gerichteten
Funktionen wie die Gewinnung von Erdgas, Öl, Sand und
Muschelschalen, ferner Landwirtschaft und Fischerei. Von
großer Bedeutung ist die bereits erwähnte Erholungsfunktion,
während andere Funktionen im Aufnehmen, Neutralisieren
und Abbauen von Abfall bestehen. Diese Formen der Belastung
durch den Menschen nehmen immer mehr zu, und durch
deren schädliche Nebenwirkungen werden die ökologischen
Funktionen des Wattenraumes angegriffen oder sogar zunichte
gemacht. Meistens sind bei diesen gesellschaftlichen Aktivitäten
wirtschaftliche Interessen im Spiel. Oft stecken soziale Belange
in dem Prozeß, darunter auch die Arbeitsplätze. Dabei geht
es durchweg um gut meßbare, in Geld angebbare Werte.
Die meisten ökologischen Funktionen können jedoch nicht
in Geldwert angegeben werden, sie beziehen sich mehr auf
Wohlbefinden, Qualität und Fortbestand unserer Gesellschaft.
Vor allem, wenn es um Ansprüche auf die sich nicht selbst
erneuernden Quellen geht, zeigt sich, daß die ökonomischen,
gegenwartsbezogenen Funktionen mit den ökologischen im
Streit liegen. Dieser vielleicht grundsätzliche Gegensatz von
Ökologie und Ökonomie verschärft sich in dem Zeitpunkt,
in dem eine Wahl getroffen werden muß. Bei dieser politischen
Wahl steht leider vielen „Wählern" die Bedeutung der ökologischen Funktion des Wohlbefindens noch nicht hinreichend
deutlich vor Augen. In Wirklichkeit schließt jede Entscheidung
für die Naturerhaltung eine Entscheidung für die Erhaltung
des Wattenmeeres mit ein.
Wie sollen nun diese teils gegensätzlichen, teils miteinander
vereinbarten Funktionen gegeneinander abgewogen werden?
Nutzungen durch Landwirtschaft, Fischerei usw. können
gut in Geld ausgedrückt werden; die damit und mit anderen
Wirtschaftszweigen zusammenhängenden Arbeitsplätze und
die verschiedenen Formen des Fremdenverkehrs sind schon
schwieriger finanziell zu bewerten. Ökologische Werte entziehen
sich großenteils einer geldlichen Bewertung. In dem Maße,
in dem eine Bewertung in Geld schwieriger wird, sind die
zu bewertenden Elemente mehr ortsgebunden.
Ökologische Werte kann man leichter mit ortsgebundenen
kulturhistorischen Werten vergleichen. Niemand würde daran
denken, eine neue Verkehrsverbindung durch den Kölner
Dom zu planen. Dies Vorhandensein großer ökologischer
Werte in einer Landschaft ist denn auch eine „unschätzbare"
Sache, um die man „herum" muß, etwas, das Rahmenbedingungen für die Raumnutzung setzt.

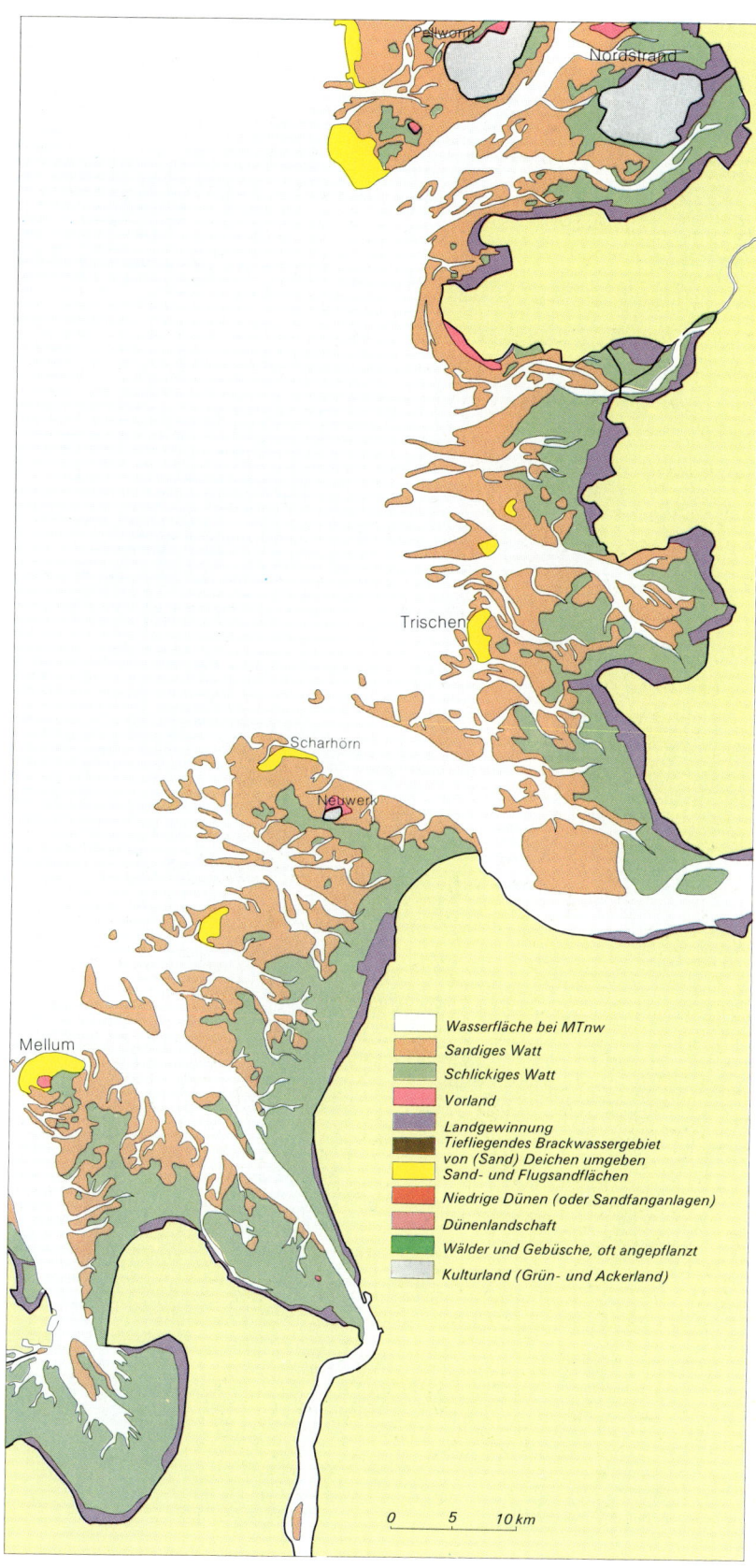

419 *Landschaften des schleswig-holsteinischen Wattengebietes*

Legende:

Wasserfläche bei MTnw
Sandiges Watt
Schlickiges Watt
Vorland
Landgewinnung
Tiefliegendes Brackwassergebiet von (Sand) Deichen umgeben
Sand- und Flugsandflächen
Niedrige Dünen (oder Sandfanganlagen)
Dünenlandschaft
Wälder und Gebüsche, oft angepflanzt
Kulturland (Grün- und Ackerland)

0   5   10 km

Gebiete

- Häfen, gewerbl.-industr. Zonen
- Wohnungen und Fremdenverkehrsanlagen
- Gebiete mit (extensiver) Landwirtschaft
- Vorländer und Watten unter Naturschutz
- Naturgemäße Nutzung mit Erholung
- Ökologisches Schutzgebiet mit naturgemäßer Erholung
- Ökologisches Schutzgebiet

Nutzung

	a	b	c	d	e	f	g

genehmigt   bedingt genehmigt

Nutzung

a Handel und Industrie

b Wohnen und Dauererholung

c Massenerholung

d Extensive Landwirtschaft

e Naturgemäße Nutzung

f Naturgemäße Erholung

g Naturschutz

Texel

Den Helder

Vlieland

Terschelling

Harlingen

Ameland

Leeuwarden

Schiermonnikoog

Groningen

Borkum

Juist

Norderney

Baltrum

Norden

Leybucht

Emden

Delfzijl

Dollard

Eems

Sylt

Rantum Becken

Föhr

Oland

Amrum   Langeness   Grode

Hallig

Hamburger Hallig

Hooge   Nordstrandisch-
moor

Norderoog

Pellworm

Süderoog   Südfall   Nordstrand

Helgoland

Eider

Büsum

Trischen   Helmsand

Scharhörn

Neuwerk

Knechtsand

Spiekeroog   Wangerooge

Mellum

Wilhelmshaven   Butjadingen

Jadebusen

Bredstedt

Husum

Friedrichstadt

Eider

Meldorf

Brunsbüttelkoog

Cuxhaven

Bremerhaven

Weser

Bremen

Stör

Krückau

Elbe

Pinnau

Hamburg

Esbjerg

Fanø

Mandø

Rømø

Sylt   Jordsand

Tønder

420   *Ökologisches Zonierungsmodell für die Raumplanung*

0   5   10 km

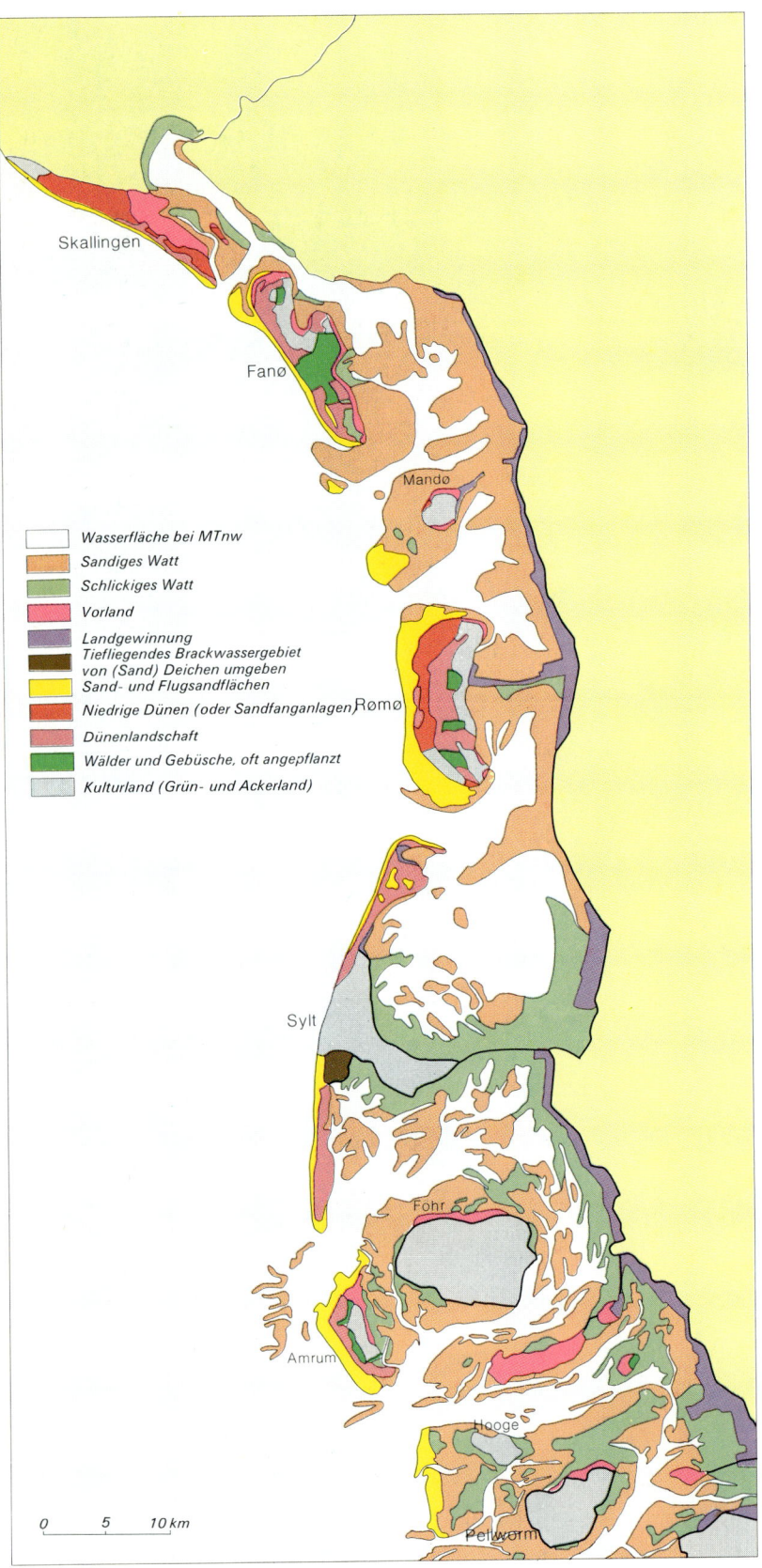

Skallingen

Fanø

Mandø

Wasserfläche bei MTnw

Sandiges Watt

Schlickiges Watt

Vorland

Landgewinnung

Tiefliegendes Brackwassergebiet
von (Sand) Deichen umgeben

Sand- und Flugsandflächen

Niedrige Dünen (oder Sandfanganlagen)

Dünenlandschaft

Wälder und Gebüsche, oft angepflanzt

Kulturland (Grün- und Ackerland)

Rømø

Sylt

Fohr

Amrum

Hooge

0   5   10 km

Pelworm

421 *Landschaften des dänischen Wattengebietes*

Raumordnung Verschiedene Interessengruppen nehmen den Raum in Anspruch. Dabei geht jede Interessengruppe darauf aus, vor allem die eigenen Ansprüche zu erfüllen und die der anderen zu begrenzen. Die gleichgewichtige Zuteilung von Raum an alle in der Gesellschaft auftretenden Interessengruppen ist eine Aufgabe der Regierung, der Vorgang heißt Raumplanung. Das wichtige Kriterium dabei ist (oder sollte sein) das Maß, in dem die Ansprüche einer Interessengruppe dem allgemeinen Wohl dienen.

Von der Regierungsweise hängt es weitgehend ab, in welchem Ausmaß die empfindlichen Gruppen in der Gesellschaft geschützt werden, und ob die Lebensqualität erhalten und vergrößert wird. Dazu gehört auch der Schutz ökologischer Werte. Diese stellen einen empfindlichen Teil des allgemeinen Wohls dar und ziehen bei direkter Konfrontation mit wirtschaftlichen Interessen zu oft den kürzeren.

Wirtschaftliche Interessen kann man mit harten Zahlen verteidigen. Wichtig ist jedoch, daß dabei auch angegeben wird, inwieweit eine bestimmte Tätigkeit oder Nutzung standortgebunden ist oder durch andere Unternehmungen ersetzt werden kann. Mehr denn je müssen die sozialen Auswirkungen und die finanziellen Folgelasten der Umweltvorschriften bei neu geplanten Vorhaben mit berücksichtigt werden.

Auf vergleichbare Weise können die ökologischen Belange verteidigt werden. Nachdem festgestellt worden ist, in welchem Ausmaß verschiedene ökologische Funktionen in einem bestimmten Raum erfüllt werden, und inwieweit sie gegebenenfalls an anderer Stelle erfüllt werden können, ergeben sich daraus die Rahmenbedingungen für andere Formen der Raumbeanspruchung durch den Menschen.

Dabei kommt heraus, wieviel Verlust an ökologischen Funktionen bei der Ausführung wirtschaftlich orientierter Pläne eintritt. Die ökologisch schädlichen Nebenwirkungen aller anderen Vorhaben, einschließlich der geplanten, müssen festgestellt und abgewogen werden. Obwohl unsere Einsicht in diese negativen Wirkungen immer mehr zunimmt, wissen wir leider oft noch wenig. Die wichtigsten Schadwirkungen auf natürliche Lebensgemeinschaften sind die Anreicherung mit Nährsalzen und die Verschmutzung von Boden und Wasser. Die chemische und organische Verschmutzung trifft vor allem das Wattenmeer, die Verunreinigung mit Nährsalzen vor allem die nahrungsarmen und deshalb biologisch so reichen Dünengebiete.

Ein weiterer gravierender Einfluß ist die Störung, die auf mancherlei Weise und fast überall im Wattenraum stattfindet, deren ökologischer Schaden jedoch nicht immer feststeht.

Es gibt noch einige weitere Einflüsse, die wir hier übergehen, die jedoch an anderer Stelle in diesem Buch behandelt werden. So wird die ökologische Substanz des Wattenraumes auf vielerlei Weise gefährdet, und aus der Gefährdung ist teilweise schon ein Rückgang geworden. Die Jahrgänge des „Waddenbulletins" sind dafür eine überzeugende Dokumentation.

Raumplanung auf ökologischer Basis   Unter diesem Gesichtspunkt stellen wir Natur und Landschaft des Wattenraumes in die Mitte und untersuchen, was das Maximieren der ökologischen Belange für andere Formen der Raumnutzung bedeutet. Ohne daß wir jetzt schon über eine detaillierte Kenntnis schädlicher Wirkungen verschiedener Tätigkeiten verfügen, und ohne daß wir in Geldwert angeben können, wie sehr sich der Wattenraum durch Erfüllung ökologischer Funktionen gegenüber dem sehr großen dänischen, deutschen und niederländischen Umland auszeichnet, gilt:

1   Für die betroffenen Staaten besitzt kein einziges Gebiet einen so hohen ökologischen Wert wie der Wattenraum;

2   der Wattenraum wird durch schleichende Umweltschädigung auf viele Arten angegriffen und durch großmaßstäbliche ökonomische und andere Vorhaben bedroht;

3   der Wattenraum bildet sowohl hinsichtlich seiner ökologischen Funktionen als auch hinsichtlich seines Erlebniswertes ein Ganzes, derart, daß Erhaltung und Verwaltung auf den Gesamtraum ausgerichtet sein müssen.

4   Ziel dieser umfassenden Steuerung muß es sein, die ganze, jetzt in Natur und Landschaft vorhandene Differenzierung zu erhalten, schädliche Einflüsse abzuwehren und die ökologische Substanz möglichst zu erhöhen.

In der nebenstehenden Tabelle kommt es uns nur darauf an, die Rahmenbedingungen und Richtlinien für die Optimierung der ökologischen Bedingungen in großen Zügen anzugeben. Genauere Forschung kann zu einer Nuancierung führen.

Die Sicherung dieser Naturbelange muß national und international festgelegt werden. Indem wir dieser Abmachung vorgreifen, stellen wir die ökologisch vertretbare Raumnutzung kartenmäßig dar (Abb. 420).

Die Karte wurde mit Hilfe der Landschaftskarten hergestellt, die eine Interpretation von Luftbildplänen (wie im Anhang dieses Buches) darstellen. Viele werden zunächst sehr erschrecken, darunter Feriengäste, Fremdenverkehrsplaner und diejenigen Menschen, die in dem Gebiet arbeiten.

Sie müssen jedoch bedenken, daß alle einschneidenden Veränderungen allmählich vor sich gehen sollen.

Raumnutzung	Rahmenbedingungen
Hafen- und Industriegebiete	Keine Erweiterung und schärfere Kontrolle über die Einhaltung der Normen für den Umweltschutz
Kernkraftwerke	wie oben
Schmutzwassereinleitung	Beseitigung der Verschmutzung am Entstehungsort, Verringerung der Einleitungsstellen
Eindeichung, Dämme	keine neuen Vorhaben
Militärische Übungen	ganz einstellen
Öl- und Gasgewinnung	keine Suche und keine Förderung
Sandgewinnung	ganz einstellen
Muschelschalengewinnung	auf der Grundlage der natürlichen jährlichen Schalenproduktion
Wassergewinnung in Dünen	stark beschränken
Fremdenverkehr	nach ökologischen Daten zonieren
Landwirtschaft	keine Intensivierung
Fischerei	auf Grundlage des natürlichen Zuwachses
Verkehr	keine Erweiterung, örtlich unterbinden
Naturschutz	optimieren

422 *Acker-Zahntrost*

Für die Erhaltung des Wattenmeeres als Naturraum ist es erforderlich, daß alle an der Verwaltung beteiligten Behörden einheitlich handeln mit dem Ziel, die natürliche Umwelt in diesem Raum zu schützen. Gerade die Einheitlichkeit des Handelns ist es, die heute fehlt, sowohl national als auch international. Der Wattenraum umfaßt Teile des Hoheitsgebietes der Niederlande, Westdeutschlands und Dänemarks. Wenn wir von der Tatsache ausgehen, daß der Wattenraum geographisch, aber auch in seiner Problematik, als ein Ganzes betrachtet werden muß, müßten wir auch zu einer einheitlichen Struktur der Verwaltung des Gesamtgebietes kommen. Dies wird durch die Zugehörigkeit zu drei einzelnen Staaten vorläufig noch verhindert. Auch auf nationaler Ebene besteht eine verwaltungsmäßige Zersplitterung, so daß eine einheitliche Betreuung von Natur und Umwelt im Wattenraum nicht zustande kommt. Regionale und lokale Interessen müßten gegen die internationale Bedeutung des Wattenraumes abgewogen werden. Regionale und lokale Verwaltungsstrukturen können nur dann in eine künftige Verwaltung eingegliedert werden, wenn sie einer Zentralbehörde unmittelbar verantwortlich sind, die ihrerseits an der internationalen Verwaltung ständig beteiligt ist. Eine bessere verwaltungsmäßige Organisation kann viel dazu beitragen, die Probleme des Wattenraumes zu lösen, natürlich genügt sie nicht allein. Wesentlich ist es, die Bevölkerung einzubeziehen. Eine verwaltungsmäßige Lösung wird wenig effektiv sein, wenn nicht die Mehrheit der Bevölkerung dahintersteht.

Niederlande   Mit dem Wattenmeer als Kern bilden die Inseln mit den Hoheitsgewässern und einem etwa 10 km breiten Küstenstreifen des Festlands den niederländischen Wattenraum. Für eine allgemeine Verwaltung des Gesamtraumes fehlen die Voraussetzungen, weil dieser nur spärlich besiedelt ist. Eine Verwaltung für den ganzen niederländischen Wattenraum müßte dann auch funktional arbeiten und auf die Betreuung der *natürlichen* Umwelt ausgerichtet sein. Für die jetzige Verwaltungssituation ist die Zersplitterung kennzeichnend. Die Watteninseln sind selbständige Gemeinden, die auf drei verschiedene Provinzen verteilt sind. Nur Rottumeroog gehört zu der Küstengemeinde Warffum. In der Provinz Groningen grenzen 15 Gemeinden an das Wattenmeer, in Friesland 7 und in Nordholland 3. Der größte Teil des Wattenmeeres ist weder gemeinde- noch provinzmäßig eingeteilt. Eine Ausnahme bildet eine Fläche bei Schiermonnikoog und ein Streifen bei Nordholland und am Abschlußdeich. Die Grenzen der

anderen Küstengemeinden und -inseln beruhen immer noch auf Protokollen von Grenzbeschreibungen, die in der Zeit von 1822 bis 1828 für die Einrichtung des Katasters aufgestellt worden sind. Diese sind ungenau. Gegenwärtig sind Gesetzentwürfe für eine gemeindemäßige Aufteilung des Wattenmeeres in Vorbereitung. Im Ems-Dollart-Ästuar liegt die Staatsgrenze zu Deutschland nicht genau fest. Das Fehlen einer gemeinde- und provinzmäßigen Einteilung bedeutet, daß wichtige Gesetze wie das Raumordnungsgesetz, das Siedlungsgesetz, das Immissionsschutzgesetz und andere Umweltgesetze nicht anwendbar sind. Dieser Teil des Wattenmeeres wird von den verschiedenen Ministern mit ihren verschiedenen Ressortinteressen direkt verwaltet; dies sind der Verkehrsminister, der Finanzminister, der Justizminister, der Verteidigungsminister, der Minister für Kultur, Erholung und öffentliche Arbeit (CRM), der Minister für Wohnung und Raumordnung und der Minister für Landwirtschaft und Fischerei. Eine interministerielle Planungskommission sorgt auf beschränktem Sektor für etwas Koordination. Sie muß u.a. zu Bohrerlaubnissen und Abbaurechten gehört werden. Man erwägt, diese Kommission auch bei der Behandlung von Anträgen auf private Schürfrechte im Wattenmeer einzuschalten. Naturschutzgebiete im Wattenmeer unterstehen dem CRM-Ministerium, der Staatsforstbehörde, dem Domänenamt und einzelnen Organisationen. Es liegt auf der Hand, daß eine derartige verwaltungsmäßige Organisation eine einheitliche Betreuung, welche die Erhaltung des Wattenmeers zum Ziel hat, nicht fördern kann. Aus den Aktivitäten einiger Behörden ergeben sich Eingriffe und Gefährdungen, während von anderen Behörden oft gleichzeitig Forderungen zum Schutz einzelner Teile des Wattenraumes erhoben werden. So wirkt das CRM-Ministerium für die Erhaltung der Natur, während andere Ministerien Öl- und Gasgewinnung und militärische Übungsgebiete im gleichen Gebiet fördern. Von den verschiedenen Verwaltungsebenen aus wird jetzt nach einer befriedigenden Verwaltungsstruktur für den Wattenraum gesucht. Daran arbeiten das CRM-Ministerium, die Staatsforstbehörde, eine amtliche Arbeitsgruppe aus den drei beteiligten Provinzverwaltungen und eine von den Wattengemeinden eingesetzte Lenkungsgruppe.
Die Reichsplankommission studiert die neue Gemeindeeinteilung und zugleich das Gutachten der Wattenmeerkommission Mazure, die von den Ministern für Verkehr und Wohnung und Raumordnung eingesetzt wurde. Darin wird der Regierung dringend empfohlen, über die Verwaltung des Wattenmeeres einen baldigen Entschluß zu fassen. Die Tendenz des Gutachtens

423 *Wattengebiet von Rottumeroog, im Hintergrund Borkum*

geht auf eine *Öffentliche Körperschaft Wattenmeer* hinaus, das wäre eine vom Normaltyp abweichende Form der Verwaltung. Die *Landelijke Vereniging tot Behoud van de Waddenzee* hat die Initiative zur Einsetzung einer Kommission *Künftige Verwaltungsform des Wattenraumes* ergriffen.
Verwaltungsstruktur des Wattengebietes Im Januar 1976 hat diese Kommission ihren Schlußbericht abgegeben, der vorschlägt, den Schutz und die Erhaltung des Watten*raumes* durch ein Wattengesetz zu regeln. Darin müssen zentrale Grundsätze festgelegt werden, nach denen sich die beteiligten Behörden bei ihren Maßnahmen zu richten haben. Ferner wird die Einrichtung einer Interministeriellen Wattenkommission zur Koordinierung auf Reichsebene empfohlen, dazu ein Wattenrat, der koordinieren und Ratschläge erteilen soll, und schließlich eine Watteninspektion, die Aufsicht führen, aufklären und beraten soll.
Im Mai 1976 hat die Regierung die *Planungsgrundsätze Wattenmeer* veröffentlicht und darin ihre Absichten bekanntgemacht. Nach einer Einspruchsfrist, in der sich noch Änderungen ergeben können, wird dieser Entwurf der Zweiten Kammer vorgelegt. Hinsichtlich der Verwaltung des Wattengebietes fällt vor allem auf, daß die Regierung den Schutz auf das Watten*meer* beschränken will. Sie will dazu drei Organe schaffen, nämlich eine *Interministerielle Wattenmeer-Kommission* für die Koordinierung auf Reichsebene, ein *Koordinierungsgremium Wattengebiet* für die Koordinierung der Verwaltung durch Staats-, Provinz- und Gemeindebehörden und ferner einen *Wattenrat* als Sprachrohr der Gesellschaft.

Bundesrepublik Deutschland Die Rechtsverhältnisse im Wattengebiet sind ziemlich kompliziert. Sie sind gekennzeichnet durch eine weitgehende Überschneidung privat- und öffentlich-rechtlicher Vorschriften sowie von Bundes- und Landesrecht der beteiligten Bundesländer. Das gesamte Watt ist nach dem Bundeswasserstraßengesetz eine Wasserstraße und steht damit im Eigentum des Bundes. Dagegen sind die Landesschutzdeiche und Vorländer Eigentum des Landes. Auf Grund des o.a. Gesetzes gehören dem Bundesland ferner alle Landflächen, die durch Küstenschutz- und Landgewinnungsmaßnahmen gewonnen werden wie etwa das Katinger Watt und – in Zukunft – die Nordstrander Bucht. Die Hallig Norderoog gehört dem Verein Jordsand zum Schutze der Vögel. Die geltenden Gesetze beschränken die Verfügungsgewalt des Eigentümers und zwingen ihn manchmal, Einwirkungen anderer zu dulden. Jedermann darf das Wattenmeer im Rahmen

des Schiffahrtsrechts mit Fahrzeugen aller Art befahren. Das Gesetz enthält aber nur Vorschriften zum Schiffahrtsrecht, nicht zum Natur- und Umweltschutz. Daher können Luftkissenfahrzeuge damit auch nicht verboten werden, obwohl sie eine schwerwiegende Gefährdung darstellen. Allenfalls können sehr lautstarke Luftkissenboote auf Grund des neuen Immissionsschutzgesetzes des Bundes verboten werden. Auf einigen Gebieten sind die Länder befugt, eigene Regelungen zu treffen, wie für die Jagd, die Miesmuschelfischerei und die Landwirtschaft, auch können sie über die Bodenschätze verfügen. Auf Grund dieser Bestimmungen hat gerade das Land Schleswig-Holstein erhebliche Aktivitäten im Wattenmeer entfaltet. Bereits im Jahre 1935 wurde das Watt nördlich des Hindenburgdammes unter Naturschutz gestellt. 1974 ist die Landesverordnung über das Naturschutzgebiet Nordfriesisches Wattenmeer erlassen worden, danach sind alle Handlungen verboten, die zu einer Veränderung oder Zerstörung führen können. Drei Tatbestände sind von dem Verbot ausgenommen: Handlungen, die dem Lebensunterhalt größerer Bevölkerungsgruppen dienen, Maßnahmen des Küstenschutzes und des Seenotrettungswesens sowie die althergebrachten Rechte der Bevölkerung. Zur ersten Gruppe gehört u.a. die Fischerei, die nur als Küsten- und kleine Hochseefischerei erlaubt ist. Unter Beachtung der Fischereiordnung darf jedermann in den Küstengewässern fischen. Die Jagd ist nur im Rahmen bestimmter Vorschriften zulässig. Neben den Bestimmungen, die das Wattenmeer unmittelbar betreffen, spielen andere wichtige Gesetze eine Rolle: Das Wasserhaushaltsgesetz des Bundes verbietet das unbefugte Einleiten fester oder flüssiger Stoffe, die eine schädliche Verunreinigung verursachen, in die Gewässer. Das Landeswassergesetz bestimmt, daß an allen Oberflächen-Gewässern ein Gemeingebrauch besteht. Innerhalb von 50 m vom Ufer und 50 m von der Innenböschung des Seedeiches darf nicht gebaut werden. Schließlich ist es verboten, Sand, Kies oder Steine von Strand, Strandwällen oder Dünen zu entnehmen. Dies Verbot gilt auch für den Meeresboden in weniger als 6 m Tiefe bis zu 200 m Entfernung vom Ufer. Ferner benötigt man eine Genehmigung u.a. für Abgrabung oder Aufschüttung, für den Bau von Treppen und Anlegestellen und für andere Vorhaben, die eine Auswirkung auf den Küstenschutz haben können. Insgesamt gelten diese Verordnungen, deren wichtigste 1974 das nordfriesische Watt zu einem großen Naturschutzgebiet erklärt hat, jedoch nur in Schleswig-Holstein. Entsprechende umfassende Verordnungen gibt es für das Küstenvorfeld von Niedersachsen, Bremen und Hamburg noch nicht. Wenn man in der Bundesrepublik Deutschland zu einem einheitlichen Verfahren kommen will, muß der Bund die Aufgabe des Naturschutzes, die er an die Bundesländer abgetreten hat, selbst wahrnehmen oder aber dafür sorgen, daß die Länder durch gegenseitige Verträge zu einer einheitlichen Behandlung des Wattenraumes kommen.

Dänemark Die wesentlichsten Bestimmungen für das dänische Küstenvorfeld sind im Naturschutzgesetz von 1969 enthalten. Wichtig sind ferner die Gesetze über Raumordnung und Mineralnutzung sowie das 1974 in Kraft getretene Gesetz über den Umweltschutz. Die Provinzen Südjütland und Ripen sind für die Verwaltung des Wattenmeeres zuständig. Das Naturschutzgesetz soll geändert werden, wobei die beratende Funktion der Naturschutzbehörden gegenüber anderen Behörden mehr Gewicht erhalten soll, und wobei die letzteren Teile ihrer bisherigen Zuständigkeitsbereiche abtreten müssen. Die Provinzen haben eine unabhängige *Naturschutzkommission* mit sowohl ausführenden als auch beratenden Funktionen. Sie führt zugleich eine Bestandsaufnahme durch, wobei zwischen sehr wichtigen, wichtigen und sonstigen Gebieten unterschieden wird. Der Wattenraum enthält selbstverständlich viele wichtige und sehr wichtige Gebiete. Auf regionaler Ebene kontrolliert diese Kommission zugleich den Natur- und Landschaftsschutz. Sie berät die Provinzbehörden u. a. in Bauangelegenheiten und in Fragen der Mineralgewinnung. Die Provinz kann einem Vorhaben nur dann zustimmen, wenn die Naturschutzkommission keine Einwände erhoben hat. Auch auf dem Gebiet der Erholung und des Landschaftsschutzes ist die Kommission teilweise zuständig. Die Kommission ist ferner befugt, Empfehlungen zum Grunderwerb für Erholungszwecke herauszugeben. Im Zusammenhang damit gehört der südliche Teil von Skallingen dem Staat, und es liegen Anträge über große Teile des übrigen Skallingen an der Ho Bugt vor. Bei allen Entscheidungen unterer Behörden, die gegen die Belange von Natur und Landschaft verstoßen, kann die Kommission beim Minister für Umwelt Berufung einlegen. Für jede der beiden Provinzen besteht ein *regionaler Rat* für den Schutz von Natur und Landschaft. Der Rat trifft Entscheidungen über die Einrichtung von Natur- und Landschaftsschutzgebieten und über den öffentlichen Zugang sowie über andere Schutzmaßnahmen. Der Rat kann über die Nutzung des Privateigentums im Interesse des Schutzes Beschränkungen verhängen. Die meisten Anträge, diese oder jene Schutzverordnung zu erlassen, kommen von unabhängigen Naturschutzkommissionen, dem

Minister für Umwelt und dem dänischen Verein zur Erhaltung von Naturdenkmälern. Zur Zeit liegen zwei Anträge auf Schutzmaßnahmen vor: bei Hjerpstedt und auf Rømø. Ferner ermöglicht eine Bestimmung des Naturschutzgesetzes einen besonderen Schutz der Küste. Bisher hat man nur gelegentlich bei Verwehung von Dünen Beschränkungen verhängt. Endlich können auf Grund des Gesetzes zum Schutz der Territorialgewässer Maßnahmen ergriffen werden, die für den Wattenraum von großer Wichtigkeit sind. Auf Grund des Jagdgesetzes können besondere Schutzgebiete ausgewiesen werden, in denen Beschränkungen der Jagd und des Verkehrs gelten. Ein solches Reservat wurde 1939 bei der Hallig Jordsand mit einer Fläche von 10 600 ha eingerichtet. Für alles, was die Nutzung von Bodenschätzen und die Landgewinnung betrifft, ist die Staatsregierung allein zuständig. Für Gas- und Ölbohrungen ist der Handelsminister, für Deiche und Küstenschutz der Minister für öffentliche Arbeit, für Jagd der Landwirtschaftsminister und für die Fischerei ein weiterer Minister zuständig. Bodenschätze dürfen nur mit Genehmigung des Ministers für Umwelt, der Beschränkungen verfügen kann, gewonnen werden. Landgewinnungsarbeiten wurden lange Zeit von der Regierung unterstützt, und das Landwirtschaftsministerium ist denn auch Eigentümer großer Flächen im Wattenraum. Noch immer wird in großem Umfang Landgewinnung für Agrarzwecke mit öffentlichen Mitteln betrieben. Der Minister für Umwelt führt jedoch die Aufsicht über die Ausführung der Vorhaben und kann eingreifen, wenn Natur und Landschaft gefährdet werden.

Viele und gewichtige Gründe sprechen dafür, den Wattenraum als ein Kettenglied sowohl des menschlichen Zusammenlebens als auch der Lebensgemeinschaften der Pflanzen und Tiere im Nahraum wie auch in weiterem räumlichem Umkreis zu erhalten. Um dieses Ziel zu erreichen, sind die traditionellen Naturschutzmaßnahmen wie der Erwerb und die Betreuung kleiner Teilgebiete oder selbst des ganzen Wattenraumes – falls das überhaupt möglich wäre – völlig unzureichend. Auch wenn man an die menschlichen Tätigkeiten strenge umwelthygienische Maßstäbe anlegte, würde dies – so notwendig und nützlich es auch wäre – für die Erhaltung der Qualität der natürlichen Umwelt, die auf so verschiedene Arten fortgesetzt negativ beeinflußt wird, keine wirkliche Garantie bieten. Die Erfolgsaussichten würden erheblich steigen, wenn es möglich wäre, eine national und international koordinierte Verwaltung und Betreuung des gesamten Wattenraumes zustande zu bringen. Für diese Verwaltung sollte eine breite politische Basis vorhanden sein, die auf demokratische Weise zustande kommen sollte. Nur dann wäre es überhaupt möglich, zu einer Wattenpolitik zu kommen, bei der die bis jetzt – national und international – gewonnene Einsicht in die Erhaltung von Natur und Landschaft im Mittelpunkt steht, und die auch von allen oder den meisten Betroffenen innerhalb und außerhalb des Raumes unterstützt wird. Bei diesem Verfahren wird in der Praxis der Vorbereitung, Abfassung und Durchführung wichtiger politischer Entscheidungen der Wille, den Wattenraum zu schützen, eher zur Geltung kommen als bei einer Wattenpolitik, die von oben her diktiert wird. Um die Überlegungen zu einer solchen Entwicklung im Bereich der Verwaltung und der Betreuung etwas zu konkretisieren, muß man sich klarmachen, daß der Wattenraum nicht ohne weiteres eine geographisch deutlich abgegrenzte Einheit ist. Es ist sinnvoll, drei mögliche Auffassungen darüber, was der Wattenraum denn nun eigentlich sei, zu unterscheiden.

Wattenraum im engeren Sinn   Darunter wird das Wattenmeer von Den Helder bis Esbjerg verstanden, seewärts wird es durch die Niedrigwasserlinie entlang den Stränden der Inseln und Platen und an der Landseite durch den Fuß des Seedeichs begrenzt, eingeschlossen sind die nicht besiedelten Teile der Inseln und die Außendeichsländereien, ausgeschlossen sind die tiefen Wattströme. Dies ist der Kern des Raumes, um den es vor allem geht. Das Hauptziel muß sein, für diesen Raum die Erhaltung und womöglich die Wiederherstellung der ursprünglichen Natur vorrangig durchzusetzen, und zwar

mittels einer durchgehend auf dieses Ziel ausgerichteten Steuerung. Es liegt nahe, dabei von den Erfahrungen auszugehen, die bisher bei der Führung von Reservaten, Vogelschutzgebieten u.a. schon gesammelt wurden. Eine wirklich umfassende Betreuung ist selbstverständlich erst möglich auf Grund einer internationalen Anerkennung der Einheit des Raumes. Diese könnte in dem Status eines „Internationalen Wattenreservates" Gestalt gewinnen. Ohne hier auf die vordringlichsten Steuerungsmaßnahmen im einzelnen einzugehen, soll deutlichkeitshalber klargestellt werden, daß unter Führung des Wattenraumes etwas anderes verstanden werden muß als sonst unter dem Begriff Führung. Der Wattenraum im engeren Sinn ist ein ursprünglicher Naturraum, in dem der führende Einfluß des Menschen nicht dazu dienen soll, natürliche Prozesse zu regulieren, sondern gerade dazu, den ungestörten Ablauf dieser Prozesse zu gewährleisten. Eine Reihe menschlicher Tätigkeiten wird dazu durchaus reglementiert werden müssen. Ein wichtiger Teil der Führung wird daher darin bestehen müssen, die menschlichen Einflüsse auf das natürliche System zu untersuchen, zu kontrollieren, aufzuzeigen und gegebenenfalls zu begrenzen, jeweils nach Maßgabe des angenommenen Gesamtziels für den Raum.

Wattenraum im eigentlichen Sinn   Darunter kann das internationale Wattenmeer verstanden werden einschließlich der Territorialgewässer zur Nordsee hin und der Ästuare und Flußmündungen, soweit die Gezeitenbewegung die Entstehung einer Wattlandschaft ermöglicht; eingeschlossen sind ferner die tiefen Wattströme, die Inseln und ein Küstenstreifen, der so weit landeinwärts reicht, wie die Landschaft durch frühere Seedeiche, Wurten und durch Landgewinnung geprägt wird. Aus praktischen Erwägungen wäre es vielleicht wünschenswert, diesen Küstenstreifen auf die Grenzen der Küstengemeinden zu beschränken. Innerhalb dieser Grenzen wohnt und arbeitet die Küstenbevölkerung. Für diesen Raum wird eine koordinierte Verwaltung zu schaffen sein, vorzugsweise als demokratische Form einer allgemeinen Verwaltung, es wären aber auch andere Formen der Verwaltung denkbar. Auf jeden Fall muß sie so strukturiert sein, daß es möglich ist, das Richtziel für den Wattenraum in einer für alle Betroffenen annehmbaren Weise auszugestalten und in die Praxis umzusetzen, so daß vor allem die Führung des Wattenraumes im engeren Sinn als Naturraum überall die gleiche feste Grundlage erhält. Ohne der Formulierung dieses Richtzieles vorzugreifen, in dem außer der Naturerhaltung auch die Erhaltung der im

Laufe der Zeit eingespielten und auf die Natur abgestimmten menschlichen Aktivitäten im Mittelpunkt stehen müßten, ist es klar, daß dieses Richtziel unserer Meinung nach mindestens einer Reihe von Rahmenbedingungen genügen muß: menschliche Tätigkeiten, die wegen ihrer Eigenart oder wegen der Intensität, mit der sie stattfinden, die Natur nachweislich stören, müssen entweder verboten oder beschränkt werden können. Das gleiche gilt für Tätigkeiten, die den Erlebniswert des Naturraumes und der kulturgeschichtlich wertvollen Landschaften und Siedlungen einschneidend stören.

Das bedeutet mit anderen Worten: im Erholungsbereich dürfen verschiedene Formen des motorisierten Verkehrs wie z.B. Sportfliegerei, touristischer Autoverkehr, Fahren mit schnellen Motorbooten und Luftkissenfahrzeugen sowie die damit zusammenhängenden Einrichtungen wie Ausweitung des Fährverkehrs, Ausbau des Wegenetzes und der Segelhäfen nicht möglich sein. Jagd und Fischerei müssen an die Kette gelegt werden können. Es muß ausgeschlossen sein, daß Abwasser direkt eingeleitet wird, daß radioaktiver Abfall und Erdöl auf den Wattboden gelangen. Alle Arten des Bergbaus, vor allem zur Erdgas-, Salz- und Sandgewinnung, müssen verhindert werden können. Konventionelle und Kern-

kraftwerke, die Meer- und Flußwasser zur Kühlung benutzen, dürfen nicht gebaut werden. Eindeichung und Landgewinnung müssen verboten werden können. Militärische Übungen dürfen in diesem Raum nicht stattfinden. Neben diesen Rahmenbedingungen und im Hinblick auf deren praktische Anwendung ist es notwendig, von dem Ziel der Wattenpolitik aus eine Reihe von Vorgängen, die hier eine einschneidende Rolle spielen, kritisch zu prüfen und eine Grundsatzdiskussion darüber auf allen Ebenen anzuregen.

Landwirtschaft   Die heutige einseitig auf mechanisierte Großbetriebe ausgerichtete Entwicklung mit ihrer zunehmenden Abhängigkeit von Industrieprodukten und billiger Energie scheint unaufhaltsam weiterzugehen. Es ist die Frage zu stellen und zu beantworten, ob wir diese Art zu produzieren und auch diese Art der Produkte auf lange Sicht verantworten können.

Fremdenverkehr   Es ist ein System zu entwickeln, das es ermöglicht, die Art und Intensität verschiedener Formen des Fremdenverkehrs und der zugehörigen Einrichtungen in bezug auf die Normen, die für verschiedene Teile des Wattenraumes angegeben werden können, zu beurteilen.

Industrialisierung   Neben der Aufstellung strenger umwelthygienischer Anforderungen an die Produktionsstätten, die übrigens nie ganz wasserdicht sein können, ist es erforderlich, neue Industrialisierungsprogramme auf ihren Nutzen auf lange Sicht zu prüfen.

Energieversorgung   Es muß die Frage beantwortet werden, ob wir es uns leisten können, unsere reichen, aber sehr begrenzten Erdgasvorkommen noch in diesem Jahrhundert zu einem erheblichen Teil zu verbrauchen. Die Suche nach alternativen Energiequellen darf nicht ausschließlich von dem zweifelhaften Optimismus über unsere technischen Möglichkeiten auf dem Gebiete der Kernenergie geleitet werden.

Militärische Übungen   Alternative Übungsgebiete sind in den Niederlanden bestimmt nicht und bei den NATO-Partnern vermutlich auch nicht zu finden. Die Notwendigkeit der Verteidigung muß aber zu der Entwertung von Naturräumen – hier dem Wattenmeer – in Relation gesetzt werden. Ein solches Abwägen ist schwierig, weil sich der im Wattenraum entstehende Schaden kaum in Geldwert ausdrücken läßt.

Die Auswirkung der modernen Agrarmethoden und des intensiven militärischen Übungsbetriebes machen sich vor allem im niederländischen Teil des Wattenmeeres bemerkbar. Es sollte gleichwohl klar sein, daß in allen westeuropäischen Staaten die Rolle der Technologie überprüft werden muß,

425 *Gekentertes und verdriftetes Schiff nach einem Sturm in Havneby auf Rømø*

wenn die Belange der Natur und der Umwelt zu ihrem Recht kommen sollen.

Verwaltung Die ersten Ansätze, die zu einer verbesserten Verwaltungsstruktur für den Wattenraum führen müssen, finden sich auf niederländischer Seite in der Regierungserklärung von 1973 der Orientierungsnote Raumordnung (1973), dem Bericht der Wattenmeerkommission und der Empfehlung der interministeriellen Kommission Nationalparks und nationale Landschaftsparks (1975).

In der Bundesrepublik bestehen Pläne, dem Wattenraum in Niedersachsen den Status eines Naturparks und in Schleswig-Holstein den Status Nationalpark zu geben. Für die Verwirklichung dieser Pläne setzen sich die privaten Organisationen *Schutzstation Wattenmeer* (Schleswig-Holstein) und die *Schutzgemeinschaft Nordseeküste* (Dachverband für den gesamten deutschen Küstenraum) mit großem Nachdruck ein.

In den Niederlanden hat die Waddenvereniging 1975 auf Grund der Arbeitsergebnisse einer privaten Kommission beantragt, einen vorläufigen Rat für den Wattenraum einzusetzen.

Die Einsetzung dieses Rats, gedacht als Beratungsgremium für die niederländische Regierung muß als erster, kurzfristig erreichbarer Schritt in die richtige Richtung betrachtet werden. Gleichzeitig wird von verschiedenen betroffenen Instanzen an Modellen für die Verbesserung der Verwaltung im niederländischen Teil hart gearbeitet. Auf Grund von Empfehlungen der genannten Kommission setzt sich die Waddenvereniging für eine künftige Verwaltungsstruktur ein, die nicht auf einem komplizierten System gegenseitiger Absprachen beruht oder auf der Einführung einer neuen Verwaltungsebene, etwa einer öffentlichen Körperschaft, sondern welche möglichst treffsicher die bestehende Verwaltung benutzt. Entscheidungen auf Staats-, Provinz oder lokaler Ebene werden in gleicher Weise fortgesetzt geprüft werden müssen, ob sie den Wattenrichtzielen entsprechen, deren verpflichtender Charakter dadurch garantiert werden muß, daß er in einem Wattengesetz von solchem Gewicht niedergelegt wird, daß fast alle übrigen gesetzlich geregelten Entscheidungsmöglichkeiten ihm untergeordnet sind. Als nächstes ist es von besonderer Bedeutung, die internationalen Kontakte auf Regierungsniveau zwischen den Niederlanden, der Bundesrepublik Deutschland und Dänemark erfolgreich abzuschließen, die 1975 in Gang kamen auf der Grundlage eines Entwurfes zu einem Übereinkommen über die Erhaltung des Wattenraumes, das von der International Union for the Conservation of Nature and Natural Resources (IUCN) aufgestellt wurde.

Wattenraum im weiteren Sinne Hierunter kann man den Wattenraum im eigentlichen Sinn einschließlich der Räume, die ökologisch damit zusammenhängen, und die Gebiete, von denen aus menschliche Aktivitäten die natürliche Umwelt im Wattenraum beeinflussen. Ökologisch gesehen gehört wegen der intensiven Wechselwirkungen der marinen Lebensgemeinschaften die ganze Nordsee dazu und gleichzeitig die Brutgebiete der wichtigsten im Wattenraum einkehrenden Zugvögel in Grönland, Skandinavien, Nordrußland und Sibirien sowie die übrigen Rastplätze auf den Zugrouten von den südskandinavischen Küsten bis zur Mündung des Tejo in Portugal, den Marismas am Guadalquivir in Spanien und die Winterquartiere um das Mittelmeer. Aus der menschlichen Einflußsphäre gehören dazu wenigstens die Stromgebiete von Schelde, Maas, Rhein, IJssel und IJsselmeer, Ems, Jade, Weser, Elbe, Eider und Varde A. Aus dieser Beschreibung ergibt sich, daß fast alle nord- und westeuropäischen und etliche afrikanische Länder in den Wattenraum im weiteren Sinne einbezogen sind. Diese Bezogenheit verantwortlich wahrzunehmen, ist eine Herausforderung, der die Niederlande, die Bundesrepublik Deutschland und Dänemark sich stellen müssen.

Die oben empfohlene Einsetzung eines vorläufigen Rates für den Wattenraum kann ein guter Start sein. Der Rat soll die verwaltungsmäßige Koordination während des Überganges zu einer angepaßten Verwaltungsstruktur im niederländischen Teil verbessern. Wenn diese Übergangsperiode vorbei ist, voraussichtlich nach vier Jahren, und ein internationales Wattenschutzgebiet Gestalt zu gewinnen beginnt, kann das Tätigkeitsfeld des Wattenrates in dem Wattenraum im weiteren Sinne gefunden werden. Dieser Rat könnte sich dann zu einem europäischen Organ mit einer weitgehend bindendberatenden Aufgabe entwickeln.

Die privaten Organisationen auf dem Gebiet der Naturerhaltung und des Umweltschutzes werden weiterhin ihre Pionierrolle erfüllen müssen, jetzt auf internationaler Ebene. Der Wattenraum ist ein Naturraum von mehr als europäischer Bedeutung. Unser aktiver Einsatz soll ihm zu seinem Recht verhelfen. Dazu wollen wir mit der Herausgabe dieses Buches beitragen.

Landelijke Vereniging tot Behoud van de Waddenzee
Vereniging tot Behoud van Natuurmonumenten in Nederland

Mitarbeiter

Redaktion und Autoren

Drs. J. Abrahamse, Geograph, Redakteur, Haren-Gn.

Dr. A. Bantelmann, Geograph, Marschen- und Wurtenforschung, Schleswig

Dr. Käthe-Ingeborg Beier, Juristin, Ministerium für Ernährung, Landwirtschaft und Forsten, Kiel

Dr. J. J. Beukema, Biologe, Nederlands Instituut voor Onderzoek der Zee (NIOZ), Texel

Drs. J. Boom, Vorstandsmitglied der Wattenvereinigung, Broek in Waterland

Drs. P. J. Botzen, Geograph, Utrecht

Bo Brix, Jurist, Miljøministeriet, Kopenhagen

Dr. G. C. Cadée, Biologe, NIOZ, Texel

Drs. J. Dogterom, Vorstandsmitglied der Wattenvereinigung, Nieuwegein

Dr. J. C. Duinker, Chemiker, NIOZ, Texel

Dr. D. Eisma, Geologe, NIOZ, Texel

Dr. W. Erz, Biologe, Bundesanstalt für Vegetationskunde, Naturschutz und Landschaftspflege, Bonn-Bad Godesberg

Dr. J. L. van Haaften, Biologe, Rijksinstituut voor Natuurbeheer, Arnhem

Prof. Dr. N. Kingo Jacobsen, Geograph, Geografisk Institut, Kopenhagen

Drs. J. H. F. Jansen, Geograph, NIOZ, Texel

Drs W. Joenje, Biologe, Redakteur, Laboratorium voor Planten-oecologie, Haren

Dr. D. König, Biologe, Kronshagen bei Kiel

Dr. H. Kühl, Biologe, Bundesforschungsanstalt für Fischerei, Cuxhaven

Dr. A. W. Lang, Kartograph, Leiter des Küstenmuseums Juist

E. I. van Leeuwen-Seelt, Redakteurin, Haren

Dr.-Ing. G. Luck, Leiter der Forschungsstelle für Insel- und Küstenschutz der Niedersächsischen Wasserwirtschaftsverwaltung, Norderney

S. J. van der Molen, Historiker, Leeuwarden

Prof. Dr. M. F. Mörzer Bruyns, Biologe, Landbouwhogeschool, Wageningen

C. H. Ovesen, Biologe, Naturfredningsrådet, Kopenhagen

Prof. Dr. H. Postma, Chemiker, NIOZ, Texel

T. F. J. Pronker, Alt-Vorst.-Mitglied der Wattenvereinigung, Vlieland

A. H. Rasmussen, Historiker, Fiskeri og Søfahrtmuseet, Esbjerg

Dr. W. Reinhardt, Geograph, Direktor des Küsten- und Schiffahrtmuseums Wilhelmshaven

Mr. A. A. M. F. Staatsen, Jurist, Ministerie voor Volksgezondheid en Milieuhygiene, Den Haag

C. Swennen, Biologe, NIOZ, Texel

Dr. J. C. Terlouw, Schriftsteller, Politiker, Amersfoort

Dr. J. Veen, Biologe, Rijksuniversiteit Groningen

Dr. H. J. Veenstra, Geologe, Geologisch Instituut Rijksuniversiteit Groningen

Prof. Dr. Ir. B. Verhoeven, Landwirtschaftsingenieur, International Courses Hydraulic and Sanitary Engineering, Delft

Prof. Dr. H. T. Waterbolk, Archäologe, Biologisch-Archeologisch Instituut Rijksuniversiteit Groningen

Prof. Dr. V. Westhoff, Biologe, Afdeling Geobotanie Katholieke Universiteit Nijmegen

Dr. W. J. Wolff, Biologe, Rijksinstituut van Natuurbeheer, Texel

Dr. J. J. Zijlstra, Biologe, NIOZ, Texel

Weitere Personen und Institutionen, die am Buch mitgearbeitet haben:
Dineke Beintema-Hietbrink, Renswoude – Dr. A. Coops, 's-Graveland – Dr. J. Dörjes, Wilhelmshaven – Drs. L. den Engelse, de Rijp – Sten Folwing, Kopenhagen – Dr. F. Goethe, Wilhelmshaven – Arne Jensen, Århus – Knud Heide Jensen, Kopenhagen – Gerda Joenje-Reuvekamp, Tynaarlo – Mr. T. Knoop, Groningen – F. J. Kroesen, Haren – Dr. H. M. Klouwen, Haren – Mr. C. Lambers, Opende-Gn – Karin Langkjaer, Kopenhagen – W. Lughard, Delfzijl – Dr. E. van der Maarel, Milsbeek – H. Meesenburg, Esbjerg – Dr. H. Michaelis, Norderney – Carla Muller-Brinkhuizen, Groningen – Dr. Uwe Muuß, Kiel – Ir. N. van Nes, Assen – Dr. J. J. Roggema, Kantens – Drs. D. C. P. Tahlen, Enschede – Svend Tougaard, Esbjerg – Dr. H. Tromp, Sauwerd – Jan Veenhuysen, Wieringerwerf – Dr. J. H. Westermann, Hilversum – Dr. W. H. Zimmermann, Wilhelmshaven – Archives du Ministêre de la Guerre, Parijs – Forschungsstelle für Insel- und Küstenschutz der Niedersächsischen Wasserwirtschaftsverwaltung, Norderney – Geodaetisk Institut Kopenhagen – Hansa Luftbild, Münster – Institute for Aereal Survey and Earth Sciences, Enschede – KLM Aerocarto Den Haag – Laboratorium voor Planten-oecologie, Haren – Landesamt für Wasserhaushalt und Küsten Schleswig-Holstein, Kiel – Nederlands Instituut voor Onderzoek der Zee, Texel – Rijkswaterstaat direktie waterhuishouding en waterbeweging, Den Haag – Staatsarchiv Aurich – Vermessungs- und Ingenieurburo N. Rüpke, Hamburg – Wasser- und Schiffahrtsamt, Emden, Norden, Wilhelmshaven – Wereld Natuurfonds, Zeist – Dr. I. S. Zonneveld

Kartographie

Hans Dekker, Groningen, Geografisch-Cartografisch Instituut Wolters-Noordhoff, Groningen

Layout

Rob Janssen, Groningen, Abe Kuipers, Groningen

Grafiken, Schemata und Tabellen

Fred Hesseling, Groningen

Satzherstellung

Struves Buchdruckerei und Verlag, Eutin

Gesamtherstellung

Drukkerij de Lange/van Leer BV, Deventer

Abbildungen

Jan Abrahamse, Haren-Gn Abb. 52, 228, 356, 366, 367, 385, 391, 403, 411, 412

Dingeman Bakker, Haren-Gn Abb. 226

Albert Bantelmann, Schleswig Abb. 277, 279, 280

Franciscus Colijn, Peize-Dr Abb. 217

Herman Conens, Aerophoto Eelde Schutzumschlag, Abb. 9, 10, 23, 54, 58, 59, 63, 65, 66, 70, 72, 77, 90, 133, 178, 314, 315, 317, 342, 345, 347, 355, 357, 358, 359, 382, 389, 390, 400, 401, 406, 423

Hanneke Dallmeijer, Lieveren Abb. 205

Gerhard Drebes, List-Sylt Abb. 142, 143, 144, 145

Friedrich Goethe, Wilhelmshaven Abb. 199

Jan Joris Gramberg, Leeuwarden Abb. 222, 229, 233, 240, 422

Werner Haarnagel, Wilhelmshaven Abb. 278

Jan Heuff, Groningen Abb. 22, 38, 39, 57, 181, 243, 310, 332, 334, 335, 341, 379, 386, 393, 398, 404, 414

Udo Hirsch, Keulen Abb. 189, 198, 201, 260
Wouter Joenje, Tynaarlo-Dr Abb. 62, 232, 245, 247, 248, 249, 402, 413
Jan van der Kamp, Griendtsveen Vorsatzblatt Abb. 6, 61, 64, 71, 74, 75, 76, 92, 101, 130, 132, 134, 135, 136, 139, 141, 157, 158, 161, 183, 186, 187, 190, 191, 192, 194, 195, 215, 218, 223, 230, 235, 237, 238, 239, 246, 252, 255, 257, 258, 259, 319, 321, 373, 407, 424
Rene Kleingeld, Yerseke Abb. 149
KLM Aerocarto, Den Haag Abb. 67
Reinoud Koeman, Westeremden-Gn Abb. 147
Dietrich König, Kiel Abb. 171, 244, 261, 262, 263, 264, 297, 298, 300, 410
Landesbildstelle, Rheinland-Pfalz, Koblenz-Ehrenbreitstein Abb. 2, 85, 89, 91, 94, 104, 107, 111, 267, 301, 323, 381, 392
Günter Luck, Norderney Abb. 86
Bert Ludden, Abb. 370
Heide Michaelis, Norderney Abb. 365
Theo Mulder, Haarlem Abb. 219
Piet Munstermann, Haarlem Abb. 184
Uwe Muuß, Kiel Abb. 17, 93, 95, 97, 99, 100, 102, 103, 105, 106, 108, 110, 256, 299, 316, 320, 326, 360, 361, 362, 377, 380, 408
J. Nauta, Den Burg, Texel Abb. 354
Niedersächsisches Landesinstitut für Marschen- und Wurtenforschung, Wilhelmshaven Abb. 293, 294, 295
Georg Quedens, Amrum Abb. 5, 31, 109, 137, 138, 150, 180, 182, 211, 221, 302, 328, 329
Alan Hjorth Rasmussen, Ib Wath Nielsen Esbjerg Abb. 4
Klaus Rohmeyer, Fischerhude Abb. 323
N. Rüpke, Hamburg Abb. 83, 84
Foto Schmidt, Oldenburg Abb. 308
John Stoel, Groningen Abb. 3, 7, 8, 13, 14, 15, 18, 19, 29, 36, 51, 55, 56, 68, 69, 73, 98, 146, 153, 193, 227, 241, 242, 273, 274, 281, 288, 292, 296, 305, 318, 348, 364, 371, 374, 378, 405, 415
Svend Tougaard, Esbjerg Abb. 20, 40, 53, 112, 113, 115, 116, 117, 118, 119, 120, 121, 122, 123, 124, 125, 126, 151, 152, 154, 155, 156, 160, 162, 163, 165, 166, 167, 168, 169, 170, 220, 236, 250, 265, 266, 303, 304, 324, 327, 330, 336, 337, 340, 363, 383, 384, 387, 388, 394, 395, 409, 417, 425
Universiteits bibliotheek, Leiden, kollektie Bodel Nijenhuis Abb. 306
Jan Veen, Lieveren-Dr Abb. 179, 185, 188, 202, 203, 204, 206, 207, 208, 209, 210, 212, 213, 214, 216, 349, 399
Paul Vogt, Tietjerk-Fr Abb. 11, 21, 37, 159, 282, 283, 284, 285, 286, 287, 289, 290, 291, 312, 346
Günter Weichart, Wilhelmshaven Abb. 376
Victor Westhoff, Groesbeek Abb. 225
Rob de Wind, Utrecht Abb. 177, 331, 333, 344, 396
Ben van Zanten, Noordlaren Abb. 224, 231

Folgende Abbildungen sind zur Veröffentlichung genehmigt worden:
Abb. 289, 293 Staatsarchiv Aurich
Abb. 302 Archive du Ministère de la Guerre, Parijs
Abb. 305 Staatsarchiv Oldenburg
Abb. 306 Universiteits bibliotheek Leiden, kollektie Bodel Nijenhuis

Folgende Abbildungen sind ganz oder teilweise hergestellt:
Abb. 78 nach Reisefibel, Forschungsstelle Norderney
Abb. 79, 80, 81, 82 nach Historische Wattkarten, Forschungsstelle Norderney
Abb. 87, 88 nach G. Luck

Abb. 114 nach N. K. Jacobsen
Abb. 127, 128, 129 nach H. Postma
Abb. 148 nach G. C. Cadee
Abb. 196, 200 nach C. Swennen
Abb. 234 nach D. König
Abb. 251 nach A. Jensen
Abb. 254 nach Caspers
Abb. 351, 352, 353 nach J. H. F. Jansen
Abb. 368, 369, 372, 375 nach J. C. Duinker
Abb. 416, 418, 419, 421 nach P. J. Botzen en D. C. P. Thalen
Abb. 420 nach W. Joenje en E. van der Maarel

Freigabenummern für die Luftaufnahmen:

Abb. 2 7022–4	Abb. 110 SH 3–151
Abb. 83 und 84 1767/69	Abb. 111 5606–3
Luftamt Hamburg	Abb. 199 BN 15 Reg. Präs. Düsseldor
Abb. 85 6952–3	Abb. 256 SH 2094–151
Abb. 89 6933–3	Abb. 267 6510–4
Abb. 91 6489–4	Abb. 294 P 196
6490–4	Abb. 299 SH 1612–151
6492–4	Abb. 301 9588–2
6493–4	Abb. 316 SH 751–151
Abb. 94 3865–3	Abb. 320 SH 1218–151
Abb. 95 SH 15–151	Abb. 325 3935–3
Abb. 97 SH 2156–151	Abb. 326 SH 1932–151
Abb. 99 SH 2159–151	Abb. 360 SH 1767–151
Abb. 100 SH 1432–151	Abb. 361 SH 1547–151
Abb. 102 SH 2152–151	Abb. 362 SH 1708–151
Abb. 103 SH 1433–151	Abb. 377 SH 1787–151
Abb. 104 6420–4	Abb. 380 SH 1560–151
Abb. 105 SH 2143–151	Abb. 381 9587–2
Abb. 107 3962–3	Abb. 392 9424–2
Abb. 108 2149–151	Abb. 108 SH 1244–151

Abbildungen für die Poster im Anhang
Fotos:
Wattengebiet Niederlande: KLM Aerocarto, Den Haag
Wattengebiet Niedersachsen: Hansa Luftbild, Münster
Wattengebiet Jadebusen und Schleswig-Holstein: Vermessungs- und Ingenieurbüro N. Rüpke, Hamburg
Wattengebiet Dänemark: Geodaetisk Institut, Kopenhagen

Die Erlaubnis für die Veröffentlichung wurde erteilt durch das Ministerium für Ernährung, Landwirtschaft und Forsten, Kiel, Rijkswaterstaat afdeling waterhuishouding en waterbeweging, Den Haag, und durch die Wasser- und Schiffahrtsämter Emden, Norden und Wilhelmshaven.

Weiter wirkten folgende Personen und Institutionen am Zustandekommen der Poster mit: Drs. P. J. Botzen, Utrecht – Centrale Fotodienst Rijksuniversiteit, Groningen – Sten Folwing, Kopenhagen – Geografisk Institut, Kopenhagen – Geografisch Instituut Rijksuniversiteit, Utrecht – W. Haaima, Kommerzijl – Institute for Aerial Survey and Earth Science (ITC), Enschede – Prof. Dr. N. K. Jacobsen, Kopenhagen – Knud Heide Jensen, Kopenhagen – Drs. W. Joenje, Tynaarlo – Dr. D. König, Kronshagen bei Kiel – Laboratorium voor Plantenoecologie, Haren – Drs. D. C. P. Thalen, Enschede

Literatur

Struktur und Dynamik des Gezeitenraumes

1 Abel, O., 1922, *Lebensbilder aus der Tierwelt der Vorzeit.*, Jena.

2 Behre, K. E., & B. Menke, 1969, *Pollenanalytische Untersuchungen an einem Bohrkern der südlichen Doggerbank. Beitr. Meeresk.* (Berlin), *24 –25, p. 122 –129.*

3 Collette, B., 1960, *The gravity field of the North Sea. Publ. Neth. Geod. Comm.*, Delft, p. 1 –52.

4 Crommelin, R. D., 1943, *De herkomst van het waddenslib met korrelgrootte boven 10 micron. Verh. Kon. Ned. Geol. Mijnb. Gen., Geol. Ser. 13, p. 299 –333.*

5 Dechend, W. & W. Gronwald, 1961, *Krustenbewegungen und Meeresspiegelschwankungen im Küstenbereich der südlichen Nordsee. Geol. Jahrb., 79, p. 23 –60.*

6 Dorrestein, R., 1960, *On the distribution of salinity and some other properties of the water in the Ems-estuary. Verh. Kon. Ned. Geol. Mijnb. Gen., Geol. Ser. 19, p. 43 –74.*

7 Eisma, D., 1972, *Sporen-metalen in zeewater en de invloed van vervuiling. Geogr. Tijdschr. (K.N.A.G.), 6, p. 33 –44.*

8 Exon, N., 1972, *Sedimentation in the outer Flensburg Fjord area (Baltic Sea) since the Last Glaciation. Meyniana, 22, p. 5 –62.*

9 Favejee, J. Ch. L., 1951, *The origin of the ''wadden''mud. Meded. Landbouwhogesch. Wageningen, 38 –3, p. 3 –12.*

10 Geyh, M. A., 1969, *Versuch einer chronologischen Gliederung des marinen Holozäns an der Nordseeküste mit Hilfe der statistischen Auswertung von ^{14}C-Daten. Zeitschr. Deu. Geol. Ges., 118, p. 351 -360*

11 Glopper, R. J. de, 1967, *Over de bodemgesteldheid van het waddengebied. Serie: ''Van zee tot land'', 43, Zwolle.*

12 Groot, A. J. de, 1963, *Mangaantoestand van Nederlandse en Duitse Holocene sedimenten in verband met slibtransport en bodemgenese. Versl. Landbouwk. Onderz., 69 –7.*

13 Jelgersma, S., 1961, *Holocene sea level changes in the Netherlands. Meded. Geol. Sticht., ser. C-VI-7, p. 1 –100.*

14 Kamps, L. F., 1956, *Slibhuishouding en landaanwinning in het oostelijk Waddengebied. Rapp. Dienst Landaanw., Baflo.*

15 Louwe Kooijmans, L. P., 1971, *Mesolithic Bone and Antler Implements from the North Sea and from the Netherlands. Ber. Rijksd. Oudh. Bodemonderz., 20 –21, p. 27 –73.*

16 Lamprecht, H. O., 1957, *Uferveränderungen und Küstenschutz auf Sylt. Die Küste, Jg. 6, 2, p. 39 –93.*

17 Oele, E., 1969, *The Quaternary geology of the Dutch part of the North Sea, north of the Frisian isles. Geol. Mijnb., 48, p. 467 –480.*

18 Postma, H., 1954, *Hydrography of the Dutch Wadden Sea. Arch. Néerl. Zool., 10, p. 405 –511.*

19 Putnam, W. C., D. I. Axelrod, H. P. Bailey & J. T. McGill, 1960, *Natural coastal environments of the world. Univ. California.*

20 W. Roeleveld, 1974, *The Groningen coastal area. Diss. Vrije Univ. Amsterdam.*

21 Straaten, L. M. J. U. van, 1964, *De bodem der Waddenzee. In: ''Het Waddenboek'', Zutphen, p. 75 –151.*

22 Straaten, L. M. J. U. van, 1965, *Coastal barrier deposits in South-and North-Holland. Meded. Geol. Sticht., N.S. 17, p. 41 –75.*

23 Straaten, L. M. J. U. van, & Ph. H. Kuenen, 1957, *Accumulation of fine grained sediments in the Dutch Wadden Sea. Geol. Mijnb., 19, p. 329 –354.*

24 Veen, J. van, 1936, *Onderzoekingen in de Hoofden. Den Haag.*

25 Veenstra, H. J., 1971, *De herkomst van de wadafzettingen. Waddenbulletin, 6, 2, p. 2 –8.*

26 Verhoeven, B. & J. Akkerman, 1967, *Buitendijkse mariene gronden, hun opbouw, bedijking en ontginning. Serie: ''Van zee tot land'', 45, Zwolle.*

27 Waddenzeecommissie Mazure, Rapport van de, 1974, Den Haag.

28 Winkelmolen, A. M. & H. J. Veenstra, 1974, *Size and shape sorting in a Dutch titdal inlet. Sedimentology, 21, p. 107 –126.*

Das niederländische Wattengebiet

1 Abrahamse, J en H. Koning, 1974, *Schiermonnikoog van Westerstrand tot Willemsduin*, Haren-Gn.

2 Berger, C., 1967; *De sedimentatie van zand en slib langs de Friese en Groningse kust, Flevoberichten, nr. 54, R.IJ.P.*, Zwolle.

3 Bleuten, W., 1971, *Een geomorfologische studie van het eiland Schiermonnikoog*, Utrecht.

4 Borg, M. J. M. H. van der & H. J. van Dorsser, 1961, *De Sluftermond op Texel T.A.G. 78, p. 56 –58.*

5 Bremer, J. T., 1970, *Het Balgzandgebied, Waddenbulletin, jg. 6, p. 2 –5.*

6 Brouwer, G. A., et al, 1950, *Griend, het vogeleiland in de Waddenzee*, Den Haag.

7 Burgt, J. H. van der, 1936, *Veranderingen in den zeebodem van het zeegat van het Vlie en in de kustlijn der waddeneilanden Vlieland en Terschelling, T.A.G. dl. 53, p. 802 –823.*

8 Dieren, J. W. van, 1932; *De ontwikkeling van het duinlandschap van Terschelling. T.A.G. dl. 49, p. 553 –571 en p. 679 –703.*

9 Eerde, L. A. A. E. van, 1942; *De landaanwinning van het Noorderleegs Buitenveld, T.A.G., 59, p. 1 – 23.*

10 Edelman, C. H. & L. A. H. de Smet, 1951; *Over de ontkalking van de Dollardklei. Boor & Spade 4, p. 104 –114.*

11 Glopper, R. J. de, 1967, *Over de bodemgesteldheid van het waddengebied. ''Van zee tot land'' nr. 43*, Zwolle.

12 Gripp, K., 1943, *Entstehung und künftige Entwicklung der Deutschen Bucht. Forschungen und Fortschritte jg. 19, nr. 15 –16, p. 157 –158.*

13 Halbertsma, H., 1955, *Enkele oudheidkundige aantekeningen over het ontstaan en de toeslijking van de Middelzee T.A.G. 72, p. 93 –106.*

14 Heide, S. van der, 1960, *Einige Bemerkungen zur Molluskenfauna des Dollart-Ems-Gebietes. Verh. K.N.G.M.G., geol. ser. 19, p. 271 –278.*

15 Hettema, H., 1938, *De Nederlandsche wateren en plaatsen in den Romeinschen tijd*, Den Haag.

16 Jelgersma, S., 1960; *Die palynlogische und C^{14}-Untersuchung einiger Torfprofiele aus dem N-S Profil Meedhuizen - Farmsum. Verh. K.N.G.M.G., geol. ser. 19, p. 25 –32.*

17 Jelgersma, S., 1961, *Holocene sea level changes in the Netherlands. Meded. geol. sticht., ser. C, VI, 7.*

18 Jelgersma, S., J. de Jong, W. H. Zagwijn en J. F. van Regteren Altena, 1970, *The coastal dunes of the western Netherlands: geology, vegetational history and archeology. Meded. Rijks geol. dienst NS 21, p. 93 –167.*

19 Joenje, W. en D. C. P. Thalen, 1968, *Het Groene Strand van Schiermonnikoog, De Levende Natuur, 5, p. 97 –106.*

20 Lüders, K., 1953, *Die Entstehung der ostfriesischen Inseln und Einfluss der Dünenbildung auf den geologischen Aufbau der ostfriesischen Küste. Probleme der Küstenforschung, bd. 5, p. 5 –14*, Hildesheim.

21 Maschhaupt, J. G., 1923, *Verslag van een onderzoek naar de gesteldheid van den bodem in den Dollard met het oog op inpoldering. Bijdragen tot de kennis van de provincie Groningen en omgelegen streken, Nieuwe Reeks, 2e druk*, Groningen.

22 Mellema, Louise, 1973, *Schiermonnikoog, lytje pôle*, Haren-Gn.

23 Molen, S. J. van der, 1973, *Griend, voor jaren weer veilig voor storm en stroom. Natuurbehoud, 4, p. 76 –77.*

24 Muntingh, H. J., 1974, *Ferwerderadeeldijk: onze gedachten over tracékeuze. Waddenbulletin, jg. 9, nr. 8, p. 265 –267.*

25 Pons, L. J., S. Jelgersma, A. J. Wiggers, J. D. de Jong, 1963, *Evolution of the Netherlands coastal area during the Holocene. Verh. K.N.G.M.G., geol.*

ser. 21 –2, p. 197 –208.

26 Ramaer, J. C., 1928, *Het Nederlandsche alluvium in den Romeinschen tijd en de Middeleeuwen. TAG 45, p. 202-235 en p. 593 –628.*

27 Roeleveld, W., 1974, *The Groningen coastal area. diss. VU* Amsterdam.

28 Schuiling, R., 1927, *Wieringen, vroeger en nu. TAG 44, p. 484 –505.*

29 Smet, L. A. H. de, 1962, *Die Bodenbeschaffenheit des Tongebietes im östlichen Groningen. Boor & Spade 12, p. 90 –102.*

30 Smet, L. A. H. de & A. J. Wiggers, 1960, *Einige Bemerkungen über die Herkunft und die Sedimentationsgeschwindigkeit der Dollart-Ablagerungen. Verh. K.N.G.M.G. geol. ser. 19, p. 129–133.*

31 Staatsbosbeheer Friesland, 1974. *Natuurwetenschappelijke en landschappelijke waarde van buitendijkse terreinen langs de friese kust tussen Zwarte Haan en Holwerd. Afd. Natuurbehoud, rapport nr. 3.*

32 Straaten, L. M. J. U. van, 1954, *Composition and structure of recent marine sediments in the Netherlands. Leidse Geol. Meded. 19, p. 1 –108.*

33 Straaten, L. M. J. U. van, 1961, *Directional effects of winds, waves and currents along the Dutch North Sea coast. Geol. Mijnb. 40, p. 333 –346 en p. 363 –391.*

34 Straaten, L. M. J. U. van, 1964, *De bodem der Waddenzee. ''Het waddenboek'', p. 75 –151,* Zutphen.

35 Straaten, L. M. J. U. van, 1965, *Coastal barrier deposits in South and North-Holland. Meded. Geol. Stichting NS 17, p. 41 –75.*

36 Straaten, L. M. J. U. van en Ph. H. Kuenen, 1957, *Accumulation of fine grained sediments in the Dutch Wadden Sea. Geol. Mijnb. NS 19, p. 329-354.*

37 Terwindt-van der Borg, M. J. M. H., 1961, *De Slufter op Texel, TAG 78, p. 375 –378.*

38 Tesch, P., 1944, *Nederland bij het begin van onze tijdrekening. TAG dl. 61, p. 456 –458.*

39 Tuinstra, H., 1963, *Van water tot land, in de ''Lauwerszee''. It Beaken Jg. 25, nr. 1, p. 5 –58.*

40 Veen, J. van, 1936; *Onderzoekingen in de Hoofden,* Den Haag.

41 Veen, J. van, 1950; *Eb- en vloedschaarsystemen in de nederlandse getijwateren. TAG 67, p. 303 –325.*

42 Veenstra, H. J., 1968, *De zeespiegelstijging in Noord-Nederland. Waddenbulletin Jg. 3, nr. 1, p. 1 –6.*

43 Veenstra, H. J., 1968, *Getij en wad. Waddenbulletin Jg. 3, nr. 5, p. 2 –8.*

44 Veenstra, H. J., 1969; *De verplaatsing van de waddeneilanden. Waddenbulletin Jg. 4, nr. 6, p. 2 –8.*

45 Vries, V. de, 1950; *Vlieland, Landschap en plantengroei,* Leiden.

46 Wiggers, A. J., 1960, *Die Korngrößenverteilung der Holozänen Sedimente im Dollart-Ems-Estuarium. Verh. K.N.G.M.G. geol. ser. 19, p. 111 –128.*

47 Wiggers, A. J., 1974, *Sedimentatie in de Dollard, in ''Dollard, portret van een landschap'', p. 16 –18.*

48 Winkelmolen, A. M. en H. J. Veenstra, 1974, *Size and shape sorting in a Dutch tidal inlet. Sedimentology 21, p. 107 –126.*

Das niedersächsische Wattengebiet

1 Dörjes, J., S. Gadow, H. E. Reineck, I. Bir Singh, 1969; *Die Rinnen der Jade, Senckenbergiana maritima, p. 5 –62,* Frankfurt.

2 Führböter, A., G. Luck und K. Lüders, 1973, *''Gutachten über die Dünen- und Strandsicherung im Westen der Insel Wangerooge,''* Hannover, nicht veröffentlicht.

3 Gierloff-Emden, H. G., 1961, *Luftbild und Küstengeographie am Beispiel der deutschen Nordseeküste,* Bad Godesberg.

4 Grotelüschen, W. en U. Muuss, 1967, *Luftbildatlas Niedersachsen,* Neumünster.

5 Haarnagel, W., 1950, *,,Das Alluvium an der deutschen Nordseeküste.'' Schriften der Niedersächsischen Landesstelle für Marschen- und Wurtenforschung 4,* Hildesheim.

6 Haarnagel, W., 1969, *Die jüngere geologische Entwicklung des Jadesgebietes, insbesondere im Raum von Wilhelmshaven, in: Wilhelmshaven, Tidekurven einer Seestadt,* Wilhelmshaven.

7 Homeier, H., 1958, *''Untersuchung der Veränderung des Juister Wattes zur Frage eines Durchbruches der Memmert Balje zum Buse Tief.'' Forschungsstelle Norderney, Jahresbericht, Band X.*

8 Homeier, H., 1967, *''Das Wurster Watt - Eine historisch-morphologische Untersuchung des Küsten- und Wattgebietes von der Weser bis zur Elbmündung.'' Forschungsstelle Norderney, Jahresbericht, Band XIX.*

9 Janssen, Th., 1967, *Gewässerkunde Ostfrieslands,* Aurich.

10 Koch, M., und G. Luck, 1972, *''Untersuchungen zur Erfassung der Strömungsverhältnisse auf den östlichen Weserwatten''. Forschungsstelle Norderney, Jahresbericht, Band XXIV.*

11 Lang, A. W., 1955, *''Juister Watt''. Schriften der Wirtschaftswissenschaftlichen Gesellschaft zum Studium Niedersachsen E.V., Neue Folge, Band 57.*

12 Lang, A. W., 1958, *Gestaltungswandel des Emsmündungstrichters,* Bremen.

13 Luck, G., 1970, *''Die Forschungsstelle für Insel- und Küstenschutz auf Norderney''. Die Küste, Heft 19.*

14 Luck, G., 1971, *''Gefährdung der Küstengewässer durch Abwassereinleitungen''. Neues Archiv für Niedersachsen, Band 29, Heft 3.*

15 Luck, G., 1975, *''Der Einfluß der Schutzwerke der ostfriesischen Inseln auf die morphologischen Vorgänge im Bereich der Seegaten und ihrer Einzugsgebiete''. Dissertation, Mitteilungen des Leichtweiss-Institutes für Wasserbau der Technischen Universität Braunschweig, Heft 47.*

16 Lüders, K., 1967, *''Kleines Küstenlexikon''. 2. erweiterte und neu bearbeitete Auflage,* Hildesheim.

17. Plinius, *''Natuaralis historia.'' XVI, 2 –4.*

18 Reineck, H. E., 1970, *Das Watt. Ablagerungs- und Lebensraum,* Frankfurt.

19 Rodloff, W., 1970, *''Über Wattwasserläufe''. Dissertation, Mitteilungen des Franzius-Institutes für Grund- und Wasserbau der Technischen Universität* Hannover, Heft, 34.

20 Schrader, E., 1970, *Die Landschaften Niedersachsens, ein topografischer Atlas,* Neumünster.

21 Schütte, H., 1908, *''Neuzeitliche Senkungserscheinungen an unserer Nordseeküste''. Jahrbuch des Oldenburgischen Vereins für Altertumskunde, Band 16.*

22 Sindowski, K. H., 1973, *Das ostfriesische Küstengebiet, Inseln, Watten und Marschen,* Berlin-Stuttgart.

23 Veenstra, H. J., *''Getijden Landschap: struktuur en dynamiek''. Kapitel 1 diese Buches.*

24 Walther, F., 1934, *''Die Gezeiten und Meeresströmungen in Norderney Seegat''. Bautechnik, Heft 13.*

25 Wildvang, D., 1911, *''Eine prähistorische Katastrophe an der deutschen Nordseeküste und ihr Einfluss auf die spätere Gestaltung der Alluviallandschaft zwischen Ley und dem Dollart''. Emden und Borkum.*

Das schleswig-holsteinische Wattengebiet

1 Cordes, F., 1972, *Eiderdamm, Natur und Technik,* Hamburg.

2 Dittmer, E., 1938, *Schichtenaufbau und Entwicklungsgeschichte des Dithmarscher Alluviums. Westküste 1, H. 2.*

3 Drebes, H., 1969, *Untersuchung über den Einfluß des Hindenburgdammes auf die Tidewasserstände im Wattenmeer. -Küste, 17.*

4 Gripp, K., 1966, *Ursachen und Verhinderung des Abbruches der Insel Sylt. -Küste, 14, H. 2.*

5 Gripp, K., 1968, *Zur jüngsten Erdgeschichte von Hörnum (Sylt) und Amrum mit einer Übersicht über die Entstehung der Dünen in Nordfriesland. -*

Küste, 16.

6 Hansen, M. und N., 1964, *(Herausgeber) und verschiedene Autoren; Amrum. Geschichte und Gestalt einer Insel.* - Itzehoe.

7 Hansen, M. und N., 1967, *Sylt. Geschichte und Gestalt einer Insel.* - Itzehoe.

8 Hansen, M. und N., 1971, *Föhr. Geschichte und Gestalt einer Insel.* - Itzehoe.

9 Heinrich, Chr. und Jakobs, A., 1962, *Land unter – im schwersten Orkan seit hundert Jahren.* – Breklum.

10 Iwersen, J., 1953, *Das Problem der Kultivierung eingedeichter Watten.* - Küste, 2, H. 1.

11 Knop, F., 1963, *Küsten- und Wattveränderungen Nordfrieslands – Methoden und Ergebnisse ihrer Überwachung.* -Küste, 11.

12 König, D., 1956, *Naturkundliches über die Hallig Südfall. Die Heimat,* 63. H. 8 und 11.

13 König, D., 1957, *Die Pflanzenwelt von Norderoog. In: 50 Jahre Seevogelschutz, Festschrift Verein Jordsand,* Hamburg.

14 König, D., 1964, *Über den Bupheverkoog auf Pellworm als Naturlandschaft. In: 25 Jahre Bupheverkoog. Zusammengestellt von Dr. M. Petersen. Schriftenreihe zur Förderung der Inneren Kolonisation, H. 7.*

15 König, D., 1966, *Bemerkungen und Bilder zu den Dünenabbrüchen am Naturschutzgebiet Amrum-Nordspitze. Jordsand-Mitt. 2, H, 1/2.*

16 König, D., 1966, *Aus der Entstehungszeit des Naturschutzgebietes "Rantumbecken" auf Sylt. Faunist. ökol. Mitt. Kiel, III, H. 1/2.*

17 König, D., 1973, *Deutung von Luftbildern des schlewig-holsteinschen Wattenmeeres, Beispiele und Probleme. Küste, 22.*

18 Leistner, W. (Herausgeber) u. and., 1960, *Das Bild von Föhr.* Wyk/Föhr.

19 Ministerium für Ernährung, Landwirtschaft und Forsten , Landesamt für Wasserwirtschaft, Schleswig-Holstein 1962, *Die Sturmflut vom 16./17. Februar 1962 an der Schleswig-Holsteinischen Westküste. Küste 10, H. 1.*

20 Ministerium für Ernährung, Landwirtschaft und Forsten, Landesamt für Wasserwirtschaft, 1963, *Generalplan Deichverstärkung, Deichverkürzung und Küstenschutz in Schleswig-Holstein,* Kiel.

21 Müller, F. und O. Fischer, 1917–1958, *Das Wasserwesen an der schleswig-holsteinischen Nordseeküste,* Berlin. 1. Teil: Die Halligen. 2. Teil: Die Inseln. 3. Teil: Das Festland.

22 Petersen, M., 1952, *Der Verkehr zwischen der Insel Pellworm und dem Festland im Eiswinter 1946/47, Die Heimat, 59, H. 1.*

23 Petersen, M. (Herausgeber) und andere, 1964, *25 Jahre Bupheverkoog, Schriftenreihe z. Förderung der Innern Kolonisation, H. 7.*

24 Pfeiffer, H., 1969, *Untersuchungen über den Einfluß des geplanten Dammbaues zwischen dem Festland und der Insel Sylt auf die Wasserverhältnisse am Damm und der anschließenden Festlandsküste. (Dissertation 1920), Küste, 17.*

25 Röhrs, W., 1938, *Der Dammbau zur Sicherung des Seedeiches an der Friedrichskoogspitze in Süderdithmarschen. Westküste, 1, H. 2.*

26 Rohde, H., 1964, *Die Häufigkeit hoher Wasserstände an der Westküste Schleswig-Holsteins, Küste, 12.*

27 Rohde, H., 1964, *Nachrichten über Sturmfluten früherer Jahrhunderte nach Aufzeichnungen Tönninger Organisten, Küste, 12.*

28 Schwarthoff, H., 1966, *Hallig Südfall. -Jordsand-Mitt. 2, H 3/4.*

29 Voigt, H., 1965, *Amrum-Odde im Luftbild. Ein Beispiel rezenter Küstenmorphologie. -Bildmessung u. Lichtbildwesen, H. 2.*

30 Wohlenberg, E., 1931, *Die Grüne Insel in der Eidermündung, A.d. Arch. Deutsch. Seewarte, 50, nr. 2.*

31 Wohlenberg, E., 1937, *Die Wattenmeerlebensgemeinschaften im Königshafen von Sylt, Helgol. wissensch. Meeresunt. I, H. 1.*

32 Wohlenberg, E., 1950, *Entstehung und Untergang der Insel Trischen, Mitt. Geogr. Ges. Hamburg, 49.*

33 Wohlenberg, E., 1954, *Sinkstoff, Sediment und Anwachse am Hindenburgdamm. Küste 2, H. 2.*

34 Wohlenberg, E., 1962, *Die Trinkwasserversorgung der Halligen nach der Sturmflut im Februar 1962, Küste 10, H. 2.*

35 Wohlenberg, E., 1969, *Die Halligen Nordfrieslands,* Heide.

36 Wrage, W., 1930, *Das Wattenmeer zwischen Trischen und Friedrichskoog. A.d. Arch. Deutsch. Seewarte, 48, H. 5.*

Das dänische Wattengebiet

1 Gry, Helge, 1950, *Quantitative Untersuchungen über den Sinkstofftransport durch Gezeitenströmungen. Meddelelser fra Skalling-Laboratoriet bd. X.*

2 Grøntved, Jul., 1950, *Quantitative und qualitative Untersuchung des Mikroplanktons während der Gezeiten. Medd. fra Skalling-Lab., bd. X.*

3 Grøntved, Jul., 1950, *Investigations on the Phytoplankton in the Danish Waddensea in July 1941. Medd. fra Skalling-Lab., bd. X.*

4 Iversen, J., 1936, *Biologische Pflanzentypen als Hilfsmittel in der Vegetationsforschung Ein Beitrag zur ökologischen Charakterisierung und Anordnung der Pflanzengesellschaften. Medd. fra Skalling-Lab., bd. IV.*

5 Jacobsen, N. H., 1937, *Skibsfarten i det dankse Vadehav Medd. fra Skalling-Lab., bd. V.*

6 Jacobsen, N. Kingo, 1954, *Mandø. En klit-marskø i Vadehavet. Medd. fra Skalling-Lab., bd. XIV.*

7 Jacobsen, N. Kingo, 1964, *Traek af Tøndermarskens Naturgeografi. Med saerligt henblik på Morfogenesen. Bilag: Kortmappe med 28 plancher. Medd. fra Skalling-Lab., bd. XIX.*

8 Jacobsen, N. Kingo, 1969, *Skalling-Laboratoriet, Et centrum for geografisk-økologisk forskning i Vestjylland. Medd. fra Skalling-Lab., bd. XXII.*

9 Jacobsen, N. Kingo, 1969, *Landskabsformerne. Medd. fra Skalling-Lab., bd. XXII.*

10 Jacobsen, N. Kingo, 1974, *Rejsbymarsken. Miljø, stormfloder og digebygning på en eksponeret vesterhavskyst. Medd. fra Skalling-Lab., bd. XXV.*

11 Jakobsen, Børge, 1954, *Landskabsudviklingen i Skallingmarsken. Medd. fra Skalling-Lab., bd. XIV.*

12 Jakobsen, Børge, 1957, *The tidal Area in South-Western Jutland and the Process of the Salt Marsh Formation. Medd. fra Skalling-Lab., bd. XV.*

13 Jakobsen, Børge, & K. M. Jensen, 1957, *Undersøgelser vedr. landvindingsmetoder i Det Danske Vadehav. Resumé på engelsk. Medd. fra Skalling-Lab., bd. XV.*

14 Jakobsen, Børge i samarbejde med Margot Jespersen og H. A. Olsen, 1963, *Landvindingen i det sydvestjyske Vadehav. Medd. fra Skalling-Lab., bd. XVIII.*

15 Jakobsen, Børge, 1964, *Vadehavets morfologi, Medd. fra Skalling-Lab., bd. XXI.*

16 Larsen, Ellinor Bro, 1954, *Successionstudier i et havrendingsområde, Skomagersletten, Skallingen. Medd. fra Skalling.Lab., bd. XIV.*

17 Møller, Jens Tyge, 1964, *Mandø Ebbevej. Medd. fra Skalling-Lab., bd. XX.*

18 Nielsen, Niels, 1935, *Eine Methode zur exakten Sedimentationsmessung. Studien über die Marschbildung auf der Halbinsel Skalling. Medd. fra Skalling-Lab., bd. I.*

19 Olsen, H. A., 1963, *The Influence of the Rømø Dam on the Sedimentation in the Adjacent Part of the Danish Wadden Sea. Medd. fra Skalling-Lab., bd. XVII.*

20 Thamdrup, H., 1935, *Beiträge zur Ökologie der Wattenfauna, Medd. fra Skalling-Lab., bd. II.*

Zusammensetzung des Wassers im Wattenmeer

1 Bennekom, A. J. van, W. W. C. Gieskes, S. B. Tijssen, 1975, *Eutrophication of Dutch coastal waters. Proc. Roy. Soc. Lond. B 189, 359 –374.*

2 Postma, H., 1954, *Hydrography of the dutch Wadden Sea, a study of the relations between water movement, the transport of suspended materials and the production of organic matter. Arch. Neerl. Zoöl., 10, 405 –511.*

3 Postma, H., 1967, *Observations on the hydro-chemistry of inland waters in the Netherlands. In ''Chemical environment in the aquatic habitat'', 30 –38.*

4 Netherlands Journal of Sea Research, 1974, *Vol. 8, no. 2/3, pag. 117 –317.*

Pflanzliche Produktion im Wattenmeer

1 Brockmann, C., 1935, *Diatomeen und Schlick im Jade-Gebiet. Abh. Senckenberg, Naturf. Ges. 430, 1 –64.*

2 Brockmann, C., 1950, *Die Watt-Diatomeen der schleswig-holsteinischen Westküste. Abh. Senckenberg. Naturf. Ges. 478, 1 –26.*

3 Cadée, G. C., en J. Hegeman, 1974, *Primary production of phytoplankton in the dutch Wadden Sea. Neth. J. Sea Res. 8 (2/3): 240 –259.*

4 Cadée G. C., en J. Hegeman, 1974, *Primary production of the benthic microflora living on the tidal flats in the dutch Wadden Sea. Neth. J. Sea Res. 8 (2/3): 260 –291.*

5 Drebes, G., 1974, *Marines Phytoplankton, Eine Auswahl der Helgoländer Planktonalgen (Diatomeen, Peridineen), Stuttgart.*

6 Goor, A. C. J. van, 1919, *Het zeegras (Zostera marina L.) en zijne betekenis voor het leven der visschen. Rapp. en Verh. Rijks Inst. Visscherijonderzoek 1, 415 –501.*

7 Grøntved, J., 1940, *Das Wattenmeer bei Skallingen nr. 2. Quantitative und qualitative Untersuchung des Microplanktons während der Gezeiten. Folia Geogr. Danica 2 (2), 1 –67.*

8 Grøntved, J., 1949, *Investigations on the phytoplankton in the danish Wadden Sea in July 1941. Meddr. Komm. Danm. Fisk. Og Havunders. Ser. Plankton 5 (2): 1 –55.*

9 Grøntved, J., 1962, *Preliminary report on the productivity of microbenthos and phytoplankton in the danish Wadden Sea. Meddr. Danm. Fisk. og Havunders. (N.S.) 3 (12): 347 –378.*

10 Hustedt, F., 1939, *Die diatomeenflora des Küstengebietes der Nordsee vom Dollart bis zur Elbe mündung. Abh. Naturwiss. Ver. Bremen 31: 572 –677.*

11 Postma, H. & J. W. Rommets, 1970, *Primary production in the Wadden Sea. Neth. J. Sea Res. 4 (4), 470 –493.*

12 Steemann Nielsen, E., 1952, *Use of radioactive carbon (C¹⁴) for measuring organic production in the sea. J. Cons. perm. int. Explor. Mer 18, 117 –140.*

Tierisches Plankton

1 Fraser, J., 1965, *Treibende Welt. Eine Naturgeschichte des Meeresplanktons. Verständliche Wissenschaft Bd. 85.*

2 Gessner, F., 1957, *Meer und Strand, VEB Verl. d. Wissenschaften.*

3 Hagemeier A. & C. Künne, 1950, *Die Nahrung der Meerestiere (Künne: Plankton) i. Handb. d. Seefischerei Nordeuropas I/5a.*

4 Hardy, A., 1956, *The open Sea, The world of plankton, London.*

5 Thorson, G., 1946, *Reproduction and larval development of Danish marine bottom invertebrates. Med. Komm. Danmarks Fiskeri og Havonders. Serie Plankton 4/1.*

6 Thorson, G., 1972, *Erforschung d. Meeres. Kindlers Univers. Bibliothek.*

Tierleben in und auf dem Boden

1 Beukema, J. J., 1974, *Seasonal changes in the biomass of the macrobenthos of a tidal flat area in the Dutch Wadden Sea. Neth. J. Sea Res. 8, pag. 94 –107.*

2 Beukema, J. J., 1975, *Biologische produktie in zee. In: G. J. Vervelde*

(red) ''Produktie in biologische systemen'' PUDOC, Wageningen.

3 Cadée, G. C. en J. Hegeman, 1974, *Primary production of phytoplankton in the Dutch Wadden Sea. Neth. J. Sea Res. 8, pag. 240 –259.*

4 Cadée, G. C. en J. Hegeman, 1974, *Primary production of the benthic microflora living on tidal flats in the Dutch Wadden Sea. Neth. J. Sea Res. 8, pag. 260 –291.*

5 Jonge, V. N. de en H. Postma, 1974. *Phosphorus compounds in the Dutch Wadden Sea. Neth. J. Sea Res. 8, pag. 139 –153.*

6 Kristensen, I., 1957, *Differences in density and growth in a cockle population in the Dutch Wadden Sea. Archs néerl. Zool 12, pag. 351 –453.*

7 Kuipers, B., 1973, *On the tidal migration of young plaice (Pleuronectes platessa) in the Wadden Sea. Neth. J. Sea Res. 6, pag 376 –388.*

8 Krüger, F., 1971, *Bau und Leben des Wattwurmes Arenicola marina. Helgol. wiss. Meeresunt. 22, pag. 149 –200.*

9 Newell, R. C., 1970, *Biology of intertidal animals, London.*

10 Verwey, J., 1966, *De rijke Waddenzee. Natuur en Landschap 19, pag. 129 –152.*

Fische

1 Anderson, K. P. et al, 1969, *''Report of the North Sea young herring working group'', ICES, Coop. Res. Rep. A. 14.*

2 Boddeke, R. en N. Daan, 1971, *''Waar zijn de garnalen gebleven?'', Visserij 24, 6.*

3 Boer, P., 1971, *''De andere harder'', De levende natuur 74, 62 –65.*

4 Ehrenbaum, E., 1936, *Handbuch Seefischerei Nordeuropas, Stuttgart, 2, 6 –323.*

5 Fonds, M., 1973, *''Sand gobies in the Dutch Wadden Sea (Pomatoschistus, Gobiidae, Pisces)'', Neth. J. S. Res. 6 (4), 417 –478.*

6 Harden Jones, F. R., 1968, *''Fish migrations'', London.*

7 Kühl, H., 1972, *''Hydrography and biology of the Elbe estuary'', Oceangr. Mar. Biol. Ann. Rev. 10: 225-309*

8 Kuipers, B., 1973, *''On tidal migration of young plaice (Pleuronectes platessa) in the Wadden Sea'', Neth. J. Sea Res. 6 (3), 376 –388.*

9 Muus, B. J., 1966, *''Zeevissengids'', Amsterdam-Brussel.*

10 Nijssen, H., 1966, *''Zeevissen'' Wetenschappelijke mededelingen van de Koninklijke Nederlandse Natuurhistorische Vereniging.*

11 Redeke, H. C., 1907, *''Rapport over onderzoekingen betreffende de visscherij in de Zuiderzee ingesteld in de jaren 1905 en 1906'', 's-Gravenhage.*

12 Redeke, H. C., 1941, *''De vissen van Nederland'', Leiden.*

13 Simpson, A. C., 1959, *''The spawning of the plaice in the North Sea'', Fishery Invest. Lond. (2) 22 (7), 1 –111.*

14 Tiews, K., 1966, *''Lichtung der Nordseegarnelenbestände (Crangon crangon L.) durch Wegfrass'', Arch. Fischereiwiss. 16, 169 –183.*

15 Tiews, K., 1971, *''Weitere Ergebnisse von Langzeitbeobachtungen über das Auftreten von Beifangfischen und -krebsen der deutschen Garnelenfischerei (1961 –1967)'', Arch. Fischereiwiss. 22: 214-255.*

16 Vaas, K. F., 1968, *''De visfauna van het estuarium-gebied van Rijn en Maas'', Dodonea 36, 115 –127.*

17 Veen, J. F. de, *Diverse artikelen in de laatste jaargangen van Visserij.*

18 Verwey, J., 1967, *''Annual report of the Netherlands Institute for Sea Research for the year 1964'', Neth. J. S. Res. 3, 3: 464 –487.*

19 Zijlstra, J. J., 1972, *''On the importance of the Waddensea as a nursery area in relation to the conservation of the southern North Sea fishery resources'', Symp. zool. soc. Lond. 29: 233 –258.*

Seehunde

1 Bemmel, A. C. V. van, 1956, *Zeehonden in Nederland. De Levende Natuur. Jaargang 59, afl. 1.*

2 Brouwer, G. A., 1929, *De levensomstandigheden van de zeehond in Nederland. De Levende Natuur, Jaargang 33, afl. 4, 5, 6 en 7.*

3 Eschricht, 1938, *In: Slijper, E. J.; Walvissen, pag. 328.*

4 Haaften, J. L. van, 1974, *Zeehonden langs de nederlandse kust. Wetensch. med. K.N.N.V. nr. 101.*

5 Havinga, B., 1933, *Der Seehund in den Holländischen Gewässern. Tijdschr. der Ned. Dierk. Ver. nr. 3.*

6 Kraft, H., 1975, *Niedersächsischer Jäger, 9. Nachrichten aus dem Forschungsvorhaben "Seehund".*

7 Long, R. de, 1973, *Premature births in California Sea Lions. Science, 181.*

8 Landesjagdverband Schleswig-Holstein. 1973, *Wild und Jagd im "Nationalpark Nordfriesisches Wattenmeer"*

Vögel des Wattenmeeres
Viele Besonderheiten über die verschiedenen Vogelarten, sowie über Vorkommen und Anzahl, Mauser, Zug und Nahrung, sind aufgeführt in dem Handbuch der Vögel Mitteleuropas, Frankfurt am Main. Seit 1966 erschienen 5 Ausgaben, weitere sind in Vorbereitung.

1 Fog, M., 1967, *An investigation on the Brent Goose (Branta bernicla) in Danmark. Danish Rev. Game Biol. 5 (1), 3–40.*

2 Goethe, F., 1957, *Über dem Mauserzug der Brandenten zum Großen Knechtsand. In: W. Meise: Fünfzig Jahre Seevogelschutz. Festschrift Hamburg Verein Jordsand, 96–106.*

3 Hulscher, J. B., 1964, *Scholeksters en Lamellibranchiaten in de Waddenzee. De Levende Natuur 67, 80–85.*

4 Hulscher, J. B., 1964, *Scholeksters en wormen. De Levende Natuur 67, 97–102.*

5 Joensen, A. H., 1973, *Moult migration and wing-feather moult of Seaducks in Denmark. Danish Review of Game Biology 8 (4), 1-42.*

6 Koeman, J. H., 1971, *Het voorkomen en de toxicologische betekenis van enkele chloorkoolwaterstoffen aan de Nederlandse kust in de periode 1965 tot 1970. Thesis, Utrecht.*

7 Mörzer Bruyns, M. F. & A. Timmerman, 1968, *Over het voorkomen van de Rotgans Branta bernicla bernicla in Nederland, Limosa 41: 90, 106.*

8 Rooth, J. & D. A. Donkers, 1972 *The status of some piscivorous birds in the Netherlands. T.N.O.-nieuws 27, 551–555.*

9. Rutschke, E., 1960, *Untersuchungen über Wasserfestigkeit und Struktur des Gefieders von Schwimmvögeln. Zool. Jahrbücher 87, 441–506.*

10 Rijke, A. M., 1970, *Wettability and phylogenetic development of feather structure in water birds. J. Exp. Biol. 52, 469–479.*

11 Schmidt-Nielsen, K., C. B. Jorgensen & H. Osaki, 1958, *Extrarenal salt excretion in birds. Amer. J. Physiol. 193, 101–107.*

12 Spaans, A. L., 1972, *On the feeding ecology of the Herring Gull Larus argentatus in the northern part of the Netherlands, Ardea 59, 73–102.*

13 Spaans, A. L. & C. Swennen, 1968, *De vogels van Vlieland, Wet. Meded. K.N.N.V. no. 75, 1–112.*

14. Swennen, C., 1971, *Het voedsel van de Groenpootruiter Tringa nebularia tijdens het verblijf in het nederlandse waddengebied. Limosa 44, 71–83.*

15 Swennen, C., 1972, *Chlorinated hydrocarbons attacked the Eider population in the Netherlands. T.N.O.-nieuws 27, 556–560.*

16 Swennen, C., 1974, *Wadden Seas are rare, hospitable and productive. Technical paper presented at the International Conference on ten Conservation of Wetlands and Waterfowl. Held at Heiligenhaven 2–6 december 1974.*

17 Swennen, C., 1975, *Aspecten van de voedselproductie in Waddenzee en aangrenzende zeegebieden in relatie met de vogelrijkdom. Het Vogeljaar, 23.*

18 Swennen, C. & G. van der Baan, 1959, *Tracking birds on tidal flats and beaches. British Birds 52, 15–18.*

19 Tinbergen, L., 1943, *Vogels in hun domein. Van eigen erf no. 1, Amsterdam.*

20 Tjallingii, S. T., 1971, *De kluten van de Dollard. Waddenbulletin 6 (1), 5–9.*

21 Uspenskij, 1965, *Die Wildgänse Nordeurasiens. Neue Brehm Bücherei 352. Wittenberg Lutherstadt.*

Brutkolonien von Möwen und Seeschwalben
1 Croze, H., 1970, *Searching Image in Carrion Crows,* Berlijn.

2 Kruuk, H., 1966, *Predators and Anti-predator behaviour of the Black-headed gull (Larus ridibundus). Behaviour Suppl. 11, 1–130.*

3 Patterson, I. J., 1965, *Timing and spacing of broods in the Black-headed gull. Ibis 107, 433–453.*

4 Tinbergen, N., G. J. Broekhuysen, F. Feekes, J. G. W. Houghton, H. Kruuk and E. Szulc, 1962, *Egg shell removal by the Black-headed gull (L. ridibundus): A behavioural component of camouphlage. Behaviour 19, 75–117.*

5 Tinbergen, N., M. Impekoven and D. Franck, 1967, *An experiment on spacing-out as a defence aginst predation. Behaviour 28, 307–321.*

6 Veen, J., 1976, *Colony breeding in the Sandwich Tern.*

7 Zahavi, A., 1972, *The communal roost of the White Wagtail (Motacilla alba) and the evolution of communal roosts. Proc. of the XVth Int. Orn. Congress,* The Hague.

Nahrungsketten im Wattenmeer
1 Beukema, J. J., 1974, *Seasonal changes in the biomass of the macrobenthos of a tidal flat area in the Dutch Wadden Sea. Neth. J. Sea Res. 8, 94–107.*

2 Beukema, J. J., 1975, *Biologische produktie in zee. In: G. J. Vervelde (red.) "Produktie in biologische systemen". PUDOC, Wageningen, 243–262.*

3 Cadée, G. C. en J. Hegeman, 1974, *Primary production of phytoplankton in the Dutch Wadden Sea. Neth. J. Sea Res. 8, 240–259.*

4 Cadée, G. C. en J. Hegeman, 1974, *Primary production of the benthic microflora living on tidal flats in the Dutch Wadden Sea. Neth. J. Sea. Res. 8, 260–291.*

5 Hulscher, J. B., 1975, *Het wad, een overvloedig of schaars gedekte tafel voor vogels. In: Symposium Waddenonderzoek, 1975,* Arnhem.

6 Jonge, V. N. de en H. Postma, 1974, *Phosphorus compounds in the Dutch Wadden Sea. Neth. J. Sea Res. 8, 139–153.*

7 Rauck, G. en J. J. Zijlstra, 1975, *On the nursery-aspects of the Waddensea for some commercial fish-species and possible long-term changes. Symposium "The Changes in the North Sea Fish Stocks and their Causes" 36.*

8 Swennen, C., 1975, *Aspecten van de voedselproductie in de Waddenzee en aangrenzende zeegebieden in relatie met de vogelrijkdom. Het Vogeljaar 23.*

9 Verwey, J., 1966, *De rijke Waddenzee. Natuur en Landschap 19, 129–152.*

10 Zijlstra, J. J., 1972, *On the importance of the Waddensea as a nursery area in relation to the conservation of the southern North Sea fishery resources. Symp. Zool. Soc., London 29, 233–258.*

Flora der Vorländer und Dünen
1 Beeftink, W. G., M. C. Daane en W. de Munck, 1971, *Tien jaar botanisch-oecologische verkenningen langs het Veerse Meer. Natuur en Landschap 25, pp. 50–65.*

2 Beeftink, W. G., 1975, *The ecological significance of embankment and drainage with respect to the vegetation of South-West Netherlands, J. Ecol. 63, pp. 423–458.*

3 Boekschoten, M., 1975, *List of publications on the Wadden region, Rijksinstituut voor Natuurbeheer,* Leersum.

4 Brehm, K. und T. Eggers, 1974, *Die Entwicklung der Vegetation in den Speicherbecken des Hauke-Haien-Kooges (Nordfriesland) von 1959 bis 1974. Schr. Naturw. Ver. Schlesw.-Holst. 44, pp. 27–36.*

5 Dijkema, K. S., 1975, *Vegetatie en beheer van de kwelders en landaanwinningswerken aan de Waddenzeekust van Noord-Groningen. Meded. nr. 2 van de Werkgroep Waddengebied,* Pieterburen.

6 Gremmen, N. J. M. en J. W. P. M. Kremers, 1971, *De flora van de nederlandse, duitse en deense waddeneilanden. Rapport van de afdeling Geobotanie, Kath. Universiteit,* Nijmegen.

7 Hana, K., 1962, *Waddenland en Waddenzee*, Amersfoort.

8 Hartog, C. den en B. Verhoeven, 1975, *Bodemkundige en botanische aspekten van de schorren langs de Waddenzee, Meded. nr. 1 van de Werkgroep Waddengebied*.

9 Joenje, W., 1974, *Production and structure in the early stages of vegetation development in the Lauwerszee-polder. Vegetatio 29: pp. 101–108.*

10 Kamps, L. F., 1962, *Mud distribution and landreclamation in the eastern wadden shallows. Rijkswaterstaat communications nr. 4*, Den Haag.

11 König, D., 1960, *Beiträge zur Kenntnis der deutschen Salicornien. Mitt. der Floristisch-Soziologischen Arbeitsgemeinschaft N.F. Heft 8; 5–58.*

12 Meesenburg, H., 1975, *Spartina kolonisation og ubdredelse langs Ho Bugt, Geografisk Tidsskrift 71: 37–45.*

13 Sterk, A. A., 1968, *Een studie van de variabiliteit van Spergularia media en Spergularia marina van Nederland. Diss.* Utrecht.

14 Westhoff, V. en A. J. den Held, 1969, *Plantengemeenschappen in Nederland*, Zutphen.

15 Westhoff, V., P. A. Bakker, C. G. van Leeuwen en E. E. van de Voo, 1970, *Wilde Planten, deel I, Ver. Behoud Natuurmonumenten*, Amsterdam.

16 Wohlenberg, E. und M. Plath, 1953, *Produktionsbiologische Untersuchungen auf eingedeichten Wattflächen. Archiv f. Forschung u. Technik an der Nord- und Ostsee. Die Küste Bd II, H 1: 5–23.*

Natur und Landschaft der Ästuare

1 Caspers, H., 1954, *Biologische Untersuchungen über die Lebensräume der Unterelbe und des Vormündungsgebietes der Nordsee. Mitt. Geol. Staatsinst.* Hamburg, H. 23.

2 Caspers, H., 1958, *Biologie der Brackwasserzonen im Elbe-Aestuar. Verh. Intern Ver. Limnol., XIII.*

3 Caspers, H., 1959, *Die Einteilung der Brackwasserregionen in einem Aestuar. Soc. Intern. Limnol., Symposium on the classification of brackish waters 1958. Archivo di Oceanograf. a Limnol., XI, Suppl.*

4 König, D., 1957, *Einige ökologische Bemerkungen über das Eiderwatt. Deutsch. Gewässerk. Mitt., 1, H. 4/5.*

5 Kötter, F., 1961, *Die Pflanzengesellschaften im Tidegebiet der Unterelbe. Arch. Hydrobiol., Suppl. XXVI, 1 H. 1/2.*

6 Kühl, H. und H. Mann, 1971, *Über Hydrochemie und Plankton der Eidermündung. Veröff. Inst. Meeresf. Bremerhaven, 13, 1.*

7 Linke, O., 1939, *Die Biota des Jadebusenwattes. Helgol. Wiss. Meeresunt, 1 H. 3.*

8 Muus, B. J., 1967, *The fauna of Danish estuaries and lagoons. Distribution and ecology of dominating species in the shallow reaches of the mesohaline zone. Medd. Danm. Fisk. -og Havunders., N.S. 5.*

9 Postma, H. und K. Kalle, 1955, *Die Entstehung von Trübungszonen im Unterlauf der Flüsse speziell in Hinblick auf die Verhältnisse in der Unterelbe. Deutsch. Hydrogr. Zeitschr., 8.*

10 Schülz, H., 1961, *Qualitative und quantitative Planktonuntersuchungen im Elbe-Aestuar. Arch. Hydrobiol., Suppl. 26, 1 H. 3/4.*

11 Werkgroep Dollard, 1974, *Dollard portret van een landschap*, Harlingen.

Fauna der Vorländer und Dünen

1 Abraham, R., 1970, *Ökologische Untersuchungen an Pteromaliden (Hym., Chalcidoidea) im Grenzraum Land - Meer an der Nordsee - Küste Schleswig-Holsteins. Oecologia*, Berlin, 6.

2 Alfken, J. D., 1924, *Die Insekten des Memmert. Zum Problem der Besiedlung einer neuentstandenen Insel. Abh. Naturw. Ver.* Bremen, XXV, H. 3.

3 Alfken, J. D., 1930, *Die Insektenfauna der Mellum. Abh. Naturw. Ver.* Bremen, XXVIII, H. 1.

4 Bilio, M., 1964, 1966, *Die aquatische Bodenfauna von Salzwiesen der Nord- und Ostsee. Int. Res. ges. Hydrobiol. 49, 51.*

5 Bochmann, G. von, 1942, *Die Spinnenfauna der Strandhaferdünen an den deutschen Küsten. Kieler Meeresf. IV.*

6 Brink, F. H. van den, 1957, *Die Säugetiere Europas*, Hamburg.

7 Emeis, W., 1955, *Auffällig gehäuftes Auftreten der Erdbiene Andrena thoracica F. im Dünengebiet der Nordseeinsel Amrum (Hym., Apid.). Bonner Zool. Beitr. 6.*

8 Emeis, W., 1964, *Beobachtungen über den Rückgang häufiger Bienenarten in Schleswig-Holstein. Faun. Mitt. Norddeutschl., II, H. 5/6.*

9 Gerlach, S., 1963, *Ökologische Bedeutung der Küste als Grenzraum zwischen Land und Meer. Naturw. Rundsch., 16.*

10 Göszwald, K., 1955, *Unsere Ameisen. II. Teil*, Stuttgart.

11 Heydemann, B., 1960 und 1962, *Die biozönotische Entwicklung vom Vorland zum Koog. Teil I.: Spinnen (Araneae), 1960, Teil II: Käfer (Coleoptera), 1962. Abh. Akad. Mainz, mathem. -naturw. Klasse, Nr. II.*

12 Heydemann, B., 1970, *Ökologische Untersuchungen zum Problem der halophilen und haloresistenten Spinnen. Bull. Mus. Hist. Nat., 2e ser, 41, suppl. 1.*

13 Heydemann, B., 1973, *Zum Aufbau semiterrestrischer Ökosysteme im Bereich der Salzwiesen der Nordseeküste. Faun. Ökol. Mitt., 4, H. 5/8.*

14 Heydemann, F., 1938, *Die halobionten und halophilen Lepidoptera. Tierwelt d. Nord- und Ostsee, II*, Leipzig.

15 Horstmann, K., 1970, *Die Ichneumoniden (Hymenoptera) von der Nordseeküste Schleswig-Holsteins. Faun.-Ökol. Mitt., III, H. 9/10.*

16 Horstmann, K., 1970, *Ökologische Untersuchungen über die Ichneumoniden (Hymenoptera) der Nordseeküste Schleswig-Holsteins. Oecologia (Berlin), 4.*

17 Karl, O., 1930, *Thalassobionte und talassophile Diptera Brachycera. Tierwelt d. Nord- und Ostsee, 11*, Leipzig.

18 König, D., 1965, *Mya arenaria in Strandtümpeln. Faun. Mitt. Norddeutschl., 2, H. 9.*

19 Larsen, Ellinor, Bro, 1936, *Biologische Studien über die tunnelgrabenden Käfer auf Skallingen. Vidensk. Meddel. Naturh. Foren., 100,*

20 Regge, Heilwig, 1972, *Zur Bionomie und Ökologie der Aphidoidea-Arten des Gezeitenbereiches. Diss.* Kiel.

21 Rühmeskorf, E., 1972, *Die Verbreitung der Amphibien und Reptilien in Niedersachsen. Beitr. z. Naturk. Niedersachs., 23/24 -1970/71. Kildaverlag Greven.*

22 Seelemann, Ursula, 1968, *Zur Überwindung der biologischen Grenze Meer -Land durch Mollusken. II. Untersuchungen an Limapontia capitata, Limapontia depressa und Assiminea grayana. Oecologia (Berlin), I.*

23 Stitz, H., 1914, *Die Ameisen.* Stuttgart.

24 Struve, F., 1937, *Beitrag zur Kenntnis der Hymenopterenfauna der Insel Borkum. Abh. Naturwiss. Ver. Bremen, III, H. 1/2.*

25 Struve, F., 1938, *Beitrag zur Kenntnis der Microlepidoprenfauna der Nordseeinsel Borkum. Abh. Naturwiss. Ver. Bremen, III, H. 3/4.*

26 Vlijm, L. and Annette M. Kessler-Geschiere, 1967, *The phenology and habitat of Pardosa monticola, P. nigriceps and P. Pullata (Araneae, Lycosidae). Journ. Anim. Ecol. 36.*

27 Weber, H. H., 1964, *Heteropterologische Beobachtungen auf der Vogelschutzinsel Trischen. Faun. Mitt. Norddeutschl., II, H. 7/8.*

28 Weigmann, G., 1973, *Zur Ökologie der Collembolen und Oribatiden in Grenzbereich Land - Meer (Collembola, Insecta - Oribatei, Acari). Zeitschr. wiss. Zool., 186, H. 3/4.*

29 Wijngaarden, A. van, 1964, *The terrestrial mammalfauna of the Dutch wadden-islands. Zeitschr. Säugetierk., 29.*

30 Wohlenberg, E., 1937, *Die Wattenmeer-Lebensgemeinschaften im Königshafen auf Sylt. Helgol. wiss. Meeresunt. 1, H. 1.*

Frühe Besiedlung im Wattenraum

1 Altena, J. F. van Regteren, J. A. Bakker, A. T. Clason, W. Glasbergen,

W. Groenman-van Waateringe & L. J. Pons, 1962–1963, *The Vlaardingen Culture (I–V)*. Helinium 2 (1962), pp. 3–35, 97–103, 215–243; 3, 1963, pp. 39–65, 97–120.

2 Bantelmann, A., 1967, *Die Landschaftsentwicklung an der schleswig-holsteinischen Westküste*. Neumünster.

3 Bantelmann, A., 1975, *Die frühgeschichtliche Marschensiedlung beim Elisenhof in Eiderstedt*. Bern.

4 Behre, K. E., 1970, *Die Entwicklungsgeschichte der natürlichen Vegetation im Gebiet der unteren Ems und ihre Abhängigkeit von den Bewegungen des Meeresspiegels. Probleme der Küstenforschung 9, pp. 13–47.

5 Boersma, J. W., (red.), 1972, *Terpen, mens en milieu. 2e druk*, Haren.

6 Boersma, J. W. & H. T. Waterbolk, 1975, *De bewoning van Groningen in vóór- en vroeghistorische tijd*.

7 Brandt, K., 1972, *Untersuchungen zur kaiserzeitlichen Besiedlung bei Jemgumkloster und Bentumersiel (Gem. Holtgaste, Kreis Leer) im Jahre 1970. Neue Ausgrabungen und Forschungen in Niedersachsen 7, pp. 145–163.

8 Clason, A. T., 1967, *Animal and Man in Holland's Past. An investigation of the animal world surrounding man in prehistoric and early historical times in the provinces of North and South Holland. Diss. Groningen.

9 Haarnagel, W., 1969, *Die Ergebnisse der Grabung auf der ältereisenzeitlichen Siedlung Boomborg/Hatzum, Kr. Leer, in den Jahren von 1965 bis 1967. Neue Ausgrabungen und Forschungen in Niedersachsen 4, pp. 57–97.

10 Haarnagel, W., 1973, *Vor- und Frühgeschichte des Landes Wursten, in: E. von Lehe, Geschichte des Landes Wursten, Bremerhaven, pp. 17–128.

11 Jelgersma, S., J. de Jong, W. H. Zagwijn & J. F. van Regteren Altena, 1970, *The coastal dunes of the western Netherlands; geology, vegetational history and archeology. Mededelingen van de Rijks Geologische Dienst N.S. 21, pp. 93–167.

12 Louwe Kooijmans, L. P., 1974, *The Rine/Meuse Delta. Four Studies on its prehistoric occupation and Holocene geology. Diss. Leiden.

13 Pons, L. J., S. Jelgersma, A. J. Wiggers & J. D. de Jong, 1963, *Evolution of the Netherlands coastal area during the Holocene. Verhandelingen van het Koninklijk Nederlands Geologisch Mijnbouwkundig Genootschap, Geol. serie 21–2, pp. 197–208.

14 Roeleveld, W., 1974, *The Groningen Coastal Area. Diss. Amsterdam (V.U.).

15 Waterbolk, H. T., 1965–66, *The occupation of Friesland in the prehistoric period. Berichten van de Rijksdienst voor het Oudheidkundig Bodemonderzoek 15–16, pp. 13-35.

16 Zeist, W. van, 1968 (1970), *Prehistoric and early historic food plants in the Netherlands. Palaeohistoria 14, pp. 42–173.

17 Zeist, W. van, 1974, *Palaeobotanical studies of settlement sites in the coastal area of the Netherlands. Palaeohistoria 16, pp. 223–383.
Für ergänzende und kritische Anmerkungen danken wir den Herren A. Bantelmann, A. T. Clason, J. N. Lanting, W. van Zeist und W. H. Zimmermann.

Geschichte des niederländischen Wattenraumes
1 Brouwer, D. A., 1936, *Ameland, een sociaal-geografische studie van een Waddeneiland*, Amsterdam.

2 Dekker, P., 1971, *De eerste bloeiperiode van de Nederlandse arctische walvis- en robbenvangst*, Zaltbommel.

3 Guicciardini, L., 1612, *Beschrijvinghe van alle de Nederlanden*, Amsterdam.

4 *Informacie upt stuck der verpondinghe van 1514*, Leiden, 1866.

5 Jansma, T. S., 1951, *Bijdrage tot de agrarische geschiedenis van Texel, voornamelijk in de zestiende eeuw. In: Agronomisch-historisch Jaarboek, V dl. Wageningen.

6 Knop, G., 1946, *Schylgeralân*, Leiden (Leeuwarden), 1969.

7 Mellema, Louise, 1973, *Schiermonnikoog -lytje pole*, Haren.

8 Molen, S. J. van der, 1962, *Vissers van Wad en Gat*, Leeuwarden.

9 Molen, S. J. van der, 1973, *Terschelling, van Noordsvaarder tot Bosplaat*, Haren.

10 Molen, S. J. van der, 1964, *Profiel van een waterland*, Bussum.

11 Postma, O., 1934, *De Friesche Kleihoeve*, Leeuwarden.

12 Postma, O., 1948, *Ploeggang en hoevenstelsel. In: De Vrije Fries XXXIX*, Leeuwarden.

13 Postma, O., 1950, *De Friese Hoeve in de zandstreken. In: De Vrije Fries XL*, Leeuwarden.

14 Smit, J., 1971, *De agrarische maritieme structuur van Terschelling omstreeks het midden van de negentiende eeuw*. Groningen.

15 Smit, J., 1972, *Terschellinger tij*, Haren.

16 *Tegenwoordige Staat, dl. 14 (Friesland)*, 1789, Amsterdam.

17 Thomas, M. Simon, 1935, *Onze IJslandvaarders in de 17de en 18de eeuw* Amsterdam.

18 Vlis, J. A. van der, 1949, *Texel, land van volk in de loop der eeuwen*, Amsterdam.

19 Ypma, Y., 1962, *Geschiedenis van de Zuiderzeevisserij*. Amsterdam.
Angaben über den Walfang in diesem Kapitel sind grösstenteils durch Herrn P. Dekker aus Schipluiden zur Verfügung gestellt worden.

Geschichte des niedersächsischen Wattenraumes
1 Haarnagel, W., 1968, *Die prähistorischen Siedlungsformen im Küstengebiet der Nordsee. In: "Erdkundliches Wissen", Heft 18*, Wiesbaden.

2 Haarnagel, W., 1973, *Vor- und Frühgeschichte des Landes Wursten. In: Geschichte des Landes Wursten, Lehe, E.v.*, Bremerhaven.

3 Hövermann, J., 1951, *Die Entwicklung der Siedlungsformen in den Marschen des Elb-Weser-Winkels. Forschungen zur deutschen Landeskunde, Band 56*, Remagen.

4 Lang, A. W., 1955, *Das Juister Watt. Schriften der wirtschaftswissenschaftlichen Gesellschaft zum Studium Niedersachsens e.V., Heft 57*, Bremen.

5 Lang, A. W., 1962, *Kleine Kartengeschichte Frieslands zwischen Ems und Jade*. Norden.

6 Niemeier, G., 1972, *Ostfriesische Inseln. Sammlung Geographischer Führer 8*, Stuttgart.

7 Reinhardt, W., 1969, *Die Orts- und Flurformen Ostfrieslands in ihrer siedlungsgeschichtlichen Entwicklung. In: Ostfriesland im Schutze des Deiches, Band 1*, Pewsum.

8 Reinhardt, W., 1970, *Die Sibetsburg in Wilhelmshaven. In: 20 Jahre Marschenrat, 1950–1970*, Wilhelmshaven.

9 Schmid, P., 1969, *Die vor- und frühgeschichtlichen Grundlagen der Besiedlung Ostfrieslands nach der Zeitenwende. In: Ostfriesland im Schutze des Deiches, Band 1*, Pewsum.

10 Schrader, E., 1957, *Die Landschaften Niedersachsens. Bau, Bild und Deutung der Kulturlandschaft*. Hannover.

11 Schultze, A., 1962, *Die Sielhafenorte und das Problem des regionalen Typus im Bauplan der Kulturlandschaft. Göttinger Geographische Abhandlungen, Heft 27*, Göttingen.

12 Wiemann, H., 1969, *Beiträge zur Wirtschafts- und Sozialgeschichte Ostfrieslands. In: Ostfriesland im Schutze des Deiches, Band 1*, Pewsum.

Geschichte des schleswig-holsteinischen Wattenraumes
1 Degn, Chr. und U. Muuss, *Topographischer Atlas Schleswig-Holstein. 3. Aufl.* Neumünster.

2 Fischer, O., *Landgewinnung und Landeshaltung in Schleswig-Holstein 3. Teil: Das Festland, Bd. 5. Dithmarschen*. Berlin, 1957, Bd. 2. *Nordfriesland*, Berlin 1955.

3   Häberlin, C., 1934, *Die nordfriesischen Salzsieder*, Hamburg.
4   Koehm, H., 1939, *Die nordfriesische Insel, 2. Aufl.* Hamburg.
5   Marten, G. und K. Mäckelmann, 1937, *Dithmarschen*, Heide.
6   Möller, Th., 1924, *Die Welt der Halligen*, Kiel.
7   Müller, Fr., 1917, *Das Wasserwesen an der schleswig-holsteinischen Westküste. 1. Teil: Die Halligen. Band I und II*, Berlin.
8   Müller, Fr. und O. Fischer, 1936, *Das Wasserwesen an der schleswig-holsteinischen Westküste. 2. Teil: Die Inseln (7 folgen)*, Berlin.
9.   *Saxo Grammaticus: Historia Danica, 1839-58. Ausg. P. E. Müller*, København.
10   Schmidt, H., 1957, *Friedrichstadt. Vergangenheit und Gegenwart.*
11   Wohlenberg, E., 1950, *Entstehung und Untergang der Insel Trischen. Mitt. Geogr. Ges. Hamburg 49.*

Geschichte des dänischen Wattenraumes

1   Jacobsen, N. Kingo, 1961, *Iagttagelser fra Stadil Fjord området. Geografisk Tidsskrift 60 Kbh. blz. 54–73, English summary.*
2   Nordmann, V., 1935, *Arkaeologisk-geologiske Undersøgelser ved Misthusum i Skaerbaek Sogn. Aarbøger for nordisk Oldkyndighed og Historie, blz. 2 e.v.*
3   Rasmussen, Alan Hjorth, 1973, *Frisiske kulturelementer. En introduktion og foreløbig oversigt. Folk og Kultur. Arbog for Dansk Etnologi og Folkemindevidenskab, blz. 75–85.*
4   Schmidt, Aug. F., 1929, *Blusgraenser i Danmark Studier, blz. 162–170.*
5   Stoklund, Bjarne, 1972, *Graenser i graenselandet. BYGD 3. årgang, nr. 4.*
6   Stoklund Bjarne, 1969; *Bondegård og byggeskik før 1850*, København.
7   Troelsen, Svend B., 1962, *Misthusum. Sønderjysk Månedsskrift 38. årgang, blz. 1–9.*

Das Watt auf alten Karten

1   Andresen, L., 1937, *Kulturspuren im Watt bei der Hallig Langeness-Nordmarsch*, Wyk auf Föhr.
2   Bantelmann, A., 1939, *Das nordfriesische Wattenmeer, eine Kulturlandschaft der Vergangenheit, Westküste II, I*, Heide.
3   Bantelmann, A., 1966, *Die Landschaftsentwicklung an der schleswig-holsteinischen Westküste, Die Küste, Jahrgg. 14, H. 2*, Neumünster.
4   Buijtenen, M. P. van, 1954, *De Fries-Groningse grens in Lauwerszee en wadden*, Drachten.
5   Edelman, T., 1964, *De historische veranderingen in de natuurlijke gesteldheid van het Nederlandse waddengebied, Het Waddenboek*, Zutphen.
6   Jacobsen, B., 1953, *Landskabudviklingen i Skallingmarsken, Geogr. Tidsskr. 55*, Kopenhagen.
7   Jacobsen, B., 1964, *Vadehavets morforlogi*, Kopenhagen.
8   Jacobsen, N. H., 1937, *Skibsfahrten i det Danske Vadehav*, Kopenhagen.
9   Jacobsen, N. K., 1953, *Mandø, Geogr. Tidsskr.*, Kopenhagen.
10   Jacobsen, N. K., 1968, *Landskapsformerne, Lejrs Kolen ved Ho Bugt*, Ribe.
11   *Jahresbericht der Forschungsstelle Norderney, 1949–1975 Band I–XXV*, Norderney.
12   Janssen, Th., 1954, *Die ostfriesischen Watten als Verkehrs- und Wirtschaftsgebiet*, Norden.
13   *Küste, Die, 1952–1975*, Heide.
14   Lang, A. W., 1955, *Das Juister Watt*, Bremen.
15   Lang, A. W., 1961, *Die Seekarte der Watt- und Außenfahrt des M. Guitet*, Juist.
16   Lang, A. W., 1964, *Das Wurster und Neuwerker Watt auf alten Karten, Jahrb. Männer von Morgenstern, 45*, Bremerhaven.
17   Lang, A. W., 1970, *Untersuchungen zur morphologischen Entwicklung des nördlichen Elbeästuars, Hamburger Küstenforschung, Band XII*, Hamburg.
18   Lang, A. W., 1975, *Untersuchungen zur morphologischen Entwicklung des Dithmarscher Watts von der Mitte des 16. Jahrhunderts bis zur Gegenwart, Hamburger Küstenforschung, Band XXXI*, Hamburg.
19   Müller, F. und O. Fischer, 1917–1955, *Das Wasserwesen an der schleswig-holsteinischen Nordseeküste, Band I–III*, Berlin.
20   Sindowski, K. H., 1973, *Das ostfriesische Küstengebiet, Inseln, Watten und Marschen*, Berlin/Stuttgart.
21   Tougaard, S. en H. Meesenburg, 1974, *Die dänische Westküste*, Esbjerg.
22   *Westküste 1938–1943*, Heide.
23   Wohlenberg, E., 1950, *Entwicklung und Untergang der Insel Trischen, Mitt. der Geogr. Ges. Hamburg Band 49*, Hamburg.

Landgewinnung, Deichbau und Entwässerung

1   Bantelmann, A, 1966, *Die Landschaftsentwicklung an der schleswig-holsteinischen Westküste. Die Küste; XIV.*
2   Berger, C., 1968, *Factors affecting settling of silt from suspension along the edge of the eastern Wadden Sea (the Netherlands). Engineering Geology: 2 (5), 341–349.*
3   *Dollard, portret van een landschap, 1974* Harlingen.
4   Erchinger, H. F., 1971, *Landgewinnung und Lahnungsbau im Wattgebiet. Die Küste, 21, 102–109.*
5   Glopper, R. J. de, 1962, *Landaanwinning in Noord-Nederland. Tijdschr. Kon. Ned. Aardr. Gen.; 79, 258–263.*
6   Glopper, R. J. de, 1962, *De mechanisatie van het graafwerk in de Noord-Nederlandse landaanwinning. Land en water; 6, 192–198.*
7   Glopper, R. J. de, 1965, *Variations in the clay contents of deposits in a shallow area relation to topography. I.C.I.D. Congres*, New Delhi.
8   Glopper, R. J. de, 1967, *Over de bodemgesteldheid van het Waddengebied*, Zwolle. (*Van zee tot land, no. 43*).
9   Jakobsen, B., 1954, *The tidal area in south-western Jutland and the process of the salt marsh formation. Geografisk Tidsskrift; 53, 49–61.*
10   Jakobsen, B. og Kr. M. Jensen, 1956, *Undersøgelser vedrørende landvindingsmetoder i det Danske Vadehav. Geografisk Tidsskrift; 55, 21–61.*
11   Jakobsen, B., 1964, *Vadehavets morfologi, Juvre Dybs Tidevands område*, København.
12   Kamps, L. F., 1962, *Mud distribution and land reclamation in the eastern Wadden Shallows. (Rijkswaterstaat communications no. 4).*
13   Kooper, J., 1939, *Het waterstaatsverleden van de provincie Groningen*, Groningen.
14   Kramer, J., R. Liese und K. Lüders, 1962, *Die Sturmflut vom 16/17. Februar im niedersächsischen Küstengebiet. Die Küste; 10, 17–55.*
15   Olsen, H. A., 1959, *The influence of the Røm ødam on the sedimentation in the adjacent part of the danish Waddensea. Geografisk Tidsskr.; 58, 119–140.*
16   *Rapport van de Waddenzeecommissie, 1974*, 's-Gravenhage.
17   Rienks, K. A. en G. L. Walther, 1954, *Binnendiken en slieperdiken yn Fryslan*, Bolsward.
18   *Stellungnahme zu den Problemen des Küstenschutzes an der schleswig-holsteinischen Westküste nach der Sturmflut vom 16/17. Februar 1962. 1963, Marschenverband Schleswig-Holstein.*
19   Suhr, H., 1964, *Generalplan Deichverstärkung. Deichverkürzung und Küstenschutz in Schleswig-Holstein vom 20. Dezember 1963. Wasser und Boden; 16, 249–255.*
20   Verhoeven, B., en J. Akkerman, 1967. *Buitendijkse mariene gronden, hun opbouw, bedijking en ontginning*, Zwolle. (*Van zee tot land, no. 45*).
21   Verhoeven, B., 1972, *De Deense Wadden. Waddenbulletin nr. 4, 15–22.*
22   *Welche Lahnungsbauweise und welche Aufteilung der Landgewinnungsfelder sind beim Küstenschutz durch Landgewinnung am zweckmässigsten? 1960. Das Fachgespräch am runden Tisch. Wasser und Boden: 9. 302–309.*

23 Wohlenberg, E. z.j., *400 Jahre Deichbau und Landgewinnung zwischen Brunsbüttel und Wöhrden*, Heide. *(Sonderdruck aus Süderdithmarschen 1581–1970)*.
24 Wohlenberg, E., 1950. *Entstehung und Untergang der Insel Trischen*. *Mitt. Geogr. Gcs. Hamburg, XLIX*.
25 Wohlenberg, E., 1954, *Sinkstoff, Sediment und Anwachs am Hindenburgdamm. Die Küste; 2, 33–94*.
26 Wohlenberg, E., und H. Snuis, 1955, *Anwachs, Landgewinnung und Deichbau in Nordfriesland. (Schriften des Nissenhauses; no. 3)*.
27 Wohlenberg, E., 1965, *Deichbau und Deichpflege auf biologischer Grundlage. Die Küste; XIII*.
28 Wohlenberg, E., 1969, *Die Halligen Nordfrieslands*, Heide.

Jagd
1 Ahlefeldt-Bille, G., 1959, *Jeg er jaeger*.
2 Blase, R., 1973, *Die Jägerprüfung*.
3 Lebret, T., 1952, *Suizende wieken*.

Fischerei
1 Becker, H. B. en K. H. Postuma, 1974, *Enige voorlopige resultaten van vijf jaar Waddenzeeproject, Visserij 27, 2*.
2 Boddeke, R., 1962, *Resultaten van drie jaar garnalenonderzoek, Visserij-Nieuws 15, 5*.
3 Boddeke, R., 1963, *De strenge winter 1962/63 en de garnalenstand, Visserij-Nieuws 16, 5*
4 Boddeke, R., 1966, *Op de kleintjes passen!, Visserij-Nieuws 19, 6*.
5 Boddeke, R., 1967, *Visserijbiologische veranderingen in de westelijke Waddenzee, Visserij 20, 9*.
6 Boddeke, R., 1971, *De spoelsorteermachine voor de garnalenvisserij, Visserij, 24, 1*.
7 Boddeke, R., en H. Daan, 1971, *Waar zijn de garnalen gebleven?, Visserij 24, 6*.
8 Nückmann, A., 1934, *Über die Jungschollenbevölkerung der Deutschen Wattenküste der Nordsee, Ber. Dtsch. Wiss. Komm. Meeresforsch. N.F. 7, 3: 205–213*.
9 Dijt, M. D., 1961, *Texelse oesters, Visserij-Nieuws 14, 7*.
10 Drinkwaard, B., 1972, *Het mosselproefstation op Texel operationeel, Visserij 25, 2 en 3*.
11 Havinga, B., 1932, *Austern-und Muschelkultur, in: Handbuch der Seefischerei Nordeuropas, 7, 5: 1–64*.
12 Korringa, P., 1954, *De biologische achtergronden van de recente structuurverschuivingen in onze mosselcultuur, Visserij-Nieuws, 7 (suppl.)*.
13 Korringa, P., 1973, *The edge of the North Sea as Nurserey ground and shellfish area (p. 361–382), Cambridge (Mass.), London*.
14 Meyer-Waarden, P. F. en K. Tiews, 1965, *Der Beifang in den Fängen der deutschen Garnelenfischerei 1954–1960, Ber. Dtsch. Wiss. Komm. Meeresforsch. 18: 13–78*.
15 Molen, S. J. van der, 1962, *Vissers van wad en gat*, Leeuwarden.
16 Tiews, K., 1966, *Lichtung der Nordseegarnelenbestände (Crangon crangon L.) durch Wegfrass, Arch. Fischereiwiss. 16: 169–183*.
17 Tiews, K., 1971, *Weitere Ergebnisse von Langzeit-Beobachtungen über das Auftreten von Beifangfischen und -krebsen in den Fängen der deutschen Garnelenfischerei (1961–1967), Arch. Fischereiwiss. 22, 214–255*.
18 Verwey, J., 1966, *De rijke Waddenzee, Natuur en Landschap 19: 129–152*.
19 Zijlstra, J. J., 1968, *De betekenis van de Waddenzee voor de visserij, Visserij 21, 6*.
20 Zijlstra, J. J., 1971, *Waddenzee - kinderkamer, Visserij 24, 2*.

Gewinnung von Bodenschätzen
1 Bolomey, J. G. W. en R. T. Eikelboom, 1973, *Riolering op de eilanden*.

Waddenbulletin 8 (3); 24–26.
1 Bos, H. M. en W. Kauffmann, 1958, *De drinkwatervoorziening van de waddeneilanden. Water 42; 360 e.v.*
3 Brouwer, G. C. en M. J. Coenen, 1968, *Nederland — Aardgasland*, Amersfoort.
4 Dirkzwager, A. H., 1972, *Gezuiverd afvalwater als grondstof voor de drinkwaterbereiding . H2O 5 (9); 180–188.*
5 Eikelboom, R. T., 1973, *Het vacuum rioleringssysteem H2O 6 (22); 577–588.*
6 Eisma, D., 1972, *Gaswinning op Ameland: noodzaak of niet? Waddenbulletin 7 (6), p. 4–9.*
7 Eisma, D., 1973, *Ontgrondingen. Waddenbulletin 8 (2), p. 31–32.*
8 Eisma, D., 1973; *Noordzeegaswinning: een bedreiging voor strand, duin en wad? Waddenbulletin 8 (3), p. 16–17.*
9 Eisma, D., 1973, *Boren is een boeiende toestand. Waddenbulletin 8 (5), p. 8–9.*
10 Eisma, D., 1974, *Aardgaswinning in natuurgebieden: nú niet! Natuur en landschap, 28 (5), p. 289–296.*
11 Eisma, D. en L. den Engelse, 1974, *Het nederlandse waddengebied. Betekenis, bedreiging, bescherming.* Utrecht.
12 Fahsold, A., 1960, *Rhythmus des Grundwassers auf den ostfriesischen Inseln. gwf 2; 26–33.*
13 Geerling, R., 1974, *Aardgaswinning in waardevolle gebieden? In: Overheid en milieu*, Baarn, p. 153–173.
14 Geinaert, W. en G. H. T. C. Hoogervorst, 1974, *Het voorkomen van zoet grondwater op Vlieland, Terschelling en Schiermonnikoog. Waddenbulletin 9 (6); 206–211.*
15 Hoeve, J. ter, 1963, *Een samengaan van waterwinning en verminderde oppervlakteontwatering in natuurgebieden op Texel en Terschelling. Water 47 (25); 347–351.*
16 Houte de Lange, S. M. ten, 1972, *Aardgaswinning in natuurgebieden op Ameland. Waddenbulletin 7 (6), p. 17–22.*
17 *Jaarverslag Natuur en Milieu 1972–1974. Reeks Natuur en Milieu, nr. 7, 1975, p. 47–49.*
18 Jansen, Th., 1967, *Gewässer Ostfrieslands.* Aurich.
19 Leeflang, K. W. H., 1974, *Ons drinkwater in de stroom van de tijd. Vewin*, Rijswijk.
20 Pronker, T. F. J., 1971, *Het mijnbouwvirus knaagt verder aan het Waddengebied. Waddenbulletin 6 (6), p. 16–18.*
21 Voge, A., 1959, *Die Wasserversorgung der ostfriesischen Inseln. Wasser und Boden 5; 150–152.*
22 *Waddenbulletin 1974; Aardgaswinning en Waddenbehoud: onverenigbaar, jrg. 9 (2), p. 64–67.*
23 *Waddenbulletin, 1975; Mens en Wad, V. Het gebruik van de eindige natuurlijke bronnen. Jrg. 10 (2), p. 52–56.*
24 Wohlenberg, E., 1962, *Die Trinkwasserversorgung der Halligen nach der Sturmflut im Februar 1962. Die Küste 10 (2); 86–134.*
25 Zaanen, J. J., 1974, *Gas processing equipment and the environment. In: Symposium on future gas supplies for Europe, 30 may 1974, final programme and papers, p. 58–65.*

Häfen und Industrie
1 Broichhausen und K. Wilborg, 1974, *Kaufherren und Konzerne im deutschen Norden*, München.
2 Eisma, D. en L. den Engelse, 1974, *Het nederlandse waddengebied*, Utrecht.
3 Esbjerg, 1973, *BYGD, 1973 nr 5*, Esbjerg.
4 Pronker, T. F. J., *Havenplannen in het waddengebied, Waddenbulletin, 1970–3.*
5 Wilhelmshaven, *Tidenkurven einer Seestadt, 1969*, Wilhelmshaven.

Verschmutzung

1 Anon, 1975, *Ecological aspects of water pollution in specific geographical areas: study of sublethal effects on marine organisms in the Firth of Clyde, the Oslo Fjord and the Wadden Sea. Working group report. World Health Organization* Copenhagen 38 pp.

2 Duinker, J. C. en J. H. Koeman, 1974, *Summary report of the distribution and effects of toxic pollutants (metals and chlorinated hydrocarbons) in the Wadden Sea,* 11 pp.

3 Duinker, J. C., 1974, *Chemische verontreiniging van de Waddenzee,* Tijdschr. Kon. Ned. Heide Mij 11, 384–397.

4 Ernst, W., R. G. Schaefer, H. Goerke und G. Eder, 1974, *Aufbearbeitung von Meerestieren für die Bestimmung von PCB, DDT, DDE, DDD, -HCH und HCB. Z. Anal. Che. 272, 3583–63.*

5 Groot, A. J. de en E. Allersma, 1975, *Field observations on the transport of heavy metals in sediments, in: Heavy metals in the aquatic environment,* ed. Frenkel, Perg. Press, p. 85–95.

6 Koeman, J. H., 1971, *Het voorkomen en de toxicologische betekenis van enkele chloorkoolwaterstoffen aan de Nederlandse kust in de periode van 1965 tot 1970. Proefschrift,* Utrecht.

7 Koeman, J. H. en H. van Genderen, 1972, *Tissue levels in animals and effects caused by chlorinated hydrocarbon insecticides, chlorinated biphenyls and mercury in the marine environment along the Netherlands coast. In: Marine pollution and Sea Life, Fishing news (Books),* Surrey.

8 McCave. I. N., 1973, *Mud in the North Sea, in North Sea Science,* ed. Goldberg MIT Press, p. 75–100.

9 Müller, G. en U. Förstner, 1975, *Heavy metals in sediments of the Rhine and Elbe estuaries. Mobilization or mixing effect? Env. Geology, 1, 33–39.*

10 Nauke, M., *Die Schwermetallgehalte der Sedimente im Klärschwamm-Verklappungsgebiet von der Elbmündung. D. Hydrogr. Zeitschr. 27, 203–213.*

11 Postma, H., 1961, *Transport and accumulation of suspended matter in the Dutch Wadden Sea, Neth. J. Sea Res. 1, 148–190.*

12 Roskam, R. Th., 1966, *Kopervergiftiging in zee; Water, bodem en lucht 56, 19–23.*

13 Swennen, C., 1972, *Chlorinated hydrocarbons attacked the Eider population in the Netherlands, TNO nieuws 27, 556–560.*

14 Weichart, P., 1973, *Verschmutzung der Nordsee, Naturwiss. 60, 469–472.*

15 Weichart, P., 1975, *Untersuchungen über die Fe-Konzentration im Wasser der Deutschen Bucht im Zusammenhang mit dem Einbringen von Abwassern. D. Hydrogr. Zeitschr. 27, 61.*

Fremdenverkehr

1 *Entwicklungsplan für den Fremdenverkehr in Ostfriesland, Landesregierung Niedersachsen, 1973,* Aurich.

2 Haverkamp, O., 1946, *Ameland,* Oisterwijk.

3 *Landesplanung in Schleswig-Holstein, Heft 9, Fremdenverkehr-Erholung, 1974,* Kiel.

4 *Naturschutz in der Diskussion 1972, Schutzstation Wattenmeer,* Rendsburg.

5 *Rapport van de Waddenzeecommissie, 1974,* 's-Gravenhage.

6 *Recreatie, Extra-Bulletin, 1974, Vereniging Milieubeheer Noord-Nederland,* Groningen.

7 *Recreatie en Natuurbehoud in het Waddengebried 1974, ANWB,* 's Gravenhage.

8 *Reise- und Ferienführer, Fremdenverkehrsverband Nordsee, Niedersachsen, 1972,* Bremen.

9 Roth, G., 1971, *Ostfriesische Inseln,* Frankfurt am Main.

10 *Wadlopen; samengesteld door Jan A. Niemeijer met medewerking van J. Abrahamse, D. van Dijk, R. IJbema en D. H. Schortinghuis, 1973,* Haren.

11 *Zum Watt geführt, Schutzstation Wattenmeer, 1973,* Rendsburg.

12 *Diverse nummers Recreatievoorzieningen ANWB,* Den Haag.

13 *Diverse nummers Waddenbulletin,* Harlingen.

Militärische Übungsplätze

1 Blok, A. A., 1964, *Rapport over de militaire oefeningen en de verontrusting van de avifauna op Vlieland, RIN.*

2 *Defensie in het Lauwersmeer, 1975,* Harlingen.

3 Freeman, B., 1956, *Macht den Knechtsand zum Naturschutzgebiet,* Bremerhaven.

4 *Luchtverkeer in het waddengebied, rapport over de verstoring van mens en dier door vliegtuigen in het waddengebied, 1975,* Utrecht.

5 Michielsen, A., 1969, *Voordrachten voor de Koninklijke Akademie van wetenschappen,* Amsterdam.

6 *Rapport "Lawaaibelasting West Terschelling door schietrange Noordvaarder", Directoraat Materieel Luchtmacht, 1973.*

7 *Rapport van de Waddenzeecommissie, 1974,* Den Haag.

8 Roos, G. Th. de, 1974, *De invloed van recreatie en andere verontrustingen op broed-en trekvogels in het staatsnatuurreservaat Kroonpolders op Vlieland. Rap. 186, Afd. Natuurbeheer, L. H. Wageningen.*

Naturschutz im niederländischen und deutschen Wattenraum

1 Brouwer, G.A. e.a., 1950, *Griend, het vogeleiland in de Waddenzee,* Den Haag.

2 Dieren, W. van, 1932, *Organogene Dünenbildung, Diss. Univ. A'dam.*

3 Eisma, D. en L. den Engelse, 1974, *Het Nederlandse Waddengebied,* Utrecht.

4 Erz, W., 1972, *Nationaal Park Wattenmeer,* Hamburg, Berlin.

5 Erz, W., 1974, *Wie muß der Deutsche Wattenmeer-Nationalpark aussehen? Garten und Landschaft, 1974 (3); 113–117 pp.*

6 Gorter, H. P., 1973, *Geschiedenis en organisatie van de natuurbescherming in: Natuurbeheer in Nederland, door A. D. Voûte en J. F. de Vries Broekman: 103–119 pp.*

7 Harmsen, G. W., 1972, *Protokoll der Konferenz über das Wattenmeer, Bremerhaven, Oktober 1970. Werkgroep Waddengebied,* Amsterdam.

8 I.U.C.N., 1963, *Project MAR. The conservation and management of temperate marshes, bogs and other wetlands. Vol.I.IUCN. Publ. N.S. no. 3.*

9 I.U.C.N., 1965, *Project MAR. Vol. II; Oeney P. List of European and North African Wetlands of international importance. IUCN. Publ. N.S. no. 5.*

10 *Studiedagen Waddengebied 1974, Den Helder 8 en 9 november, gemeentebestuur van Den Helder en Landelijke Vereniging tot Behoud van de Waddenzee,* Harlingen.

11 Verwey, J. e.a., 1966, *A plea for the Waddensea, Contact Committee for Nature and Landscape Preservation,* Amsterdam.

12 Westhoff, V., 1947, *The vegetation of dunesand salt marshes on the Dutch Islands of Terschelling, Vlieland and Texel. Diss. Univ.* Utrecht.

13 *Waddenbulletin, 1966-heden, orgaan van de Landelijke Vereniging tot Behoud van de Waddenzee,* Harlingen.

14 Waddenzeecommissie, 1974, *Rapport, advies inzake de principiële mogelijkheden en de voor- en nadelen van inpolderingen in de Waddenzee,* 's Gravenhage.

15 Zonderwijk, P. en H. D. van Bohemen, 1970, *Natuur- en Landschapsbescherming in Nederland. Uitgave KNNV. Wet. Med. nr. 85,* Hoogwoud (N.H.).

Naturschutz im dänischen Wattenraum

1 Anon, 1973, *Oversigt over vigtige våde fugleområder i Norden. (Summary in english: Survey of important wetlands in Scandinavia).* København.

2 Dahl, K., 1973, *Kort over Danmark med detailkort over fredede områder (maps and descriptions of protected areas). Geodaetisk Institut og Danmarks Naturfredningsforening.*

3 Fog, J., 1975, *Vadehavet -et enestående aktiv. Jagt og Fiskeri 46:4.*

4   Jacobsen, N. Kingo, *1975, Zoneringsmodel for Det danske Vadehav.*

5   Jepsen, P. Uhd, 1975, *Vadehavet vildtreservat med øen Jordsand (with an english summary). Danske Vildtunders øgelser, hft. 24.*

6   Miljøministeriet, 1975, *Bekendtg ørelse af lov om naturfredning (Conscrvation of Nature Act). Lovbekendtg ørelse nr. 520 af 1 oktober 1975.*

7   Paludan, K., 1971, *Reservater. Danmarks Natur, bd. 11 ed. A. N ørrevang et. al., Politikens Forlag.*

8   *Verdensnaturfonden (World Wildlife Fund, Danish section), 1974, Panda-Nyt, hft. 3 (articles about Waddensea-conservation).*

9   *Verdensnaturfonden (World Wildlife Fund, Danish Section), 1976, Waddensea-conservation, report to the Ministry of the Environment from a working group under the Danish section of World Wildlife Fund.*

Landschaftsökologische Kartierung und Einstufung

1   Anon., 1968, *Natuur en natuurwetenschap in het Waddengebied en de plannen tot aanleg van dammen naar Ameland. Rapport van de Werkgroep Waddengebied,* Arnhem.

2   Anon., 1970, *Groeten uit Holland, Speciaal nummer Natuur en Landschap e.a.*

3   Erz., W., 1972, *Nationalpark Wattenmeer,* Hamburg, Berlin.

4   Hueting, R., 1970, *Wat is de natuur ons waard,* Baarn.

5   Hueting, R., 1974, *Nieuwe schaarste en economische groei,* Amsterdam, Brussel.

6   Kromme Rijn Projekt, 1974, *Het Kromme Rijnlandschap, een ekologische visie, Stichting Natuur en Milieu,* Amsterdam.

7   Leeuwen, Chr. G. van, 1965, *Het verband tussen natuurlijke en anthropogene landschapsvormen, bezien vanuit de betrekkingen in grensmilieus, Gorteria 2: 93 –105.*

8   Maarel, E. van der, 1975, *De relatie ecologie-planologie, in: De gouden delta 2: 63 –89, PUDOC,* Wageningen.

9   Maarel, E. van der, 1975, *Naar een globaal ecologisch model voor de ruimtelijke ontwikkeling van Nederland. Basisstudie voor de Rijksplanologische Dienst,* Nijmegen.

10   Nijkamp, P. (ed), 1974, *Milieu en economie,* Rotterdam.

11.   Odum, E. P., 1969, *The strategy of ecosystem development, Science Vol. 164, pp. 262 –270.*

12   Waddenbulletin, 1975, *Mens en wad, 10: 2.*

13   Westhoff, V., 1970, *Natuurbehoud en samenleving, Natuur en Landschap 24: 185 –200.*

Pflanzen

Sonstige Tiere

Als Quelle für die wissenschaftlichen Namen haben gedient:
Heukels-van Ooststroom, Flora van Nederland, Groningen 1973,
Commissie voor de Nederlandse Avifauna, Avifauna van Nederland, Leiden 1970,
H. Nijssen and S. J. de Groot, Catalogue of fish species of the Netherlands, Beaufortia 285, 1974 pp. 173–207.
F. H. van den Brink, Zoogdierengids, Amsterdam 1955.
Schmeil-Fitschen, Flora von Deutschland, Heidelberg 1973